禅学思想史

中国卷（下）

〔日〕忽滑谷快天 著

朱谦之 译

下册细目

第四编 禅道烂熟时代（前期）

概　说……………………………………………………578
第一章　赵宋之勃兴与诸宗之恢复……………………579
　　宋太祖之佛缘——造寺度僧——佛教之保护——太祖之信仰——太宗之译经——太宗之禅机
第二章　永明延寿之宗风及其杂行……………………584
　　永明延寿——永明之一百零八件之日课——念佛之流行——禅师之净业——《万善同归集》——所谓圆修之十义——永明之折中综合主义——祖佛同诠与禅教一致——大乘诸经皆说一心——会相归性——永明之华严禅——列祖之列名及其语句——四祖与五祖之语要——青原之法语——永明之著作
第三章　首山省念之禅与道原之《传灯录》…………597
　　首山省念——首山之住持开法——首山之门风——首山之三句与诸著语——真宗帝之保护佛教——道原之《传灯录》——《传灯录》跋文之误谬——杨亿之参禅
第四章　汾阳善昭之施设与大阳警玄之门庭…………605
　　汾阳善昭——汾阳与首山——汾阳之住山——汾阳之末

后——关于汾阳之怪谈——汾阳之思想——三诀、三句、三玄和三要——四转语与四喝——四宾主与五位——六相与十智同真——十八问——汾阳颂古之权舆——临济宗之烂熟——同安丕——同安志——梁山观——大阳警玄——大阳之语要——大阳之三句——大阳与浮山之关系

第五章　天台教观之复兴与禅者教家之相互交涉……624
螺溪义寂——义通——四明知礼与山外派之论争——知礼之徽号与入寂——遵式——山外派之晤恩——孤山智圆——禅者之教学——教者之禅学

第六章　雪窦重显之颂古及其流弊……630
香林澄远——智门光祚——雪窦重显——重显与智门——雪窦之开法——对于雪窦颂古之非难——雪窦之语要——雪窦重显之法系

第七章　慈明楚圆与杨岐、黄龙之二派……639
仁宗之归佛——慈明楚圆——《禅林僧宝传》之误记——楚圆与杨大年——慈明与洞山晓聪——住山——楚圆之顺世——楚圆之玄风——当时之禅弊——牧童之歌——李遵勖之《广灯录》——李遵勖之参学——李遵勖之末后

第八章　荐福承古之异彩……648
荐福承古——承古与范仲淹——承古之息心休歇——宗弊之指摘——《知见谣》——承古之嗣法——嗣法问题——关于三玄之论议与慧洪之妄评

第九章　琅琊慧觉之门庭……656
琅琊慧觉——琅琊之思想——琅琊之识见——范仲淹之玄学

第十章　杨岐与黄龙二派之祖……660
杨岐方会——慈明婆——杨岐住山——杨岐之家风——杨岐

之禅——黄龙慧南——黄龙与云峰——黄龙与慈明——黄龙之嗣法——黄龙之入狱——黄龙之心操——为人之法——黄龙之三关——黄龙之藻思

第十一章　圆通居讷与育王怀琏 ……………………670
圆通居讷——居讷之道誉——居讷与欧阳修——华严修颙与欧阳修——程师孟、苏洵与刘述——居讷之语句——大觉怀琏——大觉之才器——仁宗之参学——大觉与云居晓舜——育王住山——大觉之法语——道隆与仁宗

第十二章　明教契嵩之修史 ……………………679
佛日契嵩——契嵩之《传法正宗记》——契嵩之道声——契嵩之思想——契嵩与李觏

第十三章　浮山法远之《九带》 ……………………684
浮山法远——浮山与叶县——浮山之出世开法——浮山与欧阳修——浮山之行业——浮山之《九带》

第十四章　金山昙颖与天衣义怀 ……………………692
金山昙颖——李端愿与昙颖——王曙、夏竦与李端懿——昙颖之住持与迁化——《性辩》——天衣义怀——天衣之扬化——天衣之宗乘——天衣之净业——《唯心净土文》——天衣为净禅兼修之作俑者——杨杰之禅学——杨杰之念佛

第十五章　朝臣之参禅 ……………………703
英宗与神宗之奉佛——赵抃之参禅——富弼之玄学——许式之参学

第十六章　投子义青与曹洞禅 ……………………708
投子义青——浮山与投子——投子之开法——投子之锦心襕肠——大阳投子之付法与永平门下之传说——洞上室内之秘传——批判——大阳之法嗣——《洞上金刚杵》与《永

平广录》之记事——确实之投子行状——《投子语录》之明证——大阳传——面山之批议——面山之误谬——关于大阳年龄面山之错误——投子得法在浮山之晚年——实行看话之明证

第十七章　圆照宗本与东林常聪 ……………………721

圆照宗本——宗本之出世——宗本与神宗、哲宗两帝——宗本与高丽之义天——宗本之感化——宗本与圆融教——宗本之念佛——宗本密修净业——东林常聪——常聪之开堂——常聪之徽号——常聪之思想——常聪与苏东坡——苏东坡之念佛禅——佛印与东坡——苏东坡之参学——东坡之游戏三昧——佛印了元——了元之演法与张方平之归佛——了元与义天——了元与王韶——苏东坡之了元赞——了元与周茂叔——了元与苏辙

第十八章　净因道臻与智海本逸 ……………………738

净因道臻——道臻之思想与力量——智海本逸——本逸之《祖堂联芳颂》——刘经臣之参禅

第十九章　长芦法秀与芙蓉道楷 ……………………743

长芦法秀——法秀之遍参——长芦之住山——法秀之思想——法秀与李龙眠——法秀之机语及其净业——佛国惟白之《续灯录》——二禅八律——芙蓉道楷——道楷之玄风——道楷之高风清节——道楷之词藻——《祇园正仪》——道楷与高世则、杨杰、韩琦

第二十章　晦堂祖心、真净克文与兜率从悦 ……………………754

晦堂祖心——祖心之好学与接人之方便——晦堂之号——示谢景温法语——祖心之闲雅——祖心与黄庭坚——祖心平实明确之语——黄庭坚略传——黄庭坚之参禅——黄庭坚之

《临济宗旨论》——真净克文——克文与黄龙慧南——克文之住山与王安石——克文之言行——克文与朱世英——克文之思想——兜率从悦——兜率之开堂与兜率之三关——张商英——张商英之参学——张商英与圆悟克勤——张商英与大慧宗杲——张商英之末后

第二十一章 赵宋之末路 772

徽宗帝——三圣像之安于僧居——林灵素之道术与徽宗——改佛为道——永道之上表与佛教之恢复——金人勃兴与宋之灭亡

第二十二章 五祖法演与石门慧洪 776

五祖法演——五祖法演与白云守端——法演之开堂说法——法演之用心——法演之思想——法嗣书之体段——石门慧洪——慧洪之出世及其入狱——慧洪之荣誉及其配流——慧洪之再入狱——慧洪之释放——慧洪之晚年——慧洪之性行——慧洪之天才——慧洪之思想——当时之弊习——钩章棘句——禅林之净土观——当时之佛殿——陈瓘——陈瓘之《三千有门颂》并参禅

第二十三章 五祖门下之三佛 792

圆悟克勤——圆悟与五祖——圆悟之开化——圆悟之对机设化——张浚——张浚之参禅——徐俯——徐俯与灵源惟清——李弥逊——圆悟之思想——圆悟之心要——圆悟之生死观——圆悟之宗旨——圆悟之工夫——达磨胎息之说——看话禅之变化——圆悟之《碧岩集》——《碧岩集》之杜撰——文殊与无著之问答及其伪作之证——《广清凉传》之伪托——《五灯会元》之误记——圆悟与宗弊——佛鉴惠懃——佛鉴之出世——佛眼清远——佛眼与五祖——佛眼之

操守——冯楫之参禅——冯楫之净业——看话之弊与三自省察——佛眼之心要——佛眼坐禅之偈

第二十四章 长芦宗颐与长芦清了之念佛禅 ·················· 822

宋之南迁与灵芝元照之净业——元照念佛之意义——《无量寿佛赞》与谤禅之偈——三圣立像记——长芦宗颐——莲华净土念佛社——《莲华胜会录》——《念佛防退方便文》与《劝念佛颂》——禅净关系论——劝孝文——《禅苑清规》与《坐禅仪》——念佛念诵文——死心悟新——死心之开堂——死心之警戒——参禅法与人生观——四转语、三问与劝念佛——长芦清了——长芦住山——《戒杀文》——清了之道誉——清了之思想——末后之用心——《信心铭拈提》——斥大慧辈示正知正见——《净土宗要》——念佛公案——慈受怀深——慈受与佛鉴——退步之偈——慈受之思想——慈受之厌世——念弥陀颂——王旦之净业——文彦博之念佛——王日休之往生

第二十五章 宋儒之道学 ·················· 852

周茂叔——周茂叔之参禅——《太极图》与陈抟——陈抟之《易》学——《太极图》出于河上公说——《归元直指集》之传说——《太极图说》——《通书》——周茂叔之襟怀——邵雍——邵雍之言行——《先天图》——邵雍之独断——程颢——程颢之人物——程颢之学风——程颢之学与禅——程颐——洛党与川党——程颐之资性——程颐之言行——程颐与灵源——游酢——游酢之参禅——谢良佐——辨儒禅之相违——杨时——杨时之禅

第二十六章 北宋之居士 ·················· 885

郭祥正——苏辙——胡安国——范致虚——吴居厚——彭汝

霖——韩驹——刘安世——李纲

第五编　禅道烂熟时代（后期）

概　说···900

第一章　宋室之南迁···901
　高宗帝——高宗帝之归佛——清闲钱——高宗与佛果克勤——五山十刹

第二章　天童正觉与大慧宗杲之对立····························905
　天童正觉——丹霞子淳与长芦清了——正觉之游化——天童之住山与金人之侵犯——正觉之德化——一代提唱之法门——默照禅之内容——正觉之生死观——宏智《广录》之序——大慧宗杲——参湛堂文准——宗杲与圆悟克勤——宗杲之说法——宗杲之逸格——张九成之参学游方——张九成与大慧宗杲——横浦僧舍之自适——九成之救民及其著书——张九成之禅——克勤宗杲门下之禅弊——李邴之参学——李光——吕本中——秦国太夫人与诸名士之问法——宗杲之接化手段——宗杲之作略——宗杲与韩驹——看话禅之转变——公案提撕之目的——宗杲之唯心观与非唯心观的思想——宗杲之幽灵谈——排击默照禅——正觉之默照禅是达磨之真诀——宗杲之排击与正觉之态度——朱子与大慧书

第三章　孝宗帝与诸山长老···933
　孝宗帝之归佛——孝宗帝与若讷——德光与宝印——《原道论》并《圆觉经注》——慧远与圆悟——慧远与大慧之相见并宗琏之皈依——慧远之道声与示寂——慧远之家风——当时之禅风——僧蜡及嗣书授受之考证——曾开——知府葛郯

与尚书沈介——德光之寻师问法——德光与大慧——德光之风格——德光之门风——宝印之游化——宝印与孝宗帝

第四章　天童如净与万松行秀之真风··············948

天童如净——如净宗风之特色——只管打坐——如净之坐禅与接化之悃切——慕古之宗风——当时之禅弊与僧风之颓废——如净之思想——如净之机用——如净之独断及排斥五家宗风之要点——如净之所信与禅院之规矩——宋为诸教融合之时代——面授嗣法之重视及嗣书之多种——嗣书形式与洞下嗣书——诸佛之嗣法及嗣书之制作——如净传——万松行秀之风格与著书——行秀之教说——入寂年代——行秀之法系——耶律楚材与成吉思汗——楚材之参学——楚材之伟功——皇后称制与耶律楚材——李纯甫之《鸣道集说》

第五章　径山师范之三教融合··············976

无准师范——师范之省悟——四明之自适——径山之建立——师范之襟度与恶弊——师范之思想——歇心之说与学道之病

第六章　南宋俗士之参禅与朱陆二大儒之学风··············981

钱端礼——端礼之参禅——钱象祖之参禅——潘良贵——李浩——李浩之参禅——张磁——张栻——张栻之禅偈——朱熹——朱子之政治生涯——朱子之失意及其著书——朱学与禅——性善说与静坐——朱熹之参学——陆九渊——陆九渊之学说与禅——朱陆二家之学风——引导学者之态度——良知说与心即理说——凡圣一同之说

下册细目

第六编　禅道衰落时代

概　说 1004

第一章　元初佛教与佛道二教之争 1005
大元之建国——僧道二家之邪正辨析——世祖帝之信佛——国师发思八——刘秉忠——元代基督教之传播——印简——印简之大悟——忽必烈之受戒

第二章　万松门下并径山妙高 1015
开觉寺祥迈——药师院从伦——资圣寺至温——径山妙高——妙高与教者之对论

第三章　雪岩祖钦之道学 1021
雪岩祖钦——祖钦之儒释一致说——彻底之心即理说——高峰原妙——龙须之三关语——原妙之家风

第四章　天目中峰之禅净融合 1029
历代帝王之外护——中峰明本——明本之逸格——中佳之住庵与著书——教化与想象——明本之教说——明本之厌世观——明本之识见与善恶之定义——明本之修行论——明本之看话禅——明本之中心思想——明本之念佛——当时之祈祷与常用诸经——师资付法之紊乱——高丽王子王璋——脱欢与孟頫——孟頫之问法——瞿霆发之参禅——参学之诸士

第五章　元叟行端 1046
元叟行端——行端之道友——行端之演化——行端之行持——年代考证并行端之思想

第六章　天如惟则之阳禅阴净 1050
历代帝王之奉佛——笑隐大䜣——堕落之佛事——天如惟则之思想——泛神的佛陀观与绝对心之说——苦乐之解脱

观——游魂说——最后之志愿——念佛于禅者为必要——一心十界说与禅净合一说

第七章 石屋清珙之清逸 1060
石屋清珙——天湖庵山居之歌——枯淡的清珙——天湖住庵之年代——学道之用心——上堂法语——山居之诗趣

第八章 楚石梵琦 1066
楚石梵琦——堂塔造佛之行业——辨核鬼神之理——梵琦之性行与思想——梵琦之心要与泛神宇宙观——教禅一如之说——当时之宗弊——梵琦之净土诗

第九章 明初之佛教 1072
明太祖朱元璋——太祖之教化治政——大明之宗教法案——申明佛教榜册——僧侣之带妻——太祖与宋濂——宋濂之参禅——宋濂之思想——天界寺慧昙——慧昙与太祖——慧昙之性行——宗泐之逸脱——《赞佛乐章》——宗泐之晚年——宗泐之年代

第十章 恕中无愠之清操 1086
恕中无愠——瑞岩之三关——无愠之道誉——无愠之性行——日本国王——无愠之思想——无愠之迷信——往生净土之思想——当时之禅病

第十一章 成祖帝之刻藏 1094
太宗之即位——尚师哈立麻——编纂与刻藏——道衍之风格——道衍之军功——道衍之守节——斥儒士之破佛

第十二章 呆庵普庄之纯禅 1099
呆庵普庄——普庄之德化——普庄之道誉——《呆庵歌》——普庄之思想——了堂唯一与普庄——普庄之家风——来复参禅之心要——来复之禅要——蜀王与晋王

第十三章　天界道成与曹洞禅 ················· 1109
雪庭福裕——福裕之法德——雪轩道成——道成之道誉——道成之演化——入寂与日本使僧之年代——道成之思想

第十四章　念佛公案之流行 ····················· 1114
楚山绍琦——绍琦之修道——绍琦之生死观——念佛公案禅

第十五章　空谷景隆与毒峰季善之念佛禅 ········· 1118
空谷景隆——看话之要——看话之不用与念佛之至要——《尚直编》——毒峰季善——劝学人苦行——善念佛禅之唱导

第十六章　明初之诸儒 ························· 1128
吴与弼——英宗帝之眷遇——与弼之思想——天命说之妄信——薛瑄——薛瑄之廉直——薛瑄之思想

第十七章　王阳明学派之前茅 ··················· 1134
陈献章——献章之学——如同禅之静坐——献章之学说与禅——胡居仁之性行——居仁之儒佛观——诬禅家心性之说——妄断老释之说——持敬说与纯善说——娄谅——谅之学说与谢复之知行合一说

第十八章　王阳明之心学 ······················· 1144
王守仁——守仁之性善说——良知说——格物致知与心即理之说——知行合一说——静坐与事上磨练之说——良知与形骸——禅学之素养与讲友——禅学之造诣

第十九章　王门高弟及其末流（第一）··········· 1156
钱德洪——道破王学之真髓——王畿——王畿之良知说——王畿之学风——三种之悟入——调息说与知行合一说——欧阳德与聂豹——罗洪与刘文敏——王时槐——万廷言与胡直——耿定向与焦竑

第二十章　王门高弟及其末流（第二）·············1167

王艮之学风——艮门下之禅化——罗汝芳——汝芳之学与祖师禅——周汝登之学风与陶望龄之学说

第二十一章　笑岩德宝等之念佛禅与喇嘛教之流行·············1172

宪宗帝与喇嘛僧——武宗帝之崇佛——世宗帝之毁佛——天琦本瑞——本瑞之看话禅——法舟道济——陆光祖——道济之思想——道济之道风——月泉法聚——法聚之风格——古音净琴——笑岩德宝——祖道之衰颓与喇嘛教之影响——德宝之净土诗

第二十二章　无明慧经与明末之诸禅师·············1184

穆宗与神宗——清太祖——明之灭亡——寿昌寺慧经——慧经之道行——示寂之年代——慧经之念佛法要——慧经之思想——看话工夫与五宗总颂——云谷法会——法会之开化——袁黄与诸士之问法——袁黄——袁黄之治绩——印刻藏经之发愿——黄诚子文

第二十三章　无异元来与湛然圆澄·············1197

无异元来——元来之游化——元来之孝养——元来之法德——元来之《宗教通说》——元来门下之黄端伯——余大成——元来之家风——元来之杂行——云栖袾宏——诸名士之参问——袾宏之风格——袾宏之著述——袾宏之思想——袾宏之迷信——袾宏之念佛观——念佛之居士——湛然圆澄——大觉方念与圆澄——澄门下之居士——圆澄之法系——一心之法门——圆澄之念佛观——僧风之败颓——朝鲜人所见闻之僧风

第二十四章　达观真可与憨山德清·············1221

达观真可——真可之护法——真可之行持——真可之守

节——真可之志操——无嗣法之真可——门下之居士——宿业观与性有情无之说——性情之说——唯心解脱说与空观——真可之思想——生物论——知行合一说之批判与念佛观——真可之观音信仰——水斋之流行——诸宗调和之礼佛仪式——憨山德清——妙峰与德清——德清之印证——德清之修道——五台之无遮会——德清之法难——谪处中之消息——德清之行化与著书——私淑清之儒士——德清之念佛公案——净业之劝奖——念佛之三观具足说——德清之造诣——坐禅入定之说与挽回祖道之功绩

第二十五章　鼓山元贤 1250

鼓山元贤——著述并示寂——元贤之风格——元贤接化之手段——元贤之三玄、三要说——《宝镜三昧》作者之考证——元贤之《五位图说》——儒释一致说与格物论——元贤之老庄观——论时代之弊习——寺院之穷状

第二十六章　密云圆悟与费隐通容 1266

密云圆悟——圆悟之木头禅——圆悟之思想——生死观——大尊贵生——圆悟父子之诤论——《五宗原》之宗旨——法藏之讹谬——讽刺圆悟——圆悟之驳论——汉月法藏与潭吉弘忍——费隐通容——通容之思想——《五灯严统》之伪谬——圆悟父子与天主教——通容与通忍之诤论——通容与道忞之纷诤——通容与玉林通琇及瑞白明雪

第二十七章　清初皇帝与禅匠 1286

清初之皇帝——太宗皇太极——世祖与禅——木陈道忞——山晓晳与旅庵——玉林通琇——通琇之思想——茚溪行森

第二十八章　为霖道霈与白岩净符 1298

为霖道霈小传——道霈之思想——道霈之戒论与祈祷——道

霈之垂问与宗弊——嗣法问题——白岩净符

第二十九章 圣祖之表章朱学与世宗之喇嘛禅 ……………1305

圣祖——圣祖与禅——世宗之禅学——世宗与禅僧——《御选语录》之内容——世宗之语句——世宗与密云圆悟父子之诤——世宗之子弟与鄂尔泰和张廷玉

第三十章 心学之衰颓与禅学思想之没落 ………………1317

高宗之治世与文武之伟业——高宗之参禅——汉学之主唱与顾炎武——阎若璩、胡渭与毛奇龄——黄宗羲之创唱史学与王颜二氏之排斥宋学——惠栋与戴震之考证学——汉学之衰亡与禅学之终结

结言 ……………………………………………………………… 1331

中译本跋 ……………………………………… 黄心川　1333

绛云赘语 ……………………………………… 何绛云　1341

后记 …………………………………………… 黄夏年　1342

第四编

禅道烂熟时代（前期）

概　说

五代之末，法眼一宗崛起禅界，华严圆融之妙谛，成为禅的思想之中心。圆融流为混融，遂成禅净之混同，显密之习合。入赵宋时代，此倾向益以加甚，如永明延寿唱导华严禅，同时兼修持咒念佛。又于一方有拘泥小节，固守细目而遗却大道之全体者，如汾阳善昭列三诀、三句、三玄、三要、四喝、四转语、四宾主、五位六相、十智同真、十八问等闲家具即是也。颂古则而便于讽咏吟诵亦自汾阳始，而其弊也，使古则公案，茫茫漠漠不可捉摸而止。与此同时，折中综合之风潮弥漫北宋，禅者学教家，教家习禅者，各失其特色，甚至有企图儒释之混合者。在临济门下幸有慈明楚圆，出杨岐方会、黄龙慧南二哲，法灯乃明。而在云门下，天衣义怀先归净业，圆照宗本继之入于念佛。在曹洞下，投子义青，以华严禅鼓吹石头洞山之真风，而至长芦清了乃禅净兼修，以念佛代公案。如斯教禅之混淆，禅净之习合风靡一代，遂惹起禅道之烂熟。于北宋道学之流行，其源发于儒士之参禅，以阴禅阳儒为其特色。北宋从建国至其南迁大约一百六十余年，此为禅道烂熟之前期。

第一章 赵宋之勃兴与诸宗之恢复

佛教诸宗经五代之争乱次第趋于衰运，至赵宋时代如枯木之再逢春，新生命得见恢复。就中禅林，尤呈隆昌之色，达于枝叶繁茂之盛况。然而法门之烂熟引起衰亡之兆，历历而不可蔽，是赵宋时代所以名禅道烂熟时代。

第一节 宋太祖之佛缘

宋太祖，讳匡胤，姓赵，与佛法有深缘。《宋史·太祖本纪》云：

> 漫游无所遇，舍襄阳僧寺，有老僧善术数，顾曰："吾厚赆汝，北往则有遇矣。"（《宋史》卷一）

元熙仲《释氏资鉴》云：

> 长入洛，至延寿寺大佛殿西南角，枕柱础昼寝，有僧见赤蛇入其鼻中，寤而僧问所向，曰："欲往澶州见柴太尉，无资。"僧曰："某有驴子可乘。"又以钱帛为献，遂行。柴公一见奇之。未几柴太尉为天子，是为周世祖。（《续藏经》，第一辑，第二编乙，第五套，第一册，84页左）

《佛祖统纪》卷四十四，延寿寺作长寿寺，又记寺僧之名为守严，谓为杨文公《谈苑》之说。然则太祖因僧之助缘见后周世宗，此其开运之始。世宗晏驾之日，少主幼冲，将卒等推戴太祖登帝位，时改元后周之显德七年为建隆元年（960），国号宋，都汴京（河南开封府祥符县治）。案《佛法金汤编》云：

> 初太祖目击周世宗镕范镇州大悲菩萨铜像，铸为钱。太祖密访麻衣道者，问曰："自古有毁佛天子乎？"麻衣曰："何必问古事，请以柴官家目击可验。"太祖曰："主上（世祖）神武聪明，善任人，日夜图治，以混一为心，有唐太宗之风，不知天下何日定矣？"麻衣曰："甲子至将大定。"太祖因问："古天子毁法与大周何如？"麻衣曰："魏太武毁寺，焚经像，坑沙门，故父子不得其死。周武帝毁佛寺，籍僧归民，未五年遽萦风疹，北伐，年三十六崩于乘舆，国亦寻灭。唐武帝毁天下佛寺，在位六年，年三十二神器再传，而黄巢群盗并起。"太祖云："天下久厌兵，毁佛法非社稷福奈何？"麻衣曰："白气已兆，不逾数月。至甲辰，当有圣帝大兴，兴则佛法赖之亦兴。传世无穷，请太尉默记之。"及即位，屡建佛寺，岁度僧人。(《欧阳外传》)(《续藏经》，第一辑，第二编乙，第二十一套，第五册，463页左)

麻衣道者之传虽不详，却足暗示太祖与佛者之因缘不浅。

第二节　造寺度僧

据《图书集成·释教部汇考》卷三等诸书，太祖建隆元年，以圣诞为长春节，于相国寺赐宴百官，诏度童行八千人。十月亲征淮南之李重进平之，以十二月于扬州战场造建隆寺，荐战亡军士之冥福，命沙门道晖主之，见《宋史·太祖本纪》。以扬州行宫为建隆寺。建隆二年圣诞日，诏天下之僧，升座祝寿，准为例。又幸相国寺祈雨设千僧斋。同年三月诏行童行考试，通《法华经》七卷者给度牒。西域于阗国之沙门七人来，诏馆于相国寺。

第三节　佛教之保护

乾德三年（965），有沧州僧道圆者归自西域。圆晋天福中诣西域，在途十二年，住五印度六年，经于阗偕其使至。太祖召见，问所历山川风俗，赐紫方袍。同四年沙门行勤等一百五十七人，各赐钱三万，使入西域求佛书。初太祖诏西川转运使沈义伦，于益州以金银字写《金刚经》，至是进上，便令沙门崇蕴入内讲演，河南府进士李蔼造《灭邪集》，以毁释教，太祖敕黥杖流沙门岛。同五年敕沙门文胜编《大藏经随函索隐》凡六百六十卷。

第四节　太祖之信仰

开宝二年（969），以长春节诏天下沙门上殿试经律论义十条，全通者赐紫衣。同三年命成都府造金银字佛经各一藏。同四年太祖亲征太原之刘继元，道由潞州麻衣和上之院，躬祝佛曰："此行以吊伐为事，誓不滥杀一人。"敕高品张从信，往益州雕《大藏经》版。同五年诏京城之名德元超等人内诵金字《大藏经》，车驾临幸赐紫方袍。诏僧道每朝集先僧后道。同六年中天竺沙门法天至译《圣无量寿经》

等。太祖召见慰问,赐紫方袍。同八年幸洛阳,至龙门山广化寺,礼无畏三藏之塔,回京手书《金刚经》,常自读诵。

第五节　太宗之译经

太宗帝亦重佛法。其太平兴国元年(976)诏度普天下之童子十七万人。同三年沙门赞宁随吴越王入朝,赐号通慧大师,令修僧史。宁承旨撰《大宋高僧传》三十卷、《三教圣贤事迹》一百卷、《内典集》一百五十卷、《外学集》四十九卷。于宫中供养舍利,有御制《佛牙赞》。同五年召西域之三藏法天等于京师初兴译事,令童子五十人习梵书。同七年于东京太平兴国寺西建译经院,以宰辅为译经润文使,设官分职,使西天中印度葱兰陀罗国密林寺天息灾三藏与法天施护等从事翻译,帝亲制《大宋新译三藏圣教序》。

第六节　太宗之禅机

据《释氏资鉴》卷九、《五灯会元》卷六等,太宗似少带禅机云:

太平兴国元年,幸开宝寺烧香,见僧看经,帝(太宗)问:"看什么经?"云:"《仁王护国经》。"帝曰:"既是寡人经,因甚在卿手里。"僧无语。

帝见僧来朝,问:"甚处。"僧奏云:"灵山一别,直至于今。"帝云:"以何为验。"僧默然。

帝因寂大师进三界图。帝问:"朕居何界。"寂无对。

帝一日擎钵问宰相王随:"既是大庾岭头提不起底,为甚在寡人手里。"随无对。

以上见《释氏资鉴》卷九。《五灯会元》卷六附加以二三之因缘,然皆千篇一律,毫无变化,颇为可疑。

第二章 永明延寿之宗风及其杂行

禅道烂熟时代之代表者,永明延寿正为其一。寿唱导祖佛同诠,禅教一致,折中法相、三论、华严、天台,以融合于禅。持律清严,行道念佛,持密咒,欣往生,有一切佛法集于一身之观。寿以华严一乘为究竟圆妙之教,以绝待灵心笼括一切圣经去。其理高远,其论雄健,以折中综合为其特色,诸宗习合之所以发端也。

第一节 永明延寿

延寿,余杭(浙江杭州余杭县治)人,姓王,早岁归心佛门,及冠,日一食,诵《法华经》。年二十八为华亭镇将。一日乘舟归钱塘,见渔船之万尾戢戢,恻然以钱易之,放之江中。时遇雪峰义存之嗣翠岩令参,止龙册,阐玄化。吴越之文穆王元瓘,知寿志,许其出家。寿乃以师参为削染,行清苦头陀,寻于天台山天柱峰下习定九旬。因谒德韶,韶一见深器重之,密授玄旨。初住明州雪窦山,有偈:

孤猿叫落中岩月,野客吟残半夜灯。此境此时谁会意,白云深处坐禅僧。

吴越忠懿王,请寿开灵隐新寺为第一世,此宋太祖帝建隆元年也。明年住永明寺(杭州净慈)为其第二世,学侣盈二千。有偈:

  欲识永明旨,门前一湖水。日照光明生,风来波浪起。

居永明十五年,度弟子一千七百人。常为七众授菩萨戒,夜施食鬼神,放诸生类不可称算,散花行道,以余力念《法华经》一万三千部。道誉闻于海东,高丽国光宗大成王,览寿之言教,遣使赍书叙弟子礼,奉金线织成僧伽黎衣、紫水晶念珠、金澡罐,使彼国僧三十六人承寿印记,还高丽弘法。于是法眼一宗行于海外。宋太祖帝开宝七年入天台山,度戒约万余人,同开宝八年(975)跏趺而化。

第二节 永明之一百零八件之日课

依慧日永明寺《智觉禅师自行录》,延寿每日每夜作一百零八件之佛事,其中占重要位置者,为受持神咒、念佛净业、礼佛、忏悔、行道、诵经,而如坐禅、说法有被轻视之观。虽佛教各宗之做法,殆无不网罗于一百零八件中,而持咒与念佛是最多被反复修行,可以知延寿之精神所在。

  禅家修持密咒事,达磨以来未有所闻,李唐开元以后,密教弘通甚盛,禅家又受其影响。延寿密旨不知相承自何人,如《千手千眼大悲陀罗尼》《佛顶尊胜陀罗尼》禅家常用之经,其所由来甚远,施饿鬼是唐圭峰宗密执行之事,前章已叙及,延寿亦行之。

第三节　念佛之流行

念佛净业之修行以东晋慧远，于庐山结白莲社，六时礼念修净业为权舆。远之念佛，置重于其观念，故颇类禅观，既如前论。

次北魏有菩提流支、昙鸾遇之求长生之术，授以《观无量寿经》，后作《净土论注》，弘念佛法门。鸾居汾州玄中寺，以魏兴和四年（542）寂。其后隋有道绰，住玄中寺，见昙鸾之碑，慕其为人，舍所学归净土，口诵佛号日以七万为限，声声相注弘净业。以唐太宗贞观十九年（645）圆寂。承道绰有出蓝之称者为善导。导从《观无量寿经》修十六观，慕庐山慧远，访其遗迹，唐太宗帝贞观中，谒道绰习净业，写《弥陀经》十万卷，画净土变相三百壁，念佛日课从万声至十万声。临终登柳树，向西方祝曰："愿佛接我，菩萨助我，使我不失正念，安养得生。"言已投身而化，时唐高宗帝龙朔二年（662），或云永隆二年（681）。善导之后有慧日，日遇义净后天竺回，夙夜咨禀，通达佛乘，自渡南海游五天竺，遍问法于印度三藏，皆赞净土。二十一年所历七十余国，玄宗帝开元七年归着长安，赐"慈愍三藏"之号。慧日以玄宗帝天宝七年（748）化。

第四节　禅师之净业

如斯往生净土之思潮泛滥唐代，其影响所及，有五祖弘忍之门人宣什，创南山念佛门禅，同为弘忍门人牛头山第四世金陵延祚寺之法持，为念佛行者，其名列于宋戒珠《净土往生传》，盖为正传之禅徒入念佛之滥觞。清悢观在《修西闻见录》卷上以百丈大智为净业之行者。云：

> 百丈大智，马祖嫡嗣，天下丛林共宗，而祈祷病僧，化送亡僧，悉归向净土，以为超度。(《续藏经》，第一辑，第二编乙，第八套，第三册，243页右)

观似依《百丈清规》而为此言，然《百丈清规》系元人所修补，尚未足以解百丈之真意。属于六祖正系者归向净土当以延寿始。

第五节 《万善同归集》

寿所著《万善同归集》是以说明寿一身而兼念佛、持咒、修忏等众行者。其言云：

> 夫万善是菩萨入圣之资粮，众行乃诸佛助道之阶渐。……《法华》会三归一，万善悉向菩提，《大品》一切无二，众行咸归种智。(《续藏经》，第一辑，第二编，第十五套，第五册，443页右)

依此说寿以念佛为万善之一，非专修之。引证慈愍三藏之说云：

> 慈愍三藏云："圣教所说，正禅定者，制心一处，念念相续，离于昏掉，平等持心。若睡眠覆障，即须策勤念佛，诵经礼拜。行道讲经说法，教化众生，万行无废，所修行业，回向往生西方净土。"(同上书，448页右)

即以往生净土为目的,而修万行也。寿又以往生净土为易行事,与他之念佛行者无异。

《目莲所问经》云:……我说无量寿佛国,易往易取,而人不能修行往生,反事九十六种邪道。我说是人名无眼人,名无耳人。《大集月藏经》云:……当今末法,现是五浊恶世,唯有净土一门,可通入路。当知自行难圆,他力易就。……慈旨叮咛,须铭肌骨。(同上书,453页右)

第六节　所谓圆修之十义

寿称唯心净土,说心外无法,同时信托质莲台,寄形安养,前者理,后者事,谓理事无阂也。故虽修万行,理事无碍,万事圆修也。即开十义论圆修。一、理事无阂;二、权实双行;三、二谛并陈;四、性相融即;五、体用自在;六、空有相成;七、正助兼修;八、同异一际;九、修性不二;十、因果无差是也。

第七节　永明之折中综合主义

延寿所宗乃唯一真心,《起信论》所谓一心也。千经万论皆说此一心法。《唯心诀》云:

千途异说,随顺机宜,无不指归一法而已。故《般若》唯言无二,《法华》但说一乘,《思益》平等如如,《华严》纯真法界,《圆觉》建立一切,《楞严》含裹十方,《大集》染净融通,《宝积》

第二章　永明延寿之宗风及其杂行

根尘泯合,《涅槃》咸安秘藏,《净名》无非道场。……是以一法千名,应缘立号。(同上书,479页右)

此之识也。一代时教折中综合而来,唯是一心,何须立宗分派相竞为哉!延寿著《宗镜录》,即以此折中综合为目的。宋慧洪《禅林僧宝传》卷九云:

> 智觉延寿以一代时教,流传此土,不见大全,而天台、贤首、慈恩、性相三宗,又互相矛盾,乃为重阁,馆三宗知法比丘,更相设难至波险处,以心宗要旨折中之,因集方等秘经六十部,西天此土圣贤语三百家,以佐三宗之义为一百卷,号《宗镜录》,天下学者传诵焉。

可以知《宗镜录》编辑之因由。唯延寿著《宗镜录》有二动机。一为显祖佛同诠,二为示性相融合。此二动机通全篇一百卷,到处皆得看取。引证第三章云:

> 夫所目"宗镜"大旨焕然。前虽问答决疑,犹虑难信,上根才览,顿入总持之门,中下虽观,犹堕谤疑之地。今重为信力未深,识疑不断者,更引大乘经一百二十本,诸祖语一百二十本,贤圣集六十本,都三百本之微言,总一佛乘之真训,可谓举一字而摄无边教海,立一理而收无尽真诠,一一标宗,同龙宫之遍览,重重引证,若鹫巅之亲闻。普令眠云立雪之人坐参知识,遂使究理探玄之者,尽入圆宗。(《大藏经》,第二十九套,第九册,428页左)

对大乘经一百二十本，举诸祖语一百二十本，可证祖佛同诠，禅教一致。

第八节 祖佛同诠与禅教一致

禅者往往排斥经教，故延寿设问答通之。《宗镜录》卷一云：

> 问："若欲明宗，只合纯提祖意，何用兼引诸佛菩萨言教以为指南。"……答："从上非是一向不许看教，恐虑不详佛语，随文生解，失于佛意。……直了佛心，又有何过。只如药山和尚一生看《大涅槃经》，手不释卷。……且如西天上代二十八祖，此土六祖，乃至洪州马祖大师，及南阳忠国师、鹅湖大义禅师、思空山本净禅师并博通经论，圆悟自心，所有示徒，皆引诚证，终不出自胸臆，妄有指陈。"（同上书，第五册，3页左）

如斯延寿高唱祖佛同诠一心法而谓：

> 此一心法，理事圆备，是大悲父、般若母、法宝藏、万行原。……是以若了自心，顿成佛慧，可谓会百川为一湿，抟众尘为一丸，融镮钏为一金，变酥酪为一味。如《华严经》颂云：不能了自心，焉能知佛慧。（同上书，9页右）

第九节 大乘诸经皆说一心

更详论大乘诸经皆说一心云：

第二章 永明延寿之宗风及其杂行

如称《妙法莲华经》者，妙法即是绝待真心称之曰妙。莲华以出水无着为义，即喻心性随流堕凡，而不染垢，返流出尘而不着净，乃至下之七喻，比况皆同……若《信解品》内法喻之文，长者即是心王，穷子即是妄念。一念才起，五阴俱生，背觉合尘，名为舍父。伶俜五趣，号五十年。归家是返本还原，付财是悟心，得记三草二木，同会一心。（同上书，第六册，120页右）

名《大方广佛华严经》者，大方广者，是一心所证之法，佛华严者是一心能证之人。摄所归能，人法冥合，皆是一心。大者即是凡圣一心，真如体大，以真如性遍一切处故。方者即是真如相大，能具足无漏性功德故。广者即是真如用大，能生世出世间诸善根故。佛者是一心无作之果海，华者是一心万行之因门，严者是一心妙用之庄严，经者是一心真如无尽之妙理。如破尘所出之卷，仰空所写之文，乃至……一一皆是自心。（同上书，120页左）

名《维摩经》者，此云净名，即是一切众生，自性清净心，此心弗澄而自清，弗磨而自莹，处凡而不垢，在圣而不净，故云自性清净。所言名者，以心无形但有名故。文中所说，以四海之渺弥，摄归毛孔，用须弥之高广，内入芥中……斯皆自心转变，不动而远近俄分，一念包容，无碍而大小相入。（同上书，120—121页右）

《金刚般若波罗蜜经》者，即是本心不动，喻若金刚，般若真智乃灵台妙性，达此而即到涅槃彼岸，昧此而住生死迷津。文中所说，应无所住而生其心者，起念即是住着心，若不起万法无生，即心遍一切处。一切处遍心，如是了达，顿入自宗云云。（同上书，121页左）

第十节　会相归性

延寿虽融会性相，而其要处在会相归性。以是《宗镜录》中以华严圆教为最上乘，与贤首、清凉等之说全同。

问："此《宗镜录》何教所摄？"答："真唯识性，理无偏圆，约见不同，略分五教。一小乘教，唯说六识，不知第八赖耶。二初教，说有赖耶生灭，亦不言有如来藏。三终教，有如来藏，生灭不生灭和合为赖耶识。四顿教，总无六、七、八识等。何以故？以一心真实从本已来无有动念，体用无二是故无有妄法可显。五一乘圆教，说普贤圆明之智，不言唯识次第。又言佛子三界虚伪，唯一心作，亦摄入故。此宗则圆教所摄，乃是如来所说法门之根本，以如来依此心成佛故。"（同上书，第九册，423页右）

第十一节　永明之华严禅

延寿深信华严圆教，因之说禅与清凉、圭峰等无大差别。寿宗旨其可称华严禅乎？延寿唱禅教一致，似有所鉴于时弊。因此：

近代或有滥参禅门不得旨者，相承不信即心即佛之言，判为是教乘所说，未得幽玄。我自有宗门向上事在，唯重非心非佛之说。并是指鹿为马，期悟遭迷，执影是真，以病为法，只要门风紧峻，问答尖新，发狂慧而守痴禅，迷方便而违宗旨，立格量而

> 据道理，犹入假之金，存规矩而定边隅，如添水之乳。（同上书，第六册，124页右）

是言乃排斥暗证之禅师。

第十二节　列祖之列名及其语句

延寿《宗镜录》卷九十七，举禅门二十八祖之名并传法之偈，与《景德传灯录》对照，无不符合。盖其与《传灯》同据《宝林传》耶？同书举安心法门为达磨之说，此亦据《宝林传》耶？《传灯》不载安心法门，至《联灯会要》及《少室六门集》录之，真伪尚不能判，寿于史乃缺一只眼。如云：

> 菩提达磨……遂行化此土。宝志识是传佛心印观音圣人。（同上书，第五册，441页右）

揭非历史的事实，即其证也。寿言，不可率尔信之。又《万善同归集》卷六云：

> 《起世界经》云：佛言我遣二圣者，往震旦行化，一者老子，是迦叶菩萨；二者孔子，是儒童菩萨。（《续藏经》，第一辑，第二编，第十五套，第五册，473页左）

公然引证伪经，足示寿批评眼之不明。

《宗镜录》卷九十七记所见二祖慧可之言有：

> 第二祖可大师云，凡夫谓古异今，谓今异古，复离四大，更有法身，解时即今五阴心，是圆净涅槃，此心具足万行，正称大宗。(《大藏经》，第二十九套，第五册，441页左)

与他书不同，其意与二祖示向居士处合。

第十三节　四祖与五祖之语要

四祖道信之言，亦余书多不录。同书云：

> 第四祖道信大师云夫欲识心定者，正坐者知坐，是心知有妄起，是心知无妄起，是心知无内外，是心理尽归心。心既清净，净即本性，内外唯一心，是智慧相明了，无动心，名自性定。(同上)

举五祖弘忍之言：

> 第五祖弘忍大师云欲知法要，心是十二部经之根本，唯有一乘法。一乘者一心是，但守一心，即心真如门。一切法行，不出自心，唯心自知，心无形色。诸祖只是以心传心，达者即可，更无别法。又云一切由心，邪正在己，不思一物，即是本心。唯智能知，更无别行。(同上)

此亦诸书所不录，然见与六祖之宗旨符合。

第十四节　青原之法语

又记青原行思之语：

  吉州思和尚云，即今语言，即是汝心。此心是佛，是实相法身佛。经云有三阿僧祇百千名号，随世界应处立名，如随色摩尼珠，触青即青，触黄即黄，宝本色如指不自触，刀不自割，镜不自照，随像所现之处，各各不同得名，优劣不同。此心与虚空齐寿。若入三昧门，无不是三昧，若入无相门，总是无相，随立之处，尽得宗门，语言啼笑，屈伸俯仰，各从悔海所发，故得宗名。相好之佛是因果佛即实相佛家用。经云三十二相八十种好，皆从心想生。亦云法性家焰。又云法性功勋，随其心净即佛土净。诸念若生，随念得果，应物而现，谓之如来。随应而去，故无所求，一切时中更无一法可行。自是得法，不以得更得，是以法不知法，法不闻法，平等即佛，佛即平等，不以平等更行平等。故云独一无伴，迷时迷于悟，悟时悟于迷，迷还自迷，悟还自悟，无有一法不从心生，无有一法不从心灭，是以迷悟总在一心，故云一尘含法界。非心非佛者，真为本性过诸数量。非圣无辩，辩所不能言。无佛可作，无道可修。经云若知如来常不说法，是名具足多闻。即见自心，具足多闻故。草木有佛性者皆是一心，饭食作佛事，衣服作佛事故。（同上书，442页右）

此亦余书所不见。
  次举伏陀禅师之语谓：

> 籍教明宗，深信含生同一真性。凡圣一路，坚住不移，不随他教与道冥符，寂然无为，名为理入。(同上书，433页左)

此是菩提达磨之说，《续高僧传》等所载二入之一。其本据出《金刚三昧经》，伏陀亦为此说耶？伏陀当为佛陀，古来达磨与佛陀二传有混同之疑，且记之以俟后贤之是正。

第十五节　永明之著作

唯延寿一代鸿学，其于综合的天才，似天台智者。其统合判释一代时教，而归入一心法门之力量，禅门诸德中所稀见。寿立大誓愿，如昼夜课一百零八件之佛事，孜孜不倦实行之，真为一大行者，值为众所仰。清世宗帝《御制万善同归序》云：

> 近阅古锥言句，至永明智觉大师，观其《唯心诀》《心赋》《宗镜录》诸书，其于宗旨，如日月经天，江河行地，至高至明，至广至大，超出历代诸古德之上，因加封号为妙圆正修智觉禅师。其唱导之地，在杭之净慈，特敕地方有司，访其有无支派，择人承接，修葺塔院，庄严法相，令僧徒朝夕礼拜供养。诚以六祖以后，永明为古今第一大善知识也。(《续藏经》，第二编，第十五套，第五册，442页右)

所云非无不可。

第三章　首山省念之禅与道原之《传灯录》

临济派下有首山之省念，扬化代宗之代。念之门下麟游凤翥，以发一家隆昌之端。真宗之笃于奉佛，不让太宗。吴僧道原上《景德传灯录》，诏入大藏，流行天下，此为现在禅史最古者。

第一节　首山省念

临济义玄轮下出兴化存奖，奖之门出南院慧颙，颙之门出风穴延沼，既如前所叙。风穴窟中出一师子儿，是即首山省念。念，莱州（山东莱州府）人，俗姓狄，幼出家于本郡南禅寺得度，为人简重，专修头陀行，常诵《法华经》，丛林敬畏之，号念法华。风穴至，随众作止而已，无所参扣。延沼以为风穴一会堪任法道者无如念。一日升座曰："世尊以青莲目顾迦叶，正当是时，且道个什么？若宗不说而说，又成埋没先圣。"语尚未卒，念便下去。侍者进曰："念法华无所言而去，何也？"延沼曰："渠会也。"明日念偕真上座诣方丈，延沼问真曰："如何是世尊不说说？"对曰："鹁鸠树头鸣。"沼曰："汝作许多痴福何用？"乃顾念曰："何如？"对曰："动容扬古路，不坠悄然机。"延沼谓真曰："何不看渠语？"又一日升座，顾视大众，念便下去，沼即归方丈，由是声名振诸方。

第二节　首山之住持开法

首山在汝州（河南）城外荒远之处，省念居之为第一世，登其门者皆丛林精练之学侣，念必勘验之。故留者才二十余辈，然称天下法席之冠。及念法道远行，乃移宝安山广教院，亦为第一世。后徇众之请，老于城下之宝应院，即南院第三代也。三处法席，海众虽不多，而出汾阳善昭、叶县归省、神鼎洪諲、谷隐蕴聪、广慧元琏等禅伯，开济门隆昌之基。太宗帝淳化四年（993）十二月初四日升座辞众曰：

诸子谩波波，过却几恒河。观音指弥勒，文殊不奈何。

良久曰：

白银世界金色身，情与非情共一真。明暗尽时都不照，日轮午后示全身。

此日午后，泊然安坐而逝，寿五十八。

第三节　首山之门风

省念能得临济玄要，不辜负风穴之付托。

问如何是和尚家风？师云："一言截断千江口，万仞峰前始得玄。"（《续藏经》，第一辑，第二编，第二十三套，第二册，121页左）

问:"一切诸佛皆从此经出,未审此经从何而出。"师云:"低声低声。"僧云:"如何受持。"师云:"切不得染污。"(同上)

问:"作何行业,报得四恩、三有?"师云:"杀人放火。"(同上书,121页左—123页右)

问:"如何是佛?"师云:"新妇骑驴阿家牵。"僧云:"未审此语什么句中收。"师云:"三玄收不得,四句岂能该。"僧云:"此意如何?"师云:"天长地久,日月齐明。"(同上书,125页右)

足以见其平生之用处。

第四节　首山之三句与诸著语

念尝举唱三句云:

> 第一句荐得,堪与祖佛为师。第二句荐得,堪与人天为师。第三句荐得,自救不了。时有僧问:"如何是第一句。"师云:"大用不扬眉,棒下须见血。"僧云:"慈悲何在?"师云:"送出三门外。"问:"如何是第二句?"师云:"不打怎么驴汉。"僧云:"将接何人?"师云:"如斯争奈何?"问:"如何是第三句?"师云:"解问无人答。"僧云:"即今只对者是谁?"师云:"莫使外人知。"僧云:"和尚是第几句荐得?"师云:"月落三更穿市过。"(同上书,123页左—124页右)

念有四宾主、四照用、四料简之著语:

师出风穴四宾主语。僧云:"如何是宾中宾?"穴云:"攒眉看白云。"师别云:"去来长自在,不与白云齐。"问:"如何是宾中主?"穴云:"入市双瞳瞽。"师别云:"高声唱叫绕街行。"问:"如何是主中宾?"穴云:"回銮两辉新。"师别云:"定国安邦贺太平。"问:"如何是主中主?"穴云:"磨砻三尺剑,待斩不平人。"师别云:"收番猛将,寸草不留。"

师出四种照用语。问:"如何是先照后用?"师云:"南岳岭头云,太行山下贼。"问:"如何是先用后照?"师云:"太行山下贼,南岳岭头云。"问:"如何是照用同时?"师云:"收下南岳岭头云,捉得太行山下贼。"问:"如何是照用不同时?"师云:"昨日有雨今日晴。"

师出四宾主语,问:"如何是宾中宾?"师云:"青山绿水分。"问:"如何是宾中主?"师云:"棒下取分明。"问:"如何是主中宾?"师云:"退己让人。"问:"如何是主中主?"师曰:"斩尽不留身。"

师出四料简语。问:"如何是夺人不夺境?"师云:"人前把出,远送千峰。"问:"如何是夺境不夺人?"师云:"打了不曾嗔,冤家难解免。"问:"如何是人境两俱夺?"师云:"万人作一冢,时人尽带悲。"问:"如何是人境俱不夺?"师云:"问处分明答处亲。"师出德山三转语。于一句中各下三转。问:"如何是涵盖乾坤句?"师云:"大地雪漫漫。"又云:"普天匝地。"又云:"海底黄尘起。""如何是截断众流句?"师云:"不通凡圣。"又云:"泊合放过。"又云:"横身三界外。"问:"如何是随波逐流句?"师云:"要道便道。"又云:"有问有答。"又云:"此去西天十万八千。"(同上书,126页左—127页右)

第五节　真宗帝之保护佛教

真宗帝以咸平元年（998）登极，奉佛之念极笃，制《三藏圣教序》，著《崇释论》，注《遗教经四十二章经》。景德元年（1004）东吴僧道原进上《传灯录》三十卷，使翰林学士杨亿裁定颁行之。景德三年，孙奭奏请减省寺僧，断然斥之谓释道二门有助世教，人或偏见往往毁訾，假使僧道时有不检，安可时废。同四年诏，京城鬻酒肉者，并寺观百步之外，酤酒肉、五辛于僧道者罪。又臣寮奏愚民无知，佞佛弃财，蠹害政事，亦称佛教使人迁善，诚有其益安可禁之。且佛法所至甚广，虽荒服诸国皆知信奉而斥之。大中祥符元年诏禁寺观阶上，人民之祖露坐卧。同三年诏于京师太平兴国寺，立奉先甘露戒坛，天下诸路皆立戒坛凡七十二。京师慈孝寺别立大乘戒坛，同四年幸洛阳龙门山广化寺，瞻礼无畏三藏之塔，复幸白马寺，拜摩腾三藏真身，赐黄金三千两于峨眉山普贤寺，设三万僧斋，每岁上元车驾诣寺观三十余处，及百拜已上。天禧三年度僧二十三万百二十七人，尼万五千六百四十三人。天禧五年度僧三十九万七千六百十五人，度尼六万一千二百四十人。五天竺三藏渡来者多，皆无不受其优遇。

帝注心祖道，据《释氏稽古略》卷四《制修心偈赐译经院》曰：

初祖安心在少林，不传经教但传心。从人若悟真如性，密印由来妙理深。

第六节　道原之《传灯录》

《景德传灯录》著者，道原之传未详。《天圣广灯录》卷二十七言苏州承天永安道原禅师者，天台德韶之资，相当于清凉文益之孙。李遵勖单录道原之语，不言其为《传灯》著者。《五灯会元》卷十，亦举道原之名，同书目录记永安道原禅师进《景德传灯录》《五灯严统》《五灯全书》等皆从之。德韶以宋太祖帝开宝五年寂，从同年至景德元年经三十三载，此正相当道原出世之时，因此苏州承天永安之道原，实如为《景德传灯录》之著者。然据清长乐郑昂所草《景德传灯录跋》有：

> 右《景德传灯录》本住湖州铁观音院僧拱辰所撰。书成将游京师，投进途中与一僧同舟，因出示之。一夕其僧负之而走，及至者则道原者已进而被赏矣。此事与郭象窃向秀《庄子注》同。拱辰谓吾之意欲明佛祖之道耳。夫既行矣，在彼在此同，吾其为名利乎？绝不复言，拱辰之用心如此。

第七节　《传灯录》跋文之误谬

准此说则《传灯》为拱辰所著，道原非为法贼不可。仍按《建中靖国续灯录》卷八，湖州西佘山有拱辰禅师者，《续传灯录》卷九亦有安吉州西佘山拱辰禅师者。明之安吉州即宋之湖州，�拱辰实金山达观昙颖之嗣。拱辰年代虽未详，依其师《昙颖传》，颖以宋仁宗帝嘉祐五年寂，其寿七十五，从嘉祐五年溯景德元年，正得五十七载。然则

《传灯录》成之日,昙颖十九岁,况如其嗣拱辰,必为乳臭之儿,何以得辑《传灯》三十卷哉!《续传灯录》所载拱辰传,记辰著《祖源通要》三十卷,郑昂殆以之混同《传灯》者耶?

第八节　杨亿之参禅

《景德传灯录》是为翰林学士杨亿等奉敕裁定,既言之矣。同书虽误谬不少,却为现存最古之禅史,应加尊重。杨亿,字大年,建州蒲城人,自幼有少名,尚未信佛。一日见同僚读《金刚经》,笑且罪之,彼读自若。亿疑曰,此岂出孔孟右乎,何侫之甚?因阅数版,憞然,乃稍敬信。及出为汝州守,参同州广慧院之元琏。琏,首山省念之法子也,亿、琏二人问酬之语,载《居士分灯录》卷上。据《天圣广灯录》卷十八所记杨亿书因琏之指教蒙滞顿释,半岁之后旷然弗疑,如忘忽记,如睡忽觉,平昔碍膺之物曝然自落,积劫未明之事爞尔现前云。亿有与当时禅匠对扬之语,见《居士分灯录》卷上。《天圣广灯录》卷十八云:

> 杨亿举《肇论》云:"会万物为己者,其唯圣人乎?如今山河大地,树木人物拟地,是同是别。若道同去,是他头头物物,各各不同。若道别去,他古人又道,会万物为己,且恁生会?只如教中说,若有一人发真归源,十方虚空一时销陨。古德亦云,若人识得心,大地无寸土,此是甚道理?直下尽十方世界,是汝一只眼,一切诸佛、天人、群生类,尽承汝威光建立,须是信得乃方得。"

可以验亿之力量。亿临终前一日,亲写一偈,与家人令来日送达其友李遵勖。偈曰:

> 沤生与沤灭,二法本来齐。欲识真归处,赵州东院西。(《天圣广灯录》卷十八;《续藏经》,第二编乙,第八套,第四册,390页右)

据《宋史》卷三百五《杨亿传》,是真宗帝天僖四年(1020)十二月卒,寿五十七。

第四章　汾阳善昭之施设与
　　　　大阳警玄之门庭

继永明延寿而为禅道烂熟时代的代表者为首山之神足汾阳善昭。昭于思想无出格之分，其言谓千说万说，不如自见分明，当下超凡入圣，不被众魔惑乱，唤作大事已办。释尊唤作妙明真性，不假庄严，会取，免得妄认缘尘，虚过时光。列三诀、四句、十智同真等许多闲家具而为混沌凿窍者，昭也。曹洞门下大阳警玄，以是时出世。玄言云：断尽有无两头，凡圣情尽，体露真常，事理不二，即如如佛也。

第一节　汾阳善昭

首山省念之嗣善昭，太原（山西省太原府）人，俗姓俞，器识宏邃，少缘饰，有大才，不待师训而通晓文字。年十四父母相继逝，厌孤贫尘境，剃发后，杖策游方，所至少淹留，不喜游山玩水，或有讥其不韵者，昭叹云从上先德，行脚正以圣心未通，驰求抉择而已，与山水无缘也。历参诸方老宿七十一员，皆得其家风，就中尤喜曹洞宗风，谒襄州石门山惠彻。彻嗣石门献蕴，为洞山良价之三世孙。（洞山——青林——石门献——石门彻……《传灯录》）（洞山——云居——同安丕——同安志——梁山观——石门彻……《广灯录》）盖当

时洞门之魁奇者。昭乃作五位偈示之,曰:

> 五位参寻切要知,纤毫才动即差违。金刚透匣谁能晓,唯有那吒第一机。举目便令三界静,振铃还使九天归。正中妙挟通回互,拟议锋芒失却威。

彻抚掌称善。

第二节 汾阳与首山

虽然昭疑临济之儿孙有奇处,最后诣首山问:"百丈卷席意旨如何?"首山曰:"龙袖拂开全体现。"昭曰:"师意如何?"山曰:"象王行处绝狐踪。"于是有省。拜起曰:"万古碧潭空界月,再三捞摝始应知。"由是服勤久后,辞游湘衡(湖南)之间,长沙太守张茂宗,以四名刹请昭,使择居之。昭笑遁去。北抵襄沔,寓止白马。太守刘昌言闻之参谒。时洞山、谷隐皆虚席,太守请昭择之,昭以手揶揄曰:"我长行粥饭僧,传佛心宗非细职也。"虽前后八请,坚卧不答。

第三节 汾阳之住山

太宗帝淳化四年首山入灭,西河道俗千余人,协心削牍,遣沙门契聪迎请,住汾州(山西汾州府汾阳县)太平寺太子院。昭闭关高枕。聪排闼入让之曰:"佛法大事,静退小节,风穴惧应谶,忧宗旨坠灭,幸而有先师。先师已弃世,汝有力荷担如来大法者,今何时而欲安眠哉!"昭蹶起握聪手曰:"非公不闻此语,趋辨严,吾行矣。"既至太子院一榻宴坐，足不越门者二十年，天下道俗，慕仰而不敢名，同称汾阳。龙德府尹李遵勖为昭旧知，请昭住潞州（山西潞安府潞城县），汾州官民洒涕遮留，既而俞诺，互陈筵供为饯。遂召李氏专使曰："暂赴厨馔，馔毕来取回书。"食毕诣之，俄然睹圆寂，阅世七十八。

第四节　汾阳之末后

李氏亲于《广灯录》卷十六、《善昭末后记》云：

> 师在汾州，因驸马都尉李遵勖，致请潞州承天禅院开堂。彼方官民，洒涕遮留，既而俞诺，互陈筵供为饯，遂召专使谓曰："暂赴厨馔，馔毕来取回书。"食毕诣之，俄睹不起于座，而趣圆寂矣。（《续藏经》，第一辑，第二编乙，第八套，第四册，376页左）

此实说也。而后世《续传灯录》等诸书，附之蛇足云：

> 龙德府尹李侯与师有旧，虚承天寺致之，使三反不赴。使者受罚。复至曰："必欲得师俱往，不然有死而已。"师笑曰："老病业已不出山，借往当先后之，何必俱耶？"使曰："师诺，则先后惟所择。"师乃令设馔，且俶装。告众曰："老僧去也，谁人随得？"一僧出云："某甲随得。"师曰："汝日行几里？"僧曰："五十里。"师曰："汝随我不得。"又一僧出云："某甲随得。"师曰："汝日行几里？僧云："七十里。"师云："汝也随我不得。"侍者出云："某甲随得，但和尚到处，某甲即到。"师曰："汝却随得老僧。"言讫谓使者曰："吾先行矣。"停箸而逝。侍者即立化。（《续藏经》，

第一辑，第二编乙，第十五套，第二册，140页右—左）

照寂年《旧录》无一记，《佛祖通载》卷二十七、《释氏稽古略》卷四作仁宗帝天圣二年（1024），《宗统编年》卷二十作天圣元年。淳化四年首山省念弃世，尔后善昭住汾阳三十年，乃知前记二说，虽不中不远矣。

第五节　关于汾阳之怪谈

李遵勖又在《广灯录》卷十六叙云：

师因北地寒，僧众难立，云："且住小参候春暖。"不经旬日，忽有一僧，两耳带环，手持金锡，来到方丈，云："和尚何得住却小参，众中自有不惮寒暑为佛法者，当中见有六人是法器。"言讫而退，不知处所。师却小参，乃成一颂：

胡僧金锡光，请法照汾阳。六人成大器，今我为提纲。（《续藏经》，第二编乙，第八套，第四册，374页左）

而《古尊宿语录》卷十云：

汾州在河东，地苦寒，立者往往足指坠。师因罢夜参。一日宴坐，有异僧仗锡乘云而至。问曰："和尚何故罢夜参？"师答以苦寒之故。异僧云："和尚会下有六人成大器，愿勿惜法施。"言讫乘云而去。师明日升座，记以偈曰："胡僧金锡光，为法到汾阳。六人成大器，劝请为宣扬。"自此夜参遂不复罢。时楚圆、

守芝、慧觉、智圆、谷泉、齐举等俱在座下,丛林知名。(《续藏经》,第一辑,第二编,第二十三套,第二册,136页右—左)

盖故作怪谈者耶？汾阳会下出六人大器则史实也。

第六节　汾阳之思想

善昭之思想无特胜于他者：

　　上堂云:"一切众生,本源佛性。譬如明月当空,只为浮云遮障不得显现。"(同上书,137页右)

　　示众云:"千说万说,不如自见分明。当下超凡入圣,不被众魔惑乱,唤作大事已办。但有来者,到你面前,一个伎俩也用不得,所以赵州云：老僧只管看这里,不是个择法眼。释尊唤作妙明真性,不假庄严。会取免得妄认缘尘,虚过时光。"(《续藏经》,第一辑,第二编乙,第九套,第四册,311页右)

所云禅门一般之思想而已。

第七节　三诀、三句、三玄和三要

善昭遍参诸方家风,自有所得。门庭施设,有几多之闲家具。

第一　三诀
汾阳有三诀,衲僧难辨别。更拟问如何,柱杖劈头楔。

颂云:

第一诀　接引无时节,巧语不能诠,云绽青天月。

第二诀　舒光辨贤哲,问答利生心,拔出眼中楔。

第三诀　西国胡人说,济水过新罗,北地用镔铁。(同上书,第二编,第二十三套,第二册,135页左)

第二　三句

问:"如何是学人着力处?"师曰:"嘉州打大象。"

曰:"如何是学人转身处?"师曰:"陕府灌铁牛。"

曰:"如何是学人亲切处?"师曰:"西河弄师子。"(同上)

第三　三玄、三要

颂云:

三玄三要事难分,得意忘言道易亲。

一句明明该万象,重阳九日菊花新。(同上)

三玄颂云:

第一玄　法界广无边,森罗及万象,总在镜中圆。

第二玄　释尊问阿难,多闻随事答,应器量方圆。

第三玄　直出古皇前,四句百非外,阎氏问丰干。(同上书,136页右)

《人天眼目》卷一举汾阳三要颂:

第一要　根境俱忘绝朕兆,山崩海竭洒飘尘,荡尽寒灰始得妙。

第二要　钩锥察辨呈巧妙,纵去夺来掣电机,透匣七星光晃耀。

第三要　不用垂钩并下钓，临机一曲楚歌声，闻者尽教来反照。(《续藏经》，第二编，第十八套，第五册，417页右)

第八节　四转语与四喝

第四　四转语

"如何是接初机底句？"师曰："汝是行脚僧。""如何是辨衲僧底句？"师曰："西方日出卯。""如何是正令行底句？"师曰："千里持来呈旧面。""如何是立乾坤底句？"师曰："北俱庐州长粳米，食者无贪亦无嗔。"

乃曰："将此四转语验天下衲僧，才见你出来验得了也。"(同上书，135页左)

第五　四喝

《人天眼目》卷一举汾阳四喝之颂：

金刚宝剑最威雄，一喝能摧万仞峰。遍界乾坤皆失色，须弥倒卓半空中。

金毛踞地众威全，一喝能令丧胆魂。岳顶峰高人不见，猿啼白日又黄昏。

词锋探草辨当人，一喝须知伪与真。大海渊澄涵万象，休将牛迹比功深。

一喝当阳势自彰，诸方真有好商量。盈衢溢路歌谣者，古往今来不变常。(同上书，417页左)

第九节　四宾主与五位

卷十一举四宾主之语。

第六　四宾主

"如何是宾中宾？"师云："合掌庵前问世尊。"

"如何是宾中主？"师云："对面无俦侣。"

"如何是主中宾？"师云："陈云横海上，拔剑搅龙门。"

"如何是主中主？"师云："三头六臂擎天地，忿怒那吒扑帝钟。"（《续藏经》，第二编乙，第九套，第四册，311页左）

第七　五位

师因颂五位才毕，便有僧问："如何是正中来？"师云："旱地莲华朵朵开。"学云："开后如何？"师云："金蕊银丝承玉露，高僧不坐凤凰台。"问："如何是正中偏？"师云："玉兔就明初夜后，金鸡须报五更前。"问："如何是偏中正？"师云："毫末成大树，滴水作江河。"问："如何是兼中至？"师云："意气不从天地得，英雄岂借四时推。"问："如何是兼中到？"师云："玉女抛梭机轧轧，石人打鼓响薛薛。"

逐位颂

正中来。金刚宝剑拂天开，一片神光横世界，晶辉朗耀绝尘埃。

正中偏。霹雳锋机着眼看，石火电光犹是钝，思量拟议隔千山。

偏中正。看取轮王行正令，七金千子总随身，途中犹自觅金镜。

兼中至。三岁金毛牙爪备,千邪百怪出头来,哮吼一声皆伏地。

兼中到。大显无功休作造,木牛步步火中行,真个法王妙中妙。(同上书,137页左)

第十节　六相与十智同真

第八　六相

见是阿那律,分明无一物。大地及山河,演出波罗蜜。
闻是跂难陀,声通总莫过。远近一齐了,更不念摩诃。
香是殃伽女,慈悲心遍普。净秽尽能知,即此我人母。
味是憍梵钵,甜苦寻常说。入口辨辛酸,恰似当天月。
触是瞬若多,善恶总能和。屠割无嗔喜,只个是弥陀。
意是大迦叶,毗卢俱一法。幽室显然分,枝派千花叶。(同上)

第九　十智同真

《联灯会要》卷十一举十智同真:

示众云:"夫说法者,须具十智同真。若不具十智同真,邪正不辨,缁素不分,不能与人天为眼目,决断是非。如鸟飞空而折翼,如箭射的而断弦。弦断故射的不中,翼折故空不可飞。弦壮翼牢,空的俱彻。作么生是?十智同真与诸上座点出。

一同一质,二同大事,三总同参,四同真智,五同遍普,六同具足,七同得失,八同生杀,九同音吼,十同得入。(《续藏

经》，第二编乙，第九套，第四册，310页左）

第十一节 十八问

《人天眼目》卷二举汾阳之十八问：

第十 十八问

汾阳云，大意除实问、默问难辨，须识来意。余者总有时节，言说浅深，相度祗应，不得妄生穿凿，彼此无利益，虽是善因而招恶果，切须仔细。

请益　僧问马祖："如何是佛？"祖云："即心是佛，赵州云殿里底。"

呈解　问龙牙："天不能盖，地不能载时如何？"牙云："道者合如是。"

察辨　问临济："学人有一问：'在和尚处时如何？'"济云："速道，速道。"僧拟议，济便打。

投机　问天皇："疑情未患时如何？"皇云："守一非真。"

偏僻　问芭蕉："尽大地是个眼睛，乞师指示？"蕉云："贫儿遇馊饭。"

心行　问兴化："学人皂白未分，乞师方便？"化随声便打。

探拔　问风穴："不会底人为甚么不疑？"穴云："灵龟行陆地，争兔曳泥踪。"

不会　问玄沙："学人乍入丛林，乞师指示。"沙云："汝闻偃溪水声么？"僧云："闻。"沙云："从这里入。"

擎担　问老宿："世智辨聪总不要拈出，还我话头来。"宿便打。

　　置　问云门："瞪目不见边际时如何？"门云："鉴。"

　　故　问首山："一切众生皆有佛性，为甚么不识？"山云："识。"

　　借　问风穴："大海有珠，如何取得？"穴云："罔象到时光灿烂，离娄行处浪滔天。"

　　宝　问三圣："学人只见和尚是僧，如何是佛是法？"圣云："是佛是法，汝知之乎？"

　　假　问径山："这个是殿里底，那个是佛？"山云："这个是殿里底。"

　　审　问祖师："一切诸法本来是有，那个是无？"答云："汝问甚分明，何劳更问吾。"

　　征　问睦州："祖师西来当为何事？"州云："你道为何事？"僧无语，州便打。

　　明　外道问佛："不问有言，不问无言。"世尊良久，道云："世尊大慈大悲开我迷云，令我得入。"

　　默　外道到佛处，无言而立。佛云："甚多外道。"道云："世尊大慈大悲，令我得入。"

　　凡有学人偏僻言句，或盖或覆，将来辨师家眼目，或呈知见，擎头戴角，一一试之，尽皆打得。只为当面识破，或贬或褒，明镜临台，是何精魅之可现，何有妖狐，能隐本形者也。(《续藏经》，第二编，第十八套，第五册)

第十二节　汾阳颂古之权舆

善昭又拟咏史、颂古则，此为禅门颂古之权舆。试举其一二例。一：

二祖问达磨："请师安心。"磨云："将心来与汝安。"祖云："觅心不可得。"磨云："与汝安心竟。"

九年面壁待当机，立雪齐腰未展眉。恭敬愿安心地法，觅心无得始无疑。

六祖问让和尚："甚么处来？""嵩山安和尚处来。"祖云："甚么物怎么来？""说似一物即不堪。"祖云："还假修证也无？""修证即不无，污染即不得。"祖云："只此不染污，是诸佛之护念，汝善护持。"

因师顾问自何来，报道嵩山意不回。修证即无不污染，拨云见日便心开。（《续藏经》，第一辑，第二编，第二十五套，第一册，56页左）

《汾阳善昭禅师语录》卷中举昭颂古百首，最后有都颂。

先贤一百则，天下录来传。难知与易会，汾阳颂皎然。空华结空果，非后亦非先。普告诸开士，同明第一玄。（同上书，63页左）

善昭善设机关诘问学者令解之。诘问一百则，则其证也。

诘问一百则，逐一代之于后。

问："风无象形，为什么水轮持上？"代云："力不亏。"

问："地无遍党，为什么高下不平？"代云："显然。"

问："火在木中，为什么不烧本体？"代云："坏不得。"

问："佛身无，为什么双林入灭？"代云："示。"（同上书，63页左）

此其一例也。

第十三节　临济宗之烂熟

临济法道至汾阳而呈烂熟之状，接人机关，说法之要机，宗乘之义门，修证之标准，无一不备。此固好事，然而好事多磨，即为混沌凿窍，璞玉浑金之宗风，剖析支离，终驯致坠于机落于型之弊。惜哉！盖与洞山法道，至曹山而剖析支离，生坠于机，落于型之弊同一辙也。

第十四节　同安丕

在曹洞门下云居道膺以后，道声闻者少。道膺之嗣有洪州凤栖山之同安丕。《景德传灯录》卷二十：

> 问："如何是和尚家风？"师曰："金鸡抱子归霄汉，玉兔怀胎向紫微。"曰："忽遇客来将何祗待？"师曰："金果早朝猿摘去，玉华晚后凤衔归。"

其他录数则之语而已，毫不记其本贯住山寂灭之岁时。《联灯会要》卷二十五亦然。《五灯会元》卷十三：

> 问："才有言诠尽落今时，不落言诠，请师直说。"师曰："木人解语非干古，石女抛梭岂乱丝。"

不过增加云云之语。

第十五节　同安志

同安丕之嗣有同安志，《景德传灯录》卷二十三作洪州同安威之嗣，缺机缘语。《联灯会要》卷二十六订正之，编入同安丕之嗣，录下语：

> 问："一机不到如何举唱？"师曰："遍处不逢，玄巾不失。"问："凡有言句尽落今时，学人上来请师直指。"师云："目前不现，句后不迷。"云："向上事如何？""师云："迥然不换，标的即乖。"

志之传尚未全明。《嘉泰普灯录》卷一云：

> 隆兴府凤栖同安第二代志禅师（嗣同安丕）侍先同安之久。丕将顺世，上堂谓众曰："多子塔前宗子秀，五老峰前若何？"如是三举。师出应云："夜明帘外排班立，万里歌谣道太平。"丕曰："须是这驴汉始得。"即以院付师，端然而逝。师继席云云。

更附细注云：

> 以湖州宗派并曹洞宗旨考之，洞山价出云居道膺，膺出同安丕，丕出同安志。今《传灯》等列志在同安威下。按威之嗣曰九峰满。威与云居膺皆嗣洞山，若列志在威下误矣。(《续藏经》，第

一辑,第二编乙,第十套,第一册,22页左)

《五灯会元》卷十四等诸书从之。

第十六节 梁山观

同安志之嗣有郎州景山(四川)之缘观。《景德传灯录》卷二十四云:

问:"如何是和尚家风?"师曰:"资杨水急鱼行涩,白鹿松高鸟洎难。"

云云之语及记下之二颂而已。

梁山一曲歌,格外人难和。十载访知音,未尝逢一个。
红焰藏吾身,何须塔庙新。直人相肯重,灰里邈全真。

《联灯会要》卷二十七,有缘观示众语云:

示众云:"停机罢赏,匿迹潜踪。竹户茅堂,眠云卧月。青松碧涧,枕石漱流。道不属修,无心自悟。谈玄唱道,莫非云水高人,鸟道无踪,乃是道人行履。谈玄则不挂唇吻,履践则鬼神难觅。悟之则刹那成佛,迷之则永劫生死,有疑即决,不可守株待兔,抱拙守愚,潦倒无成,空延岁月。"

《五灯会元》卷十四亦同此。盖缘观气节清高，超然尘外不混众侣。当时参玄之人能升其堂者稀，其语多逸而不传，不能知其思想之全貌，是为遗憾。

第十七节　大阳警玄

梁山观有一嗣，郢州（湖北安陆府钟祥县）大阳山警玄是也。《景德传灯录》卷二十六只记其数则之语，其详传全缺。《天圣广灯录》卷二十四列梁山观之法嗣六人，然不载警玄传。慧洪《禅林僧宝传》卷十三始录其史实云：

> 禅师名警玄，祥符中，避国讳，易为警延，江夏张氏子也。其先盖金陵人，仲父为沙门，号智通，住持金陵崇孝寺。延往依以为师，年十九为大僧。听《圆觉了义经》，问："讲者何名圆觉？"讲者曰："圆以圆融有漏为义，觉以觉尽无余为义。"延笑曰："空诸有无，何名圆觉。"讲者叹曰："是儿齿少而识卓如此，我所有，何足以益之。政如以秽食置宝器，其可哉！"通知之命使游方。初谒鼎州梁山观禅师，问："如何是无相道场？"观指壁间观音像曰："此是吴处士画。"延拟进语，观急索曰："这个是有相，如何是无相底？"于是延悟旨于言下，拜起而侍。观曰："何不道取一句？"延曰："道即不辞，恐上纸墨。"观笑曰："他日此语上碑去在。"延献偈曰：

> 我昔初机学道迷，万水千山觅见知。明今辨古终难会，直说无心转更疑。蒙师点出秦时镜，照见父母未生时。如何觉了何所得，夜放乌鸡带雪飞。

观称以为洞上之宗可倚。……时声价籍甚。观殁,辞塔出山,至大阳,谒坚禅师,坚欣然让法席使主之,退处偏室,延受之。咸平庚子岁(真宗帝元年,1000年)也。……延神观奇伟,有威重,从儿稚中,即日一食。自以先德付受之重,足不越限,胁不至席者五十年,年八十,坐六十一夏,叹无可以继其法者,以洞上旨诀寄叶县省公之子法远,使为求法器传续之。……延以天圣五年(仁宗帝五年,1027年)七月十六日升座辞众。又三日以偈寄王曙侍郎,其略云:"吾年八十五,修因至于此。问我归何处,顶相终难睹。"停笔而化。

赞曰:延嗣梁山观,观嗣同安志,志嗣同安丕,丕嗣云居膺,膺于洞山之门为高弟也。余观大阳盛时,有承剖两衲子号称奇杰,卒至于不振惜哉!微远录公则洞上正脉几于不续矣。呜呼!延之知人可以无愧也。(《续藏经》,第一辑,第二编乙,第十套,第三册,248页右—左)

第十八节 大阳之语要

同书出警玄语:

谓众曰:"廓然去,肯重去,无所得心去,平常心去,离彼我心去,然后方可。所以古德道,牵牛向溪东放,不免纳官家徭役;牵牛向溪西放,不免纳官家徭役;不如随分纳些些,渠总不妨免致捞扰,作么生是,随分纳些些底道理。但截断两头有无诸法,凡圣情尽,体露真常,事理不二,即如如佛。若能如此者,法法无依,平等大道,万有不系,随处转辘辘地,更有何事。"(同上)

由是观之，玄之思想全与百丈相似。

第十九节　大阳之三句

《联灯会要》卷二十七举玄之三句：

> 示众云："诸禅德须明平常无生句，妙玄无私句，体用无尽句。第一句通一路，第二句无宾主，第三句兼带去。"……"如何是平常无生句？"师曰："白云复青山，青山顶不露。""如何是玄妙无私句？"师云："宝殿无人不侍立，不种梧桐免凤来。""如何是体明无尽句？"师云："手指空时天地转，回途石马出纱笼。"

第二十节　大阳与浮山之关系

《五灯会元》卷十四叙警玄嘱法远之状云：

> 年八十，叹无可以继者，遂作偈并布履布直缀寄浮山远禅师，使为求法器。偈曰：
> 杨广山头草，凭君待价焞。异苗飞茂处，深密固灵根。
> 偈尾云：得法者，潜众十年方可阐扬。远拜而受之，遂赞师像曰："黑狗烂银蹄，白象昆仑骑。于斯二无碍，木马火中嘶。"天圣五年七月十九日寂。

《佛祖通载》卷二十七所记与《禅林僧宝传》同，《宗统编年》卷二十云：

第四章　汾阳善昭之施设与大阳警玄之门庭

按洞宗第七世祖投子青，以熙宁六年还龙舒，道俗请住白雪海会寺，计其得法之岁，至此适十年，以符大阳之记。是投子青祖受法于浮山时，乃英宗治平初年也。即以是年绍统，从天圣五年至嘉祐八年癸卯，中间三十七年，洞上宗统阙焉，载籍昭然，书以存信。(《续藏经》，第一辑，第二编乙，第二十套，第二册，146页右）

警玄之嗣，《天圣广灯录》卷二十五列惠海、清剖、机聪、归喜、智聪、审承、隆、显如、处仁九人，《联灯会要》卷二十八又列义青、鹏二人。《五灯会元》卷十四加灵运、与慧二人。《续传灯录》列二十五人之名，然则大阳之法，并非中绝，《宗统编年》之说非也。

第五章 天台教观之复兴与
禅者教家之相互交涉

当是时天台教观，向中兴之运，出如四明之智礼、孤山之智圆等硕学。禅家而学于教者，有如瑞鹿之遇安、雁荡之愿济，生教禅兼学之风，发祖道衰亡之端，如长水子璿参琅琊之惠觉，乃示同一思潮者。

第一节 螺溪义寂

天台教观衰废于荆溪湛然灭后，到宋因螺溪义寂之力而见恢复之曙光。据《释门正统》卷二，荆溪门人有道邃，邃门人有广修，广修门人有物外，物外门人有元琇，琇门人有清竦，清竦门人有义寂，此即螺溪法师也。《释门正统》卷二《义寂传》云：

> 初智者所说教迹，自安史挺乱以来，会昌籍没之后，当时硕德，但握半珠，隐而不曜，所有法藏，多流海东。师痛念本折枝摧，力网罗之。先于金华古藏中，仅得《净名》一疏而已。后以钱忠懿王览内典，昧于教相，请扣韶禅师，韶称师洞明台道。王召师建讲，遣使抵日本，求其遗逸，仍为造寺，赐号净光。追谥九祖尊者。台道郁而复兴，师之力也。(《续藏经》，第一辑，第二

编乙,第三套,第五册,381页右)

太宗帝雍熙四年舍报,年六十九,所著《止观义例》《法华十妙不二门科节》各数卷,逸而不传,得法弟子百余人,义通为其上首。

第二节 义 通

义通者,高丽国君之裔,晋天福中,游天台,后谒螺溪领圆顿之旨,不久道声闻四方。钱忠懿王问心法要门,请为戒师。漕使顾承徽于明州舍其第为传教院居之,至太宗帝太平兴国中改赐宝云寺号,演教观者二纪,著述颇多,唯《观经疏记》《光明赞释》存名目而已。太宗帝端拱元年入寂,寿六十二,门人及门升堂者不可胜记。知礼、遵式为其上首。知礼即天台中兴,被称为四明尊者法智大师。遵式者,下竺忏主是也,此为天台之正宗。

第三节 四明知礼与山外派之论争

知礼,四明人,七岁丧母,以太平兴国寺洪选为师出家,二十受台教于义通,义通归寂后,讲徒群至。太宗帝淳化中,住本郡承天,经四祀迁延庆,事讲忏四十余载。《释门正统》卷二《知礼传》云:

初景德间,《光明玄义》有广略二本,抗行于世。时慈光恩师(晤恩也。恩,志因之嗣;因,义寂之嗣)制发挥记,解释略本,乃识广本有《十法观心》等文,盖后人擅添,遂以四失评之。又其弟子清、敏(源清、洪敏)二师共构难词,辅成其义,欲废广本。宝山信致书请师辨折。师曰:"夫评是议非,近于争竞,非我志也。矧二公乃吾宗先达,焉可率尔拒之。"信重请曰:"法鼓竞鸣,何先何后?"师逊让不获,遂有扶宗释难之作,力救广本《十法观心》等文,及斥不解发轸拣境之非,观成历法之失。清弟子梵天昭(庆昭)、孤山圆(智圆)又撰辨讹,驳释难之非,救发挥之得。于是两家构词设难,往复各五,绵历七载犹未已也。师遣门人本如与之讲论,其说卒能取胜。其后法孙继忠攒结前后十番之文,名曰《十义书》焉。又如《三千具造定境了法用观》等义,实为后学指南,盖台衡之道,将付寒灰,得师中兴,何啻回天之力。(同上书,383页右)

第四节　知礼之徽号与入寂

真宗帝咸平三年夏大旱,知礼与遵式同修护国金光明三昧忏,三日有大雨。真宗帝天禧元年,师年几耳顺,乃偕十僧誓修法华三昧,满三年,欲烧身供养《妙法莲华经》,翰林学士杨亿闻之,以书坚请住世,令郡守李夷庚保护。天禧四年宰相寇准等奏知礼行业及遗身事,帝曰:"但传朕意,请留住世,特赐号'法智'大师。"知礼将示灭,结十僧修大悲忏三年,又修光明忏七日,以为顺寂之期,及五日,正坐嘱门人曰:"生必有死,盖常分耳,汝等当勤修道,勿令有间,从吾之训犹吾生也。"语毕,骤称弥陀佛号数百声,奄然而化。仁宗帝天圣六年(1028),寿六十九。门人升堂者千余,则全、觉琮、本如、崇矩、仁岳、慧才、梵臻、尚贤等为上首,著述行世者有《光明玄义舍遗记》《光明文句记》《观无量寿经疏钞》《观音玄义记》《观音疏记》《不二门指要钞》《扶宗释难》《千手千眼大悲心咒行法忏仪》等。

第五节 遵 式

知礼之同门遵式，天台人，出家后，诣国清寺普贤像，炪一指誓传天台教观，受学于义通。通寂后，苦学感疾，修消伏咒法即愈。太宗帝淳化初，居宝云，讲《法华》《维摩》《涅槃》《金光明》四大经。太宗帝至道中修净业，作《念佛三昧咏》及《誓生西方记》。真宗帝大中祥符八年，西渡至杭州复古灵山寺，即隋高僧真观讲《法华》地，刺史薛颜请居之，由是再建殿宇。祥符九年，天台僧正慧思至京，奏遵式名，赐紫服。时王钦若罢相抚杭州，一日访式为方外之游，奏其道风，赐号慈云大师。章献太后遣使赍白金百两使为国修忏。式上《护国金光明三昧仪》一卷。时真宗帝乾兴元年也。因奏，乞将天台教文入大藏，内臣杨怀古重师之德，复奏之，仍于仁宗帝天圣四年诏许入藏流行。天竺寺沙门思悟焚身报恩。天圣九年，讲《净名经》，次与众诀别。翌明道元年示疾，寿六十九而逝，弟子垂百人，禀法者二十人，式之嗣出明智大师祖韶、海月禅师慧辨、辨才法师元净。

第六节 山外派之晤恩

荆溪五传至清竦。竦，天台人，其弟子有志因、义寂，既述之矣。志因之嗣有晤恩，姑苏常熟人。后晋开运中，谒志因于钱塘之慈光，洞晓台教玄微，先是天台教典文义残缺，幽旨扫地。恩寻绎十妙之始终，研核五重之旨趣，讲大部二十余周，使《法华》大旨昭著于世。太宗帝雍熙三年卒，寿七十五。晤恩之嗣有源清，清之下出智圆，即孤山法师也。

第七节　孤山智圆

　　智圆，钱塘人，二十一见源清于奉先，受学二年。会清去世，叹天台宗教之衰颓，留意撰述，住西湖孤山，学者如市。凡智者之说，荆溪所未记者悉能记之，祖述龙猛，宪章文思，以三观之旨会同群经几及百万言。圆早婴痼瘵，自号病夫，著《病夫传》，然讲道不倦，亦不废吟哦，集草稿曰病课。真宗帝乾兴元年（1022），自作祭文及挽词三章而卒，享年四十七。所著《文殊说般若经疏》《般若心经疏》《不思议法门经疏》《弥陀经疏》《遗教经疏》《瑞应经疏》《普贤行法经疏》《无量义经疏》《涅槃三德指归疏》《兰盆撝华钞》《西资钞》等一百二十余卷，世号十本疏主。门人集平昔杂著六十卷题曰《闲居编》。智圆同门有庆昭，昭之门出继齐、咸润。志因以下之法统，是所谓山外宗，别成一家。

第八节　禅者之教学

　　与天台教观之流行同时禅者亦兼学教，永明延寿其第一人既言之矣，寿之同门有温州雁荡山之愿济，初习智者之教，精研止观圆融行门，后参天台德韶得玄要。又温州瑞鹿寺之上方遇安，得法天台，常阅《首楞严经》，时人称之安楞严。又如永明道潜之嗣、杭州千光王寺之瑰省，听天台文句，栖心于圆顿止观。后阅《楞严》，文理宏浚，未能洞晓，一夕诵经假寐，梦中有所发悟，后参永明，永明唯印前解而已。

第九节 教者之禅学

长水之子璿,秀州人,初依本州洪敏法师,听《楞严经》,至动静二相了然不生有省。闻琅琊慧觉道望,造其席,值上堂,子璿云:"清净本然,云何忽生山河大地?"觉喝云:"清净本然,云何忽生山河大地?"璿俯伏汗流,豁然大悟。礼谢愿侍巾钵。觉云:"汝宗不振久矣。厉志扶持报佛恩。"璿乃如教,辞而住长水,众及一千。璿依贤首之宗教,以疏《楞严经》十卷,丞相王随为之作序行世。宋代之初禅教接近之状,大都如是。

第六章 雪窦重显之颂古及其流弊

代表禅道烂熟时代之第三人,即雪窦重显。显锦想绣肠,巧打诗偈,以述祖道。尤于颂古发挥其妙,称为云门宗之中兴。虽然,变平实之语为浮华之词,化简劲之语为森茫之词,祖门之要义遂生泛尔不能捉摸之弊。显之语云:上无攀仰,下绝己躬;自然常光现前,个个壁立千仞;能截生死之流,同居佛祖之位;报不报之恩,助无为之化。

第一节 香林澄远

云门文偃之嗣有成都府香林院之澄远,侍奉偃十八年,日探玄旨。太祖帝乾德二年,因嘉王奏请住香林,太宗帝雍熙四年(987)顺世,春秋八十。澄远尝示见性之要云:

汝诸人,……还识得性也未?……且问你诸人,是你参学日夕用心,扫地煎茶,游山玩水。你且钉钉,唤什么作自性?诸人且道,始终不变不异,无高无下,无好无丑,不生不灭,究竟归于何处?诸人还知得下落所在也未?若于这里知得所在,是诸佛解脱法门,悟道见性,始终不疑不虑,一任横行,一切人不奈你何。出言吐气,实有来处。(《续藏经》,第一辑,第二编乙,第九

套,第一册,26页左)

又示解脱之要义云:

诸上座,古往今来,只是一个无事人,不造作,不攀缘,无所得,一念相应,不受后有,不见病恼逼迫。四大本空,五蕴虚假,起心动念,有少疑虑,尽属魔民,皆落妄想。若得实地,顺逆皆通,实际理地,无法当情,凡有施设,不住前尘。物物当体,都无所得。本来解脱,不假功成。故曰:"一切法常住。"且无你加减处,尽十方世界,一尘一刹,头头并是一真人体,皆是受由门庭。若离此外,别有何见,并是捏目生花,三头二首,外道邪魔,鬼神群队。且不编入本性,与你自己了无交涉。(同上书,27页右)

由是观之,则谓之见性,谓之解脱,与唐代诸师所唱丝毫不减矣。

第二节 智门光祚

澄远之嗣有随州(湖北德安府随州治)智门光祚。祚,浙江人,久参澄远悟心印,住智门为缁素师表。由都尉李遵勖之奏赐紫衣,因上堂云:"老僧本志弊衣遮幻质,粝食补饥疮。"都尉闻天荣颁紫服,无可奈何,着即又违本志,不着又负天心,挂与不挂且置,你道祖师是挂什么衣,若也委悉则上座终日着衣未曾挂着一缕丝,终日吃饭未曾咬着一粒米,若不委悉则看老僧今日披衣去,遂乃披衣。

问:"如何是不变易句?"师云:"变也。"僧云:"毕竟如何?"

师云:"凫脚长,鹤脚短。"

问:"如何是般若体?"师云:"蚌含明月。"僧云:"如何是般若用?"师云:"兔子怀胎。"(同上书,28页左)

此等语广传于世。又有三巴鼻颂:

座主巴鼻,休夸不二,维摩一默,文殊失利。衲僧巴鼻,高原陆地,不生莲华,岂容香气。禅师巴鼻,师子游戏,水涨船高。蒲牢赑屃。

光祚有颂古之作,录其二三:

雪峰辊球颂

象骨辊球孰辨机,一千五百几人知。眨起眉毛千万里,须是吾门师子儿。

僧问洞山:"如何是佛?"山云:"麻三斤。"

麻皮三斤不用秤,秤头那肯坐于蝇。一念才生筋骨露,徒劳更觅定盘星。

世尊一日升座,大众云集,文殊从座而起,白槌云:"谛观法王法,法王法如是。"世尊便下座。

文殊白槌报众知,法王法令合如斯。会中若有仙陀客,不待眉间毫相辉。(《续藏经》,第一辑,第二编,第二十三套,第四册,334页右—335页左)

雪窦之颂古,实效汾阳与智门也。

第三节 雪窦重显

光祚之嗣有雪窦之重显。显，遂州（四川潼川府遂宁）人，字隐之。以太宗帝太平兴国五年生于李氏，幼精锐，读书作文，然志怀丘壑，就益州（四川成都府）普安院仁铣落发，受具后，出蜀浮沉于荆渚之间。尝与客论赵州宗旨，客云法眼禅师昔邂逅觉铁嘴者于金陵，觉赵州侍者也，号称明眼。问曰："赵州柏树子因缘记得否？"觉曰："先师无此语，莫谤先师好。"法眼拊手曰："真自师子窟中来。"觉公言无此语而法眼肯之其旨安在？显云宗门抑扬那有规辙乎。时有名苦行之韩大伯，辄匿笑去。客退，显数之云："我偶客语，尔乃敢慢笑，笑何事？"对云："笑知客智眼未正，择法不明。"显云："岂有说乎？"以偈对云：

一兔横身当古路，苍鹰才见便生擒。后来猎犬无灵性，空向枯桩旧处寻。

显闻而异之，结以为友。

第四节 重显与智门

及盛年，好翰墨，追慕禅月。后北游，至复州之北塔谒光祚。祚爱显之俊迈。显问云："不起一念，云何有过？"祚召使近前，显才近前。祚以拂子蓦地打口，显拟开口，祚又打，于是开悟，留住五载，尽得其道。与学士曾会亲厚，值于淮上，会云："何之？"曰："将游钱塘，绝西兴登天台雁荡。"会云："灵隐天下胜处，珊禅师吾故人。"以书荐显。显至灵隐三年，陆沉众中。曾会使浙西，访显灵隐，无识者，堂中僧千余，物色始得显。会问："向所附书？"出之袖中云："公意勤，然行脚人非督邮也。"会大笑，珊奇之，因苏州（浙江）翠峰虚席，举显使出世开法。

第五节　雪窦之开法

后曾会守四明，请显住明州（浙江）雪窦山资圣寺，宗风振天下，龙蟠凤逸，学侣云集。号云门宗之中兴云。都尉李遵勖奏赐紫衣，侍中贾昌朝奏赐号明觉大师。显尝经行植杖，众衲环之，忽问曰："有问云门树凋叶落时如何？"曰："体露金风。"云门答："这僧耶为解说耶？"时有宗上座者曰："待老汉有悟处即说。"显熟视，惊曰："非韩大伯乎。"宗曰："老汉瞥地也。"于是挝鼓集众曰："大众今日雪窦宗上座乃是，昔年大阳韩大伯，具大知见，晦迹韬光，欲得发扬宗风，幸愿特升此座。"宗遂升座，问答法义下座，至晚年悲学者之寻流失源，打为道日损偈曰：

　　三分光阴二早过，灵台一点不揩磨。贪生逐日区区去，唤不回头争奈何。

仁宗帝皇祐四年（1052）化，阅世七十三。

第六节　对于雪窦颂古之非难

宋善卿于《祖庭事苑》举《雪窦洞庭录》《雪窦后录》《雪渡瀑泉

录》《雪窦拈古》《雪窦颂古》《雪窦祖英集》《雪窦开堂录》《雪窦拾遗》八书，见其所示引典故，足知重显之著广行于世，就中颂古百则为《碧岩集》之骨子，留不朽之名。盖颂古是颂古人之公案，欲于讽咏吟诵之间得其玄旨者，虽在显本无不可，而学者之求新好巧者，相率变弄，不免简劲之纯风化为浮华冗漫之弊。《禅林宝训》引心闻（台州万年寺，心闻昙贲，永嘉人，嗣育王介谌，西岳下十六世也）之语云：

> 心闻曰："教外别传之道，至简至要，初无它说。前辈行之不疑，守之不易。天禧间，雪窦以辨博之才，美意变弄，求新琢巧，继汾阳为颂古，笼络当世学者，宗风由此一变矣。逮宣政间，圆悟又出己意，离之为《碧岩集》。彼时迈古淳全之士，如宁道者、死心、灵源、佛鉴诸老，皆莫能回其说，于是新进后生，珍重其语，朝诵暮习，谓之至学，莫有悟其非者，痛哉！学者之心术坏矣。绍兴初，佛日入闽，见学者牵之不返，日驰月骛，浸渍成弊，即碎其板，辟其说，以至祛迷援溺，剔繁拨剧，摧邪显正，特然振之。衲子稍知其非，而不复慕。然非佛日高明远见，乘悲愿力，救末法之弊，则丛林大有可畏者矣。"（《续藏经》，第一辑，第二编，第十八套，第二册，202页右一左）

此所谓佛日者大慧宗杲也。心闻之所谓理也，实也，岂可不服膺之哉！

第七节　雪窦之语要

重显垂示云：

> 人天普集，合发明个甚么事？焉可互分宾主，驰骋问答，便当宗乘去。广大门风，威德自在，辉腾古今，把定乾坤，千圣只言自知，五乘莫能建立。所以声前悟旨，犹迷顾鉴之端，言下知宗，尚昧识情之表。诸人要知真实相为。但以上无攀仰，下绝己躬，自然常光现前，个个壁立千仞，还辨明得也无。未辨辨此取，未明明取，既辨明得，便能截生死流，同居佛祖位，妙圆超悟，正在此时。堪报不报之恩，以助无为之化。(《续藏经》，第一辑，第二编乙，第九套，第五册，447页左)

> 上士相见，一言半句，如击石火，瞥尔便过。应非即言定旨，滞句迷源，从上宗乘，合作么生议论，直得三世诸佛，不能自宣，六代祖师，全提不起。一大藏教，诠注不及。所以棒头取证，喝下承当。意句交驰，还同流浪，其有通方作者，共相证明。(同上书，448页右)

然则重显的宗乘是令人自然常光现前，个个壁立千仞，直下无事去，妙圆超悟。惜哉！后人拈弄显颂古之葛藤，即言定宗，滞句迷源，却与显宗旨隔白云万里，不见其言云！举古举今，抛沙撒土，别有机关，合入无间地狱。拈举古则设机关而瞒学者底看话禅，此非显之罪人而何？

第八节　雪窦重显之法系

吕夏卿所撰《明州雪窦山资圣寺第六祖明觉大师塔铭》，附《明觉禅师语录》之后，其中云：

> 香至王子初入中国，谥曰圆觉，圆觉传大祖，大祖传鉴智，

鉴智传大医，大医传大满，大满传大鉴，大鉴藏衣传法而已。大慧继之，大寂发之，其后皆以所居称。若天皇、龙潭、德山、雪峰、云门、香林、智门其世次也。禅师讳重显，字隐之，大寂九世之孙，智门之法嗣也。

是以无智之徒，引证此以断云门宗为马祖之法嗣，虽然上记之文中明有天皇，足以证明天皇道悟之存在，不足证有称为马祖之嗣天王道悟。而以天皇道悟为马祖之嗣，上记之文与圭峰之《宗趣状》其旨全一，天皇道悟为马祖之嗣乃混同受学门人与嗣法门人者。天皇之于马祖是受学门人，非嗣法门人。天皇乃石头之嗣法门人，唐符载之《碑》可证，且有几多确证，既详论之矣。案《吕夏卿传》，见《宋史》卷三百三十一、《弘简录》卷一百五等。夏卿长于史，有与编修《新唐书》之功，仕宋仁宗帝，殁于英宗帝时，寿五十三。仁宗帝嘉祐五年，欧阳修上《新唐书》，其后四年英宗帝即位，当此时吕既及晚年，未几卒，《宋史》不记其终焉之年，其为英宗帝时甚明。夏卿一个史家，于禅为门外汉，古今禅书无记其参禅者。碑中云：

《洞庭语录》《雪窦开堂录》《瀑泉集》《祖英集》《颂古集》《拈古集》《雪窦后录》凡七集，师患语之多，而其徒怆然犹以为编攥有遗，盖利他之谓也。余得其书而读之二十余年，虽瞻仰高行，而禄利所縻，无由亲近。

然夏卿才读重显之书耳，尚未亲参，安知其法系哉！因此以显为大寂九世之孙不知其误。然夏卿《碑》文之史料，得之何人？《碑》云：

师辞世十有三年，碑表未立，余姚僧惠思撰《行业录》与其徒元圭觉济大师悟明，继踵哀文请铭。

乃知彼碑之资料，出自余姚僧惠思之《行业录》。彼但任撰文之任，以天皇道悟为马祖之嗣，以显即大寂为马祖九世孙，亦出于惠思之意。夏卿自始昧于祖门之事，理所当然。

重显于宋仁宗帝皇祐四年六月十日寂，尔后十三年其碑未建。至英宗帝治平二年乙巳夏卿撰文成，先于治平乙巳六年，达观昙颖入灭，因知乃在昙颖著五家宗派，引证丘玄素伪碑，以云门宗属马祖下之后。如此惠思以天皇道悟为马祖之嗣，大寂为其九世之孙，盖蹈袭昙颖之伪谬也。《传法正宗记》著者契嵩乃云门四世孙，自记其法系出于石头，谁可不信？佛国白之《续灯录》卷三亦有：

> 庐陵清源山行思禅师第十世
> 随州智门光祚禅师法嗣
> 明州雪窦山资圣寺明觉禅师讳重显

明示重显乃青原、石头之法孙。

第七章 慈明楚圆与
杨岐、黄龙之二派

至仁宗帝登极，崇敬佛道不让前朝。此间多辈出禅匠，恰如春风徐吹，野花自开，慈明楚圆其第一人也。圆门下出杨岐、黄龙二派，临济之道盛于一时。圆言谓诸人无名之性，即本觉妙明之性，为不了生死根源，妄执为实，随妄所转，若能回光返照，自悟本来真性不生不灭。故无明之实性即佛性，幻化之空身即法身。

第一节 仁宗之归佛

仁宗帝以天圣元年（1023）即位，天资仁厚，崇信佛道二教，《佛法金汤篇》卷十一、《佛祖统记》卷四十六引郑景重《家集》云，帝常顶玉冠，冠上琢观音像，以玉重，左右请易之。帝云："三公百官下揖者，皆天下之英贤，岂朕之所敢当，特君臣之分不得不尔，朕冠此冠，将使回礼大士也。"天圣七年建慈化寺于京师，为先帝荐福。同九年迎六祖衣钵于大内清净堂奉安供养，使兵部侍郎晏殊撰《六祖衣钵记》。有沙门怀问，尝往天竺，为真宗帝建塔于佛金刚座之侧，今乞再往为皇太后与今上（仁宗）更建二塔，赐《先朝圣教序》《皇太后发愿文》《圣上三宝赞》，刊之石塔下，诏听之。庆历三年迎相国寺佛牙于禁中，感其灵应，制其赞云：

> 三皇掩质皆归土，五帝潜形已化尘。夫子域中夸是圣，老君上世亦言真。埋躯只见空遗冢，何处将身示后人。唯有吾师金骨在，曾经百炼色长新。

据《佛祖统记》卷四十六，仁宗帝景祐元年有天下之僧三十八万五千五百二十人，尼四万八千七百四十人。皇祐元年有内侍李允宁者，奏请施汴京宅一区，创兴禅席，帝乃赐额曰十方净因禅院。帝留意禅道，招有道之士居之。欧阳修、陈师孟奏推庐山圆通寺居讷，允宁自持诏下江州，然居讷称疾且不起，令大觉怀琏代应诏。帝召怀琏，问佛法大意，奏对称旨。

第二节　慈明楚圆

慈明之楚圆此时出世，圆传初见《续灯录》卷四、慧洪《禅林僧宝传》卷二十一详之。楚圆，姓李氏，全州（广西桂林府全州治）人，童稚神悟，及年二十二于湘山隐静寺得度，由是摄衣游方，遍探禅窟，最后闻汾阳善昭道声谒之，一言玄契，洞彻心源，执侍巾瓶十二年，兹领其法。

第三节　《禅林僧宝传》之误记

依慧洪之说，圆见汾阳时，河东兵乱，道路难通，圆乃易服，类厮养，露眠草宿，遂造汾阳云云。正受《嘉泰普灯录》卷二载楚圆

第七章 慈明楚圆与杨岐、黄龙之二派

传,其细注议云:圆雍熙丙戌生,宝元己卯入灭。河东平后八年圆始生,慧洪失讨论云。按洪说,楚圆以仁宗帝康定戊寅之翌年寂,阅世五十四,坐夏三十二。戊寅非康定乃宝元元年,戊寅翌年为宝元二年己卯,若阅世五十四则圆之出生相当于太宗帝雍熙三年丙戌,而东汉之平定为太宗帝太平兴国四年,先圆之出生八年,然则洪为误传可知。在《续灯录》楚圆侍汾阳一纪,即十二年,慧洪《僧宝传》,反之如下记:

> 遂造汾阳,昭公壮之,经二年未许入室。……一夕诉曰:"自至法席已再复,不蒙指示,但增世俗尘劳,念岁月飘忽,己事不明,失出家之利。"语未卒,昭公熟视骂曰:"是恶知识,敢裨贩我。"怒举杖逐之。公拟伸救。昭公掩其口。公大悟曰:"乃知临济道出常情。"服七年辞去。(《续藏经》,第一辑,第二编乙,第十套,第三册,261页左)

据此说,圆侍昭九年,未知孰是。

第四节 楚圆与杨大年

楚圆去汾阳,谒唐明之智嵩。嵩住并州三交承天院,首山省念嗣也。嵩谓圆曰:"杨大年内翰知见高,入道稳实,子不可不见。"圆乃往见大年。大年问曰:"对面不相识,千里却同风。"圆曰:"近奉山门清。"大年曰:"真个脱空。"圆曰:"前月离唐明。"大年曰:"适来悔相问。"圆曰:"作家。"大年喝之。圆曰:"恰是。"大年复喝。圆以手划一划。大年吐舌曰:"真是龙象。"圆曰:"是何言欤?"

大年顾令别点茶曰:"元来是家里人。"圆曰:"切。"大年曰:"作家、作家。"圆曰:"放内翰二十拄杖。"大年拊膝曰:"这里是什么处所。"圆拍掌曰:"不得放过。"大年大笑,又问:"记得唐明悟时因缘否?"圆曰:"唐明闻僧问首山佛法大意,首山曰:'楚王城畔水东流。'"大年曰:"只如此语意如何?"圆曰:"水上挂灯球。"大年曰:"与么则辜负古人去。"圆曰:"内翰疑则别参。"大年曰:"三脚虾蟆跳上天。"圆曰:"一任跻跳。"大年又笑。乃馆斋中,日夕质疑。因闻前言往行,恨相见之晚。

第五节　慈明与洞山晓聪

圆又访驸马都尉李遵勖,以为法友,久之,还唐明。李遵勖遣两僧讯圆,圆于书尾画双足,写僧名以寄之。遵勖作偈曰:"黑毫千里余,金椁示双趺。人天浑莫测,珍重赤须胡。"为养母南归,至筠州(四川叙州府筠连县治)时有晓聪以云门第四世孙主洞山。先是汾阳尝谓圆曰:"我遍参云门尊宿儿孙,特以未见聪为恨。"故圆依止洞山三年。《续灯录》以洞山晓聪为洞山自宝,恐非。慧洪《洞山聪之传》赞曰:"予留洞山最久,藏中有聪《语要》一卷,载云水僧楚圆请益杨亿大年百问答,皆赴来机而意在句语之外,圆即慈明也。"可以验其为晓聪。

第六节　住　山

杨大年致书宜春太守黄宗旦,请圆出世说法,且请圆主袁州(江西袁州府宜春县治)南源山广利寺住三年。去省母,以白金为寿,母诟曰:"汝定累我入泥犁中。"委之地,圆无怍色,收之辞去,谒神鼎洪谭。谭,首山省念之高弟,道望尊一时,圆长发不剪,弊衣楚音,通谒请法侄,一众大笑。谭遣童子问:"长老谁之嗣?"圆仰视屋曰:"亲见汾阳来。"谭出见之,问曰:"汾州有西河师子是否?"圆指其后绝叫曰:"屋倒矣。"圆见谭老辞去,且行且语:"见面不如闻名。"谭虽遣人追之,不可,叹曰:"汾州乃有此儿耶。"由是圆之名重于丛林。定林沙门本延,白郡请圆,使主潭州(湖南长沙府长沙县治)道吾,法令整肃,众侣为法忘躯。次移住石霜山崇胜寺,又迁南岳福岩寺,终移潭州兴化寺。仁宗帝宝元元年访李遵勖,道过琅琊,慧觉喜迎为逗留。觉夜话曰:"近有一老衲至问:'其离何所?'曰:'杨州。'问:'船来陆来?'曰:'船来。'问:'船在何处?'曰:'岸下。'问:'不涉程途一句如何道?'其僧恚曰:'杜撰长老如麻如粟。'遣人追不及,云是举道者,顷在汾州时尚少,举陆沉众中不及识之。"圆笑曰:"举见处才能自了,而汝堕负,何以为人?"觉屏息汗下。圆为作牧童歌,得游戏三昧。

第七节　楚圆之顺世

圆至京师会李遵勖,月余未殁,仁宗帝诏赐官舟南归。中途谓侍者曰:"我忽得风痹疾,视之口吻已㖞斜。"侍者以足顿地曰:"当奈何,平生呵佛骂祖今乃尔。"圆曰:"无忧,为汝正之。"以手整之如故,曰:"而今而后不钝置汝。"宝元二年(1039)至兴化寺,沐浴跏趺而逝,阅世五十四,世称慈明禅师。据《续灯录》,驸马都尉李遵勖奏赐章服师号。慈明门下出黄龙、杨岐二派,临济之法门盛于一时。

第八节　楚圆之玄风

楚圆虽嗣汾阳,不弄汾阳之闲家具。家风简古,机用逸格,得临济之真宗。

上堂云:"无明实性即佛性,幻化空身即法身。诸仁者,若信得去不妨省力,可谓善才入弥勒楼阁,无边法门,悉皆周遍,得大无碍,号曰无生法忍。所以道无边刹境,自他不隔于毫端,十世古今,终始不离于当念。且问诸人,那个是汝当念,要会么?只你如今无明之性,即是本觉妙明之性。为汝不了生死根源,执妄为实,随妄所转,致坠轮回受种种苦。若能回光返照,自悟本来真性,不生不灭。故曰无明实性即佛性,幻化空身即法身。只如四大、五蕴不净之身,都无实义,如梦如幻,如影如响,从无量劫来,流浪生死,贪爱所使,暂无休息,出此入彼,积骨如毗富罗山,饮母乳如四大海水。何故?为无智慧不能了知五蕴本空,都无实义,逐境生爱,欲网所拘,不得自在。所以世尊道,诸苦所因,贪欲为本,若灭贪欲,无所依止。你等若能了知幻身虚假,本来空寂,诸见不生,无我人众生等见,诸法皆如,故云幻化空身即法身。法身觉了无一物,唯有听法说法,虚玄大道,无着真宗,故曰本源自性无真佛,五蕴浮云空去来,三毒水泡虚出没。若如是者,是谓度一切苦厄,乃至无量无边烦恼智解,悉皆清净,号曰清净法身。若到这个田地,出此入彼,舍身受身,地狱天堂,此界他方,纵横自在,任意浮沉,应物舒光,随机逗教,唤作千百亿化身。怎么说话,可谓无梦说梦,和泥合水,撒屎撒尿,不识好恶。乃呵呵大笑云,若去衲僧门下,十万八千,米蔓见他汗臭气在。虽然如是,不得一向但以假名字,引导于众生,珍重。"(《续藏经》,第一辑,第二编乙,第八套,第四册,384—385页右)

此圆上堂语,最平实者,可以窥知其思想。由是临济法道以空观为主,证之义玄语录而有余,楚圆亦以为会诸法皆空,正契如实之理,如圆解《证道歌》引证《金刚般若》《般若心经》,皆不外此乎意。史家唤禅门作空宗,虽不当禅之全豹,对于盛行宋代之临济禅,可云适评。

第九节 当时之禅弊

慧洪云:"圆,平生以事事无碍行心,凡圣所不能测。"室中宴坐,横刀水盆之上,旁置草鞋,使来参扣者,下语无有契其机者。又作示徒偈曰:"黑黑黑,道道道,明明明,得得得。"又冬日榜僧堂作㗊二三儿㖿㗊之字,其下注云:"若人识得,不离四威仪中。"圆弄奇大率如是,以奇崛为幽玄高远,可见当时之禅风。问:"如何是佛?"云:"水出高原。"问:"如何是佛法大意?"云:"洞庭湖里浪滔"等之语,脍炙人口。圆亦非不商量三玄、三要、三诀、三句、五位、四照用、三印等,而常超然于此等葛藤之外。

第十节 牧童之歌

圆《牧童之歌》示其能游戏三昧之力量。云:

牧牛童，实快活，跣足披蓑双角撮。横卧牛上向天歌，人间如何牛未渴。回头观，平田阔，四方放去休拦遏。八面无拘任意游，要收只向鼻头捏。小牛儿，顺毛垟，角力未充难提掇。且从放在小平坡，虑上孤峰四脚脱。日已高，休吃草，拈起索头无少老。一齐牵向圈中眠，和泥看伊东西倒。呵呵呵！好又好！闲将短笛顺风吹，震动五湖山岳岛。倒骑牛，脱破袄，知音休向途中讨。若问牧童何处居？鞭指东西无一宝。（《续藏经》，第一辑，第二编乙，第八套，第四册，387页右）

第十一节　李遵勖之《广灯录》

仁宗帝天圣七年（1029）李遵勖撰《广灯录》三十卷，续《景德传灯录》之后，帝制序赐之。《李遵勖传》载《宋史》卷四百六十四。略云："李遵勖，字公武，继昌子，为人好文词，举进士，真宗帝大中祥符间召对便殿，尚万寿长公主，授左龙武军驸马都尉，赐第永宁。公主下嫁所居之堂，甃或瓦甓多为鸾凤之状，遵勖悉镵去之。又公主之服有饰龙者悉屏藏之，帝欢喜。后遵勖之父继昌守泾州，暴感风眩，便不俟命驰省，帝遣使乘驿赴之。既还上表自劾，帝使辅臣慰谕之。天圣间章献太后屏左右问曰：'人有何言？'遵勖不答，太后固问之，遵勖曰：'臣无它闻，但人言天子既冠，太后宜以时还政。'以杨亿为师友，交情极密，及亿卒后知许州，奠亿之墓恸哭而返。"

第十二节　李遵勖之参学

遵勖尝探宗要，参谷隐之蕴聪。聪，首山省念之嗣，真宗帝景德三年住襄州石门山。天禧四年应郡守夏竦之请，主襄州谷隐山太平兴国禅院。李遵勖奏赐紫衣及慈照之号，其塔铭载《天圣广灯录》卷十七。遵勖一日谒蕴聪问出家之事。聪云："昔在崔赵问钦山道钦：'弟子出家得否？'钦云：'出家大丈夫事，非将相之所能为。'"又举一喝三日耳聋之话示之，遵勖乃有省，作偈云："学道须是铁汉，着手心头便判。直趣无上菩提，一切是非莫管。"由是服勤聪之左右六周载，得其法。天圣四年就本宅正堂设法座，会诸黑白请聪上堂。

第十三节　李遵勖之末后

仁宗帝宝元元年（1038），遣使邀慈明楚圆曰："海内法友惟师与杨大年。大年弃我而先，仆年来顿觉衰落，忍死以一见公。"楚圆恻然，乘舟东下，入京会勖。月余，勖果疾笃，临终膈胃噪热，有尼道坚者，谓众生见劫尽大火所烧时，都尉切宜照管主人公。勖曰："大师与我煎一服药来。"坚无语。勖曰："这师姑药也不会煎得。"乃画一圆相，又作偈献圆曰："世界无依，山河匪碍。大海微尘，须弥纳芥。拈起幞头，解下腰带。若觅死生，问取衣袋。"圆乃问："如何是本来佛性？"曰："今日热如昨日。"却问圆："临行一句作么生道？"圆曰："本来无挂碍，随处任方圆。"曰："昨来困倦更不答话。"圆曰："无佛处作佛。"于是泊然而逝。《宋史》不记勖卒年月，依慈（慈疑慧）洪之说，似宝元元年。赠中书令，谥曰和文，所著《问宴集》二十卷等。

第八章　荐福承古之异彩

荐福承古亦出此时。古不肯当时宗匠,称远嗣云门文偃,弹斥诸方禅弊,以息心休意为宗要。其略言,一切众生,本来是佛,只自己便是佛,故忘心、亡知,如枯木石头,直与心源相应。

第一节　荐福承古

承古,西州(陕西汉中府沔县)人。少为诸生,有博学声。及壮,以乡选至礼部,论议不合,有司怒裂其冠。后客潭州了山,谒大光敬玄剃染,单从游而已。乃曰:"只是个草里汉。"遂参潭州南岳福严寺良雅。雅,洞山守初之嗣,云门之嫡孙,知见甚高,令古入室,古云:"只是个脱洒衲僧。"由是渊默深探先德之洪规,一日览云门对机之语有省,乃云:"却较些子。"尔来韬光不求闻名,游庐山,经欧峰,爱云居山道膺塔中闲寂栖止之,清规凛然,四方学者奔凑,时丛林号曰古塔主。

第二节　承古与范仲淹

仁宗帝景祐四年(1037),范仲淹出守鄱阳,闻古道德,请于饶州

(江西饶州府）荐福寺开阐宗风。由是承古道声闻四方。至仁宗帝庆历五年（1045）仲冬打临终之偈云："天地本同根，鸟飞空有迹（有一作无）。雪伴老僧行，须弥撼金锡。乙酉冬至四，灵光一点赤。珍重会中人，般若波罗蜜。"言毕而化。

第三节　承古之息心休歇

《承古语》，门人文智所编，载哲宗帝绍圣四年（1097）序，去承古入寂未远，殆不失其真。由本书观之，承古所力说者息心休歇。谓：

> 若要见本分事，便须一切佛法不用学，一切言句不要参，罢却学心，忘却知见，如枯木石头，有少相应之分。若不如是，与道悬殊。（《续藏经》，第一辑，第二编，第三十一套，第三册，321页左）
>
> 若要体取空劫以前自己事，直须休心。若得无心，轮回永断，若得无心，即是佛。……故知无心，方能延得佛法寿命。若得无心，照见法界众生，齐成正觉。度一切有情于修行门中，休心最为第一，所以三世诸佛，皆于无心路上方得见性。（同上书，223页左）
>
> 老僧劝你不如休歇去，但十二时中，一切无心去，如愚如痴去。（同上书，225页右）

古反复重叠，苦苦所说，大略如是。便止一切起心动念，舍知见解会，所谓是非善恶总不关，唯大无心始合道、契心源也。

第四节　宗弊之指摘

承古指斥当时之宗弊云：

> 早岁游方，参见第一等尊宿，或则举经举论，说色说空，三界唯心，万法唯识，乃得天地同根，万物一体，卷舒万象，纵夺森罗，诸事拟然，一切成现。或说向上关捩，透过法身，言不展事，语不投机，承言者丧，滞句者迷，于斯明得，便是个洒洒地衲僧。不依倚一切，纯说乾曝曝地禅，凡有问来，更不答话。或说全体作用，法令双行，主宾纵夺，照用纵横，三年内一时被老僧参得，以为祖道真规，后来自家觑破，总是鬼解萤光，上祖门中以为毒药，如今四海大行，所以祖席荒凉，道流阒尔。（同上书，219 页左）

由是观之，当时禅者或依经论而事谈理者有之，或坠宾主照用之闲模样去而得自由者有之，或说向上之关棙子遮断言句者有之。而至自己本分之事，见性全无，悟入似萤光之微矣。

第五节　《知见谣》

古又为《知见谣》斥知解之失，且排教家之谈理云：

> 说个不于佛术，不于法术，不于僧术。俯为脱白行者，直饶毁于佛，谤于法，不入众数，犹是祖师门下扫洒之徒。直饶坐断

世界，函盖十方，身相圆容，互为主伴，该罗万有，周遍含容，虽是圆宗极唱，祖师门下以为弄影之徒。（同上书，223页右）

更贬云门会下之老宿云：

如往日亲见云门尊宿，具大声价，莫如德山密、洞山初、智门宽、巴陵鉴，佗虽亲见云门，只悟得云门言教，要且不悟道见性。（同上书，220页右）

可以知古之如何负气耶！

第六节　承古之嗣法

承古自称嗣云门。

上堂，大众云门匡真大师如今现在，诸人还见么？若也见得，便是山僧同参。见么，见么，此事直须谛当始得，不可自谩。且如往古黄檗闻百丈和尚举马大师下唱因缘，陀因兹大省。百丈问："子向后莫承嗣大师否？"黄檗曰："某虽识大师，要且不见大师，若承嗣大师，恐丧我儿孙。"大众，当时马大师迁化未得五年，黄檗自言不见，当知黄檗见处不圆，要且只具一只眼。山僧即不然。识得云门大师，亦见得云门大师，方可承嗣云门大师。只如云门入灭，已得一百余年，如今作么生说个亲见底道理。会么？除是通人达士，方可识明，眇劣之徒，心生疑谤定矣。（同上书，220页右）

又于荐福寺开堂时公言：

> 这一瓣香，为甚么人？山僧初行脚时，先参大光敬玄和尚，这和尚坐在荒草里。后参见南岳福严寺良雅和尚，这和尚又只是个脱洒底衲僧。这一瓣香，不为大光和尚，亦不为福严和尚。大众记取，唯有韶州云门山匡真大师稍较些子，这一瓣香，且为云门匡真大师烧也。（同上书，219页右）

第七节　嗣法问题

如斯承古嗣法云门，于是后人多谤嗣法之滥失。案当时师资相承之状况，六祖以后绝信衣相传之故，嗣法单存于主观，无客观相传之物，是以师亲言明付法于资者有之，如叶县归省付法于浮山法远，然学人参诸方有所得，嗣承何人不明者多。因此例至出世开堂始公言其师承，故石门山蕴聪开堂语云：

> 西天二十八祖，唐土六祖过去圣人尽得传衣付法，至唐代六祖之后得道者如稻麻竹苇，不传其衣，只传其法，皆以香为信。今日一瓣香为什么人通信，某甲虽不言，大众已委悉云云。

蕴聪为首山之嗣，人皆知之，故敢不言耳。若出世开堂之时，若不公言师承，其师全不知者有之。黄龙慧南书尺中，有与双岭顺长老文，其中云：

> 去秋泐潭有书言顺首座受洪人之命开法于双岭，乃宗嗣吾。

冬间英监院至得书，果知不谬。予无所取，何堪人师云云。(《黄龙南禅师书尺集》，15页左）

又答慧日富长老书云：

> 某启慧日长老大师，近承遣使驰书造于野处，发函伸纸，足见嗣法不忘，所得之意云云。

乃知慧南得顺富二人之书始知彼等嗣己，果然则定本师者学人之任意也。又黄檗希运闻百丈怀海举马祖一喝之因缘而有省，百丈便问："子向后莫承嗣马大师否？"此时百丈未知黄檗嗣何人，故致此问。定师承存于学人主观事，唐代固如是。果然承古不肯当代宗师，而嗣马祖则亦出古任意，而不得强咎之矣。慧洪于其《林间录》议之云：

> 古塔主去云门之世无虑百年而称其嗣。青华严未识大阳，特以浮山远公之语故嗣之不疑。二老皆以传言行之自若，其于己甚重，于法甚轻。

承古，岂轻法者哉！其见处与慧洪辈不同耳。

第八节　关于三玄之论议与慧洪之妄评

依慧洪《禅林僧宝传》所记古论临济之三玄云：

> 古德云，一句语之中，须得具三玄，故知此三玄法门是佛知

见。诸佛以此法门，度脱法界众生，皆令成佛。今人却言三玄是临济门风，误矣。(《续藏经》，第一辑，第二编乙，第十套，第三册，245页左)

且判三玄为玄中玄（又云意中玄）、体中玄、句中玄。云：

> 三玄者，一体中玄，二句中玄，三玄中玄。此三玄门是佛祖正见，学道人但随入得一玄，已具正见，入得诸佛阃域。（同上）

又以三玄类别古则，以六祖之"汝等诸人自心是佛"等语为体中玄。以青原之"庐陵米作么价"、云门之"糊饼"、洞山之"麻三斤"等语为句中玄。以外道问佛语、黄檗三顿棒等为玄中玄。论三玄之必须圆备云：

> 但得体中玄，未了句中玄，此人常有佛法知见，所出言语一一要合三乘对答，句中须依时节，具理事，分宾主方谓之圆，不然谓之偏枯。此人以不忘知见，故道眼不明，如眼中有金屑，须更悟句中玄乃可也。若但悟句中玄，即透得法身，然返为此知见奴使，并无实行，有憎爱人我，以心外有境，未明体中玄也。云门临济下儿孙多如此。凡学道人纵悟得一种玄门，又须明得玄中玄，方能不坐在脱洒路上，始得平稳，脚踏实地。（同上书，246页左）

因而用摘云门临济之儿孙为学道未熟，更判释：

盖缘三世诸佛所有言句教法出自体中玄，三世祖师所有言句并教法出自句中玄。十方三世佛之与祖所有心法，出自玄中玄。（同上书，246—247页左）

以佛教配体中玄，祖语配句中玄，佛祖之心法配玄中玄。承古所谓三玄与临济之三玄全别。临济尚未如是判释。慧洪虽论承古误以临济之三玄、三要为玄沙之三句而诽其滥失，不知玄沙三句与承古之三玄自有差别。又洪难承古说空劫已前自己与今时日用自己。其著《石门文字禅》卷二十五云：

　　古盖吾法中罪人，而自以为能嗣云门，其自欺欺人之状，不穷而自露也。

然而空劫与今时为禅家门庭之施设，非承古所独创，何得责罪古哉！

第九章 琅琊慧觉之门庭

楚圆之同门有琅琊山慧觉，与雪窦重显齐肩。觉垂示谓夫参学之人，须是不滞性相始得，若谈性即滞相，若谈相即滞性。者里须是性相都泯，理事混融，方解即事即理，即性即相，当此时如拳与十指，展缩自由。

第一节 琅琊慧觉

琅琊山慧觉，佚其详传，《续灯录》第四卷所载略传而已。谓觉西洛（湖南）人，父衡阳（湖南衡州府衡阳县治）太守，因疾逝。觉乃扶柩归洛，过沣州药山惟俨之古刹，宛然如夙居，缘此出家，游方参学。得法于汾州善昭，在滁州（安徽滁州治）琅琊山开法，与明州雪窦山重显同时唱道，称二甘露门。

第二节 琅琊之思想

慧觉思想因其垂示理事不二，性相泯融而知，觉活用这个的旨甚得其妙。

上堂云："若欲求佛，即心是佛。若欲求道，无心是道。无心故非法而不生,即心故历劫而常坚。若然者,法法无差,心心不断。所以古德道,君但随缘得似风,飞砂走石不乖空。但于事上通无事,见色闻声不用聋。"(《续藏经》,第一辑,第二编,第二十三套,第四册,389页左)

师乃拈起拄杖云:"在天则清,在地则浊,在人则神,在物则灵。且道,在山僧手里,唤作什么?"良久云:"拄杖子。"(同上书,392页右)

上堂云:"若论此事,如洪钟待扣,声应长空。如宝镜当轩,影临万象。天不能盖,地不能载,贤愚共处其间,圣凡出之不得。"(同上书,393页左)

琅琊有三诀,绿水青山月。三冬枯木花,九夏寒岩雪。(同上书,394页右)

如所云,可以验其力量。

第三节 琅琊之识见

慧觉识见高迈,往往凌驾先人:

上堂,举先圣道:"有物先天地,无形本寂寥。能为万象主,不逐四时凋。"师云:"好个颂,却成两橛。若有人点检得出,许你具一只眼。"(同上书,389页左)

此偈虽见于古来禅门之偈颂中,止述道教之大意。慧觉之评,可称的确。

> 上堂拈起拄杖云:"盘山道,向上一路。"师云:"滑。"南院道:"壁立千仞。"师云:"险。"临济道:"石火电光。"师云:"钝。"琅琊有定乾坤底句,各各高着眼,高着眼。卓拄杖下座。(同上书,392页右)

觉用处之超迈大率如是。觉常说学者五般之病:

> 示众云:"汝等诸人,在我这里过夏,与你点出五般病:一不得向万里无寸草处去。二不得孤峰独宿。三不得张弓架箭。四不得物外安身。五不得滞于生杀。何故?一处有滞,自救难为。五处若通,方名导师。"(同上书,387—388页右)

觉能活用拄杖,上堂小参,为人度生,以拄杖转法轮。比之临济之喝,德山之棒,可称琅琊之拄杖。

第四节 范仲淹之玄学

《居士分灯录》卷二云:范仲淹守吴郡,慧觉访之,淹留数日。仲淹得示,呈偈曰:

> 连朝共话释疑团,岂谓浮世半日闲。直欲与师闲到老,尽收识性入玄关。

仲淹尝抚河东,宿保德传舍,获故经一卷,名《十六罗汉因果颂》,藏经所未录,仲淹为叙之曰:"此颂文一尊者七首,皆悟本成佛之言也。

予读之一颂一悟，方知人世有无边之圣法，大藏遗落其文，因付沙门慧喆行于世。"起居舍人尹洙尝参法眼悟道，与仲淹为莫逆友，临终之日，先以手书别仲淹，仲淹驰至恸哭。洙张目曰："已与公别，何用复来？且死生常理也，希文岂不晓耶？"言讫端坐而逝。据《宋史》卷三百十四，仲淹，吴县人，少有志操，泛通六经，长于《易》，仕仁宗帝，累官枢密参知政事，出治边陲，有武功，卒年六十四，赠兵部尚书，谥文正。仲淹内刚外和，性至孝。母在时，以方贫，其后虽贵，非有宾客不重肉，妻子衣食仅自充，而好施予。置义庄于里中，以赡族人。泛好士，善士多出其门。其为政尚忠厚，所至施恩。邠、庆二州之民，画像立祠事之。其丧也，羌酋数百人，哭之如父云。

第十章 杨岐与黄龙二派之祖

慈明楚圆轮下出二大士,杨岐方会、黄龙慧南是也。方会是杨岐派之祖,慧南是黄龙派之祖。会之言谓一切法皆是佛法,又谓百草树木,作大狮子吼,演说摩诃般若。三世诸佛,在诸人脚跟下,转大法轮。南之垂示谓道远乎哉!触事而真。圣远乎哉!体之即神。道与圣总在拄杖头上。若识得,十方刹土不行而至,百千三昧,不作而成。

第一节 杨岐方会

方会,袁州宜春人,姓冷氏,投潭州道吾山出家,诸录记九峰山落发,误也。何则?方会灭后未数年所作《语录》之序有明记,《建中靖国续灯录》卷七亦为潭州道吾山落发,最可信凭。方会幼敏警,阅经闻法,自然契妙旨,因游方访诸山老宿,时慈明楚圆住南源,方会辅佐之不厌勤苦,及楚圆徙道吾、石霜,方会自请为监院。扣参虽久,未有省发。每咨参,圆云:"库司事繁,且去。"又或云:"监寺异时儿孙遍天下去,何用忙为?"一日圆出山行,忽逢雨,会侦之小径,既见遂挡住云:"这老汉今日须与我说,不说打你去。"圆云:"监事知是般事便休。"语未卒有省,即拜于泥途。问云:"狭路相逢时如何?"圆云:"你且躲避,我要去那里去。"会归来日,具威仪,诣方丈礼谢。

第二节　慈明婆

楚圆饭罢有山行之习。据《嘉泰普灯录》卷三，有一老妪居近寺，人莫测之，所谓慈明婆也。圆乘间必至彼，一日当参粥罢，久不闻挝鼓。会问行者："今日当参，何不击鼓？"行者云："和尚出未归。"会径往婆处，见圆执爨煮婆之粥。会云："和尚今日当参大众，久待何以不归？"圆云："你下得一转语即归，下不得各自东西。"会以笠子盖头上行数步。圆大喜，遂与同归云云，果为史实否不可知。

楚圆每山行，瞰其出，虽晚必击鼓集众。圆还怒责云："少丛林暮而升座，何从得此规绳。"会徐对云："汾州晚参也，何为非规绳乎？"圆无如之何。此丛林三八念诵罢，而犹有参之源也。

第三节　杨岐住山

及圆迁兴化，乃辞归九峰山，道俗请于袁州（江西袁州府）杨岐山出世。九峰长老勤，智门光祚之嗣，雪窦重显同门也。未知会之力量，惊云："会监寺亦能禅乎？"会受疏了升座，问答罢乃云："更有问话者么？试出众相见，杨岐今日性命在你诸人手里，一任横拖倒拽。为什么如此？大丈夫儿须是当众抉择，莫背地里似水底捺葫芦相似，当众勘验看有么？若无，杨岐失利。"会才下座时，勤把住云："今日且喜得个同参。"会云："同参底事作么生？"勤云："九峰牵犁，杨岐拽把。"云："正当与么时，杨岐在前，九峰在前？"勤拟议，会托开云："将谓同参，元来不是。"由是会之名高诸方。

第四节　杨岐之家风

会之住杨岐山普通禅院，颇守枯淡家风。即上堂云：

> 蒲福住杨岐，年来气力衰。寒风凋败叶，犹喜古人归。啰啰嚛，拈上死柴头，且向无烟火。

《宗统编年》卷二十云：

> 杨岐初住，老屋败椽。适隆冬，雪霰满床，居不遑处，衲子投诚，愿充修造。会却之曰："我佛有言，时当减劫。高岸深谷，变迁不常，安得圆满如意，自求称足。汝等出家学道，做手脚未稳，已是四五十岁，讵有闲工夫事丰屋耶？"竟辞之，翌日上堂云：
>
> 杨岐乍住屋壁疏，满床皆布雪真珠。缩却顶，暗嗟吁，翻忆古人树下居。

可以想见超逸之风格。以仁宗帝庆历六年徙潭州云盖山海会寺，不久而化。准《嘉泰普灯录》，仁宗帝皇祐元年（1049）寂，龄五十八，然皇祐二年文政所撰《杨岐语录序》，师袁州宜春人，姓冷氏，落发于潭州浏阳道吾山，俗龄五十四，卒于云盖山，塔存焉，此其正说也。

会自赞之偈云：

> 口似乞儿席袋，鼻似圆头屎杓。劳君神笔写成，一任天下卜

度。似驴非驴，似马非马，咄哉杨岐！牵犁拽把。无言不同佛，有语谁斟酌。巧拙常现前，劳君安写邈。(《续藏经》，第一辑，第二编，第二十三套，第五册，471页左）

可以卜知其平生所自任。

第五节　杨岐之禅

方会之禅不坠济门之形式，浑然不露圭角，而具机用。

一切法皆是佛法。佛殿对三门，僧堂对厨库。若也会得，担取钵盂拄杖，一任横行天下。若也不会，更且面壁。(同上书，470页右）

心随万境转，转处实能幽。随流认得性，无喜亦无忧。

杨岐一诀，凡圣路绝。无端维摩，特地饶舌。(同上书，470页左）

如所示足见其一端。

第六节　黄龙慧南

慧南，信州（江西广信府）玉山县人，姓章氏，年十一师事同州怀玉寺智銮，十九落发受具，远游至庐山归宗寺，谒自宝，又依栖贤寺之澄諟，諟之莅众，进止有律度，慧南淹留三年规模之。按澄諟号宝觉禅师，百丈山道恒之子，恒清凉文益之嗣。南辞栖贤渡淮，上蕲州三角上谒怀澄。澄五祖山祖戒之子，戒双泉师宽之嗣，宽云门文偃之嗣，一时有名，见南器许。及澄移泐潭，南亦随。澄使分座接纳。

第七节　黄龙与云峰

时有云峰文悦，汾阳善昭之嫡孙也，见南归，每叹云："南有道之器也，惜未受本色钳锤耳。"同游西山夜话，论云门之法道。悦云："澄公虽云门之后，然法道异矣。"南问："所以异？"悦云："云门如九转丹砂，点铁成金，澄公药汞银徒可玩，入锻即流去。"南怒以枕投之。明日，悦谢过且云："云门气宇如王甘死语下乎？澄公有法授人死语也，死语其能活人哉。"即背去。南挽之云："如是谁可汝意者？"悦云："石霜楚圆手段出诸方，子欲见之不宜后也。"

第八节　黄龙与慈明

南乃办旅装，中途闻楚圆不事事，慢侮小丛林乃悔，留萍乡累日，结伴从收（收疑攸）县登衡岳，寓止福严。有贤长老大阳警玄之嗣，命南掌书记，未久俄入寂，郡主请楚圆主福严，南心大喜，欲观其人而验悦之言。楚圆既至，南望见之，心容俱为肃然，闻其说法，贬剥诸山老宿以为邪解。南翻然改云："大丈夫心膂之间其可自为疑碍乎？"趋诣圆室云："慧南以暗短望道未见，此闻夜参，如迷行得指南之车。然唯大慈更施法施，使尽余疑。"圆笑云："书记已领徒游方，名闻丛林，借使有疑，不以衰陋鄙弃，坐而商略顾不可哉。"呼侍者进榻且命坐，南固辞，哀恳愈切，圆云："书记学云门禅，必善其旨，如日放洞山三顿棒，洞山于时应打不应打？"南云："应打。"圆色庄云：

"闻三顿棒声便是吃棒,则汝自旦至暮闻鸦鸣、鹊噪、钟鱼之声亦应吃棒,何时当已哉?"南瞠而却,圆云:"吾始疑不堪汝师,今可矣。"即令拜。南拜起。圆云:"脱如汝会云门意旨,则赵州尝言台山婆子被我勘破,试举其可勘处。"南面热汗下,不知答趋出,明日入室又遭诟骂。南云:"政以未解求决耳,骂岂慈悲法施之式?"圆笑云:"是骂耶?"南于是默悟其旨,呈偈云:

> 杰出丛林是赵州,老婆勘破没来由。而今四海清如镜,行人莫以路为仇。

圆以手点没字顾南,南即易之,而心服其妙密,留月余辞去,时年三十五。

第九节　黄龙之嗣法

明年游荆州,乃与文悦会于金銮,相视一笑云:"我不得友兄及谷泉,安识慈明。"至秋,北还入泐潭,然与怀澄旧好既尽,游洪州凤栖山同安,有老宿号神立,谓南云:"吾住山久,无补宗教,敢以院事累子。"郡将亦知南名请之,不得已受之。泐潭之澄遣僧来审提唱之语,有曰:"智海无性,因觉妄以成凡,觉妄无虚,即凡心而见佛。便尔休去,谓同安无折合,随汝颠倒所欲,南斗七,北斗八。"僧归举似澄,澄不怿,俄闻嗣法楚圆,泐潭之法侣多去。

第十节　黄龙之入狱

次住归宗寺，有火一夕而乌有，南坐狱抵。有司百方求其隙，南怡然引咎，不以累人，唯不食耳。久而后释，南没齿未尝言吏之横逆。次住黄檗山，结庵溪上，名曰积翠。方是时江、湖、闽、粤之人闻其风，参叩轮下者极多，后于隆兴府（江西南昌府）黄龙山出世。临济宗枝旺于一时，法席之盛追媲马祖百丈，神宗帝熙宁二年（1069）入寂，春秋六十八。

第十一节　黄龙之心操

《宗统编年》卷二十云：

> 南住归宗，寺火，一夕而烬。大众哗动山谷，南安坐如平时，僧洪准欲掖而走，南叱之。准曰："和尚纵厌世间，慈明法道，何所赖耶？"因徐整衣起，火已及坐榻矣。入狱，郡吏发其私愤拷掠百至，绝口不言，惟不食而已。两月后得释，须发不剪，皮骨仅存。可真迎于中途，见之泣下曰："师兄何至是也。"南叱曰："这俗汉。"真不觉下拜。他日谓门弟子曰："我在狱证《法华经》，菩萨游戏三昧。《经》曰：菩萨游戏神通，净佛国土，心不好乐。呵小乘也，以其不能成就众生耳。"弟子请闻其说。南曰："凡狱吏之治有罪者，察见其情伪，必痛加捶楚，欺诈之实尽则自释，虽有酷刑不能申也。罪至于死，亦所甘心者，智尽情枯故也。今禅学者驰求之狂，欺诈之病，不以知见之慧锻

之,何由而释?"(《续藏经》,第一辑,第二编乙,第二十套,第二册,150页左)

慧南之心操如是严密,而接人如是公明,所以足为一派之祖。

第十二节 为人之法

南尝答人之问,说为人之法云:

父严则子孝,今日之训,后日之范也。譬诸地尔,隆者下之,洼者平之。彼将登于千仞之上,吾亦与之俱,因而极于九渊之下,吾亦与之俱,使之穷则妄尽而自释也。又曰煦之妪之,春夏之所以生育也,霜之雪之,秋冬之所以成熟也。吾欲无言得乎?(同上书,第十五套,第二册,172页左)

其为人用心如是,伊法席之盛非偶然也。

第十三节 黄龙之三关

南尝设三问验学者,第一:"人人尽有生缘,上座生缘在何处?"第二伸手曰:"我手何似佛手。"第三垂脚曰:"我脚何似驴脚。"三十余年以此三问试学者,能契其旨者少,若应酬来者亦未尝可否。丛林目之曰黄龙三关,颂云:

生缘

生缘有语人皆识,水母何曾离得虾。但见日头东畔上,谁能更吃赵州茶。

佛手

我手佛手兼举,禅人直下荐取。不动干戈道出,当处超佛越祖。

驴脚

我脚驴脚并行,步步踏着无生。会得云收日卷(月皎),方知此道纵横。

总颂

生缘断处伸驴脚,驴脚伸时佛手开。为报五湖参学者,三关一一透将来。(《续藏经》,第一辑,第二编乙,第十一套,第四册,326页左)

南设三关虽学者之酬答未尝可否,敛目危坐而已,人莫测其意。人有问其故,南云:"已过关者,掉臂径去,安知有关吏,从吏问可否,此未透关者也。"实可云名言。

第十四节　黄龙之藻思

南语值吟诵者不少,今录其二三。

青萝夤缘,直上寒松之顶。白云淡泞,出没太虚之中。万法本闲,唯人自闹。闹个什么,咄!

月色和云白,松声带露寒。好个真消息,凭君仔细看。

紫霄峰顶,黑云叆叇。鄱阳湖里,白浪滔天。一气无作而作，万法不然而然。更若思量拟议，迢迢十万八千。

古人看此月，今人看此月。如何古人心，难向今人说。

尝云：

身口意清净，是名佛出世。身口意不清净，是名佛灭度也。好个消息，古人一期方便，为汝诸人开个入路。既得入，又须出始得。登山须到顶，入海须到底。登山不到顶，不知宇宙之宽旷。入海不到底，不知沧溟之浅深。既知宽旷，又知浅深，一趯趯翻回大海，一撼撼倒须弥山，撒手到家人不识，鹊噪鸦鸣柏树间。

有一人朝看《华严》，暮看《般若》，昼夜精勤，无有暂舍。有一人不参禅，不论义，把个破席日里睡。此二人同到黄龙，一人有为，一人无为，且道，安下那个得是？良久云："功德天，黑暗女，有智主人，二俱不受。"（《续藏经》，第一辑，第二编，第二十三套，第五册，429页右一左）

第十一章 圆通居讷与育王怀琏

云门之儿孙虽不乏其人，如圆通之居讷、育王之怀琏，则朝野之所崇敬。至其思想虽别无出格之分，却有不失中正之妙。琏之溪山云月处处同风，水鸟树林头头显道。又云佛法两字亦是二头三手，一摆摆脱去，独脱无依。

第一节 圆通居讷

仁宗帝时，临济、云门二宗最盛，得人最多。云门之儿孙有庐山圆通寺居讷。讷出梓州（四川潼川府）东川蹇氏，生而英伟，读书过目成诵。年十一去依汉州（四川成都府汉州治）什邡竹林寺元昉。十七试《法华》得度，受具足戒于颖真，讲肆成业，学冠两川，虽耆宿多下之。有一禅者从南方回来，称禅宗被天下。且说马祖什邡人应般若多罗之谶出世博大名，蜀之隽杰以讲论闻者，如亮座主归禅隐西山，如讲师鉴焚疏钞称滴水莫敌巨海。讷怃然久之，云："汝知其说乎？"禅者云："我不能知也，子欲知之，何惜一往。"讷乃发志出蜀游学荆楚，屡阅寒暑无所得，仍西诣襄州（湖北襄阳府襄阳县）洞山，谒子荣。荣，智门光祚之嗣，即云门之嫡孙也。讷留止洞山十年，读《华严经》至曰："须弥在大海中，高八万四千由旬，非手足攀揽可及，以明八万四千尘劳山，住烦恼大海，众生有能于一切法无思无为，即烦恼自然枯竭，尘劳成一切智之山，烦恼成一切智之海。若更起心思虑即有攀缘，即尘劳愈高烦恼愈深，不能至诸佛智顶。"三复熟读，叹云："石巩云无下手处，而马祖曰旷劫无明，今日一切消灭，非虚语也。"后游庐山，道声籍甚。南康太守程师孟闻讷之名，请住归宗寺，依法嗣子荣，既而迁圆通。

第二节　居讷之道誉

仁宗帝皇祐元年创立十方净因禅院。盖周武毁佛以后，至宋太祖建隆中复兴两街，而止于南山律、慈恩、贤首等疏钞之义学。士大夫之聪明超轶者，皆厌闻名相。而天台止观、达磨之禅宗尚未行，太宗帝淳化以来，四明智礼、天竺遵式行道东南。观心宗眼大照天下，杨亿、晁迥首发明之。至是内侍李允宁，奏施汴京之宅一区创兴禅席，仁宗帝赐额，曰十方净因禅院。诏召有道者住持，欧阳修、程师孟以居讷应召，允宁自驰诏下江州，讷称目疾，固辞不起，使怀琏代应敕。或人谓讷云："圣天子旌崇道德，遣使持书，恩被泉石，师何因辞哉？"讷云："予滥厕僧伦，视听不聪，幸安于林下饭蔬饮水，虽佛祖所不为，况其他耶？先哲谓大名之下难以久居，予行平生知足之计，不以声名自累。"云云。

第三节　居讷与欧阳修

欧阳修荐讷，以修庆历五年，为论议范仲淹等，除河北都转运使，左迁滁州。明年将归庐陵，舟次九江，游庐山谒居讷于圆通寺。修尝著本论排佛，仿韩退之攘佛老，便与讷论道，心服耸听忘倦，至夜不已，迟回逾旬不忍去。讷云：

> 佛道以悟心为本。足下……偏执世教，故忘其本，诚能运圣凡平等之心，默默体会，顿袪我慢，悉悔昨非，观荣辱之本空。了死生之一致，则净念常明，天真独露，始可问津于此道耳。

修于是有所省发，后入参大政，至誉讷于公卿之前。

第四节　华严修颙与欧阳修

修尝居洛时游崇山，却仆吏，放意往至一寺，修竹满轩，风物鲜美。修休于殿内，傍有老僧阅经自若，修问："诵何经？"曰："《法华》。"修云："古之高僧临死生之际，类皆谈笑脱去，何道致之？"曰："定慧力耳。"又问："今何寂寥无有？"曰："古人念念定慧，临终安得散乱。今人念之散乱，临终安得定慧。"修心服。后以太子少师致仕，居颍州（安徽颍川府），以颍州太守赞《华严》，修颙德业，便备馔招颙。修问云："浮图之教何为者？"颙乃挥微指妙，使优游于华严法界之都，从容于帝网明珠之内。修竦然云："吾初不知佛书，其妙至此。"修在颍州捐酒肉，撤声色，灰心默坐，临终时，令老兵就近寺借《华严经》，传读至八卷安然而逝。修传见《宋史》卷三百十九，神宗帝熙宁四年致仕，五年卒，谥曰文忠。苏轼评云："论大道似韩愈，论事似陆贽，记事似司马迁，诗赋似李白。"

第五节　程师孟、苏洵与刘述

《程师孟传》，载《宋史》卷四百二十六。师孟，字公辟，吴人，《释氏稽古略》作陈师孟非也。师孟知诸州，政简而严，到处有治绩，以光禄大夫致仕卒，年七十八。洪州、福州、广州、越州等民至立生祠崇之。仁宗帝崇居讷之德，赐号祖印禅师。庆历中，苏洵亦问法于讷，得其旨。讷之致众也。谨严不妄言笑，住持二十年，移住四祖、开元二刹，所至称丛林第一，既老休居宝积岩。时刘述为江州牧，诣问道。盖述反抗王安石新法，左迁知江州时也。述传见《宋史》卷三百二十一。讷一日忽辞刘述，归而沐浴，端坐而逝。述率缁白茶毗，即神宗帝熙宁四年（1071），阅世六十二。

第六节　居讷之语句

《禅林宝训》卷一举居讷之语云：

　　圆通讷和尚曰：跛者命在杖，失杖则颠。渡者命在舟，失舟则溺。凡林下人，自无所守。挟外势以为重者，一旦失其所挟，皆不能免颠溺之患。(《庐山野录》十五)

　　昔百丈大智禅师建丛林，立规矩，欲救像季不正之弊，曾不知像季学者盗规矩以破百丈之丛林。上古之世，虽穴居野处，人人自律，大智之后，虽高堂广厦，人人自废。故曰："安危德也，兴亡数也，苟德可将，何必丛林？苟数可凭，曷用规矩？"(《野录》)

古圣治心于未萌，防情于未乱。盖豫备则无患，所以重门击柝，以待暴客，而取诸豫也。事豫为之则易，卒为之固难。古之贤哲，有终身之忧，而无一朝之患者，诚在于斯。(《九峰集》;《续藏经》，第一辑，第二编，第十八套，第二册，158页左—159页右)

第七节　大觉怀琏

怀琏是漳州（福建漳州府）龙溪县人。姓陈，诞生之夕，泗州僧伽降于室，故小字泗州。聪慧绝伦，丱角落发，笃志道学，寝食不废，巧翰墨，有声闻，游方爱衡岳之胜，馆三生藏有年，丛林号琏三生云。远造沩潭之法席，师事怀澄。澄，云门之嫡孙，嗣五祖山之师戒，参扣十余年，投机印可之后，去游庐山圆通，在居讷会下掌书记。仁宗帝皇祐二年，有诏代居讷住十方净因禅院，同年二月被召于化成殿对御，帝问以佛法大意，奏对称旨。赐号大觉禅师。斋毕效南方禅林仪范，开堂演法，问答罢乃曰："古佛堂中曾无异说，流通句内诚有多谈，得之者妙用无亏，失之者触途成滞，所以溪山云月处处同风，水鸟树林头头显道。若向迦叶门下，直得尧风荡荡，舜日高明，野老讴歌，渔人鼓舞。当此之时，纯系无为之化，焉知有恁么事？"皇情大悦。

第八节　大觉之才器

初琏之游圆通，居讷一见，期其大器。或人问其故，讷云："斯人中正不倚，动静尊严，加以道学行谊，言简理尽，凡人资禀如此，鲜有不成器者。"果如讷言。后仁宗帝遣中使问曰："才去竖拂立难当，盖佛字也。"琏即以颂回进云:"有节非于竹,三星绕月宫。一人居日下,弗与众人同。"盖即心是佛也。帝览大悦,诏对便殿,罗扇一把题元寂颂赐之,书与琏问答诗颂十七首赐之。天眷日深,颇如师友,至和二年,琏进颂乞老林下云:"六载皇都唱祖机,两曾金殿奉天威。青山隐去欣何得,满箧唯将御颂归。"仁宗帝和之云:"佛祖明明了上机,机前荐得始全威。青山般若如如体,御颂收将什处归。"仍慰谕住京师作佛法。琏再进颂云:"中使传宣出禁闱,再令卧住此禅扉。青山未许藏千拙,白发将何补万机。霄露恩辉方湛湛,林泉情味苦依依。尧仁况是如天阔,应任孤云自在飞。"

第九节　仁宗之参学

仁宗帝初阅《投子禅师语录》,至僧问如何是露地白牛。投子云叱叱之文有所契,制颂十四首,以其一赐琏云:"若问主人公,真寂合大空。三头并六臂,腊月正春风。"琏和云:"若问主人公,澄澄类碧空。云雷时鼓动,天地尽和风。"帝欣然,赐以龙脑之钵,琏谢恩罢便谓:"佛法以坏色衣,以瓦铁器,此钵非法。"遂焚之。中使回奏,帝益称叹。

第十节　大觉与云居晓舜

琏以禅寂自任,持律清严,构精舍于都城之西。时云居晓舜,字尧夫,尝住庐山栖贤。南康之守、槐都官,多贪墨迹,舜不忍与以常住物,为其所怒,人有潜舜于郡守,守便责问,令还俗。琏昔入舜之室受教,故上京依琏,琏让以正寝,自居偏室,执弟子之礼甚恭。王公大人来候者怪之。琏以实对云:"吾少尝问道于舜,今其不幸,其可以像服二吾心哉。"琏虽屡入内，竟不言舜之事，偶一日敕使入山，见琏之侍舜归奏，帝召见叹服曰："道韵奇伟，真山林达士。"仍易衣，令再住栖贤，给紫衣银钵。琏尝评舜云：

舜老夫，赋性简直，不识权衡、货殖等事。日有定课，曾不少易。虽炙灯扫地，皆躬为之。尝曰古人有一日不作一日不食之戒。予何人也？虽垂老，其志益坚。或曰何不使左右人。老夫曰经涉寒暑，起坐不常，不欲劳之。

按舜嗣洞山晓聪，聪嗣文殊应真，真嗣德山缘密，密云门之嫡嗣也，然则舜与琏于法为昆季矣。

第十一节　育王住山

怀琏以英宗帝治平二年上表请归山林，英宗帝赐札子，云："大觉禅师怀琏，受先帝圣眷，累赐神章，屡贡钦诚，乞归林下，今从所请，俾遂闲心。凡经过小可庵院，随性住持，或什方禅林，不可抑逼。"琏即东归，渡江少留金山西湖，四明郡守虚阿育王山广利禅寺之席以迎，九峰鉴诏作疏劝请，琏便受之。四明之人相与协力造大阁，藏所赐御制诗颂，榜之曰宸奎。翰林学士苏轼为记，因书以问琏云："承章作宸奎阁碑，谨已撰成，衰朽废学，不知堪上石否？见参寥说，禅师出京日，英庙赐手诏，其略云任性住持，不知果有否？如有切请，录示全文，欲添此一节。"琏终藏之不出，逮委顺后，于箧笥之中获之，足见其不夸世荣、不恃君宠之意。哲宗帝元祐五年（1090）无疾而化，阅世八十二。

第十二节　大觉之法语

怀琏之法语多不传。《建中靖国续灯录》卷六所记数条而已。谓：

若论佛法两字，是加增之辞，廉纤之说。诸人向这里承当得，尽是二头二手。譬如金屑虽贵，眼中着一点不得。若是本分衲僧，才闻举着此事，便一摆摆断，不受纤尘，独脱自在，最为亲的。然后便能在天同天，在人同人，在僧同僧，在俗同俗，在凡同凡，在圣同圣，一切处出没自在，并拘检他不得。名邈他不得。何也？为渠能建立一切法故。一切法要且不是渠，渠既无背面，第一不用妄与安排，但知十二时中，平常饮啄，快乐无忧，只此相期，更无别事。所以古人云："放旷长如痴兀人，他家自有通人爱。"（《续藏经》，第一辑，第二编乙，第九套，第一册，51页右）

《禅林宝训》中举琏训言云：

夫为一方主者，欲行所得之道而利于人，先须克己惠物，下心于一切，然后视金帛如粪土，则四众尊而归之矣。（《与九仙诩和尚书》）

前辈有聪明之资，无安危之虑，如石门聪、栖贤舜二人者，可为戒矣。然则人生定业，固难明辨，细评其原，安得不知其为忽慢不思之过欤！故曰："祸患藏于隐微，发于人之所忽。"用是观之，尤宜谨畏。（《九峰集》）

第十三节　道隆与仁宗

仁宗帝至和元年，帝梦至景德寺门，是龙蟠之地，惊觉，中夜遣使往视之。有一僧熟睡，问其名曰道隆，不知何许人，游京师客于景德寺，日纵观都市归。一夜二鼓归山，门卫呵之而不悛，一夕还不得入，即卧门下也。使者归奏，帝闻道隆之名，以为吉征。明日召见便殿问宗要，隆奏对应声如响，帝大悦，馆之大相国寺烧朱院。王侯贵人争先见隆。帝以偈句与隆相酬唱，络绎于道，或入对宿禁中，礼遇特厚，赐号应制明悟禅师。隆少参石门慧彻，闻洞上宗要。彻，石门献蕴之嗣。蕴，青林师虔之嗣。虔，洞山之嫡嗣也。后谒广慧元琏，得临济旨诀，为琏嗣。琏，首山省念子也。仁宗帝召隆与大觉怀琏问话，隆机锋迅捷，帝大悦。隆奏疏云：

　　臣本凡庸，混迹市里，汇缘佛法，依近天颜，出入禁庭，恩渥至厚。荏苒岁篇，衰病相仍，未甘退于山林，坐贪蒙于雨露。因循至此，愧负在颜。恭惟皇帝陛下天纵圣神，生知妙道，染为词翰，如日昭四下，饰万物，而臣蒙许赓和，侣雾领略，才见一班。人虽不言，臣岂无怍。伏见僧怀琏，比自林薮，召至京师，议论得其渊源，词句特出流辈。禁林侍问，秘殿谈禅，臣所不如，举以自代。伏望圣慈许臣于庐山一小刹，养疴待尽，不尽犬马恋轩之情，取进止。

依诏于曹门外护国寺之北建精舍，号华严禅院安置隆。隆评论诸方语，载《禅林僧宝传》卷二十二，殁年八十余。

第十二章　明教契嵩之修史

佛日契嵩亦云门下之俊杰也。考定禅史纷淆，群疑冰解。又辩儒释一致之旨，救时弊之方便。嵩言谓心之谓道，阐道之谓教。教者，圣人之垂迹也。道者，众生之大本也。广大灵明，莫至乎道；神德妙用，莫至乎心。万物同灵谓之心，圣人所履谓之道。群生也者，一心之所出。圣人也者，一道之所离。心与道岂有二哉。

第一节　佛日契嵩

契嵩，藤州（广西梧州府藤县治）镡津人，姓李。七岁事东山之沙门某，十三得度，十九游方，涉衡岳，谒神鼎洪諲，諲器许之，然无所契悟。游于袁州、筠州之间，登洞山，入晓聪之室受印可。晓，文殊应真之嗣。真，德山缘密之嗣。密，为云门之嫡嗣。契嵩信观自在菩萨甚笃，每夜顶戴其像，诵名号必满十万后就寝为常。当时士大夫学古文者慕韩愈，欧阳修著《本论》，李觏著《潜书》，以事排佛，章表民、黄聱隅等皆其流也。仁宗帝明道中，从豫章西山欧阳昉，借其家藏之书，于奉圣院读之，作《原教论》十万言，明儒释一贯，以佛之五戒通儒之五常，云："不杀者仁也，不盗者义也，不邪淫者礼也，不饮酒者智也，不妄语者信也。"又释十善，云："不杀谓非以一物不暴，不止不食其肉也。不盗谓不义不取，不攘他物也。不邪淫谓不乱非其匹偶也。不妄语谓不以言欺人。不饮酒谓不以醉乱其心。不绮语谓不饰非言惑群听。不两舌谓语人不背面。不恶口谓不骂不义之事。不嫉谓无妒忌之念。不恚谓不以忿恨宿于心。不痴谓不昧善恶之因，脱天下皆以此各修，则人人足成善。人人皆善而世不治未之有也。或曰佛止言性，性则《易》与《中庸》云矣，何用佛为？嵩云佛言性与世书一也，是圣人同其性矣。人多得其同，则广为道德。同诚其身，同斋戒其身，同推德于人，以福吾亲，以资吾君之治，佛何能为中国患哉！"读之者畏服，知排佛之非。后居杭州（浙江）灵隐寺之永安精舍，著《禅门定祖图》《传法正宗记》《辅教编》等，因而禅门之二十八祖传以明，又挫排佛之锋。

第二节　契嵩之《传法正宗记》

仁宗帝嘉祐三年，自携书入京，经开封府，投状府尹王素。王素以札子进之朝云："今有杭州灵隐寺僧契嵩，经臣陈状，称禅门传法祖宗未甚分明，教门浅学，各执传记，古今多有争竞。因讨论大藏经论，备得禅门祖宗所出本末，因删繁撮要，撰成《传法正宗记》一十二卷，并画祖图一面，以正传记误谬。兼旧著《辅教编》，印本一部三卷。进上陛下，并非干求恩泽。臣于释教粗曾留心，观其笔削注述，固非臆论，颇亦精微。陛下万机之暇，深得法乐，愿赐圣览，如有可采，乞降付中书看详，特与编入大藏目录。"云云。仁宗帝览其书，可其奏，敕送中书。丞相韩琦、参政欧阳修等相与观之，探经考证，既无讹谬，修称叹谓："不意僧中有此郎耶！"

第三节　契嵩之道声

据《宋三大师尺牍》所载契嵩与韩琦书，嵩请琦进上其书，琦似尚未奏，而为王素奏上者，嵩谢素书云：

> 某昨者愚不自度，辄奉私书，诣阙以扶至教。侍郎念其微效，特与荐谕，天子允从，遂成就其素志。是盖侍郎全成其美，巨力赞护，乃致若斯。当与天下缁徒，励力行道，以报其大恩盛惠。

嵩云忧道不忧身，为法不为名，实足见其志之高洁。

仁宗帝诏付传法院，编次入藏，且赐紫方袍，号明教大师。嵩再三辞让不许。据《宗统编年》，《正宗记》之入藏，在嘉祐七年。韩琦、欧阳修等延见嵩，尊礼之，于是嵩之名闻天下，虽令留居闵贤寺，不受东还。时蔡襄守杭州，请嵩住同州佛日山净慧禅院，居数年退老灵隐之永安精舍。神宗帝熙宁五年（1072）入寂，世寿六十六。

第四节　契嵩之思想

契嵩所著有《传法正宗记》，为论禅门传统之史实者。今日观之，价值颇乏，虽然嵩护法之精神则万古不没。《传法正宗记》亦然。《原教论》分明与现存《辅教篇》中之《原教》同工异曲。嵩之思想乃从《华严》脱化者，《原教》亦仿《华严》，自如《广原教序》中明记。故嵩教旨是以一心为宗。

> 心乎大哉，至也矣。幽过乎鬼神，明过乎日月，博大包乎天地，精微贯乎邻虚。幽而不幽故至幽，明而不明故至明。大而不大故绝大，微而不微故至微。精日精月，灵鬼灵神，而妙乎天地三才，若有乎若无乎，若不有不无，若不不有，若不不无，是可以言语状及乎，不可以绝待玄解谕。得之在乎瞬息，差之在乎毫厘者，是可与至者知，不可与学者言。（《大藏经》，第三十一套，第三册，254页左）
>
> 心之谓道，阐道之谓教。教也者，圣人之垂迹也。道也者，众生之大本也。……广大灵明，莫至乎道，神德妙用，莫至乎心。（同上书，右）
>
> 心必至，至必变。变者识也。至者如也，如者，妙万物者也。识者，纷万物异万物者也。变也者，动之机也。至也者，妙之本也。天下无不本，天下无不动，故万物出于变，万物起于至复于至。（同上书，左）

此非与《起信论》之说同辙乎？嵩区别性与情，性配如，情配变云：

> 圣人以性为教而教人，天下之动生于情……情也者，有之始也。有有则有爱，有爱则有嗜欲，有嗜欲则男女万物生死焉。……性也者，无之至也。至无，则未始而无，出于生，入于死，而非死非生。圣人之道所以寂焉，明然。（同上书，255页右）

更明言三教一致之旨云：

> 古之有圣人焉，曰佛，曰老，曰儒。其心则一，其迹则

异。……天下不可无儒,不可无老,不可无佛。……文中子曰:"观皇极谠议,知三教可以一矣。王氏殆见圣人之心也。"(同上书,258页左)

第五节 契嵩与李觏

《释氏稽古略》卷四云:

李觏,字泰伯,盱江人,时称大儒。至是皇祐二年,范文正公以表荐之,就门除一官,复差充太学说书,未几而卒。泰伯初著《潜书》,又广《潜书》,力于排佛。明教大师嵩公携所著《辅教编》谒之辩明,泰伯方留意读佛经,乃怅然曰:"吾辈议论尚未及一卷《般若心经》,佛道岂易知耶?"其门下士黄汉杰者,以书诘其然。泰伯答之,略曰:"民之欲善,盖其天性。古之儒者用于世,必有以教导之。民之耳、目、鼻、口、心、知百体皆有所主,其异端何暇及哉。后之儒者用于世,则无以教导之。民之耳、目、鼻、口、心、知百体皆有所主,舍浮图何适哉!"(《仲温文事》;《续藏经》,第二编乙,第六套,第一册,59页左)

第十三章　浮山法远之《九带》

浮山法远亦出于此时。远作《九带》，类集宗门语句，此拟班固之九流者，止儿啼之黄叶已耳。远操守严密，具古禅僧风格。其言云：无上妙道，昭昭然在心目间，故不难见。又云：心者一身之主，万行之本，不悟心妙，妄情自生。妄情既生则见理不明，见理不明则是非谬乱。悟则神和气静，妄想情虑皆融为真心。以此治心则心自灵妙也。

第一节　浮山法远

法远，郑州（河南开封府新郑县治）圉田人，生于沈氏。年十七游并州（四川叙州府境），投承天院三交智嵩。嵩，首山省念之嗣。远求出世之法，嵩云："汝当剃落，坠三宝数乃可受法。"远云："法有僧俗乎？"嵩云："与其为俗，曷若为僧。僧则能续佛寿命故也。"于是断发受具足戒。一日见僧入室请问赵州柏树子之因缘，嵩诘其僧，远在旁有省。后历参诸方，就汾阳善昭、叶县归省、大阳警玄、琅琊慧觉等皆受印可。禅林命名远公虎子，于到处丛席为众领袖。尝与达观昙颖等七八辈游蜀，几遭横逆，远以智脱之。众以其晓吏事称为远录公。

第二节　浮山与叶县

《慨古录》云：

　　昔者浮山远、天衣怀兴众同参叶县省，共七十余人。省一见即呵之曰："汝辈踏州县僧，来此何为，我那有闲饭养你闲汉耶？"叱之去，众不为动。遂取水泼之，众又不散，复以灰撒之，众皆怒舍去，惟怀、远二人端坐如故。省曰："彼皆去矣，尔胡不去。"远曰："久慕和尚道德，不远千里而来，岂因一杓水、一把灰遽即去耶？"省曰："尔二人既真为佛法，此间缺典座，能为之否？"远曰："弟子愿为。"怀得参堂。一日省他出，众不堪枯淡，乞煮佳粥，远因为六和粥。粥熟省还，共赴堂竟，召问知事："今日有施主设斋耶？"答曰："无。""堂中纳衬耶？"曰："无。""如此则此粥从何所得？"曰："问典座。"于是远自首曰："某甲见大众枯淡，实自为之。"省曰："尔如此好心，待他日为住持时，为之不晚，何得私盗常住物，做人情耶？"令知事估远衣钵值几何，悉归之常住，逐远出。众、远恳求再三，皆不之允。转求诸山尊者并檀越，乞求挂搭。省大怒曰："我道尔不是好人，汝欲以势位压我耶？速去。"远曰："如此则挂搭不敢望，但上堂时，容某一听法足矣。"省始领之。远寓山下他寺廊房。省一日见之，问曰："尔住此几时矣？"曰："已半年矣。"曰："还常住房钱否？"曰："无。"曰："此住房尔何敢盗住，速须还他去。不尔，我当告官。"远即化与之，而别住城中。每见省则转加敬容。于是省归山，告众曰："叶县有古佛，汝等宜知之。"众曰："古佛是谁。"省曰："如远公，真古佛也。"一众始惊，盛排香华，入城迎归。省特为上堂，面付佛法。自古今以来，法堂付法，唯远一人而已。（《续藏经》，第一辑，第二编，第十九套，第四册，364页右一左）

圆澄评云："远之职当典座，以常住物供常住僧，于理无亏。估赔已甚，何更逐之，住他之寺房，于省何有，不还房钱则告官相逐，省为太过，而远公终不为移。予观其心，真如须弥山王，八风吹不能动，美播万世，皆省公成就之也。"

第三节　浮山之出世开法

仁宗帝天圣中，许式漕淮南，请远于舒州（安徽庐州府庐江县）太平兴国寺开堂，乃归嗣省。以庆历三年逸居天柱山月华庵。同六年为吕济叔所招住浮山。皇祐三年谢事庵于寺西。皇祐五年纳范仲淹之请，住姑苏天平山。仁宗帝至和中再还浮山旧隐。待制王质问法，远画一圆相，问质曰："一不得匹马单枪，二不得衣锦还乡。鹊不得喜，鸦不得殃。速道。"质罔措，远曰："勘破之也。"

第四节　浮山与欧阳修

远，容仪凛然，目光射人。欧阳修闻远之奇逸，造其室，未以为异。与客棋，远坐其旁。修收局，请因棋说法，乃鸣鼓升座说法。修嘉叹，从容谓同僚曰："修初疑禅语为虚诞，今日见此老机缘，所得所造，非悟明于心地，安能有此妙旨哉！"既老，仁宗帝嘉祐三年退休于会圣岩作《九带》，以英宗帝治平四年（1067）寂，年七十七。

第十三章　浮山法远之《九带》

第五节　浮山之行业

《云卧纪谈》卷上说法远之行业云：

> 浮山圆鉴远法师，天圣中许公式漕淮南，命出世太平兴国寺。逮庆历癸未逸居天柱山月华庵。至丙戌岁，吕翰林济叔以浮山延致。皇祐辛卯谢事而庵于寺西。癸巳岁，应姑苏天平之招，至和中复旋浮山旧隐。然三住持并革故创新为禅林，于治平丁未年七十有七，以仲春六日，有遗语曰："法远以一幻身，旅泊三界，虽识导利，实无一法与人。深惭诳世，实愧虚称。兹乃形质朽败，四大将离，聚沫之躯，有何久计，既当风烛，何叹逝川。又念幻身在世，仁信多有供须，耻无道业升消，曷有胜缘报答，忖量唯己，自知湛寂真元却还本道，忍死半刻，援笔陈谢。"观其词杂而理到，可见为临行亲笔矣。至于谦损，亦足警诫吾徒耳。又颂曰："幻世出没有何穷，幻化本来体自空。南山起云北山雨，楼头鼓动庆阳钟。"又曰："来时无物去亦无，譬似浮云布太虚。抛下一条皮袋骨，还如霜雪入洪炉。"又自叹曰："孤舟夜静泛波澜，两岸芦华对月圆。金鳞自入深潭去，空使渔翁执钓竿。"师之嗣法云者，继席浮山，录师行实劂于石。世姓沈，年十七占僧籍，及《僧宝传》所收以沈为王，以十七为十九。庆历、皇祐间，师之道大显著，接投子青续洞上宗派，指老东山参白云端，于宗门可谓有功矣，出处差紊其可乎？（《续藏经》，第一辑，第二编乙，第二十一套，第一册，12页左—13页右）

第六节 浮山之《九带》

所谓浮山《九带》云者,《人天眼目》卷二所载如下:

九带

浮山每于示徒之际,遍举宗门语句,而学者编集,乞师名之。师因其类聚,目之曰《佛禅宗教义九带集》,盖拟班固九流之作也。

佛正法眼藏带(一)

夫真实之理,证成法身,照用之功,作为报土。诸佛之本因既尔,诸祖之洪范亦然。五部分宗,万派之精蓝棋布。一灯分焰、十方之法席鳞差。又《华严经》云如来不出世,亦无有涅槃。昔灵山会上,世尊以青莲目瞬示,四众无能领其密意,惟大迦叶独领解佛旨。经云佛告大迦叶云:"吾有正法眼藏,涅槃妙心,付嘱与汝,汝当流布,勿令断绝。"又临涅槃,告阿难言:"十二部经汝当流通。"告优波离言:"一切戒律汝当奉持。"付大迦叶偈云:"法本法无法,无法法亦法。今付无法时,法法何曾法。"于是大迦叶持佛袈裟于鸡足山中入寂灭定,待慈氏下生,两手分付。

佛法藏带(二)

夫三乘教外,诸祖别传。万象之中,迥然独露。纤尘未泯,阻隔关山。拟议差殊,千生万劫。三贤未晓,十圣那知。截断众流,如何凑泊?圣人曲成万物而不已,刻雕众形而无功,而况如来藏乎?所谓藏者,该括三世过现未来诸佛法藏,其间有大小乘。小乘为声闻、缘觉。大乘谓菩萨,于中支分为八,谓三藏五乘。其三藏谓经、律、论。五乘谓声闻、缘觉、菩萨,而兼摄人天。然则教分名数,依根所立而不离一乘。《法华经》曰:"于一乘道分别说三。"又曰:"尚无二乘,何况有三。"又曰:"惟此一事实,余二则非真,此明依根立权。"如《华严》说,如来藏以法界为体。如来藏无前后际,无成坏法,无修证位,绝对待义,所以文殊偈曰:"一念普观无量劫,无去无来亦无住。如是了知三世事,超诸方便成十力。圣人说了义不了义,并是依根安立。诸佛随宜说法,意趣难辨。三藏五乘各有宗旨,于一乘论圆顿半满,并是权立。惟《华严》一经,以法界为体量,佛与众生同一体性,本无修证,本无得失,无烦恼可断,无菩提可求,人与非人,性相平等。

理贯带(三)

夫声色不到,语路难诠,今古历然。从来无间,以言显道,曲为今时。竖拂扬眉,周遮示诲,天然上士,岂受提撕。中下之机,钓头取则,投机不妙,过在何人,更或跨踌,转加钝置。理贯带者,即正位也,其正位中而无一法,空同实际。其实际理地,不受一尘。

事贯带(四)

夫日月照临不到,天地覆载不着,劫火坏时彼常安,万法泯时全体露。随缘不变,处闹常宁,一道恩光,阿谁无分。《华严经》云:"刹说众生说,三世国土一时说。"

理事纵横带(五)

夫触目是道,佛事门中绝迹无私,通贯实际。圆融事理,运用双行器量,堪任随机赴感。门风露布,各在当人,建立宗乘,强生枝节。出门问路,指东划西,历劫顽嚚,如何扣发?

屈曲垂带(六)

夫垂者,圣人垂机接物也。屈曲者,脱珍御服着,弊垢衣也。同安云:"权挂垢衣云是佛,却装珍御复名谁?御名不出世,垢衣名出世。"僧问石门彻和尚云:"光法师为甚么却作牛去?"彻云:"陋庵不骑金色马,同途却着破烂衫。"圣人成佛后,却为菩萨导利众生,是名不住无为,不尽有为矣。文殊师利问维摩诘云:"菩萨云何通达佛道?"摩诘云:"菩萨行于非道,是名通达佛道。"

妙叶兼带(七)

汝州风穴和尚示众云:"夫参学眼目,临机直须大用现前,莫自拘于小节。设使言前荐得,犹是滞壳迷封,纵饶句下精通,未免触途狂见。劝汝诸人,应是从前依他作解,明昧两歧,凡圣疑情一时扫却,直教个个如师子儿哮吼一声壁立万仞,谁敢正眼觑着?觑着即瞎却你眼。"

金针双锁带(八)

夫鸡足分灯之后,少林传芳以来,各阐玄风,互兴佛事。若凭言诠为据,断灭法门,更成造作修功,平沉先圣。头头显露,物物明真,不用踌蹰,直截便道。

平怀常实带(九)

洛浦和尚示众云:"末后一句始到牢关,把断要津,不通凡圣。寻常向汝诸人道,任从天下乐忻忻,我独不肯。何故?灵龟负图,自取丧身之兆。凤萦金网,拟趣霄汉以何期。寻常向汝诸人道,须于旨外明宗,莫向言中取则。所以道,石人机似汝也。解唱巴歌,汝若似石人,雪曲也应和。僧问南泉如何是道?泉云平常心是道。如达平常道也,见山即是山,见水即是水,信手拈来,无可无不可。设使风来树动,浪起船高,春生夏长,秋收冬藏,有何差异?但得风调雨顺,国泰民安,边方宁静,君臣道合,岂在麒麟出现,凤凰来仪,方显祥瑞哉?但得理归其道,事乃平实,无圣可求,无凡可舍,内外平怀,泯然自尽。所以诸圣语言不离世谛,随顺世间,会则途中受用,不会则世谛流布。"

第十四章　金山昙颖与天衣义怀

临济派下金山昙颖，亦桑门之杰。撰五家宗派，惹起五家系统之紊乱。作《性辩》论性情之异，虽才粗想浅，亦得缙绅之忻仰。雪窦重显之子天衣义怀，称云门下之临济。怀上堂云：灵源绝迹，普现色身，法离断常，有无堪恃，所以道，尘尘见佛，刹刹闻经，要会灵山之亲授记，则昼见日，夜见星。

第一节　金山昙颖

昙颖，姓丘氏，钱塘（浙江）人。年十三投龙兴寺出尘，为人奇逸，聪敏通书史，词章雅丽。十八九游京师，与欧阳修等交。初参大阳警玄问："洞上特设偏正君臣意明何事？"玄云："父母未生时事。"又问："如何体会？"玄云："夜半正明，天晓不露。"颖惘然弃去。上襄州石门山见蕴聪，举警玄之语云："师意如何？"聪云："大阳不道不是，但开口窄，满口说未尽，老僧即不与么？"颖云："如何是父母未生事？"聪云："粪击子。"问："如何是夜半正明，天晓不露？"聪云："牡丹丛下睡猫子。"颖愈疑骇，日日扣之，竟无所得。自奋云："吾要以死究之，不解终不出山。"聪一日见，普请问云："今日运薪乎？"颖曰："然，运薪。"聪云："尝闻人搬柴，柴搬人如何会？"颖不能答。聪因植杖笑云："此事如人学书，点画可效者工，否则拙。何故如此？未忘法耳。如有法执，故自为断续，当笔忘手，手忘心，乃可也。"颖乃默契云："如石头云执事元是迷，契理亦非悟，既曰契理，何谓非悟？"聪云："汝以此句为药语，为病语？"颖云："是药语。"聪云："汝以病为药又可哉。"颖云："事如函得盖，理如箭直锋，妙宁有加者而犹以为病，兹实未谕。"聪云："借其妙至是亦止明事理而已。祖师意旨知识所不能到。矧事理乎？故世尊曰：'理障碍正知见，事障能续生死。'"颖恍然如梦之觉，云："如何受用？"聪云："语不离窠臼，安能出盖缠。"颖叹云："才涉唇吻，便落意思，皆是死门，终非活路。"

第二节　李端愿与昙颖

辞去游京，寓止于驸马都尉李端愿之园。一日端愿问："地狱毕竟是有是无？"答云："诸佛从无中说有，眼见空华，太尉向有中觅无，手搚水中。堪笑眼前见牢狱，不避心外见天堂。欲生殊不知忻怖在心，善恶成境，太尉但了自心，自然无惑。"云："心如何了？"答云："善恶都莫思量。"又问："不思量后心归何所？"颖云："且请太尉收宅。"又问："人死识归何所？"答云："未知生，焉知死。"云："生则端愿已知。云生从何来？"李拟议。颖搩其胸云："只在这里，思量个什么。"对曰："会也只知贪程，不觉蹉路。"颖拓开云："百年一梦。"端愿方有省，说偈云："三十八岁，懵然无知，及其有知，何异无知。滔滔汴水，隐隐隋堤，师其归矣，箭浪东驰。"据《建中靖国续灯录》卷四，王曙、夏竦、李端懿、李端愿皆扣玄关，敬颖以师礼，时人录颖之言名《登门集》。

第三节　王曙、夏竦与李端懿

据《弘简录》卷一百二十八，王曙方岩（疑严）简重，具大臣之体，居官深自抑损，好佛法，斋居蔬食，泊如也。所著有《文集》四十卷、《周书音训》十三卷、《唐书备问》三卷、《庄子旨归》三篇、《列子旨归》一篇、《载斗奉使录》二卷和《集两汉诏议》四十卷。仁宗帝景祐元年卒，赠太保中书令，谥文康。《夏竦传》见《弘简录》卷一百一，资性明敏好学，经史、百家、阴阳、历律、佛老之书无不通晓。且为文典雅藻丽，然才术过人，所缺诚德，因目为奸邪，有《文集》一百卷。《居士分灯录》卷上云：

> 夏竦，字子乔，德安人，契机谷隐。一日上蓝溥至。竦问："百骸溃散时那个长老自家的？"溥曰："前月二十离蕲阳。"溥却问竦："百骸溃散时那个是相公自家的？"竦便喝。溥曰："喝则不无，毕竟那个是相公自家的？"竦对以偈曰："休认风前第一机，太虚何处着思惟。山僧若要通消息，万里无云月上时。"溥曰："也是弄精魂。"

然则竦是曾参见谷隐蕴聪、金山昙颖父子者。李端懿是《广灯录》著者李遵勖之子，性和厚好学，通阴阳医术、星经、地理。李端愿是端懿之弟，常阅禅书，长而笃志祖道，遂于后圃，筑室如兰若，邀昙颖处之，朝夕咨参，至忘寝食，哲宗帝元祐六年（1091）卒。

第四节　昙颖之住持与迁化

昙颖东游，初住舒州香炉峰，移润州（江苏省镇江府）因圣太平之隐静、明州雪窦，又住润州金山龙游寺。仁宗帝嘉祐四年（1059）除夕，遣侍者持书告别扬州之刁景纯曰："明旦当行，不暇相见，厚自爱。"景纯见书乃惊云："当奈何复书诀别而已。"中夜不候吏报，扬州驰书，船将及岸。颖欣然挝鼓升座，叙出世本末，谢裨赞丛林者，令劝（劝疑勤）修勿怠，云："吾化当以贤监寺次辅。"下座读景纯书毕，大众拥步上方丈，颖跏趺，令各远立，良久而化，阅世七十二。

第五节　《性辩》

准《释氏稽古略》卷四，颖尝作《性辩》。其文云：

今古圣贤言性者，只得情也。脱能穷理不能尽性，何也？不知三才万物皆性也。天性上，地性下，金利，水湿，木直，火热，土厚，此五行性也。统而论之，精而察之，万物之性，皎然可见矣。就中最灵者人也。阴阳交遘而生变化。而动者情也。约人情纯粹者也。其所以可上可下，为贤为愚。受性上者君子也，外情不能惑性，虽混于小人，犹金玉之土石耳。至于尧、舜、禹、汤，垂名万古，乃当时保高位，守常道，而察人情，随性立法也。桀、纣、幽、厉，惑富贵，失大宝，纵自性被情迁也。天地虽无情，风雨四时易其候，山川万物乱其形，唯人居中，度天时，随地利，而不失其节，所以人为天地心也。情意识皆本乎性也，随物所显，故外有多名耳。余不可备叙也。情者心也，牵于用。意者志也，记于事。识者知也，辨于物。爱、恶、喜、怒皆情也。夫为大圣人者，性决定也，不被外惑，不为情牵，性制于情也。所以我教谓之正觉者也。《易》唯知穷理尽性之说，而未见乎出古入今之道者也。(《续藏经》，第一辑，第二编乙，第六套，第一册，60—61页右)

颖性情之辨，平平凡凡，然与宋儒理气性情之论并看，不失为卜知当时思想之好资料。《人天眼目》所载颖答僧自聪语，关于宗门史实，见其充满独断的错误。可以知颖才粗用意之不周到。颖有负气之风，往往非无警句。《五灯会元》卷十二云："问：'和尚还曾念佛也无？'师曰：'不曾念佛。'曰：'为甚么不念佛？'师曰：'怕污人口。'"

第六节　天衣义怀

天衣义怀，温州（浙江省温州府）乐清人，姓陈氏，世以渔为业。为儿时，坐父船尾，得鱼则付怀串之，怀不忍，私投江中，父怒笞之，不以介意。长游京师，投景德寺为童行。仁宗帝天圣中试经得度，伍众中清癯缓步，如鹤立鸡群。神僧言《法华》，行市井见怀，拊其背云："临济德山去。"怀不喻其意，问耆宿。曰："汝其当宏禅宗乎？行矣，勿滞于此。"仍志遍参，谒荆州金銮之善、叶县之省未契，东游至姑苏，上翠峰参重显。显为雪窦明觉，云门下之伟才也。显问："汝名甚么？"曰："义怀。"显曰："何不名怀义？"曰："当时致得。"显曰："谁为汝立名？"曰："受戒来，十年矣。"显曰："汝行脚费多少草鞋？"曰："和尚莫瞒人好。"显曰："我也没量罪过汝，也没量罪过你作么生？"怀无语。显打曰："脱空谩语汉，出去。"入室次，显曰："恁么也不得，不恁么也不得，恁么不恁么总不得。"师拟议。显又打令出，如是数四。寻为水头，因汲水担折而忽悟，作投机之偈曰："一二三四五六七，万仞峰头独足立。骊龙颔下夺明珠，一言勘破维摩诘。"显闻而拊几称善。

第七节　天衣之扬化

怀辞去，久之，有僧从淮上来，曰："怀于铁佛出世矣。"显便令举提唱之语，曰："譬如雁过长空，影沉寒水，雁无遗踪之意，水无留影之心。"显激赏以为类己，遣使慰抚之。怀乃通门人之礼，从铁佛至越州（浙江绍兴府）天衣山，五迁法席。投子、桓林、广教、景德、杉山等皆荒凉之处，怀至必建立楼观，化行海内。晚年以疾，居池州（安徽池州府）杉山庵。有门人智才，住杭州佛日山，迎怀侍剂药，才行姑苏，未还，怀促其归，才还至门，怀既与众告别。才问："卵塔已毕，如是是毕竟事？"怀竖拳示之，遂倒卧推枕而化，春秋七十二。时仁宗帝嘉祐五年（1060）。依《建中靖国续灯录》卷四，学士苏澥、吏部苏注，皆以师礼敬怀云。

第八节　天衣之宗乘

见义怀提唱之语，多意义分晓，与他宗师故弄竹头接木之语不同。故慧洪云："了观雪窦父子提唱之语，其指示心法广大分晓，如云廓天布。"怀言：

无边身菩萨，穷尽法界，不见如来顶相。诸仁者无边身菩萨，不见如来顶相且致。只如释迦老子，还见无边身菩萨顶相么。如今若有明眼衲僧，非但顶相，十方世界诸如来心，悉现在前。良久云：还见么？土上更加泥。(《续藏经》，第一辑，第二编，第二十三套，第五册，446页左)

可以见得怀之佛心观。又言：

　　云笼古殿，迦叶攒眉。露滴阶墀，空生泣泪。森罗举唱，谁是知音？水乳难分，鹅王善别。忽然顶门眼开，莫道山僧压良为贱。(同上书，447页右)

此森罗万象之说法，说神通、光明者。又同一打铁言：

　　举教云：佛放眉间光，见诸希有事。崇寿香台放光，三门佛殿，前廊后架，音声浩浩，岂不是希有事。还会么？西天与此土不同。(同上)

　　大道无偏，复谁迷悟？诸仁者，迷则迷于悟，悟则悟于迷。迷时力士失额上之珠，悟则贫子获衣中之宝。谁人不有？故圣人云：如我现身实相，观佛亦然。前际不来，后来不去，今则无住，无住之本，流出万端。森罗眩目，全彰古佛家风。音声聒耳，尽是普贤境界。虽然如是，笑杀衲僧。(《续藏经》，第一辑，第二编乙，第九套，第五册，454页左)

可以检义怀之用处。

第九节　天衣之净业

明道衍《诸善人咏》云：

> 天衣义怀禅师
>
> 五迁名刹萃英贤，净土兼修不碍禅。竖起拳头推枕化，宝花池上绽青莲。
>
> 义怀禅师，温州乐清人也。……晚居池州栖山庵，化人念佛，有劝修净土说。示寂之夕，其徒智才问卵塔已毕，如何是毕竟事。怀竖拳示之，推枕而逝。（《续藏经》，第一辑，第二编乙，第八套，第一册，52—53页右）

明大佑《净土指归集》卷上云：

> 天衣怀禅师室中问学者云："若言舍秽取净，厌此欣彼，则是取舍之情，众生妄想。若言无净土则违佛语，修净土者当如何修？"众无语。自答云："生则决定生，去则实不去。"又云："譬如雁过长空，影沉寒水，雁绝遗踪之意，水无留影之心。"（《续藏经》，第一辑，第二编，第十三套，第一册，64页右）

道衍《净土简要录》载上记之文，终见于讷师《唯心净土文》。

第十节 《唯心净土文》

《唯心净土文》见宋宗晓所编。《乐邦文类》卷四云:

> 《唯心净土文》　姑苏禅师守讷
>
> 禅师姑苏郑氏子,其族显官,少依圆照禅师得大彻悟,唱道宣城,缁素钦敬。先自天衣怀禅师以下,专用净土法,递相传授,皆遂往生,各有明验,具载《宝珠集》。师有《唯心净土文》,今录于此。
>
> 佛说极乐净土,普劝娑婆群生,应当发愿生彼国土。然学顿者,拂之为权说,不通理性者,泥之于事相。吾尝学唯识,唯遮外境,识表自心。心外无境。境全是心,心法遍周。净土岂离乎当念,生佛同体,弥陀全是于自心。总摄有情,诚无凡圣之异,融通法界,宁有远近之区。《首楞严经》心存佛国,圣境冥现,唯阐提无信根者,则十万亿佛土,远隔他方之外矣。天衣怀禅师一生回向净土,问学者曰:"若言舍秽取净,厌此欣彼,则取舍之情,乃是众生妄想。若言无净土,则违佛语。夫修净土者,当如何修?"复自答曰:"生则决定生,去则实不去。若明此旨,则唯心净土昭然无疑。"论云:"智习唯识通,如是取净土。愿诸同志,决定求生。"政和三年癸巳,比丘守讷叙。(同上书,第十二套,第五册,469页右)

第十一节　天衣为净禅兼修之作俑者

又明袾宏《净土资料全集》卷二、明一念《西方直指》卷上、清彭希涑《净土圣贤录》卷三载同一之记事。守讷所记《唯心净土文》实其本据也。天衣之嗣慧林宗本、居士杨杰等修净业，法云之法秀亦有欣净土之风。又征之宗本之嗣法云善本、守讷等禅净兼修，其渊源似出天衣。《续传灯录》卷十二载宁国府广教守讷禅师（圆照上足时称讷叔）者之语，其传佚。

第十二节　杨杰之禅学

有人义怀之门白衣杨杰。杰，字次公，无为人，自号无为子。据《宋史》卷四百四十三，神宗帝元丰中官至太常。最好禅道，历参诸山老宿不契，后谒天衣山义怀。怀与庞士机语使参究，既而奉祠泰山。一日鸡初鸣，睹日出如盘涌，大悟，易庞居士偈云："男大须婚，女长须嫁，讨甚闲工夫，更说无生活。"书以寄怀，怀然之。

第十三节　杨杰之念佛

神宗帝熙宁末，以母忧，闲居阅藏经，遂归心净土，绘丈六阿弥陀佛，随身观念。由是杰之思想，禅净习合恰如永明延寿思想，为此时代之一特色。杰云：

夫弥陀光明，遍照法界，念佛众生，摄取不舍。凡圣一体，机感相应，诸佛心内，众生尘尘。极乐众生，心中净土，念念弥陀。

哲宗帝元祐中，为礼部员外郎，出为两浙提点刑狱而卒，临终说偈云："生亦无可恋，死亦无可舍，太虚空中，之乎者也。将错就错，西方极乐。"春秋七十。

唯禅净习合虽起于六祖慧能出世之先，六祖门下之龙象皆安住于纯禅妙旨，他无所求。自唐经五代间，未失一味，至宋始有入念佛者，永明延寿其第一人。如杨杰乃拜其后尘者之一耳。杰尝著《辅道集》，专称扬佛教，有《文集》二十余卷、《乐记》五卷。

第十五章　朝臣之参禅

仁宗帝之后有英宗帝，继英宗帝者为神宗帝。帝于祖道全为门外汉。然如赵抃、富弼等朝臣之参禅者日益加多，以致对宋代思想上发生大影响。

第一节　英宗与神宗之奉佛

英宗帝之治世从治平元年（1064）至同四年仅不过四年，帝厚遇净因之怀琏，既如前述。治平二年敕相国寺建太宗、真宗、仁宗三朝之御制佛牙赞碑，令翰林学士王珪撰文，同四年敕天下凡私造立寺院及三十间者，皆赐寿圣之额。

神宗帝以熙宁元年（1068）即位，同年因司谏钱公辅之奏，许鬻度牒。此为遇饥年，佐一时之急，卖度牒而入粟也。据志磐所记，隋文帝一岁度五十万人，唐太宗度万七十人，睿宗度三万人，宋太宗度十七万至二十四万人，而无一鬻度牒者，至神宗帝始有卖牒事，其为弊之大不待论。是岁天下之僧二十二万六百六十人，尼三万四千三十人。熙宁二年诏迎衡州常宁资福寺玉塔入京。塔高一寻，造以玉石，称阿育王所造。熙宁八年七月公卿缙绅，建盂兰盆会于开宝寺，以五日始，至十五日终，杨杰为之作记。元丰三年正月敕于大内设千僧斋，施袈裟、《金刚经》为太后祈冥福。同五年诏于相国寺辟六十四院为八禅二律，以东西序造慧林、智海之二大禅刹。令杭州净慈之宗本住慧林，庐山东林之常聪住智海。聪辞之。见《释氏稽古略》卷四记相国寺六十四院二禅八律。

第二节　赵抃之参禅

自唐至五代，禅门盛开，名匠多辈出，然白衣之参禅得法者庞蕴等数人而已。至宋在家居士升祖师之堂奥者不少，杨亿、李遵勖等之传既如上述，试更举二三名士。

赵抃，字阅道，自号知非，衢州（浙江衢州府）西安人，仁宗帝至和中为殿中侍御史，弹劾不避权贵，京师人目为铁面御史。出知诸州，严而不苛，治蜀成都最有伟绩。英宗帝曰："赵抃为成都中和之政也。"神宗帝尝谓抃曰："卿匹马入蜀，以一琴一鹤自随，为政简易亦称是。"平生不治资业，不近声色，好施恤贫救人，不胜可数。一日所为，夜必衣冠露香以告天，不告则不敢为。尝参北京天钵寺重元。元，天衣山义怀之嗣。而未有省。令金陵蒋山之法泉在衢州南禅，抃日访询，泉未尝不容措一词。后知青州，政事余暇多宴坐，忽闻雷震即契悟，作偈曰：

> 默坐公堂虚隐几，心源不动湛如水。一声霹震顶门开，唤起从前自家底。举头苍苍喜复喜，刹刹尘尘无不是。中下之人不得闻，妙用神通而已矣。

泉闻笑云："赵阅道撞彩耳。"《佛法金汤篇》卷十二云：抃初从游于蒋山法泉，又从大名天钵之重元问心要。元云："公立朝论政，崇化明伦，奚暇刻意于此？"抃云："闻别传之旨人人本有之事，岂他能而抃不能耶？愿究明之。"元乃使看狗子无佛性之话。乃知青州闻雷大悟云，未知孰是。抃与富弼书奖参学云：

> 抃思西方圣人教外别传之法，不为中下根机之所设也。上智则顿悟而入，一得永得。愚者则迷而不复，千差万别。惟与祖以心传心。其利生接物而不得已者，遂有棒喝拳指、扬眉瞬目、拈椎竖拂、语言文字种种方便，去圣逾远，诸方学徒忘本逐末，弃源随波，滔滔皆是。斯所谓可怜悯者矣。抃不佞，去年秋初在青州因有所感，既已稍知本性无缺无余，古人谓安乐法门，信不诬也。比蒙太傅侍中俾求禅录，抃素出恩纪，闻之喜快，不觉手舞而足蹈。伏惟执事富贵如是之极，道德如是之盛，福寿康宁如是之备，退休闲逸如是之高，其所未甚留意者，如来一大事因缘而已。今兹又复于真性有所悟入，抃敢为贺于门下也。

抃年七十二以太子少保致仕，归休三衢，作高斋以自适。题偈云："腰缠黄金已退藏，个中消息也寻常。世人欲识高斋老，只是柯村赵四郎。"又云："切忌错认。"临终遗书法泉云："非老师平日警诲至此，必不得力矣。"遂遍辞亲友，其子岘问后事，抃厉声叱之，少顷，语如平生，趺坐而化，寿七十七，时神宗帝元丰七年也。赠太子少师，谥曰清献。

第三节　富弼之玄学

富弼，字彦国，河南人，性至孝恭俭，与人言必尽敬。虽微官布衣对之气色穆然。仁宗帝庆历中，契丹屯兵境上，求关南之地，弼使契丹，尽力折冲，以至诚谕彼所欲之非，幸得不辱君命。初受命入契丹，闻一女卒，再命重往，闻一子生。弼均不之顾，其为国忘身如是。同三年拜资政殿学士兼侍读。七月拜枢密副使，怖小人之谗，自求外出，知青州兼京东路安抚使。有大水，弼救护得宜，得活者及五十余万人。仁宗帝至和二年，召拜同中书门下平章事、集贤殿大学士，与文彦博并助朝政。及英宗帝立，召为枢密使，居二年，以足疾辞，拜镇海军节度使，同中书门下平章事，封祁国公，进封郑国公。神宗帝熙宁元年许肩舆至殿门，以老乞归，诏拜司空，进封韩国公而致仕。弼因赵抃之策，励志参禅，昼夜精进。镇亳州时，闻颖州华严院修颙盛名，往质疑，见颙登座顾视如象王之回旋，少有省，因执弟子礼，请入室。颙，圆照本之嗣，本天衣之嗣，为云门下之宗将。颙见即曰："相公已入来。"富弼犹在外。弼闻而汗流浃背，即有省。寄偈圆照本曰：

　　一见颙公悟入深，因缘传得老师心。江山千里虽云隔，目对灵光与妙香。

依此偈先谒圆照，后参修颙也。又迎颙馆府中，咨以心法，为奏师号，颙上堂谢语曰："彼一期之误，我亦将错就错。"弼以偈赞曰：

　　万木千花欲向荣，卧龙犹未出沧溟。彤云彩雾呈嘉瑞，依旧南山一色青。

神宗帝元丰六年八月薨，年八十，帝辍朝三日，赠太尉，谥文忠。

第四节　许式之参学

许式，字叔矜，苏州人，举进士官尚书祠部郎中，出守洪州，参洞山之晓聪。聪，为云门下老宿，既如上述。式得聪心要后自栽松，赠诗云：

> 语言全不滞，高蹑祖师踪。夜坐连云石，春栽带雨松。鉴分全殿影，山答月楼钟。有问西来意，虚堂对远峰。

式漕西蜀时，道经汝州，谒广慧之元琏，琏于佛前接见。式曰："先拜佛，先拜长老？"琏曰："虾蟆吞大虫。"式曰："恁么则总不拜去也。"琏曰："运使话坠。"式曰："许长老具一只眼。"琏以衣袖便拂。式曰："今日看破。"便礼拜。式一日入上蓝之僧堂问："首座年多少？"曰："六十八。"曰："僧腊多少？"曰："四十七夏。"式曰："圣僧得几夏？"曰："与虚空齐受戒。"式拍板头，曰："下官吃饭不似首座吃盐多。"卒，赠礼部尚书。

第十六章 投子义青与曹洞禅

当时曹洞门下，得人少，致门风微矣。幸有投子山义青，揭垂灭之法灯再照破人天。青宗乘是事理圆融、正偏兼带为旨，似能得石头明暗之意。示学徒曰："昨夜木人室中眠，今朝石女倚孤松。"

第一节 投子义青

义青姓李，青社人，七岁投本州妙相寺脱尘，十五试《法华经》得度，明年受具足戒。从师听《大乘百法明门论》，精究义味，虽了诸法无我，每念三祇途远，自困何益？后入洛中闻《华严经》，深达法界、性海、刹尘、念劫，重重无尽之义。讲主命青就席开演玄谈，妙辩如流，闻者悦服。至诸林菩萨即心自性之偈，忽起立叹曰："法离文字岂宁讲哉！"遂散席游方，谒蒋山之赞元、长芦之智福，其名虽重一时，而机缘未契。

第二节 浮山与投子

时浮山法远道声满天下，青诣其法席，值远退休于会圣岩，仁宗帝嘉祐四年也。远梦猎青色俊鹘，其晓遇青礼谒，故以为祥瑞，礼延之。令看外道问佛不问有言,不问无言之因缘。青体究三载尚未省发。一日远曰:"汝记得话头,试请举看。"师才举,远急以手掩青口,青于是豁然大悟,通身汗流,即礼谢。远曰:"子妙悟玄机耶?"青曰:"设有妙悟也须吐却。"时有资侍者侍傍,曰:"这汉今日如病得汗。"青曰:"合取狗口。"由是远痛下毒手,烹炼又经三年。远曰:

> 曹洞宗风实难绍举,吾参七十余员大善知识,无不投证。末后见郢州大阳明安禅师,凡数年方默契,而安以皮履直裰付嘱,然吾以先有得处不敢昧初心,以实告明安,若老师尊年无人继嗣,即某甲当持此衣信,专淘择大器以为劫外种草,庶正宗密旨流化不绝。明安忻然许之,曰:"它时得人出吾偈以为证。"曰:
>
> 阳广山头草,凭君待价焞。异苗翻茂处,深密固灵根。
>
> 又批云:"得法后潜众十年方可阐扬,今子应先师密记,乃真法器也。吾今以大阳真像、衣信、谶偈付嘱于汝,汝当续大阳宗风。吾住世不久,宜善护持,无留此间。"

时英宗帝治平元年也。

第三节 投子之开法

青辞去游诸方,遍礼祖塔,于庐山慧日寺阅《大藏经》,神宗帝熙宁六年归舒州。杨太守钦慕其德,与郡人共劝请住白云山海会禅院。青锋芒迅俊,宗旨妙密,振作曹洞门风。住海会八年,移席投子山。复四年,破衲冷默,忘缘寂照,坐卧如竹木。昔投子开山慈济,受记曰:"吾塔若红是吾再来。"忽邦人命工饰开山之塔为玛瑙色,未几而青住投子，故人以为慈济后身。山中素乏水，青住后，甘泉涌出，汲之不尽。贺太守榜之曰再来泉。神宗帝元丰六年（1083）有微疾，以书告别官民。书偈云："两处住持，无可助道。珍重诸人，不须寻讨。"跏趺而化，世寿五十二。

以上据《投子青和尚语录》卷下所载行状。《舒州投子山妙续大师语录》云："浮山以大阳之顶相皮履直缀付嘱曰：'代我续其宗风，无久滞此，善宜护持。'"遂书偈送曰：

须弥立太虚，日月辅而转。群峰渐倚他，白云方改变。少林风起丛，曹溪洞卷帘。金凤宿龙巢，宸苔岂车碾。

指依东京法云寺之法秀。秀，天衣义怀徒也。青至彼无所参问，唯嗜睡耳。执事白秀曰："堂中有僧日睡，当行规法。"秀曰："是谁？"曰："青上座。"曰："未可待与按过。"秀即曳杖入堂。见青正睡，乃击床呵曰："我这里无闲饭与上座吃了打眠。"青曰："和尚教某何为？"秀曰："何不参禅去。"青曰："美食不中饱人吃。"秀曰："争奈大有人不肯上座？"青曰："待肯堪作甚么？"秀曰："上座曾见甚么人来？"青曰："浮山远。"曰："怪得恁么顽懒。"遂握手相笑归方丈，由是道声籍甚。

第四节　投子之锦心襕肠

义青锦心襕肠，能联玉结花，言言为章，句句散彩。

圣节上堂。天垂玉露，地涌祥云，千江澄万顷烟波，四塞贺尧风舜化。山连碧汉，树起清风。琼林华绽于瑶池，御柳莺啼于玉苑。星分紫阁，辰供天轮。千邦贺诞圣之辰，万国祝南山之寿。直得山川拥秀，海岳呈辉，金鸡振天外之声，玉宸受千春之贵。诸仁者正当恁么时，且道君臣道合一句作么生道？良久云："道泰君臣清宇宙，时丰齐贺尧舜年。"（《续藏经》，第一辑，第二编，第二十九套，第二册，223页左）

谢化主上堂。碧岫横空，白云自异。灵苗独秀，繁草何生。金鸡啼处，月落三更。玉兔眠时，日轮当午。琼林上苑，枯木逢春。宝殿苔生，歌谣万里。然虽如是，且道应时应节一句作么生道？良久云："夜来深雪里，天晓数枝开。"（同上）

青语句多是事理正偏，回互交融。

上堂示徒云："正正时非圆，圆中还有偏。偏偏时不色，色里却存圆。更深催晓气，日阑洞晓天。两堰和融处，贵所得玄玄。汝等诸人到这里，如何安身立命得，怎么相应去。"良久云："夜明帘外主，今古无人知。须是傍参手，树宗乘一枝。"（同上书，240页右）

可以见其一斑。

第五节　大阳投子之付法与
永平门下之传说

义青在浮山下大悟，为大阳警玄之嗣，全非大阳面授，其为代付昭昭然。然日本曹洞宗开祖道元，尝入宋遇天童如净，依其当面所闻。义青乃从警玄面授云。是以永平门下尊重面授者，多认浮山代付为非。《建撕记乾》云：

> 净（如净）和尚一日告（道元）云："浮山远（法远），大阳（警玄）之门人也。非浮山请供养大阳之旧履零衣。"又浮山绘大阳顶相乞赞，大阳笑云："不似老僧。"又世传大阳绝嗣，托浮山求投子，此大误也。大阳法嗣，在投子前者，有兴阳清剖、罗浮显如、云顶海鹏、乾明机聪、白马归喜、福严审承等数人。若非法器，大阳何付以正宗耶？又如兴阳皆于大阳前示寂，但因大阳具明白为子孙谋之智眼，故记证少年义青，留他家浮山，相续家业也。后之僧史所述，设剽掠不经之言，贻误先德多矣。（《订补建撕记图会乾》，39—40页右）

此永平门下所传天童如净之口诀，而所云"记证义青留他家浮山相续家业"尚未谓面授付法于义青，既面授付法，何烦要取证于他家乎？

第六节　洞上室内之秘传

又面山云：

> 永平寺室内有旧记，乃义云和尚嗣子昙希和尚亲笔。写此云：大阳警玄禅师欲入寂定，七日前亲召法远和尚告之曰："吾十二岁而依仲父智通禅师出家，十九而受具为大僧，闻《圆觉了义经》顿发明教乘。后入先师缘观和尚之室，得洞上奥旨，尔来行住坐卧，毫无渗漏，故接化此山顶，不惜眉毛，荷担宗旨。所

以此清白一片闲田地，耘耕虽不乏人，为奈无种草蕃茂之后胤。故临行所思有余，公者久参袮子俗流缘裔也。今所嘱托者，近所接青鹰子虽雏辈，实有余庆者，而是吾法中福子也。不速许可者，恐他难而重授受也。今以斯偈皮履一衣十八般等传语付公，向后必义青来，凭君以外道问佛话再勘而传上件闲具，吾法依渠久住也。"远谨奉命待义青，偈曰："杨广山头草，凭君待价焯。异苗蕃茂处，深密固灵根。得法者潜众十年方可阐扬。"右依先师之行卷拜写之。昙希叟所云先师指义云也。天童室中所面授永祖之旨，六代嫡昙希所记，实洞上室内之纯密，他家不知之也。（同上书，41页右）

第七节 批 判

以上旧记亦不言警玄面授义青，唯有称赞义青为法中之福子与不速许可者，恐他难而重授受也而已。即警玄在世时，义青犹为雏子，无受大法之分，故不过言托法远再勘后代付宗旨。面山以之为大阳付法投子之证失当也。以予观之，警玄在世之日，义青尚未生，如后所论。

第八节 大阳之法嗣

契嵩《传法正宗记》卷八云："大鉴之九世曰鼎州，梁山缘观禅师其所出法嗣一人曰郢州大阳山警延者。"又云："沩仰已熄而曹洞者仅存绵绵，然犹大旱之引孤泉。"嵩评当矣。警玄门下乏名匠，若无义青出世则曹洞一脉如悬丝，然警玄临终，谓无嗣法之人，不过是史家夸张。《天圣广灯录》卷二十五举警玄之嗣九人。《建中靖国续灯录》卷二十六举玄之法嗣十人。《续传灯录》卷六举二十五人。然则临警玄顺世,嗣法之人不得全绝,将《续传灯录》卷六、《禅林僧宝传》卷二十等对比审检,玄之嗣,如福严之审承,玄寂后尚生存,及玄颓龄,叹其无嗣之言,后人之臆测而已。

第九节 《洞上金刚杵》与《永平广录》之记事

面山欲立证警玄、义青之面授付法,著《洞上金刚杵》。山所提出唯一证据,是所称天童口诀者,然当该口诀,不足以证面授付法,却见证其代付。《永平广录》卷三云:

> 投子青和尚执侍大阳三年。大阳一日问师曰:"外道问佛,不问有言,不问无言,世尊良久。如何?"青拟对。阳掩青口,青了然开悟。便乃礼拜。阳曰:"汝妙悟玄机耶?"青曰:"设有也须吐却。"时资侍者旁立,曰:"青华严今日如病得汗。"青回顾曰:"合取狗口。"(《永平圣教全集》卷三,332页)

果如此记则玄与青之面授,一毫不容疑,然而大反史实。

第十节 确实之投子行状

按录投子义青行状最古且最确实者为《舒州投子山妙续大师语录》,门人芙蓉山道楷所编。同书云:

第十六章 投子义青与曹洞禅

师（义青）初到圆鉴（浮山法远）禅师处，鉴迎而致礼，师唯默然。鉴令见外道问佛不问有言不问无言话，师受教坐堂中三年，鉴时致问："你还记得话头么？"师拟分疏，鉴蓦掩师口云："汝向良久处会也。"师于言下忽然大悟，乃作礼。鉴曰："你妙悟玄机耶？"师曰："设有也须吐却。"时资侍者在傍见之，乃云："青华严宛如病得汗相似。"师回顾曰："合取狗口着，若更切切，吾乃呕。"自此复经三载，鉴时出洞下宗旨示之，悉皆妙契，便付以大阳和尚顶相皮履布直缀一十八般妙语而嘱云："代吾续其宗风，莫久滞此，善宜护持。"遂书一偈送云："须弥立太虚，日月辅而转。群峰渐倚他，白云方改变。少林风起丛，曹溪洞卷帘。金凤宿龙巢，宸苔岂车碾。"（《续藏经》，第一辑，第二编，第二十九套，第三册，242页右一左）

这个是义青嫡子道楷所记。同书跋叙青略传，中云：

浮山圆鉴禅师法远和尚居会圣岩，因一夕梦见手畜青色鹰，尤为吉征。至旦，师遂臻，远以礼迎之，其机缘语端见前章。今世谓之青膺，便是此谓乎。人又曰：是青华严，盖是为以华严为业之兼契。大阳安大师卷续洞下宗乘不举世一十三年，大阳传法偈付法远和尚云："阳广山头草，倚君待价焊。异苗繁茂处，深密固灵根。"其偈尾云："得法者潜众十年而方应宣扬。"法远和尚受之自赞师翁大阳顶相曰："黑狗烂银蹄，白象昆仑骑。于斯二无碍，木马火中嘶。"远乃以此等物而授师，师悉受之，乃交众作务十二载也，其后唱新丰之雪曲。（同上书，243页右）

而撰此跋文者，实义青之嫡孙丹霞子淳也。故明记丹霞山三世孙沙门子淳卒驰秃笔撰之竟。由是而观，义青由法远之代付，而嗣警玄乃其嫡子道楷、嫡孙子淳之所证言，谁得争之哉！

第十一节 《投子语录》之明证

次有《投子义青和尚语录》二卷，十方净因禅院自觉所编。觉，芙蓉山道楷之嗣，青之孙也。又同书序神宗帝元丰七年李元冲所撰。然觉编系若为青入灭之翌年，其行业在人记忆中必为新者。因此同书所记是最可信认之史料，同书第一载青初住白云山海会禅院祝国开堂语云：

此一瓣大众还知来处？非天地所产，非阴阳所成，威音已前，不落诸位，然灯之后，七佛传来，直至曹溪分派大夏，山僧向治平初在浮山圆鉴禅师亲手传得寄付其宗颂，委证明慈旨云："代吾续大阳宗风。"山僧虽不识大阳禅师，凭浮山宗法识人以为续嗣，如此，更不违浮山圆鉴禅师法命付嘱之恩，恭为郢州大阳山明安和尚。何故？父母诸佛非亲，以法为亲。（同上书，222页左）

自唐至宋，禅僧之初住山者，必开堂时公表其师承为例。青亦准此惯习，明嗣大阳，此间一点不容疑也。青自言不识大阳禅师。后人安得谓大阳投子面授付法哉？

第十二节 大阳传

《大阳警玄传》见慧洪《禅林僧宝传》卷十三,其略云:

禅师名警玄,祥符中避国讳易为警延。……年十九为大僧。……初谒鼎州梁山观禅师……观殁,辞塔出山,至大阳谒坚禅师。坚欣然让法席使主之,退处偏室,延乃受之,咸平庚子岁也。……延神观奇伟,有威重,从儿稚中即日一食,自以先德付受之重,足不越限,胁不至席者五十年,年八十,坐六十一夏。叹无可以继其法者,以洞上旨诀寄叶县省公之子法远,使为求法器传续之。……延以天圣五年七月十六日升座辞众。又三日以偈寄王曙侍郎,其略曰:"吾年八十五,修因至于此,问我归何处,顶相终难睹。"停笔而化。

第十三节 面山之批议

面山议之曰:

今检此传,天童所谓剽掠典故诬谩先德之根源,明明了了所不能藏也。何者?谓延祖以咸平庚子岁始住大阳,而足不越限、胁不至席者五十年……其年八十,坐六十一夏,则此历当皇祐元年己丑(仁宗年号,1049年)也。且遗偈云"吾年八十五",则示寂至和元年甲午(仁宗年号,1054年)也。……若采天圣五年(入寂),则足不越限五十年者,算得二十八年也。谓年八十时亦五十三也。……遗偈所谓八十五，亦当改五十八乎？如何如何？……今依《僧宝传》记投子元丰六年寂，阅世五十二，则皇祐元年大阳年八十时投子方十八岁，至和元年大阳年八十五时投子方二十三岁矣，是师资面禀无疑也，如是昭昭然。(《洞上金刚杵》，5—6页右)

实如面山之议，以真宗帝咸平三年庚子，警玄住大阳山，其后五十年不出山，则至仁宗帝皇祐元年己丑，此时玄龄八十。又如遗偈谓八十五，则以同帝至和元年甲子下世。若以仁宗帝天圣五年为警玄入灭，则从咸平三年至天圣五年，二十八年而已，故不能云不越五十年限。慧洪《禅林僧宝传》之说为前后矛盾。

第十四节　面山之误谬

然如面山之议，以足不越限五十年为正确，而否定警玄之天圣五年入灭者，误也。何则？以住山五十年为正确，天圣五年入灭为误。若以仁宗帝之至和元年甲午八十五岁顺世，则其结果如何？

警玄遗偈乃寄王曙者，而《王曙传》见《宋史》卷二百八十六及《弘简录》卷百二十八。《宋史》不录曙卒年月。《弘简录》云：

明道二年召为枢密使，景祐元年同中书门下平章事，逾月卒，赠太保中书令，赠文康。(《弘简录》卷一百二十八，9页左)

然则王曙以仁宗帝景祐元年甲戌卒，后天圣五年丁卯八年，若警玄入寂为天圣五年，则此间并无何等矛盾。然如面山之言，为同帝之至和元年甲午，则玄之示寂，是王曙卒后二十一年，如何得以遗偈寄王曙哉！玄之下世先于王曙之卒，一点不容疑义。《禅林僧宝传》所谓不越局五十年乃出慧洪过误，而天圣五年入寂之说，无他可以否定之确证，因而面山以五十年为正确而否定天圣五年，不得不谓大错误也。

第十五节　关于大阳年龄面山之错误

按浮山法远谒大阳山警玄称为真宗帝天僖中，此慧洪《禅林僧宝传》卷十七所载。玄于八十五岁天圣五年示灭，则天僖元年方七十五岁，可谓老矣。而面山所论天僖季大阳年方五十强，岂作叹老矣，托人之预计哉！是全非也。更按投子义青传以神宗帝元丰六年化，若阅世五十二，其诞生为仁宗帝明道元年壬申，后大阳之寂天圣五年正六年。先王曙之卒景祐元年正三年，然则青当王曙卒时，方为三岁之孩儿也，而警玄必先于王曙迁化之故，其下世时青为一二岁之孩儿，或属于其未生时。

第十六节　投子得法在浮山之晚年

至青参浮山法远时，法远既已晚年，远之行实，当以其嗣法云所录为正确。而据《云卧纪谈》所载法云之记事，有充分信凭之价值。其说云：

> 浮山圆鉴远禅师，天圣中许公式漕淮南，命出世太平兴国寺。逮庆历癸未逸居天柱山月华庵。至丙戌岁，吕翰林济叔以浮山延致。皇祐辛卯谢事而庵于寺西。癸巳岁应姑苏天平之招，至

和中复旋浮山旧隐,然三住持并革故创新为禅林,于治平丁未年七十有七以仲春六月有遗语云云。

法远是英宗帝治平四年丁未七十七岁化,然治平元年青得法时,远方七十四。青遇法远时,远既其晚年,况其不能参远师大阳,非可察知乎?

第十七节　实行看话之明证

义青于法远下看外道问佛之话有所省悟,此实看话之行于当时之确证也。自唐末逮五代,虽有实行看话之形迹,而尚无如是明了实例。盖看话起于唐代,至宋而完成者乎?义青作颂古百则,元从伦加之评唱曰《空谷集》,仿圆悟之《碧岩录》、万松之《从容录》,名为《林泉老人评唱投子青和尚颂古空谷集》者是也。

第十七章　圆照宗本与东林常聪

神宗帝元丰五年，京师大相国寺辟六十四院，为二禅八律，令中使梁从政董其事。元丰三年庚申起工，至同五年壬戌而成。以东西序建慧林、智海二大禅院，同六年诏杭州净慈之宗本住慧林，诏江州庐山东林之常聪住智海。聪固辞不旨。宗本是天衣山义怀门人，云门下之巨匠。本言谓烁烁瑞光，照大千界，百亿微尘国土皆于光中一时发现，还见么。常聪是黄龙派下麟凤之一，可以德致不可以权势致。聪之言谓乾坤大地，常演圆音，日月星辰，每谈实相。翻忆先黄龙道，秋雨霖滩，连宵彻曙，点点无私，不落别处。复云滴穿汝之眼睛，浸烂汝之鼻孔。苏轼得此旨有"溪声山色"之偈。

第一节　圆照宗本

宗本，姓管，常州（江苏常州府）无锡人，年十九投苏州承天永安禅院道升。道升价重丛林，大众云集。本弊衣垢面，操井臼，典炊爨，以供给之。至夜入室参扣，升曰："头陀荷众良苦，亦疲劳乎？"本对曰："若舍一法不名，满足菩提实欲，此生身证，敢言其劳。"升因奇之。如是十年剃发受具，服勤三岁，乃辞升遍参。初诣池州景德，师事义怀。怀问曰：

>天亲从弥勒内宫而下,无著问云:"人间四百年,彼天为一昼夜。弥勒于一时中,成就五百亿天子,证无生法忍。未审说什么法?"天亲曰:"只说这个法,如何是这个法。"

本闻开悟。一日怀又问:"即心即佛时如何?"本云:"杀人放火有什么难。"尚未知本之力量。尝为侍者,好寝,鼻息齁齁然,人厌之,告怀。怀笑云:"此子吾家精进幢也。汝辈他日当依赖之,无多谈。"众闻大惊。怀后徙往越州天衣山、常州荐福寺,本常从之。

第二节 宗本之出世

英宗帝治平元年,怀退居吴江圣寿院。一日李复圭访怀,夜话曰:"苏州瑞光寺法席虚,愿得有道衲子主之。"怀即指本曰:"无逾此道人者耳。"如斯出世于瑞光寺开化,门众达五百人。杭州太守陈襄以承天、兴教二刹坚请,苏州之民请留不止。襄又以净慈恳请曰:"借师三年为此邦植福,不敢久占。"本啧啧曰:"谁不欲造福。"苏人知其意听之。乃赴之,学者倍瑞光时。既而苏州道俗以万寿、龙华二刹请择居之,迎者千余人。曰:"始借吾师约三年,今九载,义当还。"夺本以归。杭州太守命县尉持卒徒护之,苏人不敢夺。神宗帝元丰五年,令门人善本代主净慈,自居瑞峰庵,苏人闻之谋夺去,惧力不胜,不敢发。时待制曾孝序适在苏州。孝序尝问道于宗本,得其心要。因访瑞峰庵,具舟江津,既辞去,本送之登舟,语笑之中载归苏州,于是得慰苏人之思,乃请居穹窿山福臻院。时本年六十三也。神宗帝元丰六年奉诏住京师大相国寺之慧林禅院,为其第一祖。既至京遣敕使慰问,令开堂演法。万众拜瞻,法会殊胜,为弥勒下生之思,神宗帝遣中使降香，本谢恩毕，祝延圣寿。

第三节　宗本与神宗、哲宗两帝

翌日召对延和殿，有司令习仪后引，既登殿赐坐，就座盘足跏趺拟仆。帝令近臣益以锦座二只，侍卫惊相顾，本自若。又赐茶，举盏长吸，又荡撼之。帝问："受业何寺？"对曰："承天永安。"帝曰："禅宗方兴，宜善开导。"本曰："陛下知有此道如日照临，臣岂敢自怠。"即辞退。帝目送之，谓左右曰："真福慧僧也。"上元日车驾幸相国寺，止禅众勿出迎。本奉叡旨阐扬佛事，四方之人见而大信，以神宗帝元丰八年登遐。哲宗帝即位，诏本入内，于福宁殿大行皇帝灵驾前说法，设千僧斋。哲宗帝赐圆照禅师之号，皇叔荆国王斋敕授之。本以颂谢云：

乾坤之力莫能穷，政化无私孰有功。释子蒙恩何以报，白檀炉上祝尧风。

第四节　宗本与高丽之义天

元丰八年，高丽僧统义天，文宗仁孝王之第四子，奉国命使宋。上表乞传贤首教，便敕主客杨杰送至钱塘，受法于慧因之净源。复往天竺谒慈辩从谏传天台教，见灵芝元照，请戒法及资持记。初义天之届京也，郎中苏轼与同伴入慧林院谒本，天云义天在本国闻师大名，远涉东溟，特伸顶礼，请师就座容纳贱礼。本云："未曾面会，又非师承，焉敢受礼。"左右坚请本座，乃坐受礼讫，问云："承闻久熟经论是否?"天云:"粗于华严大教留心。"本云:"好,《华严经》尽是诸圣发明称性极谈,若非亲证,悟解难明,法界妙理,莫曾有悟入处否?"天云:"昭昭于心目之间而相不可睹。"本云:"作么生是昭昭于心目之间?"天云:"森罗及万象,一法之所印。"本云:"犹是文字语言,如何是一法?"天云:"无下口处。"本云:"汝未曾悟在。诸佛意旨,密密堂堂,若非悟入,实难措口。祖师西来直指人心,见性成佛。见即便见,不在思量,不历文字,不涉阶梯。若以世智辩聪解会,无有是处,所以《华严法界观》序云昭昭于心目之间。"本顾视义天云:"好若也于斯会得,不妨奇特。"复云:"而相不可睹。晃晃于色尘之内而理不可分,非彻法之慧目,离念之明智,不能见自心如此之灵通,只如与么说,且那个是自心?"天云:"知之一字,众妙之门。"本云:"知之一字作么生会?"天云:"义天未曾参禅。"本云:"不可到宝山空手而回。"天云:"大善知识历劫难逢。"本复云:"知之一字,众妙之门,到者里唤作禅得么? 莫是举处便是么,一时拈却且作么生会?"天无语,礼谢而退。

第五节 宗本之感化

哲宗帝元祐元年,以老乞归林泉,帝许之。便敕任云游,所至不得抑逼住持。本訢然升座,辞众云:"本是无家客,那堪任便游。顺风加橹櫂,船子下扬州。"既出都城,王公贵人送者车骑相属。本诲之云:"岁月不可把玩,老病不与人期,唯勤修勿怠是真相为。"闻者无不流涕。其慈愍善导,感人如是。本曾住瑞光时,有屠牛者,牛逸入寺,跪如自诉,遂买畜之。平居恂恂,未尝以辩博为事,至其说法,虽盛名隆势之人毫不假借。雪窦之法道至本大盛,嗣法传道者百有余人。晚年居灵岩,闭门颓然,而四方从者道相望。哲宗帝元符二年(1099)将入灭,沐浴而卧,门人环拥请云:"和尚道遍天下,今日不可无偈,幸强起安坐。"本熟视云:"痴子,我寻常尚懒作偈,今日特地图个什么?寻常要卧便卧,不可今日特地坐也。"索笔大书五字云:"后事付守荣。"掷笔憨卧如熟睡而化,阅世八十。

第六节 宗本与圆融教

宗本所唱阐华严之秘奥,极圆融之妙,是华严禅也。当时禅者应用华严者多,如投子义青、圆照宗本其尤著者。本云:

> 宗乘浩渺,非妙智而莫测其涯。相道渊微,非上根而罕穷其趣。诚谓昭昭法界,自他而境智全收;历历真源,彼此而圣凡俱寂。物我冥契,彼此会通,道本如然,目前可视。森罗万象,全彰古佛家风。大地乾坤,尽显毗卢顶相。六街钟鼓,观音入理之门。月殿琼楼,对扬斯事。若也于斯明得,念念释迦出世,步步弥勒下生。(《续藏经》,第一辑,第二编,第三十一套,第三册,259页左)

第七节 宗本之念佛

明道衍《诸上善人咏》云:

圆照宗本禅师

延和殿里阐宗乘,人主称为福慧僧。报尽西归登上品,非惟名字续传灯。

　　禅师讳宗本，常州人。性质直，少缘饰，貌丰硕，言无枝叶，早服勤苦，参怀禅师，言下契悟。初住苏之瑞光，杭州太守陈公襄以净慈恳请之曰："借师三年，为此邦植福，不敢久占。"本遂赴之。未几禅宗辟相国寺六十有四院，诏本住慧林，召对延和殿，既退，上自送之，谓左右曰："真福慧僧也。"老居灵岩，闭户密修净业，曦律师尝神游净土，见一莲座，问彼土之人曰："此何人之座？"曰："大宋国僧宗本之座。"元符二年十二月甲子沐浴告众，右胁若熟睡然，撼之已去。门弟子塔全身于灵岩。（《续藏经》，第一辑，第二编乙，第八套，第一册，53页右）

明大佑《净土指归集》卷下云：

　　圆照本禅师密修净业，初参天衣怀禅师，弊衣垢面，躬事炊爨，略无少息。或曰："太劳乎？"师曰："若舍一心不名，满足菩提，直欲此生身证，其敢言劳。"……或问："禅师云师乃别传之宗，何得标名净土？"师曰："虽迹在禅门，而留心净业故也。"（《续藏经》，第一辑，第二编，第十三套，第一册，81页左）

第八节　宗本密修净业

清彭希涑《净土贤圣录》卷三云：

　　宗本，字无喆，姓管，常州无锡人。出家后参天衣怀禅师，念佛有省，后居杭州净慈寺。……晚居苏州灵岩寺。元符间，将示寂,沐浴而卧,……(掷笔而)逝,若熟睡者然。(《佛祖统纪》;《苏州府志》;《续藏经》,第一辑,第二编乙,第八套,第二册,127—128页右)

按禅家诸记,不谓宗本修净业,然而本于神宗帝登遐之演法公言观之:

> 大行皇帝恭愿净域超升,灵光不昧。金沙池畔,受生报化之身,宝阁门开,面睹弥陀之相,亲承佛记,决证菩提。

本之留心净土必矣。

第九节　东林常聪

常聪,剑州(四川保宁府)尤溪人,姓施。年十一依宝云寺文兆出家,经八年诣建州(四川叙州府之境)大中寺契思受具。神观秀异,鸾翔虎视,足威压众僧。初至吉州(江西吉真府)禾山,依禅智材,材有人望,厚礼延之,聪不留。闻黄龙慧南德风,辞材至归宗寺,久无所得去。归宗寺有火灾,南迁石门山南塔,聪又往依南。南从石门山迁黄檗山积翠,转住黄龙山,此间大约二十年,聪皆从之,七重往返。南嘉其勤劳,众中称之。聪密受大法旨决,欲大掖临济之宗,声望益远,为丛林所崇敬。

第十节　常聪之开堂

神宗帝熙宁二年南殁后，恋恋不能去。明年洪州太守荣氏，请住泐潭，其徒激赏为马祖道一之再来，道俗争先通谒。神宗帝元丰三年，诏革江州庐山之东林律寺为禅林。时观文殿学士王韶出守南昌，韶延请黄龙祖心主之，心便举聪代己，聪闻知之宵遁千余里。韶檄诸郡必欲得之，竟得于新淦殊山之穷谷中。聪不得已应命出世于东林兴龙寺。其徒又相语曰："惠远尝有谶记曰'吾灭七百年后有肉身大士革吾道场'，今符其语。"聪之名遂闻于天下。

第十一节　常聪之徽号

神宗帝元丰五年，有诏令住京师大相国寺智海禅院，聪称老病固辞不起，仍就赐紫衣，号广惠禅师。至哲宗帝元祐三年，徐王奏赐号照觉禅师。聪与衲子有大缘，摇拂之下有七百众，山门化主有死于边徼瘴雾之处，聪必泣而设位，尽祭奠礼，故人人无不感动。罗汉有系南者，有禅学未为丛林所信，至东林，聪令撞大钟，万指之众出迎清溪之上，于是诸方传之号小南，其成就后学如此。住持十二年，厦屋崇成，金碧照烟云，丛席之盛天下稀及者。哲宗帝元祐六年（1091）泊然而化，春秋六十七。

第十二节　常聪之思想

常聪之所教是触目是道之端的也。故云：

乾坤大地，常演圆音，日月星辰，每谈实相。翻忆先黄龙道，秋雨霖漓，连宵彻曙，点点无私，不落别处。复云："滴穿汝眼睛，浸烂汝鼻孔。东林老汉即不然，终归大海作波涛。"(《续藏经》，第一辑，第二编乙，第九套，第一册，92页左)

上堂云："太平圣世，有道明时，荡荡皇风，迟迟春日，可谓香岩竹绿，灵云花红，甚是亲切，何曾盖覆？准不分明，谁不晓了。若也如是，方信得雪岭泥牛夜夜吼月，云门木马日日嘶风，德山临济，又作么生？咄。"(同上)

第十三节　常聪与苏东坡

苏轼问法于常聪，领心法。轼，字子瞻，眉州眉山人。父洵年二十七发愤为学，应举不第。悉焚所作文，闭户读书，通六经百家。仁宗帝嘉祐中，伴二子入京诣欧阳修，修上其所作文，由是三苏之名重天下。轼少有大志，母程氏亲授以书，尝读《范滂传》，慨然请曰："轼若为滂，母许之乎？"母曰："汝能为滂，吾顾不能效滂母耶？"比冠，通经史，属文日数千言，为欧阳修所推重。治平二年英宗帝闻其名，诏召为翰林知制。宰相韩琦曰："轼才远，大器也，他日自当为天下用，要在朝廷培养之。今一旦骤进，则天下之士未必皆信，适足以为累。"轼闻曰："公可谓爱人以德矣。"王安石相神宗帝，行新法，轼议之论其不便万余言，安石见之大怒，请补杭州通判，徙知徐州湖州，凡有不便民者不敢直言，以诗讽之。神宗帝元丰三年，为御史所弹劾，谪黄州（湖北黄州府），司马光、张方平等二十八人同时贬谪。轼筑室东坡，自号东坡居士，日与田夫野老游于溪山之间。哲宗帝即位，召为礼部郎中，及司马光为相，除翰林学士兼侍读。元祐四年拜龙图阁学士，知杭州，民心大服。元祐六年以吏部尚书被召，不久出知颍州。七年为兵部尚书兼侍读，寻转礼部尚书。哲宗帝绍圣元年出知英州，未至被贬，安置惠州，居三年，泊然无所芥蒂。又贬为琼州别驾，居昌化，穷厄日逼，亦从容消日月。徽宗帝建中靖国元年卒于常州，年六十六。

第十四节　苏东坡之念佛禅

轼出为杭州通判时，钱塘圆照方盛开净土门，因命工画阿弥陀佛像，为父母荐福，乃作颂云："佛以大圆觉，充满河沙界。我以颠倒想，出没生死中。云何以一念得往生净土？我造无始业，本从一念生。既从一念生，还从一念灭。生灭灭尽处，则我与佛同。如投水海中，如风中鼓橐，虽有大圣智，亦不能分别。愿我先父母与一切众生，在处为西方，所遇皆极乐。人人无量寿，无往亦无来。"以诗讽时世，被罪贬黄州时，往城南安国寺焚香默坐，克己悔过，久之身心皆空，悟罪垢性不可得。及从黄州移汝州，走高安别弟苏辙，其夕辙与真净之克文，圣寿之省聪联床共宿，三人并梦迎五祖山之戒，俄而遇轼至，其为道友所重如此。及徙昌化，携阿弥陀佛像一轴自随，曰："吾往生公据也。"

第十五节　佛印与东坡

苏轼一日见佛印了元。印云："此间无座榻，不及奉陪居士。"东坡云："敢暂借和尚四大为座榻。"印云："山僧有一问，居士若道得即请坐，若道不得即输却腰间玉带子。"东坡欣然云："便请。"印云："居士适来道,借山僧四大为座榻,只如山僧四大本空,五蕴非有,居士向什么处坐?"东坡拟议不能答,遂解玉带,大笑出。印却以云山衲衣赠坡。坡作三偈云:"百千灯作一灯光,尽是恒沙妙法王。是故东坡不敢惜,借君四大作禅床。"又云:"病骨难堪玉带围,钝根仍落箭锋机。会当乞食歌姬院,换得云山旧衲衣。"又云:"此带阅人如传舍,流传到此亦悠哉。锦袍错落浑相称,乞与佯狂老万回。"印谢以二偈云:"石霜夺得裴休笏,三百年来众口夸。争似苏公留玉带,长和明月共无瑕。"又云:"荆山卞氏三朝献,赵国相如万死回。至宝只应天子用,因何留在小蓬莱。"

第十六节　苏东坡之参学

轼参东林常聪乃在从黄州谪居移汝州之日,因游庐山宿东林寺,与常聪论无情说法之话有省。黎明献偈曰:

> 溪声便是广长舌,山色岂非清净身。夜来八万四千偈,他日如何举似人。

又咏庐山曰:

> 横看成岭侧成峰,远近看山了不同。不识庐山真面目,只缘身在此山中。

抵荆南,闻玉泉承皓之机峰峻险,拟迎之,即微服求见。皓问:"尊官高姓?"轼曰:"姓秤,乃秤天下长老底秤。"皓喝之曰:"且道这一喝重多少？"轼不能对，由此益重禅宗。归途舟次瓜步，以书致金山之佛印了元曰："不必出山，当学赵州上等接人。"元得书径来，轼笑问之。元以偈答曰：

> 赵州当日少谦光，不出山门见赵王。争得金山无量相，大千都是一禅床。

轼拊掌称善。

第十七节　东坡之游戏三昧

知登州时，扬州石塔之戒来迎轼，轼曰："吾欲一见石塔以行速不及也。"戒起曰："看这个是砖浮图耶？"轼曰："有缝奈何？"戒曰："若无缝，争解容得世间蝼蚁？"轼首肯。元祐四年，再知杭州时，留金山数月，方丈名妙高台，轼有诗曰：

> 我欲乘飞车，重访赤松子。蓬莱不可到，弱水三万里。不如金山去，清风半帆耳。中有妙高台，云峰自孤起。仰观初无路，谁信平如砥。台中老比丘，碧眼照窗几。巉巉玉为骨，凛凛霜入齿。机锋不可触，千偈如翻水。何须寻德云，只此比丘是。长生未暇学，请学长不死。

元祐七年石塔之戒遣侍者求解院事，轼问："长老何往？"答曰："欲归西湖。"轼率僚佐同至石塔，击鼓，袖中出疏，使晁无咎读之，于是，戒重住石塔。绍圣元年被安置惠州，舟次金陵，阻风江浒，仍迎至蒋山法泉,问答法义。轼病将卒时,门人钱济明侍傍曰:"公平日学佛,此日如何?"轼曰:"此语亦不受。"又径山惟琳问疾曰:"先生履践至此,更须着力。"轼应声曰:"着力即差。"语绝而逝。有东坡前后集及奏议内外制,和陶诗凡百卷。高宗帝赠资政殿学士。孝宗帝乾道六年谥太师,谥文忠。轼之于禅犹如杨杰之于禅,未彻底,故禅净兼修,始得休驰求之心也。

第十八节　佛印了元

与苏轼亲交者,佛印了元而非常聪。元嗣庐山开先之善暹。暹,云门四世孙也。了元姓林,饶州浮梁(江西饶州府)人,世世业儒。元生三岁,琅琅诵《论语》及诸家诗,五岁诵三千首。长从师学五经,略通大义,去而读《首楞严经》于竹林寺,爱之,尽捐旧学,告父母求出家,礼宝积寺之日用,试《法华》受具足戒,游方诣庐山,谒善暹于开先。暹自负,号横行海山,俯视后进。与元问答,以其言辞捷给,大称赞为英灵衲子。元时年十九,又于圆通见居讷,讷赏其妙,于翰墨曰:"骨格已似雪窦后来之俊也。"时书记怀琏应诏往京师住净因,乃命元嗣琏之职。

第十九节　了元之演法与张方平之归佛

以江州(江西九江府)承天空法席,讷荐元,郡守见而少之。讷曰:"元齿少而德壮,虽万耆衲不可折也。"于是初出世承天,嗣善暹,时年二十八。由是移住淮山斗方、庐山开先、归宗,丹阳金山、焦山,江西大仰山,又四次住云居山。凡四十年间,德化行于缁素,缙绅多交之。苏轼谪黄州，与庐山对岸，元在归宗与轼酬酢妙句，与烟云争丽。太子少保张方平，仁宗帝庆历中为（疑误）滁州，游琅琊山藏院，见《楞伽经》，忽感悟前身事，夙障冰解。读至"世间离生灭，犹如虚空华"之文，遂明己见，作偈曰："一念在生灭，千机缚有无。神锋轻举处，透出走盘珠。"暮年以此经授苏轼，且以钱三十万令印施江淮之间。元代轼书经，刻之金山。元一日谓众曰：

> 昔云门说法如云雨，绝不喜人记录其语，见必骂逐曰："汝口不用，反记吾语，异时裨贩我去。"今室中对机录，皆香林明教，以纸为衣，随所闻即书之。后世学者渔猎文字语言，正如吹网欲满，非愚即狂。

当时江浙丛林以文字为禅，故元讽之也。

第二十节　了元与义天

元丰八年，高丽之僧统义天航海来，上疏乞遍历丛林，问法受道，仍诏朝奉郎杨杰伴馆，所经吴中诸刹皆迎饯，宛然如王臣。至金山，元坐床受其大展。杨杰惊问故。元曰："义天也，异国僧耳。僧至丛林，规绳如是，不可易也。众姓出家，同名释子，自非买崔卢以门阀相高，安问贵种。"杰曰："卑之少徇时宜，求异诸方亦岂觉老心哉。"元曰："不然，屈道随俗，诸方先失一只眼，何以示华夏师法乎？"元识见之不凡如是。

第二十一节 了元与王韶

观文殿学士王韶出守南昌,以久帅西塞,滥杀罚,留心空宗,欲以澡雪之。请元上蓝说法,元炷香曰:"此香为杀人不眨眼上将军立地成佛大居士。"一众闻而称善,王韶亦悠然意消。哲宗帝元符元年化,阅世六十七。

第二十二节 苏东坡之了元赞

元尝游京师谒曹王,王以其名奏之神宗帝,诏赐高丽所贡磨衲,号佛印禅师。苏轼赞曰:

> 长老佛印大师了元游京师,天子闻其名,以高丽所贡磨衲赐之。客有见而叹曰:"呜呼善哉!未尝有也。尝试与子摄其斋衽,循其钩络,举而振之,则东尽嵎夷,西及昧谷,南被交趾,北属幽都,纷在吾筬孔线蹊之中矣。"佛印听然而笑曰:"甚矣,子言之陋也。吾以法眼视之,一一筬孔有无量世界,一一世界满中众生所有毛孔,所衣之衣,筬孔线蹊悉为世界,如是展转经八十反,吾佛光明之所照,吾君圣德之所被,如以大海注一毛窍,如以大地塞一筬孔,曾何嵎夷、昧谷、交趾、幽都之足云乎?当知此衲非大非小,非短非长,非重非轻,非薄非厚,非色非空。一切世间折胶坠指,此衲不寒。烁石流金,此衲不热。五浊流浪,劫火洞然,此衲不坏。云何以有思惟心生下劣相。"于是蜀人苏轼闻而赞之曰:"匣而藏之,见衲而不见师。衣而不匣,见师而不

见衲。惟师与衲,非一非两,眇而视之,虮虱龙象。"

第二十三节　了元与周茂叔

《释氏资鉴》卷十说了元与周茂叔之关系云:

濂溪周元公惇茂叔,先世所居春陵,有水曰濂。公既乐庐山之幽胜,而筑室以濂名溪,盖不忘其本矣。时佛印寓居鸾溪之上。公谒见,相与讲道。问曰:"天命之谓性,率性之谓道。禅门何得谓无心是道?"师云:"疑则别参。"公曰:"参则不无,毕竟以何为道?"师曰:"满目青山一任看。"公心醉,一日忽见窗前草生意勃然,乃曰:"与自家意思一般。"以偈呈师云:"昔本不迷今不悟,心融境会豁幽潜。草深窗外松当道,尽日令人看不厌。"师和云:"大道体宽无不在,何拘动植与飞潜。行观坐看了无碍,色见声求心自厌。"由是命师作青松社主,追媲白莲故事。

嘉祐中,周元公通守赣上,寻有谮公于部,使者临之甚威,公处之超然。寄师偈云:"天开斯道在文明,富贵何如守贱贫。岂有庐山许高绝,不能容得一闲身。"师酬云:"泉石能寻旧日盟,胸藏万卷未必贫。世途侧掌难容足,道德天宽可立身。"师乃述庐山移文,寄公曰:"仕路风波尽可惊,唯君心地坦然平。未谈世利眉先皱,才顾云山眼便明。湖宅近分堤柳色,斋田新占石溪声。青松已约为禅社,莫遣归时白发生。"公未归,复趣之曰:"常思湖口绸缪别,又忆匡庐烂漫游。两地山川频在目,十年风月澹经秋。仙家丹药谁能致,佛国乾坤自可休。况是天池莲社约,何时携手话峰头。"

公尝谓:"佛氏一部《法华经》,只是儒家《周易》一个艮卦可了。噫!《易》以艮为六十四卦之旨。艮,连山也,为止义。若以经偈止,止不须说,而比之夫,是之谓持蠡酌海矣。"然公虽穷理尽性之学,而推佛印为社主,苟道之不同,岂能相与为谋耶?(《续藏经》第一辑,第二编乙,第五套,第一册,10页左)

第二十四节　了元与苏辙

又说佛印与苏辙之交游云:

佛印住金山,黄门侍郎苏辙子由欲谒见。先以偈献曰:"粗沙施佛佛欣受,怪石供僧僧不嫌。空手远来还要否,更无一物可增添。"师酬云:"空手持来放下难,三贤十圣聚头看。此般供养能歆享,木马泥牛亦喜欢。"然苏黄门、佛印以斯道为际见之欢,视老杜赞公来往风流,则有间矣。(同上)

第十八章 净因道臻与智海本逸

浮山法远门下有净因之道臻,操守严正,虽近权门,不失衲僧之本分。云门下有智海之本逸,机语快活,尝拈拄杖曰:"这拄杖在天与日月并明,在地与山河同固,在王侯以代蒲鞭,在百姓防身御恶,在衲僧昼横肩上,渡水穿云,夜宿旅亭,撑门挂户。且道在山僧手里为何用,会么?要有时放步东湖上,与僧遥指远山青。"

第一节 净因道臻

道臻,字伯祥,福州(福建)古田人,姓戴。十四投上生院,持头陀行。十九落发,习大小经论,而亦不取方便说。一钵飘然,游江淮参见诸方智识,遂上浮山,于法远会下领得大事。以江州承天之法席无主致臻,臻不欲之,便游丹阳,寓止因圣。一日行江上,顾舟默想曰:"当随所往信吾缘也。"问舟师曰:"载我船尾可乎?"舟师笑曰:"师欲何之?我入汴船也。"臻曰:"吾行游京师。"因载之北,入京见怀琏于十方净因。琏看破其器,令为众僧首。及琏归吴,道俗请臻主净因。开堂之日,英宗帝遣中使降香。苗贵妃奏赐紫袍,都知兰元振又奏赐觉照禅师之号。贵人达官盈门,皆称本色道人。神宗帝元丰三年,慈圣光献皇后崩,设斋庆寿宫供养千僧,有诏入殿对御。帝赐坐宣问:"长老将何追荐太皇?"臻对曰:"臣僧得面天颜。"即诏令升座演法,左右、上下得未曾有,欢声动宫殿。京师禅刹如慧林、智海,命其主僧,必使臻择之,宿老皆从风靡。高丽三僧来学,臻应其根开导,皆契宗旨。以神宗帝元丰八年崩,即诏入福宁殿说法,赐号净照禅师。臻天资静退,慈祥谨厚,奉身至约,一布裙二十年不易,一无嗜好。所居在都城西隅,衲子四十余辈。颓然不出户,三十年如一日,画墨竹于方丈西壁,谓人曰:"吾使游人见之,心自清凉,此君盖替我说法也。"哲宗帝元祐八年(1093),一日语门人净圆曰:"吾更三日行矣。"及期沐浴、更衣、示偈,跏趺而化,世寿八十。

第二节 道臻之思想与力量

道臻思想不失禅门正统。慈圣太后崩御之日,入内演法,有僧问:"慈圣仙游,定归何所?"臻曰:"水流元在海,月落不离天。"当时禅徒说往生极乐者多,如慧林宗本,神宗帝登遐之演法中公言:

> 大行皇帝恭愿净域超升,灵光不昧。金沙池畔,受生报化之身,宝阁门开,面睹弥陀之相,亲承佛记,决证菩提。

然臻以禅之本分答此问,可云贯彻宗旨者。

臻之初出世,僧问师:"唱谁家曲?宗风嗣阿谁?"答曰:"有钱使钱,无钱守贫。"僧问:"如何是佛?"答曰:"朝妆香,暮换水。""如何是观音妙智力?"曰:"河南犬吠,河北驴鸣。"足以证其用处之非凡。

第三节 智海本逸

本逸，姓彭氏，福州人。九岁落饰，遇普度不受，经试业为僧。游方谒庐山开先之善暹，暹示达磨传法之偈，因开悟为暹之嗣。暹，嗣德山慧远。远，嗣双泉之郁。郁，云门文偃之嫡嗣也。逸初住饶州荐福，云徒四集。神宗帝诏令主京都大相国寺智海禅院，赐号正觉禅师，朝臣多钦道望。开堂日，帝遣中使降香，逸谢恩毕，顾大众曰："龙楼与凤阙巍峨，瑞气同祥云叆叇。"于是观得十方佛土不行而至，百千三昧无作而成。又言：

> 诸菩萨子，欲识佛性义，当观时节因缘，何也？和风习习，揭开细柳之眉。春日迟迟，烘转黄鹂之舌。庭花似锦，汀草如茵，蝶舞蜂吟，渔歌樵唱，钟梵与管弦合杂，儒流同释子相参，古今一致，左右逢源。如是则穷一尘而十分俱现，聆一音而沙界齐闻。谈玄演妙，而靡异凡伦，千变万化而不离真际。头头有据，物物无私，不假踌躇，炳然自着。直饶于斯见得。偈偻分明，如昼见日。若向衲僧门下天地悬殊，所以道，不要三乘要祖宗，三乘不要为君通。君今要出三乘学，后夜猿啼在众峰。

> 上堂云：翻手为文，覆手为武。且执单刀，阶墀伏事。不翻不覆，文武双全。坐筹帷幄之间，决胜千里之外。无明罗刹，活捉生擒。生死魔军，冰消瓦解。直得皇风荡荡，帝道平平，统三界以为家，作四生之恃怙，正当此时，且道功归何处？良久曰：大勋不立赏，柴扉草自深。

本逸之迁化,其年月不明。

第四节 本逸之《祖堂联芳颂》

《建中靖国续灯录》卷二十九载东京智海禅院本逸所作《祖堂联芳颂》十二首,可以证云门下之法系出于石头。

鸡峰至曹溪

吾道提纲者,东西三十三。别传一句子,突出少人谙。

靖居思

吾道提纲者,庐陵米价奇。年年田大熟,行市莫嫌迟。

石头迁

吾道提纲者,衡山蹑石头。光阴莫空度,恩大固难酬。

天皇悟

吾道提纲者,天皇荫子孙。一枚糊饼子,千载耀吾门。

龙潭信

吾道提纲者,师资会遇难。龙潭灭烛夜,德峤髑髅干。

德山鉴

吾道提纲者,常思古德山。一寻铁作棒,坐断武陵关。

雪峰存

吾道提纲者,难忘是雪峰。望州乌石巅,无处不相逢。

云门偃

吾道提纲者,无私是至谈。充斋糊饼子,佛祖未相谙。

双泉郁

吾道提纲者,韶阳好子孙。双泉分一派,亹亹出云门。

德山远

吾道提纲者，铁门路崄巇。少林人过后，南北自多歧。

开先暹

吾道提纲者，开先古佛先。宗风唯的嗣，一月在长天。

总颂

吾道正提纲，令行谁敢当。龙泉横智海，三尺刃如霜。(《续藏经》，第二编乙，第九套，第二册，196页左)

第五节　刘经臣之参禅

刘经臣参逸决宗要。经臣，字兴朝，未详其乡里，年三十二遇东林常聪，蒙其启迪，心醉祖道。既抵京师，谒慧林若冲。冲为举僧问雪窦如何是诸佛本源？窦曰千峰寒色之语，经臣言下有省。岁余以官职居洛中，参韶山之杲。将去任辞杲，杲嘱之曰："公如此用心何愁不悟，尔后或有非常境界，无量欢喜，宜急收拾。若收拾得去，便成法器。若收拾不去，则有不宁之疾或失心之患矣！"未几复至京师，谒本逸于智海禅院。请问因缘，逸曰："古人道平常心是道，你十二时中放光动地，不自觉知向外驰求，转疏转远。"经臣闻而增疑而已。一夕入室，逸举《传灯》所载波罗提尊者见香至国王问何者是佛，提曰见性是佛之语问经臣，经臣不能答，疑甚。遂归就寝熟睡。至五鼓觉来，方追念间见种种异相，而表里通彻，六根震动，如天地回旋，云开月现，喜不自胜。忽忆韶山之杲临别所嘱之语，始抑之，延至天明，趋逸许，悉告所得。逸为证据，且曰："更须用得始得。"经臣曰："莫要履践否？"逸厉声曰："这个是甚么事，却说履践。"经臣默契，乃作发明心地颂八首，及著《明道谕儒篇》以警世。

第十九章　长芦法秀与芙蓉道楷

　　天衣门下法秀，亦高揭法幢。秀于《华严》造诣最深，将云门宗风盛于西北。示徒云："衲僧家，高揖释迦，不拜弥勒，未为分外，只如半偈亡躯，一句投火，又图个甚么。"投子高弟有芙蓉山道楷，道行纯密，见地非凡，大唱起曹洞真风。楷言云："昼入祇陀之苑，皓月当天，夜登灵鹫之山，太阳溢目，似乌鸦雪，成孤雁群，铁狗吠凌霄，泥牛斗入海，正当恁么时？十方共聚，彼我何分。"又言："月白风清，水遥山远，楼台笋翠，殿阁生凉。大地山河，森罗万象，尽为诸人说了。"

第一节　长芦法秀

　　法秀，秦州陇城（甘肃秦州秦安县）人，本姓辛氏，十九经试受具，励志讲学，习《因明》《唯识》《百法》《金刚》《圆觉》《华严》等，妙入精义，为众发挥，声闻京洛。倚圭峰之钞以讲《大经》，然恨学圭峰之禅，故唯敬北京之天钵重元。元以善《华严》号元华严，然怪元之不讲经，便曰："教尽佛意则如元公者，不应远教。禅非佛意则如圭峰者，不可学禅。世尊教外以法私大迦叶者，吾不信也。"谓同学曰："吾将南游，穷其窟穴，搜取其种类抹杀之，以报佛恩乃已耳。"

第二节　法秀之遍参

初至随州护国，读《净果禅师碑》曰："僧问报慈如何是佛性。慈曰谁无。又问净果，果曰谁有。其僧因有悟。"秀大笑曰："岂佛性敢有无之。矧又曰因以有悟哉。"去至无为军之铁佛，谒义怀。怀貌寒危坐，垂涕沾衣。怀一见秀易之。怀收涕问："座主讲何经？"秀曰："《华严》。"又问："此经以何为宗？"秀曰："以心为宗。"又问："心以何为宗？"秀不能对。怀曰："毫厘有差，天地悬隔。汝当自看，必有发明。"秀退而自失，悚然敬服。愿留日夕受法。后十七日，闻举僧白兆参报慈情未生时如何曰隔，忽大悟，直上方丈，陈其所证。怀曰："汝真法器，吾宗异日在汝行矣。"怀后迁池州栢林，又入吴，秀常随之。初住淮西四面山开堂，哀祖道之不振，忧丛林之凋落，以身任之。又移住庐山之栖贤。

第三节　长芦之住山

时以金陵蒋山之赞元迁化，舒王以礼致秀。既至山，王先候谒，秀方理丛林之事，不时见，王以为慢，遂不合，弃去。寻奉诏住真州（江苏扬州府）长芦山崇福禅院。会下充千众，有全椒者登至座，众目笑之。无出问者，秀出拜趋问："如何是法秀自己？"全椒笑曰："秀铁面，乃不识自己乎？"丛林号秀为铁面。秀曰："当局者迷。"一众服秀荷法之心。神宗帝元丰七年，越国大长公主造法云寺于东京成。公主及太尉张侯敦礼奏请以秀为法云第一世。开堂之日，遣中使降香及磨衲，令皇弟荆王敬致座下。云门宗风由是兴于西北，士大夫问道者多。元丰八年神宗帝上仙,有诏,于灵架前升座演法,赐号圆通禅师。哲宗帝元祐五年(1090)示疾,诏遣医官,医请候脉。秀仰视曰:"汝何为者也,吾有疾当死耳。求治之是以生为可恋也,平生生、死、梦三者无所拣。"挥去之。唤侍者更衣,安坐说偈曰:"来时无物去时空,南北东西事一同。六处住持无所补。"乃良久,监寺慧当进曰:"和尚何不道末后句?"秀曰:"珍重珍重。"言讫而化,寿六十四。

第四节　法秀之思想

法秀思想从《华严》得来,如同时诸老而不泥于教乘。元丰中,枢密蒋颖叔与秀为方外友。颖叔平生虽究佛心宗,犹泥于教仪,撰《华严经解》三十篇,颇夸知见。漕淮上日上长芦山访秀,题方丈壁曰:"余凡三日遂成《华严解》,我于佛法有大因缘,异日当以此地比觉城东际,唯具佛眼者当知之。"秀时辨之曰:"公何言之易耶?夫《华严》者,圆顿上乘,乃现量所证,今言比觉城东际,则是比量非圆顿宗。"又曰:"异日且一真法界无有古今,故云十世古今始终不移于当念。若言异日,今日岂可非是乎?"又曰:"具佛眼者方知,然经曰平等真法界,无佛无众生,凡圣情尽,彼我皆忘。岂有愚智之异,若待佛眼,则天眼、人眼岂可不知哉!"颖叔于是悔谢。

第五节　法秀与李龙眠

李伯时,号龙眠,巧于画马,不减韩干。秀呵之曰:"汝士大夫以画名矧,又画马期人跨,以为得妙妙入马腹中,亦足惧。"伯时由是绝笔。秀劝画观音像，以赎其过。又黄鲁直巧作艳语，人争传之。秀呵曰："翰墨之妙甘施于此乎？"鲁直笑曰："又当置我于马腹中乎？"秀曰："汝以艳语动天下人淫心，不止马腹，正恐生泥犁中耳。"秀之严冷不可犯，大率如是。

第六节　法秀之机语及其净业

示众云：看风使帆，正是随波逐浪，截断众流，未免依前渗漏。量才补职，宁越短长，买帽相头，难为恰好。直饶上不见天，下不见地，东西不辨，南北不分，有什么用处。任是纯钢打就，生铁铸成，也须额上汗出。总不恁么，又且如何商量？"良久曰："赤心片片谁知得，笑杀黄梅石女儿。"（《续藏经》，第一辑，第二编乙，第九套，第五册，458页左）

秀示徒语有如生铁如此。至往生净域之思想，秀亦不超越时代，故神宗帝上仙之际，举唱语曰：

神宗皇帝仙驾，伏愿神游净域，不昧正因，为帝为王，随方化物。

第七节　佛国惟白之《续灯录》

法秀之嗣惟白，靖江府（江苏常州府靖江县）人，姓冉，住东京法云。以哲宗帝元符二年上仙，便奉诏上福宁殿，升座拈香云：

>臣僧惟白，伏奉敕旨，就大行皇帝灵御前，举扬般若上资仙驾。伏愿皇帝睿性圆明，千光显著，圣身自在，万德庄严。极乐土中，莲华捧足，率陀天上，珠衣绕身。复挺神威，保佑邦国，伏惟珍重。

白三次奉徽宗帝诏说法内庭，赐紫衣及佛国禅师之号。帝之建中靖国元年，上其所编录《续灯录》三十卷，是效真宗帝时，道原上《景德传灯录》三十卷；又仁宗帝时，李遵勖上《天圣广灯录》三十卷。白所集乃天圣以后八十年间之宗师机缘及心要语句也。驸马都尉张敦礼，奉札奏请御制序。帝遣中使就张敦礼宅降诏，赐御制序一轴、销金复帕等。命越国大长公主与张敦礼命工上木，帝敕入大藏流行。

第八节 二禅八律

御制序中云：

>自达磨西来，实为初祖，其传二、三、四、五，而至于曹溪。……源派演迤，枝叶扶疏，而云门、临济二宗，遂独盛于天下。……神考尤向空宗。元丰三年，诏大相国寺，并二禅刹，辟惠林于东序，建智海于西庑。逮壬戌之岁，以今越国大长公主及集庆军节度观察留后驸马都尉张敦礼之请，复建法云禅寺于国之南。于是祖席辉光，丛林鼎盛，天下之袭方袍慕禅悦者，云集于上都矣。今敦礼以其寺住持僧佛国禅师惟白，所集《建中靖国续灯录》三十卷来上，且以序文为请。惟白探最上乘，了第一义，屡入中禁，三登高座，宣扬妙旨，良惬至怀云云。(《续藏经》，第

二编乙,第九套,第一册,19页左)

可以察东京禅门振兴之状。由此序观之,诸书记元丰中于大相国寺辟八禅二律,为二禅八律之误,明也。

惟白初住泗州(安徽)龟山,次移,法云:

上堂曰:"离娄有意,白浪徒以滔天,罔象无心,明珠忽然在掌。"以手打一圆相,召大众曰:"还见么?"良久曰:"看即有分。"

上堂:"过去已过去,未来且莫算。正当现在事,今朝正月半。明月正团圆,打鼓普请看。大众看即不无。毕竟唤什么作月,休于天上觅,莫向水中寻。"(《续藏经》,第一辑,第二编乙,第十套,第一册,50页左)

第九节　芙蓉道楷

道楷,沂州(山东沂州府)人,俗姓崔氏,天资劲直孤硬,少辟谷,学道隐于伊阳山中,后游京师籍名术台寺,试《法华》得度,具戒游淮西,时投子义青住白云山海会寺。楷谒之问:"佛祖言句如家常茶饭,离此之外别有为人言句也无?"青云:"汝道寰中天子敕还假禹、汤、尧、舜也无?"楷拟答,青以拂子搋其口曰:"汝发意来,早有二十棒也。"楷言下开悟,再拜即去。青呼曰:"且来。"楷不顾。青曰:"汝到不疑之地耶?"楷以手掩耳,后任典座掌众食。青问:"厨务勾当良苦。"对曰:"不敢。"青曰:"汝炊饭耶,煮粥耶?"对曰:"人工淘米着火,行者煮粥炊饭。"曰:"汝作什么?"对曰:"和尚慈悲放他闲去。"又一日从青游园。青以拄杖付楷曰:"理合与么?"对曰:"与和尚提鞋挈杖不为分外。"曰:"有同行在。"对曰:"那一人不受教。"青遂休去。至晚青曰:"早来说话未尽。"对曰:"更请举看。"青曰:"卯生日,戌生月。"楷即点灯来。青曰:"上来下去总不空然。"对曰:"在左右理合如此。"曰:"奴儿婢子谁家屋里无?"对曰:"和尚尊年阙他不可。"曰:"与么殷勤?"对曰:"报恩有分。"

第十节　道楷之玄风

以神宗帝元丰五年还沂山,闲居于马鞍山,道俗请于沂州仙洞出世,次迁西洛之招提龙门,又徙郢州大阳山、随州大洪山,皆一时名臣公卿所劝请。于是,洞上之宗风大振于西北。徽宗帝崇宁三年,奉诏住京师十方净因禅院。同帝大观元年,奉敕住京师天宁寺。开封尹李孝寿奉楷道行卓冠丛林,宜褒以显之,即赐紫袈裟,号定照禅师。楷焚香谢恩罢,上表辞之。曰:

> 伏蒙圣慈,特差彰善阁祗候谭祯赐臣定照禅师号及紫衣牒一道。臣感戴睿恩已,即时焚香升座仰祝圣寿讫。伏念臣行业迂疏,道力绵薄,常发誓愿不受名利,坚持此意,积有岁年。庶几如此,传道后来,使人专意佛法。今虽蒙异恩,若遂忝冒,则臣自违素愿,何以教人?岂能仰称陛下所以命臣住持之意?所有前件恩牒不敢祗受。伏望圣慈察臣微悃,非敢饰词,特赐俞允。臣没齿行道,上报天恩。

帝闻之,付李孝寿躬往谕朝廷旌善之意。而楷确乎不回,孝寿具闻。帝怒,收楷付有司。有司知楷忠诚,适犯天威,问曰:"长老枯瘁,有疾乎？"楷曰："平日有疾今实无。"又曰："言有疾即于法免罪谴。"楷曰："岂敢侥幸称疾而求脱罪谴乎？"有司太息，于是受罚。着缝掖，编管缁州（山东济南府缁川县），都城道俗，见而流涕。楷气色宽舒，诣缁州就屋而居，学者益亲其高德。明年敕放释，令自便，仍庵于芙蓉湖上，数百学徒，环绕坐卧。楷虑祸，乃日各食粥一杯，不堪者稍稍退去，犹在者百许人。徽宗帝政和七年敕楷所居庵赐额华严禅寺。同帝重和元年（1118）无疾而寂，遗偈付侍者云："吾年七十六，世缘今已足。生不爱天堂，死不怕地狱。撒手横身三界外，腾腾任运何拘束。"

第十一节　道楷之高风清节

楷敢犯天威，坐罪不悔，可谓坚持其志。盖时辈多驯天恩，近权势，弄虎威，贪名利有所激耶。楷之住大阳山也，义青特遣果侍者，与浮山法远所付青之皮履直缀，楷以之付襄州洞山之道微。微退罢还浙东，殁于双林寺。今取以还鹿门山建阁藏之，曰藏衣阁。

楷之旧隐近虎穴。虎尝乳四子。月余，楷窥其出，往视之，腥臭不可言，窃携其一归。虎得戏曳至穴前，伏地有喜色，但见只有三子而怒，以足跑吼。群鸟皆鸣翔其上，楷乃放还之。与伊阳宰韩承议偈曰：

老爱依山人事非，虎驯庵畔怪来迟。寥寥石室尘埃满，不知何日是归期。

又云：

数里无人到，山黄始觉秋。岩间一觉睡，忘却百年忧。

清闲之状自见。

第十二节　道楷之词藻

道楷虽简朴之士，但才藻焕发，文词典雅。

上堂：此日雪落，填沟塞壑，玉树琼林，寒光闪烁。六牙香象木人骑，露地白牛无处着。直得混同一色，浩荡难分。点检将来，犹是今时之说。诸人者忽然撞着日面佛，教君一场懡㦬。(《续藏经》，第一辑，第二编，第二十三套，第五册，452页左—453页右)

入道之径，内虚外静，如水澄凝，万象光映，不沉不浮，万法自如。所以道，火不待日而热，风不待月而凉。坚石处水，天瞽犹光，明暗自尔，干湿同方。若能如是，岩前枯木，半夜开花。木女携篮，清风月下。石人舞袖，共贺太平。野老讴歌，知音者和。于斯明得，何必重登搭庙，再见文殊？道在目前，一时参取。(同上书，453页左)

第十三节　《祇园正仪》

楷垂示之语，于学道最亲切。后人题曰《祇园正仪》。照心之古镜，无如此明，即抄录于下：

示众云：夫出家者为厌尘劳，求脱生死，休心息念，断绝攀缘，故名出家，岂可以等闲利养，埋没平生？直须两头撒开，中间放下，遇声遇色，如石上栽花，见利见名，似眼中着屑。况从无始已来，甚事不曾经历，又不是不知次第，不过翻头作尾，止于如此，何须苦苦贪恋，如今不歇，更待何时。所以先圣教人，只要尽却今时。能尽今时，更有何事。若得心中无事，祖师犹是冤家，一切世间，自然冷淡。直须这边冷淡，方始那边相应。你不见，隐山至死不肯见人，赵州至死不肯告人。扁担拾橡栗为食，大梅以荷叶为衣。纸衣道者只披纸，玄泰上座只着布。石霜置枯木堂，与人坐卧，只要得死了你心。投子使人各自辨米，同煮共餐，只要得省取你事。且道从上诸圣有如此榜样，若无长处，如何甘得诸仁者？若也于斯休究，的不亏人，若也不肯承当，向后深恐费力。山僧行业无取，忝主山门，岂可坐费常住，顿忘先圣付嘱。今者辄欲效古人住持体例，与诸人议定，更不下山，不赴斋，不发化主，唯是本院庄课，一岁所得，均作三百六十分，日取一分用之，更不随人添减。可以备饭即作饭，作饭不足即作粥，作粥不足即作米汤。新到相见，茶汤而已。更不煎点，唯置一茶堂，自去取用。务要省缘，一向辨道。又况活计具足，风景不疏，花解笑，鸟能啼，木马长鸣，石牛善走，天外之青山寡色，耳畔之鸣泉无声。岭外猿啼，露湿中宵之月，林间鹤唳，风回清晓之松。春风起而枯木龙吟，秋叶凋而寒林花发。玉阶铺苔藓之纹，人面带烟霞之色。音尘寂尔，消息沉然，一味萧条，无可趣向。山僧今日向诸人前说家门，已是不着便，岂可更去升堂入室，拈槌竖拂？东喝西棒，张眉努眼，如痫病发相似。不唯屈沉上座，况亦辜负先圣。你不见达磨来到少室山下，面壁九年，二祖至于立雪断臂，可谓受尽艰辛。然而达磨不曾措了一辞，二祖不曾问着一句，还唤达磨做不为人得么？还唤二祖做不求师得么？山僧每至说着古圣做处，便觉无地容身，惭愧后人软弱。又况百味珍羞，递相供养，道我待四事具足，方可发心。只恐做手脚不迭，便是隔生隔世去也。时光似箭，深为可惜。虽然如是，更在诸人从长相度，山僧也强你不得。诸仁者，还曾见古人一偈么？山田脱粟饭，野菜淡黄齑，吃则从君吃，不吃任东西。伏惟同道，各自努力，珍重。(《续藏经》，第一辑，第二编，第二十三套，第五册，454页右—左)

第十四节　道楷与高世则、杨杰、韩琦

《居士分灯录》卷下云：

　　高世则，字仲贴，号无功，以节度使判通州，参芙蓉道楷。一日忽造微密，呈偈曰："悬崖撒手任纵横，大地虚空自坦平。照壑辉岩不借月，庵头别有一帘明。"

杨杰一日问楷曰："某与师相别几年？"楷曰："七年。"杰曰："者七年参禅耶学道耶？"楷曰："不打者鼓笛。"杰曰："与么则空游山水，百无所成。"楷曰："相别未久，善能高鉴。"杰呵呵大笑。相国韩琦，夏日来访楷。楷出接之，琦曰："禁足不出，因甚破戒？"楷曰："官不容针，私通车马。"琦大喜。

第二十章　晦堂祖心、真净克文与兜率从悦

黄龙慧南之上足有晦堂祖心，禅化儒说，巧启发人。同门克文，其力量亦不让祖心。文下出兜率从悦。悦以三关有名于丛林，张天觉从悦受心要，白衣之参禅者愈多。

第一节　晦堂祖心

祖心，俗姓邬，南雄始兴（广东南雄州始兴县）人，年十九患盲，父母许以出家，祷观音菩萨，而明恢复。初依龙山寺僧惠全，明年试经业，唯献诗，以名奏，得剃染。在龙山寺以不严守戒律逢横逆，遂弃游丛林，谒云峰文悦。悦，大愚守芝之嗣，汾阳善昭之嫡孙也。挂锡三年，难其孤硬，告悦将去，悦特指令参黄龙慧南。南时住黄檗溪上之积翠庵。祖心侍积翠四年无所得。一日倾汤注手指，豁然如梦之觉，而机未发，南抑之。又辞还云峰，悦既谢世。因止潭州石霜，阅《传灯录》，至僧问："多福如何，是多福一丛竹？"曰："一茎两茎斜。"云："学人不会。"曰："三茎四茎曲。"顿证之师垂手之处。乃回积翠庵，方展坐具，南曰："子始入吾室矣。"心踊跃自喜曰："大事本来如是，和尚何用教人看话下语百计搜集。"南曰："若不令汝如此究寻，到无用心处自见自肯，吾即埋没汝也。"尔后陆沉众中，时时往决云

门之语句。南曰:"知是般事便休,汝用许多工夫作么?"心曰:"不然,但有纤疑在,不到无学,安能七纵八横,天回地转哉?"南肯之。

第二节　祖心之好学与接人之方便

心礼谢往洪州,见翠岩之可真。真,南之同门,与语大奇之。依止二年,真去世,还依积翠,与南分座接后学。以英宗帝治平三年,南迁,及住隆兴府黄龙,谒淇州(河南卫辉府淇县治)泐潭之晓月。月,琅琊慧觉之徒,以通经论精义知名。笑谓同学,心不自歇去,乃下乔木入幽谷也。心曰:"彼以有得之得护前遮后,我以无学之学朝宗百川。"有小疾寓漳江,转运判官夏倚,雅有祖道意。见杨杰叹曰:"吾至江西,恨未识南公。"杰曰:"有心上座在漳江,公能自屈,不待见南也。"倚即见心问谈,神思快豁,至《肇论》会万物为自己者及情与无情共一体时,有狗卧香桌。心以压尺击狗,又击香桌曰:"狗有情即去,香桌无情自住,情与无情如何得成一体?"倚不能对。心曰:"才入思惟,便成剩法,何曾会万物为自己哉?"心一日与僧论《维摩》曰三万二千师子宝座入毗耶?小室何故不碍,为是维摩所现神力耶?为别假异术耶?夫难信之法故现此瑞,有能信者,始知本来自有之物,何故复令更信?曰:"若无信,入小必妨大。虽然既有信,法从何而起耶?"又作偈曰:"楼阁门前才敛念,不须弹指早开扃。善财一去无消息,门外春来草自青。"其指法亲切,方便之妙密多此类。

第三节　晦堂之号

神宗帝熙宁二年,南示寂,因郡守及徐禧等之请,住持黄龙十二年。天性真率，不乐事务，五次欲求便解去。得闲居，揭其室曰晦堂，因以晦堂为世所称。学者益亲，潭州太守谢景温，虚大沩山之席以致心，三辞不就，景温即嘱江西转运判官彭汝砺请问不赴之意。心曰："愿见谢公，不愿领大沩也。马祖百丈已前无住持事，道人相寻于空闲寂寞之滨而已。其后虽有住持，王臣尊礼为人天师。今则不然，挂名官府有如户籍之民，直遣伍伯追呼之耳，此岂可复为也。"景温闻之，不敢屈以院事，愿一见之，心仍至长沙。

第四节　示谢景温法语

景温请受法训，心为举纲领。其略曰：

> 三乘十二分教还同说食示人食味，既因他说其食，要在自己亲尝。既自亲尝便能了知其味，是甘是辛，是咸是淡。达磨西来直指人心，见性成佛亦复如是。真性既因文字而显，要在自己亲见。若能亲见，便能了知目前是真、是妄、是生、是死。既能了知真、妄、生、死，返观一切语言文字，皆是表显之说，都无实义。

景温闻之，得未曾有矣。

第五节　祖心之闲雅

祖心生长南方，栖息山林之故。方太平时代，欲观光京师以饯余生，乃至京。驸马都尉王诜尽礼迎之，庵于都城之外。师事之，久之南还，再游庐山。彭汝砺之守九江，心往见之，汝砺从容问曰："人临命终时有旨诀乎？"心曰："有之。"曰："愿闻其说？"心曰："待器资（彭汝砺之字）死即说。"汝砺起敬礼曰："此事须是和尚始得。"四方公卿合于意，则不远千里应其请，不合则数舍亦不往。有偈："不住唐朝寺，闲为宋地僧。生涯三事衲，故旧一枝藤。"又云："乞食随缘去，逢山任意登。相逢莫相笑，不是岭南能。"可以想见心之平生。心师慧南，道貌德威，极难亲附，虽老于丛林者见之汗下，而心造其前，意闲如也。终日语笑，师资相忘，四十年间，士大夫闻其风开悟者众。既老，移庵深隐，践绝学者又二十余年。哲宗帝元符三年（1100）下世，春秋七十六，赐号宝觉。

第六节　祖心与黄庭坚

祖心入灭时，命门人黄庭坚主后事。荼毗之日，邻峰之长老秉炬，火不续，庭坚即顾祖心之上足死心曰："此老师有待于吾兄也。"死心以丧拒，庭坚强令秉炬。心召众曰："不是余殃累及我，弥天罪过不容诛。而今两脚捎空去，不作牛兮便作驴。"以炬打一圆相曰："只向这里雪屈。"掷炬应手而爇云。

第七节　祖心平实明确之语

《禅林宝训合注》卷一云：

朱英世（名显谟，字英世，任至给事，问道黄龙南）问晦堂（祖心）曰："君子不幸，小有过差，而闻见指目之不暇。小人终日造恶而不以为然，其故何哉？"晦堂曰："君子之德，比美玉焉，有瑕生内，必见于外，故见者称异，不得不指目也。若夫小人者，日用所作，无非过恶，又安用言之。"

晦堂曰："圣人之道，如天地育万物，无有不备于道者。众人之道，如江海淮济，山川陵谷，草木昆虫，各尽其量而已，不知其外无有不备者。夫道岂二耶？由得之浅深，成有大小耶？"（《续藏经》，第二编，第十八套，第二册，168页右）

心偈云：

> 风卷残雪宇宙宽，碧天如水月如环。祖师心印分明在，对此凭君仔细看。

其平实明确多类此。尝云：

> 如《论语》曰："参乎？吾道一以贯之。曾子曰：'唯子出门。'人问曰：'何谓也？'曾子曰：'夫子之道，忠恕而已矣。'"心曰："吾道既一，则可以统贯万差之事。当其一贯万事之中，可容其见。若容其见，则不为一。若不见时，万事显然。一何形状，苟能见达。忠恕之道，可得而明。"

第八节　黄庭坚略传

白衣之中诣祖心门者，黄庭坚最有名。庭坚，字鲁直，洪州分宁人，幼而警悟，读书数过辄成诵。神宗帝熙宁元年为北京国子监教授,苏轼尝见其诗文,曰:"超轶绝尘,独立万物之表,世久无此作。"由是声名始震。哲宗帝召为校书郎。明年迁著作佐郎,擢起居舍人。母病弥年,昼夜视颜色,不解衣带。及殁,庐墓下,哀毁得疾。服除为秘书丞提点明道宫兼国史编修官。哲宗帝绍圣元年知宣州,移鄂州。以直言故贬为涪州别驾,安置黔州。然而泊然不介意。蜀之士从游者多。徽宗帝即位,以吏部员外郎召,辞而不起,与相国赵挺之有隙,为人所谮,羁管于宜州。三年徙永州,未闻命而卒,年六十一。时徽宗帝崇宁四年也。

第九节　黄庭坚之参禅

庭坚初游灊皖山谷寺之石牛洞,爱其林泉之胜,自号山谷道人。元祐中馆黄龙山,参祖心求入道捷径。心曰:"只如仲尼道二三子以我为隐乎?吾无隐乎尔,太史如何理论?"庭坚拟对。心曰:"不是,不是。"庭坚迷闷不已。一日侍心山行,桂花盛开,心曰:"闻桂花香么?"曰:"闻。"心曰:"吾无隐乎尔。"庭坚言下有省,即拜曰:"和尚得恁么老婆心切。"心笑曰:"只要公到家耳。"心之高弟有死心、惟清二大匠,与庭坚笃方外之契。一日谒死心于云岩,随众入室,死心一见,张眼问:"新长老死,学士死,烧作两堆灰,向甚么处相见?"庭坚无语。死心约出曰:"晦堂处参得底使未着在。"后左官迁黔州,道力愈胜,顿明死心之所问,以书报死心曰:"往日尝蒙苦口提撕,长如醉梦依稀在光影中,盖疑情不尽,命根不断,故望崖而退耳。谪官在黔南道中,昼卧觉来,忽然廓尔,寻思平山被老和尚谩了多少,惟有死心道人不肯,乃是第一慈悲也。"惟清寄以偈云:

> 昔日对面隔千里，如今万里弥相亲。寂寥滋味同斋粥，快活谈谐契主宾。室内许谁参化女，眼中休去觅瞳人。东西南北难藏处，金色头陀笑转新。

庭坚和之：

> 石工来斫鼻端尘，无手人来斧始亲。白牯狸奴心即佛，龙睛虎眼主中宾。自携瓶去沽村酒，却着衫来作主人。万里相看常对面，死心寮里有清新。

祖心之下世，作塔铭，复吊以偈：

> 海风吹落楞伽山，四海禅徒着眼看。一把柳丝收不得，和烟搭在玉栏干。

第十节 黄庭坚之《临济宗旨论》

在黔州止酒绝色，读《大藏经》三年。常曰："利衰、毁誉、称讥、苦乐此之八风，于四威仪中未尝相离，虽古之元圣大智，有立于八风之外者乎？非学道不知也。"作发愿文痛叙酒色之可厌。

庭坚尝论临济宗旨曰：

> 如汉高收韩，附耳语封王，即卧内夺印，伪游云梦，缚以力士，诒贺陈豨，斩之钟室。盖高祖无杀人之剑，而韩信心亦不死。宗师投人多类此。又曰或讽晦堂，不当以儒书糅佛语。师

曰:"若不见性,祖佛密语尽成外书,若是见性,魔说狐禅皆为密语。"嘻!师乃学通内外,随机启迪,使人各因所习,同归于悟。吾佛与儒,同一关钥,论敷阳子之记,如推门入白,非心通意解者,可同年语哉!

是此父有此子,可谓名言。

第十一节 真净克文

克文,姓郑,陕府阌乡(河南陕州)人。幼孤,事后母至孝,而母不爱之,数数困辱文。父怜之,令游学四方,至复州(湖北汉阳府沔阳州)北塔院,闻思广说法感泣,裂缝掖师事之。广五祖山师戒之徒,师戒为云门嫡孙。年二十五试业,剃发受具足戒,学习经论,通其妙义,讲演发奥义,其名闻京洛。偶游龙门,于殿庑间见入定比丘像,瞑目端坐,寂默不动,文幡然自失,谓其伴侣曰:"我所负者如吴道子画人物,虽妙尽一时,然终非活者。"于是弃去。游湘潭,所至辩论倾其坐,故世人指目为饱参。英宗帝治平二年大沩山坐夏,一夕闻僧诵云门之语曰:"僧问佛法如水中月是否?门曰清波无透路。"于是豁然大悟。

第十二节 克文与黄龙慧南

时慧南在积翠庵,文访之。南问:"从什么处来?"对曰:"沩山。"南曰:"恰值老僧不在。"曰:"未审向什么处去?"南曰:"天台普请南岳云游。"曰:"若然者,学人亦得自在去也。"南曰:"脚下蹑是何处得来?"曰:"庐山七百钱唱得。"南曰:"何曾自在?"文指曰:"何曾不自在来耶?"南骇然异之。积翠门下有洪英,机锋不可触,与文齐名。英,邵武(福建邵武府邵武县治)人。文,关西人。因而众中号英邵武,文关西。久之辞去,依翠岩之顺。顺曰:"子种性迈往而契悟广大,临济欲仆,子力能支之,厚自爱。"英宗帝治平三年,慧南移黄龙山,克文亦随往。南曰:"适令侍者卷帘,问渠卷起帘时如何?曰照见天下。放下帘时如何?曰水泄不通。不卷不放时如何?侍者无语。汝作么生?"文曰:"和尚替侍者下涅槃堂始得。"南厉声曰:"关西人果无头脑。"乃顾旁僧。文指之曰:"只这僧也未梦见。"南大笑。由是黄龙门人独步。南寂后上衡岳,还仰山为首座。神宗帝熙宁五年至寓安,太守钱弋先候之,文乃谒弋。有犬从屏间逸出,文少趋避,弋嘲之曰:"禅者固能教诲蛇虎,乃畏狗乎?"文曰:"易伏隈岩虎,难降护宅龙。"弋叹曰:"人不可虚有名。"

第十三节　克文之住山与王安石

神宗帝熙宁八年,住筠州(江西)圣寿,又移洞山,在两刹十有二年。谢事东游,浪迹三吴至金陵,时神宗帝元丰八年也。王安石闻克文来,倒屣出迎。安石问:"诸经皆首标时处,《圆觉经》独不然,何也?"文曰:"顿乘所演直示众生,日用现前,不属今古。只今老僧与相公同入大光明藏游戏三昧,互为宾主,非干时处。"又问:"经曰,一切众生皆证圆觉,而圭峰以证为具,谓译者之讹如何?"对曰:"《圆觉》如可改,《维摩》亦可改也。《维摩》岂不曰亦不灭受而取证,夫不灭受蕴而取证者与皆证圆觉之同意。盖众生现行无明即是如来根本大智,圭峰之言非是。"安石大悦,施其第为寺,延文为第一世。

此金陵之保宁禅寺也。王安石奏文之道行于神宗帝，诏赐真净禅师之号，未几厌烦闹，归高安（江西瑞州府高安县治）庵于九峰下，名曰投老，学者远来者多，六年迁庐山归宗。又二年张商英出守洪州，过庐山见文强健，尽礼致之，以主泐潭。俄退云庵，徽宗帝崇宁元年（1102）示疾，众请说法，文笑曰："今年七十八，四大相离别。火风既分散，临行休更说。"遗诫而化。

第十四节　克文之言行

《禅林宝训录》克文之言行云：

英邵武（隆兴府泐潭洪英，嗣黄龙南）谓真净文和尚曰："物暴长者必夭折，功速成者必易坏，不推久长之计，而造卒成之功，皆非远大之资。夫天地最灵，犹三载再闰，乃成其功，备其化，况大道之妙，岂仓卒而能辞哉！要在积功累德，故曰欲速则不达，细行则不失，美成在久，遂有终身之谋。圣人云：信以守之，敏以行之，忠以成之，事虽大而必济。昔喆侍者（潭州大沩真如慕喆，嗣翠岩可真）夜坐不睡，以圆木为枕，少睡则枕转，觉而复起，安坐如故，率以为常。或谓用心太过。喆曰：'我于般若缘分素薄。若不刻苦励志，恐为妄习所牵，况梦幻不真，安得为长久计。'予昔在湘西，目击其操履如此，故丛林服其名，敬其德而称之。"（《续藏经》，第二编，第十八套，第二册，170页左）

真净曰："比丘之法，受用不宜丰满，丰满则溢。称意之事，不可多谋，多谋终败。将有成之，必有坏之。予见黄龙先师，应世四十年，语默动静，未尝以颜色礼貌文才，牢笼当世衲子，唯

确有见地，履实践真者，委曲成褓之，其慎重真得古人体裁，诸方罕有伦比，故今日临众，无不取法。"（同上书，171页右）

真净住建康保宁，舒王（安石）斋瞩素缣，因问侍僧："此何物？"对曰："纺丝罗。"真净曰："何用？"侍僧曰："堪做袈裟。"真净指所衣布伽黎曰："我寻常披此，见者亦不甚嫌恶。"即令送库司，估卖供众，其不事服饰如此。（同上书，171页右）

真净谓舒王曰："日用是处力行之，非则固止之，不应以难易移其志。苟以今日之难，掉头弗顾，安知他日不难于今日乎？"（同上书，171页左）

真净闻一方有道之士化去，恻然叹息，至于泣涕。时湛堂（隆兴府泐潭湛堂文准，嗣真净）文为侍者。乃曰："物生天地间，一兆形质，枯死残蠹，似不可逃，何苦自伤？"真净曰："法门之兴，赖有德者振之，今皆亡矣。丛林衰替，用此可卜。"（同上）

第十五节　克文与朱世英

给事朱世英问法于黄龙慧南未契，问佛法大意于真净克文，文答以书，世英得书有省。后慧洪觉范至临川与世英相好，一日上蓝至谓英曰："觉范工诗耳，禅则其师犹错，矧弟子耶？"世英笑曰："师能勘验之乎？"上蓝曰："诺。"居一日，同游疎山，饭于逆旅，上蓝以手画案，谓洪曰："经轴之上必题火字，是何义？"洪即画一图相，横一画曰："是此义也。"上蓝愕然。洪作偈曰："以字不成八不是，法身睡着无遮蔽，衲僧对面不知名，百众人前呼不起。"上蓝归举似世英，世英拊手曰："孰谓诗僧亦能识字义乎？"

第十六节　克文之思想

由上面问答足知克文思想,即归于自心即佛,本来解脱,夫真安乐云云,更引一例,住庐山归宗寺开堂云:

> 诸佛心印,祖祖传授,所谓教外别传者,盖取其要妙也。其要妙之道,在人不在教乘。所以归宗长老得之,以妙明心印,即僧俗大众,彼我无差,同成佛道。还信得及么?权郡大夫得之,以妙明心印,印一郡千里之事,则自然殊途同归,一毛头,一一明了,一一无差,然后卷舒自在,纵夺临时,皆吾心之常分,非假于他术。提刑都官得之,以妙明心印,印十方华严世界海,只在一毛头,于中或行或坐,或去或来,游山玩水,选胜寻幽,法喜禅悦,皆吾心之常分,非假于他术。众官得之,各以妙明心印印之,则王事、民事一一明了,一一无差,然后可行则行,可止则止,皆吾心之常分,非假于他术。诸山禅师得之,三世诸佛,一切法门,各以妙明心印印之,则法法明了,一一无差,然后应机接物,通变临时,或日面月面,佛手驴脚,或竖拂拈槌,或呵佛骂祖,作大佛事,皆吾心之常分也。(《续藏经》,第一辑,第二编,第二十三套,第四册,361—362页右)

至净土思想,克文亦不免浸染。故云:

> 檀越散藏经请上堂。奉佛至孝,四郎及孝眷等为先考二郎,终七追荐,乃请真如圣寿二禅众开转《大藏经》一遍,供僧一千

员。……以经、律、论三藏……不可说法门功德光明海，荐严先考二郎，超生净界。（同上书，352页右—左）

第十七节　兜率从悦

克文轮下出兜率从悦。悦生于赣州（江西）熊氏，少投普圆院出家，受具习经论，后参禅访道，为道吾山首座。领数衲见守智于潭州（湖南长沙）云盖山海会寺。智，黄龙慧南子也，与语未数句，智尽知其所蕴，乃笑曰："观首座气质不凡，奈何出言吐气如醉人耶？"悦面热汗下曰："愿和尚不吝慈悲。"智复与语锥札之。悦茫然，遂求入室。智曰："曾见法昌倚遇和尚否？"悦曰："曾看他语录，自了可也，不愿见之。"智曰："曾见洞山克文和尚否？"悦曰："关西子没头没脑拖一条布裙作尿臭气，有甚长处。"智曰："你但向尿臭处参取。"悦从教于洞山，谒克文，得心要，复见守智。智曰："见关西子后大事如何？"悦曰："若不得和尚指示，洎乎蹉过一生。"遂礼谢而还，克文许。后于鹿苑出世，有清素者久参慈明楚圆。寓居一室未始与人交，悦一日食蜜渍荔枝，偶见素过门呼曰："此老人乡果也可同食之。"素曰："自先师亡后，不得此食久矣。"悦曰："先师为谁？"素曰："慈明也，某忝执侍十三年耳。"悦疑骇曰："十三年堪忍执侍之役，非得其道而何？"遂馈以余果，稍稍亲之。素问："所见者何人？"曰："洞山克文。"素曰："文见何人？"曰："黄龙慧南。"素曰："南匾头见先师不久，法道大振如此。"悦益疑骇，袖香诣素作礼，素起避之曰："吾以福薄，先师授记，不许为人。"悦益恭。素曰："怜子之诚，违先师之记，子平生所得试语我。"悦具通所见。素曰："可以入佛而不能入魔。"悦曰："何谓也？"素曰："岂不见古人道，末后一句始到牢关。"如是累月，素乃印可。仍戒曰:"文示之者,皆正智正见,然子离文太早,不能尽其妙旨。吾今为子点破,使子受用得大自在,他日切勿嗣吾也。"

第十八节 兜率之开堂与兜率之三关

后开法于洪州(江西)分宁之兜率,嗣真净。张商英按部过分宁,请五院长老,就云岩说法。从悦最后登座,横拄杖曰:"适来诸善知识横拈竖放,直立斜抛,换步移身,藏头露角,既于学士面前各纳败阙,未免吃兜率手中痛棒。到者里不由甘与不甘,何故见事不平争忍得?衲僧正令自当行。"卓拄杖下座。哲宗帝元祐六年(1091),集众说偈曰:"四十有八,圣凡尽杀。不是英雄,龙安路滑。"奄然而化。其徒欲遵遗诫,火葬捐骨江中,门人张商英遣使曰:"老师于祖宗门下有大道力,不可使来者无所起敬。"塔于龙安乳峰,奏谥真寂禅师。

从悦设室中三语验学者,恰如黄龙之三关。

一曰拨草瞻风,只图见性,即今上人性在什么处?
二曰识得自性方脱生死,眼光落地时作么生脱?
三曰脱得生死便知去处,四大分离,向什么处去?

第十九节 张商英

从悦门下有张商英称久参。商英,蜀郡新津人。字天觉,号无尽居士。长身俊伟,负气豪视一世。受章惇知遇,为其上客。年十九入京应举,道访向氏。前夕,向梦有神人,见告明日接相公。向异之,遂妻以女。一日游僧舍,见藏经之装潢严丽,拂然曰:"我孔圣之书乃不及胡人？"归坐书室，吟哦至三更。向氏曰："夜深何不睡去。"商英以前意对曰："正此著无佛论。"向氏应声曰："既是无佛，何论之，著有佛论始得。"商英疑其言而止。后访同学，于佛龛前见《维摩经》，信手探阅，至谓："此病非地大亦不离地大。"辄叹曰："胡人之言亦能尔耶。"遂归，阅经次。向氏问读何书，曰《维摩经》。曰："可熟读此经，然后著无佛论也。"商英悚然异其言，于是深信佛法，留心禅道。神宗朝，因王安石之推荐为监察御史。哲宗帝元祐元年，出除河东提点刑狱，上清凉山斋宿，祷于文殊，届睹金灯光明如昼，有菩萨化现空中，乃塑文殊之像供于奉山寺，作发愿文，以亢旱入山祈雨，三祷三应，遂闻于朝，复寺田三百顷。

第二十节　张商英之参学

元祐六年为江西漕使，上庐山谒东林寺常聪。聪即诘其所见，以与己合而印可。既按部至分宁，诸禅客迎之。商英请五山长老就云岩升座说法。兜率从悦最后登座，贯穿前列。商英大悦，入兜率，至拟瀑亭。商英问："此是什么？"悦曰："拟瀑亭。"曰："捩转竹筒，水归何处。"悦曰："目前荐取。"商英伫思。悦曰："佛法不是这个道理。"商英亦曰："闻公善文章。"悦曰："从悦临济九世孙，对运使论文章，政如运使对从悦论禅也。"商英不肯其语，但称赏东林，悦抑之。夜话次，悦曰："东林既印可运使，运使于佛祖言教有少疑否？"曰："有疑香严独脚头德山托钵话。"悦曰："既于此有疑，其余安得无耶？只如岩头末后句是有耶无耶？"曰："有。"悦大笑，便归方丈，闭却门。商英其夕不能睡，至五更触翻床溺器，猛省，即往叩方丈门曰："吾既捉得贼也。"悦曰："藏在何处？"商英无语。悦曰："运使且去，来日相见。"

翌日呈偈曰：

　　鼓寂钟沉托钵回，岩头一拶语如雷。果然只得三年活，莫是遭他授记来。

悦曰："参禅只为命根不断，依语生解。如是之说，公已深悟，然至极细微处不知不觉坠在区宇。"乃示颂。商英感激，邀悦至建昌。途中作十颂，悦亦酬以十颂。哲宗帝绍圣元年为左司谏，元祐中以与大臣不合，上书毁谤司马光、吕公著、文彦博、苏轼等。徽宗帝崇宁中，累迁至尚书左丞，与蔡京议不合，数数诋毁京，罢知亳州，寻安置于归峡两州。徽宗帝大观四年，蔡京罢相，商英起为资政殿学士，有顷除中书侍郎，又拜尚书左仆射。时大旱，彗星出现，商英拜命之日有大雨，彗星亦没而不见，徽宗帝喜，大书"商霖"二字赐之。大革弊政，宽民力，节华侈，息土木。帝甚惮商英，为相逾年为同列所忌，出知河南府，寻安置于衡州。

第二十一节　张商英与圆悟克勤

　　圆悟克勤于荆州见商英，剧谈《华严》之旨要曰："华严现量境界理事全真，所以即一而万，了万为一。一复一，万复万，浩然莫穷。心佛众生三无差别，卷舒自在，无碍圆融。此虽极则，终是无风匝匝之波。"商英闻，不觉进榻。克勤遂问："到此与祖师西来意为同为别？"曰："同矣。"勤曰："且得没交涉。"商英有愠色。勤曰："不见云门道，山河大地无丝毫过患，犹是转句，直得不见一色始是半提，更须知有向上全提时节。彼德山临济岂非全提乎？"商英首肯。翌日复举事法界、理法界，至理事无碍法界，又问："此可说禅乎？"曰："正好说禅也。"勤笑曰："不然。正是法界量里在，盖法界量未灭。若到事事无碍法界，法界量灭，始好说禅。如何是佛？干屎橛。如何是佛？麻三斤。是故真净偈曰：'事事无碍，如意自在。手把猪头，口诵净戒。趁出淫坊，未还酒债。十字街头，解开布袋。'"商英叹曰："美哉之论，岂得闻乎？"

第二十二节　张商英与大慧宗杲

徽宗帝宣和二年馆大慧宗杲于府第西斋，为法游之喜。

  杲曰："居士见处与真净、死心合。近世得此机用独二老矣。"曰："何谓也？"杲乃举真净颂曰："客情步步随人转，有大威光不能现。突然一喝双耳聋，那吒眼开黄檗面。"死心拈曰："云岩要问雪窦，既是大冶精金应无变色，为甚却三日耳聋。诸人要知么？从前汗马无人识，只要重论盖代功。"

商英跃然抚几曰："不因公语，争见真净、死心用处。若非二老，难显雪窦、马师。"乃述偈曰："马师喝下立宗风，嗟我三人见处同。海上六鳌吞饵去，栖芦谁更问渔翁。"

第二十三节　张商英之末后

徽宗帝宣和三年卒，年七十九。依《居士分灯录》卷下，《佛祖历代通载》卷二十九等，宣和四年殁，年八十一也。云：

宣和四年十一月黎明，口占遗表，命子弟书之，仍作偈曰："幻质朝章八十一，沤生沤灭无人识。撞破虚空归去来，铁牛入海无消息。"言讫，取枕掷门，声如雷震，视之，已逝矣。

商英所著《护法论》，并《颂古》行于世。明袾宏《往生集》卷中云：

宋张商英初以夫人向氏激发，留神内典，号无尽居士。尝著发愿文云："思此世界，五浊乱心，无正观力，无了因力，自性唯心，不能悟达。谨遵释迦世尊金口之教，专念阿弥陀佛，求彼世尊愿力摄受，待报满时往生极乐，如顺水乘舟，不劳自力而至矣。"

袾宏记事，未详其出典，可以存疑。

第二十一章　赵宋之末路

徽宗帝之代，实为赵宋之末路，金人侵入不能御。汴京陷落，二帝成虏囚，护送敌国。帝信任小人，信道者之妄言，毁佛教，玩物丧志，纵欲败度，所以速社稷之覆灭也。

第一节　徽宗帝

徽宗帝虽不能免暗愚之谤，初非不信佛教。崇宁元年诏名德之僧旧未有谥号者，会勘奏赐师号。诏天下军州，令创崇宁寺，又改额谓天宁寺。同二年谥杭州天竺寺慈云大师遵式，号法宝大师。南屏法师梵臻谥实相法师。终南山澄照律师谥法慧大师。同三年太宗、真宗、仁宗三朝御赞之佛牙从大相国寺迎入禁中供养，制偈云："大士释迦文，虚空等一尘。有求皆赴感，无刹不分身。玉莹千轮在，金刚百炼新。我今恭敬礼，普愿济群伦。"诏赐白马摩腾三藏谥启道圆通法师，竺法兰谥开教总持法师，双林傅大士谥等空绍觉大士，方山李长者谥显教妙严长者。同五年诏曰："有天下者尊事上帝，敢不虔哉，而释氏之教，乃以天帝置于鬼神之列，渎神逾分莫此为甚，有司其削除之。"

第二节　三圣像之安于僧居

又敕水陆道场内设三清等位。元丰中降诏止绝，务在检举施行，旧来僧居，多设三教之像，遂为院额殿名，释迦居中，老君居左，孔圣居右，非所以奉灭真与儒教之意，务迎其像归道观学舍以正其名。大观元年，敕改道士之位令居僧上。政和三年，西蜀嘉州奏风折大树枯株中有僧在定，髭发蒙密，指爪缠身。帝令送至京，迎入禁中，译经院三藏金总持鸣金磬使其出定。僧曰："我东林远法师之弟慧持也，游西峨嵋，因此入定，远公无恙否？"三藏曰："远公东晋人，去世已七百年。"僧遂不语。三藏曰："今欲何归耶？"僧曰："陈留县。"即又入定。乃用其言葬陈留，帝绘其像颁天下，有御制赞三首。

第三节　林灵素之道术与徽宗

政和七年，道士林灵素入京见帝。灵素，温州人，善符术，补以雷公法，往来淮泗之间，乞食僧寺。至楚州与释慧世相殴击，诉于官，郡倅石伸喜其辩捷，为脱之置馆中，问吐纳、烧炼、飞升之术。此年仲携灵素入京，谒宰相蔡京，京以为异人，令见帝。灵素放言曰："天上有神霄玉清府，长生帝君主之，其弟青华帝君皆玉帝子。次有左相仙伯并书罚仙吏褚慧等八百余官，谓帝即长生帝君，蔡京乃左相仙伯，灵素即褚慧。"帝忻然信之，赐号金门羽客，筑通真宫居之。自称教主道君皇帝，建实箓宫，安长生、青华二帝之像，改天下之天宁观为神霄玉清万寿宫，所在无观者以寺夺充。初帝梦青华帝君之召，游神霄宫，觉而异之，敕道箓徐知常问神霄之事，或告曰太一宫道堂林道士累言神霄尝作诗题于壁，知常以闻，因入见，帝问曰："朕昔见东华帝君闻改除魔凳之语，何谓也？"灵素曰："佛教害道久矣，今虽不可灭，宜与改正。以佛刹为宫观，释迦为天尊，菩萨为大士，僧为德士，皆留发顶冠执笏。"诏可之。

第四节　改佛为道

宣和元年诏改佛为大觉金仙，服天尊之服。菩萨为大士，僧为德士，尼为女德士，令服巾冠执木笏。寺为宫，院为观，住持为知宫观事，留铜钹、塔像不禁。僧徒有抗辨者杖杀之。京师左街崇先香积院宝觉大师永道上书谏之，帝大怒，敕流永道于道州（湖南永州府道州县治）。同年废乾明寺，又废太平兴国寺为邸肆民舍。诏天下建神霄宫，州郡惮其费，以巨刹易其额。

第五节　永道之上表与佛教之恢复

同年九月，台臣僚属率奏林灵素奸邪小人，妄议迁都，毁除佛教，罪当诛戮。同年十一月，放灵素归温州，道赐死。宣和二年诏复佛号，男德士复为僧，女德士复为尼，令道州之永道复归近郡。宣和七年诏永道还京师复僧形，旌其护法，称其精忠，改赐名法道，令住昭庆昭先院，兼领右街显圣释迦院。同年八月，罢黄老之学。

第六节　金人勃兴与宋之灭亡

金为女真，号完颜氏，世世酋长，附属辽。至杨割而雄视诸郡，其子阿骨打自恃富强，乘辽之乱叛。政和五年辽主天祚亲征女真，大败，渤海辽阳等五十四州遂为女真所并有，于是阿骨打自立称皇帝，以其国产金，号大金。宣和元年金人攻陷辽。同四年金人破中京，辽主天祚奔云中府。同六年金人俘天祚，削其封为海滨王，令居长白山，辽遂亡。同七年金人侵宋，宋兵败衄，徽宗帝让位皇太子，是谓钦宗帝。钦宗元年，金人围京城三十三日，冬再入寇，令帝捧降表，寻捕帝及太上皇护送入金。宋经九帝，一百六十七年灭。

第二十二章　五祖法演与石门慧洪

洎赵宋末期,杨岐门下得人多,有麟游凤翔之观。五祖山之法演其一也。演言谓:"将四大海水为一枚砚,以须弥山作一管笔,人向虚空里,写祖师西来意五字,则老僧将礼拜为师。若写不得,是佛法无灵验。"黄龙派下有石门慧洪,才学冠一世。洪真妄之偈云:"真法本无性,随缘染净起。不了号无明,了之即佛知。无明全妄情,知觉全真理。当念绝古今,底处寻始终。本自离言诠,分别即生死。"

第一节　五祖法演

法演,绵州(四州绵州治)巴西人,姓邓。年三十五出家,受具往成都,列讲席,习《唯识》《百法论》等。讲师不能疏演之疑团,但曰:"汝欲明此,当往南方,扣传佛心宗者。"演即负笈出关。所见尊宿,无不咨决,而疑团未全散。谒东京慧林院宗本,参尽古今因缘。唯于僧问兴化:"'四方八面来时如何?'化云:'打中间底。'僧作礼。化云:'我昨日赴个村斋,中途遇一阵卒风暴雨,却向古庙里避得过。'"一则未通。本云:"此是临济下因缘,须是问他家儿孙始得。"演乃辞本,谒舒州浮山法远,请益前话。

第二节 五祖法演与白云守端

一日远云:"吾老矣,恐虚度子光阴,可往依白云。此老虽后生,吾未识面,但见其颂临济三顿棒话,有过人处,必能了子大事。"演唯诺,径于舒州白云山海会院见守端。端,杨岐山方会嫡嗣也。一日有僧举南泉摩尼珠话问端,端叱之。演领悟,汗流污体,献投机之偈曰:"山前一片闲田地,叉手叮咛问祖翁。几度卖来还自买,为怜松竹引清风。"端印可令掌磨。未几,端来曰:"有数禅客自庐山来,皆有悟入处,教伊说亦说得有来由,举因缘问伊亦明得,教伊下语亦下得,只是未在。"演闻大疑,私自计曰:"既悟了说亦说得,明亦明得,如何却未在?"遂参究累日,忽然省悟,从前所宝惜一时放下,得大安乐。又有僧视磨之急转,指以问演:"此神通耶? 法尔耶?"演褰衣旋磨一匝,端示众云:"古人道如镜铸像,像成后镜在什么处?"众下语不契,以问演。演近前问讯,云:"也不较多。"端笑曰:"须是道者始得。"仍命分座开示来学。

第三节 法演之开堂说法

演开堂黄梅之日,自叙其得力云:"某十五年行脚,初参迁和尚得其毛,次于四海参见尊宿得其皮,又到浮山圆鉴老处得其骨,后在白云端和尚处得其髓,方敢承受与人为师。"初住舒州四面山,次迁同州白云山海会院,又徙太平山。演自云:"在舒郡二十七年三处住院,诸人总知。"晚居蕲州(湖北黄州府蕲州)黄梅山东禅寺,故称五祖法演。前后四十余年接来机,以徽宗帝崇宁三年(1104)上堂辞众。时山门有土木之工，演躬督役，诫云："汝等好作息，吾不复来矣。"归方丈，净发澡浴而逝，龄八十余岁。法子佛果克勤、佛鉴惠懃、佛眼清远，世人呼称三佛，盛举扬演之法门。

第四节　法演之用心

《禅林宝训合注》卷一云：

> 演祖（法演）见衲子有节义而可立者，室中峻拒，不假辞色，察其偏邪谄佞，所为猥屑不可教者，愈加爱重，人皆莫测焉。乌乎！盖祖之取舍，必有道矣。演祖谓郭功辅（提刑郭正祥，字功辅，号净空居士，问道于白云端）曰："人之性情，固无常守，随化日迁，自古佛法虽隆替有数，而兴衰之理，未有不由教化而成。昔江西南岳诸祖之利物也，扇以淳风，节以清净，被以道德，教以礼义，使学者收视听，塞邪僻，绝嗜欲，忘利养，所以日迁善远过，道成德备而不自知。今之人不如古之人远矣，必欲参究此道。要须确志勿易，以悟为期，然后祸患得丧，付之造物，不可苟免。岂可预忧其不成，而不为之耶？才有丝毫顾虑萌于胸中，不独今生不了，以至千生万劫无有成就之时。"（《续藏经》，第二编，第十八套，第二册，164页左—165页右）

可以窥法演为人之用心矣。

第五节　法演之思想

法演思想多无所异于他,与临济门下之道侣同辙。

> 上堂云:"风和日暖,古佛家风。柳绿桃红,祖师巴鼻。眼亲手辨,未是惺惺。口辩舌端,与道转远。从门入者,不是家珍。且道毕竟如何相见?"又云:"无事不来还忆君。"(《续藏经》,第一辑,第二编,第二十三套,第三册,213页左)
>
> 中秋上堂云:"中秋月,中秋月,古今尽谓寻常别。别不别?皎皎清光遍大千,任从天下纭纭说。"(同上书,217页右)

最后一段,呈露禅之本面目而无余蕴,可谓不辜负祖翁云。

第六节　法嗣书之体段

《古尊宿语录》卷二十二所录法演语中:

> 四面专使文详,持法嗣书到。师于法座前受书,拈起问专使云:"这个是四面底,阇梨底在什么处?"使云:"验在目前。"师云:"几不问过。"云云。(同上书,222页左)

同卷又云:

> 资福专使,持法嗣书至。师于法堂上受书,拈起问专使云:

"本无名字，什么处得这个来？"专使拟议。师云："因谁致得。"云云。（同上书，223页左）

唯当时禅徒，出世开堂而公表嗣法者，有以专使告其嗣法于本师之风，而其所谓法嗣书者，未知其详。案《石门文字禅》有代法嗣书，乃慧洪代人所作，由是足知其体段。云：

> 某闻惟师弟子系时因缘，虽迁流于人天，或契阔于生死，不谋而合，妙于磁石之针，适然而逢，特类盲龟之木，方相视而一笑，叹再来之尚存。披掌发异世之珠，后身附前生之植，载之传记，炳若丹青。然望道固有浅深，受材不无大小。沿从中世，非复古风，名存实亡，力微习重。寂无奋起，几至陵夷。如某者志节愿追古先，识虑皆居人下，契无悟花之敏，迷有摘叶之愚。自离七闽，谩游三楚，贪缘养育则恩均亲教，提携收拾则人固户知。非止见闻之熏蒸，盖亦琢磨之厌饫。誓同小朗断筜，不下三生，敢料大沩踢瓶，遂辞百丈。恭惟某人道传熊岳，派出虎溪，声华久著于丛林，诚实可开于金石。游戏翰墨，烂熟教乘，屡让名山，倦临清众。而宗门道广，学者日亲，机比疏山，敢犯腹中之鳞甲，辩如慧日，宁逃口内之雌黄。盖其要妙渊深高明广大，而某应量而休。蚊蚋亦名饮海，登高未已。女萝适幸依松，敢不永弃世缘，长依净社，激昂志节，报效恩私。然力甚纤埃，敢助培于佛种，光犹爝火，徒僭续于祖灯。瞻望门阑，驰心师范，过此已往，未知所裁。（《石门文字禅》卷二十九，3—4页）

第七节　石门慧洪

慧洪，兜率从悦之法弟。字觉范，江南筠州新昌（江西瑞州府新昌县）人，姓喻氏。《嘉泰普灯录》卷七作彭氏，非也。《石门文字禅》卷二十四有慧洪自传，作喻。年十四父母俱殁，依三峰靓为童子，博览群书，日记数千言，靓器重之，十九于东京天王寺试经得度，冒慧洪之名为大僧。学《成唯识论》，又博通子史，奇才纵横，以诗鸣于京华缙绅之间。既而造庐山归宗寺参真净克文，及文迁洪州石门寺，洪亦随之。文患其深闻之弊，每举玄沙未彻之语发其疑，凡有所对，文呵云："你又说道理耶？"一日顿破疑团，述偈云："灵云一见不再见，红白枝枝不着华。叵耐钓鱼船上客，却来平地摝鱼虾。"文见喜之，命掌记室。侍文前后七年。年二十九游东吴，明年上衡岳，谒诸老，皆被敬重。又三年克文迁化，仍归湘中拜其塔，将藏黄龙。

第八节　慧洪之出世及其入狱

徽宗帝崇宁中，朱世英请开法于临川（江西抚州府临川县）之北禅景德。先是寺有古画罗汉十六轴，久之亡其一，洪至以诗嘲之。一夕梦罗汉示所匿家，乞归寺中，因得之。世人以为尊者犹畏洪嘲，可以知洪舌锋之锐利。洪在临川二年退游金陵，漕使学士吴仲正屈请住清凉寺。入寺未阅月，被诬告为狂僧伪造度牒，且连前住僧法和等之议讪，入制狱一年，坐冒慧洪之名，著缝掖走京师。《石门文字禅》卷十七有洪狱中之作：

三月二十八日枣柏大士生辰用达本悟忘，知心体合为韵作八偈供之，时在建康狱中：

人间皆热恼，我自不随情。一室闲趺坐，天魔魂震惊。百千大火聚，中有片玉清。大哉慈忍力，妙湛合无生。（以下略）

二十九日明白庵主寂灭之日，用欲得现前，莫存顺逆为韵作八偈：

业熟会冤憎，遂尔遇横逆。愿行报冤行，遇此真知识。用智灭无明，以事观色力。当登万煅炉，乃验真金色。（以下略）

洪在狱中，积锻练功，决非鲜少。

第九节　慧洪之荣誉及其配流

入京，丞相张商英特奏，再得度，名德洪。太尉郭天信奏徽宗帝，赐椹服并宝觉圆明之号。同年政和元年，张商英为同列所忌，罢相知河南府，洪亦以与商英、天信交厚得罪。且左司谏陈瓘以崇宁元年劾责丞相蔡京被斥，至是撰《尊尧录》将进御，佞臣等嫉之，为洪所笔削。仍同年十月褫僧衣，配流海外。宣和二年二月至琼州，五月届崖州。崖，今琼州之最南也。

《石门文字禅》卷十七云：

政和二年，余谪海外，馆琼州开元寺偘师院，遇其游行市井，宴坐静室，作务时恐缘差失念，作日用偈八首：

道人何故，淫房酒肆。我自调心，非干汝事。折脚铛子，随处安置。食无精粗，但欲接气。心欲驰散，即当摄来。大火聚中，

青莲花开。(以下略)

第十节　慧洪之再入狱

既而政和三年春遇赦,十一月渡海,以同四年四月到筠州,馆于荷塘寺。十月又于并州证狱,五年结夏于新昌度门,往来九峰洞山,以文章自娱。将从西安入湘上依法眷养老,馆于云岩。时有狂道士,诬以张怀素之党,官吏皆知误认张商英为张怀素,然为检案事实,下南昌(江西南昌府)狱百余日。《石门文字禅》卷十七有偈:

八月十六日入南昌右狱作对治偈

那落伽中,论劫受苦。焚铁其地,汁铜其柱。鱼鲙而脔,瓜分而锯。于一日夕有万痛楚。我避世务,重闭其户。而此知识勃然而怒。吏收付官于此土住。自寻其罪,焦牙石女。然非天人所能见与,自业成熟现行会遇。受尽还无,无可措虑。我作是观,上契佛祖。

第十一节　慧洪之释放

如是再遇赦释放,归湘上南台。宣和五年三月事全解。洪念涉世多艰,百念灰冷,时年五十三,追绎达磨之四种行,作四偈述其志。《报冤行》之偈云:"僧婴王难,情观可丑。夙业纯熟,所以甘受。受尽还无,何丑之有?转重还轻,佛恩弥厚。"又云:"呜呼!孙思邈著《大风恶疾论》曰神仙传,有数十人皆因恶疾而得仙道。何者?割弃尘累,怀颖阳之风,所以因祸而取福也。寂音之祸奇祸也,因祸而得尽窥佛祖之意。"居寂音堂，自号寂音尊者。《石门文字禅》卷十二有偈三首，抄录一首。

偶书寂音堂壁三首（其一）

霜须瘴面老垂垂，瘦搭诗肩古佛衣。灭迹尚嫌身是累，此生永与世相违。残经倦读闲凭几，幽鸟独闻常掩扉。寝处《法华》安乐行，荡除五十二年非。

第十二节　慧洪之晚年

晚年覃思经论，著义疏发挥圣贤之秘奥。宣和六年《僧宝传》编成，负之入京。抵襄阳，遇兵难。钦宗帝登极，诏赠张商英司徒，表其忠节。洪因至刑部解其冤枉，再请复僧名而未得允许，会金人入寇，国步多艰，即退游庐山。以南宋高宗帝建炎二年（1128）寂于同安（福建泉州府同安县），阅世五十八。所著有《林间录》二卷、《林间后录》一卷、《临济宗旨》一卷、《僧宝传》三十卷、《高僧传》十二卷、《智证传》十卷、《志林》十卷、《冷斋夜话》十卷、《天厨禁脔》一卷、《石门文字禅》三十卷、《语录偈颂》一篇、《法华合论》七卷、《楞严首顶义》十卷、《圆觉皆证义》二卷、《金刚法源论》一卷、《起信论解义》二卷、《易注》三卷、《甘露集》三十卷行于世。

第十三节　慧洪之性行

慧洪交友虽当时贤者，而亲近权门，非沙门之法，其罪谴真可怜，然亦无非洪所自招。灵源惟清闻洪流窜，叹曰：

兰植中途必无经时之翠,桂生幽壑终抱弥年之丹。古人谓聪明深察而近于死者,好议人者也,在觉范有之矣。

洪之性行,阐提居士评最当。云:

顷辛丑岁(宣和三年),余在长沙与觉范相从弥年,其人品、学问、道业、知识皆超妙卓绝,过人远甚。喜与贤士大夫游,横口所言,横心所念,风驶云腾,泉涌河决,不足喻其快也。以此屡萦祸谴,略不介意。视一死不足以惊惧之者。守此以殁,不少变节。大抵高者忌其异己,下者耻其不逮,陷于死亡,不足以偿人意。暗黩百出,而觉范无纤毫之失,奉戒清净,世无知者。(《智证传后序》)

阐提居士者许颛彦周,问法于保宁之玑。

第十四节　慧洪之天才

慧洪虽无德器之大,至高才,古今少得其类。《石门文字禅》卷十云:

崇胜寺后竹千余竿,独一根秀出,呼为竹尊者。

高节长身老不枯,平生风骨自清癯。爱君修竹为尊者,却笑寒松作大夫。不见同行木上座,空余听法石於菟。戏将秋色供斋钵,抹月披云得饱无?

是所谓天马行空之自在也。《僧宝正续传》卷二云：

> 师之才章，盖天禀然。幼览书籍，一过目，毕世不忘。落笔万言，了无停思。其造端用意，大抵规模东坡，而借润山谷。至于出入教禅，议论精博，其才实高。圆悟禅师以为笔端具大辩才，不可及也。与士大夫游，议论衮衮，虽稠人广座，至必奋席。初在湘西见山谷，与语终日不容去。因有诗赠之，略曰："不肯低头拾卿相，又能落笔生云烟。"其后山谷过宜春，见其《竹尊者》诗，咨赏以为妙入作者之域。颇恨东坡不及见之。

第十五节 慧洪之思想

至洪思想不失禅之正宗。郭天信问传灯之义答云：

> 佛心印者，众生灵智之府也。其体自妙而常明，虽万类纷然，日用殊途，而文彩粲然明了，不差毫末。其知之者谓之神通光明藏，谓之光严住持。其不知者谓之生死趣，谓之无明始。（《石门文字禅》卷二十四，23页右）

又示临济、曹洞一贯之宗旨。云：

> 临济大师曰："大凡举唱宗乘，须一句中具三玄，一玄中具三要。有玄有要，诸方衲子，多溟泽其语。独汾阳无德禅师能妙达其旨，作偈通之曰："三玄三要事难分，得旨忘言道未亲。一句明明该万象，重阳九日菊花新。"非特临济宗喜论三玄。石头所

作《参同契》备具此旨。窃尝深观之，但易玄要之语为明暗耳。文止四十余句，而以明暗论者半之。篇首便标曰："灵源明皎洁，枝派暗流注。"又开通发扬之曰："暗合上中言，明明清浊句。"在暗则必分上中，则明则须明清浊，此体中玄也。至指其宗而示其意，则曰："本末须归宗，尊卑用其语。"故下广叙明暗之句，奕奕联连不已，此句中玄也。及其辞尽也，则又曰："谨白参玄人，光阴莫虚度。"道人日用能不遗时失候，则是真报佛恩，此意中玄也。(《续藏经》，第一辑，第二编乙，第二十一套，第四册，311页右—左)

第十六节　当时之弊习

慧洪论往往当时之宗弊，可以察禅风之颓废。《林间录》卷上云：

嗟乎，于今丛林，师授弟子，例皆禁绝悟解，推去玄妙。要直问直答，无则始终言无，有则始终言有。毫末差误，谓之狂解。

由是观之，反复无字如鸠鸽之鸣，连呼有字如羊豚之叫，盖看话之恶风，既行于北宋之末可知矣。

第十七节　钩章棘句

宗师之言徒弄奇险，故隐晦趣旨，以为玄妙，为唐末以降之恶风。慧洪唤之作钩章棘句。《石门文字禅》卷二十三《洪州大宁宽和尚语录》序云：

> 岩头说法指人，甚要而语不烦，亦何尝钩章棘句险设作伪，务为玄妙哉。

又《临平妙湛禅师语录序》云：

> 近世禅学者之弊，如碱砆之乱玉。枝辞蔓说似辩博，钩章棘句似迅机。苟认意识似至要，懒惰自放似了达。始于二浙，炽于江淮，而余波末流滔滔汨汨于京、洛、荆、楚之间，风俗为之一变。

第十八节　禅林之净土观

天衣山义怀以后，阳禅阴净之徒，往往而有，而至慧洪之时，禅林特生修净土观之风。《石门文字禅》卷二十一《潭州大沩山中兴记》云：

> 吾闻天衣怀禅师在嘉祐治平之间五迁法席，皆废残荒寂处，而怀能幻出宝构，化成禅丛。今空印禅师轼公者，盖怀四世之孙，而吴江法真之嗣，方说法于庐山之下。……于是厚礼遣人致之。越明年三月，空印来自归宗，山川改观，丛席增气……又明年得异木……刻净土佛菩萨之像，庄严妙丽，千花照映如紫金山……昔大圆禅师开法此山也，有众千人，硕大而秀出者有若大仰寂子、香严闲禅，建两堂为学者燕闲之私，而名其东曰香严，

名其西曰大仰，方欲广摄异根，则修净土观法。

如大沩山之禅林犹修净土观，其他小丛林，亦可推知。

第十九节　当时之佛殿

百丈之始创禅刹也，不建佛殿设法堂。方慧洪之时，置佛殿及佛像。潭州白鹿山《灵应禅寺大佛殿记》云：

> 灵应禅寺……大檀越刘革之所施也。寺占岩腹，临清流……绿疏朱闼，吞饮风月。飞檐楷瓦，荡摩云烟。宝铃和鸣，珠网间杂。像设释迦如来百福千光之相，文殊师利、普贤大菩萨、大迦叶、波庆喜尊者、散花天人、护法力士，又环一十八应真大士，序列以次，庄严毕备。……余闻百丈大智禅师之训曰："世尊遗教弟子，因法相逢，则当依法而住。饮食服玩，经行宴坐，必为丛林营建室宇，必先造大殿以奉安佛菩萨像，使诸来者知归向。"故昼夜行道，令法久住，报佛恩。故又闻德山鉴禅师之语曰："比丘行脚当具正眼，诵经礼拜乃是魔民，营造殿宇，又造魔业。且天下惟奉一君一化，岂容二佛？"所居撤去大殿，独存法堂。呜呼！百丈德山皆祖师，一则建立，一则扫荡云云。

百丈有如上之训否？颇为可疑。德山有此语，正不耻为曹溪之儿孙。依慧洪所记，佛像以释迦佛为本尊，与现代诸山安置释迦、药师、弥陀之三尊者全别也。

第二十节　陈　瓘

因案《陈瓘传》，瓘，南剑州沙县人，字莹中，号了翁，又号华严居士。资性谦和，不与物竞，矜庄自持，语不苟发。越州太守蔡卞贤之，每事加礼，瓘知卞之心术，不欲亲之。谒丞相章惇论朋党之弊，谓当持中正，惇异之，为太学博士。徽宗帝即位，任右正言，迁左司谏。以骨髓刚正，论议公平，务存大体，不拘细故。然痛论章惇、蔡京等罪被罢，出监扬州粮料院，既还，授著作郎，迁右司员外郎。又论议宰相曾布，触其怒，出知泰州。崇宁中除名窜袁州，又坐事被安置通州，徙台州。著《尊尧集》，辨王安石《日录》之诬妄，张商英览之命知台州，居五年，得自便。以平生披摘蔡京、蔡卞等之奸邪为其所忌恨，移南康，又谪楚州。

第二十一节　陈瓘之《三千有门颂》并参禅

瓘初爱读《华严经》，遇明智法师，叩天台法门，深有所契，作《三千有门颂》，陈念佛之意。

又尝爱读《黄龙慧南语录》，加以诠释，注解《金刚》"与泥人揩背"一句不得，语人云："此必有出处，但未有知之者。"谚云："大智慧人面前有三尺暗。"果不诬也。后参灵源惟清。清晦堂祖心之嗣，黄龙慧南之孙也。瓘求以理智解会，清云："执解何宗何日，偶谐离却心意识而参，绝却凡圣而学，然后可也。"瓘乃有省，寄偈云："书堂兀坐万机休，日暖风柔草木幽。谁识二千年远事，如何只在眼睛头。"尝云：

> 佛法之要不在文字而亦不离于文字。不在多读，只《金刚经》一卷足矣。此经要处只九个字"阿耨多罗三藐三菩提"。梵语九字，华言只一觉字耳。《中庸》诚字即此字也。此经于一切有名、有相、有觉、有见皆扫为虚妄。其建立者独此九字，其字一，其物一，是一以贯之一，非一二三四之一也。是不诚无物之物，非万物散殊之物也。年过五十宜当留意，勿复因循。此与日用事百不相妨，独在心不忘耳。但日读一遍，续之千遍，其旨自明。早知则早得力耳。

入台州后，捐书不复为文，专修念佛三昧。语亲友云："吾往年遭患难，所惧惟一死，今则死生皆置度外矣。"徽宗帝宣和六年殁，年六十五。

第二十三章　五祖门下之三佛

五祖山法演下出三哲，佛果克勤、佛眼清远、佛鉴慧懃是也，世呼之曰三佛。克勤超宗越格，想华绚焕，杂以圆融无尽之法门。其拈提宗乘，活机纵横，如老将之论兵。此勤之《碧岩录》所以盛行于世。勤言谓："倚天长剑，凛凛神威，杲日当空，澄澄光彩。无物不为妙用，无法不是真乘。"慧懃亦见地高迈，其言谓："诸佛之本源，群生之性命，非中非外，不生不灭，弥纶天地，混茫太虚，而不知其大，鼓燮阴阳，陶铸万物而不牵其功，浩浩然以语言所不能造，昭昭然以寂默所不能通。"

第一节　圆悟克勤

克勤，字无著，彭州（四川成都府彭县）崇宁人，姓骆。世宗儒，幼而颖悟，日记千言，偶游妙寂寺见佛书，读之三复，怅然如获旧物，仍立脱尘之志。师寺僧自省而祝发，从法师文照通讲说，游成都以敏行为师，受学《楞严》等经论，而不以为足。俄得病濒死，叹曰："诸佛涅槃，正路不在文句中，吾欲以声求色见，如釜羹投鼠矢污之，吾知其无以死矣。"遂弃去，参黄檗之惟胜。胜，黄龙慧南之嗣也。胜一日剌臂出血，指勤示曰："此曹溪一滴也。"勤矍然良久，曰："道固如是乎？"即徒步出蜀，首见荆门之玉泉承皓。皓，云门之第五世也。

次参大沩慕喆。喆,石霜楚圆之孙。又见黄龙祖心、东林常聪,皆黄龙慧南之嗣。又依金銮之信,信之法系未详。诸老皆许勤为法器,祖心特称扬曰:"他日临济一派属子矣。"

第二节 圆悟与五祖

最后太平之法演。先是克勤,在大沩慕喆下日,有庆藏者称饱参,尤善洞上宗旨。勤从之受其要诀,尝谓庆曰:"东林平实耳。"乃往见法演。勤恃豪辩与之争锋,演不怿曰:"是可以敌生死乎?他日涅槃堂孤灯独照时自验看。"勤不顾而去到金山,染伤寒,困甚。以平日见处,试之无得力者,因追绎法演之言,乃誓曰:"我病稍间即归。"既病痊归。演一见而喜,便令为侍者,方半月,会部使者陈氏,解印还蜀,访演问道。演曰:"提刑少年曾读小艳诗否?有两句颇相近,'频呼小玉元无事,只要檀郎认得声'。"使者悯然。勤侍立,聆之有省。问曰:"闻和尚举小艳诗,提刑会否?"演曰:"他只认得声。"勤曰:"只要檀郎认得声,他既认得声,为甚么却不是?"演曰:"如何是祖师西来意,庭前柏树子聻。"勤忽大悟,遽出,见鸡之飞上栏干鼓翅而鸣,自谓曰:"此岂不是声。"遂袖香入室通所得,呈偈曰:

　　金鸭香销锦绣帏,笙歌丛里醉扶归。少年一段风流事,只许佳人独自知。

演曰:"佛祖大事非小根劣器所能造诣,吾助汝喜。"演遍谓山中耆宿曰:"我侍者参得禅也。"由是鼎立于演之门,与佛鉴慧懃、佛眼清远称三杰，声价籍甚。及演之迁五祖山，执寺务。方建东厨，当庭有嘉树，演曰："树子纵碍不可伐。"勤伐之，演震怒，举杖逐勤，勤走避，忽猛省曰："此临济用处耳。"遂接其杖曰："老贼，我识得你也。"演大笑去，由是命分座说法。

第三节　圆悟之开化

勤一日与慧懃、清远同侍法演亭上，夜坐归方丈，灯已灭，演在暗中曰："各人下一转语。"懃曰："彩凤舞丹霄。"远曰："铁蛇横古路。"勤曰："看脚下。"演曰："灭吾宗者克勤尔。"可以见其伎俩。徽宗帝崇宁中，省老母还蜀，诸老相谓曰："道西行矣。"成都帅翰林郭知章请于六祖山开法，既而转住昭觉寺，凡八年，徽宗帝政和间谢事，出游峡南。时张商英寓荆南，以道学自居。勤舣舟谒之，具谈《华严》旨要。于是以师礼留居夹山，未几徙湘西之道林。太保枢密邓子常奏赐紫服并佛果禅师之号。政和末，诏住金陵蒋山，学者众无容地。宣和中，敕补东都天宁万寿寺，康王召见，褒宠甚渥。钦宗帝时为东宫，而勤对康王有预至尊之谶。及康王即位称高宗，改元建炎，宰相李纲奏令住镇江金山，偶车驾幸淮阳，有诏召见，问佛法要。对曰："陛下以孝心理天下，西竺法以一心统万殊，真俗虽异，一心初无间然。"帝大悦，赐号圆悟禅师。乞依云居山归老，朝廷厚贶其行。至云居，明年复归蜀。大师王伯绍迎居成都府之昭觉寺。高宗帝绍兴五年（1135）示疾，临终侍者求颂，乃书曰："已彻无功，不必留颂。聊尔应缘，珍重珍重。"掷笔而化。春秋七十三，谥真觉禅师。

第四节　圆悟之对机设化

克勤悟门广大，说法辩博，纵横无碍，听其语者感动，有泣下者。凡应接虽至深夜，客退必秉炬开卷，于宗教书无所不读。在天宁时，一时王公贵人、学者文士日诣其室，车辙满户外。度弟子五百人，嗣法门人百余人。据四方丛林匡众说法，为后学之标帜。勤性和易，而事无事，晚节道愈尊，风度无改，或谓当加威重。勤曰："吾佛以慈摄物，等观一切，每任真若此，犹恐失之。况以显晦易其心，而刻薄苍众，岂沙门所为耶？"其雅量廓廓如是。故出世主法垂四十年，尚无一犯其规绳者。

第五节　张　浚

士大夫参克勤者不少，今举其大者。张浚，宋之名臣，忠烈少得其比。浚传见《宋史》卷三百六十一、《弘简录》卷一百八等。字德远，汉州绵竹人，四岁而孤，行直视端，表为大器。以钦宗帝靖康元年为太常簿。高宗帝即位，除枢密院编修官，又擢殿中侍御史，既而除集英殿修撰，擢礼部侍郎。浚力言金人必入寇，然庙堂晏如不为备。建炎三年金人果入侵，车驾幸钱塘，加以叛臣作乱，上下骚然。浚唱大义起兵，破金人。绍兴元年，伐金将兀术，大破之，于是全蜀安堵，江淮亦赖得安。同三年，金人共叛臣入寇，又为宋兵所破。同四年浚为群小劾奏，居福州，以金兵入侵，召浚为资政殿学士兼侍读。高宗帝以手诏辨浚之前诬，除知枢密院事。受命即赴江上视师，金将兀术闻浚来，不战，夜遁去。同五年除尚书右仆射同中书门下平章事，与左仆射赵鼎同心辅治，招降洞庭之贼有功，召对便殿，进《中兴备览》四十一篇，帝大嘉叹。同七年乘舆至建康，浚总中外之政，每奏对必言仇耻之大，反复再三，帝改容流涕，然为秦桧等所恶，去官居永州。同九年以赦复官，金人遣使议和，浚五上疏争之，不以闻。同十年金人破盟取河南，因献计，大治海舟千艘，直指山东。同十二年封和国公。同十六年彗星现于西方，将极论时事，恐贻母忧。母讶其瘠问故，浚以实对。母诵浚父之对策语曰："臣宁言而死于斧钺，不能忍不言以负陛下。"浚乃决意上疏，弹劾秦桧。桧大怒，令居连州。同二十年徙永州，秦桧恐再用浚，欲杀之而未果。同二十五年复为观文殿大学士，虽遇母丧，不敢归葬。言边备荡弛，金人将侵攻，大臣等以为狂，令台谏劾之，诏复居永州。同三十一年有旨令自便，浚乃上疏乞早定守战之策。未几金兵大入，中外震动，浚冒危难至建康。同三十二年车驾幸建康，浚迎拜道左，军民赖以为重。孝宗帝即位，召浚入见，改容曰："久闻公名，今朝廷所恃唯公。"赐坐降问。浚言："人主之学以心为本，一心合天何事不济。"云云。帝竦然曰："当不忘公言。"封魏国公。隆兴二年得疾，手书付二子曰："吾尝相国，不能恢复中原，雪祖宗之耻，即死。不当葬我先人墓左，葬我衡山下足矣。"闻讣，孝宗震悼，赠太保，后加赠太师，谥忠献。所著《易解》及《杂说》十卷，《书》《诗》《礼》《春秋》《中庸》亦各有解，有文集十卷，奏议二十卷。

第六节　张浚之参禅

就张浚之参禅，诸录有明记。《佛法金汤编》卷十四云：

圆悟勤公归蜀，住昭觉寺，公（张浚）问道于师。师曰："岩头云'却物为上，逐物为下'。若能于物上转得疾，一切立在下风。"师复示偈曰："收光摄彩信天真，事事圆成物物新。内若有心还有物，何能移步出通津。"公伏膺投偈曰："教外单传佛祖机，本来无悟亦无迷。浮云散尽有天在，日出东方夜落西。"师然之。曰："公辅相之日，毋忘护教。"大慧禅师在泉州，云门庵公在蜀，圆悟亲以师嘱曰："真得法髓。"公回朝，遂以临安府径山延之云云。

绍兴末，张浚判建康军，尝撰《宝志行状》，其略载《佛法金汤编》卷十四。又尝作《虚丘转轮大藏记》，文见《居士传》卷三十。

第七节 徐 俯

徐俯，字师川，洪州分宁人。父禧，字德川，博览周游，知古今事变，风俗利疚。当王安石行新法，所作治策二十四篇献神宗帝，为所擢用，授镇安军节度使推官。元丰元年，累进知谏院，经知制诰兼中丞、给事中等。与夏人战死。俯以父死国事，授通直郎，以累官司门郎中致仕。南宋高宗帝建炎元年，内侍郑谌识俯江西，重其诗，荐于高宗帝。胡直孺在经筵，汪藻在翰苑迭荐之，遂以俯为右谏议大夫中书舍人。绍兴二年进士出身兼侍读。同三年迁翰林学士，俄擢端明殿学士签书枢密院事。四年兼权参知政事，以议不合去。九年知信州。十年疾卒。有诗集六卷。

第八节　徐俯与灵源惟清

《居士分灯录》卷下云：

> 徐俯，字师川，号东湖居士，侍其父龙图禧。每谒法昌倚遇灵源惟清，语论终日，俯闻之藐如。迨法昌归寂，在谈笑之间，俯异之，始笃信此道。后丁父忧，念无以报罔极，请灵源至孝址说法。源登座，问答已，乃曰："诸人者只如龙图读万卷书，如水传器，涓滴不遗，且道寻常着在什么处？而今舍识之后，这著万卷书底，又却向什么处著？"俯闻而洒然有得曰："吾无憾矣。"源下座问曰："学士适见个什么便怎么道？"俯曰："若有所见则钝置和尚去也。"源曰："恁么则老僧不如？"俯曰："和尚是何心行？"源大笑。靖康初，为尚书外郎，与朝士之同志者，挂钵于天宁寺之择木堂，力参圆悟克勤。勤亦喜其见地超迈。一日至书记寮，指勤之顶相曰："这老汉脚根犹未点地在。"勤颟面曰："瓮里何曾走却鳖。"俯曰："且喜老汉脚根点地。"勤曰："莫谤他好。"俯休去。

《佛法金汤编》卷十三云：

> 俯怀奇负气，七岁能诗，为其舅黄山谷所知。尝扣问灵源清禅师禅道。师答以书略曰："古之达人所以鉴世间如影响，了圣道如蘧庐者，无他自彻心源而已。"云云。俯跋《护法论》曰："无尽居士护法之心可谓至矣。于三教中皆有劝戒，然苦口者是良药，逆耳者是忠言，其实指欧阳修之过者，余知无他，亦罚一戒百之

谓也。鉴者宜悉焉。"

第九节　李弥逊

　　李弥逊，字似之，苏州吴县人，号普现居士。以徽宗帝大观三年登进士第。政和四年，除国朝会要所检阅文字，迁校书郎，官起居郎。以论时事剀切，贬知庐山县，由是隐居八载。久参圆悟克勤，一日早朝至天津桥上，马跃，忽有省，通身汗流，直造天宁寺。适勤出遥见，便唤曰："且喜居士大事了毕。"弥逊厉声曰："和尚眼花作么？"勤便喝，弥逊亦喝。由是机锋迅捷。每与勤问答，当机不让。至宣和末知冀州，捐金帛致勇士，修城堞防金人。钦宗帝靖康元年被召为卫尉少卿，出知瑞州。二年为江东通判，领建康郡事。时建康府牙校周德叛凶势大振，乃与李纲共谋诛首恶五十人，抚其余党，一郡帖然。改为淮南运副，又知饶州，召对言："朝廷一日无事幸一日之安，一月无事幸一月之安，终岁之安已不可得，况能定天下大计乎？"高宗帝虽嘉其谠直而辅臣不悦之，以直宝文阁知吉州。建炎七年秋迁起居郎，政和末上封事贬斥。二十年乃复任此职，论事鲠切如前，累迁至户部侍郎。秦桧再相，因上疏乞外出，不允。秦桧赞帝与金人和，弥逊极论和议之害，手疏争之。然议既决，无如之何。建炎九年上疏请归田，乃以徽猷阁直学士知端州，改知漳州。十年隐连江西山，屏绝人事，筑庵以居。建炎二十三年示微疾，求汤沐浴毕，作偈曰："漫说从来牧护，今日分明呈露。虚空拶倒须弥，说甚向上一路。"遂抛笔趺坐而逝。有奏议三卷、外制三卷、议古三卷、诗十卷。

第十节 圆悟之思想

克勤思想透彻华严圆融之妙谛,征之上述与张商英之对扬可知。盖此当时禅家一般之思潮也。勤云:

> 天上月圆,万象历然。地下月半,触途成现。见不见,包裹十虚尚余半。闻不闻,透脱圆通彻本根。玉漏铜壶催不得,乾坤大地一枝灯。一虚圆融一切处,无边刹海更棱层。(《续藏经》,第一辑,第二编,第二十三套,第五册,490页右)

即知勤能活用华严法门者。勤之语句,才华焕发,令人不觉叫快,古今难得其比也。

> 玄机独唱,截断众流。摆拨不拘,更无回互。直饶释迦弥勒,不敢当头着眼。倚天长剑,凛凛神威。杲日当空,澄澄光彩。无物不为妙用,无法不是真乘。控佛祖大机,廓人天正眼。当阳显示,只贵知归。才涉思量,白云万里。是故先圣道:我此法印,为欲利益世间故说。在所游方,勿妄宣传。今日人天普集,对众分明剖露。举拂子示众云:"见么?一处真,千处百处一时真;一句透,千句百句一时透。拈起也,乾坤炭业;放下也,海晏河清。不拈不放,又作么生?万仞峰头高着眼,大千世界一浮沤。"(同上书,左)

此勤昆山之片玉、苍溟之一泡耳。勤可谓与寻常举扬宗乘同时,而赋无韵之诗者。

第十一节 圆悟之心要

克勤所宗在无事忘缘，故云：

> 参问要见性悟理，直下忘情绝照，胸襟荡然。如痴似兀，不较得失，不争胜负。凡有违顺，悉皆截断，令不相续。悠久自然，到无为无事处。才毫发要无事，早是事生也。一波才动万波随，岂有了期。他时生死到来，脚忙手乱，只为不脱洒。但以此确实，自然闹市里，亦净如水，岂忧己事不辨耶？（同上书，495页左）

如是于《碧岩集》《击节录》等克勤之所力说，离情识，脱理路，扫尽一切取舍、拣择而直彻心源，得以任运自在。

第十二节 圆悟之生死观

克勤之生死观见下语：

> 竹庵为佛眼设斋请，云："此方缘尽，他方显化。此界身死，他界出现。大善知识，以无边虚空为正体，以香水海不可说尘刹为化境。以日月为明烛，以形骸为逆旅，以死生为昼夜。其来也，电光晃耀；其去也，石火星飞。虽世人有去有来，极其本体，不动不变。……今日褒山珪长老，为佛眼和尚设斋，敢问大众，

佛眼和尚还来么？有道得底，试出来道看。若无，不消一个普同供养。何故？檐前水滴滴相乘，五叶花叶叶相对。且道，绵绵不断一句，作么生道？祖月凌空圆胜智，何山松柏不青青。"（同上书，493页左）

即勤以死生为昼夜，以人生为逆旅，认本体为不动不变，与天地日月共长久，因而与死后希往生净土者自别也。

第十三节　圆悟之宗旨

案克勤平实之语，其所谓心要，多与他宗师无异。云：

> 佛祖以神道设教，唯务明心达本，况人人具足各各圆成……能于脚跟直下承当，不从他得。了然自悟，廓彻灵明，广大虚寂，从无始来，亦未曾间断。清净无为，妙圆真心，不为诸尘作对，不与万法为侣，长如十日并照。离见超情，截却生死浮幻，如金刚王，坚固不动，乃谓之即心即佛，更不外求。唯了自性应时与佛祖契合到无疑之地，把得住，作得主，可不是径截大解脱耶。（《大藏经》，第三十一套，第四册，318页右）

勤说绝对心如此。更论佛与人之关系云：

> 全心即佛，全佛即人，人佛无异始为道矣，此谛实之言也。但心真则人佛俱真，是故祖师直指人心，俾见性成佛。……是故此宗不立文字语句，唯许最上乘根器如飘风疾雷、电击星飞，脱

体契证，截生死根，破无明壳，了无疑惑，直下顿明。二六时中转一切事缘，皆成无上妙智……与佛祖同得、同体、同作、同证。……何况人佛无异耶？（同上书，326页右）

第十四节　圆悟之工夫

克勤尝说用心云：

> 脚蹋实地，到安稳处。……湛寂凝然，佛祖莫知。魔外无捉摸，是自住、无所住大解脱。虽历无穷劫，亦只如如地，况复诸缘耶？安住是中，方可建立，与人拔楔抽钉，亦只令渠无住着去，此谓之大事因缘。（《续藏经》，第一辑，第二编，第二十五套，第四册，352页右）

安住于凝然湛寂之地，是勤之心要也。示显上人，故云：

> 令胸次虚豁，无一毫凡情圣量，亦不向外驰求。湛然真实，千圣莫能排遣得。一片净倮倮田地，透出空劫那边。威音王犹是儿孙，何况更从他觅有祖以来作家汉，莫不如是。（同上书，356页左）

即荡尽凡圣情解，是非知觉，悟入本心之妙体，大休大歇在。示瑛上人，故云：

> 契悟本来真净明妙，冲虚寂淡，如如不动，真实正体。到一

念不生前后际断处，蹋着本地风光，更无许多恶觉知见。彼我是非生死垢心，……随时应节，吃饭着衣，契证平常，谓之无为无事真正道人。（同上书，367页右）

勤之所示人，千言万语，不出此外。

第十五节　达磨胎息之说

方克勤之时有为达磨胎息之说者，勤示禅人破之云：

西方大圣人出迦维罗，作无边量妙用，显发刹尘莫数，难思议殊特胜因，以启迪群灵。其方便顺逆，开遮余言余典，盈溢宝藏。及至下梢，始露一实消息，谓之教外别行，单传心印。金色老子以来，的的绵绵，只论直指人心，见性成佛，不立阶梯，不生知见。……嗟见一流拍盲野狐种族，自不曾梦见祖师，却妄传达磨以胎息传人，谓之传法救迷情，以至引从上最年高宗师，如安国师、赵州之类，皆行此气，及诱初祖只履普化空棺，皆谓此术有验，遂至浑身脱去，谓之形神俱妙。而人间厚爱此身，怕腊月三十日惶惶，竞传归真之法，除夜望影唤主人翁，以卜日月听楼鼓，验玉池，睨眼光，以为脱生死法，真诳谈间阎，捏伪造窠，贻高人嗤鄙。复有一种假托初祖胎息，说赵州十二时别歌，庞居士转河车颂，递互指授，密传行持，以图长年及全身脱去，或希三五百寿，殊不知此真是妄想爱见。本是善因，不觉坠在荒草，而豪杰俊颖之士，高谈大辩，下视祖师者，往往信之。（同上书，347页）

第十六节　看话禅之变化

逢着古来宗师一句参透之，以得大自在是禅家修行之一法。如南岳怀让费八载参透六祖之"什么物怎么来"一句，大梅法常于马祖"即心即佛"一句下了毕大事即是也。唐代以后，此风次第炽烈。故汾阳善昭云：

> 古人为一则因缘未明，三千五千里地往返□□苦辛决择要明斯事。（《汾阳善昭禅师语录》卷上）

是所谓看话者。此工夫至宋丝毫不衰。投子义青见浮山法远，看外道问佛之话，三载而脱桶底，其一例也。如是尚未足以为禅病。然则参透一则因缘，更移他则，又透得之，重以他之因缘，如为看了数十则公案后，打破牢关，则看话之大弊与教家之算沙何择？

第十七节　圆悟之《碧岩集》

方克勤时，看话之风益甚。勤拈评雪窦之颂古百则，为《碧岩集》。又评唱雪窦之拈古百则为《击节集》。诸方无眼子传唱《碧岩集》为金科玉律，至拟以宗门第一书。于是乎达磨之心宗，埋没于公案中，简易直截之大道，坠为繁衍丛脞之商量矣。

且执五家各别之宗风，立许多格则，安于自绳自缚之陋。克勤《碧岩集》中，就云门语句，称一句中必具三句。第六则评：

云门一句中三句俱备,盖是他家宗旨如此。

所云者是。遇法眼之语则云有啐啄同时之机。第七则评:

法眼禅师有啐啄同时底机,具啐啄同时底用。

所云者是。遇洞下之语句则云有正偏、回互。第四十三则评云:

洞上下五位、回互、正偏,接人不妨奇特。

又第四十三则颂评:

洞下有石女、木马、无底篮、夜明珠、死蛇等十八般大纲,只明正位。

所云者是。遇临济语句,则云具三玄、三要。第三十八则颂评:

临济下有三玄、三要,凡一句中须具三玄,一玄中须具三要。

所云者是。可谓为混沌凿窍而死却其精神者。

第十八节 《碧岩集》之杜撰

克勤之《碧岩集》,关于史实杜撰不少,即如第一则拈评达磨与宝志同时见梁武，不以为怪。如第六十七则记傅翕与宝志同时对奏梁武。又第六十二则评云：

> 云门道：乾坤之内，宇宙之间，中有一宝，秘在形山。且道云门意在钓竿头，意在灯笼上，此乃肇法师《宝藏论》数句……肇一日遭难，临刑之时，乞七日暇造《宝藏论》。

不知全与僧肇本传不合。晓月《肇论序注》云：

> 僧肇是后秦姚兴长安人也。俗姓张氏……遂参随罗什，入长安。姚兴命肇与僧叡等居逍遥园，详定经论，因著《宗本义》《物不迁》《不真空》《般若无知》三论，《涅槃无名论》是什迁北后方造也。……什公亡后，遂以《涅槃无名论》，复造《宝藏论》三章，进上秦王。秦王姚兴答旨殷勤，敕令缮写，班诸子侄，以为大训。其为时所重也如此。晋义熙十年，终于长安逍遥园，春秋三十有一耳。（《续藏经》，第一辑，第二编，第一套，第二册，95页右一左）

秦王重肇如此，何至以刑加之哉？

第十九节　文殊与无著之问答及其伪作之证

又第三十五则叙无著与文殊之问答，而不言其为假作之公案，恰如史实评去。案赞宁《宋高僧传》有唐代州五台山华严寺《无著传》

略云：

　　无著，永嘉人……就澄观法师研习华严之教……以大历二年入五台山。……五月到华严寺，始于堂中啜茶，见老僧寝陋，据北床问曰："子从南方来，还赍数珠请看。"著乃躬度之。回视之间，失僧之所。……往金刚窟，望中致礼，方坐假寐间，叱牛三声，云："饮水一翁，古貌还形。"……著乃迎执其手问："从何来？"翁云："山外求粮用来。""居在何地？"曰："求粮用在台山。"翻质著云："师何戾止？"答曰："闻此有金刚窟，故来随喜。"翁曰："师困耶？"答曰："否。"曰："既不困惫，何辄睡乎？"著曰："凡夫昏沉，胡可怪哉。"……翁牵牛前行，著踯躅而随，至寺门，唤均提三声，童子应，唯开阛。年可十四五，垂发齐眉，衣褐襦，牵牛入寺，见其地尽是琉璃，堂舍廊庑，皆耀金色。……翁踞白牙床，指锦墩，揖著坐。童子捧二瓯茶，对饮毕。擎玳瑁器，满中酥酪，各赋一匙，著咽之，如有所证，神府明豁，悟宿事焉。……问："持三衣否？"曰："受戒已来持之。"曰："此是封执处。"……翁曰："听吾宣偈：

　　一念净心是菩提，胜造恒沙七宝塔。宝塔究尽碎为尘，一念净心成正觉。"

　　著俯听凝神……翁唤均提可送师去。……与童子并肩齐步，至金刚窟前，问童子："此何伽蓝？"……童子莞尔："适入者，般若寺也。"著携童子手揖顾而别……童子宣偈云：

　　"面上无嗔供养具，口里无嗔吐妙香。心里无嗔是珍宝，无染无垢是真常。"

　　偈终，恍惚之间，童子及圣寺俱灭，唯见山林土石。……

谛观山翁立处有白云冉冉涌起，去地寻常许变成五色云霓，上有大圣乘师子，而诸菩萨围绕。食顷，东方白云一段渐遮菩萨面，群像与云偕灭。著俟见汾州菩提寺主僧修政等六人相将还至窟前作礼，忽闻山石震吼，声如霹雳，诸僧奔走。良久，寂无所睹。著遂陈遭遇，六人悔责不见圣容，咫尺悬邈，知罪障之屏翳欤。著遂隐此山而终。元和中门人文一追述焉。（《宋高僧传》卷二十，2—4页左）

此无著、文殊相见之最初传说。著是唐代宗、德宗二帝时代生存之教僧，受法于澄观者。次检《景德传灯录》有《无著文喜传》云：

杭州文喜禅师，嘉禾蓢儿人也。姓朱氏，七岁出家。唐开成二年，赵郡具戒。初习四分律，属会昌废教，返服韬晦。大中初，例重忏度，于盐官齐峰寺，后谒大慈山性空禅师。性空曰："子何不遍参乎？"咸通三年至洪州观音院，见仰山，言下顿了。心契仰山，令典常住。一日有异僧就求斋食，师减己分馈之。仰山预知，问曰："适来果位人，汝给食否？"答曰："辍己回施。"仰山曰："汝大利益。"七年旋浙右，止千顷山，筑室而居。会巢寇之乱，避地湖州，住仁王院。光启三年钱王请住龙泉廨署（今慈光院）……大顺元年钱王表荐赐紫衣。乾宁四年又奏师号曰无著。光化二年示疾，十月二十七日夜子时……跏趺而终，寿八十。（《景德传灯录》卷十二）

云者即是。所谓无著乃仰山之嗣，僖宗、昭宗二帝时，有名于世。教僧之无著既下世后，禅僧之无著诞生，全为别人不待论。禅僧之无著无游五台山事，况有与文殊之问答耶？

第二十节 《广清凉传》之伪托

混淆以上二传，别假设有无著者，始于《广清凉传》云：

> 僧无著者，姓董氏，温州永嘉人也。……年十二依本州龙泉寺大德猗律师出家，……唐天宝八年以业优得度。二十一岁始绍师业，首习毗尼，因诣金陵牛头山忠禅师参定心要……言下顿开法眼，东山秘旨有所归焉。大历二年正月发迹浙右，夏五月初至清凉岭下，时日暮倏见化寺。……有一童子名朐胝者启出应无著……延无著入，主僧接宾如人间礼。问曰："师自何来？"无著具对。又曰："彼方佛法何如？"答："时逢像季，随分戒律。"复问："众有几何？"曰："或三百，或五百。"无著曰："此处佛法如何？"答云："龙蛇混迹，凡圣同居。"又问："众有几何？"答云："前三三与后三三。"……命童子送客出门，无著问曰："此寺何名？"答："清凉寺。"……师乃回视，化寺既隐。……是月望日届华严寺……无著坐食堂南床上，见一老人僧踞北床问无著云："师从南方来，持得好念珠来否？"无著云："无，但有粗珠耳。"老僧请看，无著与之，遂失所在。……无著是日正中时，独诣金刚窟，既至，礼十余拜，即坐而少憩。忽如昏寂，睡中闻人叱牛数声，似令饮水者，无著惊觉，倏见一老人年及耄期……无著执老人手，因拜问曰："从何方来？"曰："山下丐粮去来。"无著曰："家居何所？"曰："在此台山。"老人问曰："师何因来此？"无著曰："传闻此地有金刚窟，故来礼拜。"老人曰："师困耶？"无

著曰:"不也。"师曰:"师既不困,何缘昏睡?"无著曰:"凡夫昏沉,何足为怪。"……老人牵牛前导,无著踵后,既抵门阈。老人呼君提数声,有童子启扉而出。见无著伸礼,即牵牛入,延无著入。但见其地平坦,净琉璃色,堂舍廊宇,悉皆黄金。……老人延无著升堂,自坐柏木牙床,指一锦裀令无著坐。童子送茶,二器皆琉璃盏,酥蜜各一器即玳瑁杯。老人谓无著云:"南方有此物否?"无著云:"无。"又云:"南方既无此物,什里吃茶?"无著不对。……老人曰:"师当持三衣否?"无著曰:"自受戒以来持之。"老人曰:"此是执处也。"老人说偈云:

"若人静坐一须臾,胜造恒沙七宝塔。宝塔毕竟坏微尘,一念净心成正觉。"

偈毕,顾童子送之出寺,……童子问曰:"此何窟?"无著云:"名金刚窟。"……童子曰:"此即化般若寺也。"无著执童子手礼一拜取别。童子曰:"回礼圣贤。"因说偈曰:

"面上无嗔供养具,口里无嗔吐妙香。心里无嗔是真宝,无染无着是真如。"

说是偈已,无著再拜,举首不见童子,化寺亦隐,唯睹苍山崔嵬,乔木蓊郁。……因观所遇老人之地有白云涌起,须臾遍谷见文殊菩萨乘大师子,万圣翼从。凡食顷间,东有一段黑云来过,菩萨即隐。少顷云散,既而遇汾州菩萨寺僧修政等六人,同至金刚窟游礼圣迹,忽闻山石震吼,声如霹雳,群僧骇怖,奔走映蘽,俄顷而息。修政等询问无著,乃言所遇事。修政等尘闻圣迹,自恨不睹其事,即歔欷久之,乃依无著口依实录之传于退迹。(《续藏经》,第一辑,第二编乙,第二十三套,第二册,230—231页)

乃知此传乃本《宋高僧传》之记事，不过单变无著为禅僧，插入"前三三与后三三"之问答而已。据《广清凉传》称无著嗣牛头山之慧忠，然《景德传灯录》卷四慧忠门下列三十六人名中，无称无著者。

第二十一节 《五灯会元》之误记

《五灯会元》将《传灯》之无著与《宋传》之无著合而为一云：

> 杭州无著文喜禅师，嘉禾语溪人也。姓朱氏，七岁依本邑常乐寺（今崇福也）国清出家。剃染后，习律听教，属会昌淘汰反服，韬晦。大中初，例重忏度于盐官齐峰寺。后谒大慈山性空禅师。空曰："子何不遍参乎？"师直往五台山华严寺，至金刚窟礼谒，遇一老翁牵牛而行，邀师入寺，翁呼均提，有童子应声出迎。翁纵牛引师升堂，堂宇皆耀金色。翁踞床指绣墩命坐。翁曰："近自何来？"师曰："南方。"翁曰："南方佛法如何住持？"师曰："末法比丘，少奉戒律。"翁曰，"多少众？"师曰："或三百，或五百。"师却问："此间佛法如何住持？"翁曰："龙蛇混杂，凡圣同居。"师曰："多少众？"翁曰："前三三，后三三。"翁呼童子致茶，并进酥酪，师纳其味，心意豁然。翁拈起玻璃盏问曰："南方还有这个否？"师曰："无。"翁曰："寻常将甚么吃茶？"师无对。师睹日色稍晚，遂问翁："拟投一宿得否？"翁曰："汝有执心在，不得宿。"师曰："某甲无执心。"翁曰："汝曾受戒否？"师曰："受戒久矣。"翁曰："汝若无执心，何用受戒？"师辞退，翁令童子相送。师问童子："前三三后三三是多少？"童召大德，师应诺。童曰："是多少。"师复问曰："此为何处？"童曰："此金刚窟般若寺也。"

师凄然悟彼翁者即文殊也，不可再见，即稽首童子，愿乞一言为别，童说偈曰：

"面上无嗔供养具，口里无嗔吐妙香。心里无嗔是珍宝，无垢无染是真常。"

言讫，均提与寺俱隐，但见五色云中，文殊乘金毛师子往来，忽有白云自东方来，覆之不见。时有沧州菩提寺僧修政等至，尚闻山石震吼之声，因驻锡五台。咸通三年，至洪州观音参仰山，顿了心契，令充典座。文殊尝现于粥镬上，师以搅粥篦便打曰："文殊自文殊，文喜自文喜。"殊乃说偈曰：

"苦瓠连根苦，甜瓜彻蒂甜。修行三大劫，却被老僧嫌。"

一日有异僧求斋食，师减己分馈之，仰山预知，问曰："适来果位人至，汝给食否？"师曰："辍己回施。"仰曰："汝大利益。"后旋浙，住龙泉寺……钱王赐紫衣，署无著禅师。（《续藏经》，第一辑，第二编乙，第十一套，第二册，166页）

是合糅《宋传》与《广清凉传》《传灯》，更加上文殊现于镬头一语者。教僧与禅僧混淆，不免有无视时代相违之失。克勤拈评第三十五则，亦坠此讹谬。勤可谓于史缺一只眼矣。

第二十二节　圆悟与宗弊

观克勤评唱古则，一问一答，斗机交锋，力说如剑客之执刀，争雌雄。足证方勤之时，禅弊之有如是者。自达磨至六祖，绝无师学之斗机交锋事实，唯以真面目问答心要而已。然而马祖道一之呈机境，百丈以下仿之，称得大机大用，杀活擒纵，一出一入，一挨一拶，喝雷棒雨，称如闪电光，似击石火。于是乎迈古至纯之宗风至扫地而灭，虽唐以来之积弊，而雪窦重显、圆悟克勤等之唱道，亦非无扇其毒炎之罪。

第二十三节　佛鉴惠懃

佛鉴惠懃，舒州怀宁人，《僧宝正续传》卷二作铜城人。姓汪氏，早岁师广教圆深得度，闻唯此一事实，余二则非真之旨有省。参见诸方名宿，往来太平山法演之门有年。恚演之不印可，与克勤相继去。及勤在金山染疾悔过，归白云山而彻悟。懃忽至白云，有欲他迈之意，勤勉令挂锡，且曰："某与兄相别始月余，比旧相见时如何？"懃曰："我所疑者此也。"遂参堂，疑团冰解。曰："乞和尚指示极则。"演曰："森罗及万象，一法之所印。"懃乃展拜，由是司翰墨。一日造方丈，一语未发，为法演诟骂，懡㦬而退。归寮闭门打睡，有恨演心。勤密知之，即往扣门。懃曰："谁？"勤曰："我。"懃即开门，勤问："你见老和尚如何？"懃曰："我本不去，被你赚累，我遭这老汉诟骂。"勤即呵呵大笑，与一掿，懃当下释然。遂同上方丈，演才见，遽曰："懃兄，且喜大事了毕。"

第二十四节　佛鉴之出世

及法演迁五祖山，灵源惟清继主太平。懃往谒清，清命为第一座。至清又转黄龙，舒州守孙鼎臣荐懃袭太平之席，于是法演以衣法付懃。留住八年，法道大播。徽宗帝政和二年，诏住东都智海寺，居五年请归休，有旨住江宁府蒋山，枢密邓子常奏赐紫衣及佛鉴之号。

懃室中有六只木骰子，面面书么字。僧才入时，掷之曰："会么？"僧拟不拟，即常打出。政和七年九月八日上堂曰："祖师心印，状似铁牛之机，去即印住，住即印破，直饶不去不住亦未是衲僧行履处，且作么生是衲僧行履处，待十月前后为诸人注破。"至十月八日沐浴更衣，端坐，手写数书别故旧，停笔而化。

惠懃一日上堂云：

> 乍语莺喉涩，初来燕语新。莫惊双鬓白，又是一年春。林上花铺锦，堤边草织茵。谁知造化体，元是法王身。举起拂子云："看看！若也识得，海印放光，苟或未然，尘劳先起。"击禅座下座。（《续藏经》，第一辑，第二编乙，第十套，第四册，293页右）

懃之用处，大率如此。

第二十五节　佛眼清远

佛眼清远，蜀之临邛人，姓李。年十四受具戒，因读《法华经》至"是法非思量分别之所能解"，持以问讲师，无能对者，乃曰："义学名相非所以了生死大事。"遂捐旧习，南游江淮间。首上筠州黄檗山，参真觉惟胜。胜，黄龙慧南之嗣。次闻舒州太平山法演乃当代第一流宗师，径造其室，清远自云：

> 山僧初参胜和尚，教看如何是佛法大意？楚王城畔，汝水东流。又令看风幡话，乃至下来，参老和尚，乃请问：古人声色纯真，老和尚千说万说，只是理会不得。后来又令看如何事、奇特

事。……看三年不会,遂去游浙,中途回来,却令看杀父、杀母佛前忏悔,杀佛杀祖向什么处忏悔?云门道,露者公案一似热铁一团在心中,七年吃尽辛苦。(《续藏经》,第一辑,第二编,第二十三套,第三册,287页左)

山僧旧日在先师会里,受庐州化士,行至熨斗寺前。值泥雨,忽然滑倒,心中烦恼,自言我行脚僧,又参不得,自早至今,饭又未吃,更怎么受辛苦。闻有两人相骂道:"你犹自烦恼在。"山僧闻得,忽然欢喜,却寻不烦恼处不得,盖为打疑情不破。后来四五年方得知。(同上书,右)

第二十六节　佛眼与五祖

及从庐州归侍法演,凡所问演,即曰:"我不如你,你自会得好。"又曰:"我不会,我不如你。"远疑团益坚,仍咨决于元礼首座。礼一日见远有欲诉之意,遽引远耳绕围炉旋,行旋告曰:"你自会得好。"远曰:"凭君开发,乃尔相戏耶?"礼曰:"你他后悟去,方知今日曲折耳。"后为海会寺知客,雨夜阅《传灯录》,至破灶坠之因缘,忽拨火大悟,乃作偈曰:

叨叨林鸟啼,披衣终夜坐。拨火悟平生,穷神归破坠。事皎人自迷,曲淡谁能和。念之永不忘,门开少人过。

由是机辩峻捷,莫当其锋。然远静默晦光,不自以为得。隐居四面山大中庵,适遇崇宁万寿寺一新,择人处之。舒州太守王焕之迎远住持。未几引退,以龙门山席虚补之。开堂演法十二年,道望振四方,学者云集，道行闻于朝。徽宗帝政和八年，敕住和州（安徽和州治）褒禅寺，枢密邓洵武奏赐紫方袍及佛眼之号。留岁余，宣和元年以疾辞，居蒋山东堂，远近奔凑，执弟子之礼，求法者不知其数，名山大刹驰使延请者多。宣和二年（1120）冬至前一日，饭食讫，整衣趺坐，谓其徒曰："诸方老宿临终必留偈辞世，世可辞耶，且将安往。"乃合掌，怡然趋寂，春秋五十四。

第二十七节 佛眼之操守

清远道友李弥逊所作塔铭之《序》云：

> 师严正静重，淡泊寡言，笑动有矩，则至出语，和怿中节，人服膺之。其为教，则简易深密，绝蹊径，离文字，不滞于空无汗漫之说，以见闻、言语、辩博为事。使人洞真源，履实际，非大有契证不妄许可。平居以道自任，不从事于务。尝曰："长老但端居方丈传道而已。"与士大夫游，不为势利屈，苟道合者欣然造之。不尔，虽过门或不得见，公卿大人高之。（《续藏经》，第一辑，第二编，第二十三套，第三册，304页左）

足以知其操守之清高。

第二十八节 冯楫之参禅

远之入门者有冯楫，最为世知。冯楫，字济川，蜀之遂宁人，号不动居士。壮岁信佛法，初参清远。一日同远经行法堂，偶有童子

吟"万象之中独露身",远拊楫之背曰:"好씈。"于是有省。南宋高宗帝绍兴七年,除给事中,会大慧宗杲就明庆寺开堂,杲下座次,楫言:"和尚每言于士大夫前曰此生决不作这虫豸,今日因甚却纳败阙?"杲曰:"尽大地是个杲上座,你向甚处见他?"楫拟对。杲便掌。楫曰:"是我招得。"时群寮失色。楫大笑曰:"长老与楫佛法相见。"明年于径山坐夏,榜其室曰不动轩。一日宗杲升座,举药山问石头曰:"三乘十二分教,某甲粗知,承闻南方直指人心,见性成佛,实未明了,伏望慈悲,示诲之因缘。"杲拈罢,楫随至方丈曰:"适来和尚所举底因缘某理会得了。"曰:"你如何会?"曰:"恁么也不得苏嚧婆婆诃,不恁么也不得,嚁唎娑婆诃,恁么不恁么总不得,苏嚧嚁唎娑婆诃。"杲印可之,以偈云:

梵语唐言,打成一块。咄哉俗人,得此三昧。

尝自咏云:

公事之余喜坐禅,少曾将胁到床眠。虽然现出宰官相,长老之名四海传。

第二十九节　冯楫之净业

既而兼修净业,作弥陀忏仪。出帅泸州,率道俗为系念会,以西方为归。时经建炎以来兵乱,名刹藏经多残毁,便捐俸钱造"大藏经"四十八藏,小藏成四大部者亦四十八藏。作发愿文云:

> 我今发愿……临命终时，庄严往生西方极乐世界。莲华为胎，托质其中，见佛闻法，悟无生忍，登不退阶，入菩萨位。(《续藏经》，第一辑，第二编乙，第八套，第二册，165页左)

由是观之，冯楫虽亲参清远、宗杲二老，脚下未稳在，宗杲之印可又将错就错耳。

后知邛州，高宗帝绍兴二十三年秋致仕，预知死期报知友，至十月三日，后厅置高座，接客如平时。日午具衣冠，望阙肃拜，请漕使摄州事，着僧衣，据高座，嘱诸官通（疑道字）俗，尚道以建法幢。遂拈拄杖按膝，泊然欲化。漕使曰："安抚去住如此自由，何不留一偈以表异迹？"楫张目索笔书云："初三十一，中九下七。老人言尽，龟哥眼赤。"书讫而逝。

《乐邦文类》卷五载冯楫和陶渊明《归去来兮》，其意在劝念佛，以楫终焉比之佛眼清远，其形貌同，而其意所存天渊之别也。

第三十节　看话之弊与三自省察

清远尝指摘看话之弊云：

> 空理会古人言语公案，差别问难，节记门庭，以为参学，苦哉！苦哉！学道不如此。(《续藏经》，第一辑，第二编，第二十三套，第三册，295页右)

远便示三省察之工夫云：

一是身寿命，如白驹过隙，何暇闲情，妄为杂事。既隆释种，须绍门风，谛审先宗，是何标格。二道业未办，去圣时遥，善友师教，诚不可舍。自在勉励，念报佛恩，惟己自知，大心莫退。三报缘虚幻，不可强为。浮世几何，随家丰俭。苦乐逆顺，道在其中。动静寒温，自愧自悔。（同上书，303—304页右）

第三十一节　佛眼之心要

远所宗在心下无事，全体离念。所以云：

大凡修行，须是离念。此个门中最是省力。只要离却情念，明得三界无法，方解修行。（同上书，283—284页右）

远蓦示解脱之法门云：

十方世界龙门寺，大地山河是学徒。随顺众缘成解脱，算来全不费工夫。（同上书，261页左）

第三十二节　佛眼坐禅之偈

远坐禅之偈云：

心光虚映，体绝偏圆。金波匝匝，动寂常禅。念起念灭，不用止绝。任运滔滔，何曾起灭？起灭寂灭，现大迦叶。坐卧经行，未曾间歇。禅何不坐，坐何不禅。了得如是，始号坐禅。坐者何人？禅是何物？而欲坐之，用佛觅佛。佛不用觅，觅之转失。坐不我观，禅非外求。初心闹乱，未免回换。所以多方，教渠静观。端坐收神，初则纷纭，久久恬淡，虚闲六门。六门稍歇，于中分别。分别才生，似成起灭。起灭转变，从自心现。还用自心，返观一遍。一返不再，圆光顶戴。灵焰腾辉，心心无碍。横该竖入，生死永息。一粒还丹，点金成汁。身心客尘，透漏无门。迷悟且说，逆顺休论。细思昔日，冷坐寻觅。虽然不别，也大狼藉。刹那凡圣，无人能信。匝地茫茫，大须谨慎。如其不知，端坐思惟。一日筑着，伏惟伏惟。（同上书，271页右）

说用心可谓详矣，至其心要之术，别有示禅人心要一文。

第二十四章 长芦宗颐与
长芦清了之念佛禅

金人勃兴，宋室既倾，群小得志，贤良远逐，厌世之思想流于士人间，是自然之势也。念佛法门乘此机盛行，禅门老宿又染其风，如云门下有长芦宗颐、慧林怀深，黄龙下有黄龙悟新，曹洞下有长芦清了，其显著者也。

第一节　宋之南迁与灵芝元照之净业

金人雄视北方，宋运日蹙，遂至不得已南迁。方此时，如蔡京、蔡卞、章惇群小踞要津，贤哲之士多在野，或隐学问，或投佛门，国步之艰难诱起厌世思想。至于西方往生之说最适人情，故诸宗学者多修净业，就中如灵芝之元照乃其尤者。

元照，字湛然，号安忍子，余杭人，俗姓唐氏。幼依祥符之东藏慧鉴学律，年十八得度，有出蓝之誉。又从宝阁之神悟谦讲明天台教观，博究诸宗，以律为本。从广慈受菩萨戒，戒光发现，顿渐律仪，无不兼备。南山一宗赫尔大振。平生披布僧伽梨，振锡擎钵，乞食于市曰："吾佛盖尔，学者羞为之乎？"杨杰赞曰："持钵出，持钵归，示人长在四威仪，遵佛入廛人不识，虚空当有鬼神知。"主持法慧、大悲、祥符、戒坛、净土、宝阁、灵芝、崇福诸刹凡三十年，众常满三百。高丽之义天求法时，提示纲要约三千言，义天归请镂板。授菩萨戒几万会，撰述《四分律行事钞科》十二卷、《四分律行事钞资持记》四十二卷、《四分律含注戒本疏科》八卷、《四分律含注戒本疏行宗记》二十一卷、《四分律删补随机羯磨疏科》四卷、《四分律删补随机羯磨疏济缘记》二十二卷、《释门章服仪应法记》一卷、《住法记》、《报恩记》、《观无量寿佛经义疏》三卷、《阿弥陀经义疏》一卷、《阿弥陀经义疏闻持记》三卷、《四分律删定比丘尼戒本》一卷、《四分律拾毗尼义钞科》一卷、《授大乘菩萨戒仪》一卷、《芝园集》二卷、《无量寿佛赞》一卷等。先是唐贞观中终南山道宣作戒疏、羯磨疏、事疏，大弘四律，流传逾四百载，疏家近六十。就中宋允堪所撰之《会正记》最为尽理。及元照作《资持记》，以《法华》开显圆教，推明南山之真意，于是律宗形成二派。照常曰："生弘律范，死归安养，平生所得，惟二法门，其他述作，从予所好。"徽宗帝政和六年秋，命诵《普贤行愿品》，舍枕举首如有所见，跌坐而逝，寿六十九，谥大智。

第二节　元照念佛之意义

《乐邦文类》卷二云：

照律师云："或问《观经》云：'是心作佛，是心是佛。'心既是佛，何须念他佛耶？答：只由心本是佛故，令专念彼佛。《梵网戒》云：'常须自知，我是未成之佛，诸佛是已成之佛。'汝心佛者，未成佛也。弥陀佛者，已成佛也。未成佛者，久沉欲界，具足烦恼，杳无出期。已成佛者，久证菩提，具足威神，能为物护。是故诸佛劝令念佛。即是以我未成之佛，求他已成之佛而为救护耳。是故众生若不念佛，圣凡永隔，父子乖离，长处轮回，去佛远矣。"

是心是佛之释不彻底，只表示照见处之浅而已。

第三节 《无量寿佛赞》与谤禅之偈

《乐邦文类》卷二载照之《无量寿佛赞》云：

> 八万四千之妙相，得非本性之弥陀。十万亿刹之遐方，的是唯心之净土。净秽虽隔岂越自心，生佛乃殊，宁乖己性。心体虚旷不碍往来，性本包容何妨取舍。是以举念即登于宝界，还归地产之家乡。弹指仰对于慈容，实会天真之父子。机生负德，枉受沉沦，今日投诚必蒙拯济。三心圆发，一志西驰，尽未来以依承，历尘刹而称赞。

同书卷五有勤修净业颂云：

> 听教参禅逐外寻，未尝回首一沉吟。眼光将落前程暗，始信平心错用心。

此明为谤禅者，照与禅家不合，诉其所为。《佛祖统纪》卷四十七云：

> 四年（哲宗帝绍圣），四明大梅山法英禅师等十八人列状于郡，称杭州僧元照至郡分《净土业》云，是唐慈愍三藏作。虽以

劝修净业为名，意实毁谤禅宗，指为异见着空之人。英等今检藏经即无此文，遂作《解谤》一通以诘之。乞取问元照，穷核真伪，照无以为答，乃称古藏有。本州司知其理穷而敬其持律，但令收毁元本以和解之。

第四节　三圣立像记

照关佛像之意见，有足观者。《乐邦文类》卷三《开元寺三圣立像》记云：

> 或曰经云："'诸佛如来是法界身，入一切众生心想中。'今刻木为像，世物所成，用此为佛不知其可乎？"对曰："佛身无相亦不离相，以其无相故世出世间无有一法而非佛者。虽八万四千三十二相亦即非相，况他物乎？故曰：离一切相即名诸佛。以其不离相故，世出世间无有一法而非佛者，况相好乎？故曰：当知一切诸佛即是佛法，如能达此相即非相，非相即相，则山河国土、草木微尘、四生六道翻飞蠕动莫非诸佛法身之体，而况范金合土、刻木绘塑庄严相好而独非佛乎？"

谈佛身无相，周遍法界，而睹其形像不加敬者，非真知佛之法身者也。

第五节　长芦宗颐

天衣山义怀之徒有长芦应夫，夫之嗣宗颐炽劝净业。颐，洛州（河北西路）永年人，姓孙，少志儒学，学业出群。元丰清满见之，知其为法器，勉劝归佛，遂投圆通法秀出家受具。于真州（江苏扬州府）长庐山宗福禅院见应夫，参叩宗猷，未开发。一日蹑阶，忽然大悟，述投机之颂云："举足上砖阶，分明这个法。黄杨木畔笑呵呵，万里青天一轮月。"即呈其所见，夫印可之。待制杨畏请颐于真定府笑济禅院出世，曾宅奏赐椹服，号慈觉禅师。

第六节　莲华净土念佛社

哲宗帝元祐四年，结莲华净土念佛社，劝道俗修念佛。《庐山莲宗宝鉴》卷四云：

长芦慈觉禅师

师讳宗颐，号慈觉，襄阳（河北）人也。父早亡，母陈氏，鞠养于舅氏。少习儒业，志节高迈，学问宏博。二十九岁礼真州长芦秀禅师出家，参通玄理，明悟如来正法眼藏。元祐中住长芦寺，迎母于方丈东室，劝母剪发，甘旨之外，勉进持念阿弥陀佛，日以勤志，始终七载。母临终际果念佛，无疾吉祥而逝。师自谓报亲之心尽矣。乃制劝孝文，列一百二十位，撰《苇江集》《坐禅箴》，仍遵庐山之规，建莲华胜会，普劝僧俗，同修念佛，导以观想。其次立法预会，日念阿弥陀佛自百声至千声，千至万声，回向发愿，期生净土，各于日下以十计之，以辨功课。

第七节 《莲华胜会录》

有《莲华胜会录》，记社中人名。《乐邦文类》卷二载其全文，略云：

> 有念佛三昧还原要术，示开往生一门，所以终日念佛而不乖于无念，炽然往生而不乖于无生。故能凡圣各住自位而感应道交，东西不相往来而神迁净刹，此不可得而致诘也。故经云："若人问说阿弥陀佛，执持名号，乃至是人终时心不颠倒，即得往生阿弥陀佛极乐国土。……盖以初心入道，忍力未淳，须托净缘以为增上。何则娑婆国土？释迦已灭，弥勒未生，极乐世界阿弥陀佛现在说法。娑婆国土观音、势至徒仰嘉名，极乐世界彼二上人亲为胜友。娑婆国土诸魔竞作恼乱行人，极乐世界大光明中决无魔事。娑婆国土邪声杂乱，女色妖淫；极乐世界水鸟树林，咸宣妙法，正报清净，实无女人。然则修行缘具，无若西方。
>
> 元祐四年冬，宗颐夜梦一男子乌巾白衣，可三十许，风貌清美，举措闲雅，揖谓宗颐曰："欲入公弥陀会，告书一名。"宗颐乃取《莲华胜会录》秉笔问曰："公何名？"白衣者云："名普慧。"宗颐书已，白衣者云："家兄亦曾上名。"宗颐问曰："令兄何名？"白衣云："家兄名普贤。"白衣者遂隐。宗颐觉而询诸耆宿，皆云《华严离世间品》有二大菩萨名。宗颐以为佛子行佛事，助佛扬化，必有圣贤幽赞，然预此会者亦岂小缘，普贤变名易号，不知谁何？今更以二大菩萨为首云。（《续藏经》，第一辑，第二编，第十二套，第五册，437—438页左）

宗颐心醉念佛，称唯心净土自性弥陀，同时欣求客观净土，陷于自语相违，自欺而不自觉。至以其所梦见与现实混同，狂愚不可及也。

第八节 《念佛防退方便文》与《劝念佛颂》

同书载《念佛防退方便文》云：

> 普劝道友曰："念阿弥陀佛，或百声千声乃至万声，回愿往生西方净土，各于日下以十字记之。念佛之时一心专注，不得异缘，常念娑婆众苦五浊煎熬，况乎一失人身，何时可复。幸诸道友终始精勤，宝莲华中，决定见佛。"

又颐有《念佛回向发愿文》，惮烦不录。以上诸说与六祖慧能及马祖道一、石头希迁等语录对比，不但云泥之差而已。祖道之陵夷，实堪浩叹。《乐邦文类》卷五所载宗颐《劝念佛颂》之一云：

> 极乐不离真法界，弥陀即是自心王。眉间毫相无方所，露柱灯笼亦放光。

如是颐一方明言娑婆即净土，同时频唱厌世观。《西方净土颂》云：

> 莫话娑婆苦，娑婆苦杀人。贪嗔痴乱意，皮肉血为身。罗刹怨憎窟，无明阴入村。会须登极乐，归路莫因循。

又云：

> 莫谓西方远，西方在目前。虽然过十万，曾不离三千。念佛才开口，华池已种莲。信心如不退，决定礼金仙。

颐之言一一矛盾，而不觉其所以矛盾。

第九节　禅净关系论

颐尝论禅净之关系。《净土简要录》举颐言云：

> 念佛不碍参禅，参禅不碍念佛，法虽二门，理同一致。上智之人凡所运为不着二谛，下智之人各立一边，故不和合，多起纷争。故参禅人破念佛，念佛人破参禅，皆因执实谤权，执权谤实，二皆道果未成，地狱先辨。须知根器深浅，各得所宜，譬如营田人岂能开库，开库人安可营田。若教营田人开库，如跛足者登山。若教开库人营田，似压良人为贱，终无所合也。不若营田者且自营田，开库者且自开库，各随所好，皆得如心。是故念佛参禅各求宗旨，溪山虽异，云月是同，可谓处处绿杨堪系马，家家门户透长安。(《续藏经》，第一辑，第二编，第十三套，第二册，106—107页右）

实如颐所云，参禅念佛各究尽一门可也，其所到之田地即同，何要如颐之禅净兼修哉！

第十节　劝孝文

宗颐事母孝，普奉甘旨，兼劝净业。龙舒《增广净土文》卷六云：

> 长芦颐禅师作孝友文百二十篇，前百篇言奉养甘旨为世间之孝，后二十篇言劝父母修净土为出世间之孝。

《乐邦遗稿》卷下引劝孝文，殆为颐所作。

> 劝孝文曰："父母信知念佛，莲华种植时也。一心念佛，莲光出水时也。念佛功成华开，见佛时也，孝子察其往生时至，预以父母平生众善聚为一疏时时读之，令生欢喜。又请父母坐卧向西，不忘净土，设弥陀像，然香鸣磬，念佛不绝。舍报之时，更须用意，无以哀哭，失其正念。父母得生净土，受诸快乐，岂不嘉哉！平生孝养，正在此时。寄语孝子顺孙无忘此事。

念佛行者之孝，固当如是。

第十一节　《禅苑清规》与《坐禅仪》

宗颐撰《坐禅仪》，见《禅苑清规》卷八，是为《坐禅仪》之先驱，与今四部录所收同，故不抄录。颐所撰有《禅苑清规》十卷。禅林规矩细大不漏，足知当时之僧风。同书卷八《龟镜文》中略叙长老知等职责。

开示众僧，故有长老；表仪众僧，故有首座；荷负众僧，故有监院；调和众僧，故有维那；供养众僧，故有典座；为众僧作务，故有直岁；为众僧出纳，故有库头；为众僧主典翰墨，故有书状；为众僧守护圣教，故有藏主；为众僧迎待檀越，故有知客；为众僧召请，故有侍者；为众僧看守衣钵，故有寮主；为众僧供侍汤药，故有堂主；为众僧洗濯，故有浴主、水头；为众僧御寒，故有炭头、炉头；为众僧乞丐，故有街坊化主；为众僧执劳，故有园头、磨头、庄主；为众僧涤除，故有净头；为众僧给侍，故有净人。

《百丈清规》经元人之手加以补正，古规之果为何物难以悉知。至《禅苑清规》，宗颐以来无所更改，故传宋代之僧风而无遗憾。当时唱十佛名，念十方三世一切诸佛菩萨摩诃萨、摩诃般若波罗蜜，有为亡僧荼毗念阿弥陀佛之风。

第十二节　念佛念诵文

观《禅苑清规》卷七叙葬仪中文：

举龛前行，大众随后，把幡、提磬、香炉、香台法事，库司、知事预前差拨行者，直岁部领举龛准此，备柴薪坛前，一宗诸事，并皆主之。既至塔头，住持曰，已下烧香，略声法事，下火讫（当有法语），十念阿弥陀佛。(《续藏经》，第一辑，第二编，第十六套，第五册，456—457页右)

又为病僧念诵亦称阿弥陀佛。同书细注出念诵文：

> 今晨即有在疾比丘某人，奉为释多生之冤对，忏累劫之愆尤，特运至诚，仰投清众，称扬圣号，荡涤深殃，仰凭尊重，念清净等。又回向云："伏愿某人一心清净，四大轻安，寿命与慧命延长，色身与法身坚固。"如病重之人，即与十念阿弥陀佛。念诵之法，先叹弥陀佛罢，次白众为某人，长声念阿弥陀佛四圣名号。（同上书，457页右）

龛前念诵之文云：

> 切以生死交谢，寒暑迭迁，其来也电激长空，其去也波停大海。是日即有殁，故比丘某生缘既尽，大命俄迁，了诸行之无常，乃寂灭以为乐。恭投大众，肃诣龛帏，诵诸圣之洪名，荐清魂于净土。仰凭大众，念清净法身等。（同上书，457页右）

乃知当时禅林葬仪，以净土法门为依据。如念十佛名、十方三世诸佛，乃示其信仰之散漫，无所归一。

第十三节　死心悟新

黄龙慧南之嗣晦堂祖心有一子曰悟新。韶州（广东）曲江人，姓王，《普灯录》卷六作黄氏。壮依佛陀院德修落发受具。游方谒法秀于庐山栖贤，秀问："上座什处人？"对曰："广南韶州。"又问："曾至云门否？"对曰："曾到。"又问："曾到灵树否？"对曰："曾到。"秀曰：

"如何是灵树枝条？"对曰："长底自长，短底自短。"秀曰："广南蛮莫乱说。"新曰："北驴只恁么。"拂袖而出，秀器之而不留意。以神宗帝熙宁八年造黄龙，见晦堂祖心。心竖拳问曰："唤作拳头则触，不唤作拳头则背，汝唤作什么？"新罔措，经二年方领解。然尚谈论，多所牴牾，心患之，偶与语，见新露锐锋曰："住住说食，岂能饱人？"新窘曰："某到此，弓折箭尽，望和尚慈悲，指个安乐处。"心曰："一尘飞而翳天，一芥坠而翳地，安乐处政忌上座许多骨董，直须死却无量劫来全心乃可耳。"新趋出。一日默坐下板，会知事捶行者，闻杖声即大悟，急起忘纳其履，趋见祖心，自誉曰："天下人总是参得底禅，某是悟得底。"心笑曰："选佛得甲科，何可当也？"因自号死心叟，其所居曰死心堂。

第十四节 死心之开堂

尔后执侍扶翊祖心凡一十八秋，始命分座，去游湘西，参真如慕喆、法昌倚遇等诸老，机语超绝，道声大振。哲宗帝元祐七年出世于潭州（湖南长沙府长沙县治）云岩。同帝绍圣四年迁洪州（江西南昌府）翠岩。寺有淫祠，乡人禳裣，酒肉污秽无虚日。新命知事毁之，知事畏祸辞，新怒曰："使能作祸，吾自当之。"乃自毁拆之。俄有巨蟒蟠卧内，引首作吞噬之势。新叱之而遁，于是安寝无他事。未几再主云岩，建经藏，太史黄庭坚为其作记。有人镵其亲之墓志于碑阴，新恚骂曰："陵侮不避祸若是。"语未卒，雷电暴震，中断其碑阴，而藏记无丝毫损。徽宗帝政和元年，住洪州黄龙，学徒云集。政和五年有疾，谓侍者曰："今年有一件好事，人莫之知。"众罔测之。退居晦堂，有乞末后句者，因与偈曰："末后一句子，直须心路绝。六根门既空，万法无生灭。于此彻其源，不须求解脱。"是岁十二月十三日就照默室为法弟灵源惟清设席，薄暮小参诲谕学徒，说偈曰："说时七颠八倒，默时落二落三。为报五湖禅客，心王自在休参。"翌日下白石庄，自书其阁曰安心。食和罗饭毕偃息，至日晡，从者请归山，新曰："大千为家，何以归为？"众哗然议曰："师卧不起，殆病乎？"呼医僧化冲至，将诊视，新叱之，知藏慧宣曰："和尚到这里且宜警省。"新曰："川藞苴莫乱道。"言讫，趺坐而化，寿七十有二。

第十五节　死心之警戒

悟新好骂人，诽学者之弊习曰：

> 有一般破落户长老，驰书达信，这边讨院住，那边讨院住，才讨得院子，便拣个好日入院。又道，我是长老，方丈里自在受快活，这般底唤作地狱滓。……又有一般道，见虚空里光彩。又有一般道，无有不是者，错了也，救不得了也。这般底，只宜色身安乐，若教一顿病，打在延寿堂内，如落汤螃蟹，手忙脚乱，见神见鬼，这边讨巫师，那边讨医博，卜凶卜吉，问好问恶。……若到这个田地，亦无吉凶爻象，亦无是非好恶，便能向是非头上坐，是非头上卧，乃至淫坊酒肆，虎穴魔宫，尽是当人安身立命之处。(《续藏经》，第一辑，第二编，第二十三套，第五册，431页右)

为警省邪解迷信之徒，示有触处安心之道，悟新之言善也。

第十六节　参禅法与人生观

说参禅之法云：

> 你诸人，要参禅么？须是放下着。放下个什么？放下四大、五蕴，放下无量劫来许多业识，向自己脚跟下推穷看，是什么道理？推来推去，忽然心花发明，照十方刹，可谓得之于心，应之于手，便能变大地作黄金，搅长河为酥酪，岂不畅快平生。（同上书，431页左）

可谓得禅之本旨矣。然而悟新关于生死之见地则全然小乘观也。云：

> 只为你有一念爱心，便入母胎中，受父精母血，交构成一块脓团。母吃热时，便受镬汤地狱，母吃冷时，便受寒冰地狱。乃至从母胎里出来，受寒受热，受饥受饱，受病受苦，煎煎逼逼，直至今日。只为你不能返观，便有许多是非生灭，我生你死，你死我生，生生死死，死死生生，随业受报，无有休时。（同上书，431页右一左）

此小乘之厌世观耳。以前语对之自相矛盾。悟新不自谓淫坊、酒肆、虎穴、魔宫皆是安身立命处耶？

第十七节　四转语、三问与劝念佛

悟新验人以四转语：

> 死中有活，活中有死。死中恒死，活中恒活。将此四转语，验了天下衲僧。（同上书，431页左）

又以三问接人：

> 说不得处，作么生举？举不得处，作么生会？会不得处，作么生明？若也明得，三关一镞，一镞三关。若也不明，且作么生定夺？良久云："夏日赤骷髅，冬天盖被眠。"（同上书，430页左）

悟新亦没头于时代潮流去，劝修念佛。

> 清珠下于浊水，浊水不得不清。念佛投于乱心，乱心不得不佛。佛既不乱，浊水自清。浊水既清，功归何所？良久云："几度黑风翻大海，未曾闻道钓舟倾。"（同上书，右）

《西舫汇征》卷上、《净土资粮全集》卷一、《诸上善人咏》、《往生集》卷下、《净土简要录》等，皆记悟新所作劝念佛文。

第十八节　长芦清了

曹洞门下，芙蓉道楷会下，出丹霞山子淳。淳以徽宗帝政和五年，住随州（湖北德安府随州治）大洪山，语录云：

> 好诸禅德，夫为如来之子，宜各以道为务。直须洗涤根尘，遂使三业清净于圆明正念，而念念无差，方能入道脱离生死。苟或未然，贪着空华衣，失却娘生裤，腊月三十日，手忙脚乱去。奉劝诸禅流，得坐自回顾。

祖道之用意，言尽无余。淳善偈颂，作颂古百则，元之行伦评唱之附以行世，《虚堂集》六卷是也。淳之高弟，一曰正觉，一曰清了，为当时二大杰僧。清了法号真歇，左绵（四川）安昌人，俗姓雍氏。年十一依圣果寺清俊出家，习《法华经》。十八试经得度。具戒后，往成都大慈寺，闻《圆觉经》《金刚经》《起信论》之讲，领其要旨。便登峨嵋山，礼普贤大士，东行出蜀，道过泸南，郡民建崇宁寺，请了住之。了曰："鲲鹏时，节讵草草耶？"下瞿塘，转滟滪，出荆楚，历沔汉，投邓州（河南南阳府邓州治）丹霞山子淳。一日入室次，淳问："作么生是空劫已前自己？"了拟对。淳曰："你闹且去。"一日登钵盂峰，豁然有省，径归见子淳。方侍立，淳劈耳掌曰："将谓你知有。"了忻然礼拜。来日子淳上堂曰："日照孤峰翠，月临溪水寒。祖师玄妙诀，莫向寸心安。"便下座。了曰："今日升座便瞒我不得也。"淳曰："你试举我今日升座看。"了良久无语。淳曰："将谓不瞥地。"了抽身便出。淳一日方丈后在座。了问讯，淳不之顾。了曰："维摩道个什么，文殊便生赞叹？"淳微笑，了礼拜。淳曰："你不待我为你说？"了曰："我又不是患聋。"

第十九节　长芦住山

既而辞丹霞山，游五台山礼文殊大士，又入京师，访禅讲名席，积磨炼之功。了于智海见佛鉴，于法云访佛照之因缘，详见《真歇清了禅师语录》卷上《劫外录》。时真州（江苏扬州府）长芦山有祖照道和。和，法云之大通善本之嗣。本，慧林之圆照宗本之嗣，云门下老匠，参徒万指，英俊甚多。清了南游诣长芦，与道和一语相契，直充为侍者，逾年而罢，令分座说法。了默然遁去。和以偈招回之，命为首座。徽宗帝重和元年，道和退院，夜梦人告曰蜀僧当代公，既寤，疑曰："佛果耶？佛眼耶？"未几再主之。至同帝宣和三年，和疾再发，复命清了为第一座，以退闲。同四年经制使陈氏请了继长芦之席。《宗统编年》卷二十三载宣和元年己亥禅师清了抵长芦继其席，所记略失，宜据《劫外录》所载塔铭。宣和五年，清了诣长芦领之，学者云集，及千七百。同年五月祝国开堂，嗣法丹霞子淳。六月江风驾潮漫田，殆无收获，然告众安坐无忧。八月道和示寂，以师礼葬之。十月躬行乞，至六年二月归，提撕学徒超七载，以南宋高宗帝建炎二年六月退院，八月渡钱塘，上明州梅岑礼观音大士，海山七百余家，闻了教音弃渔具。

第二十节　《戒杀文》

了《戒杀文》，见《归元直指集》卷上。云：

堪叹世人大错，却将苦事为乐。迎宾待客安排，杀害生灵造作。耳畔痛声未绝，便把沸汤淋渌。不是镬里烹炮，便向火中炙烙。堂上聚集亲朋，堂下喧喧鼓乐。恣其一世奢华，岂觉千生坠落。……诸善男女，各自回头相度，如何改悔身心，庶免沉沦三恶。若教赚却路头，万劫难为转脚。但念阿弥陀佛，求生西方极乐。

第二十一节　清了之道誉

高宗帝建炎四年，天台山国清寺三请，三次固辞。八月游雁荡。十月客于天封寺。受福州（福建）雪峰山之请，十一月入院，集云水会者超千七百，檀信之施物多，岁用丰裕。以高宗帝绍兴五年退居东庵。六年以明州（浙江）阿育王山广利寺席虚，奉诏领之。当时山门旷败，递代逋负几二十万贯。清了同年十月入寺，远近亲邻，扶老携幼而至，肩踵相摩，舳舻相衔，未几偿却逋之十中八九。同七年高宗帝幸建康，诏了住蒋山，了以疾辞。八年合温州之龙翔、兴庆二院为一禅林，诏了主之。四月入院安集来众，建三门大殿、法堂、方丈，屹立江上，以绘图进上，诏赐田千亩，以为斋粥之资。十五年二月乞就闲，四月又诏令住临安（浙江杭州府临安县治）径山。五月入院，众逾千，常住素薄，行丐以供。二十年二月有疾请归长芦。二十一年慈宁太后韦氏自金归，建崇先显孝禅院，诏了为第一世。六月入院，冒暑疾作。九月太后诣寺，了力疾开堂说法，赐金襕袈裟、银绢等物，隆渥殊甚。慈宁太后赐钱，修建水陆法会，高宗帝遣中使问候，了从容告别，呼首座曰："吾今行矣。"跌坐瞑目而化。高宗帝绍兴二十二年（1152）也。阅世六十二，翌年诏谥悟空禅师。

第二十二节 清了之思想

案清了《劫外录》，举唱之语，极似投子义青，得洞上之真风也。尝作《华严无尽灯记》，可推知其思想所在。

东平打破镜已三百余年，龙潭吹灭灯复四百余岁，后代子孙，迷于正眼，以谓镜破灯灭，而不知行住坐卧，放大光明，灯未尝灭也。见闻觉知，虚临万象，镜未尝破也。灯虽无影，能照生死长夜。镜虽无台，能辨生死魔惑。镜与灯光光常寂，明与鉴幻幻皆如，照之无穷则曰无尽灯，鉴之无穷则曰无尽鉴。日用不昧，昭昭于心目之间。但众生迷而不知，故有修多罗教，开如幻方便，设如幻道场，度如幻众生，作如幻佛事，譬东南西北上下四维，中点一灯，外安十镜，以十镜喻十法界，将一灯况一真心，一真心则理不可分，十法界则事有万状。然则理外无事，镜外无灯，虽镜镜中有无尽灯，惟一灯也。事事中有无尽理，惟一理也。以一理能成差别事故，则事事无碍。由一灯全照差别镜故，则镜镜交参。一镜不动而能变、能容、能摄、能入，一事不坏而即彼、即此、即一、即多，主伴融通，事事无尽。悲夫众生，居一切尘中而不知皆毗卢遮那无尽刹海，普贤示一毛孔而不知一一毛孔中含众生三昧色身。然一切众生日用在普贤毛孔中、毗卢光明内。慈氏楼阁中出没，文殊剑刃上往来，念念中与诸佛同出世证菩提、转法轮、入灭度。如镜与镜，如灯与灯，方一切一时溥融无碍，诚谓不可思议解脱法门，非大心众生无以臻于此镜。或曰即今日用见闻觉知，毕竟是灯耶非灯耶？是镜耶非镜耶。偈曰：

镜灯灯镜本无差，大地山河眼里花。黄叶飘飘满庭际，一声砧杵落谁家。(《续藏经》，第一辑，第二编，第二十九套，第三册，318页左)

曹洞宗乘与华严相表里，石头以来，常见其然。

第二十三节　末后之用心

了示末后之用心云：

如今眼光落地，如生龟脱壳，似方木逗圆，为形躯所留，被风火所苦。盖一生念念散乱，心识纷飞，临终之时，暂欲澄心静虑，闭眉合眼，不为幻妄磨灭，岂易得耶。也须是硬鲅鲅壁立千仞，一念怎么去，万事俱忘去，彻底剥了去。气息都无去，那边了却去。直去便行如鸟道，坐若虚空。……要知此事，大难大难，如今还有明暗尽处，光景落时不昧生死底么？良久云："五蕴身全尚不知，百骸散后何处觅？"(同上书，314页左—315页右)

可谓好一个训言。

第二十四节　《信心铭拈提》

《续传灯录》卷十七举了之语云：

> 上堂:"幻化定身即法身。"遂作舞云:"见么,见么?怎么见得过桥村酒美。"又作舞云:"见么,见么,怎么不见。隔岸野花香。"

用处之快活如是少矣。著《三祖信心铭拈提》,语句峻烈,有笔端吐火之观。禅录中稀见之快文字。绍兴中有大慧宗杲,唤曹洞禅作默照邪禅,诋讥排击,逞人我之见,故拈提中,有难杲看话之弊之语:

> 如今一般底,将依师语、相似语、格则语、合头语口传心授,印板上次第排布,参来参去,参得一肚皮禅,三年两岁依前忘却。到处争胜负,彼此人我,无明亘天。

所云乃斥解公案设一个定型,口传心授之以为大悟,闲却实德修养,以夸己凌人为大机大用之弊。

第二十五节　斥大慧辈示正知正见

又言:

> 你而今有依倚途辙,窠臼趣向,己见不亡,耽着其事,争人我鼻孔辽天,不肯,天下人尽是邪见。

此斥大慧一辈之徒,逞我见也。又言:

> 你而今只管将古人言句、玄妙公案筑在肚皮里,将谓平生参

学事毕,殊不知尽是顽涎涕唾,古人唤作运粪人,污汝心田。

此正斥看话之恶弊也。清了示白正见、正智言:

> 了了见无一物,天地一指,万物一马,怀六合于胸中,而灵鉴有余;鉴万象于方寸,而其神常虚。不动纤毫,一时成现,孤明独照,历劫坦然,返本还源,归根复命。到这里方合自然天真之道,若能如是,是真出家。

由是观之,清了虽无独特超迈之见,而福慧溢体,受人天崇信,其振作宗风之功不可没也。

第二十六节 《净土宗要》

了关于净业见地,见《归元直指集》卷上:

> 真歇了禅师云:"捷径法门,惟有念佛,功高易进,念佛为先。若不念佛而求出离者,终无所获。普劝清信一心念佛,求愿往生,决不误矣。"

《净土资粮全集》卷一、《西舫汇征》卷上、《往生集》卷下、《诸上善人咏》皆谓:

> 真歇清了禅师……洞下一宗至师大振,历主名刹,因慕南海补怛洛伽山孤绝之处,遂卓庵隐焉,名曰孤绝继往宝陀寺。革律

为禅，务于密修，有净土说以劝四众云云。

净土说未知其详，《莲宗宝鉴》卷三，载了之《净土宗要》。《净土指归集》卷上亦录了念佛观，读者可自检讨。

第二十七节　念佛公案

又《西方直指》卷上，并《净土指归集》卷上云：

> 真歇云："念佛法门径路修行，接上上根器，旁引中下之机，故一心不乱之说，兼含二意，曰理一心，曰事一心。若事一心，人皆可以行之。只一忆念，如龙得水，似虎靠山，即《楞严经》忆佛念佛，现前当来，必定见佛，不假方便，自得心开。若理一心，亦非它法。直将阿弥陀佛四字做个话头，二六时中，自晨朝十念之顷，直下提撕，不以有心念，不以无心念，不以亦有亦无心念，不以非有非无心念，前后隔断，一念不生，不涉阶梯，顿超佛地，得非净土之见佛简易于宗门乎？信知乃佛乃祖，在教在禅，皆修净业，同归一愿入得此门，无量法门，悉皆能入。"

是以念佛代公案者，为别有见地之一种看话，盖以念佛为公案之权舆也。又《净土指归集》卷上，载了赞净业之言，惮烦不录。

第二十八节　慈受怀深

天衣山义怀之嗣，圆照宗本棒下打出长芦崇信。信门出怀深。深称慈受禅师,寿春府六安(安徽庐州府六安县治)人,姓夏,年十四祝发,经四年志游方。徽宗帝崇宁元年往嘉禾(福建建宁府建阳县治),依崇信于资圣,信举良遂见麻谷因缘问曰"如何是良遂知处?"深言下有省。又信徙长芦,命深为众首。政和三年仪真(真州)太守季釜,以城南资福禅寺请。《嘉泰普灯录》卷九作政和初非也。《慈受怀深禅师广录》卷一明记政和三年八月初十日在长芦受请,既于资福晋山多集参徒,寺中有土地神祠,土民迷信,颇致杂秽,深遣去之院外,偈云:"村歌社舞拜祠堂,臭秽腥膻污道场。要答神明冥护力,晨昏烧取一炉香。"持律之清严如是。作《训童行颂》二十首示平日之用心,叮咛恳切,中云:"莫说他人短与长,说来说去自招殃。若能闭口深藏舌,便是修身第一方。"

第二十九节　慈受与佛鉴

时蒋山之佛鉴渡江行化诣资福,巡察之次,至千人街坊,鉴问:"既是千人街坊,为甚么只有一人?"深曰:"多虚不如少实。"鉴曰:"怎么耶?"深椒然。政和七年朝廷诏改资福寺为神霄宫,因弃去之。往蒋山,留西庵请益于佛鉴。鉴曰:"资福知是般事便休。"曰:"某实未稳,望和尚不外。"鉴举倩女离魂之话反复穷之,深于是疑碍透脱,呈偈云:"只是旧时行李处,等闲举着便淆讹。夜来一阵狂风起,吹落桃华知几多。"鉴拊几曰:"这底岂不是活祖师意?"同年九月因敕旨进住焦山禅寺四载。宣和三年再奉诏,主东京慧林禅院。钦宗帝靖康元年,乞辞退山林,在水门外东园候旨,不听,因再入院。

第三十节　退步之偈

同年秋再辞，得允许，飘然上天台山，寻徙灵岩。久之，因敕补蒋山。未数月，退居洞庭仓山居显尘庵。时作《洞庭》十二偈，又拟《寒山诗》二十首，当亦此时之作，有《退步》之偈十二首，中云：

> 万事无如退步人，孤云野鹤自由身。松门十里时来往，笑揖峰头月一轮。

悠悠自适之状，足以想见。既而复应王氏之请，为思溪圆觉寺第一祖，南宋高宗帝绍兴二年（1132）为众小参，有僧问末后之句，深曰后五日看，果五日后有疾而化，寿五十六。

第三十一节　慈受之思想

怀深思想非不合于禅门正系，说宇宙是一个灵明之真性云：

> 涅槃生死两般名，正眼观来一性灵。五蕴山头云散后，大千沙界月长明。这一段光明，辉天鉴地，耀古腾今，不曾缺少，于其光中，无生死，无去来，无寿夭，无穷通。（《续藏经》，第一辑，第二编，第三十一套，第三册，293页右）

又说触目是菩提云：

道在何曾有间然，休分城市与林泉。重来问法栖禅处，依旧清风满目前。信知法无固，必亦随缘，在山林则一事不为，入尘劳则万机俱扫，一动一静，无非真净界中，或去或来，尽是菩提场内。如拳作掌，开合有时，似水生波，起灭无定。（同上书，269页左）

第三十二节　慈受之厌世

深之厌世观与前件领解全然矛盾。《省缘》之偈六首，中云：

学道先须要省缘，浮生傀儡暗抽牵。机关用尽成何事？赢得三途鬼火煎。（同上书，284页右）

《枯髅酒色财气颂》云：

枯髅爱酒醉魂在，罗列杯盘手自斟。酩酊一生心似曲，想君作鬼也昏沉。燕脂画面娇千样，龙麝薰衣俏百般。今日风流都不见，绿杨芳草髑髅寒。（同上书，284页左）

又题饿鬼打死尸云：

因这臭皮囊，波波劫劫忙。只知贪快乐，不肯暂回光。白业锱铢少，黄泉岁月长。直须痛棒打，此恨卒难忘。（同上）

厌世如是，深之归净业亦不足怪。

第三十三节　念弥陀颂

《念弥陀颂》云：

> 万人同志念弥陀，众力相成愿力多。一朵莲开亲见佛，方知净土胜娑婆。树林水鸟各宣扬，宝网金台尽道场。会得钟鸣并鼓响，弥陀触处现毫光。（同上书，284页右）

《西舫汇征》卷上、《净土资粮全集》卷一、《诸上善人咏》等皆云：

> 怀深禅师得法于长芦信公，学究三乘，毗尼尤谨，日以净土为怀。宣和初住慧林，每苦口语人曰："修行捷径，莫越净方。"常建西方道场，集众念佛，郡民翕然从化，真末世之良导也。

第三十四节　王旦之净业

念佛之流行如上述。朝野名士亦多修净业者，今举其二三证之。

王旦，字子明，大名府莘县人。太宗帝淳化二年有杭州西湖昭庆寺僧省常，刺血书《华严经·净行品》，结社修净业，旦为之首。苏易简等一百三十二人称净行社，弟子比丘预者千余，时人谓庐山莲社不如其盛。旦为真宗帝相有贤德，寇准数短旦于帝，旦专称准。帝曰："卿虽称其美，彼专谈卿恶。"旦曰："理固当然。臣在相位久，政事之阙失必多。准对陛下无所隐，益见其忠直，此臣所以重准也。"其宽厚大率如是。帝信旦最深，言无不用。真宗帝天禧元年九月薨，年

六十一。赐太师尚书令魏国公,谥文正。《佛法金汤篇》卷十一云:

> 天禧元年九月旦薨。先一日嘱翰林杨亿曰:"吾深厌劳生,愿来世为僧,宴坐林间,观心为乐。幸于死后为我请大德施戒,剃发须,着三衣,火葬,勿以金宝置棺内。"亿为诸孤议曰:"公三公也,敛赠公衮,岂可加于僧体。"但以三衣置柩中,不藏宝玉。(《湘山野录》)

与《弘简录》卷百一、《宋史》卷二百八十所载《王旦本传》对照,似为真者。

第三十五节　文彦博之念佛

文彦博,字宽夫,汾州介休人。仁宗帝庆历中,与富弼并相。嘉祐三年罢,封潞国公。洎英宗帝即位,除侍中。治平二年为枢密使,领节剑南西川。神宗帝授检校司徒,兼中书令。与王安石不合,拜司空,为河东节度使,寻加司徒。神宗帝元丰三年拜太尉。七年入朝赐宴垂拱殿,帝称其谦德云:"卿深厚不伐,阴德如丙吉,真社稷臣也。"以太师致仕,居洛阳。哲宗帝元祐六年,为平章军国重事。五年再致仕。以绍圣元年太子少保薨,年九十二。徽宗帝政和五年,追复太师,谥忠烈。《居士分灯录》卷下云:

> 文彦博……以使相镇北京时,与天钵寺重元禅师善。一日元来谒别,博曰:"师老矣,复何往?"元曰:"入灭去。"博笑谓其戏语,躬自送之。归与师弟言:"其道韵深稳,谈笑有味,非常僧

也。"使人视之,果已坐脱,大惊叹异。时方盛暑,香风袭人,久之阇维烟色白莹,舍利无数。博亲往临观,执上所赐白琉璃瓶,置座前祝曰:"佛法果灵,愿舍利填吾瓶。"言卒烟自空而降,布入瓶中。烟灭舍利如所愿。博自是慕道益力,恨知之暮,专念阿弥陀佛,晨香夜坐,未尝少懈,每发愿曰:"愿我常精进,勤修一切善。愿我了心宗,广度诸含识。"乃与净严法师集十万人为净土会。如如居士有颂赞曰:"知君胆气大如天,愿结西方十万缘。不为一身求活计,大家齐上渡头船。"临终安然念佛化。

净土门之诸记,皆载文彦博之净土会事。

第三十六节　王日休之往生

王日休,字虚中,庐州龙舒人,号龙舒居士。南宋高宗帝朝举国学进士,弃官不就。端静简洁,博通群书,训传六经诸子数十万言。一旦指之曰:"是皆业习,非究竟法。"由是修净业,年六十布衣蔬茹,千里重趼以是教人。有《龙舒净土文》十二卷流于世。《居士传》卷二十三所载日休之《发愿文》云:

> 弟子日休谨为尽虚空界一切众生然香敬礼,尽虚空界一切诸佛,一切正法,一切诸大菩萨缘觉声闻圣众,乞成就一切善愿,济度无量无边众生,临命终时一刹那间见阿弥陀佛,证无生忍,了六神通不出此间,一岁即来此间教化众生,渐渐变此南阎浮提,尽娑婆世界以至十方无量世界,皆为清净极乐世界。

日休尝以《无量寿经》译文晦塞,祷于观世音,会四本译之,三年而成,乃为五十六分,文辞尔雅,条理灿然,遂大行于世。日休将卒前三日,遍别道友,勖以净业,云:"将有行,不复相见。"及期与生徒讲书毕,礼诵如常,至三更,忽厉声称阿弥陀佛数声,唱言佛来迎我,屹然立化。

第二十五章　宋儒之道学

禅家之思想深浸润民心，名贤之参禅加以硕儒之私淑禅。周敦颐、程颢、程颐等以儒禅为经纬，组织道学。宋学之渊源发于此，是禅法烂熟之结果也。

第一节　周茂叔

宋代道学渊源，发于周敦颐，已为古今定论。敦颐，字茂叔，道州营道人，原名敦实，避英宗帝之旧讳改之。敦颐少而孤，养于其舅龙图阁学士郑向家。仁宗帝景祐三年为洪州分宁县主簿，有狱久未决，敦颐一至讯之立辨。邑人惊曰："老吏不如也。"部使者荐为南安军司理参军，有囚法不当死，转运使王逵欲深治之，逵以悍吏，无取可否者，敦颐独力争之，不听，乃弃官去曰："如此可化乎，杀人以媚人，吾不为也。"逵感悟，囚得不死。移知郴州桂阳县，治绩尤著。郡守李初平贤之，语曰："吾欲读书，如何？"敦颐曰："及公未老，请为公言之。"二年果有得。徙知南昌县，县人喜曰："是能辨分宁狱者，吾无冤矣。"尝得疾，更一日夜始苏。潘兴嗣视其家，服御之物一敝箧止耳，钱不满百。为合州判官事，部使者赵抃惑于谮口，临之甚威，敦颐超然处之。为虔州通判，抃亦守虔，熟视敦颐所为大悟，执其手曰："吾几失君。今后，乃知周茂叔。"神宗帝熙宁元年，因吕公著、赵抃等荐，为广东转运判官提点刑狱。以洗冤泽物为己任，不惮劳苦，虽瘴疠险远，亦缓视徐案。得疾乞知南康军，因家居庐山莲华峰下，前有溪合溢江，取营道之故居濂溪名之，乃有周濂溪之名。赵抃再镇蜀，将奏用之，未及而卒，年五十七。即神宗帝熙宁六年（1073）也。南宋宁宗帝嘉定十三年赐谥曰元公，同帝淳祐元年封汝南伯，从祀孔子庙，后改封道国公。所著《杂著》二卷、《图谱》二卷，诸儒议论及志传五卷、《太极图》《太极图说》《通书》等广流布于世。

第二节　周茂叔之参禅

关于敦颐之参禅，《居士分灯录》卷下云：

> 周敦颐，字茂叔，舂陵人。初见晦堂心，问教外别传之旨，心谕之曰："只消向你自家屋里打点。孔子谓'朝闻道夕死可矣'，毕竟以何为道，夕死可耶？颜子不改其乐，谓乐何事？但于此究竟久久，自然有个契合处。"

《归元直指集》卷下以晦堂心为黄龙南。且细注云："出附章氏家谱。"盖应用儒语巧于说禅者，非南而心，敦颐所参必为晦堂祖心。《佛法金汤编》卷十二云：

> 佛印住鸾溪，敦颐谒见，相与讲道。问曰："天命之谓性，率性之谓道，禅门何谓无心是道？"师曰："疑则别参。"公曰："参则不无，毕竟以何为道？"师曰："满目青山一任看。"公有省，一日忽见窗前草生，乃曰："与自家意思一般。"以偈呈师曰：

> 昔未不迷今不悟，心融境会豁幽潜。草深窗外松当道，尽日令人看不厌。
> 师和曰："大道体宽无不在，何物动植兴蜚潜。行观坐看了无碍，色见声求心自厌。"由是命师作青松社主，追媲白莲古事（资鉴）。

《宋元学案》卷十二云：

> 《性学指要》谓元公（敦颐）初与东林总（总疑聪）游，久之无所入，总教之静坐，月余忽有得，以诗呈曰：
> "书堂兀坐万机休，日暖风和草自幽。谁道二千年远事，而今只在眼睛头。
> 总肯之，即与结青松社。

《居士分灯录》卷下云：

> 敦颐尝叹曰："吾此妙心，实启迪于黄龙，发明于佛印，然易理廓达，自非东林开遮拂拭，无繇表里洞然。"

依《宋元学案》卷十二，游酢有同茂叔穷禅客之语，游酢师事二程，出入儒佛，而有此语则周茂叔于禅有所得必矣。

第三节 《太极图》与陈抟

敦颐之《太极图》及《太极图说》，宋代哲学之渊源也。其图如下：

毛奇龄《太极图说遗议》、胡渭《易图明辨》，据其所考证，《太极图》出于华山隐士陈抟。抟，字图南，亳州真源人，四五岁戏于涡水之岸，有青衣之媪乳之，由是聪悟。及长，读经史百家之言，一见成诵，又以诗知名。后唐长兴中，应举不第，乃不求禄仕，以山水自乐。尝遇孙君仿、獐皮处士二人，语抟曰："武当山九室岩可以隐居。"抟乃往栖焉。服气辟谷历二十余年，但日饮酒数杯而已。移居华山云台观，又留于少华石室，每寝多百余日不起。周世宗帝好黄白之术，闻抟名，显德三年命华州送至阙，留禁中月余。帝从容问其术，对曰："陛下为四海之主，当以致治为念，奈何留意黄白之术乎？"世宗诏为谏议大夫，固辞不受。帝知其无他求，放还，诏本州县吏岁时存问。显德五年，成州刺史朱宪陛辞赴任，世宗赍帛五十匹、茶三十斤赐抟。显德末，乘白骡将入东都，中道闻宋太祖即位，大笑曰："天下自此定矣。"太宗帝太平兴国中来朝，帝待之甚厚。九年复来朝，帝益礼敬，谓宰相宋琪等曰："抟独善其身，不干势利，所谓方外之士也。"居华山四十余年，其龄近百岁，自言："经承五代离乱，幸天下太平，故来朝觐。"与语甚可倾听。因遣中使送至中书。宋琪等问曰："先生得玄默修养之道，可以教人乎？"对

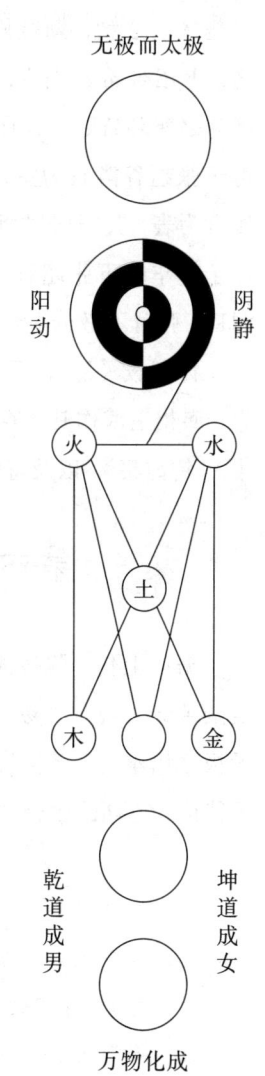

曰："抟山野之人，于时无用，亦不知神仙黄白之事，吐纳养生之理，非有方术可传，假令白日冲天，亦何益于世。今圣上龙颜秀异，有天人之表，博达古今，深究治乱，真有道仁圣之主也。正君臣协力同德，兴化致治之秋，勤行修炼无出于此。"琪等称善，以其语奏，帝益重之，下诏号希夷先生，赐紫衣一袭，留抟阙下，令有司增葺云台观，屡与之属和诗赋，数月放还山。太宗帝端拱初，谓弟子贾德升曰："汝可于张超谷凿石为室，吾将憩焉。"同二年秋七月石室成，抟手书数百言为表。其略曰："臣抟大数有终，圣朝难恋，已于今月二十二日化形于莲华峰下张超谷中。"如期而卒，经七日支体犹温，有五色云蔽洞口，弥月不散云。

抟好读《易》，手不释卷，常自号扶摇子，著《指玄篇》八十一卷。宰相王溥作其《笺解》八十一章。抟所著又有《三峰寓言》《高阳集》《钓潭集》，以及诗六百余首。

第四节　陈抟之《易》学

据以上传，陈抟兼修黄老之学与《易》，昭昭然，因亦可推知其混融黄老之说与《易》，作太极图。是以周敦颐图说，谓无极而太极。无极之语本《老子》第二十八章"复归于无极"，太极之语出于《易》不待论。《佛祖统纪》卷四十四云：

处士陈抟受《易》于麻衣道者，得所述《正易心法》四十二章，理极天人，历诋先儒之失，抟始为之注。及受河图、洛书之诀，发《易》道之秘。……其诀曰："戴九履一，左三右七，二四为肩，六八为膝。纵横皆十五而五居其室。"此图纵扩倒正回合交错，随意数之皆得十五。刘牧谓非人智所能伪为，始挦以传种放，放传李溉，溉传许坚，坚传范谔昌，谔昌传刘牧，始为钩隐图以述之。

准此传说，陈抟乃从麻衣道者受《易》。《补续高僧传》卷二十三云：

> 麻衣和尚者，不知何许人也。当五季之际，方服而衣麻，往来泽潞关陕间，妙达《易》道，发河图之秘，以授华山处士陈抟。

第五节 《太极图》出于河上公说

《宋元学案》卷十二关于《太极图》云："至于其图之授受来由，虽见于朱汉上《震之经筵表》而未得其详。"载《黄晦木之辩》中云：

> 周子《太极图》，创自河上公，乃方士修炼之术也……河上公本图名《无极图》，魏伯阳得之以著《参同契》。钟离权得之以授吕洞宾，洞宾后与陈图南同隐华山而以授陈，陈刻之华山石壁。陈又得《先天图》于麻衣道者，以授种放。放以授穆修，与僧寿涯。修以《先天图》授李挺之，挺之以授邵天叟。天叟以授子尧夫。修以《无极图》授周子。

依此传说，陈抟从吕洞宾受《太极图》，又从麻衣道者受《先天图》，乃至辗转至邵尧夫者。然而云穆修以《太极图》授周敦颐者误矣。何则？敦颐以熙宁六年卒年五十七，乃天禧元年诞生，在穆修之殁明道

元年仅十六岁,何以得成其授受哉。同书又云:

> 又谓周子与胡子恭同师僧寿涯。
> 晁氏谓元公师事鹤林僧寿涯,而得"有物先天地,无形本寂寥。能为万象主,不逐四时凋"之偈。

又同书《胡宿传》附录云:

> 先生尝至润州与濂溪游。或谓濂溪与先生同师润州鹤林寺僧寿涯,或谓邵康节之父邂逅先生于庐山,从隐者老浮屠游,遂同受《易》书。(《濂溪志》)

依此说则敦颐乃从润州鹤林寺之寿涯受《易》云。

第六节 《归元直指集》之传说

然《归元直指集》卷下引空谷之语云:

> 国一禅师以道学传于寿涯禅师,涯传麻衣,衣传陈抟,抟传种放,放传穆修,修传李挺之,李传康节邵子也。穆修又以所述《太极图》授濂溪周子,已而周子扣东林总禅师《太极图》之深旨,东林为之委曲剖论,周子广东林之语而为《太极图说》。周子长于禅学工夫,是以工夫之道过于邵子,邵子长于天时历数,是以数理之道过于周子,至于道学则一也。

此说以寿涯为麻衣之师，然与周敦颐等年代不同。寿涯者，其传不详，因而敦颐从寿涯受《易》之说，亦全不便检证。周敦颐参见东林常聪、晦堂祖心、佛印了元等当为事实。然而断定从东林授《太极图》说却非史实，如谓《太极图》出于国一，其为妄说甚明，国一乃牛头禅之达者，非《易》学或道教之信徒。况称从国一得心传之寿涯其传不明耶？《太极图》虽明白出于陈抟，周敦颐得之何人却未详。

第七节 《太极图说》

敦颐之《太极图说》乃说明陈抟之《太极图》者，全文如下：

> 无极而太极。太极动而生阳，动极而静，静而生阴，静极复动，一动一静互为其根。分阴分阳，两仪立焉。阳变阴合而生水、火、木、金、土，五气顺布，四时行焉。五行一阴阳也，阴阳一太极也，太极本无极也。五行之生也，各一其性，无极之真，二五之精，妙合而凝。乾道成男，坤道成女，二气交感化生万物。万物生生而变化无穷焉。惟人也得其秀而最灵。形既生矣，神发知矣，五性感动而善恶分，万事出矣。圣人定之，以中正仁义而主静（自注云：无欲故静），立人极焉。故圣人与天地合其德，日月合其明，四时合其序，鬼神合其吉凶。君子修之吉，小人悖之凶，故曰立天之道曰阴与阳，立地之道曰柔与刚，立人之道曰仁与义。又曰原始反终，故知死生之说。大哉《易》也，斯其至矣。

陆象山等论以《太极图说》有无极二字。无极二字出于《老子》，称

《图说》非敦颐本旨,且与《通书》之说不同。《通书》无"无极"之字,假令《图说》为敦颐之作,亦必少时未熟之说。案"无极"之字出《老子》第二十八章,既如上述,"无极而太极"之语,乃《老子》常用语法,其第十四章"无状之状,无物之象",其第三十七章"道常无为而无不为",其第四十七章"不为而成",其第四十八章"无为而无不为",皆是同一语法。敦颐出入佛老,而有"无极而太极"之语决不足怪。《老子》第四十二章云:"道生一,一生二,二生三,三生万物,万物负阴而抱阳,冲气以为和。"合之《图说》可解为自无极之道生一太极,自一太极生阴阳之二,自阴阳之二生天地人之三。《老子》第二十一章云:"道之为物,惟恍惟惚,惚兮恍兮,其中有象,恍兮惚兮,其中有物,窈兮冥兮,其中有精。"此亦不外无极之道生太极两仪,自无形无相化成有形有相之说。《老子》第十六章云:"致虚极,守静笃。"是《图说》所以主静也。果然,则敦颐可谓巧于融合老子与《易》作宇宙论者,比之佛教之宇宙开辟说全不相似,禅学亦未立如是说,因此《太极图说》可断言为非东林旨诀,日本学者太田锦城、见原益轩等谓"无极而太极"之语出于华严法界观门,误矣。

第八节 《通书》

敦颐《通书》是应用《易》而说道德,谈人性,参互《中庸》之说。其言云:"诚者圣人之本,大哉乾元,万物资始,诚之源也。"此以天道为诚。次云:"乾道变化,各正性命,诚斯立焉,纯粹至善者也。"是暗示人性之诚为至善说天人之合一者。云:"圣诚也而已矣,诚五常之本,百行之原也。"是以诚为道德之大本,明言圣人至诚。云:"诚无为几善恶。"是道德之本原诚,无为无事而无善恶,然其动之几却有善恶。云:"寂然不动者诚也。"是以诚为静,动而现几时乃生善恶,故君子慎动。所谓性者刚柔善恶中而已矣,不认其纯为善。云:"天以阳生万物,以阴成万物,生仁也,成义也,故圣人在上,以仁育万物,以义正万民。"是以仁义配阴阳,谓天道与圣道之必相合。云:"圣可学乎?曰:'可。''有要乎?'曰:'有。''请问焉。'曰:'一为要,一者无欲也。无欲则静虚动直,静虚则明,明则通,动直则公,公则溥。明通公溥庶矣乎?'"是《老子》所云"虚静为本,务以无欲到圣"之法。云:"天地间至尊者道,至贵者德而已矣。"亦与《老子》之道德同。斥文辞之弊云:"文辞艺也,道德实也……不知务道德而第以文辞为能者艺焉而已,噫!弊也久矣。"推尊《易》云:"圣人之精画卦以示圣人之蕴,因卦以发。……《易》何止五经之源,其天地鬼神之奥乎?"是敦颐所以从《易》而谈道德与人性也。要之《通书》与《太极图说》乃融合《易》与《老子》,且综合《中庸》《论语》之说,而构成其宇宙论、人性论、道德论、政治论者。内容丰富而意义幽深,敦颐虽参禅已至实无疑,而谓《通书》与《图说》为出于禅未可也。

第九节　周茂叔之襟怀

敦颐私淑老禅,于是乎其襟怀洒脱,不如后儒之硜硜然。《宋元学案》卷十二云:

> 明道曰:"昔受学于周茂叔,每令寻仲尼、颜子乐处所乐何事。"
> 又曰:"自再见周茂叔后,吟风弄月以归,有吾与点也之意。"
> 又曰:"周茂叔窗前草不除去,问之云:'与自家意思一般。'"

黄山谷曰:"濂溪先生胸怀洒落,如光风霁月。"

朱子为先生像赞曰:"道丧千载,圣远言湮,不有先觉,孰开后人。书不尽言,图不尽意,风月无边,庭草交翠。"

第十节　邵　雍

陈抟以《先天图》传种放,放以之传穆修,修传之李挺之,李挺之传之邵雍之说,诸录皆一致。而邵雍亦调和《老子》与《易》,形成其宇宙论,与周敦颐同辙,可以卜时代思潮之倾向矣。案邵雍,字尧夫,其先范阳人,后徙居河南,幼负才力,欲树功名,于书无不读。居苏门山百源上,坚苦刻厉,寒不炉,暑不扇,夜不就席,已而叹曰:"昔人尚友千古,吾独不及四方。"于是逾河汾,度淮汉,周流于齐、鲁、宋、郑之墟,久之幡然而还,遂不复出。时李之才摄其城令,闻雍之好学,尝造其庐曰:"子亦闻物理性命之学乎?"雍曰:"幸受教。"乃事之才,受河图、洛书秘义,八卦、六十四卦图像。雍探赜索隐,妙悟神契,洞彻蕴奥,汪洋浩博,多所自得。初至洛,蓬筚瓮牖,不蔽风雨,自樵爨以事父母,平居屡空空而怡然自乐,人莫能窥。富弼、司马光、吕公著退居洛中,敬雍,恒从游。雍岁时耕稼,仅给衣食,名其居曰安乐窝。因自号安乐先生。旦则焚香宴坐,晡时酌酒三四瓯,微醺即止,常不及醉。兴至辄咏诗自慰。出则乘小车,一人挽之,任意所适。士大夫识其车音,争相迎候,遇人无贵贱贤不肖,一接以诚。群居宴饮,笑语终日,乐道人之善,未尝及其恶,故贤者悦其德,不贤者服其化。嘉祐中仁宗帝诏求遗逸,留守王拱宸以雍应诏,辞不赴。神宗帝熙宁初,又求逸士,中丞吕诲等荐之,补颍州团练推官,三辞而后受命,终不之官。尝于天津桥上闻杜鹃声,惨然不乐曰："不二年南人当入相，天下自此多事矣。"或问其故，曰："天下将治，地气自北而南，将乱，自南而北，今南方地气至矣。禽鸟得气之先者也。"果然王安石入相，朝廷从此多事。及疾革，司马光、张载、程颢、程颐晨夕访之。雍谓司马光曰："试与观化一遭。"光曰："未应至此。"雍笑曰："死生亦常事尔。"张载问疾论命，雍曰："天命则已知之，世俗所谓命则不知也。"程颐曰："先生至此，他人无以为力，愿自主张。"雍曰："平生学道岂不知此，然亦无可主张。"颐问："从此永诀，更有见告乎？"雍举两手示之。颐曰："何谓也？"曰："面前路径须令宽，路窄则自无着身处，况能使人行也。"诸友在外议丧事，雍闻之，召其子伯温曰："诸公欲葬我，近地不可，当从先茔尔，墓志必以属吾伯淳。"神宗帝熙宁十年卒，春秋六十七。哲宗帝元祐中谥曰康节，所著有《皇极经世》《观物内外篇》《渔樵问答》《伊川击壤集》《先天图》等。

第十一节　邵雍之言行

邵雍之末后，颇类禅者入寂。且其语往往有与禅旨合者。云：

> 山川风俗，人情物理有益吾学者，必取诸。（语郑史）
> 道满天下，何物不有，岂容人关键邪？（语秦玠）

如雍以太极为心，颇似禅矣。云：

> 心为太极，又曰道为太极。

又说明六十四卦圆图方位图，如云：

> 先天学，心法也，图皆从中起，万化万事生于心也。
> 先天之学心也，后天之学迹也，出入有无死生者道也。
> 心一而不分，则能应万变，此君子所以虚心而不动也。

可见禅的唯心论之倾向。又云：

> 以我徇物则我亦物也，以物徇我则物亦我也，我物皆致意，由是明天地亦万物也，万物亦我也，我亦万物也，何物不我，何我不物。

是乃道破物我一如、心境不二之端的者。论天人合一之旨云：

> 人之神则天地之神，人之自欺所以欺天地，可不慎哉。

又说天命、物理、人性之一致云：

> 天使我有是之谓命，命之在我之谓性，性之在物之谓理。

无极之语，亦见雍《先天图》之说明中：

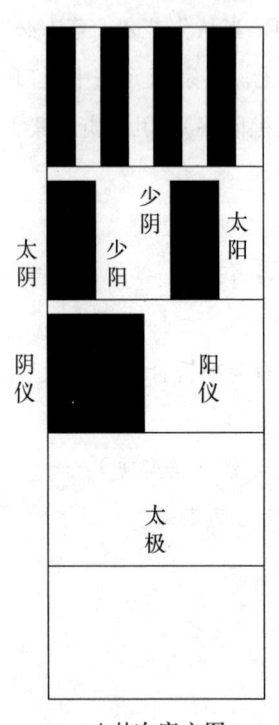

八卦次序之图

坤复之间为无极,自坤反姤为无极之前。

《佛法金汤编》卷十二云:

> 公有《学佛吟》曰:"饱食丰衣不易过,日长时节奈愁何。求名少日投宣圣,怕死老年亲释迦。妄欲断缘缘愈重,微求去病病还多。长江一片常如练,幸自无风又无波。"

可以想见其所私淑。

第十二节 《先天图》

雍之学以《易》说明造化之妙、万物之变,此《先天图》所以重要。依《宋元学案》卷十,先天卦位图有六,今举其二。

一分为二,二分为四,四分为八也。

此明伏羲八卦也。又曰:乾南、坤北、离东、坎西、震东、北兑。东南巽,西南艮西北,自震至乾为顺,自巽至坤为逆。后六十四卦方位仿此。

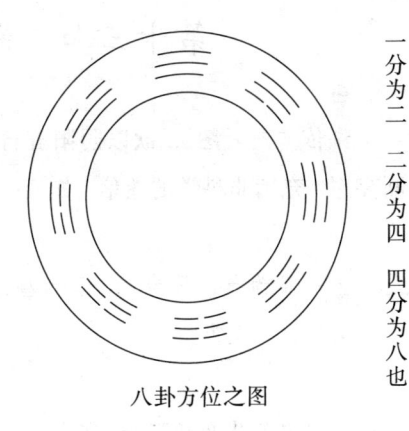

八卦方位之图

一分为二　二分为四　四分为八也

此等诸图乃从陈抟传来者,故《宋元学案》卷十云:

> 邵伯温《经世辩惑》云:"希夷《易》学,不烦文字解说,止

有图，以寓阴阳消长之数，与卦之生变图，亦非创意以作孔子《系辞》，述之明矣。

然则陈希夷止于传图，其说明属后人之作。同书载黄梨洪（洪疑洲之误）之《先天图论》。其中云：

> 凡先天四图，其说非尽出自邵子也。朱震《经筵表》云："陈抟以《先天图》传种放，放传穆修，修传李之才，之才传邵雍。放以河图、洛书传李溉，溉传许坚，坚传范谔昌，谔昌传刘牧。故朱子云：'密戏四图，其说皆出自邵氏，然观刘牧钩深索隐图，乾与坤数九也……则知《先天图》之传不仅邵氏得之也。'"

第十三节　邵雍之独断

雍依《先天图》，欲以阴阳五行说明尽宇宙人生，故其论，多独断妄想，充满非科学的迷信。如云：

> 日为暑，月为寒，星为昼，辰为夜……水为雨，火为风，土为露，石为雷。

今日三岁之童儿亦知其非。如云：

> 天有四时，地有四方，人有四支，是以指节可以观天，掌文可以察地，天地之理具乎指掌矣，可不贵之哉。

亦牵强附会之甚。

> 天圆而地方，天南高而北下，是以望之如倚盖焉。地东南下西北高，是以东南多水西北多山。……阳消则生阴，故日下而月西出也。阴盛则敌阳，故日望而月东出也。天为父，日为子，故天左旋日右行；日为夫，月为妇，故日东出月西出也。

所云架空之说，与现实之事象不合。

> 天之神栖于日，人之神发于目，人之神寤则栖心，寐则栖肾。神者人之主，将寐在脾，熟寐在肾，将寤在肝，正寤在心。

所云非滑稽之上乘者乎？堪以喷饭矣。

第十四节　程　颢

从学周敦颐之二程受禅之影响不少。二程之父珦，仁宗帝庆历中为南安通守，与敦颐游，因令二子受学。珦有学有识，富理智，官至太中大夫。二程之母夫人亦贤。《宋元学案》卷十六云：

> 二程母夫人侯群君，好读书，博知古今。二程父有所怒，必为之宽解，唯诸子有过则不掩。尝曰："子之所以不肖者，母蔽其过而父不知也。"行而或踣，则曰："汝若徐行，宁至踣乎？"尝絮羹曰："幼求称欲长当何如？"与人争忿，虽直不右，曰："患其不能屈，不患其不能伸。"在庐陵，公宇多怪，家人报曰有

鬼。执扇曰："天热尔。"他日又报曰"鬼鸣鼓。"曰："与之樵。"自是怪绝。

有是母而有是子，二程之贤，非偶然也。程颢，字伯淳，世居中山，后徙为河南人，资禀纯粹，浑然天成，加以父母之教养，年十五六从周敦颐受学，厌科举，有志求道。逾冠举进士，任鄠县主簿。南山有石佛，称其首年年放光，远近之民聚而观之。颢乃谓寺僧曰："吾有职事，不能往见，若放光，为吾取其首来。"由是光不见。次移上元县主簿，茅山有池产龙如蜥蜴，具五色。真宗帝祥符中，中使取二龙入都，半途失其一，中使曰："飞空逝矣。"民俗严奉以为神。颢捕其一，脯之以解其迷。又治水兴民利，为晋城之命（命疑令），给养民力，视民如子，有至县者，必告之以孝悌忠信，乡村远近为伍保，力役相助，患难相恤，孤茕残废者无所失，行旅之病者有所养。乡必有学校，暇时亲至，召父老与之语，儿童所读书，亲为正句读。旌别善恶，劝令有耻。在县三年，至无强盗及斗死者。神宗帝熙宁初，因吕公著之奏荐，为太子中允监察御史，帝素知其名，召见每从容咨访，前后进说甚多。大要以正心窒欲，求贤育材为言，务以诚意感悟主上，防其未萌之欲，未一语及功利。尝极陈治道。神宗曰："此尧舜之事，朕何敢当？"颢愀然曰："陛下此言非天下之福。"及王安石执政，言者攻之甚力。颢被旨赴中堂议事，安石正怒言者，厉色待颢。颢徐曰："天下事非一家之私议，愿平气以听。"安石为之愧屈。安石新法既行，与颢说不相容，乃谓："智者如禹之行水，行所无事，自古兴治立事者，未有中外人情交谓不可而成者，况于排斥忠良，沮废公议，以贱凌贵，以邪干正哉，正使侥幸小成，而兴利之臣日进，尚德之风浸衰，尤非朝廷之福。"遂乞去言职。安石言："议虽与颢不合，深敬其忠信不怒。"

乃出为签书镇宁军判官。司马光上疏求退，称颢公直，为己之所不如。既而迁太常丞，知扶沟县，治绩最多。哲宗帝立，召为宗正丞，未行而卒，时元丰八年，年五十四。其卒也，士大夫识与不识无不哀伤。文彦博采众论题其墓曰明道先生。弟程颐序之曰：

> 周公没，圣人之道不行；孟轲死，圣人之学不传。道不行，百世无善治；学不传，千载无真儒。无善治士犹得以明夫善治之道以淑诸人，以传诸后。无真儒则贸贸焉莫知所之。人欲肆而天理灭矣。先生生于四百年之后，得不传之学于遗经，以兴起斯文为己任。辨异端，辟邪说，使圣人之道焕然复明于世，盖自孟子之后，一人而已。

第十五节　程颢之人物

颢之为人，有温厚君子之风。故《传》云：

> 资性过人，充养有道，和粹之气盎于面背，门人交友从之数十年，亦未尝见其忿厉之容。遇事优为，虽当仓卒，不动声色。
> 大程德性宽宏，规模阔广，以光风霁月为怀。
> 十五六岁与弟伊川受学于濂溪，即慨然有为圣贤之志。尝自言："再见茂叔后，吟风弄月，有吾与点也意。"
> 侯仲良曰："朱公掞见明道于汝州，归谓人曰：'某在春风中坐了一月。'"
> 游定夫访龟山，龟山曰："公适从何来？"定夫曰："某在春风和气中坐三月而来。"龟山问其所之，乃自明道处来也。

吕子约曰:"读明道行状,可以观圣贤气象。"

第十六节　程颢之学风

明道之学从老禅二者所得不少,故行状云:

> 泛滥于诸家,出入于老佛者几十年,反求诸六经而后得之。

《佛法金汤编》卷十二云:

> 程颢尝曰:"佛说光明变现,初莫测其旨,近看《华严论》,恰说得分晓,尽是约喻应机破惑。名之为光,心垢解脱。名之为明,只是喻自心光明,便能教化得人,光照无尽世界,只在圣人一心之明,所以诸经之先皆说《放光》。(云盖寺石刻)公每见释子读佛书,端庄整肃,乃语学者曰:"凡看经书,必当如此。今之读书者,形容先自怠惰了,如何存主得?"(《性学指要》)明道先生一日过定林寺,偶见众入堂,周旋步武,威仪济济,伐鼓考钟,外内肃静,一坐一起,并准清规。公叹曰:"三代礼乐尽在是矣。"(《弘益纪闻》)

颢读《华严合论》等佛书可以无疑。虽于禅无师授,高景逸云:

> 先儒惟明道先生看得禅书透,识得禅弊真。

又:

第二十五章 宋儒之道学

> 《大学》者,圣学也。《中庸》者,圣心也。匪由圣学,宁识圣心?发二书之秘,教万世无穷者,先生也。渊乎微乎!非先生,学者不识天理为何物矣。不识天理,不识性为何物矣,是儒者至善极处,是佛氏毫厘差处。

征之所云,可知其极与禅相似,颢之行状有似禅者。

> 明道终日坐如泥塑人,然接人浑是一团和气。
> 《程氏遗书》曰:"良佐昔录五经语作一册,伯淳见之曰:'玩物丧志。'"

所云者是也。《宋元学案》卷十三评:

> 黄宗羲谓程门高弟如谢上蔡、游定夫、杨龟山,下稍皆入禅学去。

同书卷十四论:

> 叶水心《习学记》曰:"案程氏答张氏论定性……内外两忘,无事则定。定则明,喜怒不系于心而系于物,皆老佛语也。程张攻斥老佛至深,然用其学而不知者,以《易大传》误之,而又自于《易》误解也。"

颢于言行有仿周敦颐者。

周茂叔窗前草不除去,问之云:"与自家意思一般。"张横浦曰:"明道书窗前有茂草覆砌,或劝之芟,曰:'不可,欲常见造物生意。'又置盆池,畜小鱼数尾,时时观之,或问其故。曰:'欲观万物自得意。'"

第十七节　程颢之学与禅

颢学说中举其与禅一致诸点,说不动之心体本来万人所具云:

> 寂然不动感而遂通者,天理具备,元无欠少,不为尧存,不为桀亡。父子君臣常理不易,何曾动来。因不动故言寂然。惟不动感,便感非自外也。

论天人冥合之妙云:

> 天人本无二,不必言合。
> 大人者与天地合其德,与日月合其明,非在外也。

说死生之为一理云:

> 死生存亡皆知所从来,胸中莹然无疑,止此理耳。孔子言"未知生焉知死",盖略言之。死之事即生是也,更无别理。

示道即心而圣凡不二云:

先圣后圣若合符节，非传圣人之道，传圣人之心也。非传圣人之心也，传己之心也。己之心无异圣人之心，广大无垠，万善皆备，欲传圣人之道，扩充此心焉耳。

明心与天性之为一云：

以心知天，犹居京师往长安，但知出西门便可到长安，此犹是言作两处。若要至诚，只在京师便是到长安，更不可别求长安。只心便是天，尽之便知性，知性便知天，当处便认取，更不可外求。

又云：

问："心有善恶否？"曰："在天为命，在义为理，在人为性。主于身为心，其实一也。心本善，发于思虑则有善有不善，若既发，则可谓之情，不可谓之心。譬如水只谓之水，至如流而为派，或行于东，或行于西，却谓之流也。"

此说以心为本体，为天，为命，为理，为善，而非谓知虑，自与禅家所谓真心合者也。周敦颐之学，融合《老子》与《易》为一，加之儒学而形成道学，既言之矣。颢之学亦尔，以《易》为基础达宇宙论，加以老佛说唯心的一元论，本儒学而立伦理论也。而较之周敦颐，颢可谓更近禅一步者。

第十八节　程　颐

程颢弟颐，字正叔，居河南伊水上，故称伊川。幼有卓识，十四五岁有志学圣人。十八上书仁宗帝阙下，黜世俗之论，以王道为心，乞期非常之功。游太学，胡瑗试诸生以"颜子所好何学"？颐为文答之。胡瑗见大惊异，延见授学职。哲宗帝元祐元年，司马光、吕公著共奏云："河南府处士程颐力学好古，安贫守节，言必忠信，动遵礼法，年逾五十，不求仕进，真儒者之高蹈，圣世之逸民，望擢以不次，使士类有所矜式。"诏为西京国子监教授，固辞。寻召赴阙，入见，擢崇政殿说书。颐每在经筵进讲，必宿斋豫戒，潜思存诚，以冀感动帝意。时文彦博为太师，侍立帝，终日不懈。帝谕太师少休，不去，人谓颐曰："君之严，视潞公之恭埶为得失？"颐曰："潞公四朝大臣，事幼主不得不恭，吾以布衣职补导，亦不敢不自重也。"哲宗帝在宫中盥漱避蚁，颐闻问帝："有是乎？"曰："然，诚恐伤之尔。"颐曰："推此心以及四海，帝王之要道也。"吕公著等侍经筵，闻颐讲说，退叹曰："真侍讲也。"颐亦以天下为己任，谈论褒贬，无所顾避。

第十九节　洛党与川党

方是时，苏轼在翰林有重名，一时文士多归之。颐以礼法自守。轼洒落不乐拘检。司马光卒，朝士推颐主丧事，是日祀明堂，此庆事也。事毕，往哭司马光，颐曰："不可。子于是日哭则不歌。"或云："不云歌则不哭，何不可之有？"轼嘲曰："此尘糟陂里之叔孙通也。"二人遂有隙，门人亦互诋訾，分党相争，所谓洛党、川党是也。洛党以程颐为领袖，朱光庭、贾易等为羽翼。川党以苏轼为领袖，吕陶等为羽翼。会帝有疮疹，不御经筵，颐乃诣宰相问："安否？"且曰："人主有疾，大臣可不知乎？"翌日宰相以下奏请问疾，由是大臣亦多不悦颐。谏议孔文仲奏颐为五鬼之魁，当放还田里，遂被斥出管勾西京国子监。屡上表请致仕。董敦逸又以为怨望弹劾之，乃去官。绍圣中因党论削籍窜涪州。徽宗帝即位移峡州，复其官。崇宁二年有谗颐以邪说诐行惑乱众听者，乃夺官，学徒亦被逐，然四方学者犹相从不舍。颐曰："尊所闻，行所知可矣，不必及吾门也。"大观元年九月卒，年七十五。疾革，门人进曰："先生平日所学正今日要用。"颐曰："道着用，便不是。"洛人皆畏党祸，送丧者惟四人耳。所著《易传》四卷、《宋志》九卷、诗文数十篇，其思想见《二程全书》。

第二十节 程颐之资性

程颐天资严毅，不似其兄颢之宽厚，是其所以招祸也。传云：

> 经筵承受张茂则尝招讲官啜茶观画，先生曰："吾平生不啜茶，亦不识画。"竟不往。
>
> 韩公维与二先生善，屈致于颍昌，暇日同游西湖，命诸子侍行次，有言貌不庄敬者，伊川回视厉声叱之曰："汝辈从长者行，敢笑语如此？"韩氏孝谨之风衰矣。韩遂皆逐去之。

如以上二件，足证颐过于严肃，无大人之风。

> 吕汲公以百缣遗伊川，伊川辞之。时族兄子公孙在旁，谓伊

> 川曰:"勿为已甚,姑受之。"伊川曰:"公之所以遗颐者,以颐贫也。公为宰相能进天下之贤,随材而任之,则天下受其赐也。何独颐贫也。天下之贫者亦众矣,公帛固多,恐公不能周也。"

刚直如是,足以危其身矣。

> 叶六桐曰:"明道不废观释、老书,与学者言,有时偶举示佛语,伊川一切屏除,虽《庄》《列》亦不看。"
> 尝瞑目静坐,游定夫、杨龟山立侍不敢去,久之乃顾曰:"日暮矣,姑就舍。"二子者退,则门外雪深尺余矣。明道尝谓曰:"异日能使人尊严师道者吾弟也。若接引后学随人才而成就之,则予不得让焉。"

可以见二程之相违。

第二十一节 程颐之言行

颐之言行亦有近禅者:

> 贬涪州,渡江中流船几覆,舟中人皆号哭,先生独正襟安坐如常。已而及岸,同舟有父老问曰:"当船危时,君独无怖色,何也?"曰:"心存诚敬尔。"父老曰:"心存诚敬固善,不若无心。"先生欲与之言,父老径去不顾。

程颐之所谓诚敬,近于禅家之坐禅入定,故曰:

伊川见人静坐，便叹其善学。

"圣人之心若何？"曰："圣人之心如明镜止水。"

且颐之见地极高，有出人意表事：

鲜于侁问："颜子在陋巷不改其乐，不知所乐者何事？"先生曰："寻常道颜子所乐者何？"侁曰："不过是说所乐者道。"先生曰："若有道可乐，不是颜子。"

尹焞尝请曰："焞今日解得心广体胖之义。"伊川正色曰："何如？"和靖曰："莫只是乐否？"伊川曰："乐亦没处着。"

尹彦明问于程子："如何是道。"程子曰："行处是。"

最后一件最似禅家之公案。僧问："如何是道？"赵州曰："墙外底。"又曰："大道通长安是也。"

第二十二节　程颐与灵源

《归元直指集》卷下云：

《嘉泰普灯录》云："程伊川、徐师川、朱世英、洪驹父咸问道于灵源禅师，故伊川之作文注书多取佛祖辞意……或全用其语，如《易传》序体用一源，显微无间。（此二句出唐清凉国师《华严经疏》）……周程取用佛语多类此也。"

《禅林宝训合注》卷二云：

灵源谓伊川先生曰："祸能生福，福能生祸。福生于祸者，缘处灾危之际切于思安，深于求理，遂能祗畏敬谨，故福之生也宜矣。祸生于福者，缘居安泰之时，纵其奢欲，肆其骄怠，尤多轻忽侮慢，故祸之生也宜矣。圣人云多难成其志，无难丧其身，得乃丧之端，丧乃得之理。是知福不可屡侥幸，得不可常觊觎。居福以虑祸，则其福可保，见得而虑丧，则其得必臻。故君子安不忘危，理不忘乱者也。"（笔帖）

第二十三节　游　酢

二程门人多归佛，《杨时传》云：

> 伊川自涪归，见学者雕落，多从佛学，独先生与谢上蔡不变。因叹曰："学者皆流于夷狄矣。惟有杨谢长进。"

程颐晚年既有此叹，况其死后耶？如游酢与谢良佐、杨时，共为程门鼎足，而亦入于禅。游酢，字定夫，建州建阳人，以文名于世。程颢知扶沟，以倡明道学为己任，设庠序教育邑人子弟，因召酢就学职，酢欣然往从之，受学久之。以神宗帝元丰六年第进士，任越州萧山尉，因侍臣之荐为太学录，除博士。以奉亲不便，乞知河阳。范纯仁判河南，待以国士，及守颍昌，辟为府教授。纯仁入相，乃以酢为太学博士。既而纯仁罢相，酢亦出为齐州签判。徽宗帝即位，擢为监察御史。后出知和州，累知汉阳军、舒州、濠州。徽宗帝宣和五年卒，年七十一，所著有《易说》《诗二南义》《中庸义》《论语杂解》《孟子杂解》各一卷。

第二十四节　游酢之参禅

游酢之参禅，乃为五祖法演之嗣，开福之道宁也。《佛法金汤编》卷三十三云：

> 尝谒开福宁禅师乞指心要。师曰："道不在说与示也。说示者方便耳。须用就己知归，外求有相佛，与汝不相似也。"酢默然，后致书于师曰："儒者执父子、君臣、夫妇、兄弟、朋友各尽其分，罔有不合道者。释氏谓世间虚幻，要人反常反道，旨殊用异，而声可入心可通哉。"师答曰："人溺情尘爱网，昼思夜度，无一息之停，须力与之诀，愿收其心之放，死生乃可出。若只括其同异，尽分于父子数者之间，我习内薰，爱缘外染，于道何能造合？能反厥常则心自通，道自合，不然，难以口舌争也。"（《资鉴》）

第二十五节　谢良佐

程门高弟近禅者无如谢良佐。良佐，字显道，寿春上蔡人，故以谢上蔡为世知。程颢知扶沟时，良佐往从之。颢许其器，即与游酢、吕大临、杨时号程门四先生。以神宗帝元丰八年登进士第，历仕州县。徽宗帝建中靖国元年，召对殿上。帝与语无用意，退曰："上意不诚。"乃去监西京竹木场。或谓建中年号与德宗同，不佳，良佐曰："恐亦不免一播迁。"即坐口语下狱，废为民。所著有《论语说》行世，朱子所纂有《上蔡先生语录》，可窥其思想。良佐称除去色欲：

> 问:"色欲想已去多时?"曰:"伊川则不绝。某则断此二十来年矣。所以断者,当初有为之心多,欲有为则当强盛,方胜任得,故断之。又用导引吐纳之术,非为长生如道家也,亦以助养吾浩然之气耳。"

又自称绝势利之念:

> 问:"势利如何?"曰:"打透得此关十余年矣。富贵利达今人少见出脱得者……切须勉之。透得名利关,便是小歇处。然须借穷理,工夫至此,方可望有入圣域之理,不然休说。"

良佐接人之法,全如禅家。

> 监西京竹木场,朱子发自太学,与弟子权往谒之。坐定,子发曰:"震愿见先生久矣。今日之来无以发问,乞先生教之。"先生曰:"好待与贤说一部《论语》。"子发私念口刻如此,何由亲款其讲说。已而具饮,酒五行,只说他话,及茶罢乃掀髯曰:"听说《论语》,首举子见《齐衰者》一章,又举《师冕见》一章,夫圣人之道无显微,无内外由洒扫应对进退而上达,夫道一以贯之,一部《论语》只恁地看。"

良佐之学可谓不立文字。盖良佐这个见解,从程颢有所得也。

> 胡文定云:"先生初以记问为学,自负该博,对明道举史书不遗一字。明道曰:'贤却记得许多,可谓玩物丧志。'谢闻之汗流

第二十五章 宋儒之道学

浃背,面发赤。明道却云:'只此便是恻隐之心。'及看明道读史,又却逐行看过,不差一字。谢甚不服,后来省悟,却将此事作话头,接引博学进士。"

二程之接学者,亦自与他不同,令彼静坐自得。

> 上蔡初造程子,程子以客肃之。辞曰:"为求师而来,愿执弟子礼。"程子馆之门侧,上漏旁穿,天大风雪,宵无烛,昼无炭,市饭不得温。程子弗问,谢处安焉,逾月豁然有省,然后程子与之语。
>
> 先生习举业已知名,往扶沟见明道受学甚笃。明道一日谓之曰:"尔辈在此相从,只是学某言语,故其学心口不相应。若盍行之?请问焉。"曰:"且静坐。"

良佐之受教如是,其学带禅风当然耳。良佐云:

> 礼者摄心之规矩,循理而天,则动作语无非天,内外如一,则视听言动无非我矣。
>
> 敬是常惺惺法,齐是事事放下,其理不同。

禅家有常惺惺之工夫,有放下着之工夫,谁不知哉。

第二十六节 辨儒禅之相违

良佐有自辨儒释相违之要,即云:

> 曾恬问:"佛说直下便是动,念即乖,如何?"谢子曰:"此是乍见孺子以前底事。乍见孺子底,吾儒唤做心,他便唤做前尘妄想当了。是见得太高,吾儒要从上面体认做工夫,他却一切扫除却,那里得地位进步。佛家说大乘顿教,一闻便悟,将乍见孺子底心一切扫除,须是他颜雍以上底资质始得。
>
> "佛之论性如儒之论心,佛之论心如儒之论意,循天之理便是性,不可容些私意,才有意便不能与天为一。"
>
> "佛大概是自为私心,学佛者欲脱离生死,岂不是私,只如要度一切众生,亦是为自己,发此心愿。"

虽辩儒佛之相违,却自示仿佛,故:

> 朱子曰:"上蔡说仁说觉,分明是禅。"
> 又曰:"伊川之门,上蔡自禅门来,其说亦有差。"
> 又曰:"如今人说道,爱从高妙处说,便入禅去,自上蔡以来已然。"
> 又曰:"上蔡说孝弟非仁也。孔门只说为仁,上蔡却说知仁,只要见得此心便以为仁。上蔡之说一转而为张子韶,子韶一转而为陆子静。"

第二十七节 杨 时

谢良佐之同门杨时亦大受禅影响。时,字中立,南剑将乐人,少颖异能属文,稍长,潜心经史。神宗帝熙宁九年进士及第,任江州司户不赴。时以师礼见程颢于颍昌,相得甚欢。其归也,颢目送之曰："吾道南矣。"四年颢卒，时设位而哭，讣告同学。又见程颐于洛，时年已四十，一日见颐，颐偶瞑坐，时与游酢侍立不去，颐既觉，则门外雪深一尺。时尝疑张载之《西铭》近兼爱，与颐往复辩论，闻理一分殊之说，豁然解疑。由是浸淫经书，推广师说，力学十年，始出。历知浏阳、余杭、萧山三县，皆有惠政。谏官张舜民荐除荆州教授，虽未尝求闻达，而德望日重，四方之士不远千里从游，号龟山先生。徽宗帝宣和四年，傅国华使高丽，高丽王问："龟山先生今在何处？"国华还以闻。宣和五年蔡京荐为秘书郎，迁著作郎，除迩英殿说书。时金人入寇，国家多事，时上奏切言时事。钦宗帝除右谏议大夫兼侍讲。时又极言割三镇与金不可。又奏排王安石之邪说，责蔡京之罪。于是议论纷然。谏官冯澥，上疏力诋时，乃乞罢，除徽猷阁直学士。时力辞，改除徽猷待制提举崇福宫。高宗帝即位召为工部侍郎，以龙图直学士提举洞霄宫致仕，优游林泉，以著书讲学为事，卒年八十三，绍兴五年也。谥文靖，所著《三经义辩》《龟山集》等。

第二十八节　杨时之禅

龟山晚年亦入禅，语录云：

大抵人能住得，然后可以有为，才智之士非有学力却住不得。字说所谓大同于物者离人焉。曰："扬子言和同天人之际使之无间，不知是同是不同？若以为同未尝离人。又所谓性觉真空者离人焉，若离人而之天，正所谓顽空。通总老言经中说十识第八庵摩罗识，唐言白净无垢，第九阿赖耶识，唐言善恶种子，白净无垢即孟子之言性善是也。言性善可谓探其本,言善恶混乃是于善恶已萌处看,荆公盖不知。"

由是观之,杨时私淑东林之常聪明也。然从其误认颠颠第八识与第九识,其造诣之浅可知。《宋元学案》卷二十五云:

> 祖望谨案:"慈溪黄氏曰龟山,气象和平……晚年竟溺于佛氏……又云庞居士谓神通并妙用,运水与搬柴,此即尧舜之道在行止疾徐间出。《圆觉经》言作、止、住、灭是四病,作即所谓助长,止即所谓不耘苗,住、灭即是无事。又云谓形色为天性,亦犹所谓色即是空。又云《维摩经》云真心是道场,儒至此实无二理。又云《庄子·逍遥游》所谓无入不自得,养生主所谓行其所无事。"

可以见杨时引用老佛以立言。

《居士分灯录》下云:

> 一日过詹季鲁家,鲁问《易》时,取纸画一圈于上,曰:"此便是《易》。"又和陈莹中绝句曰:"画前有《易》方知《易》,历上求玄恐未玄。白首粉如成底事,蠹鱼徒自老青编。"又曰:"盈科日进几时休,到海方能止众流。只恐达多狂未歇,坐驰还爱镜中头。"

第二十六章 北宋之居士

士人之参禅者，附于宗师之传，既多明之矣。今更加二三，可见禅之影响及北宋之思想界。白云守端之门有郭祥正，上蓝顺之门有苏辙，圆通旻之门下有范致虚、吴居厚、彭汝霖等，草堂清之门下有韩驹、刘安世。如李纲，虽不参禅，能得儒释之旨，明言二教之调和，足以见当代思想。

第一节 郭祥正

郭祥正，字功父，太平州当涂人，号净空居士。少有诗声，登进士，神宗帝熙宁中知武冈县，转保信军节度判官。时王安石用事，祥正奏云："天下之大计专听安石处画，有异议者虽大臣亦当屏黜。"神宗帝览而异之，一日问安石云："卿识郭祥正乎？其才似可用。"出其章以示安石，安石耻为小臣所荐，极口陈其无行。祥正闻之，以殿中丞致仕，后出为汀州通判，知端州，又弃去隐青山，所居有醉吟庵。仁宗帝皇祐四年，杨岐山方会嗣守端，寓庐山归宗寺，郭祥正往叩心法。迨端迁圆通寺，祥正慕其化，往来甚密。端后移舒州白云海会，祥正从当涂渡江参谒。端曰："牛醇乎？"曰："醇矣。"端厉声叱之。祥正不觉拱立。端曰："醇乎醇乎。南泉大沩无异此也。"哲宗帝元祐中往衢州南禅，谒泉万卷。次于徽宗帝崇宁初，到五祖山，见法演论法道,又到云居,请佛印了元升座,拈香曰:"觉地相逢一何早,鹃臭布衫今脱了。要识云居一句玄,珍重后园驴吃草。"召大众曰:"此一瓣香薰天灰地去也。"元曰:"今日不着便,被这汉当面涂糊。"便打曰:"谢公千里来相访,共话东山竹径深。借与一龙骑出洞,若逢天旱便为霖。"掷拄杖下座,祥正拜起,元曰:"收得龙么?"曰:"已在这里。"元曰:"作么生骑?"祥正摆手作舞便行,元拊掌曰:"只有这汉犹较些子。"祥正所著《醉吟庵诗文》三十卷,号《青山集》。

第二节 苏 辙

苏辙,字子由,年十九与兄轼同登进士,又同应制举,极言政事得失,考官司马光以为有爱君忧国之意,以三等及第,考官胡宿以为不逊,请黜之。仁宗帝曰:"以直言召人而以直言弃之,天下其谓我何?"宰相不得已,置之下等,授商州军事推官。神宗帝即位二年,辙上书议时事,召对延和殿。时王安石出青苗法,令辙熟议之,辙论其非无所惮,安石怒(斥)为河南推官。张方平知陈州,辟为教授三年,授齐州掌书记,又三年改著作佐郎,又移南京判官居二年。兄轼坐罪,监筠州之盐酒税五年,移知绩溪县。哲宗帝元祐元年,召为右司谏。宣仁皇后临朝,用司马光、吕公著,欲革弊政,辙乃疏蔡确、韩缜、章惇、吕惠卿之奸邪皆去之。迁起居郎中书舍人,进户部侍郎,又代轼为翰林学士,为御史中丞。元祐初庶政一新,至是五年,人心虽已定,唯元丰旧党分布中外,邪说多起。吕大防等患之,欲引用以平夙怨,谓之调停,宣仁皇后疑而未决,辙面斥其非,且上疏言:"君子小人冰炭不相容。"调停之说遂已。元祐六年拜尚书中丞。夏人来侵,西边骚然,辙谏,哲宗帝不用,落职知汝州。居数月,而元丰诸臣皆立于朝，责辙，令知远州，迁谪三年，遂移循州。至徽宗帝朝，移永州、岳州，已而复大中大夫。崇宁中为蔡京所黜致仕，筑室许州，号颍滨遗老。作自传十万余言，又不与人相见，终日默坐几十年。政和二年卒，年七十四，所著《诗传》《春秋传》《古史》《老子解》《栾城文集》并行于世。

辙尝谓金山之佛印了元，呈偈曰："粗沙印佛佛欣受，怪石供僧僧不嫌。空手远来还要否，更无一物可增添。"元答曰："空手持来放下难，三贤十圣聚头看。此般供养能歆享，木马泥牛亦喜欢。"神宗帝元丰三年被谪居高安，会黄檗山之道全于城寺。全，真净克文之嗣。全熟视曰："君静而慧，苟留心宗门，何患不成此道。"辙识之，因习坐，数求决于全，未契。后于筠州寿圣谒省聪咨决。聪，圆照宗本之嗣。聪曰："圆照未尝以道语人，吾亦无以语子。"辙于是得言外之旨。又尝问心法于洪州上蓝寺之顺。顺，黄龙慧南之嗣也。顺示以搔鼻之因缘，辙言下大悟，作偈曰："中年闻道觉是非，邂逅相逢老顺师。搔鼻径参真面目，掉头不受别钳锤。枯藤破衲公何事，白酒青盐我是谁？惭愧东轩残月上，一杯甘露滑如饴。"

第三节　胡安国

胡安国，字康侯，建宁崇安人。哲宗帝绍圣四年登进士第，制策之意在复熙宁元丰之制。然安国以推明大学以渐复三代为对，哲宗帝大悦，亲擢第三，为太学博士。不出入权门，为提举湖南学事。为蔡京所忌，诬除其名，未几复本官。徽宗帝政和元年张商英为相，安国除提举成都学事。二年移江东，父没，终丧谓子弟曰："吾昔为亲而仕，今虽有禄万钟，将何所施。"遂称疾不仕。钦宗帝靖康元年除太常少卿，辞不赴，除起居郎又辞。然奉朝旨，至京见帝，论奏政治之要，帝叹息，除中书舍人，既而除右文殿修撰，出知通州，会金人薄都城。安国之子寅为郎在城中，人有忧之者，安国愀然曰："主上在重围中，号令不出，卿大夫恨效忠无路，敢念子乎？"高宗帝即位，以给事中召绍兴元年除中书舍人兼侍讲。安国上时政论二十一篇，居旬日，以疾求去，帝命兼侍读，专讲《春秋》。时朱胜非再被用，安国论劾其奸邪不可，乃卧家不出。绍兴五年除徽猷阁待制，知永州，辞休于衡岳之下，作《春秋传》。高宗帝谓："深得圣人之旨矣。"绍兴八年卒，年六十五，谥文定。

安国壮年参禅，号草庵居士。久参潭州上封之祖秀，得言外旨。秀，黄龙死心之嗣。徽宗帝崇宁中过药山，有禅人举南泉斩猫之话问安国，安国以偈答曰："手握乾坤杀活机，纵横施设在临时。玉堂兔马非龙象，大用堂堂总不知。"又寄秀偈曰："祝融峰似杜城天，万古江山在目前。须信死心元不知，夜来秋月又团圆。"所著有《文集》十五卷、《资治通鉴举要补遗》一百卷。

第四节　范致虚

范致虚，字谦叔，建州建阳人，举进士，为太学博士。徽宗帝召见，除右正言。崇宁初为右司谏，改起居舍人，进中书舍人，又除兵部侍郎，其后入处华要，出知大郡十五年。政和七年为侍读，寻任刑部尚书。钦宗帝靖康元年知京兆府，时金人围太原，中外震动，致虚修战备甚力，结果仍招败衄。及高宗帝即位，知邓州，寻加观文殿学士。高宗帝幸建康，为资政殿学士，令知鼎州，行至巴陵卒。致虚尝守豫章时，于江州圆通谒道旻。旻，洪州泐潭山应乾之嗣，庐山东林常聪孙也。致虚曰:"某夙世作何福业,今生堕在金紫囊中。"去此事稍远,旻呼其名,致虚应诺,旻曰:"何远之有。"致虚跃然曰:"乞师再垂指诲。"旻拊膝一下,致虚拟对。旻曰:"见即便见,拟思即差。"于是豁然有省。《居士分灯录》卷下记:范冲,字谦叔,一字致虚,繇翰苑守豫章过圆通云云。《嘉泰普灯录》卷二十三亦记:左丞范仲居士,字致虚,由翰苑云云。《续传灯录》亦同此。案范致虚,字谦叔,其传见《宋史》卷三百六十二。又范冲,字元长,《宋史》卷四百三十五载其传。范冲与范致虚全为别人,而参旻者必为致虚。何则?据《嘉泰普灯录》卷十并《僧宝正续传》卷一等,圆通道旻以徽宗帝建中靖国元年于江夏灌溪出世,三年移于庐山圆通,政和初蔡京奏赐椹服,署圆机之号。政和三年乞旨以嫡子守慧继其席,庵居之于西峰之麓,四年入寂,寿六十八,而范冲为高宗帝所召始为虞部员外郎,出为两淮转运使,且冲为翰林侍读学士,属其晚年,然则冲在翰苑,距旻入寂长远。盖《居士分灯录》等,均以范冲与范致虚混同也。

第五节　吴居厚

吴居厚,字敦老,洪州人,进士及第,为武安节度推官。历仕至户部侍郎,任尚书,以龙图阁学士知开封。徽宗帝崇宁初,拜尚书右丞,进中书门下侍郎,以老避位,为资政殿学士,知枢密院事。政和三年卒,寿七十九。

居厚归钟陵谒道旻曰:"某往赴省试,过赵州关,因问前住讷老透关底事如何。讷曰且去做官,今不觉五十余年。"旻曰:"曾明得么?"曰:"八次经过常存此念,然未甚脱洒在。"旻度扇与之曰:"请使扇。"居厚即挥扇。旻曰:"有甚不脱洒处。"居厚忽有省,曰:"便请末后句。"旻挥扇两下,居厚曰:"亲切亲切。"旻曰:"吃嚛舌头三千里。"

第六节 彭汝霖

彭汝霖,字岩老,汝砺之弟,因曾布荐为秘书丞,擢殿中侍御史,为谏议大夫。曾布之失位,汝霖亦被罢知泰州,后以显谟阁待制卒。

汝霖以手写《观音经》施旻,旻拈起曰:"这个是《观音经》,哪个是《谏议经》?"曰:"此是某亲写。"旻曰:"写的是字,哪个是经?"汝霖笑曰:"却了不得也。"旻曰:"即现幸官身而为说法。"曰:"人人有分。"旻曰:"莫谤经好。"曰:"如何即是?"旻举经示之,汝霖拊掌大笑曰:"嗄。"旻曰:"又道了不得。"汝霖礼拜。

第七节 韩 驹

韩驹,字子苍,仙井监人。少以文章名,从学苏辙。徽宗帝政和初,以献颂补假将仕郎,登进士,除秘书省正字。寻坐苏氏之学被谪,知洪州分宁县,既而召为著作郎。宣和五年除秘书少监。六年迁中书舍人,兼修国史,未几再坐乡党曲学,以集英殿修撰为提举洪州太平观。高宗即位知江州,以绍兴五年卒于抚州。驹参大慧宗杲事,别记之。又尝访道于隆庆府泐潭之草堂善清。清,晦堂祖心之嗣。驹致书曰:"近阅《传灯》,言通意科,颇合于心,但世缘万绪,情习千端,未易消释,须有切要明心处,毋吝指教。"清答曰:"欲究此事,善恶二途皆勿萌于心,能障人智眼,文字亦不必多看,塞自悟之门。"驹得此指导,乃述意曰:"钟鼎山林无二致,闲中意趣静中身。都将闻见归虚照，养性存心不问人。"

第八节　刘安世

　　刘安世，字器之，号元城。魏人，少有识见，如成人。时文彦博在枢府，安世从容语彦博曰："王安石求去，外议谓公必代其任。"彦博曰："彼坏天下至此，后人何可为。"安世拱手曰："某虽晚进，窃谓未然，新政果不便民，公当去所害，兴所利，反掌间耳。"从司马光受学，迨哲宗帝立，光荐为秘书正字。宣仁太后问吕公著，可为台谏者，公著以安世对，擢为右正言，既而迁起居舍人，兼右司谏，进左谏议大夫。忠言正议，一无私曲，而不被用。以集贤殿修撰为提举崇福宫才六月，召为宝文阁待制。哲宗帝绍圣初章惇用事，尤忌安世，乃落职知南安军，更贬为新州别驾，安置英州。蔡京必欲置安世于死，移之梅州，即命擢土豪为运判，使杀之。判官疾驰将至，太守令安世自为计，安世从容对客，饮酒谈笑，徐书数纸付其仆曰："死不难矣。"判官未至，呕血而倒，因得免杀害。徽宗帝即位被赦，除集英殿修撰，知郓州，然为曾布、蔡京等所忌，至七谪峡州羁官，宣化七年卒，年七十八，有《文集》二十卷、《尽言集》十三卷、《通鉴音义》十卷。

　　安世仪状魁硕，音吐如钟，在言职累年，正色直言，人目为殿上虎，一时无不敬惮。

　　安世尝曰："老先生（司马光）于佛法极通晓，但不言耳。"又曰："孔子、佛氏之言相为始终。孔子之言毋意，毋必，毋固，毋我，佛之言无我，无人，无众生，无寿者，其言次第若出一人。但孔子以三纲五常为道，故色色空空之说微开其端，令人自得耳。孔子之心佛心也。假若天下无三纲五常则祸乱又作，人无噍类矣，岂佛之心乎？故儒释道其心皆一，门庭施设不同耳。"尝谓门人马永卿曰："禅之一字，于六经中亦有此理，但佛法既敝，人皆认着色相，达磨西来，直指人心，见性成佛，上根聪悟，多善其说，故禅道大行。若渠不来，佛法之灭久矣。予之南迁，虽平日于吾儒吃紧处得力，然亦不可谓此事不得力，世间事有大于死生者乎？而此事独一味理会生死，有个见处，则于贵贱祸福轻矣。"

第九节 李 纲

李纲，字伯纪，邵武人。徽宗帝政和二年登进士第，累官至监察御史兼殿中侍御史。宣化七年举太常少卿。时金人入寇，朝野震骇，纲便上御戎五策，且刺臂以血书上疏，议内禅。钦宗即位，纲上封事，言死守，虽尺寸之地不可与敌。帝嘉纳，除兵部侍郎。靖康元年，吴敏为行营副使，纲为之参谋官，金人渡河，徽宗帝东幸，宰执议避敌锋，纲极言不可委都城而去，推除尚书右丞。钦宗委纲以治兵御敌之任，拜为亲征营使。敌兵攻城，纲力战，斩敌将十余人，众数千级，敌乃退。帝遣李梲至军中议和，金人要求金币千万，割太原、中山、河间之地，以亲王、宰相为质。纲言："所需金币，竭天下不足，且三镇国之屏蔽，割之何以立国，至于遣质，宰相当往。"议与宰执不合，即求去。帝慰谕曰："卿出治兵，此事当徐议之。"纲退，则从金人所求，既而四方勤王之师至。纲奏曰："金人贪婪凶悖，非用师不可，且敌兵号六万，而吾勤王之师集城下者已二十余万，彼以孤军入重，犹如虎豹自投槛阱，可以计取之。"帝深以为然。然而吾将姚平仲先期夜中斫敌营，不克亡去，金使来责，宰相李邦彦曰："用兵者李纲与姚平仲，非朝廷之意。"遂罢纲，以蔡懋代之。太学生陈东等诣阙上书言纲无罪，军民不期而集者数十万，呼声动地，至杀伤内侍，帝亟召纲，纲入见泣拜请死，帝亦泣命为尚书右丞，充京城四壁守御使，金人退，乃知枢密院事。徽宗帝回銮，耿南仲屏徽宗帝左右，进车驾，纲执为不可。南仲怒曰："左司谏陈公辅，为李纲结士民伏阙，乞下御史责问。"帝愕然。纲乞退待罪不允。时太原之围未解，南仲曰："援太原者非纲不可。"帝以纲为河东北宣抚使，拜辞未允，临行奏曰："臣之行无复还理，进而死敌臣之愿。"进至河阳拜诸陵，上奏曰："祖宗创业守成垂二百年，以至陛下，适丁艰难之秋，强敌内侵，中国势弱，陛下尝胆思报，励精求治之日也，愿进君子，退小人，上安九庙之灵，下为亿兆所依赖，天下幸甚。"行次怀州，有诏减所起兵。纲上疏陈其不可。朝廷议和，诏止进兵，且召纲赴阙，除观文殿学士知扬州，未几落职。金兵再至，帝悟和议之非，除资政殿大学士，领开封府事。纲被命即率湖南勤王之师入援，未至都城失守。高宗帝即位，拜尚书右仆射兼中书侍郎，遣官迎纲，召见于内殿，纲涕泗交集，因奏十事，乞锐意改革弊政，帝亦纳其进言。诏幸东南以避敌，纲极论其不可，由是帝不用纲言。张浚为御史，劾奏纲，罢其职，为观文殿大学士，提举洞霄宫，车驾遂东幸，纲所规划军民之政一切废罢。至金人攻京，盗贼蜂起。绍兴四年金人及伪齐来攻，纲上防御三策，六年召对内殿，纲陛辞言用兵四失，措置五过，预备策三，善后策二。时宋师与金人相持淮泗半年，纲献必胜之策，宋兵频胜，车驾进发，幸建康。十年薨，年五十八。所著有《易传内篇》十卷，《外篇》十二卷，《论语详说》十卷，文章、歌诗、奏议百余卷，及《靖康传信录》《奉迎录》《建炎时政记》《建炎进退志》《建炎制诏表札集》《宣抚荆广记》

《制置江右录》。吴敏与李纲先后柄政，以恢复为己任，已皆远窜。以书往来，慷慨痛激，自拟申胥，而未得志，发愤求出世之法，研习佛书，闻纲通《易》及《华严》，以书问二经之同异，纲复书略云：

《易》立象以尽意，《华严》托事以表法，本无二理，世间出世间亦无二道。何以言之？天地万物之情无不摄总于八卦，引而申之，而其象至于无穷，此即《华严》法界之互相摄入也。一为无量，无量为一，小中现大，大中现小，法界之成坏，一沤之起灭是也。乾坤之阖辟，一气之盈虚是也。《易》有时，其在《华严》则世界也。《易》有才，其在《华严》则法门也。尝观十处九会，虽升诸天宫说法，而不离普光明殿，虽现群生前，而常处菩提座，每会必有十方法界诸佛菩萨同一名号来集作礼，同一威仪，慰谕称赞，同一言说，乃至所事之佛，所从来国无不同者。此何理耶？譬犹镜镜相照，重重相入，无有穷尽，是故百亿天地即乾坤也，百亿日月即坎离也，百亿山河即艮兑也。阴极阳生，君子道长，佛出世也。阳极阴生，君子道消，佛灭度也。刚柔相推，以生变化，世界生灭相依也。六爻周流循环无端，万物轮回互高下也。由是言之，《华严》法界与《易》乾坤诸卦有二理哉。尝观善财之入法界，遍参五十三善知识，童男、童女、外道、仙人、医卜、船师无不求也。妙高之峰，海岸旷野，城邑聚落，无不至也。文殊导其前，普贤示其后，弹指而楼阁开，摄心而佛境现，其表法之意微矣。然所以为菩萨道、行菩萨行者，则不出诸波罗蜜等法而已。六十四卦善知识也。君子观象，善财遍参也。卦之象无所不取，而君子观之，无所不法，自强不息，积小而大，非精进乎？自昭明德，作事谋始，非智慧乎？反身修德，俭德辟难，非忍辱乎？称物平施，施禄及下，非布施乎？惩忿窒欲，慎言语，节饮食，非持戒乎？立不易，方言有物，行有恒，非禅定乎？教思无穷，容保民无疆，茂对时育万物，所谓慈也。议狱缓死，明慎用刑而不留狱，所谓悲也。饮食宴乐，朋友讲习，所谓喜也。独立不惧，遁世无闷，所谓舍也。成卦之象皆出于乾坤，君子观象皆得于易简，易简而天下之理得矣。由是观之，《华严》法门与《易》之易简法门有二理哉。《系辞》论八卦必妙之以神，八卦者菩萨也，如所谓文殊小男，普贤长子之类是也。神者佛也，如所谓毗卢遮那是也。生生之谓易，一阴一阳之谓道，阴阳不测之谓神，犹佛之有清净法身、圆满报身、千百亿化身也。八卦用事而《易》无作，诸菩萨说法而佛无言。散佛之体则文殊得其理，普贤得其行，观音得其悲，势至得其智，合之则佛也。散易之体则乾得其健，坤得其顺，六子得其动止陷丽说入，合之则易也。神无方也，易无体也。佛身充满于法界，无不在无不为也。无芥子许孔中无虚空，无一尘中无佛身，翱飞蠕动皆神之所妙，草木缕结皆易之所存，反而观之，则大千法界与夫天地万物皆在吾方寸之间。故《孟子》曰："万物皆备于我矣，反身而诚，乐莫大焉。"《楞严》曰："一切世间诸所有物，皆即菩提妙明元心，心精遍圆，含裹十方。"反观父母所生之身，犹彼十方虚空之中吹一微尘，若存若亡。如湛巨海，一浮沤，起灭无从，此心地法门也。为《易》之说，则曰复其见天地之心乎，以此洗心退藏于密，吉凶与民同患。为《华严》之说则曰观界法界性，一切唯心造，善用其心则获一切胜妙功德，心静而明，廓而大，虚而通，寂而灵，建立万法为之主宰，而物有蔽之则明者暗，大者小，通者碍，灵者顽，所谓操存而舍亡也。故《易》立象以尽意,《华严》托事以表法,皆以其本来所有者示之,非能与其所无也。体此道者莫若诚,至诚则不息,不息则悠久,悠久则博厚,博厚则高明,故曰:"惟天下至诚为能尽己之性,能尽己之性则能尽人之性,能尽人之性,则能尽物之性,能尽物之性则可与天地参,此致其诚而天地万物得于一心者也。"昔之发无上道者,自十信始。故曰:"信为道元功德母,长养一切诸善根,断诸疑网出爱流,开示涅槃妙道。"由此充之为十住、十行、十回向、十地成等正觉,犹育孩稚以为成人,养根萌以为成材,其骨节枝干,初已具足,充大之而已。其悲愿之深,勇猛精进,为群生入诸恶趣,受种种苦,心不退转,而况生死、祸福、毁誉,足惊怖动摇之乎?故能出入三界,游戏十方,于梦幻中而作佛事,此致其诚而华严之法界得于一心者也。二者不出于心法,故吾侪之所当自事者心而已。了此则廓然,更有何事。夫昼之所思,即夜之所梦,生之所履,即死之所为,春之所种,即秋之所获,所以处世间者,所以出世间者,儒释之术一也。夫何疑哉!神通妙用,在运水搬柴中;坐脱立亡,在着衣吃饭中;无上妙道,在平常心中,愿试思之。(《续藏经》,第一辑,第二编乙,第二十二套,第五册,450—451页左)

儒释一致虽宋代一般之思想,李纲融合《华严》与《易》,是其于根本的,古今得其比者稀也。如彼所云"神通妙用,在运水搬柴中;坐脱立亡,在着衣吃饭中;无上妙道,在平常心中",乃利用禅家之常套语者,可以知其影响之所在矣。

宋代禅学思潮非但行于儒士之间,即道士亦为禅化。例如,神宗帝时有道士张伯端,号紫阳真人,其所著《悟真篇拾遗》,载禅宗歌颂,即《性地颂》《无罪福》《三界惟心》《见物便是心》《圆通》《随他》《宝月》《心经颂》《人我又名齐物》《读雪窦禅师祖英集》《戒定慧解》《即心是佛颂》《采珠歌》《禅定指迷歌》《无心颂》《西江月》《读周易参同契》是也。观张伯端之接门人与禅者之垂手无异。《青华秘文序》云:

> 王邦叔,不知何许人也。年十九,侍紫阳真人为弟子,凡九年,不知大道之自然,亦不请问。一日侍师至罗浮观。先生曰:"子之从我不为不久,于金丹之诀,略不顾及,从我何为?"邦叔再拜曰:"匪不愿也,自揣玄微必无此分。"先生曰:"嘻,自太极既分之后,一点灵光,人人有之,贤者不加多,愚者不加少,似子所言是蔽其明也,吁,可哀也哉!"邦叔不觉涕泗交颐,顿首百拜,悲不能起。先生曰:"子去静室中,思吾此语,有所觉则急来。"邦叔拜辞,遂去幽房静室中,静思至夜,紫阳先生再诣其室,叩寝门呼,邦叔闻之,趋而出迎,先生微笑曰:"吾一寻汝便见头目,尔两日寻他不得其杳然。"遂灭所执之烛炀而退。邦叔大窘,坐五更大悟,通体汗流,待旦以颂呈先生:"月照长江风浪急,鱼龙遁迹水天平。个子谁唱真仙子,声满虚空万籁清。"先生览之问曰:"谁唱谁听?"邦叔遂答以诗曰:"莫问谁,莫问谁,一声高了一声低。阿谁唱,阿谁听,横竖大千说不尽。先生有意度迷徒,急撞灵台安宝镜。镜明澄静万缘空,百万丝条处处通。斗转星移人睡定,觉来红日正当中。"先生出《金丹图》传与邦叔,遂止罗浮,又十三年坐化。又十年眉山大汹和尚、沈志静遇之封山,自称王邦叔,今居蓬莱望海楼也。(《道藏辑要》,套集一;《青华秘文序》,4页右—左)

张伯端《性地颂》云：

　　如来妙体遍河沙，万象森罗无障遮。会得圆通真法眼，始知三界是吾家。

　　不移一步到西天，端坐诸方在目前。顶后有光犹是幻，云生足底未为仙。

《见物便见心》偈云：

　　见物便见心，无物心不见。十方通塞中，真心无不遍。若生知识解，劫成颠倒见。睹境能无心，始见菩提面。(《道藏辑要》，套集二；《悟真篇》下，25页右)

张伯端之传，见《列仙传》，如后章所引。

第五编

禅道烂熟时代（后期）

概　说

南宋高宗敬信佛教，孝宗亦染指祖道，问法于佛照、佛海等。帝尝自作《原道论》，明三教一揆之旨。当此时，曹洞有天童正觉，临济有大慧宗杲，前者唱默照禅，后者鼓吹看话禅，二者宗乘盛于一时。大慧门人有张九成，组织横浦学派，树儒门一旗帜。曹洞之天童如净，大唱古风，虽计改革禅弊，而大势有所不能。同时有万松行秀亘金元二朝，法化炽然，通儒释二道，能导人，门下出耶律楚材，振作新丰之真风。然如径山无准溺于折中调和之时代思潮，公言三教一致。在儒门二程以后，因朱熹、陆九渊等禅的思想遂益应用于性理，宋代哲学乃见大成。南宋大约一百五十年，此为禅道烂熟之后期。

第一章 宋室之南迁

金人屡入寇，宋室愈式微。高宗帝不堪其压迫，不得已南迁，故称南宋。时潮所激，沉于厌世之渊者多，禅道益烂熟而趋颓废之运。此为禅道烂熟之后期。

第一节 高宗帝

徽宗帝以来，金人猛烈入寇，京师又为其马蹄所蹂躏。钦宗帝赴青城（山东武定府青城县），为敌将所抑留。时徽宗帝第九子康王即位于南京，改靖康二年为建炎元年（1127），高宗帝是也。方是时军国多故，国帑穷匮，乃以建炎二年敕卖四字师号，其价二百千，可知上下一般之坠落。同三年，帝幸台州（浙江），诣金鳌山寺，遇一老僧于佛前祈祷，语意诚笃，忧时思国，帝问何法？对曰"护国金光明三昧忏"也。帝大悦，后驻跸杭州，每岁赐诸巨刹金帛，令修光明忏。

第二节 高宗帝之归佛

同四年狩温州（浙江），次江心寺，改林灵素之故居为资福教院，丞相吕颐浩举圆辩法师道琛主之。诏法道随驾，议军国事。欲加道以冠冕，道力辞。帝赐之圆通法济大师之号。绍兴二年（1132）帝驻钱塘，改称临安府，于禁中书《金刚》《圆觉》《法华·普门品》《心经》《七佛偈》，暇口自披读，发圣解云："此等诸经均禅家常用之妙典也。"同年召法道入见，从容语之曰："上皇为妖人所惑，毁师形服，朕为师去黥涅。"道曰："上皇御墨，不忍毁除。"帝笑曰："此僧到老倔强。"敕住庐山太平禅寺。同三年因法道之上申，崇宁大观以后，道士班列僧上，改而以僧为上。

第三节　清闲钱

绍兴九年以女真来和，大赦天下，诸郡县州建报恩光孝禅寺，为徽宗帝奉香华。同十五年敕天下僧道，始纳丁钱。从十千至一千三百，凡五等，谓之清闲钱。年六十以上及残疾者免之。法道致书省部争之。同十七年四月，法道叙《大宋僧史略》，至秋，跏趺告其徒曰："法门扶持，更在诸公。"言讫而逝。同二十七年礼部侍郎贺允中上殿，帝问："天下僧道几何？"答曰："僧二十万，道士万人。"

第四节　高宗与佛果克勤

高宗帝非不留意禅道，万机日繁，未至入门也。《释氏资鉴》卷十一云，高宗改元建炎，幸维阳（江苏），诏佛果禅师克勤诣行在引对。时军国多故，有司未暇习仪，上遣八辈翊师，升殿赐坐，顾问佛法，词旨明亮。帝云："朕一一记得，昨遇泗州（安徽），见普照佛心长老，称是师弟子。朕亦素知师道高妙，可得闻乎？"师云："陛下以仁孝治天下，率土生灵，咸被光泽，虽草木昆虫，各得其所，此佛祖所传之心也。此之心外，无有别心，若别有心，非佛祖之心矣。"帝大悦，赐号圆悟。就扬州（江苏）雍熙禅寺演法。同书又云，上初至镇江府（江苏）金山禅寺留题云：

> 崒然天立镇中流，雄跨东南二百州。武士每临须破胆，何劳平地战貔貅。

赞《法华经》曰：

> 要入如来功德林，《法华经》上好留心。三车喻品慈悲大，七卷言词利益深。会搅长河为酥酪，能令大地作黄金。斯经斯典难遭遇，万劫千生无处寻。（《续藏经》，第一辑，第二编乙，第五套，第一册，107—108页左）

帝之力量，如是止耳。

第五节　五山十刹

当时江南有五山十刹之称。《艺苑田涉》卷一云：

> 宋濂《护法录》"觉原禅师遗衣塔铭序"曰："浮屠之为禅学者，自隋唐以来，初无定止，惟借律院以居，至宋而楼观方盛，然犹不分等第，惟推在京巨刹为之首。南渡后，始定江南为五山十刹。俾其拾级而升，黄梅、曹溪诸道场反不与其间，则其去古也益远矣。元氏有国，文宗潜邸在金陵，及至临御，诏建大龙翔集庆寺，独冠五山，盖矫其弊也。国朝因之锡以新额，建官总辖

天下僧尼。《七修类稿》曰:'余杭径山,钱塘灵隐、净慈,宁波天童、育王等寺为禅院五山。钱塘中竺,湖州道场,温州江心,金华双林,宁波雪窦,台州国清,福州雪峰,建康灵谷,苏州万寿、虎丘为禅院十刹。又钱塘上竺、下竺,温州能仁,宁波白莲等为教院五山。钱塘集庆、演福、普福,湖州慈感,宁波宝陀,绍兴湖心,苏州大善、北寺,松江延庆,建康瓦棺,为教院十刹。'"

乃知禅教之有五山十刹也。

第二章　天童正觉与大慧宗杲之对立

高宗帝时，命世二大老，济、洞二门并其化。天童之正觉，此其一。觉学殖渊博，想华绚烂，炽唱默照禅，扇扬曹洞真风。其教旨言，一片田地，默坐默究，净治揩磨去，清白圆明则虚而明，寂而照。虚而明，其明自净。寂而照，其照自妙。便还来对事，事事无碍，飘飘如云出岫，濯濯似涧流月，一切处光明神变，的的相应无异，函盖箭锋。径山之宗杲，此其二。杲令人纯看话头，其言云："若要径截理会，须得这一念子㘞地一破，方了得生死，方可名悟入。将思量分别之心，好生恶死之心，一时按下，只就按下处看个话头。有僧问赵州，狗子还有佛性也无，州云无，此一字子，乃是摧许多恶知恶觉底器仗也。十二时中时时提撕，时时举觉，做如此工夫看，便自见得。"

第一节　天童正觉

正觉，隰州（山西隰州）李氏子，十一岁师同郡之净明寺本宗得度。及十四岁，就晋州（直隶正定府晋州治）慈云寺智琼具戒。十八游方，至晋绛（山西绛州）间以无凭阻。邑尹见觉之英拔，以所执扇示之曰："为我下一转语。"觉应声援笔书偈其上，尹喜以为凭。乃渡河入洛，于少室山坐夏，日采蔬茹给僧病，蔬尽则取药苗继之。游龙门,进至汝州(河南)香山,谒枯木法成。成,芙蓉道楷之嗣。一见,器重其所为。一日闻僧诵《莲经》,至"父母所生眼,悉见三千界"有省。诣丈室陈所悟,成指台上香合曰:"里面是什么物?"觉曰:"是什么心行?"成曰:"汝悟处又作么生?"觉以手画一圆相呈之,又抛向后,成曰:"弄泥团汉有甚么限?"觉曰:"错。"成曰:"别见人始得。"觉诺去。

第二节　丹霞子淳与长芦清了

闻丹霞子淳之道价方盛,造其门。淳,亦道楷之嗣也。淳问:"如何是空劫已前自己?"觉曰:"井底虾蟆吞却月,三更不借夜明帘。"淳曰:"未在更道。"觉拟议,淳打一拂子曰:"又道不借。"觉忽大悟作礼。淳曰:"何不道取一句?"觉曰:"某甲今日失钱遭罪。"淳曰:"未暇打你,且去。"觉时二十三岁。徽宗帝宣和二年,淳迁随州大洪山,令觉掌记室,同三年为首座。时善权之法智、雪窦之嗣宗、保福之信悟、凤山之世钊等,皆参随觉。同四年于庐山圆通寺惟照席下分座。照,芙蓉之嗣也。同学清了,住真州(江苏扬州府)长庐山,闻觉芳名,以书招之。觉至,撞钟出迎,大众耸观,觉须眉奇古,倾然而黑,衣裓破弊,履袜皆穿,清了遣侍者欲易以新履,觉却之曰:"吾岂为鞋而来耶?"了为众恳请,令居第一座,众逾千七百。有见觉年少易之者,至秉拂无不心服。

第三节　正觉之游化

同六年泗州(安徽)普照禅寺虚席,运使向子諲,请觉主之。徽宗帝南幸时，领众起居。帝见寺僧千余，填拥道左，方袍整肃，威仪严然，召觉赐谒，还先割寺地之半为神霄宫者，普照由是致法席殷富。高宗帝建炎元年迁舒州（安徽庐州府庐江县治）太平兴国禅院。同年住江州（江西九江府）庐山圆通崇胜禅院。同二年转江州能仁禅寺，不久谢事游云居，遇圆悟克勤，以长庐山缺主，大众必欲得觉。克勤与安定郡王赵令衿共力请入寺，长庐乏粮，知事以告不答，且寇酋李在，抄略境上，领兵入寺，一众无不惶骇。觉安坐堂上，待李在之来，以善言诱之，在稽首信服，以金谷供众。

第四节　天童之住山与金人之侵犯

建炎三年秋，渡钱塘江至明州（浙江），泛海欲礼普陀山之观音。道由天童山景德寺，以其席虚，见觉来，有密告郡者。觉微闻之，欲遁去，为大众围绕，通夕不得行，不得已受请，任天童。未几，金人侵犯境内，诸寺皆谢遣云游之人，觉独来者不拒，人以为不可。觉曰："明日寇至，寺将一空，即今幸其尚为我有，可不与众共之乎？"已而寇至，登塔头，望如有神卫，遂敛兵而退，秋毫无所犯，人皆叹伏。

第五节　正觉之德化

天童旧众不满二百，觉之来住也，四方学者争先奔凑，逾千二百。而来者益多，甑釜将稿，知事惶惧不知所为，白觉以僧粮将尽。觉笑曰："人各有口，非汝忧也。"言未讫，阍人告曰："嘉禾钱氏航米千斛，舣于岸矣。"高宗帝绍兴八年被旨，住临安府（浙江杭州）灵隐寺，同年十月还天童，前后住天童垂三十年，寺屋几千间，无非新者。觉又于两山之间障海潮田之,岁入三倍于前,凡众之所须无不毕具。绍兴二十七年(1157)忽来城中谒郡僚,又行越州(浙江)见太守赵令让,遍告别诸檀越还山,衣食如常,至十月八日沐浴更衣,端坐作书,嘱大慧宗杲以后事。又书偈曰:"梦幻空花,六十七年。白鸟烟殁,秋水连天。"掷笔而化,寿六十七,诏号宏智禅师。

第六节 一代提唱之法门

正觉一代所提唱之法门,在于理事泯融、偏正回互、明暗相即、寂照虚灵、妙叶环中虚白之所。此为石头洞山以来确定宗旨,大乘之极则,无以过此。故云:

> 诸禅德廓尔而灵,本光自照,寂然而应,大用现前。木马嘶风,不运今时之步;泥牛出海,耕开空劫三春。诸人还相委悉么?良久云:"玉人招手处,复妙在回途。"(《天童宏智禅师广录》,卷一,4页右)

第七节 默照禅之内容

觉之演法多以虚灵寂照为言,故有默照禅之名,觉自作《默照铭》云:

> 默默忘言,昭昭现前。鉴时廓尔,体处灵然。灵然独照,照中还妙。露月星河,雪松云峤。晦而弥明,隐而愈显。鹤梦烟寒,水含秋远。浩劫空空,相与雷同。妙存默处,功忘照中。妙存何

存,惺惺破昏。默照之道,离微之根。彻见离微,金梭玉机。正偏宛转,明暗因依。依无能所,底时回互。饮善见乐,柱涂毒鼓。回互底时,杀活在我。门里出身,枝头结果。默唯至言,照唯普应。应不坠功,言不涉听。万象森罗,放光说法。彼彼证明,各各四答。问答证明,恰恰相应。照中失默,便见侵凌。证明问答,相应恰恰。默中失照,浑成剩法。默照理圆,莲开梦觉。百川赴海,千峰四岳。如鹅择乳,如蜂采花。默照至得,输我宗家。宗家默照,透顶透底。舜若多身,母陀罗臂。始终一揆,变态万差。和氏献璞,相如指瑕。当机有准,大用不勤。寰中天子,塞外将军。吾家底事,中规中矩。传去诸方,不要赚举。(同上书,卷八,60页右—70页右)

仅揭出默照二字,该摄体用、理事、空有、明暗、空劫今时,平等差别、绝待相对等,以说其兼带妙狭,洞上宗风,因觉而大振,不亦宜哉。

第八节 正觉之生死观

觉关于生死之见解,征以下语可知。

此一段事,直须人人自到,人人自证,可以超出生死,可以透过古今,可以与佛祖同得。所以道一切众生具有如来智慧德相,但以妄想执着而不证。你若离妄想、离执着,即无一星事。如今认地、水、火、风为自己,岂不是妄想执着,唤甚么作自己?只你思惟分别底是妄想,见、闻、觉、知底是妄想,直须歇得到空空无相，湛湛绝缘，普与法界虚空合，个时是你本身。若怎么时，明白见得彻，如虚空不可挂针相似，那时生相已离，有什么死相，所以道，生灭二元离，是名常真实。(同上书，卷五，38页左)

不以四大五蕴为自己，以自己为离生灭纯一清净妙明之一心。识得此心时，成佛作祖去，永出生死。所谓成佛作祖者，随处解脱，步步光明里行。

第九节　宏智《广录》之序

正觉所著《颂古百则》，为现存《从容录》之骨子，《偈颂箴铭记》亦广流行于世。所参觉之白衣，其数不多，独高宗之相范宗尹知名。宗尹自序《广录》云：

余……自幼喜从僧游，间遇本色道人，虽未言而意已亲，殆若磁石铁之冥契。……今天童长老觉公，则所谓未言而意已亲者。始余被罪南迁，泊舟庐山之下，与师一再邂逅耳，而相与之意便如故人。去岁罢相东来，师过余于四明，余复访之于山中，语累日益欢。尝谓师曰："学佛者期于了生死，诚可谓一大事矣。士大夫间乃有酣饫声色、驰骋势利，而口舌澜翻说佛说祖，自以为有得。甚者至以为谭笑之资，此何理也。余之有意于此事，而不敢自欺，他时真实处，辨得少许方敢拈出，求师别识也。"师深肯此言，此教余以辨道之方，余信受。

《范宗尹传》，见《宋史》卷三百六十二。

第十节　大慧宗杲

宗杲，宣州宁国（安徽宁国府宣城县治）人。族姓奚，夙有英气。年十二入乡校，一日与同窗戏谑，以砚投之，误中先生之帽，偿金归云："大丈夫读世间书，曷若出世法？"即诣东山慧云院，从慧齐剃发。十七受具，年虽少，遍阅诸家语录，尤喜云门睦州之语。尝疑五家宗派："元初只是一个达磨，何以有许多门庭耶？"乃请益于宣州明教绍珵。珵，嗣兴教之坦，琅琊觉之孙也。杲尝参究雪窦拈古颂古及古老之因缘，经珵指示，直下自见自说能洞达先德微旨。珵异之，叹为再来人也。次游郢州（湖北）见大阳山元首座，洞山之微和尚坚侍者。微，芙蓉道楷之嗣，坚为其侍者十年。杲久周旋于三老座下，穷曹洞宗旨。一日见其传授臂香，以表不妄付嘱，非之曰："禅有传授，岂佛祖自证自悟之法！"

第十一节　参湛堂文准

遂去投潭州（湖南长沙县治）大沩山之慕喆座下，又谒庐山之东林于昭觉不合，转依开先之智珣。珣，法云、法秀之嗣，大器重杲，欲留其会下，而杲不乐之。珣指往宝峰令参湛堂文准。准，即真净克文之嗣也。准一见奇之，令侍巾帨，因看《金刚经》时问杲曰："是法平等无有高下，为甚云居山高宝峰山低？"杲曰："是法平等，无有高下。"准曰："你做得座主奴。"既而准病，杲问曰："某甲向后当见谁人？"准曰："有个勤巴子，我不识渠，汝可见之，当能辨子事。若了不下,便可修行。看一《大藏经》后身出来参禅,决是个善知识也。"准已迁化也,杲往谒张商英,以求塔铭。商英见杲,一见相契,下榻与语朝夕,名杲之庵曰妙喜,字之曰昙晦,且言:"子必见川勤,吾助子往。"

第十二节　宗杲与圆悟克勤

方此时圆悟克勤从蒋山奉诏住东京(开封府)天宁,杲先到寺挂搭毕,克勤方入院。尔来,晨夕参请,勤一日举:"僧问云门:'如何是诸佛出身处?'答曰:'东山水上行。'"令杲下语。杲参一年,凡下四十九转语,皆不契。勤一日赴一达官宅升座,举曰:"僧问云门:'如何是诸佛出身处?'云门云:'东山水上行。'若是天宁即不然。若有人问:'如何是诸佛出身处?'只向道:'薰风自南来,殿阁生微凉。'"杲闻豁然有省,遂告勤所见。勤曰:"未也,子虽有得矣,而大法未明。"一日入室,勤曰:"也不易,你到这里田地,但可惜死了不能得活,不疑言句,是为大病。不见道,悬崖撒手,自肯承当。绝后再苏,欺君不得。须知有这个道理。"杲曰:"某甲只据如今得处已是快活,更不能理会得也。"杲不肯。因令杲在择木寮,为不厘务侍者。盖择木者入山朝士止息之处。杲每日同士大夫入室闲话数次。勤因举"有句无句,如藤倚树"问杲,杲才开口便曰:"不是不是。"如是半载未蒙印可。一日与诸官客共饭,杲把箸在手,都忘下口,勤笑曰:"这汉参黄杨木禅却倒缩去。"杲曰:"和尚这个道理,恰似狗看熟油铛相似,要舐又舐不得,要舍又舍不得。"勤曰:"你喻得极好,只这个便是金刚圈栗棘蓬也。"又一日问:"见说和尚当时在五祖亦曾问此话,不知五祖如何答?"勤默不应。杲曰:"和尚当时不可独自问,须对大众前问,如今说又何妨。"勤遂曰:"我问'有句无句,如藤倚树时如何?'五祖云:'描也描不成,画也画不就。'又问:'忽遇树倒藤枯时如何?'五祖云:'相随来也。'"杲闻之当下大悟,曰:"某甲会也。"勤曰:"只恐你又透这公案未得。"杲白:"请和尚举。"勤乃举前辈一络索淆讹之语话征诘之,应声酬对,毫无滞碍,勤拊掌称善,且著《临济正宗记》付之。于是道声喧丛林,重名振京师,右丞吕舜徒奏赐紫衣,号佛日大师。

第十三节　宗杲之说法

适有女真之变,虏酋欲取禅僧十辈,杲在其选中,幸而得免。趋吴门虎丘度夏,阅《华严经》,洞明向湛堂准所示之央崛摩罗持钵至产妇之家因缘。克勤时奉诏住云居,举杲为第一座,为众说法。克勤常言:"近来诸方尽成窠窟,五祖下我与佛鉴、佛眼三人结社参禅,如今早见漏逗出来,佛鉴下有一种作狗子叫鹁鸠鸣取笑人。佛眼下有一种觑灯笼露柱指东画西如眼见鬼一般。我这里且无此两般病痛。"杲曰:"大好无病痛。"勤曰:"何谓也。"杲曰:"击石火闪电光,引得无限人弄业识,举了便会了,岂不是佛大窠窟?"勤不觉吐舌,乃曰:"休管他,休管他,我只以契悟为期,若不契悟,断定不放过。"杲曰:"说契证即得第,恐后来只恁么传将下去,举了便会了,硬主张击石火闪电光,业识茫茫未有了日。"勤深以为然。未几勤还蜀,杲始住江西古云门庵,学者云集。后结茅于福州(福建)县乐洋屿,时从学者才五十三人,未五十日得法者十三人,皆足为一方之师。始应给事江少明之请,徙泉州(福建泉州府)小溪云门庵。克勤在蜀日,嘱右丞张浚曰:"杲首座真得法髓,苟不出,则无支临济宗者。"及浚造朝,高宗帝绍兴七年，遂以临安之径山能仁禅院招杲，法席之盛，冠绝一时。乃建千僧大阁以处众，凡有二千余僧。

第十四节　宗杲之逸格

右相汤思退、参政李炳、礼部侍郎张九成、内翰汪藻、给事中冯檝等一时士大夫问道，杲随机开悟。一日为张九成上堂，言及神臂弓，当时秦桧秉钧轴以杲为九成之党，以议己恶之。绍兴十一年五月，毁杲之衣牒，令屏居衡州（湖南衡州府）。杲恬然居苦屈凡十年，集先德机语，题《正法眼藏》。同二十一年十一月徙居梅州（广东嘉应州治）。梅州瘴疠寂寞之地，而衲子多裹粮从之者。居五年，高宗帝特诏放还，复僧衣。绍兴二十六年以朝旨住明州（浙江）阿育王山广利禅寺。绍兴二十八年诏再住径山。道俗欤慕如见其所亲。同三十一年退居明月堂。孝宗帝为普安郡王时，闻杲名，遣内都监至径山谒之。杲献偈曰："大根大器大力量，荷担大事不寻常。一毛头上通消息，偏界明明不覆藏。"王甚悦。及封建王，遣内知客入山供五百应真，请杲说法。亲书"妙喜庵"三字，且赐其赞曰："生灭不灭，常住不住。圆觉空明，随物现处。"杲演四偈以献，王览尤喜。及隆兴元年（1163）王即位，赐号大慧禅师。寻示微恙，八月九日谓众曰："吾翌日始行。"至五鼓亲书遗奏，又贻书辞紫岩居士，侍僧了贤乞遗偈，乃大书曰："生也只恁么，死也只恁么。有偈与无偈，是什么热大。"掷笔委然而化。

第十五节　张九成之参学游方

　　士大夫之参宗杲者极多，张九成最知名。九成，字子韶，号横浦，钱塘人。十四学于郡庠，后游京师，师从杨时，慕杨大年、吕微仲等名儒。欲究禅学精妙，谒大通善本之嗣净慈楚明，问入道之要。明曰："此事惟念念不舍，久久纯熟，时节一到，自然证入。"复举赵州柏树子之话，令时时提撕。久之无所得。去参善权之清，问曰："此事人人有分，个个圆成，是否？"清曰："然。"九成曰："为甚么九成无个入处？"清出袖中数珠示曰："此是谁底？"九成俯仰无对。清复袖曰："是汝底则拈取去，才涉思惟，即不是汝底。"九成悚然。未几留苏氏馆，一夕如厕，因思恻隐之心乃仁之端，忽闻蛙鸣，豁然契悟，自举云："如何是祖师西来意，庭前柏树子。"不觉大笑，汗下被体。述偈曰：

　　　　春天月夜一声蛙，撞破乾坤共一家。正恁么时谁会得，颠头脚痛有玄沙。

高宗帝绍兴二年，擢进士第一，任镇东军签判，听断明敏，吏不能欺。民有冒醝禁者，提刑张宗臣欲逮捕之，九成以直言争，宗臣大怒，乃投檄归。后因赵鼎之荐，为太常博士，迁著作郎，拜礼部侍郎，进对之时，屡以正心术为言，又陈孟子保民之旨，高宗帝欣之。未几，除宗正少卿兼刑部侍郎。赵鼎罢相，秦桧代之，时金人来议和，桧欲许之，九成以为不可，为桧所嫉，改秘阁修撰。

第十六节　张九成与大慧宗杲

绍兴七年秋，大慧宗杲说法于径山，九成阅其语要，叹曰："是知宗门有人，恨不一见。"遂往谒。一日，问格物之旨。杲曰："公只知有格物，而不知有物格。"九成闻之，顿领微旨，题于壁曰："子韶格物，妙喜物格。欲识一贯，两个五百。"又问曰："前辈既得后，何故复理会四料拣？"杲曰："公之所见，但可入佛，不可入魔，岂可不从料拣中去耶？"九成遂举克符问临济因缘，至"人境两俱夺"，不觉欣然。杲曰："余则不然。"九成曰："师意如何？"杲曰："打破蔡州城，杀却吴元济。"于是九成廓然，得大自在，号无垢居士。尝曰："余闻径山老人所举因缘，如千门万户，一消一蹋而开，与联舆接席登高山之上，或缓步徐行人深水之中，非出常情之流，莫知吾二人落处，余得了末后大事，实在老人处，此瓣香不敢孤负老人也。"既而复谪守邵州。逾年丁父忧归。绍兴十一年，饭僧于径山，请杲说法。杲喻九成之禅以禅臂弓，遂说偈曰："神臂弓一发，透过千重甲。仔细拈来看，当甚臭皮袜。"

第十七节　横浦僧舍之自适

是时军国边事，方议神臂弓之用。秦桧恐九成等议己，使司议詹大方论九成、宗杲谤讪朝政，编置南安军，杲窜衡州。既至南安，闭门谢客，寓横浦僧舍，以经史自娱。缊袍粝食，亲知馈遗，一切谢遣，自号横浦居士。寇扰邻境，或请避之，九成曰："吾谪此邦，死分也，何避为？"居十四年，秦桧死。绍兴二十六年春，蒙旨知温州，宗杲亦放还，相会于赣州，留连款语，联舟东下，剧谈宗要。

第十八节　九成之救民及其著书

既至温州，宽其赋敛，导以礼法，民大和悦。绍兴二十八年宗杲再领径山，访九成于庆善院。九成曰："九成每于梦中必诵《语》《孟》，何也？"杲举《圆觉经》曰："由寂静故，十方世界诸如来心，于中显现，如镜中像。"九成曰："非老师莫闻此论也。"九成闲居，日以其二回食供僧饭，又尝供十六大天，而诸供茶杯悉变为乳，作偈曰："稽首十方佛法僧，稽首一切护法天。我今供养三宝天，如海一滴牛一毛。有何妙术能感格，试借意识为汝说。我心与佛天无异，一尘才起天地隔。倘或尘消觉圆净，是故佛天来降临。我欲供佛佛即现，我欲供天天亦现。佛子若或生狐疑，试问此乳何处来？狐疑即尘尘即疑，终与佛天不相似。我今为汝扫狐疑，如汤沃雪水消冰。汝今微有疑与惑，鹞子便到新罗国。"数月苦风痹，家人环泣。九成曰："吾平生践履，今日愈觉有力，何乃为儿女子咕咕涕泣耶？"疾稍间，设绛帐自居，训子弟益勤。绍兴二十九年六月六日卒，年六十八。所著《尚书》《大学》《中庸》《孝经》《论语》《孟子说》《无垢录》《横浦心传》。《四库书目》采录《孟子传》二十九卷、《横浦集》二十卷。

第十九节　张九成之禅

张九成于禅造诣深，故《心传》云：

或问："六经与人心所得如何？"曰："六经之书，焚烧无余，

> 而出于人心者常在，则经非纸上语，乃人心中理耳。"（《宋元学案》卷四十，3页右）

此从禅之不立文字得来，又云：

> 仁即是觉，觉即是心。因心生觉，因觉有仁，脱体是仁，无觉无心。（同上书，7页右）

以觉解仁，是九成之创见。《横浦日新》云：

> 巧不如拙，明不如晦，动不如静，进不如退。（同上书，11页左）

此从禅之退步守静说得来。九成谪居南安，修养愈深，可以下之二件证之。

> 谪居南安，步帅解潜亦谪居焉。病剧，公往省之。谓曰："太尉平日所怀，有不足者否？"潜泣曰："一生唯仗忠义，誓与敌死，以雪国耻，以不肯议和，遂为秦桧所斥，此心唯天知之。"先生曰："无愧此心足矣。奚必令人知？然人亦无不知者，但有迟速耳。"潜曰："闻此言，心中豁然矣。"即逝。公曰："武人一念正气，此与朝闻夕死何异。吾侪读圣贤书，平日安可不正此心乎？"（同上书，14页右）

又云：

或问:"先生手执一纸扇过数夏,破即补之。一皮履汗敝阙裂亦不易。头上乌巾,用纱不过一二尺许,乃以疏布,渍以墨汁作巾,至夏间裹之,或至墨汁流面亦不问。笔用秃笔,纸用故纸,以至衣服饮食皆不拣择,粗恶尤甚,人乍见之必以为不情,而先生处之,平生不改,此是性耶,抑爱惜不肯妄用耶?若使爱惜亦不应如此敝陋,深所未晓。"先生曰:"汝且道我用心每日在甚处,若一一去自头至足理会此形骸,却费了多少工夫。我不被他使,且要我使他,此等语须是学道之士修行,老僧方说得。入世人往往以我为鄙吝,以我为迂僻。我见世人役役然为此身所扰,自早至夜应副他不暇,特可为发一笑耳。"(同上书,15页右)

第二十节　克勤宗杲门下之禅弊

九成尝见宗杲《正法眼藏》,慊焉,以为如忠国师说义理禅,教坏人家男女。杲答书云:

> 左右以自所得瞥脱处为极则,才见涉理路,入泥入水为人底,便欲扫除使灭踪迹。见其所集《正法眼藏》,便云临济下有数个庵主好机锋,何不收入,如忠国师说义理禅教坏人家男女,决定可删。左右见道如此谛当,而不喜忠国师说老婆禅。坐在净净洁洁处,只爱击石火闪电光,一著子,此外不容一星儿别道理,真可惜耳。(《大慧普觉禅师书》下,70页右)

克勤宗杲门下,多坠击石火闪电光之窠臼,有不辨纯禅之为何之弊,九成亦其一人也。

第二十一节 李邴之参学

李邴，字汉老，济州任城县人。徽宗帝崇宁五年登进士第，累官为起居舍人，后除给事中，迁翰林学士。高宗帝即位，任徽猷阁待制，逾岁召为兵部侍郎兼直学士院，面谕叛臣苗傅、刘正彦等，以大义责之，且草百官章奏、太后之手诏复辟敕文，以功拜尚书右丞，改参知政事。绍兴五年应诏上战阵守备、措划绥靖各五事，不报，归老泉州闲居十七年，留心祖道，闻宗杲排默照禅而生疑。杲时住泉南长乐庵，邴往叩击。杲一日举赵州庭前柏树子之话曰："庭前柏树子，今日重新举。打破赵州关，特地寻言语。敢问大众，既是打破赵州关，为什么特地寻言语？"良久曰："当初只道茆长短，烧了方知地不平。"邴忽然有省，别后以书咨决曰：

> 某近扣筹室，承击发蒙滞，忽有省入。顾惟根识暗钝，平生学解尽落情见，一取一舍如衣坏絮，行草棘中，适自缠绕。今一笑顿释所疑，欣幸可量，非大宗匠委曲垂慈，何以致此。

杲答曰：

> 示谕自到城中，着衣吃饭，抱子弄孙，色色仍旧。既亡拘滞之情，亦不作奇特之想，宿习旧障，亦稍轻微，三复斯语，欢喜踊跃，此乃学佛之验也。倘非过量，大人于一笑中百了千，当则不能知吾家果有不传之妙云云。

邴遂命工图宗杲之像终身奉之。薨于泉州,年六十二,有《草堂集》一百卷。

第二十二节 李 光

李光,字泰发,上虞人。游太学,登崇宁进士,见刘安世,问所闻于温公,曰:"学当自无妄中入。"光即欣然领会,除太常博士。钦宗帝即位,擢右司谏,及高宗帝朝任秘书监。建炎三年知宣州,绍兴元年除吏部侍郎,累官迁礼部尚书,又为参知政事,与秦桧不合,于帝前言桧怀奸误国,桧大怒,明日上表乞罪,安置琼州。光在海外论文考史,怡然自适,年逾八十,笔力不衰。秦桧死后,复左朝大夫,还至江州卒。光尝守宣城,适彰教寺席虚,乃具疏请虎丘绍隆住持,又致书宗杲问禅要,杲答曰:

示谕华严重重法界断非虚语……大参相公平昔所学已见于行事,临祸福之际,如精金入火,愈见明耀。又决定知华严重重法界,断非虚语,则定不作他物想矣。其余七颠八倒,或逆或顺,或正或邪,亦非它物,愿公常作此观,妙喜亦在其中。异日相从于寂寞之滨,结当来世香火因缘,成就重重法界以实其事,岂小补哉!"

第二十三节 吕本中

吕本中,字居仁,幼敏悟,曾祖吕公著爱之。及长,从学于杨时、游酢、尹焞,以徽宗帝宣和六年除枢密院编修官。钦宗帝靖康元年为职方祠部二员外郎。高宗帝绍兴六年除起居中书二舍人。又为太常少卿兼侍讲，与秦桧不合被斥卒。本中平生好诗与禅，作《江西传衣诗派图》，推黄山谷为诗祖，列陈无己等二十五人为法嗣。所著诗二十卷，《春秋解》《童蒙训》《师友渊源录》行于世，学者称东莱先生云。《大慧普觉禅师书》中载《答吕舍人书》三篇。

第二十四节　秦国太夫人与诸名士之问法

秦国太夫人计氏，寡居，屏去纷华，常蔬食净斋，因宗杲遣道谦致问其子魏公（张浚），公留。谦以祖道诱之。夫人一日问曰：

"径山和尚寻常如何为人？"谦曰："和尚只教人看狗子无佛性及竹篦子话，只是不得下语，不得思量，不得向举起处会，不得向开口处承当。狗子还有佛性也无，无只恁么教人看。"

夫人遂谛信。是夜力究前话，忽尔无滞，托谦呈书及偈于宗杲，其一曰：

逐日看经文，如逢旧识人。莫言频有碍，一举一回新。

上记之外，丞相张浚、丞相汤思退、枢密富直柔、尚书汪应辰、枢密楼炤、侍郎向子諲、内翰汪藻、待制韩驹，其他朝野名士等，就宗杲问心要者多。

第二十五节　宗杲之接化手段

宗杲之接人严厉酷烈，不容易肯定诸方之见处。《南宋元明禅林僧宝传》卷三云，妙喜（杲之庵号）结庵洋屿，有僧昙懿者，久依圆悟，自谓无疑。绍兴初出住祥云。妙喜知其所见未实，致书令来，懿故不起，妙喜鸣鼓痛斥，榜告四方，懿乃破夏来洋屿。妙喜问其所证，大笑曰："汝恁么见解，敢嗣我圆悟老人耶？"懿愧汗浃背。既而退院，求侍妙喜，入室之次，妙喜曰："我要个不会禅的做国师。"懿对曰："我做得国师故也。"妙喜喝出，又召曰："阇黎香严悟处不在击竹边，俱胝得处不在指头上。"懿失声横趋去，妙喜笑曰："懿阇黎此回堪住院子也。"杲精猛开发，多类此。

第二十六节　宗杲之作略

又《大慧普觉禅师语录》卷一云，师绍兴七年七月二十一日于临安府明庆院开堂，数僧竞出，师乃约住云：

> 假使大地草木尽未为尘，一一尘有一一口，一一口具无碍广长舌相，一一舌相出无量差别音声，一一音声发无量差别言词，一一言词有无量差别妙义。如上尘数衲僧，各各具如是口，如是舌，如是音声，如是言词，如是妙义。同时致百千问难，问问各别，不消径山长老咳嗽一声，一时答了，乘时于其中间作无量无边广大佛事。一一佛事周遍法界，所谓一毛现神变，一切佛同说经，于无量劫不得其边际，便怎么去闹热门庭即得。若以正

眼观之，正是业识茫茫，无本可据，祖师门下一点也用不着。况复钩章棘句，展露言锋，非惟埋没从上宗乘，亦乃笑破衲僧鼻孔。……山僧今日如斯举唱，大似无梦说梦，好肉剜疮，检点将来，合吃拄杖。只今莫有下得毒手者么？若有，堪报不报之恩，共助无为之化。如无，倒行此令去也。

蓦拈拄杖云："横按镆铘全正令，太平寰宇斩痴顽。"卓一下，喝一喝。杲博辩纵横如是。

第二十七节　宗杲与韩驹

《佛祖历代通载》卷三十云，待制韩公（驹）子苍，与语喜之，以书闻于枢密徐公（俯）师川曰："顷见妙喜辩慧出流辈，又能道诸公事业衮衮不倦，实僧中之杞梓也。"时人敬服杲如此。《云卧纪谈》卷上云，待制韩公子苍，与大慧老师厚善，及公侨寓临川广寿精舍，大慧入闽，取道过公，馆于书斋几半年，晨兴相揖外，非时不许讲，行不让先后，坐不问宾主，盖道求相忘也，故公诗有"禅心如密付，更为少淹留"之句。

第二十八节　看话禅之转变

宗杲之禅以看话为主，以之为坐禅正门。盖看话渊源于唐末五代，至北宋益盛行，是通古则公案，而窥祖师之面目者，未尝不可。然所谓公案者，宗师应机临变，救学者病痛之言，不可坚拘执以为常法。故如会一两则之因缘以为了大事者。增上慢之太甚也。假令虽令古今因缘，多得断片的思想而止，而逸禅道全体，恰如众盲摸象，失其真矣。《大慧普觉禅师宗门武库》卷下云，五祖和尚初参圆照禅师，会尽古今因缘，可以想见当时看话之盛行。看话之风经圆悟、大慧惹起一大转变。何则？古所谓看话者，在通公案而咀嚼祖道之真味，而克勤、宗杲等所谓看话，则以公案杜塞思量分别。克勤之所宗，在扫荡知见解会，得以下语证之：

> 古来作家宗师不贵人作解会，唯许人舍知见，胸中不曾留毫发许，荡然如太虚空，悠久长养纯熟，此即本地风光，本来面目也。（《大藏经》，第三十一套，第四册，326页左）

克勤以公案杜绝知见，排遣思量，扫荡情识，供去粘解缚之用，《碧岩集》评唱示之而有余。宗杲又袭勤之衣钵，教退步省力之工夫，贵心头无物，故云：

> 多不肯退步就省力处做工夫，只以聪明意识计较思量，向外驰求。（《大慧普觉禅师书》，4页左）

第二十九节　公案提撕之目的

杲以公案为摧破知觉，情虑之具，得征之下语而知：

> 但将妄想颠倒底心，思量底心，好生恶死底心，知见解会底心，欣静厌闹底心，一时按下，只就按下处看个话头。僧问赵州狗子还有佛性也无？州云无。此一字子乃是摧许多恶知恶觉底器

仗也。(同上书，18页右)

又说无念之工夫云：

> 所谓工夫者，思量世间尘劳底心，回在干屎橛上。令情识不行，如土木偶人相似，觉得昏怛没巴鼻可把捉时，便是好消息也。莫怕落空，亦莫思前算后，几时得悟。若存此心，便落邪道。(同上书，50页左—51页右)

依看话叙悟道之状云：

> 但办得长远心与狗子无佛性话厮崖，崖来崖去，心无所之。忽然如睡梦觉，如莲华开，如披云见日，到恁么时，自然成一片矣。但日用七颠八倒处，只看个无字，莫管悟不悟，彻不彻，三世诸佛。只是个无事人，诸代祖师亦只是个无事人。(同上书，58页右)

如斯杲集中精神于公案，以一扫一切情识为入道正门。是彼之工夫，有甚似现代催眠术之处。如使达磨法门止此而已，则浅陋不足言也。且依杲所谓工夫，欲悟入宇宙人生之妙谛，决不可望。何以知之，以所谓杲之思想信仰之不统一而充满矛盾也。

第三十节　宗杲之唯心观与非唯心观的思想

杲云：

> 径山今日说此清净平等解脱之法……了唯心之净土，见自性之弥陀，此界他方，随处快乐。(《大藏经》，第三十一套，第四册，358页右)

是杲之唯心观也，佛是自性之佛，净土是唯心之净土。又言：

> 群灵一源，假名为佛。一源中具无量无边不可说。不可说差别异旨，能卷能舒，能造化万物，万物造化他不得。这个是人人本有之性，一味清净平等法门。我若把这法门从今日说到尽未来际，无有穷尽。(《大慧普觉禅师普说》，卷一，29页左)

是亦自心之佛，能造化万物云，杲如是似彻悟三界唯心之理，而其胸中又怀几许非唯心的妄想，故云：

> 慈照聪禅师。首山之子，咸平中住襄州石门。一日太守以私意笞辱之。暨归，众僧迎于道左，首座趋前问讯曰："太守无辜屈辱和尚如此。"慈照以手指地云："平地起骨堆。"随指涌一堆土。太守闻之，令人削去，复涌如初，太守全家死于襄州。(《大慧武库》，上19页右)

这个幻化，何足以为实，而慈照为之，太守见之，宗杲信之，这么三个瞎汉，埋却一坑可也。又云：

> 庐山李商老，因修造犯土，举家病肿，求医不效，乃净扫室宇，骨肉各令斋心焚香，诵《炽盛光咒》以禳所忤。未满七日，夜梦白衣老人骑牛在其家，忽地陷，旋旋没去。翌日大小皆无恙，志诚所感，速如影响，非佛力能如是也。（同上书，19页左）

是以疾病原因，归于鬼神所为，信读诵咒文而咒消灾禳祸之效者，与田夫野老之思想何择？

第三十一节　宗杲之幽灵谈

杲又云：

> 泐潭深和尚，河东人，真净之子。有悟侍者偶在知客寮见掉下火柴头，忽然有省。直上方丈，通所悟。深和尚喝出，自尔失心，引绳于延寿堂东司自缢。夜后常在藏院、知客寮、东司三处出没，移鞋度瓶，一众苦之。湛堂游浙回，充首座，闻其事，中夜故入延寿堂东司抽脱，壁灯微明，忽然扑灭，方脱衣，悟便提水瓶至。湛堂云："未要，且待我脱衣。"脱衣罢便接瓶子去。当时悟自缢间抽脱，须臾又送筹子来，及出，唤云："接瓶去。"悟才接，捉住摸其手，或似软，或似硬。问曰："汝是悟侍者么？汝便是当时在知客寮见掉下火柴头有省处底么？参禅学道只要知本命元辰下落处，汝在藏殿移端首座鞋履，岂不是汝当时悟得

底?又在知客寮移枕子,岂不是汝当时悟得底?逐夜在此与人提瓶度水,岂不是汝当时悟得底?因甚不知落处,只管在这里恼乱大众作么?我明日劝大众,为汝看藏经衰钱设粥追悼汝,汝当别求出离,不得滞着于此。"言讫乃推,一推如瓦砾塔子倒,索然有声,由是绝迹。湛堂一臂冷如冰,逾半月方半复。盖非人附阴而至冷气侵人如此。(同上书,34—35页右)

是亦田翁、村妇之幽灵谈耳。禅家常云:一省悟则长脱生死,悟侍者既有省,何以尚沉沦冥界?杲与湛堂共称大悟底人,而眼华乱坠,见鬼见灵,杲思想信仰之矛盾,无可遮蔽。《大慧武库》云:

> 师一日到明月庵,见壁间画髑髅,冯济川有颂云:"尸在这里,其人何在。乃知一灵,不居皮袋。"师不肯,作一颂云:"即此形骸,便是其人。一灵皮袋,皮袋一灵。"(同上书,63页左)

济川之见坠于先尼外道那边,杲不肯是也。杲如见身心一如,而与前节所引之幽灵谈不相容奈何。

又杲说法云:"佛照烧木罗汉得舍利,说佛光无碍,垂空飞去。南泉住山三十年,土地神不能见之。"云云,其识见之浅劣,实为可惊。

第三十二节　排击默照禅

杲开口必漫骂诸方长老,且极力排击默照禅,以资看话之鼓吹。其言云:

而今诸方有一般默照邪禅,见士大夫为尘劳所障,方寸不宁帖,便教伊寒灰枯木去。一条白练去,古庙香炉去,冷湫湫地去,将遮个休歇人,你道还休歇得么。殊不知遮个猢狲子不死,如何休歇得来。为先锋去,为殿后底不死如何休歇得。此风往年福建路极盛。妙喜绍兴初入闽住庵时便力排之,谓之断佛慧命。(《大慧普觉禅师普说》上,73页右)

第三十三节　正觉之默照禅是达磨之真诀

如斯杲曲解默照禅,以与寒灰枯木之禅、默默冷坐之禅,二乘之同视,然而正觉之所以教人,即大异此。杲自言:

昔达磨谓二祖曰:"汝但外息诸缘,内心无喘,心如墙壁,可以入道。"二祖种种说心说性俱不契。一日忽然省得达磨所示要门,遽白达磨曰:"弟子此回始息诸缘也。"达磨知其已悟,更不穷诘。只曰:"莫成断灭去否?"曰:"无。"达磨曰:"子作么生?"曰:"了了常知,故言之不可及。"达磨曰:"此乃从上诸佛诸祖所传心体,汝今既得,更勿疑也。"(《大慧普觉禅师书》,30页左)

达磨所谓"心如墙壁",即默也。二祖所谓"了了常知",即照也。默照乃达磨真诀,谁疑之哉。克勤《击节录》卷上云:

德山一日示众道:"汝但无事于心,于心无事则虚而灵、寂而妙。"

德山之所谓虚则默也,灵则照也,寂则默也,妙则照也。正觉之《默照铭》,乃以明此,何容疑乎?杲之排默照,盖恶其弊耳。

第三十四节　宗杲之排击与正觉之态度

《人天宝鉴》云:

> 绍兴癸亥冬,大慧禅师蒙恩北还,时育王虚席,宏智和尚举大慧主之。宏智前知其来多众,必匮食。预告知事曰:"汝急为我多办岁计,应香积合用者悉倍置之。"知事如所诫。明年大慧杲至,众盈万余指,未几香积告匮,众皆皇皇,大慧莫能措。宏智遂以所积之物尽发助之,由是一众咸受其济。慧诣谢曰:"非古佛安能有此力量。"慧一日执智手曰:"吾二人偕老矣,尔唱我和,我唱尔和,一旦有先溘然者,则存者为主其事。"越岁,宏智告寂,大慧为主丧,不逾盟也。(《雪窦杂记》)

宗杲抨击正觉之默照禅,极言断佛之慧命,而正觉之遇宗杲如是,此晚年杲所以服觉也。方觉之入灭,遗书寄杲,杲受之云:

> 古人道末后一句,始到牢关,把断要津,不通凡圣。

举起书云:

> 这个是天童和尚末后把断要津全提底消息,还委悉么?如未委悉,却请维那分明说破宣了。

遂升座云：

法幢摧，法梁折，法河干，法眼灭。虽然如此，正是天童真实说。且道说底事作么生，知音知后更谁知。(《大藏经》，第三十一套，第四册，368页右）

又正觉之《真赞》云：

烹佛煮祖大铲𫓧，锻凡锻圣恶钳锤。起曹溪于已坠之际，针膏肓于必死之时。善说法要，罔涉离微，不起于座而变荆棘林，为梵释龙天之宫而无作无为。神澄定灵，雪顶厖眉，良工幻出兮不许僧繇知，虚堂长桂兮梁宝公犹迷，个是天童老古锥，妙喜知音更有谁。(同上书，311页左)

可以知杲敬慕觉之深。

第三十五节　朱子与大慧书

《大慧普觉禅师语录》序云：

朱文公少年不乐读时文，因听一尊宿说禅，直指本心，遂悟昭昭灵灵一著。十八岁请举时，从刘屏山。屏山意其必留心举业，暨披其箧，只《大慧语录》一帙尔。

虽不知其为史实与否，却可谓杲为士人之间所重之暗示。

第三章 孝宗帝与诸山长老

孝宗帝深敬信佛乘,与诸山长老论道,就中灵隐寺之慧远、德光、径山之宝印最蒙宠遇。远,圆悟克勤之嗣,唱闪电击石之禅。其言云:"才涉思惟便成剩法,才落阴界即是生死根本,参禅如斫轮,拟议则没交涉,如击石火,似闪电光,已是钝置了,何故?法无二法,心无别法,天无二日。"光,大慧宗杲之嗣,以无妄念为宗,尝云:"道者不可说有,不可说无。诸天之天鼓,常陈苦空,弥陀之国土,水鸟树林皆悉念佛念法,倘正念现前,不间喧寂,则弹丝吹竹,皆谈实相也。"

第一节 孝宗帝之归佛

孝宗帝以隆兴元年(1163)即位,保二十七年之宝祚。幼皈依佛乘,即位之年七月御选德殿,制《观自在菩萨赞》。其词云:"观音大士以所谓普门示现神通力,故应迹于杭之天竺山,其来尚矣。朕每有祷祈随念感应。曰雨曰旸,不愆晷刻,是有助于冲人者也。"因为作赞曰:"猗欤大士,本自圆通。示有言说,为世之宗。明照无二,等观以慈即应妙不可思。"可以见帝追求有为之功德坠于依草附木境界。隆兴二年付都督府僧牒一万,分下诸路,又付二万于诸路出鬻。乾道元年二月以郑国公主出家,敕官民云:"有毁辱僧尼称秃字者,依祥符宣和敕旨，勒停品官，庶民流千里。僧尼过犯，官司不得私理，须奏闻取旨施行可也。"

第二节　孝宗帝与若讷

乾道三年幸上天竺寺，礼观音大士，问住持若讷曰："大士之前合拜不合拜？"讷曰："不拜财各自称尊，拜则递相恭敬。"帝欣然致拜。又问修《光明忏》之意。讷曰："佛为梵释四王说金光明三昧之道，嘱其护国护人，后世祖师立为忏仪，于岁旦奉行其法，为国祈福，此盛世之典也。"帝悦，擢讷为右街僧录，赠钱二万，即开石晋之僧道翊故居，建十六观堂，令翰林学士楼钥作记。三月敕建内观堂于禁中，一遵天竺之设计。四年四月以佛生日宣若讷，请五十僧，入内观堂，行《护国金光明三昧》，进左街僧录，号慧光法师。六年以景德灵隐禅寺缺主，命慧远住持。七年诏慧远入对选德殿。问对之词如后所录。八年秋召慧远入东阁，赐号佛海禅师。九年正月宣若讷入对选德殿，赐坐。帝曰："《光明忏》科仪如何？"讷曰："经中有理忏，有事忏。理忏者端坐究心，是以曰业障如霜露，皆从妄想生，端坐念实相，慧日能消除。事忏者有五谨，自正心诚意，思惟大乘甚深空义，从善如流，改过不吝，是修第一忏悔。孝事父母以先四海，是修第二忏悔。正法治世不枉人民，是修第三忏悔。于六斋日境内不杀，是修第四忏悔。深信因果，心存因果，不忘灵山付嘱，是修第五忏悔。不必克期礼拜，但能行此五者，以事契理，是名第一义忏悔。"帝大喜曰："甚有开发。"帝又曰："每日讲甚经？"讷曰："《妙法莲华经》。"帝曰："七卷经妙在何处？"讷曰："为令众生开示悟入佛之知见，不曾动着本体，点铁成金，直指人心，见性成佛。"皇情悦豫。淳熙二年十二月中遣使至阿育王山，迎舍利塔，帝瞻礼之。塔上如有月轮者，他日又见如水晶者，敕迎于东宫，皇太子亦见相轮上累累如水晶贯珠者。

第三节 德光与宝印

淳熙三年，许天台教文入大藏中。二月诏台州（浙江）报恩之德光主灵隐寺。十一月入对选德殿。帝问曰："释迦雪山六年所成者何事？"光曰："将谓陛下忘却。"帝喜赐佛照禅师之号。四月召德光入对内殿。帝问："浙东名山太白、玉几之外以何为胜？"光曰："保福护圣，国清万年。"帝悦。当时侍臣咸叹赏为名对。七年召明州（浙江）雪窦寺之宝印入对选德殿，论三教异同，帝大悦，令住径山兴圣万寿禅寺，又诏德光住阿育王山。十一月召对内殿，赐"妙胜之殿"四字，额为佛舍利殿。

第四节 《原道论》并《圆觉经注》

八年帝制《原道论》曰：

> 朕观韩愈《原道》，言佛老之相混，三教之相纰，未有能辩之者。但文烦而理迂，揆圣人之用心则未照然。何则？释氏专穷性命，弃外形骸，不着名相，而于世事了不相关，又何与礼乐仁义哉。尚犹立戒，曰不杀、不淫、不盗、不饮酒、不妄语。夫不杀，仁也；不淫，礼也；不盗，义也；不饮酒，智也；不妄语，信也。如此与仲尼又何远乎。从容中道圣人也。圣人所为孰非礼乐，孰非仁义，又乌得而名焉。譬如天地运行、阴阳循环之无

端，岂有意春夏秋冬之别哉。此世人强名之耳，亦犹仁义礼乐之别。圣人所以设教治世，不得不然也。因其强名揆而求之，则道也。道也者，仁义礼乐之宗也。仁义礼乐因道之用也。扬雄谓老氏弃仁义、灭礼乐，今迹老子之书，其所宝者三，曰慈、曰俭、曰不敢为天下先。孔门曰温良恭俭让，又曰惟仁为大。老子之所谓慈，岂非仁之大者耶？曰不敢为天下先，岂非让之大者耶？至其会道则互相偏举，所贵者清净守一，而与孔圣果相背驰乎？盖三教末流，昧者执之，自为异耳。夫佛老绝念无为，修心身而已矣。孔子教以治天下者，时所施不同耳。譬犹耒耜而耕，机杼而织，后世徒纷纷而惑，固失其理。或曰："当如之何去其惑哉？"曰："以佛修心，以老治身，以儒治世，斯可也。惟圣人为能同之，不可不论也。"

十年，帝亲注《圆觉经》，赐径山之宝印，令刊行于世。印具表谢，进颂，皇情甚悦。淳熙十六年（1189）让位皇太子，退休于重华宫，召若讷入内殿，令注《金刚般若经》，日披览而有所省发。

第五节　慧远与圆悟

慧远，号瞎堂，生于西蜀眉山（四川眉州治）金流镇彭氏。年十三投药师院宗辨出尘，祝发受具后，诣成都大慈寺习经论四年，还谒峨眉（四川）灵岩寺徽。徽，浮山法真之嗣。真，圆通可仙之嗣。仙，东林常聪之嗣。聪，黄龙慧南之嗣也。慧远初入门，值徽饭罢闲行于庭庑之间，远才见即问云："文殊为七佛祖师，未审什么人为文殊之师？"徽云："金沙溪畔马郎妇。"时有赵铁拂者为首座，远与之亲近，受其诱掖两岁，未有所得。一日静坐次，有僧独行自语曰："假四大以为盖覆，缘六尘而生心，忽遇六尘顿首，唤什么作心？"远闻之忽然有省。以告首座，首座可之，乃上方丈告徽，徽亦印可。明日告别，同志虽挽留，不听，曰："吾师以为可，而我终未释然也。"时圆悟克勤归蜀住昭觉寺，远往请益，辞旨峭硬，勤深器重之。一日有普说，举"庞居士问马祖：不与万法为侣者是什么人？马祖云：待汝一口吸尽西江水即向汝道"，闻而大悟，仆于众中，众以为中风，共掖起之。远曰："吾梦觉矣。"夜参，出问曰："净裸裸空无一物，赤骨律贫无一钱。户破家残，乞师赈济。"勤曰："七珍八宝一时拿。"远曰："争奈贼不入谨家之门。"答曰："机不离位，坠在毒海。"远随声喝。勤以拄杖击禅床曰："吃得棒也未？"远又喝，勤连下两喝，远礼拜，勤大喜，赠以偈，有旧铁舌转关棙之句，因之众目曰"铁舌远"。由是机锋峻发，无所抵牾。

第六节　慧远与大慧之相见并宗琏之皈依

高宗帝绍兴五年，圆悟克勤示寂。远叹云："哲人云亡，继之者谁乎？"乃扁舟东下。初抵淮南（扬州），住龙蟠八年，迁琅琊（山东徐州），又移婺州（浙江金华府）之普济、衢州（浙江衢州府）之定业，门庭峻峭，机语幽崄。此时大慧宗杲谪居梅州（广东），见远偈颂提唱之语，骇云："老师暮年有子如是耶？"因寄书通诚，并赠克勤所附之法衣。既而放还，远以颂迎杲，相遇甚欢。绍兴二十一年迁光孝，阅十年。安定郡王赵令衿、侍郎曾开问道，开饱参诸老，从宗杲游甚久，而犹未脱颖，见远始尽余疑。后过南岳住南台，时荆门军玉泉有穷谷宗琏、潭州大沩有行，并大沩山月庵善果高弟，五祖山法演曾孙也。

其道著湖湘之间，以为此间壁立万仞，远何所措足乎？因请升座，设三十余问，皆佛祖之淆讹，险节关棙，学者罕到之处，远随机开答，辞旨深奥，始大叹服，琏自率其徒环拜云："此膝不屈于人久矣。"未几过天台，历住护国、国清、鸿福三寺。

第七节　慧远之道声与示寂

孝宗帝乾道三年，尚书沈介守平江（湖南岳州平江县），以虎丘久不得人，邀远主之，道声闻遐迩。乾道五年遂奉诏住高亭山崇先寺，未几退居迎照庵。六年再奉诏主临安府灵隐寺。同七年孝宗帝诏入禁中问法。八年秋，因敕入东阁说法，赐号佛海禅师。有日本国僧觉阿，谒远叩参三年，顿有所得，作投机之偈五首去。孝宗帝淳熙元年有旨入斋内观堂，斋罢说法。同二年闰九月，入见于选德殿，大谈禅道之要。至明年（1176）正月十五日祝圣升座如常。帝密遣使伺远起居。斋罢侍者上方丈，但见门扃密闭，远素畜一黑猿，颇驯，能知人意，因衣以布裰，命曰猿行者。侍者从窗隙中窥，但见猿行者手持一卷书立床前，遂从后路诣榻前，拨张帐子，则远已化。取猿手中书览之，乃辞世之颂，云："拗折秤锤，掀翻露布。突出机先，鸦飞不度。"寿七十四。

第八节　慧远之家风

慧远之说法不守规辙，脱略窠臼，出言最幽崄，学者不能凑泊。上堂语云：

真净和尚示众云:"天地与我同根,万物与我同体,脚头脚底,横三竖四,此俱卢州火发,烧着帝释眉毛,东海龙王,忍痛不禁,轰一声霹雳,直得倾湫倒岳,云暗长空。十字街头廖胡子,醉中惊觉来,拊掌呵呵大笑云:'筠阳城中近来少贼。'乃拈拄杖云:'贼贼。'"

远举了,曰:

是则一场卖弄不少。争奈鼻孔眼睛,各有主在。何则?葛藤堆里作窃,未当白拈;酒店门前拾遗,不是正贼。

时东廊下恰犬吠,乃唤行者,探门前有甚客,大众皆回首,远曰:"要见正贼么?"遂哨指一声,摇手下座,其举扬大率如此。

第九节　当时之禅风

慧远奏对之语,载《佛海慧远禅师广录》卷二,为察知当时禅风,从《续传灯录》卷二十八抄出其一斑:

上曰:"如何免得生死?"师对:"不悟大乘道,终不能免。"上曰:"如何得悟?"师对:"本有之性,若以岁月磨去,无不悟者。"上曰:"悟后如何?"师对:"悟了始知陛下所问与臣所对,悉皆不是。"上曰:"一切处不是后如何?"师对:"脱体现前,了无毫发可见之相。"

上曰:"即心即佛如何?"师对:"目前无法。陛下唤什么作心？"上曰："如何是心？"师遂起身叉手而立，曰："只这是。"上笑。

九年四月二日有旨，四月八日宣入内观堂斋。……上曰："观行如何天竺法？"师奏云："今日十六人入观堂，修三年净观。"上曰："观者是观想，妄想颠倒相持，何时得了？"师对："以贼捉贼，将心觅心。故《楞严》呵云：想念不可脱，云何获圆通。"上曰："如《华严》大经要妙，只在偈赞处，争如十地顿超？"师对："如《华严经》偈赞，只闻得四句，则八十一卷《华严》一时了毕。"上曰："须尽底透得彻始得。"师对："曹洞下禅，多云直须尽底去，如何得尽底去？"上掷下羽扇于榻前，默然正坐。时众皆惘然，相顾无语。师即起身，近前奏曰："今日乃释迦如来诞庆之辰，陛下作此一段胜事，臣等见所未见，闻所未闻。"时大雨，乃曰："直得天雨四花，地摇六震。适来诸山皆有颂，臣独无，而今辄有一颂。"上曰："如何？"师对："未至禁门时举似陛下了也。"上曰："何妨再举一遍看。"师对："不可头上更安头。"上曰："朕也要知。"师退一步曰："臣深领此一问。"上曰："更有也无？"师对："常似今日。"又奏曰："昔见台州守宗颖，问因看《法华经》云，佛身长无量百千万亿那由他由旬，到此直是疑着。是时臣掷下扇子于地上云，你且道，我扇长多少，与佛身相去几何。渠惘然无答。"上曰："此是妙处，如庖丁解牛。"师对："不见全牛可下刀，无垢光中本三昧。"上首肯之。（《续藏经》，第一辑，第二编乙，第十五套，第四册，314—316页右）

慧远举扬宗乘，一似圆悟、大慧二老，截断知虑，划除分别，要使蓦地有相应处。孝宗帝召见远数次，虽全非门外客，而尚未升堂，值远之顺世。

第十节　僧蜡及嗣书授受之考证

因谓《奏对录》中有远关于僧蜡之语云：

> 上问曰："相将结夏？"师奏曰："此乃丛林成规。西天于结夏日，铸蜡人藏土窟中，结夏九十日，戒行精洁则蜡人冰，不然则蜡人不全。"故号为僧蜡。（同上书，316页右）

如是经论不见其据。宋人之架空，与史实相距甚远。当远之时，圆悟门下未有嗣书之授受，故以法衣、拂子、顶相等表信。慧远《答上蓝乘长老嗣书》云：

> 某手白上蓝乘长老：自高亭一别，赴宜春光孝道场，闻入院开堂，佛事响合。不逾一年，又闻迁席隆兴上蓝。……汝从我游，凡三移住山，必深明此意。幸在勉旃，更不多及。云禅人来下书，煎点礼数，一一如法。老僧晚归都下，住山宣诏，不时拨冗，作此坐夏在，即想体用轻安，法衣、拄杖、拂子，各一事付去为信，希检收。（《佛海慧远禅师语录》卷三;《续藏经》，第一辑，第二编，第二十五套，第五册，479—480页右）

又《答资德本长老嗣书》云：

> 文上人来，收书并信香等，如数领讫。承开法以来，中外

响应，且喜且慰。……汝久从我游，挨拶出没，星电交驰，如珠走盘，了无住着，是谓大解脱法。今既住山，当以续佛慧命为务。……法衣一顶，拂子一枝，北果等，以表信耳。时中为法珍重。（同上书，480页右）

第十一节　曾　开

俗士之参慧远者，曾开最知名。开，字天游，少好学，善属文，从学游酢，日读《论语》，求诸言不得，则反求诸心，每有意会，欣然忘食。累迁国子司业起居中书二舍人，逮钦宗帝时除显谟阁待制。高帝建炎初，知潭州兼湖南安抚使，既而招捕虔寇有功，论时政得其要，任刑部侍郎，又改为礼部侍郎，然与秦桧不合，遇御史之劾褫职。久之复秘阁修撰，卒年七十一。开尝游克勤、宗杲之门。绍兴二十一年，慧远补三衢之光孝时，与赵令衿共访之，问曰："如何是善知识？"远曰："灯笼露柱猫儿狗子。"开曰："为甚么赞即欢喜，毁即烦恼？"远曰："侍郎曾见善知识否？"开曰："某三十年参禅，何言不见。"远曰"向欢喜处见，烦恼处见？"开拟议，远震声便喝。开拟对，远又喝，又搦住曰："开口底不是曾侍郎，曾侍郎向什么去？"开不觉点头长嘘。远举手长揖曰："侍郎，且喜大事了毕。"开遂投机作颂曰："咄哉老驴，丛林妖孽，震地一声，天机漏泄。有人更问意如何，拈起拂子劈口截。"远曰："也只得一橛。"

第十二节　知府葛郯与尚书沈介

知府葛郯，字谦问，号信斋。少擢上第，首谒无庵法全。全，克勤嗣育王端裕子也。全令究即心即佛,久不契,请曰:"师有何方便使某得入?"全曰:"居士太无厌生。"已而慧远来居剑池,郊因从游,乃举全语,请为众普说。远发挥之曰:"即心即佛眉拖地,非心非佛双眼横。蝴蝶梦中家万里,子规枝上月三更。"留旬日而返。一日举"不是心,不是佛,不是物",豁然有省,说偈曰:"非心非佛亦非物,五凤楼前山突兀。艳阳影里倒翻身,野狐跳入金毛窟。"法全肯之,即以书颂呈远,远报曰:"此事非纸墨可既,居士能过,我当有所闻也。"遂复至虎丘。远迎之曰:"居士见处止可入佛境界,入魔境界犹未得在。"郊礼拜,远正容曰:"何不道'金毛跳入野狐窟'。"郊乃顿领。孝宗帝淳熙六年,守临川,八月感微疾,索笔大书曰:"大洋海里打鼓,须弥山下闻钟。业镜忽然扑破,翻身跳出虚空。"召僚属曰:"生之与死如昼与夜,无足怪者。若以道论,安得生死?若作生死会,则去道远矣。"言毕端坐而化。

第十三节　德光之寻师问法

德光,临江军新喻(江西临江府新喻县治)人,姓彭氏,其生也,乃祖曰:"吾家世积德,乃生此儿,必光吾门。"因是名德光。年九岁遇寇扰,避地袁州(湖南)木平寺,遽丧父母,为伯父所育。二十有一闻人诵《金刚经》,忽然通解,归求出家。乃礼同邑光化禅院足庵普吉出家。吉问:"不是心,不是佛,不是物,是什么?"光罔措,遂致疑,通夕不寐。次日诣方丈请益,曰:"昨日蒙和尚垂问,既不是心,又不是佛,又不是物,毕竟是什么?望和尚慈悲指示。"吉震威一喝,曰:"这沙弥,更要我与你下注脚在?"拈棒打出臂脊,光于是有省,此高宗帝绍兴十三年,年二十三岁也。吉后寓福州(福建)西禅,令光参东禅之月庵善果,时老宿多在闽中,光乃归参应庵昙华等五十余员之善知识,积十五年之工夫。

第十四节　德光与大慧

既而大慧宗杲住育王山,闻四海英才云集于此,光亦受其钳锤。一日入室,杲问:"僧问赵州如何是赵州。州云东门、西门、南门、北门,你作么生会?"光云:"大小赵州坐在屎窖里。"杲云:"你什处见赵州?"光云:"莫瞌睡。"杲打一竹篦云:"只怎么做工夫?"光云:"莫掩彩。"杲乃唤侍者问:"这僧名什么?"答云:"不得名。"杲云:"你看这漆桶乱做。"答云:"未为分外。"又一日入室,杲问:"唤作竹篦则触,不唤作竹篦则背如何?"光云:"请和尚放下竹篦与学人相见。"杲掷下竹篦云:"如何相见。"光云:"伎俩已尽。"杲云:"你看这汉又来老僧头上行。"光云:"也是寻常行履处。"次年佛涅槃之日,因顶谒之次,自念常住法身何有生灭,头未至地,忽然契悟,告杲,杲云:"你者四彻也。"及杲再主径山,拉光偕往阅夏,暂至蒋山省应庵昙华,庵称赞不已,谓人曰:"光兄顿出我一头地。"乃与书侍郎李浩曰:"光兄一自径山老叔印可,如虎插翅。"留月余而归。宗杲说偈,以顶相付光曰:"有德必有光,其光无间隔。名实要相称,非青黄赤白。"初住台州光孝。孝宗帝乾道三年,李浩分符天台,与光论道相契,以鸿福延请之,及迁天宁,学者云集。

第十五节　德光之风格

淳熙三年奉诏住灵隐寺。冬,召入便殿说法,赐号佛照禅师。淳

第三章　孝宗帝与诸山长老

熙七年,归老阿育王山。光宗帝绍熙四年,被旨住径山。宁宗帝嘉泰三年(1203)三月,告众曰:"吾世缘将尽矣。"至二十日,集众叙别,皆法门旨要,无半语及他事。求浴更衣,大书云:"八十三年,弥天罪过,末后殷勤,尽情说破。"趺坐而逝,谥普惠宗觉大禅师。

第十六节　德光之门风

《古尊宿语录》卷四十八所收有《奏对录》,抄出其一斑,便知光之门风。

　　上曰:"这里正要与长老忘怀论道。"师云:"陛下日应万机,直须向一切处着眼看,是什么道理?"上曰:"天下事来即应之。"师云:"可谓明镜当台,物来斯照。"上曰:"步步踏着实地。"师云:"直须怎么始得。"(《续藏经》,第一辑,第二编,第二十三套,第四册,412页右)

　　"且如即心即佛,非心非佛,陛下如何会?"上曰:"包含万象。"师云:"包含万象底是什么?"上曰:"对面底是。"师云:"认着依前还不是。"上乃默契。(同上书,412页左)

　　初七日,中使传旨,且归灵隐,待赐禅号。师遂归灵隐。四年(淳熙)正月二十四日,特赐佛照禅师号。(同上书,414页右)

　　淳熙戊戌(五年)十月初二日,召对便殿。……上曰:"朕近看《华严经》至'善财入法界品',思见善知识,如卿在前。"师云:"陛下今日召臣僧,陛下是主,臣僧是伴,主伴交参,机感相投,便入华严法界。所以道,无边刹境,自他不隔于毫端;十世古今,始终不离于当念。此乃不出陛下一念。"上曰:"是朕得暇

常于损斋静坐，但日用事繁，不能纯一。"师云："陛下但正心术，自然如明镜当台，物来斯照。"（同上书，414页左）

至尊云："朕每日常诵《楞严》《圆觉》并儒书，终日翛然无一事。"师云："足见陛下圣学日新。大抵看经教展卷时，便与古人对偶，正不在多读。"至尊云："朕常念兹在兹。"师云："陛下乃菩萨地位中来，所以愿力坚固，然一切语默动静处，直教正念现在，莫起第二念，只如臣即今与陛下相对，臣又安知陛下微细流注处，只此微细流注处，谓之偷心。偷心若无，自然不起第二念。"至尊云："朕得禅师提这一念，不为无补。"（同上书，417页左）

第十七节　宝印之游化

宝印，李氏，嘉州龙游（四川嘉定府）人，少好学，通六经，厌俗务，从德山院清素（又曰清远）得度具戒，听《华严》《起信》之要。时密印安民，说法于中峰道场。民，圆悟克勤之嗣。即往从之。一日民举僧问岩头："起灭不停时如何？"头叱曰："是谁起灭。"印闻之豁然有省，由是现锐锋。会克勤归成都昭觉，随从入室，勤问："从上诸圣以何接人？"印竖拳。勤曰："此是老僧用底，作么生是从上诸圣用底？"印挥拳。勤亦举拳相交，大笑而止。勤叹异曰："是子他日必类我师。"留昭觉三年，安民犹在中峰，以堂中第一座致印，印辞之。民曰："我以法得人，人不我传，尚何以说法？"欲为弃众而去。众大惶惧，趋昭觉恳请印，克勤亦助之，印即行。道望日隆，学者争归之。久之南游，谒佛性泰、月庵杲、草堂清等，皆契合，晚至径山见宗杲，杲问："从什处来？"曰："西川（蜀）。"杲曰："未出剑门关，与汝三十棒了也。"印曰："不合起动和尚。"杲欣然扫室延之，既而杲南迁，印亦西还。出住临邛（四川邛县治）凤凰山，嗣安民，道既盛行，德行服人，徙广汉（四川汉州治）之崇庆、武信之东禅、成都之龙华、眉山之中岩，又还成都领正法。俄再出峡抵金陵，应庵昙华方住蒋山，馆印上方，白留守张焘，欲举以代己。印闻之，即日发去。会丞相陈俊卿来金陵，以保宁请印，未几徙京口（江苏）金山，兵乱后，金山荒废，至是始复旧。异时居此山者鲜逾三年，印安坐十五夏。魏惠宪王牧四明（台州），以雪窦虚席来请，印住之四年，乐其山林，有终老之意。

第十八节　宝印与孝宗帝

然孝宗帝淳熙七年夏，敕住径山兴圣万寿禅寺。印年迈，日常宴坐，匡床颓然，士夫访之者拜于床下，爱慕倍父母。七月，孝宗帝召入禁中，以老病足蹇，赐肩舆东华门内，供食内观堂，引对于选德殿。印直登榻跏趺，群臣失色，帝喜其真率。淳熙十年春，帝亲注《大方广圆觉经》，遣中使赐宝印，令作序刊行。同十五年乞老，门人惧其远游不返，筑庵山北请退居。光宗帝在东宫，书"别峰"二大字榜之。光宗帝绍熙元年（1190）十一月到寺见住山之智策告别，策问行日，印曰："水到渠成。"归取幅纸，书"十二月初七夜鸡鸣时"九字，至期而化，寿八十二，谥曰慈辩禅师。

第四章　天童如净与万松行秀之真风

当宁宗帝与理宗帝之御宇，曹洞门下出二大宗匠，天童之如净、报恩之行秀是也。净是恶拳痛棒，陶冶学人，放言纵谈，痛斥时弊，炽然唱逸格之真风，见处高迈，振无畏之辩，如苍松之吟风。其法语谓："吾心者天地之太祖，岩花开，松风鸣，至于万象之无作而作，皆吾心之用，而初未尝用也。"行秀是精通儒释二教，出入金元二朝，受王臣之归向，尝示众云："衲僧之行履不异常途，唯临死生、祸福、得失、是非之际，视死如生，受辱如荣。"可见其为人。

第一节　天童如净

如净字长翁，明州（浙江）苇江人。姓俞，以孝宗帝隆兴元年生，出家后勤习经论。十九游方，登雪窦山参足庵智鉴。鉴，天童宗珏之嗣。珏，长芦清了之嗣也。鉴问："汝名什么？"净曰："如净。"鉴曰："不曾染污，净个什么？"净莫措。一日白鉴曰："愿乞某充净头。"鉴曰："不曾染污，净个什么？若道得，许汝净头。"净又莫措。阅数月，鉴召净室内曰："前来一捞道得也未？"净拟议，鉴大叱："出。"如是激发数番。一日忽上方丈，白鉴言："某甲道得。"鉴曰："纵脱白褁，即落便宜，如何道得？"净拟进语，鉴便打，于是豁然有省，连声叫曰：

"某甲道得，某甲道得。"鉴微笑，即请充净头。后游泳江湖二十余年。宁宗帝嘉定三年，四十有八载，于华严褒忠禅寺受请，住建康府清凉寺。次移台州瑞岩净土禅寺，未几有敕请，乃住临安府南山净慈报恩光孝禅寺，又转明州定海县瑞岩寺，再敕请住净慈。时天童之无际了派入寂，遗书致净，于是理宗帝宝庆元年，六十有三载，住明州太白山天童景德禅寺。净不容许云衲之挂搭，且谓："无头心惯头，我个里不可也。"便逐出了曰："不是一本分人，要作什么？如此狗子骚人，挂搭不得。"一日虚堂知愚来参，净问："汝还知处生父母通身红烂在荆棘林中么？"愚曰："好事不在匆忙。"净便与一掌。愚两手展开曰："且缓缓。"净乃休。住天童四年，至理宗帝绍定元年（1128），忽感微疾，自知不起，退院上堂曰："进院得住且住，退院要行便行，还委悉么？个条乌柱杖莫怪太生狞。"掷拄杖下座，直下涅槃堂。净六坐大道场，未示禀受。人请之，即曰："待我涅槃堂拈出。"果临终拈香曰："如净行脚四十余年，首到乳峰，失脚坠于陷阱，此香今不免拈出钝置，我前住雪窦足庵大和尚。"遗偈书曰："六十六年，罪犯弥天。打个踍跳，活陷黄泉。咦，从来生死不相干。"入寂时同年七月十七日也。

第二节　如净宗风之特色——只管打坐

关于净言行，其法嗣道元所传如下：

> 堂头和尚（如净）示云："参禅者身心脱落也，不用烧香、礼拜、念佛、修忏、看经，只管打坐而已。"
> （道元）拜问："身心脱落者何？"
> 堂头和尚示云："身心脱落者坐禅也，只管打坐，时离五欲除

五盖也。"

拜问:"近代痴者云,三毒即佛法,五欲即祖道,若除彼等,即是取舍,还同小乘如何?"

堂头和尚示云:"若不除三毒、五欲等者,一如瓶沙王国、阿阇世王国之诸外道辈。佛祖之儿孙,若除一盖一欲,则巨益也,与佛祖相见之时节也。"(《宝庆记》,14页左—15页左)

只管打坐是净宗风之特色,而打坐以扫荡五欲、五盖之尘垢为主,非待悟之坐也。

第三节 如净之坐禅与接化之悃切

佛祖坐禅,从初发心愿,集一切诸佛法,故于坐禅中不忘众生,不舍众生,乃至昆虫,常给慈念,誓愿济度所有功德回向一切……世世修诸功德,得心柔软也。

道元拜白:"作么生是得心柔软?"

堂头和尚慈诲云:"辨肯佛佛祖祖,身心脱落乃柔软心也,唤这个作佛祖心印也。"(同上书,32页右—左)

我(道元)寓居大宋天童禅院时,净老宵坐禅至二更三点,晓从四更二点三点起坐禅,与长老共坐僧堂里,一夜不息。其间众僧多眠,长老巡行,于睡眠僧或以拳打,或以履打,令知耻醒眠,犹眠时则行照堂打钟。召行者燃蜡烛,卒时普说云:"集居僧堂里,徒眠何用?然则何为出家入丛林耶?看世间之帝王官人,何人亦不难以身过日?君法王道,臣尽忠节,乃至庶民开田取锹,何人不做活过世?逃是而入丛林空度时光,毕竟何用?生死

第四章 天童如净与万松行秀之真风

事大,无常迅速,是教家与禅家所同劝。今夕明旦如何受死,如何受病哉?且存时不行佛法,睡卧空过时间是最愚也。因此故佛法乃衰。诸方佛法盛时,丛林皆专以坐禅为事。近代诸方不劝坐禅,佛法所以浇薄也。"以如斯道理劝导众僧坐禅,是亲眼所见,今之学人当思彼之作风。亦有时近傍侍者等云:"僧堂里众僧倦极欲眠,或因病起退心,此坐久之故。"欲请缩短坐禅时刻。长老大嗔云:"不然。无道心者,假令居僧堂半时片时犹且思眠,有道心修行之志者,时间愈长愈益喜修。我年幼时历观诸方长老。有长老如此劝云:'已前眠僧不用拳力打,今老后便成废物。不用力打得,不能成就好僧。'诸方长老劝缓坐,故佛法衰微也。我则要打愈要打,以此诏人也。"(《正法眼藏随闻记》卷二,50—51页,岩波文库本)

先师平常普说:"我十九载以后,遍参诸方丛林,不为人师。十九载以后,一日一夜无不碍蒲团之日夜。某甲又住院以后,不与乡人讲话,因为光阴可惜,挂锡所在,庵里寮舍,一切不在眼中,何况游山玩水费工夫哉!云堂公界坐禅之外,或在阁上,或求屏处,只要个人稳便之处坐禅,常袖里带着蒲团。有时岩下坐禅,常思坐破金刚座,是固所期也。时时臀肉烂坏,此时愈益喜好坐禅。某甲今年六十五载,坐骨头懒,虽不会坐禅,由于怜悯十方兄弟,住持山门,晓谕方来,为众传道也。"(《正法眼藏》中卷,第三十行持,65—66页,岩波文库本)

可以知净是如何勇猛之坐禅的实行者。净接人颇悃切,故云:

先师天童净和尚住持时,于僧堂、众僧坐禅时,诫其睡眠,以履打,虽谤言呵责,而众僧皆喜,赞叹其打。有时亦上堂,次云:"我既老后,今虽辞众住庵,扶老而居,却为众知识各破迷授道之住持人。因是或出呵责之词,行竹篦打掷等事,是颇可怖,然而代佛扬化仪之式也,请诸兄弟以慈悲许是。"众僧皆流涕。(《正法眼藏随闻记》卷一,17页,岩波文库本)

实可谓亲言之出自亲口者。

第四节　慕古之宗风

净常慕古风,远离名利,操守清严。

先师从十九岁离乡寻师,辨道工夫,至六十五载,尚不退不转也。不亲近帝者,不见帝者,不亲厚丞相,不亲厚官员,不惟表谢紫衣师号,一生亦不搭袈裟。平常上堂入室,均用黑袈裟褯子。(《正法眼藏》中卷,第三十行持,64页,岩波文库本)

嘉定皇帝(宁宗)虽赐紫衣师号,竟不受,修表辞谢。十方云衲共崇重,远近有识共随喜,皇帝大悦,赐茶。是所知奇代之事,赞叹可也。(同上书,63页)

第五节　当时之禅弊与僧风之颓废

净有慨于当时杜撰之禅匠,惑溺名利,猥出入权门之弊:

某甲当时挂锡径山。光佛照,其时有粥饭头,上堂云:"佛道禅法，一定不可求之他人言句，只各自理会。"如此说，僧堂里都不管，云水兄弟也都不管，只管与官客相见追寻已耳。佛照殊非佛法机关，一心只贪名爱利，佛法若各自理会，何有寻师访道之老古锥哉？真个是光佛照不曾参禅也。今诸方长老无道心，只光佛照个儿子也。佛法那得他手里有，可惜可惜。如此说，佛照儿孙怎么多半不见有名者。（同上书，64—65页）

当时僧风颓败最甚，故云：

大宋国之僧家内，有不具参学眼之辈，多留长爪，或留爪一寸、二寸，或留三四寸……或蓄长发……先师古佛（如净）常就天下僧家长发、长爪之辈提出警诫云：不会净发，不是俗人，不是僧家，便是畜生。古来佛祖，谁是不净发者！如今不会净发，真个是畜生……近来二三百年，因祖师道废，如此之辈甚多。由如此之辈担当寺院主人。署以师号，为众之相，人天无福。今天下诸山，道心浑无，得道个久绝，只管破落党也。（《正法眼藏·洗净》）

长爪、长发之僧风，诸录所未见，其起于北宋北期耶？着直缀之风，亦行。故云：

堂头和尚慈诲云："上古禅和子皆着褊衫也。间有着直缀者。近来都着直缀，乃浇风也。你欲慕古风，则须着褊衫。今日参内里之僧必着褊衫。传衣时、受菩萨戒时亦着褊衫。近来参禅僧家，谓着褊衫是律家兄弟服者，乃非也，不知古法人也。"（《宝庆

记》，22页右）

经行之仪亦废而不行，故云：

> 僧家寓僧堂，功夫最要直须缓步。近代诸方长老不知人多也，知者极少。缓步以息为限，而运足也不观脚跟，然不躬不仰而运步也。傍观见之只如立一处也。肩胸等不可动摇而振也。和尚度度步大光明藏向于东西，教道元见，便示云近日知缓步只老僧一人而已。你试问诸方长老看，必竟他未曾知也。（同上书，10页左）

第六节　如净之思想

净语现存多是禅家一流之机语，无平实吐露其思想者。《天童如净禅师语录》卷下：

> 老僧少年卧牛背上，吹乌盐角，调入梅花引，忽然转呜喧，不知所以，乃其角破而气绝。天空豁空，吾心忘矣，久而返吾心，即天地之太祖。呜呼！岩花开，松风鸣，至于万象无作而作，皆吾心之用，而初未尝用也。于是骑牛还家，尚记其仿佛。（《续藏经》，第一辑，第二编，第二十九套，第五册，488页左）

可以见彼所现唯心的实在论之一斑。同书载净下火之法语云：

> 万法归一，生也，犹如着衫。一归何处，死也，还同脱裤。

生死脱着不相干，一道神光常独露，咦！疾焰过风发大机，尘尘刹刹没回互。(同上书，490页右)

死生一如之见，如视掌中。

第七节　如净之机用

欲知如净之机用，试观下语：

除夜小参，年尽月尽日尽时尽，以拂子划一划云："尽情划断。"举拂子云："者个无尽还见么？唤作清凉拂子，受用无尽，今夜共诸人分岁，说法无尽。所以春水满四泽无尽，夏云多奇峰无尽，秋月扬明辉无尽，冬岭秀孤松无尽。一年如是，过去无尽。一年如是，到来无尽。若怎么见得？日日眼睛定动，时时鼻孔轩昂，依旧年月日时悉皆无尽。虽然尽与无尽，与者拂子，总不相干。正当恁么忽有个汉，出来对众夺却，免见葛藤无尽，大家庆快无尽，其或不然，伏听处分。"击拂子云："斩新历日明朝看，大岁骑牛倒上天。"举僧问香林："如何是衲衣下事？"香林云："腊月下烧山。"师颂云："衲衣下事火烧山，腊月家贫彻骨寒。堪笑连延曾未息，眉毛焦赤面皮斑。"(同上书，486页左)

第八节　如净之独断及
　　　　排斥五家宗风之要点

净不但不肯诸方长老，亦不肯临济德山，征之道元语可知。净

《临济之赞》云:

> 捏个空拳,吓杀天下。这般祖师,畜生驴马。

依净之见地,禅是佛祖正传之大道,不许有五家之门风别。故云:

> 先师古佛(如净)上堂示众云:"如今个个只管道云门、法眼、沩仰、临济、曹洞等家风有别者,不是佛法,也不是祖师道也。"(《正法眼藏·佛道》)

净信认佛祖之大道则可,不许有五家之门风别,是否认历史事实之独断也。

> 先师示众云:"近年祖师道废,魔党畜生多频频举五家门风,苦哉,苦哉。"(同上)

盖斥五家儿孙各守格则,死在窠窟里。故道元云:

> 大宋国一二百余年前后所杜撰之一切臭皮袋皆曰:"祖师言句犹不必置于心,何况经教,更不必看,不必用,只令身心如同枯木死灰,如同破木杓、脱底桶。如斯之辈,只是外道天魔之流类……或有接引学人者,攀临济之四料简、四照用,云门之三句,洞山之三路、五位等以为学道之标准。先师天童和尚常笑此曰:"学佛岂如此也?"(《正法眼藏·佛经》)

第九节　如净之所信与禅院之规矩

净自信体认释尊之正法，躬行七佛之古仪，如：

> 拜问："天下有四个寺院，谓禅院、教院、律院、徒弟院。禅院者，佛祖之儿孙，单传嵩山之面壁，而功夫正法眼藏、涅槃妙心留在这里，诚是如来嫡嗣，而佛法之总府也。余乃支离也，更不可齐肩对论欤？"
>
> 堂头和尚诲云："元子来书甚说得是也。往古来今未闻教、律、禅之闲名，今称三院者，便是末代之浇风也。王臣未知佛法，乱称教僧、律僧、禅僧等，寺院赐额之时，亦书律寺、教寺、禅寺等之字，如是辗转天下。今见五辈之僧，所以律僧南山之远孙也，教僧天台之远孙也，瑜伽僧不空等之远孙也。徒弟僧师资未详也。禅僧达磨之儿孙也。可怜末代边地见。如是辈，西天虽有五部而一佛法也，东地五僧如不一佛法也。国若有明主不可有如是违乱。汝当知今称禅院、寺院图样仪式，皆是祖师之亲训、正嫡之直传也。所以七佛之古仪惟是禅院耳。称禅院者虽乱称而今所行之法仪，实是佛祖之正传也。然乃吾宗者本府也，律、教者支离也。所以佛祖是法王也，国王即位，王于天下时，一切皆属王也。"（《宝庆记》24—29页左）

由是观之，则南宋有禅、教、律三院，有禅、教、律、瑜伽、徒弟五辈之僧。净信以禅院之结构规矩为七佛之古仪，而禅院之结构成于唐僧百丈之创意，如其所行之清规，百丈以来又经几多变迁，而至南宋之历史奈何?

第十节　宋为诸教融合之时代

宋是诸教融合之时代,其教禅之一致,自然之势也。如四明法智下四世、秀州当湖竹庵可观,为台教之硕学,亦全具禅僧之风。彼中论四句之颂云:

> 中论因缘所生法,一句道尽无剩语。我说即是空假中,珠帘暮卷西山雨。

又船子颂云:

> 夹山不在一揖上,明月芦华夜夜寒。船子故应无可做,偶来此地弄钓竿。(《续藏经》,第一辑,第二编乙,第六套,第一册,87页右)

又说教院十六观堂,并修净业始于明智中立。见《佛祖统纪》卷十四所载之传。

又说三教一致者不少。如孝宗帝之《原道论》即是。然净大弹呵之:

> 三教一致之语,不及小儿子之言音,为坏佛法之徒也。如斯之辈为数甚多,或现人天导师之相,或为帝王之师匠。大宋佛法衰薄之时节也。先师古佛深以此为诫。(《正法眼藏·诸法实相》)

> 大抵孔老劣于佛教之言,无及于天地悬隔之论。执意妄论此事,谤佛法也。……大宋如此之辈署以师号,任为师职,以古今之无惭,愚昧乱辨佛道!(《正法眼藏·佛经》)

第十一节 面授嗣法之重视及嗣书之多种

净认面授嗣法之重要,以传授嗣书为古仪云:

> 大宋宝庆元年乙酉五月一日,道元始烧香礼拜先师天童古佛于妙高台。先师古佛始见道元,其时指授面授道元曰:"佛佛祖祖面授之现成法门,是即灵山之拈华也,嵩山之得髓也,黄梅之传衣也。洞山之面授也,是佛祖之眼藏面授,唯吾屋里有,余人梦也未见闻在。"(《正法眼藏·面授》)

然嗣书之样式不一定,如净当时既有多种,故云:

> 道元在宋时,于见所绘礼拜嗣书,有多种多样嗣书。(《正法眼藏·嗣书》)

法眼下之嗣书:

> 初祖摩诃迦叶悟于释迦牟尼佛,释迦牟尼佛悟于迦叶佛,如是写着。(同上)

又云门下之嗣书是:

云门下之嗣书,当宗月长老充任天童寺首座之职时,曾让道元看过。上面列有现受嗣书人之亲师及西天东地佛祖之名,其下有受嗣人之名字,从诸佛祖直到今之新祖师名字。如此则从如来经四十余代至新嗣者之名。即使授于各各新祖,亦是如此,与余门相同,亦承接摩诃迦叶、阿难陀等。(同上)

临济下之嗣书:

龙门佛眼禅师清远和尚之远孙有名传藏主者,他亦带有嗣书……其嗣书样式,上面写有从七佛以后至临济的四十五祖之名。临济之后之师,作一圆相,于其内环绕写上列祖法讳及华字。新嗣之名写在末尾年月之下头。可知临济下之尊宿有如此之不同。(同上)

临济之嗣书首先写其名字,再写某甲子参吾、来与吾会,入吾堂奥,写上嗣于吾,此后为继接前代之名。其少有法训。所谓宗趣,尽管初置后嗣,只是真善知识相见,为的的之宗旨也。临济门下嗣书如此。今据亲自所见而记。(同上)

阿育王山佛照禅师德光与其嗣了派嗣书是:

了派藏主者,武威人也。今吾子也。德光参侍径山杲和尚,径山嗣夹山勤,勤嗣杨岐演,演嗣海会端,端嗣杨岐会,会嗣慈明圆,圆嗣汾阳照,照嗣首山念,念嗣风穴沼,沼嗣南院颙,颙嗣兴化奖,奖是临济高祖之长嫡也。(同上)

第十二节　嗣书形式与洞下嗣书

其书写于白绢之表背，表纸为红锦，轴是玉制。嗣书长九寸许，阔七尺余。(《正法眼藏·嗣书》)

福州元蕭室内之嗣书是：

素地为落地梅绫，长九寸余，阔一寻余，轴为黄玉，表纸是锦。(同上)

曹洞下之嗣书是：

今我洞山门下所写嗣书与临济等所写者有异，是书写于佛祖之衣里。据正传，青原高祖亲在曹溪之机前出手指净血书写。相传用其指血与曹溪之指血相合而书传之也。相传于初祖、二祖之时仍行合血书传之仪。此吾子参吾不书，诸佛及七佛书传嗣书之仪也。(同上)

而未示其样式，永平门下儿孙所传之嗣书，从净授道元所制，如万仞之《三物秘辨》所详记。

第十三节　诸佛之嗣法及嗣书之制作

依净所信，则七佛以来，有嗣法面授：

先师古佛天童堂上大和尚示曰:"诸佛必有嗣法,谓释迦牟尼佛嗣法于迦叶佛,迦叶佛嗣法于拘那含牟尼佛,拘那含牟尼佛嗣法于拘留孙佛,如此相嗣,以至于今。应信受之,此学佛之道也。"时道元问曰:"迦叶佛入涅槃之后,释迦牟尼方出世成道。何况贤劫之诸佛,如何嗣法于庄严劫之诸佛?此道理如何?"先师曰:"何有异说。听教之解,十圣三贤等之道,非佛祖嫡嫡相传之道。唯我佛佛相传之道,谓释迦牟尼佛确从迦叶佛嗣法、受学也。释迦佛嗣法之后,迦叶佛入涅槃,并有参学之事也。"(《正法眼藏·嗣书》)

净之独断的非历史之如是。想嗣书之作,不出自少林、曹溪,上代尚未之闻,至宋始传之。五家样式各异,是其本非一之证。五代以后,五家七宗分派,非以嗣书记其传承,则支派纷乱无由知其源流,此嗣书所以必要也,而未详为何人始制。曹洞下所传嗣书,二十八祖之名与《景德传灯录》相符,可以推知为宋人之作。且投子义青当嗣法大阳。浮山法远所传,只顶相皮履等,不能云嗣书相传,当时尚无嗣书传授之证。洞下所传大事者道元,未一言及此。元以后所作亦明。

第十四节 如净传

如净传在《续灯存稿》卷十一、《五灯会元续略》卷一、《继灯录》卷一、《南宋元明禅林僧宝传》卷七、《续灯正统》卷三十五、《揞黑豆集》卷一及其他诸书,而无一详其族姓、籍贯、行业。面山所撰有《天童如净禅师行录》一卷,记事正确有凭据,净传多从之。《天童如净禅师语录》二卷收《续藏经》第一辑第二编第二十九套第五册。《天童如净禅师遗录》一卷收同册中。卷末有道元自记云："师（如净）讳如净，明州苇江人也，俗姓俞氏子也。"《面山遗录》以为日本人伪作，然无其理由。卍山序中所辨可从也。《宗统编年》卷二十四云："如净以孝宗帝乾道九年（1173）卒。"大误谬矣。净此年正十二岁耳，遗偈有六十六年，罪犯弥天，可知编年之妄。

第十五节　万松行秀之风格与著书

　　行秀，俗姓蔡，河内（河南怀庆府河内县治）人，礼邢州法隽（顺德府邢台县治）净土寺赟允落发。具戒后，欲南询，抵燕，栖息潭柘寺，过庆寿寺参胜默光。光，行秀之师，雪岩满之法眷。光令看长沙之转自己山河大地话，半载无所入。默曰："只我愿你迟会。"次上彰德府（河南）磁州之大明寺，参雪岩满，才二十七日领旨，乃曰："得恁么近。"始知胜默为人处，婆心切落草深也。在满会下二年，尽得其底蕴。满付以衣偈，勉令流通大法。由是西河（汾州）三晋皆钦行秀之名。寻归邢州净土寺构万松轩以自适，是行秀所以名万松老人也。次迁中都（直隶北京）万寿寺。金明昌四年（南宋光宗帝绍熙四年，1193年）章宗帝诏，入禁庭升座说法，帝躬迎礼，闻法感悟，赐锦绮大衣，建普度会，每岁设斋。又同帝承安二年（南宋宁宗帝庆元三年，1197年）奉诏住大都（大定府）仰山之栖贤寺。栖贤寺，先金世宗帝所建，玄冥颢为其开山。颢，金之禅匠，未大弘法门，及秀袭其席，万指归向，振兴玄风。次移锡报恩洪济。元太宗帝二年庚寅（南宋理宗帝绍定三年，1230年）奉敕再主中都万寿寺，秀数领大刹，大唱新丰之宗风，道化盛一时。尝在燕京报恩筑从容庵居之，逸处幽林，评唱宏智之《百颂》，为《从容录》。又著《请益录》，时年六十五,学者至今传习之。秀天资英利,于百家之学无不淹通,三阅藏经,恒业《华严》。有《祖灯录》六十二卷、《释氏新闻》、《鸣道集》、《辨宗说》、《心经风鸣》、《禅悦法喜集》等若干卷。有《净土》《洪济》《仰山》《万寿》四会语录行世。元定宗帝丙午(南宋理宗帝淳祐六年,1246年)寂。临终书偈曰:"八十一年,只此一语。珍重诸人,切莫错举。"

第十六节　行秀之教说

行秀能谈真妄不二、事理双照之妙谛,不背洞上家风。

全真问:"弟子三十余年,打叠妄心不下,乞师方便。"师曰:"汝妄心有来多少时也?未审本来有妄心否?只如妄心,作么生断,只者妄心断即是,不断即是?"真闻廓然,礼拜而去。(《续藏经》,第一辑,第二编乙,第十四套,第二册,150页左)

波必有水,水或无波。性海无风,心波自涌。二利妙门,无出于此。(《续藏经》,第一辑,第二编,第二十三套,第五册,450页左)

秀之语,《从容录》《请益录》等所载,带当时之流弊,就中效圆悟克勤,而有所不及。

示众:"机轮转处,智眼犹迷。宝镜开时,纤尘不度。开拳不落地,应物善知时,两及相逢时,如何回互?"(同上书,第二编乙,第十四套,第二册,251页右)

示众:"向上一机,鹤冲霄汉。当阳一路,鹧过新罗。直饶眼似流星,未免口如匾担,且道,是何宗旨?"(同上)

第十七节　入寂年代

《宗统编年》卷二十五云:"行秀以南宋理宗帝端平三年丙申入寂。"《续灯正统》卷三十五、《五灯全书》卷六十一作"元定宗帝元年丙午",即理宗帝淳祐六年。按行秀门人,耶律楚材号湛然居士,以"元太宗之皇后称制三年,寿五十五没",即理宗帝淳祐甲辰四年,见《元史》卷百四十六。然行秀《请益录》第七十一则评唱云:"近日人传写湛然居士真,手拈麈尾,请万松赞。赞曰:'大悲千臂,俱胝一指,错认湛然,手中拂瞎。'"盖居士殁后,传写湛然之真者。故秀之入灭,当在淳祐四年以后,故取《续灯正统》等之淳祐六年。《从容录》诸书所记,皆秀晚年所作,然此书之成,在南宋宁宗帝嘉定十六年癸未,秀自序中已明。是岁,秀方五十八岁,其后二十三年寂,不能谓之晚年。秀自序云:

兵革以来废其祖墓。迩来退居燕京报恩,旋筑蜗舍,榜曰从容庵。图成旧绪,适值湛然居士劝请成之。

乃知秀退仰山,迁报恩时所作。然则本录非秀退万寿寺后作,晚年之作乃《请益录》也。

第十八节　行秀之法系

就行秀之法系,《五灯会元续略》等诸书所记如下:

> 天童净——鹿门觉——青州辨——大明宝——王山体——雪岩满——万松秀。

是以秀为如净六代孙者,而秀以南宋孝宗帝乾道二年丙戌生,净以同帝之隆兴元年癸未生,故净较秀仅长三岁而已。可以知其说之妄。《请益录》并《从容录》中,以雪岩满称先师语,散见诸处。且《请益录》第三十则评云:"昔王山法祖侍磁州大明,戮力十年躬为侍者。"乃知秀以雪岩满为师、王山体为祖、大明宝为曾祖。《宗统编年》卷二十四所引北京胜果寺《曹洞源流碑》云:

> 佛祖源流,曹洞门庭,过去庄严劫千佛,现在贤劫千佛,未来星宿劫千佛,至七佛西天二十八祖,东土六祖下分五派:曹洞、临济、云门、沩仰、法眼。曹洞正传青原思、石头迁、药山俨、云岩晟、洞山价、云居膺、同安丕、同安志、梁山观、大阳延、投子青、芙蓉楷、鹿门觉、青州辨、大明宝、王山体、雪岩满、万松秀、雪庭裕、少林泰、少林遇、少林才、大学彝,已上祖佛各有传法之偈,正统十一年春三月吉日。

准此说,则行秀乃芙蓉楷六代孙也,而如净为其五代孙,即如下:

第四章　天童如净与万松行秀之真风

芙蓉┌丹霞淳──长芦了──天童珏──雪窦鉴──天童净
道楷└鹿门觉──青州辨──大明宝──王山体──雪岩满──万松秀

谓秀与净同其时代亦宜。水户祇园寺所藏同寺开山心越兴俦之嗣书，并兴俦所述法系如下：

> 长翁如净、鹿门自觉、普炤一辨、大明宝、王山体、雪岩满、万松秀云云。

至是嗣书亦不足置信。《五灯会元续略》卷一、《继灯录》卷一、《五灯严统》卷十四，及其后诸录，举天童如净之法嗣襄州鹿门觉者乃青州普照寺一辨之师，其略云：

> 襄州鹿门觉禅师参长翁，值翁上堂，举灵云悟道因缘颂曰："一个乌梅似本形，蜘蛛结网打蜻蜓。蜻蜓落了两片翼，堪笑乌梅咬铁钉。"师不觉失笑曰："早知灯是火，饭熟几多时。"后承印记出住鹿门云云。

按《如净语录》载"一个乌梅云云"之颂，然于《天童如净禅师遗录》之后，据其资道元所记有：

> 法嗣出世者六人，即六处盛化。承天孤蟾如莹，瑞岩无外义远，华严田翁项公，自庵师揩，岳林痴翁师莹及日本吾而六个也，皆受师印记出世。

无鹿门觉者，《嘉泰普灯录》卷五举芙蓉道楷之嗣东京净因自觉者，其略云：

> 师青州人，族王氏，幼以儒业见知于司马温公，留门下十余年。事高尚而无意功名，一旦落发，从芙蓉游，履践精密，契悟超绝。崇宁四年出住大乘，徽宗皇帝闻其名，诏居净因云云。

《补续高僧传》卷九，引《裕州大乘山普严寺碑》云：

> 觉，长安人，有操行，断缘舍俗，师事大长老道楷。究竟大事，得骨与髓，士大夫闻其言，翛然有遗世意，一时知识无出觉右者。崇宁间诏居净因，声光益弘云云。

又《佛祖正宗·道影》卷三"四十六世鹿门自觉"条云：

> 师生青州王氏，少业儒，受知司马温公。绍圣间从芙蓉落发。师问："胡家曲子，不坠五音，韵出青霄，请师吹唱。"蓉曰："木鸡啼子夜，铁凤叫天明。"师曰："怎么则一句曲含千古韵，满堂云水尽知音。"曰："无舌童儿能继和。"师曰："作家宗师，人天眼目。"蓉曰："禁取两片皮。"师契悟，蓉印可。崇宁间，诏住净因。政和五年迁鹿门。政和七年二月，举末后句，示众而化。灰烬舍利如菽，葬青州。入塔日，感雨花之应。(《指月录》年历差讹，龙塘误续世代，今依青州辨所撰塔志乃是。)

依此说，则净因自觉者，芙蓉道楷之嗣也，后迁于鹿门，而与如净之嗣鹿门觉全为别人。如细注谓，此说出青州辨所撰之《净因觉塔志》，最可信赖，然则万松行秀之法系，出自芙蓉之嗣鹿门觉，非出自如净之资鹿门觉也。

第十九节　耶律楚材与成吉思汗

万松行秀之及门学者有耶律楚材。楚材，字晋卿，博极群书，通天文、地理、律历、术数、释老、医卜之说。仕金章宗为开州同知，贞祐二年（南宋嘉定七年，1216年）宣宗迁汴，辟任左右司员外郎。及翌年元太祖成吉思汗定燕，闻楚材之名，召见之。身长八尺，美髯宏声，帝伟之曰："辽金世仇，朕为汝雪之。"对曰："臣父祖尝委质事之，既为之臣，臣敢仇君耶？"帝重其言，置之左右，日益信任。每从征伐，随事纳谏，务止杀戮，以全民命。太祖十四年己卯（南宋嘉定十二年，1220年）帝亲征西域，楚材随之。十九年甲申帝至东印度，驻铁门关，传有一角之兽，其形如鹿而马尾，其色绿，作人言，谓侍卫曰："汝主宜早还。"帝以问楚材，对曰："此瑞兽也，其角端能言四方语，好生恶杀，此天降符以告陛下。陛下天之元子，天下之人皆陛下之子，愿承天心以全民命。"帝即日班师。此行大约亘十年之久，故云：

予旅食西域且十年矣。中原动静，寂然无闻。（《湛然居士集》卷八，14页右）

第二十节　楚材之参学

先是，楚材年二十余，居燕。最倾心祖道，参圣安之澄，屡举

《古尊宿语录》中之句扣之，澄时许可。楚材自以为得，既而求道之心切，再以前事访澄。澄大翻前案，不然其所见。楚材甚惑，问其故，澄从容谕之曰：

> 昔公居要地，易为喜怒。又儒者多无谛信，惟搜摘语录以为谈柄，故予不即痛下钳锤耳。今揣公之心，果为本分事问予，予岂敢更辜负乎？于是乎不吝苦口。然予老矣，有万松老人者，儒释兼备，宗说精通，辩才无碍，公能见之，自当了公大事。

楚材唯唯，参行秀于报恩。有所相契，杜绝人迹，屏斥家务，虽祁寒溽暑，无日不参，废寝忘餐者，几三年获印证。秀乃授以衣，名之曰从源，号湛然居士。

第二十一节　楚材之伟功

楚材远征中写自己之胸襟吟云：

> 过天山和上人韵二绝
> 从征万里走风沙，南北东西总是家。
> 落得胸中空索索，凝然心是白莲花。
> 　　其二
> 一入空门心畅哉，浮云名利也忘怀。
> 无心对镜谁能识，优钵罗花火里开。
>
> 　　　　　　　（《湛然居士集》卷七，8页右—左）

西征中，请行秀评唱天童《颂古百则》。太祖十八年癸未《从容录》成，十九年甲申，楚材序之曰：

> 予西域伶仃数载，忽受是书，如醉而醒，如死而苏，踊跃欢呼。东望稽颡，再四披绎，抚卷而叹曰："万松来西域矣。"

二十二年丁亥，太祖卒。己丑（南宋理宗帝绍定二年，1229）太宗即位，楚材任中书令，军国大事悉取决焉。于是均赋税，正官制，兴文学，核工匠，平权量，给符印，百度具举，遐迩悦服。元之得定中原者，楚材之力也。一日行秀过其家，见楚材啖菜根、饭脱粟，曰："不太俭乎？"对曰："昔燕京被围，绝粒六十日，予守职如平常。及扈从西征六万余里，备历险阻而志不少沮，跨昆仑、瞰瀚海而志不加大。"盖涵养之效有如此。当征西时：

> 有司奏曰："五台等僧徒有能咒术及娴武略者，可部以从军。"楚材曰："释氏高行者必守不杀戒，奉慈忍行，故有危身不证鹅珠，守死不拔生草者，用之从军岂其宜哉。其不循法律者，必无志行，在彼既违佛旨，在此岂忠王事，故皆不可以从军也。"

议乃止。

> 萧守中曰："沙门不征不役，安坐而食，耗国累民，必此类矣，请除之。"楚材曰："人之生也有天命焉，人力所不能予夺者也。世有辛苦而饥饿者，有安逸而饱足者，修短苦乐，寿夭穷通，万状不齐，虽孔明之智、项羽之勇、颜回之贤、仲尼之圣，

亦不能移其毫发，岂彼沙门能穷吾民、耗吾国耶？故万世之在天下，天与则生，天夺则死。沙门亦天地间一物耳，其亦天养之也，天且宥之。子独不容，隘亦甚矣。"

第二十二节　皇后称制与耶律楚材

太宗崩后，皇后称制，任用奥都剌合蛮，楚材屡谏不听，有旨曰："凡奥都剌合蛮所建白，不为令史之书者，断其手。"楚材曰："军国之事，先帝悉委老臣，令史何与焉。事果合理，自当奉行。如不可行，死且不避，况截手乎？"后不悦，楚材辩论不已，大声曰："老臣先后历事三十余年，无负于国，皇后岂能以无罪杀臣也。"后虽憾之，亦深敬惮。甲辰年（南宋理宗帝淳祐四年，1244年）以愤悒卒，年五十五。皇后哀悼，赙赠甚厚。有人谮曰："楚材在相位日久，天下贡赋半入其家。"后命近世核视其库藏，唯琴玩十余及古今书画、金石遗文数千卷耳。所著有《湛然居士集》十四卷。

《五灯全书》卷六十一等记楚材以元太宗十六年卒，不可也，太宗在位十三年崩。又作南宋理宗帝淳祐癸卯，非也。《元史》卷一百四十六、《续宏简录》卷十一有本传，淳祐甲辰也。《五灯全书》卷六十一，元世祖西征时，令僧徒从军，楚材谏止之，非也。世祖即位，在楚材死后十七年。

第二十三节　李纯甫之《鸣道集说》

金李纯甫亦行秀及门。纯甫，字之纯，号屏山居士，弘州襄阴人。金章宗帝承安二年，擢经义进士。帝之南征，上疏论其胜负，宰执爱其文，荐入翰林，以京兆府判官卒，年四十七。纯甫为人聪敏，初业词赋，爱《左氏春秋》，为文法《庄》《列》《左氏》《战国策》，且好谈兵，自负其才，谓可俯拾功名，作《矮柏赋》，以诸葛孔明、王景略自期。然中年度其道不行，纵酒自放，绝意仕进。偶遇万松行秀，一言相契，遍观佛典，信解猛利，注《楞严》《金刚》等经，著《老子》《庄子》《中庸》集解，又合儒释道三家为一，取先儒之说笺其不相合者，作《鸣道集说》，凡二百十七篇，耶律楚材作序，大行于世。《佛祖历代通载》卷三十一所载略云：

> 明道曰："佛学只是以生死恐动人，可怪一千年来无一人觉此，是被他恐动也。圣贤以生死为本分，事无可惧，故不论生死。佛为怕生死，故只管说不休。本是利心上得来，故学者亦以利心信之。庄生云不怛死者，意亦如此。杨墨今已无，道家之说其害终小，唯佛学人人谈之，弥漫滔天，其害无涯。传灯千七百人敢道无一人达者，有一人得易箦之理，须寻一尺布帛裹头而死，必不肯胡服削发而终。"
>
> 屏山曰："圣人原始反终知死生之说，岂不论生死乎？程子之不论生死，正如小儿夜间不敢说鬼，病人讳死其证难医者也。害人而利我者杨朱也，利人而害我者墨翟也，学道者既利于我，又利于人，何害之有？至于圣人无一毫利心，岂无利物之心乎？故物亦利之，此天理也。圣人之道，或出或处，或默或语，殊途而同归，百虑而一致，故并行而不相悖。程子必欲八荒之外，尽圆冠而方履乎？"
>
> 伊川曰："禅家之言性，犹太阳之下置器耳，其间方圆大小不同，特欲倾此于彼耳。然在太阳几时动？又其学者善遁，若人语

以此理，必曰无修无证。"

屏山曰："此语出于徐铉，误读《首楞严经》。佛言五阴之识，如频伽瓶盛空以饷他方，空无出入，遂为禅学。岂知佛以此喻识情虚妄，本无来去，其如来藏妙真如性，正太阳元无动静，无修无证而证，但尽识情即如来藏妙真如性，非遁辞也。"

上蔡曰："学佛者欲免轮回，是利心私而已矣。此心有止而太虚无尽，必为轮回，推之于始，何所付受，其终何时间断，且天下人物各有数矣。"

屏山曰："佛说轮回，爱为根本。有爱我者亦爱涅槃，不知爱者真生死故，何利心之有。彼圆觉性非作非止，非任非灭，无始无终，无能无所，岂有间断哉。故众生本来成佛，生死涅槃犹如昨梦，梦中人物岂有数乎？上蔡梦中之人犹作梦语，不识圆觉认为太虚，悲夫。"

元城曰："所谓禅之一字，于六经中亦有此理，佛易其名。达磨西来，此话大行。佛法到今果弊矣。只认色相，若渠不来，佛法之灭久矣。又上根聪悟，多喜其说，故其说流通。某之南迁，虽平日于吾儒及老先生得力，亦不可谓于此事不得力。世间事有大于死生者乎？此事独一味理会死生，有个见处，则于贵贱祸福轻矣。老先生极通晓，但不言耳。盖此事极系利害，若常论则人以为平生只谈佛法，所谓五经者不能晓生死说矣，故为儒者不可谈，盖为孔子地也。下根之人谓寂寞枯槁乃是佛法，至于三纲五常不肯用意。又其下者泥于报应因果之说，不修人事，政教错乱，生灵涂炭，其祸盖不可胜言者，故某平生何曾言，亦本老先生之戒也。"

屏山曰："元城之说为佛者虑尽矣，为儒者虑似未尽也。佛书精微幽隐之妙，佛者未必尽知，皆儒者发之耳。今已章章然矣，或秘而不传。其合于吾书者，人将谓五经之中初无此理，吾圣人不知有此事，其利害亦非害也。吾欲尽发其秘，使天下后世共知六经之中有禅，吾圣人之为佛也。其为孔子地不亦大乎？彼以寂寞枯槁为佛法，以报应因果废人事，或至乱天下者，正以儒者不读其书，为所欺耳。今儒者尽发其秘，维摩败根之议，破落空之偏见；般若施身之戒，攻着相之愚夫。上无萧衍之祸，下无王缙之感矣。虽极口而谈，著书而辨，其亦可矣。学者其熟思之。"

龟山曰："儒佛深处所差杪忽耳。见儒者之道分明，则佛在其下矣。今之学者曰儒者之道在其下，是不知吾道之大也。为佛者既不读儒书，儒者又自小，然则道何由明哉？"

屏山曰："儒佛之轩轾者，不唯佛者不读儒书之过，亦儒者不读佛书之病也。吾读《首楞严经》，知儒在佛之下；又诵《阿含》等经，知佛在儒下；至读《华严经》，无佛无儒，无大无小，无高无下，能佛能儒，能大能小，存泯自在矣。"

晦庵曰："切病近世学者不知圣门实学之根本次第，而溺于佛老之说，妄意天地万物、人伦日用之外别有一物，空虚之妙不可测度，其心悬悬然，侥幸一见此物以为极致，未尝不坠于此者。"

屏山曰："天地万物，人伦日用，皆形而下者。形而上者谁之言欤？朱子耄而荒矣，偶忘此言，以为佛老之说，吾恐夫子之道亦将扫地矣。虽然不可不辩，佛之所谓色即是空，老子之所谓同谓之玄者，岂别有一物乎？朱子划而为二，是坠于此而不自知耳。"

第五章　径山师范之三教融合

与行秀同时,径山师范开化门于宋末,揭圆悟之法灯,照离乱之暗冥。其言云:"正法眼藏涅槃妙心者,人人本有之心也。上至帝王,下至黎庶,无不具此心。此心建立一切法,无一法不从心建立,所谓谁能出不由户,何莫由斯道哉。道者不可须臾离,至于左右逢源,岂有他哉。三教圣人同一舌头,各开门户,鞠其旨归,则无二致,惟禅宗超出语言情识之表,谓之无门之门。"

第一节　无准师范

师范号无准,蜀之梓潼(四川绵州梓潼县治)人,姓雍,九岁剃染,经书过目成诵,又喜宗门语要。光宗帝绍熙五年十月,具戒即欲南询,母何氏病笃,范刲股救疗。明年出游至成都,坐夏正法,有首座尧者,瞎堂慧远之嗣。范请益坐禅之法,尧曰:"禅是何物,坐底是谁?"范昼夜体究其语。一日如厕,提前话有省。绍熙七年于镇江府金山参退庵道奇(别峰宝印之嗣),退庵问曰:"远来何为?"范曰:"究明己事。"退庵曰:"生死到来如何?"对曰:"渠无生死。"庵曰:"参堂去。"久之游四明,依秀岩师瑞(佛照之嗣)于宁波府之育王山。时佛照德光居东庵,空叟宗印(佛照之嗣)分座,法席盛大称东南第一。范时年二十,贫而无资剃发,常被目为乌头子。

第二节 师范之省悟

已而绝钱塘，见松源崇岳（密庵咸杰之嗣。杰，天童之应庵昙华之嗣。华，虎丘绍隆之嗣。隆，圆悟克勤之子）于杭州灵隐，往来南山，栖迟此山六年。游吴门，闻破庵祖先（密庵咸杰之嗣）住苏州（江苏）西华秀峰，遂往依之。堂僧十余辈皆饱参宿学。不久辞往常州（江苏常州府）华藏，依遁庵宗演（大慧之嗣）三年，复还灵隐。时祖先居第一座，斋余同游石笋庵，庵之道者请益曰："胡孙子捉不住，乞师方便。"先曰："用捉他作什么？如风吹水，自然成纹。"范侍旁，豁然有省。侍郎张磁（约斋）新创广惠，请祖先开山，范偕往执侍三年。既而散席，同登径山又三年。先过天童扫密庵咸杰之塔，伴范绝江。先赴苏州穹隆，退归径山，范往省候。先迁寂时付密庵之法衣顶相，范不受之，唯领圆悟墨迹及密庵法语。

第三节 四明之自适

既而丧毕，访其旧友云巢岩（松源崇岳之嗣，密庵之孙）于穹隆为首座。有顷高原祖泉（金山道奇之子，径山宝印之孙）有四明梨洲之命。泉言范首座肯往，吾当一行，不然虽兜率内院不往也。范遂行。四明诸山以仗锡为高绝，而梨洲又在其二十里之绝顶。高寒荒落，非人所居。范婆娑其上，三年如一日。麻麦粟谷，仅供日食，未尝有饥色。既而以未至天台雁荡，拉石凑心月（金山之善开之子，密庵咸杰之曾孙）同游至瑞岩。翌日明州清凉专使来请，范拒之。适有人说清凉幽邃深靖，有小天童之称，乃入院，升座开法，嗣祖先，是宁宗帝嘉定十三年也。住留三年，京师诸禅以焦山举范。次迁雪窦山，经三年，奉旨住育王山，又三年领嵩山少林。

第四节　径山之建立

理宗帝绍定五年八月，朝命住径山，明年火灾，一山归乌有。理宗帝绍定六年，有旨入内，于修政殿见帝，奏对详明，赐金襕僧伽黎，升座于慈明殿，上垂帘听之，赐号佛鉴禅师。且降银绢、僧牒，助径山之营缮，三年寺成，又六年毁。而喜舍云至，不数年寺宇崇成，飞楼涌殿，如画图中物。理宗帝淳祐八年秋，诸堂告完成。范筑室明月池上，榜曰退耕，请老于朝，旧疾适作，翌九年涉春不愈。同年三月旦升座曰："山僧既老且病，无力得与诸人东语西语，今日勉强出来，从前所说不到底尽情向诸人面前抖擞去也。"遂起身抖衣云："是多少？"十五日集两班，区画后事，亲书遗表及遗书十数，言笑如常。十八日黎明索笔书偈曰："来时空索索，去也赤条条。更要问端的，天台有石桥。"顷逝，其年龄未详。

第五节　师范之襟度与恶弊

师范风神闲雅，襟度旷宽，有大人之趣，处逆境大变而雍容恬适，略不介意。寺门再火之夕，风雨暴作，范端坐别舍，漠然不问，且笑且吟曰："雨散云收后，崔嵬数百峰。王维虽妙手，难落笔头踪。"寺火之际，诸人出行李者，中途发钥，盗去过半，范目击之，而终身不言其姓名。三门之右趾建层阁，上安万佛，下敞僧寮，所费数十万，大风一夕仆之。范自外归，众不堪其忧。范曰："犹幸倾覆之早，加以数年，安僧其下，其不伤人乎？"宽仁大度，大率类此。

师范应理宗帝之诏，入大内升座，唱说天下泰平，社稷之基恰如万世不动。而其实国运全衰，蒙古入寇取洛阳，宋鼎颠覆，逼于旦夕时也。范等非以国家兴废附于云烟过眼，即不能对帝呈如斯谀辞，僧徒至被斥为无用之长物，亦不得已也。

第六节　师范之思想

师范对理宗帝述其经历云："臣僧师范一介庸衲，生于西蜀，浪游湖海，今四十年。"而是实绍定六年七月十五日，其诞生相当于光宗帝绍熙五年，入寂为五十六岁，理宗帝淳祐九年己酉也。以此为事实则与范行状所谓绍熙五年具戒之说不合，可疑。师范住径山，绍定五年八月对奏之语甚明，且丞相游侣祭文有十有八年挥麈双径，从绍定五年至淳祐九年正十八年。《宗统编年》卷二十五，理宗宝庆元年师范住径山云云，非也。《编年》之说，多失据。

师范就禅道有明确之思想，故云：

> 大道之源，万物之母，虚空莫能喻其广，沧溟未足较其深，可以昭日月之明，可以益山河之固，量包众善，体育群灵，德敷寰宇，犹春在百花，明赞政机，如镜临万象。一周事毕，不守故常，得意生身，随方任运。（《续藏经》，第一辑，第二编，第二十六套，第五册，482页左）

不但以大道之源为群灵之本、众善之渊，且以之为活物，比于青帝之生百花，大得吾人之意。又范信三教一致之旨，与当时思潮相同，

故云:

> 三教圣人,同一舌头,各开门户,鞠其旨归,则了无二致。(同上书,483页左)

第七节　歇心之说与学道之病

范平生教心以歇心之可贵。其言云:

> 须得一到大休、大歇、大安乐地方为究竟。(同上书,460页右)

既至大休、大歇,说自在之用云:

> 死生祸福之际,纤粟不能动摇。逆顺卷舒,一动一静,靡不中的,与其动也。应变灵通,圆融无际,与其静也。虚明独耀,不为胜妙境界之所桎梏,所谓一切时、一切处皆吾活业,自然游刃有余地矣。(同上书,458页右)

指摘学道有两般之病云:

> 学道无过两种病,若不滞在澄澄湛湛中,便在纷纷扰扰处。猛烈汉痛与摆拨,腾身一掷,透过那边,非但彼我声色能所俱亡,求生死朕兆了不可得,方谓之大休、大歇、大安乐。绝学无为闲道人也。(同上书,459页右)

第六章　南宋俗士之参禅与朱陆二大儒之学风

南宋俗士参禅者,既叙其二三,如参政钱端礼之于护国景元,侍郎李浩之于天童昙华,侍郎张磁之于天童咸杰。且大儒朱熹受二程以后禅之影响,而大成道学,如陆九渊殆融合禅儒立一家之学,以致为王守仁之先驱。

第一节　钱端礼

钱端礼,字处和,临安府临安人。高宗帝绍兴中为明州通判,累迁为右文殿修撰。高宗帝擢知临安府,又选权户部侍郎兼枢密都丞旨。及孝宗帝时,帝锐意谋恢复,诏张浚出师,有符离之败,汤思退遂倡和议。端礼奏云:"有用兵之名,无用兵之实,恶怨生事,无益于国。"思退大喜,奏除户部侍郎。未几兼吏部。时汤思退与张浚议和战不决,端礼奏云:"兵者凶器,愿以符离之溃为戒,早决国是为社稷至计。"于是命浚还戍兵,端礼充淮东宣谕使。端礼又奏罢浚之都督。端礼自淮还,极言守备疏略,说和议之要,遂除吏部侍郎。未几金人入寇,帝以思退为都督,端礼为兵部尚书,参赞军事。思退畏怯不行,和议既定,又除参知政事权知枢密院事。时久不置相,端礼乃窥相位。皇长子邓王夫人,端礼之女也。刑部侍郎王弗,阴附端礼,以助其势。吏部侍郎陈俊卿抗疏诋其罪,且谓本朝无以戚属为相,此惧不可为子孙法。帝纳其言。端礼憾之,出俊卿知建宁府,立邓王为太子。除资政殿大学士提举德寿宫兼侍读,知宁国府等。在任贪暴,降职一等,淳熙四年卒。

第二节　端礼之参禅

端礼号松窗,尝参护国景元。元,圆悟克勤之嗣。淳熙丙申三年,简堂行机（景元之嗣）归住平田,因与往来。翌四年丁酉,端礼有疾,修书召行机及国清、瑞岩二寺之主僧,有诀别语。三师诣榻次,端礼趺坐言笑移时,即书曰:

浮世虚幻,本无去来,四大五蕴必归终尽。虽佛祖具大威德力,亦不能免这一著子,天下老和尚、一切善知识还有跳得过者无?盖为地、水、火、风因缘和合暂时凑泊,不可错认为己有。大丈夫磊磊落落当用处把定,立处皆真。……上来诸圣开大解脱一路涅槃门。本来清净空寂境界,无为之大道也。今吾如是,岂不快哉。

置笔顾简堂曰:"某坐去好,卧去好?"堂曰:"相公去便了,理会甚坐与卧耶?"端礼笑曰:"法兄当为祖道自爱。"遂敛目而逝。

第三节　钱象祖之参禅

钱象祖,字公相,以端礼之荫入官。宁宗帝嘉泰四年为吏部尚书，与韩侂胄不合，为资政殿学士，俄贬知信州，期年而政举，大新学宫，置明辉阁以延文士。同帝开禧二年除右丞相兼枢密使。嘉定元年转左丞相，十二月罢为观文殿大学士，判福州，卒。

象祖号止庵，尝参天童之无用净全。全，大慧宗杲之嗣也。又参护国之景元。元曰："欲究此法，须得心法两忘乃可，法执未忘，契理亦非悟也。"象祖曰："才涉唇吻，便落意思如何？"元曰："本自无疮，勿伤之也。"象祖涣然有得。守金陵日，以净土为念，常于乡州，建接待十处，皆以净土、极乐等名之。嘉定二年二月有微疾，书偈曰："菡萏香从佛国来，琉璃地上绝纤埃。我心清净超于彼，今日遥知一朵开。"一僧问其疾，象祖曰："我不贪生，不怕死，不生天，不为人，惟求生净土耳。"言讫跏趺而逝。

第四节　潘良贵

潘良贵，字子贱，婺州金华人，为辟雍博士时，王黼、张邦昌等欲妻以女，悉拒之。蔡京以爵禄钩知名之士，数次遣人致意，正色谢绝。钦宗帝靖康元年，帝问秉钧轴者，良贵极言何㮚、唐恪等为相，必误社稷，陛下若欲扶危持颠之相，则非博询下僚，明扬微陋未见其可。语彻于外，要路者指为狂率，黜之。高宗帝即位，召为左司谏，宰相吕颐浩从容谓贵曰："旦夕相引入两省。"良贵对曰："亲老方欲乞外，两省官非良贵可为也。"退语人曰："宰相进退一世人才，以为贤邪自当擢用，何可握手密语，先示私恩。若士大夫受其牢笼，又何以立朝？"即日乞外补，以直龙图阁知严州。后为中书舍人。户部侍郎向子諲入见帝，语言烦亵，是日良贵立殿上，径至榻前厉声曰："子諲以无益之谈久烦圣听。"子諲欲退，高宗帝顾良贵曰："是朕问之。"又谕子谞且款语，子谞又语久不止。良贵叱退之，帝色变，乃为阁门所弹，出知明州。期年除徽猷阁待制，既而坐李光之罪，降二级，卒年五十七，有杂著十五卷。

良贵年四十倾心祖道，所至随众参扣，后依佛灯守珣（太平慧勤之嗣，五祖法演之孙），久而未契。因诉曰："良贵只欲知死去时如何。"珣曰："好个封皮，且留着使用，而今不了，不当忽被他换却封皮，卒无整理处。"又以南泉斩猫之话问曰："某看此甚久，终未透彻，告和尚慈悲。"珣曰："你只管理会别人家猫儿，不知走却自家狗子。"良贵言下有省。珣复曰："不易公进此一步，更须知有向上事始得，如今士大夫说禅说道，只依着义理便快活，大率似将钱买油糍吃了便不饥，其余便道是瞒他，亦可笑也。"良贵唯唯。

第五节 李 浩

李浩，字德远，临川人，高宗帝绍兴十二年擢进士，历官为光禄寺丞。因秦桧用事，言路闭塞，朝士多慎默，至是命百官有所对奏，浩、王十朋等相继言事，闻者兴起。孝宗帝以太常丞召。时张浚督师江淮，宰相多抑之。浩与汤思退素厚，御史尹穑欲引之共挤张浚。因荐浩对奏，然浩奏大反思退之意，二人不乐。踰年始除员外郎兼皇子恭王府直讲。每进讲参以时政，多所裨益。浙河有水灾，因上疏痛论时事，为执政者所忌，出知台州。时帝有大有为之志，廷臣依违苟且，不能奉行。浩尝面对陈两淮经理之策，至是为金使之接伴，还奏曰："臣亲见两淮可耕之田尽为废地，心尝痛之，条画营屯，以恢复根本。"又言："愿戒将吏，严备御，无规近功，日与大臣修治具，结人心，持重安静，以俟敌衅。"帝嘉纳，与宰相不合，以直宝文阁出知静江府，兼广西安抚使，治绩大显，二年召还。浩立朝慨然以时事为己任，忠愤激烈，切斥时弊，为执政所忌而罢。孝宗帝乾道九年为提举太平兴国宫，翌十年以秘阁修撰为夔路安抚使，淳熙三年九月卒，年六十一。

第六节　李浩之参禅

李浩，号正信，幼阅《首楞严》，恰如游旧国。应庵昙华（虎丘绍隆之嗣）尝说法于衢州明果，浩投诚入室。华揕其胸曰："侍郎死后向什么处去？"浩骇然汗下。华喝出。浩退未旬日，竟上堂奥，以偈寄同参之严康朝曰："门有孙膑铺，家存甘赘妻。夜眠还早起，谁悟复谁迷。"华见之称善。有鸎胭脂者，亦久参华，颇自负。浩送之偈曰：

　　不涂红粉自风流，往往禅徒到此休。透过古今圈缋后，却来这里吃拳头。

第七节　张　磁

张磁，字功甫，家杭州南湖上，官至直秘阁学士。尝参密庵咸杰，静坐究狗子无佛性之话，遂有省，自言胸臆豁然如太虚空，了无隔碍。尝闻钟声作颂曰："钟一声耳根塞，赤肉团边去个贼。有人问我解何宗，舜若多神面门黑。"晚年致仕，颇极游观之乐。其言曰："昔贤云不为俗情所染，方能说法度人。盖光明藏中，孰非游戏？若心常清净，离诸取着，于有差别境界中，而能常入无差别之定，则淫房酒肆，遍历道场，鼓乐音声皆读《般若》。倘情生智隔，逐境移源，则如鸟之黏黐，动伤躯命，又乌有所谓说法度人者？"后舍宅建寺，名慧云，请破庵祖先居之。

第八节　张　栻

张栻，字敬夫，丞相浚子，颖悟夙成，浚爱之，幼教以仁义忠孝大义，长师胡宏（号五峰）。宏一见器之，告以孔门论仁亲切之旨，栻退思如有得。宏称之曰："圣门有人矣。"栻益奋励，以古圣贤自期，作《希颜录》。以浚荫补官，除直秘阁。时孝宗帝新即位，浚督兵图恢复，栻内赞密谋，外参庶务，闲以军事入奏。浚既没，栻营其葬毕，上疏论时事，欲改帝心，疏入不报。栻之在朝也，召对六七，所言大抵皆修身务学、畏天恤民、抑侥幸、屏谗谀。于是宰相益惮之，而近习尤不悦。退家居累年，孝宗帝念之，除直宝文阁，知静江府。寻除秘阁修撰，改知江陵府，治绩大扬。淳熙七年卒，年四十八。遗表劝亲君子远小人，信任，防一己之偏；好恶，公天下之理。帝嗟叹不已，天下传诵之。

第九节　张栻之禅偈

张栻号南轩，尝问东林之道颜（大慧宗杲之嗣）曰："见即便见，拟思即差，又作么生？"颜曰："还同不知有。"栻曰："政当知有时如何？"颜曰："闻声见色只如常。"栻豁然有省。乃留偈曰："闻声见色只如常，熟察精粗理自障。脱似虚空藏碧落，曾无少剩一毫芒。"颜然之。后方病革，有人求教，栻曰："蝉脱人欲之私，春融天理之妙。"语讫而逝。所著有《论语》《孟子》《诗》《书》《太极图说》《经世编年》

等疏书。

第十节 朱 熹

朱熹，字元晦，一字仲晦，徽州婺源人，以高宗帝建炎庚戌四年九月十五日生，五岁读《孝经》，即题曰："不若是，非人也。"尝指日问父何所附，曰附于天。又问天何所附，父异之。高宗帝绍兴十八年登进士，为泉州同安主簿。孝宗帝即位求直言，乃上封事论圣学，极言与金人和之不可。同帝隆兴元年再入对论圣学与时事。时汤思退主和议，除熹武学博士待次。同三年，除枢密院编修官待次。同四年，建州饥，熹请府贷粟给民，多免死，社仓之法自此始。

第十一节 朱子之政治生涯

孝宗帝淳熙二年除秘书郎，五年史浩再相，除熹知南康军，至郡，值不雨，讲救荒政，全活甚多。访白鹿洞书院遗址，奏复其旧，立濂溪祠，配以二程。明年大旱，诏陈民间利病，熹上疏言正君心。孝宗帝见而大怒，宰相赵雄解之，除提举江西常平茶盐公事。会浙东大饥，以直秘阁迁提举浙东常平茶盐公事，讲救荒之术，策划无不得宜。吏部尚书郑丙，以私怨疏诋程学，且沮熹。监察御史陈贾亦面对奏假道学者之名济伪。十五年奏言正心诚意之要。兵部侍郎林栗尝与熹论《易》《西铭》不合，乃劾曰："熹本无学术，徒窃张载、程颐绪余，谓之道学，所至转携门生数十人，妄希孔孟历聘之风，邀索高价，不肯供职，其伪不可掩。"以直宝文阁主管西京嵩山崇福宫，未逾月再被召，乃上封事论天下之急务。宁宗帝即位，除焕章阁待制侍讲，辞不许，乃入对，直言时事之非。时韩侂胄用事，熹忧其害政，屡以为言。侂胄大怒，阴与其党谋，斥熹出知江陵府，云"为河滨中司，首（唱）专门之学，沽名抱诈"。及刘德秀、张栻之徒为谏官，论熹伪学之罪。伪学之称自此始。

第十二节　朱子之失意及其著书

太常少卿胡纮亦唱伪学猖獗，图为不轨。于是庆元二年监察御史沈继祖，诬熹十罪，令落职，乃命直学士院高文虎草诏谕天下，攻伪学日急。选人余嘉至上书乞斩熹，以是从游之士，特立不顾者屏伏丘壑，依阿巽懦者更名他师，过门不入，甚至有变易衣冠，狎游市肆，以示非其党者。而熹与诸生讲学不休。庆元六年卒，年七十一。将葬，言者曰："四方伪徒，集送伪师之葬，会聚之间，非妄谈时人长短，则缪议时政得失，望令守臣加约束。"帝从之。然会葬者千有余人。熹尝筑室建阳芦峰之巅，名云谷，其草堂曰晦庵，自号云谷老人，亦称晦庵、晦翁，晚居考亭；作精舍曰沧洲，号沧洲病叟，最后称遁翁。所著《易本义启蒙》《蓍卦考误》《诗集传》《大学中庸章句或问》《论语孟子集注》《太极图解》《通书解》《西铭解》《楚辞集注辩证》《韩文考异》《论孟集议》《孟子指要》《中庸辑略》《孝经刊误》《小学书》《通鉴纲目》《宋名臣言行录》《家礼》《近思录》《程氏遗书》《伊洛渊源录》等行于世。

第十三节　朱学与禅

朱学本周程，世既有定论。《宋元学案》卷四十八云：

第六章　南宋俗士之参禅与朱陆二大儒之学风

朱子之学本之李延平，由罗豫章而杨龟山而程子而周子。自周子有主静立极之说，传之二程。其后罗李二先生专教人默坐澄心，看喜怒哀乐之未发时作何气象。朱子初从延平游，固尝服膺其说，已而又参以程子主敬之说。

然则其说之似禅，可谓宜矣。熹尝云：

> 熹旧时亦要无所不学，禅道、文章、《楚辞》、诗、兵法，事事要学。一日忽思之曰："且慢，我只一个浑身，如何兼得许多。"（《宋元学案》卷四十八，53页右）

可以知彼之博究禅道等书。熹为学工夫虽与禅不同，恰类禅之悟道者也，故云：

> 若使道可以多闻博观而得，则世之知道者为不少矣。熹近日因事省发，如鸢飞鱼跃，明道以为与必有事焉，勿正之意同者，今乃晓然无疑。日用之间观此流行之体，初无间断处，有下工夫处，乃知日前自诳诳人之罪，盖不可胜赎也。此与守书册、泥言语全无交涉。（同上书，卷四十九，10页右）

是彼悟道，不立文字之端的也。彼之彻见心性，与禅不同。

> 释氏只是恍惚之间见得些心性影子，亦却不曾仔细见得真实心性。（同上书，13页左）

> 人之一心本是光明，不是死物……即此知觉炯然不昧，但无

喜怒哀乐之偏,思虑云为之扰,何尝不静。(同上书,14页左)

乃知彼以心体为静,为光明者。又谓禅以主为主而流于私,儒者以天理为主。

> 如释氏擎拳、竖拂、运水、搬柴之说,岂不见此心,岂不识此心!而卒不可与入尧舜之道者,正谓不见天理而专认此心以为主宰,故不免流于自私尔。前辈有言圣人本天、释氏本心,盖谓此也。(同上书,2页右)

彼论心之体用,与禅之虚灵寂照无异。

> 方其静也,事物未至,思虑未萌,而一性浑然,道义全具。……乃心之所以为体而寂然不动者也。……寂而常感,感而常寂,此心之所以周流贯彻而无一息之不仁也。(同上书,卷四十八,14页右)

第十四节 性善说与静坐

其说人心谓与天地之心同一。

> 天地以生物为心者也,而人物之生,又各得夫天地之心以为心者也。(同上书,17页左)

示为学之工夫云:

第六章　南宋俗士之参禅与朱陆二大儒之学风

> 为学大要,只在求放心。此心泛滥无所收拾,将甚处做管辖处。其他用功总间漫。须先就自心上立得定决不杂,则自然光明四达,照用有余。(同上书,39页左)

言及静坐云:

> 问:"伯羽如何用功?"曰:"且学静坐,痛抑思虑。"曰:"痛抑也不得,只是放退可也。若全闭眼而坐,却有思虑矣。又言也不可全无思虑,但要无邪思尔。"(同上书,48页左)

彼说去思虑烦扰之工夫,多得自佛家者。

> 问:"人之思虑有正有邪。若是大段邪僻之思都容易制,惟是许多头无端头面不紧要底思虑,不知何以制之?"曰,"此亦无他,只是觉得不当思虑底则莫要思量,便从觉下做工夫,久久纯熟,自然无此等思虑矣。譬如人坐不定者,两脚常要行,但才要行时,便自省觉。不要行久久纯熟,亦自然不要行,而坐得定矣。前辈有欲澄治思虑者,于坐处置两器,每一善念则投一粒白豆于器,每起一恶念则投一黑豆子于器中,初时黑豆多白豆少,后来白豆多黑豆少,到后来遂不复有黑豆,最后则虽白豆亦无之矣。"(同上书,49页左)

第十五节　朱熹之参学

《居士分灯录》卷下云:

熹尝致书道谦（大慧宗杲之嗣）曰："向蒙妙喜（大慧）开示，从前记持文字心识计较不得置丝毫许在胸中，但以狗子话时时提撕，愿投一语，警所不逮。"谦答曰："某二十年不能到无疑之地，然忽知非勇猛直前，便是一刀两段，把这一念提撕狗子话头，不要商量，不要穿凿，不要去知见，不要强承当。"熹于言下有省，有斋居诵经诗曰："端居独无事，聊披释氏书。暂息尘累牵，超然与道居。门掩竹林幽，禽鸣山雨余。了此无为法，身心同晏如。"

《佛法金汤编》卷十五云：

师（道谦）卒，公（朱熹）祭以文，略曰：我昔从学读《易》《语》《孟》，究观古人所以圣，既不自揆，欲造其风，道绝径塞，卒莫能通。下从长者问所当务，皆告之言要须契悟开悟之语不出于禅。我于是时则愿学焉。师出仙洲，我寓潭上，一岭间之，但有瞻仰。丙寅之秋，师来拱辰，乃获从容笑语，日亲一日。焚香请问此事，师则有言决定不是，始知平生浪自苦辛，去道日远，无所问津。未及一年，师以谤去，我以行役不得安住，往还之间，见师者三。见必款留，朝夕咨参，师亦喜我为说禅病，我亦感师，恨不速证。别其三月，中秋一书已非手笔，知疾可虞。前日僧来为欲往见。我喜作书曰此良便，书已遣矣。仆夫遄言同舟之人告以讣传，我惊使呼问以何故。於乎痛哉，何夺之遽。恭惟我师具正遍智，惟我未悟，一莫能窥，挥金辨供，泣于灵位，稽首如空，超诸一切。(《资鉴》)

或问朱子曰："今士大夫晚年都被禅家引去者何故？"答曰：

"是他高于你,你平生读许多书,记诵文章所借以取功名利禄之计者,到这里都靠不得,所以被他降下。他底且省力,人谁不悦而趋之乎?王介甫平生学许多道理,临了舍宅为寺。"又云:"只缘他打并得心下清洁,所以本朝李文靖公、王文正公、杨文公、刘元城、吕申公都是什么人,也都去学他。"又云:"佛书说六根、六识、四大、十二缘生之类皆极精妙,故前辈谓此孔孟所不及。"又曰:"四大即是魂魄,十二缘生出于《华严合论》。佛说本言尽去世间万事,后却说出实际理地不受一尘,万事门头不舍一法。"熹又曰:"《金刚经》大意只在须菩提问云何住,云何降服其心两句上,故说不应住法生心,不应住心生心,应无所住而生其心。此是答云何住。又说若卵生、胎生、湿生、化生,我皆令入无余涅槃而灭度之,此是答云何降伏其心。所谓降伏其心者,非谓欲遏伏此心,谓尽降伏世间一切众生之心,入无余涅槃,只是一无字。自此以后只是这意,若见诸相非相,即见如来,此谓离相即名为佛。"(《朱子语录》;《易解》)

《续灯存稿》卷三《明州天童灭翁天目文礼传》云:

> 师尤邃于《易》,乾淳诸儒大阐道学。师与之游,直示心法。朱晦庵问毋不敬,师叉手示之。杨慈湖问不欺之力,师答以偈曰:"此力分明在不欺,不欺能有几人知。要明象兔全提句,看取升阶正笏时。"

第十六节　陆九渊

陆九渊，字子静，自号存斋，抚州金溪人。三四岁时，问其父天地何所穷际，父异之，笑而不答，遂深思至忘寝食。闻人诵程伊川之语，自觉"若伤我者"，尝曰："伊川之言奚为与孔子、孟子之言不类？"初读《论语》，疑有子之言支离，十三岁读古书至宇宙二字，解者曰："四方上下曰宇，往古来今曰宙。"忽大省曰：

"宇宙内事乃己分内事，己分内事乃宇宙内事。"又尝曰："东海有圣人出焉，此心同也，此理同也。西海有圣人出焉，此心同也，此理同也。南海、北海有圣人出焉，此心同也，此理同也。千百世之上有圣人出焉，此心同也，此理同也。千百世之下有圣人出焉，此心同也，此理同也。"

孝宗帝乾道八年三十四岁登进士第，至行在从游者甚众。九渊能知学者心术，所言多中其情，至令人汗下。一日语学者曰：

"念虑之不正者，顷刻而知之，即可以正念虑之正者，顷刻而失之即为不正。有可以形迹观者，有不可以形迹观者。必以形迹观人，则不足以知人。必以形迹绳人，则不足以教人。"又曰："天下学者惟有两途，一途朴实，一途议论，足以明人心之邪正，破学者窟宅矣。"

孝宗帝淳熙元年授隆兴府靖安县主簿，后除国子正，敕令迁所删定官。九渊少闻金人之横虐,慨然有复仇之志。论奏五事,帝称善,除将作监丞,然为给事中王信所驳,出主管台州崇道观,是淳熙十三年也。归乡学者辐辏,每开讲,屡满户外,耄老扶杖观听。结茅象山,自号象山翁。山居五年,来见者逾数千人。人劝九渊著书,答曰:"六经注我,我注六经。"又曰:"学苟知道,六经皆我注脚。"光宗帝绍熙二年知荆门军,群盗屏息,风俗大改。荆门素无城壁,九渊以为四战之地,奏朝城之,二旬而毕,由是无边忧。逾年政行令修,民俗一变。丞相周必大,尝称荆门之政以为躬行之效。绍熙三年,沐浴更衣,端坐而卒,年五十四,有《象山文集》三十二卷,附《语录》四卷。

第十七节　陆九渊之学说与禅

陆九渊之学,远受唐之李翱,近继北宋周程。全祖望所云未详。

> 程门自谢上蔡以后,王信伯、林竹轩、张无垢至于林艾轩,皆其前茅。(《宋元学案》卷五十八,1页右)

周氏之学经程明道至谢上蔡等,大入禅去,既如前论。九渊"东海有圣人出焉,此心同也,此理同也"之语,乃效李翱《复性书》者,彼云:

> 吾自六岁读书,但为辞句之学,志于道者四年矣。与人言之,未尝有是我者也。南观涛江入于越而吴兴,陆参存焉。与之言,陆参曰:"子之言尼父之心也,东方有圣人焉,不出乎此也;西方有圣人焉,亦不出乎此也。"(《续藏经》,第一辑,第二编,

第三套,第四册,331页右)

案周程之学本于李翱,李翱参药山作《复性书》,宋学之大要在其中,既于李翱条论之矣。

第十八节　朱陆二家之学风

黄宗羲云:

> 先生(陆九渊)之学以尊德性为宗……紫阳(朱熹)之学则以道问学为主。……两家之意见既不同。……先生和诗亦云"易简工夫终久大,支离事业竟浮沉",紫阳以为讥己不怿,而朱陆之异益甚。于是宗朱者诋陆为狂禅,宗陆者以朱为俗学,两家之学各成门户,几如冰炭矣。(《宋元学案》卷五十八)

又引谢山之碑文云:

> 予尝观朱子之学出于龟山,其教人以穷理为始事,积集义理久当自然有得。至其所闻所知,必能见诸施行,乃不为玩物丧志,是即陆子践履之说也。陆子之学近于上蔡,其教人以发明本心为始事,此心有主,然后可以应天地万物之变。至其束书不观,游谈无根是即朱子讲明之说也。斯盖其从入之途,各有所重,至于圣学之全则未尝得其一而遗其一也。(同上书,6页右)

以吾人观之,则朱子之学如神秀之禅,在于渐修。陆氏之学如慧能之禅，顿悟心源。二者共类禅，故陆氏尝评朱氏语云：

> 如所谓太极真体不传之秘，无物之说。阴阳之外，不属有无，不落方体，迥出常情，超出方外等语莫是曾学禅宗所得如此。平时既私其说以自妙，及教学者则又往往秘此。（同上书，26页左）

然则朱氏与陆氏，于私禅说无径庭。以朱氏之渐不能难陆氏之顿。九渊教人澄坐内观，以终日静坐存本心：

> 尊兄即今自立，正坐拱手，收拾精神，自作主宰，万物皆备于我，有何缺阙。当恻隐时，自然恻隐；当羞恶时，自然羞恶；当宽裕温柔时，自然宽裕温柔；当发强刚毅时，自然发强刚毅。（《象山全集》卷三十五，35页右）

第十九节　引导学者之态度

九渊之接学者，恰如禅师之接僧，机锋峻严也：

> 有学者终日听话，忽请问曰："如何是穷理尽性以至于命？"答曰："吾友是泛然问，老夫却不是泛然答。老夫凡今所与吾友说皆是理也，穷理是穷这个理，尽性是尽这个性，至命是至这个命。"
>
> 临川一学者初见问曰："每日如何观书学者？"曰："守规矩。"欢然问曰："如何守规矩？"学者曰："伊川《易传》、胡氏《春秋》、

上蔡《论语》、范氏《唐鉴》。"忽呵之曰:"陋说。"良久复问曰:"何者为规?"又顷问曰:"何者为矩?"

如斯令学者直悟入本心,一旦悟本心则把柄在手,得用处自在。故云:

> 大纲提掇来,细细理会去,如鱼龙游于江湖之中,沛然无碍。(《宋元学案》卷五十八,13页右)

所谓大纲,不外彻见心性。九渊之心法,重无思无心,故云:

> 无思无为,寂然不动,感而遂通天下之故。(《象山全集》卷三十五,36页右)
> 学者不可用心太紧,深山有宝,无心于宝者得之。(同上书,卷三十四,22页右)

此所谓断百思量之工夫也,因此入道之捷径在收敛精神。故公言:

> 退步思量,不要骛外。(同上书,卷三十五,4页左)
> 此道非争竞务进者能知,惟静退者可入。(《宋元学案》卷五十八,10页右)

令正坐瞑目,故有记事:

> 曰:"学者能常闭目亦佳。某因此无事则安坐瞑目,用力操

存,夜以继日,如此者半月。一日下楼,忽觉此心已复澄莹中立。"(《象山全集》卷三十五,56页左)

此仿禅家之坐禅不待论。

第二十节　良知说与心即理说

尝论良知云:

> 良知之端,形于爱敬,扩而充之,圣哲之所以为圣哲也。先知者,知此而已。先觉者,觉此而已。……所谓格物致知者,格此物、致此知也,故明明德于天下。《易》之穷理,穷此理也,故能尽性至命。孟子之尽心,尽此心也,故能知性知天。(《象山全集》卷十九,17—18页右)

此当为王阳明良知之说所本。次提唱心即理说,其言云:

> 盖心,一心也。理,一理也。至当归一精义无二,此心此理,实不容有二。……敬此理也,义亦此理也。内此理也,外亦此理也。……孟子曰:"所不虑而知者,其良知也。所不学而能者,其良能也。此天之所与我者,我固有之。"……此吾之本心也。(《象山全集》卷一,6—7页右)

这个心即理之说,与禅家本心本性之谈同类。又云:

故曰大人者不失其赤子之心,四端者即此心也。天之所以与我者,即此心也。人皆有是心,心皆具是理,心即理也。(同上书,卷十一,11页右)

九渊认万物万理具于一心,故云:

万物森然于方寸之间,满心而发,充塞宇宙,无非此理。(《象山全集》卷三十四,43页右)

道塞宇宙,非有所隐遁,在天曰阴阳,在地曰柔刚,在人曰仁义,故仁义者,人之本心也。(同上书,13页)

而此理乃在识知之表,故云:

此理塞宇宙,古先圣贤,常在目前。盖他不曾用私智,不识不知,顺帝之则,此理岂容识知哉。吾有知乎哉?此理岂容有知哉。(同上书,卷十二,11页)

是亦似禅家以道为思量分别之所不及。

第二十一节　凡圣一同之说

又说凡圣一同之说云:

人皆可以为尧舜,尧舜与人同耳。(同上书,卷三十四,38页)

第六章　南宋俗士之参禅与朱陆二大儒之学风

　　汝耳自聪、目自明，事父自能孝，事兄自能弟，本无少缺，不必外求。(同上书，卷三十四，20页)

此与禅家谓人人具足不要他求相同。彼说人欲与天理之不二云：

　　人心为人欲，道心为天理。此说非是，心一也，人安有二心。(同上书，卷三十四，1页)

似禅家所谓烦恼即菩提。又彼说儒书往往与晦堂说儒书一致。云：

　　《论语》中多有无头柄底说话，如知及之仁不能守之之类，不知所及守者何事？如学而时习之，不知时习者何事？非学有本领，未易读也。苟学有本领，则知之所及者，及此也。仁之所守者，守此也。时习者，习此也。说者说此，乐者乐此。如高屋之建瓴水，学苟知本，六经皆我注脚。(《象山全集》卷三十四，1页左)

是皆以心为主之说，晦堂尝以之诱儒者入禅。六经者我之注脚云云，与谓一代时教，说心之一字相同。彼云：

　　平生所说，未尝有一说。(同上书，卷三十五，27页右)

有禅家一字不说之趣。然则彼如何阅经论耶？尝云：

　　某虽不曾看释藏经教，然而《楞严》《圆觉》《维摩》等经则

尝见之。(同上书,卷二,6页右)

《楞严》《圆觉》乃盛行于禅者之间者,《维摩》是禅者所最多依凭者也。因此彼被评为:

> 天下皆说先生(陆九渊)是禅学。(同上书,卷三十四,45页右)

第六编

禅道衰落时代

概　说

　　元太祖信喇嘛教而庇护佛教，毁斥道教，亦不过助长迷信，佛教之坠落的倾向，益以加甚。因此于禅门中，如雪岩祖钦计儒释之调和，使少林之水与洙泗之流相混。如天目中峰之名匠亦立脚于多神教的信仰，且甘于禅净之混合。至天如惟则乃阳禅阴净滥用圆融之妙理，致悟道之糊涂不彻底。此间，石屋清珙遁尘寰而隐于诗偈三昧，楚石梵琦基华严力说教、禅、净之一致。方元末公案之解说形成一定模式，而师资传授之风生。明太祖一统天下，申明佛教，宋濂等能辅佐之盛其教化，而既坠之宗纲，如何亦不可能！恰如落花之不再上于枝。恕中无愠并信多神教与净土教，楚山绍琦推奖念佛公案，如杲庵普庆虽为纯禅之道人，万绿中一红而已。在儒门，吴兴弼、胡居仁等宗程朱，而其言行酷似禅者，为姚江之前茅，及王守仁明代哲学乃达顶点。至此禅从佛徒之手，分离成为学士药笼中物矣。宪宗、武宗惑溺喇嘛，虐待佛者，大法愈陷陆沉之运。云栖一流之念佛，波及四海，如青原派下之无异元来、湛然圆澄，亦见喷嚆其中。明末如鼓山元贤禅儒混合之说，有闻葬祖师禅之挽歌之感。天童圆悟、贵隐通容等虽弄看话禅，器局力量俱共不足道也。满清太祖亦从西藏招致喇嘛布佛教，世祖晚年宠遇玉林通琇、山翁道忞等，由于圣祖之奖励，考证学勃兴诱起王学之衰颓，延及禅学势力之薄弱，为霖道霈等为最后，而可名为禅者全匿迹矣。至世宗帝就喇嘛受禅，传为以了毕大事，可谓禅道衰落之极。自元至清乾隆无虑四百五十余年，是谓禅道衰落时代。

第一章　元初佛教与佛道二教之争

元太祖崛起蒙古，启丕祚鸿休，世祖承之，一统寰区。虽至庇护佛教，而祖道渐衰颓。禅德宗匠多兼修净业，西来一枝殆如无生气，是为禅道衰落之始。

第一节　大元之建国

元太祖成吉思汗以南宋宁宗帝开禧二年（1206）即九五之位，都和林（今西库伦），建大蒙古之国号。南宋理宗帝宝庆三年（1227）灭西夏，同年寿六十六崩。太宗帝继统，以南宋理宗帝绍定四年（1231）即位，端平元年灭金。以淳祐元年（1241）崩，定宗帝嗣立，是淳祐六年也。同十年定宗帝崩，翌淳祐十一年宪宗帝即位，开庆元年（1259）晏驾。

世祖帝即忽必烈，以南宋理宗帝景定元年（1260）临宝扆，刚毅英武，连年用兵，攻城略地，大阐嘉猷，制定礼乐，条理纲纪。至元元年（1264）以刘秉忠之议定都燕，谓之中都，设大赦法会度僧，请国师板弥达发思八登座受秘密戒。至元八年（南宋度宗帝咸淳七年）始建国号大元，取《易》乾元之义。至元十六年灭南宋，一统寰区。

第二节　僧道二家之邪正辨析

至元十八年勅焚道家伪经。《佛祖通载》卷三十三云：

> 谨按释总统合台萨哩所录事迹。昔在宪宗皇帝朝，道家者流出一书曰《老君化胡成佛经》及八十一化图，镂板传布。其言鄙陋诞妄，意在轻蔑释门，而自重其教。罽宾大师兰麻总统少林长老福裕以其事奏闻。时上居潜邸，宪宗有旨令僧道二家同诣上所辨析。二家自约，道胜则僧冠首而为道，僧胜则道削发而为僧。僧问道曰："汝书为谕化胡成佛，且佛是何义？"道对曰："佛者觉也，觉天觉地、觉阴觉阳、觉仁觉义之谓也。"僧曰："是殆不然。所谓觉者，自觉觉他，觉行圆满，三觉圆明，故号佛陀，岂特觉天、地、阴、阳、仁、义而已耶？"是时上特语近侍曰："吾亦知仁义是孔子之言，谓佛为觉仁觉义，其说非也。"道士又持《史记》诸书以进，欲出多说，侥幸取胜。帝师板的达发合师八曰："此是何书？"道曰："前代帝王之书。"上曰："汝今持论教法，何用攀援前代帝王。"帝师曰："我天竺亦有此书，汝闻之乎？"对曰："未也。"帝师曰："我为汝说，天竺频婆罗王赞佛偈曰：'天上天下无如佛，十方世界亦无比。世间所有我尽见，一切无有如佛者。'当其说是语时，老子安在？"道者不能对。帝师又问："汝《史记》有化胡之说否？"曰："无。"又问："老子所传何经？"曰："《道德经》。"曰："此外更有何经？"曰："无。""《道德经》中有化胡事否？"曰："无。"帝师曰："《史记》中既无，《道德经》中又无，其为伪妄明矣。"道者辞屈。……上命如约行罚，遣近臣脱欢将道

第一章 元初佛教与佛道二教之争

者樊志应等十有七人，诣龙光寺削发为僧，焚伪经四十五部，天下佛寺为道流所据者二百三十七枢，至是悉命归之。……至元十七年夏四月，僧人复为征理长春宫道流谋害僧录广渊，聚徒持梃，殴击僧众。……十八年九月都功德使司脱因小演赤奏曰："往年所焚道家伪经板本化图，多隐匿未毁。"……于是上命枢密副使……僧录司教禅诸僧，……考证真伪，……惟《道德》二篇为老子所著，余悉汉张道陵、后魏寇谦之、唐吴筠、杜光庭、宋王钦若辈撰造、演说，凿空架虚，罔有根据，诋毁释教，……又所载符咒，妄谓佩之，令人商贾倍利，子嗣蕃息，伉俪谐和如鸳鸯之有偶。……佩符在臂，则男为君相，女为后妃，入水不溺，入火不焚，刀剑不能伤害之语。……诳惑愚俗，自《道德经》外宜悉焚去。……上曰："道家经文传讹踵谬，非一日矣，若遽焚之，其徒未必心服。彼言水火不能焚溺，可姑以是端试之，俟其不验，焚之未晚也。遂命枢密副使孛罗守司徒和礼霍孙等谕张宗演、祁志诚、李德和、杜福春等，俾各推择一人佩符入火，自试其术。四人者奏言，此皆诞妄之说，臣等入火，必为灰烬，实不敢试。……乃以十月壬子，集百官于悯忠寺焚道藏伪经杂书云云。（《续藏经》，第二编乙，第五套，第四册，368页右—369页右）

即除《道德经》，焚其他伪经。报恩禅寺林泉长老从伦，当下火之任。林泉拈香法语，遂以火炬打一圆相曰：

> 诸人者，只如三洞灵文，还能证此火光三昧也无？若也于斯会得，有《北斗经》柱教人口不安宁。其或未然，从此灰飞烟灭后，任伊到处觅天尊，急着眼看。

至元二十五年，江淮释教都总统杨辇真迦，集江南禅教诸僧朝觐，令登殿对御问答。径山云峰虽说禅不称旨，命讲僧披红袈裟立于右边，以教冠禅之上者从此始。同二十八年依宣政院所上，天下寺院四万二千三百十八区，僧尼二十一万三千一百四十八人。至元三十一年帝崩，寿八十。

第三节　世祖帝之信佛

世祖帝潜龙之时，征西域，迷径，遇僧，问途受记，由是光宅天下，大弘秘密教，兴隆三宝。故帝所尊者有为之功德耳。至无漏真乘，未有所解。《佛祖通载》卷三十五云：

> 帝问帝师云："施食至少，何能普济无量幽冥？"帝师云："佛法真言力，犹如饮马珠。"
>
> 帝尝问帝师云："修寺建塔，有何功德？"帝师云："福荫大千。"由是建仁王护国寺，以镇国焉。
>
> 帝命帝师斋竟，天雨金花，缤纷而下。帝云："何故有此祥瑞？"帝师云："陛下心花内发，天雨金花赞叹。"
>
> 帝命伯颜丞相攻取江南不克，遂问胆巴师父云："护神云何不出气力？"奏云："人不使不去，佛不请不说。"帝遂求请，不日而宋降。定光佛塔，毫光发现，帝命开视，内有舍利，光耀人目，由是重建宝塔。(《续藏经》，第二编乙，第五套，第四册，382页右)
>
> 帝设资戒大会，随处放光。帝问帝师云："光从何处来？"帝师回奏云："感应道交，佛光应现。"
>
> 帝诏遍天下，每一岁中行布施度僧，读《大藏经》随处放光

第一章　元初佛教与佛道二教之争

现瑞，祯祥不一。（同上书，382页左）

帝问众臣僚："每日还不放闲也无？"众臣僚无对。帝乃袖中出数珠示之，内外百官皆归至善。

帝大内皆以真言梵字为严饰，表行住坐卧、不离舍佛法也。

帝万机之暇，自奉施食，持数珠而课诵。（同上书，383页右）

天竺进钵，帝取食前珍味，碎置钵中，内外侍从数满千人，各赐一粒，普令得沾如来钵中之禅悦。

帝设十万僧会，命十师对御说法，赐白金十锭，玉柱杖十条。

帝印三十六藏，遣使分赐。（同上书，384页右）

帝闻五教义。帝云："顿教即心是佛，诸佛境界，凡夫不修，如何得到？"（同上书，384页左）

据以上记事，帝虽信佛之念极深，不过以镇护国家，除灾致祥，放光散花，祈灵验而已。至即心是佛之谈，向上一路，殆未梦见也。元之佛教与日本平安朝者同，禅道之衰颓亦不得已事也。

第四节　国师发思八

元代佛教之隆昌，由世祖帝之师发思八之大力也。发思八具名班弥怛拔思发，土波国（西藏）人。初为土波国师，曰禅怛啰乞答，具大威神，累叶相传。其国王世世尊师之，凡十七代至萨师加哇，即发思八之伯父。乃礼伯父出家，秘密伽陀一二千言，过目成诵。七岁演法，辩博纵横，犹以为不足，遍咨名宿，尽通三藏。南宋理宗帝宝祐元年，十五岁谒世祖帝于潜邸，与语大悦。宫闱、东宫皆受戒法，特加尊礼。南宋理宗帝宝祐六年，二十岁奉宪宗帝之旨，剖析释道是非，道者不能答。南宋景定元年，世祖帝登极，时发思八二十二岁，帝尊之为国师，授以玉印，令为法主统教门。既而西归，未期月召还。至元七年（南宋咸淳六年）龄三十二，新作元之国字，字母四十有二，关纽成字，有韵关之法，二合、三合、四合成字者有语韵之法，帝大悦，颁行天下遵用，升号为帝师大宝法王，更赐玉印，统领诸国释教。旋又西归，至元十一年，帝以专使召之，岁杪至京，王公士庶离城一舍，设香坛净供，罗拜迎之。所经衢陌皆结五彩翼其两傍，万众瞻礼，如一佛出世。为皇太子真金说器世界等，彰所知论。未几力辞西归，帝留之不可。至元十七年寂，春秋四十二。帝闻之震悼，追怀旧德，建大窣堵波于京师宝藏舍利，轮奂金碧，无与比俦云。

第五节　刘秉忠

较之发思八，深参与内政而助佛法之兴隆者，其刘秉忠乎？秉忠，字仲晦，瑞州刘李村人，年十七为邢台节度使府令史，以养其亲。一日叹曰："吾家奕世衣冠，今吾乃汩没为刀笔吏乎？丈夫不得志于世间，当求出世间事耳。"去隐武安山之岸谷间，草衣木食以求其志。天宁寺虚照弘明（嗣仙岩德祥。祥嗣雪岩满，即万松行秀之法眷也）闻之与披剃为僧，名子聪。后游云中，住南堂寺，值召海云印简北觐。简闻秉忠博学多艺，欲与俱行，秉忠不可，简固要之，不得已遂行。既而谒世祖帝于潜邸，一见应对称旨，屡承顾问，因上书论时事，列数十条，凡费万余言，率尊主庇民之事，帝嘉纳之。南宋宝祐二年，从帝征云南，开庆元年又从军伐宋。世祖英武，前无坚敌而中心仁爱，秉忠尝赞之曰："以天地好生为德，佛氏以慈悲济物为心。方便救护而全活者，不可胜计。"南宋景定元年世祖登极，创定朝仪立官制，一切施设，皆秉忠所草定也。至元元年，翰林学士承旨王鄂奏言：

> 书记刘秉忠，效忠藩邸，积有岁年，参帷幄之密谋，定社稷之大计，忠勤劳绩，宜被褒荣。今圣明寓极，万物维新，秉忠犹以野服散号，萧条闲寂，守其初心，深所未安。宜与正其衣冠，崇以显秩，实遂众望。

帝欣然嘉纳，即日命有司，册光禄大夫授太保参预中书省事。聘侍讲学士窦默次女为夫人，赐第奉先坊。秉忠斋居蔬食，终日淡然如平日。至元十一年扈从至上都，居于南屏山精舍。秋八月夜，俨然端坐，无疾而薨，享年五十九。

第六节 元代基督教之传播

试就元代基督教作一鸟瞰。《燕京开教略》云：

> 圣方济各会修士有柏朗嘉宾者，奉法王依诺增爵第四世之命来见定宗帝。先是太祖成吉思汗之孙巴图，讨欧洲诸国，其势不可当，法王乃派使劝元帝奉基督教，遏其屠杀之罪。又宋理宗帝淳祐九年，法王并法兰西王类思相议使隆如满等为使再请和，元不之许，乃使罗柏鲁等为使见宪宗帝乞和，是宋宝祐元年（1253）也，此时罗柏鲁等见蒙古人中有亚尔默尼亚人宣传基督教，且在帝都和琳城中，有各国外教庙宇十二所，回回礼拜寺二所，内斯多略教大堂一所。世祖帝时，意大利亚国物内济亚府之富商，尼各老保禄与其弟玛窦来燕京见帝，帝优遇之，问欧洲

之事。兄弟在朝多年，世祖遣二人致书罗马法王，请派遣宣教师之通天文、地理等者。法王额我略第十世命尼各老味增爵、伟列尔莫德里普肋来元。于是尼各老保禄偕其弟并其子玛尔谷保禄回觐世祖。玛尔谷保禄为世祖所信认，侍从十七年，参机务甚多。法王尼各老第五世欲遣使通问元，派有若望蒙高末诺者以至元二十九年达燕京。世祖以优礼接之。末诺为内斯多略教徒所阻扰，仍从事宣教，受洗礼者数千人，译四《福音书》为蒙古文，后于禁宸之旁建教堂，出入禁中，受其优遇。武宗帝大德八年，北京有大堂二座，教徒六千。法王格肋孟多第五世，任末诺为大主教，北京为极东圣教会之首区。由是主教多渡来，以北京为中心，扩张教线于杭州方面，及奥多利谷之来宣教，受洗者已逾二万云，然遇元末之乱，教势大衰。

第七节　印　简

当元之初期，有大庆寿寺印简，太祖、世祖共重之，弘法之功不少，详哉其思想不详，依《佛祖通载》聊附载其传耳。印简，山西之岚谷宁远人，俗姓宋氏，以金之泰和壬戌（南宋宁宗帝嘉泰二年）生，幼而神悟，父授以《孝经》开宗明义章，简曰："开者何宗，明者何义？"父惊异，知非尘中人。时年七岁，携见传戒颜，颜欲观其根器，授以石头之《草庵歌》，至"坏与不坏主元在"之句，问曰："主在什么处？"颜曰："什么主？"简曰："离坏与不坏者。"颜曰："此正是客也。"简曰："主聻。"颜沉吟而已，寻礼中观沼为师。八岁剃染，十一岁受具戒，及年十二参有所参问于沼，沼曰："汝所欲文字语言耳，向去皆止之，唯身心若槁木死灰。今时及尽功用纯熟悟解真实，大死一

第一章　元初佛教与佛道二教之争

场，休有余气，到那时节，瞥然自肯，方与吾相见。"简受教习定。年十三时，太祖帝征伐天下，陷宁远城，稠人中亲面帝，帝令简敛髻，简曰："若从国仪则失僧相也。"蒙旨如故。十八元兵取岚城，四众逃难解散，简独侍沼，沼曰："吾迫桑榆，汝方富有春秋，今此玉石俱焚奚益？子可以去矣。"简泣曰："因果无差，死生有命，安可离师而求脱免乎？纵或得脱，亦非人子之心也。"沼察其诚确，嘱曰："子向去朔漠有大因缘，吾与子俱北渡矣。"明日城降，元将史天泽见简气宇非凡，问曰："尔是何人？"曰："我沙门也。"史曰："食肉否？"曰："何肉？"史曰："人肉。"曰："人非兽也，虎豹尚不相食，况人乎？"史曰："今日兵及之下尔亦能不伤乎？"曰："必仗其外护者。"史喜之。元将李七哥问："尔既为僧，禅耶，教耶？"曰："禅道乃僧之羽翼也，如国之用人，必须文武兼济。"李曰："然则必也从何住？"曰："二俱不住。"李曰："尔何人也？"曰："佛师。"复曰："吾亲教中观亦在于此。"二将见简之幼而无畏惧，应对非凡，即往见沼，沼诲之谆谆。二将喜曰："果然有是父有是子也。"于是礼沼为师，与简结金石之交。太祖国王诏大加恩赐，王便延请居兴安香泉院，署沼中观慈云正觉大禅师，简寂照英悟大师，以官给奉养。

第八节　印简之大悟

十九而沼入寂，哀毁过礼，阇维收顶骨舍利，建塔府之西北隅，乞食看塔。一夜空中有声，闻召师名，瞥然有省，迁入三峰道院，复闻人告曰："大事将成矣，毋滞此。"黎明策杖之燕，过松铺值雨，宿岩下，因击火大悟，自扪面曰："今日始知眉横鼻直信道天下老和上不寐语。"既入燕，谒大庆寿寺中和璋（璋，容庵海之嗣。海，竹林安之嗣。安，竹林宝之嗣。宝，天目齐之嗣。齐，五祖法演之子也）。简问："某甲不来而来，作么生相见？"璋曰："参须实参，悟须实悟，莫打野榸。"曰："某甲因击火迸散，乃知眉横鼻直。"璋曰："吾此处别。"曰："如何表信？"璋曰："牙是一口骨，耳是两边皮。"曰："将谓别有。"璋曰："错。"简喝曰："草贼大败。"璋休去。复举临济两堂首座齐下喝因缘勘验，简竖拳一拍，当时丈室震动，遂受璋之印记。璋即以衣领授简颂曰：

　　天地同根无异殊，家山何处不逢渠。吾今付与空王印，万法光辉总一如。

出世住兴州（直隶承德府南）仁智，历迁阳之兴国、兴安、永庆，以至大庆寿寺，皆因王臣之请。

第九节　忽必烈之受戒

太宗帝九年加光天镇国大士之号，同十一年诏再主大庆寿寺。同十四年忽必烈大王请问佛法大意，简示以人天之因果，次以种种法要开其心地。王大悦，受菩提心戒，奉以珠袄金锦无缝大衣，以师礼遇之。定宗帝即位，诏令为僧统，赐白金万两。简于昊天寺建大会为国祈福。太子合赖察请简入和林（今西库伦）延居太平兴国禅寺，尚之以师礼。宪宗帝即位下诏，顾遇优渥，命领天下僧事。同帝六年（1256）正月，有旨建法会于昊天寺，会中忽患风恙，半身不举，至夏稍愈。翌七年夏，说偈毕曰："汝等少喧，吾欲偃息。"侍者急呼主事，至则泊然而化，寿五十七，谥曰圆明大师。

第二章 万松门下并径山妙高

元帝欣有为之功德，不通心宗之精髓，教家势力渐在禅师之上。虽有行秀门下并径山妙高等不能挽回，禅道之凋衰，有落日西倾之感。

第一节 开觉寺祥迈

世祖常深信密教，排毁道教，至元十八年禁断道藏之伪经。当时对道士持论者，《释氏稽古略续集》卷一所举名：

圆福寺从超　奉福寺德享　药师院从伦　法宝寺圆胤　资圣寺至温　大名府明津　甘泉山本琏　上方寺道云　开觉寺祥迈　传教寺了询　法华寺庆规　龙门寺行育　延寿寺道寿　仰山寺相叡　起福寺善朗　绛州祖珪　蜀川元一

就中开觉寺祥迈，是住道者山云峰禅寺之学僧，称如意禅师。太原人，九岁落绁，内入三藏之奥，外究九流之源，有班马之文，顾陆之章，庄墨之学，黄老之书，焕如指掌，加以传参禅之五派，傍阅群书。至元十八年十二月奉朝旨，著《辩伪录》五卷，辨析道经之伪妄，其略目云：

妄立天尊伪　创立劫运年号伪　开分三界伪　随代为帝王师伪　老子出灵宝三洞伪　游化九天伪　偷佛经教伪　老君结气成字伪　周文王时为柱下史伪　前后老君降生不同伪　三番作佛伪　冒名僭圣伪　合气为道伪　偷佛神化伪。

议论博大，理致洞彻，详于《佛祖通载》卷三十三、卷三十四。

第二节　药师院从伦

万松行秀门下药师院从伦亦为关于此事件主动者之一。伦，号林泉，参行秀，于阿那律得天眼因缘有省，出世住万寿，后迁燕京之报恩。至元九年世祖诏入内殿对御，帝师发思八令伦讲禅，乃举圭峰之《禅源诠》，说外道禅、凡夫禅、小乘禅、大乘禅、最上乘禅之别。帝云："在先有问，皆言无说，如今何却有说喋喋耶？"伦云："理本无说，事则千差。"帝云："何谓理无言说？"云："理与神会，如人食蜜，若问蜜之色相可以紫白言，若味则有难于启口。"帝谓帝师云："此说非耶？是耶？"帝师曰："此与教中甚深般若无异。"帝又问祖师公案。伦举六祖心动之话对之。帝师诘曰："实风幡动，何名心动？"伦竖拂子拂一拂曰："且道是什么动？"帝师无语。伦曰："不可更道一切唯心，万法唯识也。"可以知伦平生之用处。伦尝著《空谷传声》《虚堂习听》，评唱投子、丹霞二老之颂古。

第三节　资圣寺至温

从伦之同门至温亦为预此事件者。温，字其玉，邢州郝氏之子，以南宋宁宗帝嘉定十年生。六岁见寂照和尚，照曰："汝其为释氏乎？"温心许之。照避乱去隐辽西，乃礼照之门人辩庵讷祝发，闻无还富开法万寿，莅众甚严，共千僧同往佐之。寻为万松行秀侍者，才气过人，博记多闻，通百家之书。行秀之偈颂法语，一闻辄了，遂得法，代秀说法，谈锋不可犯。太保刘秉忠，长温一岁，自少相亲，奏世祖云温可用，召见与语大悦，欲授以官，温辞曰："天下佛法流通，僧之愿，富贵非所望也。"宪宗帝命印简主释教，诏天下建资戒会，温持旨宣布中外辅成之。世祖帝因刘秉忠奏，赐号佛国普安大禅师，令总摄诸路僧事。温锐意卫教，凡僧之田庐，为富豪及他教所侵者，皆力归之。驰驿四出，终岁不懈，而于世味泊如也。至元四年终于桓州天宫寺，寿五十一。

第四节　径山妙高

方此时，教僧渐得势力，多诋毁禅者，径山妙高慨然起而抗争之。妙高，字云峰，福州长溪人。颖悟神才，醉心内典，汲汲请入道，父母不夺其志，令从吴中之云梦泽受具戒。首参痴绝道冲（冲，荐福道生之嗣。生，天童咸杰之嗣也）。冲曰："此儿语洒洒有绪，吾宗瑚琏也。"次于径山见无准师范，范器之，拟以传职，高叹曰："怀安败名。"遂去登育王，谒偃溪广闻（闻，径山浙翁如琰之嗣。琰，佛照德光之嗣也），闻许入室，司藏钥。一日示云："譬如牛过窗棂，头角四蹄都过了，因甚尾巴过不得？"高闻之有省。答曰："鲸吞海水尽，露出珊瑚枝。"闻曰："也只道得一半。"后出世住南兴（广东肇庆府境）大庐，迁江阴（江苏常州府江阴县）之劝忠，雪川之何山，云衲四来，三堂皆溢。次因朝命住蒋山，经十三载，众逾五千指。南宋恭宗帝德祐元年，元兵渡江，入山求金，以刃胁之。高延颈曰："欲杀即杀，吾头非汝砺刃石，无所怖畏。"军士感动，叩首去。元帅伯颜，见高加敬，施牛百、斋粮五百。至元十七年迁径山，回禄之余，草创不过什一，悉力兴建，才复旧观。明年正月又有火，一山归灰烬，众僧大骇，高喟然曰："吾宿生负此山，吾偿之勿忧，忧诸人不解狗子无佛性耳。"遂竭力再营，至至元二十九年落成，虽治土木而晨夕唱道，学者奔凑。

第五节　妙高与教者之对论

时教徒肆毁禅，世祖帝信之，而禅将老汉缩颈沉默，高闻之叹曰："此宗门大事，吾当忍死以争之。"遂拉一二同列诣京。至元二十五年有旨集江淮禅教问法。世祖帝问："禅以何为宗？"高对曰："禅也者，净智妙圆体本空寂。"复奏曰："非见、闻、觉、知之所可知，非思虑分别之所能解。"帝未解其意，令再说，复奏曰：

> 释迦牟尼世尊初生下时，周行七步，目顾四方，一手指天，一手指地云："天上天下，唯我独尊。"所谓独尊者，非为金轮王位之尊，所可尊者我也、道也、法也、心也。……四十九年三百余会所说之法，无非观根逗教。……末后云始从鹿野苑，终至跋提河，于是二中间，未尝谈一字。既是四十九年说法，因甚么不谈一字，正恐后人滞于名相，不离知解。所谓不谈一字者，炽然常说，以无说之说是名真说。……达摩西来，不立文字，直指人心，见性成佛，传此心也，印此法也。教者仙林诘之曰："始从鹿野苑，终至跋提河，于是二中间，未尝谈一字。既是不谈一字，

第二章 万松门下并径山妙高

五千余卷自何而来？"答云："一代时教，如标月指，了知所标，毕竟非月。"林云："汝禅宗得法有多少人？"答云："从上佛祖天下老和上尽恒河沙，莫穷其数。"林云："即今是谁？"答云："当面蹉过。"林云："在什么处？"答云："含元殿上，更觅长安。"林无语。……林遂问如何是禅，高便以手打一圆相。林云："何得动手动脚？"答云："只这一圈子便透不过，说甚千经万论。"林无语。复奉帝旨云："俺也知你是上乘法，但得法底人，入水不溺，入火不烧，于热油锅中教坐，汝还敢么？"答云："不敢奉圣旨。"云："为甚不敢？"奏云："此是神通三昧，我此法中无如是事。"又传圣旨云："如何都无输赢？"林云："道不敢便是输。"（高）遂斥林云："不好会得好？"林无语。乃奏云："夫禅之与教，本一体也。禅乃佛之心，教乃佛之语，因佛语而见佛心。譬之百川异流同归于海，到海则无异味。又如我万万岁皇帝坐镇山河，天下一统，四夷百蛮，随方而至，必从顺成门外而入，到得黄金殿上，亲睹黄金面皮，方谓到家。若是教家只依语言文字，未达玄旨，犹是顺成门外人。又如禅家，未得彻证，未得顿悟，亦在顺成门外，谓之到家，亦未可也。"

林辞屈，众哚乃熄，禅者皆得安堵矣。至元三十年（1293）小参之际，训饬学者毕，书偈而逝，寿七十五。

妙高所说，墨守旧轨，无适应一时代之活作略，一言一句不过反复旧说，禅至此亦可谓化石矣。虽于与教家之对论，一步不让教家，而决不能使彼等心服，必也。

南宋元明《禅林僧宝传》卷八云：

或请高说生平行实。高笑曰:"衲被蒙头万事休,此时山僧都不会。"竟入灭,时世祖十四年癸巳也。阅世七十五,坐五十九夏。

癸巳者世祖帝至元三十年,言十四年者误也。

第三章 雪岩祖钦之道学

当世祖帝时，径山师范门下有雪岩祖钦，道破儒释之调和，将少林之水与洙泗同归，似继宋程陆之绪为明王学之先驱。其言云："圣人之道与如来之道同一道也。圣人之道则率性，如来之道则见性，虽率与见异，而性则同。非独圣人与如来同此一性，自曾子、子思乃至近世伊洛，正脉绵绵，臻圣人之域，莫不同此性。此性既同，则此道亦同。此道既同，则百家诸儒之书，与五千大藏之文，同一舌也。"

第一节 雪岩祖钦

祖钦，号雪岩，闽之漳州人。五岁出家，十六剃染，十八南询，初历参双林远、妙峰善、石田薰等，无所发明。闻天目文礼（礼嗣灵隐崇岳，岳嗣天童咸杰，杰嗣天童昙华，华嗣虎丘绍隆）住净慈，往请益，礼示以临济三顿棒之因缘，又无所得，遂上径山谒无准师范。钦自述其所经历云：

> 山僧五岁出家，在上人侍下，听与宾客交谈，便知有这事，便信得及，便学坐禅。……十六岁为僧，十八岁行脚，锐志要出家究明此事。在双林铁橛远和尚会下，打十方，从朝至暮，只在

僧堂中，不出户庭。纵入众寮，至后架，袖手当胸，徐来徐往，更不左右顾，目前所视，不过三尺。洞下尊宿，要教人看狗子无佛性话，只于杂识、杂念起时，向鼻尖上，轻轻举一个无字，才见念息，又却一时放下着，只么默默而坐，待他纯熟，久久自契，洞下门户，工夫绵密，困人，动是十年二十年不得到手，所以难于嗣续。我当时忽于念头起处，打一个返观，于返观处，这一念子当下冰冷，直是澄澄湛湛，不动不摇，坐一日，只如一弹指顷，都不闻钟鼓之声。过了午斋，放参都不知得。……闻天目和尚久侍松源，是松源的子，必得松源说话，移单过净慈挂搭，怀香诣方丈请益，大展九拜，他问我如何做工夫，遂与从头直说一遍。他道："你岂不见，临济三度问黄檗佛法的的大意，三遭痛棒，末后向大愚肋下，筑三拳道，元来黄檗佛法无多子，汝但怎么看。"……天目和尚这个说话，自是向上提持，我之病痛，自在昏沉散乱处。他发药不投，我不欢喜，心中未免道你不会做工夫，只是伶俐禅。寻常请益，末上有一炷香，礼三拜，谓之谢因缘，我这一炷香不烧了也。依旧自依我，每常坐禅。是时漳、泉二州，有七个兄弟，与我结甲坐禅两年，在净慈，不展被，胁不沾席。外有个修上座，也是漳州人，不在此数，只是独行独坐。他每日在蒲团上，如一个铁橛子相似，在地上行时，挺起脊梁，垂两只臂，开了两眼，也如个铁橛子相似，朝朝如是，日日一般。我每日要去亲近他，与他说话些子，才见我东边来，他便西边去；才见我西边来，他便东边去。如是二年间，要亲近些子，更不可得。我二年间，因不到头，捱得昏了，日里也似夜里，夜里也似日里，行时也似坐时，坐时也似行时，只是一个昏沉散乱，辊作一团，如一块烂泥相似，要一须臾净洁不可得。一日忽自思量，我辨道，又不得入手，身上衣裳又破碎也，皮肉又消烁也，不觉泪流，顿起乡念，且请假归乡。……一日我自在廊庑中，东行西行，忽然撞着修兄，远看他，但觉闲闲地怡怡然，有自得之貌。我方近前去，他却与我说话，就知其有所得。我却问他："去年要与你说话些个，你只管回避我如何？"他道："尊兄真正辨道人，无剪爪之工，更与你说话在。"他遂问我，做处如何？与他从头说一遍了，末后道："我如今只是被个昏沉散乱，打并不去。"他云："有甚么难，自是你不猛烈，须是高着蒲团，竖起脊梁，教他节节相拄，尽三百六十骨节，八万四千毛窍，并作一个无字，与么提起，更讨甚么昏沉散乱来。"我便依他说，寻一个厚蒲团，放在单位上，竖起脊梁，教他节节相拄，透顶透底，尽三百六十骨节，一提提起，正如一人与万人敌相似，提得转力转见，又散到此，尽命一提，忽见身心俱忘，但觉目前，如一片银山铁壁相似，自此行也如是，坐也如是，清净三昼夜，两眼不交睫，到第三日午后，自在三门下，如坐而行。忽然又撞见修兄，他问我："在这里作什么？"对他道："辨道。"他云："你唤什么作道？"遂不能对，转加迷闷，即欲归堂坐禅，到后门了，又不觉至后堂寮中，首座问我云："钦兄你辨道如何？"与他说道："我不合问人多了，划地做不得。"他又云："你但大开了眼看，是什么道理？"我被提这一句，又便抽身，只要归堂中坐，方才翻身上蒲团，面前豁然一开，如地陷一般。当是时，呈似人不得，说似人不得，非世间一切相，可以喻之。我当时无着欢喜处，便下地来寻修兄。他在经案上，才见我来，便合掌道："且喜，且喜。"我便与他握手，到门前柳堤上行一转，俯仰天地间，森罗万象，眼见耳闻，向来所厌所弃之物，与无明烦恼，昏沉散乱，元来尽自妙明真性中流出……虽在无准先师会下许多年，每遇他开室，举主人公话。……有时在法座，东说西说，又并无一语，打着我心下事。又将佛经与古语，从头捡寻，亦并无一句，可以解我此病。如是碍在胸中者，仅十年，后来因与忠石梁，过浙东、天育两山作住。一日佛殿前行，闲自东思西忖，忽然抬眸，见一株古柏触着。向来所得境界，和底一时飏下，碍膺之物，扑然而散，如暗室中出，在白日之下。（《续藏经》，第一辑，第二编，第二十七套，第三册，256页左—258页右）

钦语悟道之因缘如是，可以推知当时学者参玄之状况，且洞下、济下工夫自异，如见眼前。钦初住潭州（湖南长沙）龙兴，历住湘西（长沙府湘潭县南）道林、处州（浙江）佛日、台州（浙江）护圣及湖州（浙江）光孝，末后以南宋度宗帝咸淳五年（1269）主袁州（江西）仰山，世称法窟第一。元世祖帝尊礼赐赉。至元二十四年（1287）示寂，寿七十余。

第二节　祖钦之儒释一致说

祖钦语录载《荆溪吴都远书》云：

窃观圣人之道，与如来之道同一道也，未尝二也。圣人之道则率性，如来之道则见性，见性则可以明心，可以成佛，可以度众生；率性则可以正心，可以修身，可以治国平天下。虽率与见异，而性则同也。非独圣人与如来同此一性，自曾子、子思、孟轲以降，至于近世伊洛、晦庵……正脉绵绵，接踵而臻圣人之域，

第三章 雪岩祖钦之道学

莫不同此性也。西天唐土三十五祖，与德山临济至于近代妙喜应庵，或下世间有作者而出，发扬佛祖不传之秘，于言句之外，是亦同此性也。此性既同，则此道亦同。此道既同，则百家诸儒之书，与五千大藏之文，同一舌也。是故圣人曰："吾道一以贯之。"如来亦曰："十方世界中，惟有一乘法。"……即儒所谓皇极、无极、太极，释所谓本地风光、本来面目、本生父母是也。……圣人曰："以我为隐乎？吾无隐乎尔。"如来亦曰："法法不隐藏，古今常独露。"但此义虽至近至易，而非世间聪明利智之以能达，是须脱去一切情尘解路，至胸中一寸之地，廓若太虚之广，则此义洞然明矣。……惟台座揭日月之大明，悬古今之至鉴，烛于混元未判之先，则见圣人之道，与如来之道同一揆也明矣。（同上书，287页右一左）

是即儒释一致之说，非无一分真理，然舍大异而取小同，则天下何物不可同哉。祖师禅之所以有价值，非因其与俗儒之说同也。

第三节 彻底之心即理说

钦又云：

理既无极，事亦无极。事本无名，因理而得。理本无形，因事而显。始自天开地辟，至于三皇五帝，历代君臣，一治一乱，一兴一亡，是事之无极也。事不自立，因理而显，理即心也。天地万物，生我心内，治乱兴亡，自此心中流出，故曰事本无名，因理而得。心即理也，即天地万物，四时代谢，治乱兴亡，以见此心，是理之无极也，故曰理本无形，因事而显。事即理也，理即事也，事与理融，是为极也。极之为极，浩浩荡荡，杳杳冥冥，不可穷不可尽，是为无极。无极之极，是为太极，太极乃中也。中也者，即天地万物，喜怒哀乐未具以前，清虚之至理也。然此清虚之理，含藏天地万物，与夫喜怒哀乐，是谓中也。其为中也，圆同太虚，非欠非余，能平高下，不坠有无，即吾佛氏所谓正法眼藏，孟子所谓浩然之气，孔氏所谓一贯之道。以是融会儒之与释，虽门户不同，道之所在只一也。（同上书，288页左）

心即理说，陆象山唱之于宋，而尚不及祖钦之彻底。明王阳明之心即理说，既因钦而详为道破也。

第四节　高峰原妙

祖钦之嗣有原妙，号高峰，吴江（江苏苏州府吴江县治）人。俗姓徐氏，十五出家，投嘉禾（福建建宁府）密印寺法住以为师，十六剃染，十七受具，十八习天台教，二十更衣入净慈，立三年死限学禅。二十二请益于断桥妙伦。伦，径山淮师范之子也。伦令参生从何来、死从何去之语，于是胁不至席，口体俱忘。时雪岩祖钦寓北涧塔，欣然怀香往叩之，方问讯即打出，门一再闭却。后得亲近，令看无字。适值钦赴处州南明，即上双径参堂半月，梦中忽忆断桥妙伦室中所举万法万一之话，疑情顿发，三昼夜不交睫。一日少林忌，随众诣三塔讽经次，抬头忽睹五祖法演真赞云："百年三万六千朝，返覆元年是遮汉。"蓦然打破疑团。时年二十四也。解夏造南明，钦一见便问："阿谁与你拖个死尸到遮里？"妙便喝，钦拈棒。妙把住之云："今日打某甲不得。"钦曰:"为什么打不得?"妙拂袖便出。翌日钦问:"万法归一,一归何处?"妙云:"狗舔热油铛。"钦云:"你哪里学遮虚头来?"妙云:"正要和尚疑着。"钦休去。次年江心度夏,迤逦从国清过雪窦,及钦开法于天宁,妙随侍服劳。南宋度宗帝咸淳二年冬,遂奋志,入临安龙须,自誓曰:"拼一生做个痴呆汉,决要遮一著子明白。"越五载,因闻同宿之友,推枕坠地之声,廓然大彻。

第五节 龙须之三关语

在龙须九年,结柴为龛,风穿日炙,冬夏一衲,日捣松和糜延息而已。咸淳十年迁武康(浙江湖州府武康县治)之双髻峰,学徒云集。南宋端宗帝景炎元年,避兵乱,云衲四散,妙独掩关危坐自若。于是户履弥多,应接不暇,乃有"栲栳横肩不顾人,直入千峰万峰去"之语。南宋帝昺祥兴二年,腰包宵遁,直造天目,西峰之肩有师子岩,拔地千仞,崖石林立,妙乐之,有终焉之意。未几,玄学四集,乃于岩西石洞营小室如舟,纵以丈,横半之,榜曰死关。上溜下淖,风雨飘摇,绝给侍,屏服用,不澡身,不剃发,并日一食,晏如也。洞非梯莫登,撤梯则绝缘,故虽弟子罕得瞻视。设三关语验学者云:

> 大彻底人,本脱生死,因甚命根不断?佛祖公案,只是一个道理,因甚有明有不明?大修行人,当遵佛行,因甚不守毗尼?

倘下语不契,遂闭门不接。非具大根、负大志者,望崖鲜不退者。时祖钦住大仰山,虽三招,坚卧不起。及钦之入寂,始为人天拈出瓣香,道风大振。妙患胃疾已数年,至成宗帝元贞元年(1295)辞众云:"西峰三十年，妄谈般若，罪犯弥天，末后有一句子，不敢累及平人，自领出去也，大众还有知落处者否？"良久云："毫厘有差，天地悬隔。"一众哀恸不已。妙说遗偈云："来不入死关，去不出死关。铁蛇钻入海，撞到须弥山。"泊然而寂，春秋五十八。

第六节　原妙之家风

原妙家风尊持律，故三关之中有"大修行人，当遵佛行，因甚不守毗尼"之句。又授戒人及数万之多，是其异于诸家处，而接人最慈悲，其在龙须，有僧若琼者染病，妙告之曰："病中绝缘正好做工夫，汝臭皮袋，皆委之于我，但和病捱去，决不相赚。"且往为供给，启发之。琼一日思醋，妙远出乞得酒以归，复往易之，往返四十里，以给其一啜。病亟索浴，俯见汤中之影有省，喜笑如脱沉疴，信宿书曰："三十六年颠倒，今日一场好笑。娘生鼻孔豁开，放出无毛铁鹞。"妙问："如何是娘生鼻孔？"琼竖起笔，妙曰："又唤甚么作无毛铁鹞？"琼掷笔而逝，其叮咛亲切如是。妙之上堂诲示谆谆，极恺切，继以悲泣。平居诲人软语和易，如坐春风中。尽管如此，当其室中握三尺之黑蚖，鞭笞四海之龙象时，丝毫不容借，来者如登万仞之山，跻冰崖雪磴，进退失据。设使不顾生命、强争锋者，亦据案结款，勘其深浅真伪。其门户险绝虽如此，而守律清严，不忽细行。尝误踏取一笋食之，其后卖衣偿之。折薪擘果见虫，复全而置之，终身不废滤水囊。隐山前后三十年，道价现于世，称高峰古佛。

原妙，寻常示人以徽号，随时有种种模样，仅录其一二。

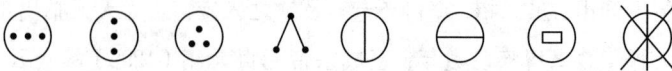

第四章　天目中峰之禅净融合

当武宗、仁宗之时，元之佛教出可代表之伟人，天目山之中峰明本是也。本道声高一世，其思想亦杰出时辈，然而论三教一致，敢于禅净之融合，实行多神教的宗仪而无所惮，是为暴露禅道衰落之特征者。本言云："神光在天同天，在地同地，虚合万象，洞贯十虚，非天生，非地涌，非内出，非外来，造化依之转旋，物象由之生殖，能成就一切，而一切不能成就之者神光也。"

第一节　历代帝王之外护

世祖帝登遐，成宗帝坐宝位，即位元年（1295）诏灵隐祖阎至阙，入对称旨，赐号通慧禅师及金襕法衣。阎，号悦堂，嗣双林之介石朋。朋嗣径山浙翁如琰。琰嗣育王佛照德光。光嗣大慧宗杲，济下髦俊之一也。成宗帝在位十三年，大德十一年（1307）崩，武宗帝继之登九五之位，即位元年（1308）以特旨加径山之元叟行端佛日普照禅师之号，赐金襕法衣。端先于大德四年成宗帝赐慧文正辨禅师之号，今又有此优诏。端嗣径山善珍。珍嗣灵隐之善。善嗣育王德光。武宗帝在位四年晏驾，仁宗帝立，时皇庆元年（1312）。延祐元年（1314）建旃檀瑞像殿，又尊袁州南泉山慈化禅寺普庵印肃之德，名其塔曰定光灵瑞。按印肃是牧庵忠之嗣，以北宋徽宗帝政和四年生，以南宋孝宗帝乾道五年寂。延祐六年闻天目山之中峰明本之名，聘之不至，制金纹之袈裟赐之，号佛慈圆照广慧禅师。

第二节　中峰明本

明本，高峰原妙之嗣，杭州钱塘人。俗姓孙氏，九岁丧母，十五出家，燃臂礼佛，誓持五戒，日课《法华》《圆觉》《金刚》诸经。又登灵洞山巅习禅定，已而有沙门明山者，指本参天目山师子院原妙。妙孤峻严冷，而见本欢然如相识。一日诵《金刚般若经》，至"荷担如来"之处，恍然开解。由是内外典籍皆通其义趣，时年二十四，实至元二十三年也。至元二十四年，师原妙于师子院剃染，明年受具戒。至元二十六年观流泉有省，即诣方丈求印证，妙打趁出，由此工夫精勤不息。时民间讹传，官选童男女，本问曰："忽有人来问和尚讨童男女时如何？"妙曰："我但度竹篦子与他。"本言下大彻，而陆沉众中人，莫之知。妙书真赞付本曰："我相不思议，佛祖莫能视。独许不肖儿，见得半边鼻。"且令参徒从本请益，众由是知归。至元二十九年，瞿霆发于天目山莲华峰建大觉正等禅寺，延原妙主之，而妙以元贞元年迁化时，以大觉寺嘱明本，本辞之，推第一座祖雍主之。

第三节　明本之逸格

成宗帝大德元年，登皖山，游庐山，至金陵。翌二年结庵于庐州（安徽庐州府）辨山，学者辐辏。同四年结幻住庵于平江（江苏苏州府）雁荡，众又多，遂成法席。大德七年瞿霆发坚请还大觉寺，力辞避之。时吴兴赵孟頫扣问心要，本为说防情复性之旨，及频入翰林遣问《金刚般若经》大意，因著《略义》一书，同十年领师子院。武宗帝至大元年，仁宗帝在东宫赐法慧禅师之号，既而谢院事，至大二年隐仪真（江苏扬州府仪征县治）住于船中。同四年再船居吴江（江苏苏州府吴江县治），仁宗帝皇庆元年结幻住庵于庐州之六安山，丞相脱欢奉书访问，又弃庵往东海州（江苏海州）。皇庆二年瞿霆发殁，其子请本住大觉寺，本举首座永泰代己。泰欲承嗣本，本令泰嗣开先嗣一山万，盖以院易嗣其来久矣，闻本之风者无不多之。丞相脱欢，命邑吏强本至私第，恳请住灵隐禅寺，固辞不应。延祐三年仁宗帝谕宣政院使，简采名山之宿德以闻，承旨者至天目顷。本闻遁去行镇江，同五年众请还山。九月帝谓近臣曰："朕闻天目山中峰和尚道行久矣，累欲召之来，卿谓其有疾，不可戒道，宜褒宠旌异之。"乃号佛慈圆照广慧禅师，赐金襕袈裟。且敕杭州路优礼外护，令安心禅寂，改师子禅院为师子正宗禅寺，诏翰林学士赵孟頫撰碑以赐，赠高峰佛日普明广济禅师之号。先是高丽驸马太尉沈王王璋（忠宣王）遣参军洪钥赍书币，叙弟子之礼。至是延祐六年九月王奉御香入山，咨心要。且请为众普说，又求法名别号。本为王立法名为胜光，号真际，因建亭师子岩下以记其事。

第四节　中佳之住庵与著书

英宗帝至治二年，宣政院请补径山，不就，乃结茅中佳山，名幻住庵，将终焉。中佳距西峰三十里，岩磴险绝，缁素跋涉甚难，本要归院。十月英宗帝特旨赐香并金襕袈裟，丞相脱欢乞法语，参知政事敬俨亦通书问法，为王臣所知遇如此。至治三年（1323）春，自叙其出家始末，说六旬幻迹，有去世意，以后事嘱门人，垂遗诫，至六月示疾。有来省者,本曰:"幻住庵上漏旁穿,篱坍壁倒,不可久住也。"语笑如平时。学者请服药,谢曰:"青天白日曲徇人情耶。"八月十三日手书别外护,以偈遗法眷故旧。十四日写偈辞众曰:"我有一句,分付大众。更问如何,无本可据。"置笔安坐而逝,世寿六十一。明宗帝致和二年谥智觉禅师,顺宗帝元统二年号普应国师。所著有《信心铭辟义解》一卷、《楞严征心辩见或问》一卷、《金刚般若略义》一卷、《别传觉心》一卷、《幻住家训》一篇、《山房夜话》一卷、《东语西话》一卷、《续集》二卷、《语录》十卷、《别录》十卷。《大藏经》第三十套所收《天目中峰和尚广录》及《续藏经》第一辑第二编第二十七套第四册所收《天目明本禅师杂录》是也。

第五节　教化与想象

有元《普应师道行碑》云:

> 四方学者北殚龙汉,南极六诏,西连身毒,东穷榑桑,裹粮蹑履,万里奔走,而辐辏赴师者,逮无虚日。南诏僧玄鉴素明教观,辩博英发,每曰:"吾闻大唐有禅宗使审是耶,吾将从其学。使或未当,吾将易其宗旨。而俾趋教观,由其国来,一闻师言便悟昔非,洞法源底方图归,以倡道而殁于中吴。"鉴之徒画师像归国,像出神光烛天,南诏遂易教为禅,奉师为禅宗第一祖。(《大藏经》,第三十一套,第七册,690页右)

明本之教化,广行于世如此。

明本《东语西话》上,描写本地之风光,极精明,想象绚烂,足

第四章　天目中峰之禅净融合

证其手腕之非凡：

> 昭昭然尽宇宙之充塞，晃晃焉极色空之融混。无相可睹，无迹可寻，非青非黄，不长不短。随机应现而为雪山午夜之星，显露当阳而为龙潭所灭之烛，鉴体无亏而为东平打破之镜，照方不立而为毗耶无尽之灯，长年触体而体不可分，终朝溢目而目不可睹，所谓神光者也。古德谓神光独耀，万古徽猷，入此门来，莫存知解。言独耀者乃一体而无二者也。神乎光乎，在天同天，在地同地，虚含万象，洞贯十虚。紫罗帐里撒珠，铁眼铜睛，莫穷其仿佛。枯木岩前问路，电光石火，孰辨其端倪。谓神光之不可覆藏，珊瑚枝枝撑着月。谓神光之不可混滥，扶桑夜夜日轮红。神光非天生、非地涌、非内出、非外来，造化依之而转旋，物象由之而生殖，能成就一切，而一切不能成就者神光也。能盖覆一切，而一切不能盖覆者神光也。……西祖握露刃剑，佛来也斩，魔来也斩，其所不可斩者亦神光也。（《大藏经》，第三十一套，第七册，648页右—左）

第六节　明本之教说

明本之拈提宗乘也，彻顶彻底，道破祖道之妙谛，直指世人之所不能言。云：

> 教中有谓若人欲识佛境界，当净其意如虚空。且净意如虚空，置之不问，还识佛境界么？……山高水深是佛境界，日上月上、云腾鸟飞是佛境界，明暗色空、坏空成住、三途六趣、九有

四生、炉炭镬汤诸恶趣是佛境界,……离佛境界外别无众生境界,舍众生境界外别无佛境界。(同上书,第六册,558页右)

是非即彻底之泛神观耶?盖祖道之极谈,当即如是。又云:

> 昏沉散乱,全体是本地风光,其实际理地中无二法也。(同上书,第七册,609页右)

真妄不二,虽衲僧家寻常之茶饭,而多不如是见透,明本尝论学道之要云:

> 学道须具足五种正信,第一要信自己方寸心中一个喜怒哀乐底主人翁,睹体与三世诸佛不缺一毫发。……第五要信生死无常不是小事,若不奋决定志以期独脱其三途苦趣,曾无自免之方。(同上书,659页左)

本之拈宗乘,公言三途六趣皆佛境界,而至实地修行,则务求脱三途苦界,非矛盾而何哉?

第七节　明本之厌世观

本学道之用心,不绝力说生死之可怖。是彼厌世观所使然,彼以生死为迷妄,拒非生死之中有涅槃,故云:

> 心不迷不坠生死,业不系不受形质,爱不重不入娑婆,念

不起不生业累。盖因迷起妄，由妄生执。顺其所执，则爱之之念纷然而兴。逆其所执，则憎之之习勃然而起。爱憎之情作，则死生之迹动转迁流，新新不住，念念相续，以至一刹那间具八百生灭，岂待百年气泯然后为生死者哉？（同上书，577页左）

生死为迷妄，故厌之，以无常为苦恼，如小乘教徒。本到处结庵皆名幻住庵居之，是以一切诸法为幻化，信顺《圆觉经》之说也，本思想出《楞严》《圆觉》二经，据其语录明矣。

第八节　明本之识见与善恶之定义

至于明本之识见，时有可观者。尝评诸宗云：

> 夫四宗共传一佛之旨，不可阙一也，然佛以一音演说法，教中谓惟一佛乘，无二无三，安容有四宗之别耶？谓各擅专门之别，非别一佛乘也。譬如四序成一岁之功，而春、夏、秋、冬之令不容不别也。其所不能别者一岁之功也。密宗春也，天台、贤首、慈恩等宗夏也，南山律宗秋也，少林单传之宗冬也。就理言之，但知禅为诸宗之别传，而不知诸宗禅之别传也。合而归之密宗，乃宣一佛大慈拔济之宗，教宗乃阐一佛大智开示之心也，律宗乃持一佛大行庄严之心也，禅宗乃传一佛大觉圆满之心也，犹四序之不可混，既不可混，非别而何？（同上书，第七册，603页左）

洵可称稳健意见。本之善恶定义云：

> 凡起念动心，所期之事，无大小，无优劣，但欲利人皆善也，惟欲利己皆恶也。事或可以利人，虽怒骂摈斥皆善也。事或可以利己，虽安徐、承顺皆恶也。（同上书，610页左）

禅僧思想多不精确，如善恶之定义毫无一定。而本这个定义，所以与诸人异也。

第九节　明本之修行论

关于悟后修行之有无，本如下明言：

> 或问："悟心之后有履践否？"幻（中峰）曰："……一念平等，万法皆如，复有何事可言履践哉？"……"若然则无履践之说乎？"答曰："兹不必预以有无履践自惑于心，精勤加鞭策到桶底子一回脱落，其履践之有无，当有以默契于中矣。"（同上书，610页右）

其所言颇不得要领。又就戒律辨云：

> 或问："诸方莫不以高峰和尚令人然指受戒为异者，然乎否耶？"幻曰："……达磨不言戒者，有二理存焉。一观宗，二验人。观宗者，达磨专以传佛心印为宗，惟务单传，俾之一超直入如来地，不涉大小二乘阶级，其宗旨如是，言戒则背矣。验人者，凡达磨门下皆上根利器之士，非凤薰般若种智，具最上乘根性者不可涉入。如此等人其于戒定慧之学，深薰熟炼，政不待复令其受

戒也。故达磨之时宜乎不言戒。彼虽不言，而亦未闻令人，故毁之也。"（同上书，611页右）

依此说，于济下似无达磨直传之戒脉，后世洞下有戒脉，传出于达磨。就坐脱立亡之说，本之所云如下：

> 或问："禅者临终坐脱，或不能者，不知平昔以何所守而然？"幻曰："无所守也，此多系缘业不可苟也。夫悟心之士，情消境寂，见谢执忘。初不以此为介，其或临终不婴疾苦及诸障难，则了了分明，超然独脱，因行掉臂，复何为哉？且世有不学道修行之人，亦间有坐脱者，乃至倾动敬心，光扬末后，此非报缘而何？凡学道之士不力穷心要，预思末后不能独脱，恐人讥诮而孜孜以此为重者，则有一种外魔乘其所重而入，令汝预知时节，作种种奇特，殊不知为魔所着，流入三途，何益于理。"（同上书，616页左）

洵如本所谓，佛法之修行，岂为死者哉。

第十节　明本之看话禅

明本之禅，纯然以看话为事，因袭圆悟、大慧等以来。其用公案是麻三斤、柏树子、须弥山、平常心是道、云门之顾、赵州之无、万法归一等也。本尝辩护看话之弊云：

> 或谓传灯一千七百单一人，皆是言外知归，迎刃而解。初

不闻有做工夫看话头之说。在此自年朝至岁暮，其忉忉不绝口，惟是说看话头做工夫，不但远背先宗，无乃以实法缀系于人乎？……谓看话头做工夫固是不契直指单传之旨，然亦不曾赚人落草，最是立脚稳当，悟处亲切。纵使此心不悟，但信心不退不转，一生两生更无不获开悟者。（同上书，第六册，568页左）

第十一节　明本之中心思想

明本思想在儒释之调和、教禅之一致、禅净之融合，是时代思潮之所使然。论儒释之调和云：

> 儒之道治心者也，修心者也。佛之道明心者也，悟心者也。治与修渐之之谓也。明与悟顿之之谓也，心一也。……使吾佛言入世之道，亦不能正心诚意之说也。使孔子言出世之道，则逆知其不能外吾心空觉圆之旨也。（同上书，第六册，589页左）

说教禅之一致云：

> 禅即离文字之教，教即有文字之禅，觅一毫同相了不可得，复何别之有耶？（同上书，第七册，654页右）

就禅净之融合，特大用力焉。云：

> 净土外别有禅耶？使果有之，则佛法二字自相矛盾，安有会入圆融之理哉。……如长芦北磵真歇天目诸师，作净土章句，皆

寄谈即心自性之禅初无异致。……净土心也，禅亦心也，体一而名二也。（同上书，第七册，605页左）

第十二节　明本之念佛

本有《观念阿弥陀佛偈》《怀净土诗》，载《天目明本禅师杂录》。且彼为病人祈其轻安，令念阿弥陀佛。其念诵云：

阿弥陀佛真金色，相好端严无等伦。
白毫宛转五须弥，绀目澄清四大海。
光中化佛无数亿，化菩萨众亦无边。
四十八愿度众生，九品咸令登彼岸。

（《续藏经》，第一辑，第二编，第十六套，第五册，500页左）

亡僧之回向，如下文：

伏愿神超净域，业谢尘劳，莲开上品之花，佛授一生之记。
南无西方极乐世界大慈大悲阿弥陀佛。

如斯葬送一事，全为随顺净土门，是乃仿宋宗赜《禅苑清规》者。同书亡僧条载有十念阿弥陀佛，为病僧亦行十念阿弥陀佛之仪。次百丈怀海十八代孙东阳德辉重刊《敕修百丈清规》中，迁化荼毗条有南无西方极乐世界阿弥陀佛十念。德辉是元至元二年刊行《清规》，故非百丈之古规，为元代教仪可知。此外，称念清净法身等十佛名，《敕修百丈清规》《禅苑清规》皆同，而明本《幻住清规》亦仿之。盖十佛名，若为释道安所作，则达磨西来以前，既已有之，百丈创制清规时，似用之者。《敕修百丈清规》三八念诵之条云：

> 念诵□古规、初三、十三、二十三、初八、十八、二十八。今止行初八、十八、二十八。……合掌念诵上八、中八云。（皇风永扇，帝道遐昌，佛日增辉，法轮常转，伽蓝土地，护法护人，十方檀那，增福增慧，为如上缘，念清净法身毗庐舍那佛云云）（《续藏经》，第一辑，第二编，第十六套，第三册，248页左）

第十三节　当时之祈祷与常用诸经

明本《幻住清规》中，行祈祷之仪不少，有祝圣、青苗会（田畴保护之祈祷）、祈晴、祈雨、祈山门镇静等，而其仪式立脚于多神教的信仰。《幻住清规》所举之神灵如下：

> 光明会上护法列席诸天、三界万灵、十方真宰，主执阴阳，权衡造化，赏善罚恶，幽显灵聪，五岳四渎、名山大川、圣帝名王、忠臣烈士，五方行雨龙王，六合雷公雷姥，主风主雨主百谷苗稼，发生万物无量圣贤，府县城隍大王、当境土地某神、近远庙貌、遐迩灵祇，本院土地翊应侯周宣灵王护伽蓝神合堂真宰、厨司监斋使者、主汤火井灶神祇、山林界相守护百灵，修造方隅周回禁忌、建院檀越本命星君、上界玉皇大帝、北极紫微帝君，日月两宫天子，南北二斗星君，周天列宿、河汉星辰。

如是多神教信仰是《敕修百丈清规》或《禅苑清规》所不能见也。当时所读诵诸经，《幻住清规》所举有下等名：

《大方广佛华严经》《妙法莲华经》《大方广圆觉修多罗了义经》《大乘金刚般若波罗蜜经》《消灾妙吉祥神咒》《大佛顶万行首楞严神咒》《大悲心陀罗尼》《大佛顶如来密印修证了义诸菩萨万行首楞严经》《维摩诘所说经》。

就中《大悲咒》《楞严咒》是最多诵读为常。

第十四节　师资付法之紊乱

依《幻住清规》所付之普施法食文，与现今我国（指日本）所行之施饿鬼文无大差，即依密教之仪，有诵咒，结印。《敕修百丈清规》之日用轨范，记搭袈裟、洗钵、入厕、洗净、净手、净身、去秽皆唱咒文，然则羼杂密教之仪者，当为禅家一般之风。

明本时，生师资付法之紊乱，有以院易嗣之风，南宋元明《禅林僧宝传》卷九云：

霆发瞿公请主大觉，不就，举定叟泰（永泰）应之。泰尝受职于一山矣。乃欲改嗣于师（明本），师大不然，以书却之曰："昨者坐语未及它论，而首以住院承嗣扣之者，惟恐足下苟循世谛故也。本与足下，纳交十六年，彼此心怀，洞然明白，岂意足下不谅愚情，反欲相及，何临事反覆若是耶？古人于法嗣嫡传，所以深明宗系者，大法源委，不可诬也。世漓俗薄，奉金请拂，以院易嗣者有之，本尝痛心于此。夫大觉虽先师开山，然十方丛林尽有尊宿,舍彼不取,而必欲本尸,何识量之不广也。本非畏住持,实畏嗣法于开山也。故退避力辞,而举足下为之主政,以足下自师一山禅师,岂可苟循世俗而易其所师哉?繇此言之,本犹不欲以先师座下人,迭尸大觉,而况牵枝引蔓,欲为本之嗣乎?闻命骇然,专浼逆流,塔主预此拜闻,望以玉峡之音,直与拈出,或欲循俗易嗣,则本断然不敢与足下一日相聚也。"(《续藏经》,第一辑,第二编乙,第十套,第四册,351页右)

以院易嗣,其来已久,恶弊流入日本,伽蓝法者即是。

第十五节　高丽王子王璋

参明本之俗士有高丽王子沈王王璋,号海印居士。仁宗帝时,为驸马太尉,闻明本道声,以参军洪钥为使,赍书币问法。本以书答之,文载《广录》卷六。璋未以为足,请于仁宗帝自往参谒,谓人言:"吾阅人多矣,未有如师福德最胜者。"闻本之法语,涕泪感发,请法名别号,乃名胜光,号真际,作真际说与之,文载《广录》卷二十五。王构亭于师子岩前,名真际,以表得法。

第十六节　脱欢与孟頫

丞相脱欢亦尚明本之德,命理问官阿敦,往乞法语,题示脱欢达剌罕丞相法语,见《广录》卷五。脱欢,札剌儿台氏,为武略将军,从丞相阿术,攻阳逻堡,累有战功,又攻宋之建康、太平等郡下之。其后从军有伟勋。至元十四年春,授怀远大将军太平路总管府。同十五年春，从亲王斡鲁忽台、丞相孛罗西征，以功加定远大将军福州路总管府卒。

赵孟頫称松雪居士，亦明本之俗弟子也。孟頫，字子昂，宋之皇族，居溯州，宋灭家居，专力学。世祖帝至元二十三年行台侍御史程钜夫，奉诏搜访江南遗逸，以之入见。孟頫才气英迈，神采焕发，如神仙中人，世祖悦之，欲重用，或言孟頫宋宗室之子，不可近左右，帝不听。同二十四年六月授兵部郎中，二十七年迁集贤直学士，忠直而用心时政改革，命与闻中书政事，固辞不就，每入见必从容语治道，所裨益多。二十九年有旨书金字藏经，既成，除集贤直学士江浙儒学提举。仁宗帝在东宫已知其名，及即位除集贤侍读学士中奉大夫。延祐元年改翰林侍读学士。同三年拜翰林学士承旨荣禄大夫。帝优遇孟頫，呼之以字而不名。帝与侍臣论文学之士，以孟頫比唐之李白，宋之苏子瞻。又称其操履纯正，博学多闻，书画绝伦，旁通佛老之旨。初孟頫因程钜夫之荐任官，钜夫为翰林学士承旨，及致仕去代之，先往拜其门，而后入院，时人以为衣冠盛事。同六年请南归，未果行。英宗帝至治元年遣使即其家书《孝经》，二年六月卒，年六十九，追封魏国公，谥文敏。

第十七节　孟頫之问法

孟頫为江浙儒学提举日，就明本问心要，本便答之以防情复性之旨。复问以《金刚般若》大意，本为著《略义》一卷答之。每受本之书必焚香望拜，辄手书，与本书必称弟子。又画本之像遣同参，本尝作《劝修净业偈》一百八首，孟頫赞之云：

《净土偈者》,中峰和尚之所作也。偈一百八首,按数珠之一周也。悯众生之迷途,道佛境之极乐,或驱而纳之,或诱而进之,及其至焉一也。弟子赵孟頫欲重宣此义而说偈言,三千大千世界中,恒河沙数之众生,一一众生一一佛,一一惟心一净土。……我师中峰大和尚,慈悲怜悯诸众生,殷勤为作百八偈,普告恒沙诸有情,如是受病等痛切,若人依师所教诲,一念念彼阿弥陀,一念念已复无念,自然往生安乐国。

所著有《尚书注》《琴原》《乐原》。诗文清逸,且以书名冠天下,其画亦尤极精致。

第十八节　瞿霆发之参禅

瞿霆发,旧参之士也,《元史》不见其传,官至两浙运使。年十四参高峰原妙,披心投诚,终日侍坐,有达旦者。至元二十九年于天目山莲华峰创大觉正等禅寺请明本,本不敢就,作《祭瞿运使》文云:

某凡一会公,公未尝不以此道相问。至大庚戌之春,会公于湖山,语论方辍,乃出纸命书进道之语置之座右,于此益见公向道之志,二十余年不间然也。自尔去公于淮汉之表者三载,闻公复以寺事见逼,遽移棹而他之,不期与公有死生之间。

又霆发卒,哭忌之小参云:

因记得都运相公昔于至元辛卯二月十九登天目叩先师,先师握竹篦问曰:"相公为游山来,为佛法来?"公答云:"为佛法来。"先师掷下竹篦曰:"会么?"公云:"不会。"师曰:"不入虎穴,争得虎子。"

可以见霆发参禅之状。仁宗帝皇庆元年十二月二十六日,屏去血味及玩好诸欲之因缘,单单举所参话头,泊然而逝。

第十九节 参学之诸士

吏部尚书郑云翼,字鹏南,为浙西廉访司事时,访明本于余杭问法,本推明经世出世之学答之。院使般剌脱因号同庵居士。参政敬俨,号守一居士。丞相别不花,号容斋居士。教授蒋均,字公秉,号彝庵居士。待制冯子振,号海粟居士。皆问法于明本,化导之盛可知矣。

第五章　元叟行端

与天目中峰同时，振大慧门风于径山者，为元叟行端。端操守高古，英风逼人，威仪凛然，作兴临济之正风。其言云："山河大地，草木丛林，昼夜六时常放妙宝光明，常出妙宝音声，普为汝诸人开演无上第一义谛。"

第一节　元叟行端

行端，号元叟，台州临海人，姓何，世以儒显。母王氏，博通五经，以南宋理宗帝宝祐三年生端。幼有超然脱尘之志，甫六岁，王氏授以《论》《孟》，虽咿唔成诵，而不欲汩没于世儒章句之学。端之叔父有茂上人者，为僧住余杭化城院，适归省故里。端竟从之剃染，时年十二，十八受具戒，一切文字不由师授，自然能通，器识渊邃，夙负大志，以斯道自任，宴坐思惟至忘寝食。南询参藏叟善珍于径山。珍，灵隐妙峰善之嗣。善，育王佛照德光之嗣也。珍问："汝是甚么人？"端曰："台州。"珍便喝，端展坐具。珍又喝，端收坐具。珍曰："放汝三十棒参堂去。"端言下顿悟。一日侍次，珍曰："我泉南无僧。"端曰："和尚薹。"珍便棒，端接住曰："莫道无僧好。"珍颔之，延入侍司，此时众满万指，无能契其机者。珍既寂后，徜徉于西湖山水之间，自称寒拾里人。

第二节 行端之道友

育王之横川如珙作偈招曰:"夜半落草花,日轮正卓午。寥寥天地间,只有寒山子。"然竟不渡江。至净慈依石林行巩,巩处以记室,相与激扬此事。端又访雪岩祖钦于仰山,钦问:"驾发何处?"答曰:"两浙。"钦曰:"因甚语音不同?"端曰:"合取臭口。"钦曰:"獭径桥高,集云峰峻,未识阇黎在。"端拍手曰:"鸭吞螺蛳,眼睛突出。"钦笑顾谓侍者点好茶来。端曰:"也不消得。"于是以上礼宾之。居三岁,钦入寂,乃还浙右,为径山第一座,是成宗帝大德之初也。既而退处径山之楞伽室,作《拟寒山子诗》百余篇,四方衲子多传诵之。

第三节 行端之演化

大德四年于湖州(浙江)翔凤山资福寺出世,瓣香嗣藏叟,学徒奔凑,名闻京国。大德七年,成宗帝以特旨赐慧文正辩禅师之号。同九年中书平章政事张闾,举端住杭州中天竺万寿禅寺。开堂之日,率僚属亲列座下。当时一山久废,至邻刹侵疆,及端之住殿宇改观,丛林复旧,皆待闾之外护。仁宗帝皇庆元年迁灵隐,有旨设水陆大会于金山,命端升座说法。事竣入觐,于便殿奏对,深契上意,加赐佛日普照之号,陛辞南归,退居良陼之西庵。

第四节 行端之行持

英宗帝至治二年径山虚席,三宗四众,咸谓非端莫能荷负其任,相率白宣政行院，令补其处。会下人才之盛不让大慧，楚石梵琦、梦堂昙噩等最著。虞文靖以文献为一时宗，兼游诸老宿之门，自号微笑居士，常慕杨大年之为人，多剥啄诸家语录，而读端之提唱，乃谓其子弟曰：

> 元叟生平，谛理恢拓，广说略说，莫不弘伟，然关要隐而不发，以待其人。大慧之流风余韵，犹有如此者，不谓老夫复相识耳。

泰定帝（铁木儿）元年有旨，降玺书作大护持，至是凡三赐金襕之袈裟，然秘密之不以披搭，所赐金帛悉赈贫乏。二十年间足不越阃，而慕其道者，鳞萃蚁聚，至无所容。径山虽大慧中兴之后，代代有名德，至端其道大光。端接门人多呵叱怒骂，不从人情，故道俗于呵骂中得旨者多。端之利他皆阴为之，没齿不言，而其道德闻望，为朝野所推服。天宠频至，人以为荣，端未始自衒，意淡如耳。顺宗帝至正元年（1341）示微笑，沐浴更衣，别众趺坐书偈曰："本无生灭，焉有去来。冰河发焰，铁树华开。"投笔垂一足而化，春秋八十七。宋濂《元叟端禅师语录》序云：

> 公，平顶古貌，眼光铄人，颔下数髯，磔立懔然，雪后孤松，坐则挺峙，行不旋顾，英风逼人，凛如也。所过之处，众方欢哗如雷。闻履声辄曰："端书记来矣。"嗫默如无人。宾友相从，未尝与谈人间细故，舍大法，不发一言，秉性坚凝，确乎不可拔。自为大僧，至化灭，无一夕脱衣而寝。

第五节　年代考证并行端之思想

南宋元明《僧宝传》卷十《元叟端禅师章》所记甲辰（大德八年）诏主中天竺并赐慧日正辨师号，恐有误。何则？《端语录》卷一，有大德七年八月二日护持圣旨到山领众望阙谢恩。又明记大德九年五月十六日入院（中天竺）。又同书卷八所载端《塔铭》有癸卯（大德七年）特旨赐慧文正辨禅师。又端《塔铭》所云："师生于宋宝祐乙卯佛涅槃后一日，以至正辛巳八月四日终于径山之丈室，世寿八十八，僧腊七十六。"可疑。何则？从宝祐乙卯至元至正辛巳只八十七年耳。南宋元明《禅林僧宝传》有"至正壬午秋示微疾"。壬午是至正二年，从宋宝祐乙卯正八十八年。行端之思想，得禅家正脉多不矛盾。其言云：

尽十方世界，是个大光明藏。从古至今，无一法可增。尽十方虚空，是个大解脱门，从古至今，无一法可减。（《续藏经》，第一辑，第二编，第二十九套，第一册，20页左）

又端关于生死之见解有可观。云：

全体是个解脱大海，全体是个涅槃妙心，无起灭可求，无生死可出。百骸溃散，卓尔独存，四大分离，湛然常寂。正与么时，身里出门即不问，门里出身怎么生，毗卢顶上从来往，安乐邦中任去留。（同上书，21页右）

第六章　天如惟则之阳禅阴净

英宗帝以后元室式微，虽奉佛信法，不异祖宗，不过咒经佛事，追求灵验而已。中峰之嗣天如惟则，此时演化。其则阳禅阴净，于祖道虽缺一只眼，而博究教禅，思想有可观者。其言谓："山河大地全露法王身，草木丛林尽作狮子吼。与么，则十方诸佛，相好光明，逼塞虚空，满眼满耳。三乘教藏无量法门，昼夜六时炽然常说，歌台酒榭无非清净讲堂，剑树刀山总是宝花王座也。"

第一节　历代帝王之奉佛

英宗帝以至治元年（1321）即位，在位仅三年耳，而诏各路立帝师殿。又敕建帝师殿之碑，作大佛事于宝慈殿，授金印于西僧牙八剌里，为元永延教三藏法师。又铸银为佛像，安置于玉德殿，幸上都以金银、袈裟、币帛赐僧徒，作金塔藏佛舍利，诏天下有司诵十万部经。又敕京师之万安、庆寿、圣安、普庆四寺，并扬子江之金山寺，五台山之万圣佑国寺，设水陆胜会七昼夜。至治三年诏僧儒书金字藏经，令佛海性澄校正经、律、论三藏，车驾幸文殊阁，引见问劳，校正毕赐金襕大红衣。此年英宗帝被弑，也孙铁木儿入继皇统，是泰定帝也。泰定元年（1324）修佛事于毗刚殿，更于大内作大佛事。又塑摩诃吃利佛像于延春阁，修西番之佛事于安山寺。帝受佛戒于帝师，绘八思巴之像颁行各省，塑而祀之。同三年建殊祥寺于五台山，赐田三百顷，以西僧公哥为帝师授玉印，作佛事于天源延寿寺，给钞二万锭、田千顷。中书省臣等上言：

> 养给军民必借地利，世祖建宣文弘教寺赐永业，当时已号虚费，而成宗复构天寿万宁寺，较之世祖用增倍半。若武宗之崇恩福元，仁宗之承华普庆，租榷所入益又甚焉。英宗凿山开寺，损民伤农，而卒无益。夫土地祖宗所有，子孙当共惜之。臣恐兹后借为口实，妄兴工役邀福利以逞欲，惟陛下察之。

可以知时弊之所在。致和元年（1328）御兴圣殿，从帝师受无量寿佛戒，命千僧修胜会于镇国寺，造浮屠三百六十所以厌海溢。时丞相脱欢忧之，祷于上天竺，广兴佛事，命有司修水陆胜会七昼夜。此年帝崩，不立庙谥。

第二节　笑隐大䜣

明宗帝即位仅半年暴崩，皇太子即位，是为文宗帝。天历二年建承天护圣寺，建大龙翔集庆寺于建康，又于蒋山造崇禧万寿寺，乃选硕德令为集庆开山，笑隐大䜣当其选。䜣，族姓陈氏，南昌人（江西），投郡之水陆院出家，年十七上庐山谒一山万于开先，万指诣百丈参晦机元熙。熙，育王物初大观之子。观，净慈北磵居简之子。简，育王佛照德光之子也。元熙一见器重，令掌记室。一日举百丈野狐之话诘曰："且道不落因果便坠野狐身，不昧因果便脱野狐身，利害在什么处？"䜣拟答，熙遽喝之，于是平生之凝滞，涣然冰解。武宗帝至大四年于湖州之乌回出世，迁杭州报国、中天竺。文宗帝天历元年，方以金陵之潜邸为大龙翔集庆寺，求四方名德令为开山第一世。上天竺有佛海澄法师，荐䜣膺其选，因号广智全悟大禅师。明年召赴阙入见于奎章阁，对扬称旨，赐貂裘金衲衣。及顺帝登极，待遇盖渥，有旨命百丈山之东阳德辉重编《禅林清规》，仍命䜣校正，遂定为九章，由是天下禅林咸取法焉。后以老病请退，御史大夫撒迪以闻，优诏不许，加释教宗主之号，敕有司护视，令安居终老。至正四年（1344）示微疾，肩舆与御史大夫脱欢为别，为书与交游者，嘱其徒以朝廷所赐金币作万佛阁，以报国恩，书偈跌坐而化，春秋六十一，有《四会语录》及诗文集曰《蒲室集》。

第三节　堕落之佛事

至顺元年文宗帝及皇后、燕王受佛戒，以西僧旭你迭八答剌班的为三藏国师，赐金印。又命西僧于五台山及雾灵山作佛事一个月，为皇太子祈福。遣使召赵世延于集庆寺，以泥金书《无量寿佛经》千部，兼以泥金书佛经一藏，令西僧于万岁山悯忠阁修佛事。至顺三年文宗帝崩于上都，同年宁宗帝即位，两月而殂。顺宗帝元统元年（1333）践宝祚，至元三年征西僧僧伽剌麻至京，号灌顶国师，赐玉印。至正元年命永明寺写金字藏经一藏，免天下税粮。同三年复写金字藏经。至正十七年哈麻及秃鲁帖木儿等阴进西僧于帝，行房中运气之术，号揲儿法。揲儿法翻汉言大喜乐，帝在位久，怠于政治，荒游宴，以宫女十六人令舞，名为天魔舞。首垂发数辫，戴象牙之冠，身被璎珞，各执加巴剌班之器，内一人执铃杵奏乐。又宫女十一人，宦者长安迭不华领之，遇宫中赞佛则为舞奏乐，宫官之受秘密戒者得入，余不得预，佛事至是成为亡国之乐，宜哉！至正二十七年（1367）而国除矣。

第四节 天如惟则之思想

天如惟则居姑苏之师子林，吉安府（江西）庐陵人，族姓谭氏。幼入禾山祝发后，游天目山依附明本，每参见，本曰："老幻一生参禅不得开悟。"则心中窃有所疑，后精究禅微，不住山，居恒，随机开导。行省平章咸稽颡执弟子礼，屡以江浙诸名山请，坚却不赴，遁迹吴淞（江苏）之间。至正二年弟子就吴中（江苏）卜地，结屋名师子林，居十有三年，道价日振。顺宗帝至正十四年（1354）下佛心普济文慧大辩禅师之号，且赐金襕法衣，寂年及其寿未详。惟则之思想从《楞严经》《圆觉经》及《华严经》得来，盖时代思潮所使然。普说云：

> 山河大地全露法王身，草木丛林尽作师子吼。与么，则十方诸佛相好光明，逼塞虚空，满眼满耳，三乘教藏无量法门，昼夜六时炽然常说。歌台酒榭无非清净讲堂，剑树刀山总是宝王法座。一处现身，千处万处一切处同时出现。一处说法，千处万处一切处同时演说。或于一身现多身，或于多身现一身，或以一法为万法，或以万法为一法。如帝网珠互相摄入，如大圆镜影像交参，其中地位、菩萨、缘觉、声闻、一切众生情、无情等各各同时成佛了也。（《续藏经》，第一辑，第二编，第二十七套，第五册，418—471页）

第五节　泛神的佛陀观与绝对心之说

如是惟则应用华严之法门，谈祖道，或时集诸山长老，建七日之华严胜会，宣扬《大经》要旨。其第五日云：

> 若人欲识佛境界，当净其意如虚空。……一尘一毛皆佛境界，一沙一滴皆佛境界，一四天下，一大千世界乃至佛刹微尘数华藏海皆佛境界也。争奈汝诸人举手所指，纵目所观，高而盖者谓之天，下而载者谓之地，运而行者谓之日月，列而布者谓之星辰，静而住者谓之山，动而流者谓之水，有情者谓之人，无情者谓之物，森罗者谓之万象。却将佛境界当面讳却，岂不大可怜哉。（同上书，422页右—左）

道破泛神的佛陀观而无余蕴，若将此意贯彻到底，岂不有胜于他者哉？惜哉！乃杂以念佛往生之陋见。惟则生平从《楞严》《圆觉》而提倡绝对心。云：

> 此心最广最微，最灵最妙，千变万化，不可思议。远则充塞天地，近则常在目前，争奈视之不见，听之不闻，着意求之，转求转远。颜子有云："仰之弥高，钻之弥坚，瞻之在前，忽焉在后也。"……若是大智慧底人，秉回天转地之机，用攫雾拿云之手，一把把住，一坐坐断。（同上书，424页右—左）

即以领一念不生之端的而用心焉。

第六节　苦乐之解脱观

则尝示透脱苦乐顺逆之工夫云：

> 苦乐逆顺，道在其中，此乃龙门和尚赤心赤胆痛为学人警策之语也。……原夫曰苦曰逆，只是个不如意底境界，能使人起憎起嫉，起怨起恶，如值冤仇，多方回避，……引发种种烦恼，将一片道心等闲飏却。曰乐曰顺，只是个如意底因缘，能使人起爱起贪，起染起着，……如嗜醇酒，不觉沉酣。……将一片道心等闲忘却，却不知乐是苦因，顺为逆本，四者相依，互为出没，皆世相变迁之常事耳。……当思乐缘苦境，亦不偶然，总是宿业所招。……又当思遇苦遇乐，虽属定分，然亦浮幻不实，暂有还无。以智眼观之，妄起妄灭，如树头风，如空中响，如空里华耳，于吾道何所碍焉。（同上书，427页右）

是以苦乐归于宿业之旧说，加之以空观而已。尚无以解脱苦乐之直径，则先所说泛神的佛陀观全不为解脱苦乐之方法用，则知不彻底如此。

第七节　游魂说

则如先尼外道，似认灵魂之为实在。其言云：

> 三寸气消，眼光落地，百骸既散，万事俱休，一个游魂，随

业受报，岂不是虚生浪死，甘受轮回者哉！（同上书，418页右）

既为有游魂，则欣净土往生亦不足为怪。尝示西资会道友云：

> 净土惟心，心外无土。此惟心之土，其东无东，其西无西，四维上下，含摄无余。所谓："十方微尘佛刹者，吾净土中之刹也，三沙恒沙诸佛者，吾净土中之佛也。极乐世界，弥陀世尊，亦吾净土中之一刹一佛而已。……由众生不达惟心，局乎现量，机根不等，证悟悬殊，故于一净土中标列四种，曰常寂光，曰实报，曰方便，曰同居……彼弥陀极乐则又同居净土之一耳，而释迦世尊独指彼佛为系念之主，偏指彼土为往生之方。"……由是一代时教中叮咛指示劝往者不知凡几矣。如引《六方诸佛广长舌赞》，则证其往生之信也。如《宝积经》中印许净饭王及七万释种同生极乐，则示其往生之验也。又如《华严》末会普贤劝进善财及海会大众以大愿王导归安养，至如《观佛三昧经》，文殊自叙宿因，谓得念佛法门常生净土，则又主伴助扬，弘其往生之教也。此皆信解圆宗之众，超登地位之人，尚愿托生彼国，然则中根下器，容不信且慕乎？（同上书，432页右一左）

如是惟则混同惟心净土之说与客观的净土之说而不知甄别，虽时代所使然，而使直指之道与他之净家同伍，可叹哉！

第八节　最后之志愿

则造寿藏安无量寿佛，水西原十首并引云：

至正丙戌（1346），余年六十又一，缁白诸禅友念余不知老之将至，乃哀钱买山六七亩于虎丘之南二里许，为余作归藏之计。云今年丁亥秋九日戊申作门于水际，榜曰水西原。廿一日庚申预定葬所穴而甃之，徒僧善遇手刻于石，纳诸穴，以志之曰："师子林开山老人之寿藏也。"……塔之正体，南为门而洞其中，以安无量寿佛，佛高一尺有六寸，紫石琢而黄金涂，使天人鬼神知所敬仰。（同上书，441页左）

可以见则最后之志矣。

第九节　念佛于禅者为必要

惟则著《净土或问》，力说禅者有念佛之必要。其略云，禅家发明大事，纵有悟处深远，见地高明，行解相应者，奈何未登不退位，不可混俗度生，因此之故当求生净土。初心悟达之人被秽浊境缘所挠，败坏至易，故生极乐要境缘清净。马鸣、龙树等为禅宗之大祖师而欣极乐，今时禅人，岂不仿之哉。永明寿、真歇了、天衣怀、圆照本、慈受深、北磵简、天目礼等诸大老，发扬净土之理，合五家宗派，悟与未悟，无有一人不归净土者。无一土不依吾心而建立，无一佛不由吾性而发现，唯心之极乐也，本性之弥陀也。修净土者总有三门，一观想，谓心想佛时，是心是佛，是心作佛也。二忆念，谓或缘相好，或持名号。三众行，谓敬礼诸佛，称赞如来，广设供养，忏悔业障等也。娑婆世界有苦身，有老病，有恩爱，有冤敌，有饥寒，有群魔。极乐世界则莲华化生，无老死，无爱别，无冤憎，衣食珍宝，受用现成，佛化一统，魔外绝踪。十方如来之中，独推弥陀者，其故有三,一誓愿深重,二娑婆有缘,三化道相关也。五浊恶之人皆有罪,尚未忏悔,因弥陀不思议之大愿力,临终念佛得往生。念佛之法或专缘三十二相,系心得定,开目闭目,常得见佛。或但专称名号,执持不散,亦于现身而得见佛。此二中以称佛号为上,称名者无管多少,并须一心一意,心口相续,如此方得一念灭八十亿劫生死之罪。十念者每晨面西,正立,合掌,连称名,尽一气为一念,十气为十念,十气连属而心不散,成十念。专修称名,念念相续,如是毕命为期,往生必矣。何则?得正念故,与佛本愿相应故,不违教故,顺佛语故。

第十节　一心十界说与禅净合一说

《净土资粮全集》卷三有惟则所作之《十法界图说》,为示十界之具于一心,中央书心字,其周围画十界之有情,劈头说,若人欲了知三世一切佛,应观法界性一切唯心造之义。是盖蹈袭宋遵式所作《圆顿观心十法界图》而为说者,遵式之图载《佛祖统纪》卷五十一,附太原王钦若《序》。则圣道净土兼行,何一亦不彻底者非乎?畏灵魂之转生云:

> 此身既死,一个识神,或坠刀山、剑树、炉炭、镬汤诸地狱中,受无量苦。又或撞入驴胎马腹、饿鬼道中,辗转轮回,受苦无量。(同上书,415页右)

又说参禅与念佛之同一云:

> 参禅为了生死,念佛亦为了生死。参禅者直指人心,见性

成佛。念佛者达惟心净土,见本性弥陀。既曰本性弥陀,惟心净土,岂有不同者哉?(同上书,415页左)

惟则于《首楞严经》深有所研讨,著《首楞严经会解》,是顺宗帝之至正二年也。

第七章　石屋清珙之清逸

石屋清珙亦元代俊髦之一。山居三十年，清志坚澹，见白云，听流水，食藜藿，穿破衲，忘名利，不为物所拘。其诗偶带寒山之遗风，其志操仿大梅之古踪，僧中之仙者乎！偈云："禅余高诵寒山偈，饭后浓煎谷雨茶。尚有闲情无着处，携篮过岭采藤花。"

第一节　石屋清珙

清珙，字石屋，苏州常熟人，俗姓温。以南宋度宗帝咸淳八年生。幼断酒肉，素质清癯，及长，依本州兴教崇福寺之惟永出家，二十祝发，越三年受具。一日有僧杖笠过门，珙问其何往，僧曰："吾今登天目见高峰和尚，汝可偕行否？"珙欣然偕行见峰。峰问："汝为何来？"珙曰："欲求大法。"峰曰："大法岂易求哉，须然指香可也。"珙曰："某今日亲见和尚，大法岂有隐乎？"峰默而器之，授万法归一之话。由是服勤三年不契。欲辞而他行，峰曰："温有瞎驴，准有及庵，宜往见之。"及庵，湖州之道场寺及庵信，高峰之法眷也。初住建阳之西峰。珙之通谒，信袒襟危坐，受珙之展拜，遂问："何来？"珙曰："天目。"信曰："有何指示？"珙曰："万法归一。"信曰："汝作么生会？"珙无语。信曰："此是死句，什么害热病的教汝与么？"珙拜求指的。信曰："有佛处不得住，无佛处急走过，意旨如何？"珙虽答不契。信曰："者个亦是死句。"珙不觉汗下。后入室，再理前话诘之。珙答曰："上马见路。"信呵曰："在此六年犹作者个见解。"珙发愤弃去，途中忽举首见风亭，豁然有省。回语信曰："有佛处不得住也是死句，无佛处急走过也是死句，某今日会得活句了。"信曰："汝作么生会？"珙曰："清明时节雨初晴，黄莺枝上分明语。"信领之。久乃辞去，信送至门嘱曰："已后与汝同龛。"未几，信迁湖州道场寺，珙再参掌藏钥。信尝语众言："此子乃法海中透网金鳞也。"一众刮目视之。于是出入吴越，激扬禅风，广结般若之缘。

第二节　天湖庵山居之歌

偶登霞雾山喜之，构草庵，号曰天湖。禅暇作山居之吟。爱之者，以其章句精丽如岩泉之夜响，如玉磬之晨鸣。《石屋清珙禅师语录》卷下，载山居之歌，其中叙珙日用甚审云：

山名霞幕泉天湖，卜居记得壬子初。山头有块台磐石，宛如出水青芙蓉。更有天湖一泉水，先天至今何曾枯。就泉结屋拟终老，田地一点红尘无。外面规模似狭窄，中间取用能宽舒。碧纱如烟隔金像，雕盘沉水凌天衢。蒲团禅椅列左右，香钟云板鸣朝晡。瓷罂土种吉祥草，石盆水养龙湫蒲。饭香粥滑山田米，瓜甜菜嫩家园蔬。得失是非都放却，经行坐卧无相拘。有时把柄白麈拂，有时持串乌木珠。有时欢喜身舞蹈，有时默坐嘴卢都。懒举西来祖意，说甚东鲁诗书。自亦不知是凡是圣，他岂能识是牛是驴。客来未暇陪说话，拾枯先去烧茶炉。红香旖旎，春华开敷。

清阴繁茂,夏木翳如。岩桂风前,唤回山谷。梅花雪里,清杀林逋。人间无此真乐,山中有甚凶虞。也不乐他轻舆高盖,也不乐他率众匡徒。也不乐他西方极乐,也不乐他天上净居。心下常无不足,目前触事有余。夜籁合乐,晓天升乌。戏鱼翻跃,好鸟相呼。路通玄以幽远,境超世而清虚。骚人尽思,吟不成句。丹青极巧,画不成图。独有渊明可起予,解道吾亦爱吾庐。山中居,没闲时。无人会,惟自知。绕山驱竹笕寒水,击石取火延朝炊。香粳旋舂柴旋斫,砂锅未滚涎先垂。开畲未及种紫芋,锄地更要栽黄箕。白日不得手脚住,黄昏未到神思疲。归来洗足上床睡,困重不知山月移。隔林幽鸟忽唤醒,一团红日悬松枝。今日明日也如是,来年后年还如斯。春草离离,夏木葳葳。秋云片片,冬雪霏霏。虚空落地须弥碎,三世如来脱垢衣。(《续藏经》,第二编,第二十七套,第四册,321页右—左)

可知琪平常生活之简易。由此偈则琪草居天湖,于元仁宗帝皇庆元年壬子,相当其四十一岁。

第三节 枯淡的清琪

琪好隐栖,有终焉于此山之志,然嘉禾当湖新创福源禅刹,闻琪之名声驰檄敦请。琪坚卧不起。同参之平山林劝曰:"夫沙门者当以弘法为重任,闲居独善岂足哉。"于是翻然而起,盛开炉鞴,锻炼学者。居七年,纲宗大振。既而以老引退,复归天湖。元顺宗帝至正间,朝廷闻琪名,降香币以旌异,以皇后之旨赐金襕衣,人以为荣,澹如而已。至正十二年(1352)有疾,中夜与众诀别。其徒请曰:"和尚后事如何?"遂索笔书偈曰:"青山不着臭尸骸,死了何须掘土埋。顾我也无三昧火,光前绝后一堆柴。"投笔而化,寿八十一。弟子有太古愚者,高丽人,其王尊之以国师之号,闻珙之道行奏于元朝,诏谥佛慈慧照禅师,且取其舍利,于高丽建塔供养。

第四节　天湖住庵之年代

　　福源《石屋珙禅师语录》卷之上及《五灯会元续略》卷六,有元统辛未四月住禾之当湖福源,按元统无辛未,辛未相当于文宗之至顺二年。珙住福源应为元顺宗之元统元年癸酉。何则?入新僧堂上堂之语,有建柱石于丙子之孟春,毕斧斤于戊寅之九重。丙子为至元二年,戊寅为四年,从元统元年到至元四年方六年也。又珙入天湖时,其龄三十余,故山居诗云:

　　　　竞利奔名何足夸,清闲独许野僧家。心田不长无明草,觉苑长开智慧花。黄土坡边多蕨笋,青苔地上少尘沙。我年三十余来此,几度晴窗映落霞。(同上书,317页右)

而年四十一草庵成,既如上述。又山居偈云:

　　　　四十余年独隐居,不知尘世几荣枯。夜炉助暖烧松叶,午钵充饥摘野蔬。坐石看云闲意思,朝阳补衲静工夫。有人问我西来意,尽把家私说向渠。(同上书,317页右)

然则珙之住天湖,前后四十余年。

第五节　学道之用心

清珙痛厌尘事，弃名利，故持戒清严，学道之用心亦周道。尝示众云：

吾佛世尊，有四种清净明诲，所谓摄心为戒，因戒生定，因定发慧。云何摄心？何名为戒？若诸世界，六道众生，其心不淫，则不随其生死相续。……淫杀盗妄，既已消亡，戒定慧学，自然清净。若太虚之云散，如大海之波澄，得到这般田地了，方可以参禅，方可以学道。你且道，禅又作么生参，道又作么生学。从上以来，多有样子，福源不惜口嘴，略举数段。……为法忘躯，参禅学道第一样子。……有决定信，无疑惑心，参禅学道第二个样子。……宿因深正，有大根器，参禅学道第三个样子。……不肯造次承当，必欲见大休大歇田地，参禅学道第四个样子。……去却知解真实，参禅学道第五个样子。……具决定志，无退转心，参禅学道第六个样子。……为众竭力，不废寸阴，参禅学道第七个样子。更有第八个样子，此是微尘佛一路涅槃门，过去诸如来，斯门已成就；现在诸菩萨，今各入圆明；未来修学人，当依如是法。(《续藏经》，第一辑，第二编，第二十七套，第四册，314页右—315页右）

第六节　上堂法语

又珙上堂之语，于其发想不下时辈。

第七章　石屋清珙之清逸

佛涅槃上堂，身口意清净，是名佛出世。身口意不净，是名佛涅槃。人情不能恰好，世界难得团栾。昼长夜短，秋热冬寒，一把柳丝收不得，和烟搭在玉阑干。（同上书，310页左）

第七节　山居之诗趣

珙山居之诗，真有声之画也：

柴门虽设未尝关，闲看幽禽自往还。尺璧易求千丈石，黄金难买一生闲。雪消晓嶂闻寒瀑，叶落秋林见远山。古柏烟消清昼永，是非不到白云间。（同上书，315页左）

岳顶禅房枕石台，白云飞去又飞来。门前瀑布悬空落，屋后山峦起浪堆。素壁淡描三世佛，瓦瓶香浸一枝梅。下方田地虽平坦，难及山家无点埃。（同上书，316页左）

优游静坐野僧家，饮啄随缘度岁华。翠竹黄花闲意思，白云流水淡生涯。石头莫认山中虎，弓影休疑盏里蛇。林下不知尘世事，夕阳长见送归鸦。（同上）

白云深处结茅庐，随分生涯乐有余。未死且留煨芋火，息机何必绝交书。湛然凝寂通三际，廓尔圆明裹十虚。庵内不知庵外事，几番花落又还敷。（同上书，317页左）

如清珙古今之逸士，罕得其比。虽厌世独善，非禅之真风，追世荣亲权门者，衲僧之所最愧。珙闲卧山房而不出者，由慨于时弊，猥其出处是非难矣。

第八章　楚石梵琦

　　元叟门下，法器甚多。于中楚石梵琦，可谓瑚琏。琦揭大慧之正印，而哮吼于元末如狮子王。声望高九州，为王臣之所归崇，其言云："一蚁子之性命即是诸人之性命，诸人之性命即是佛祖之性命也。"

第一节　楚石梵琦

　　梵琦，字楚石，小字昙曜，明州象山人，姓朱氏。以成宗帝元贞二年生，四岁丧怙恃，九岁抵西湖，入海盐州（浙江嘉兴府海盐县）天宁永祚寺，师讷翁模受经业。又往湖州崇恩寺，依晋翁询。赵孟頫以在先陇，崇恩之故，数数往来，见琦器之，为鬻度牒，拜讷翁令剃染。年十六于杭州昭庆受具足戒，当时径山有虚谷陵，天童有云外岫，净慈有晦机熙，皆称誉琦。年二十晋翁迁住道场，令琦为侍者，又命典藏钥。一日阅《首楞严经》，恍然有省，由是历览群籍，不假师授，文句自通。然胶于名相，未能去缠缚，闻元叟之主径山，往参扣，琦问："言发非声，色前不物，其意如何？"叟云："言发非声，色前不物，速道速道。"琦拟进语，叟震威一喝，琦乃错愕而退，由是群疑百出，胸上如置巨石。英宗帝诏选善书者，令赴阙金书《大藏经》，琦在其选中。辞叟遂行，馆万宝坊，近崇天门。一夕睡起，闻彩楼上鼓鸣，豁然大悟，汗下如雨，拊几笑曰："径山鼻孔今日入吾手矣。"是实泰定元年，年二十九也。是岁东归再入双径，元叟见琦之气象充盛，笑云："西来密意喜子得之矣。"乃师资相对，征决佛祖机缘，涣然冰解。

第二节　堂塔造佛之行业

泰定元年冬行宣政院，命于海盐州福臻寺出世，乃嗣元叟，为大慧之五世。文宗帝天历元年，升住同州之天宁永祚寺，创大宝阁，造七级之塔，高二百四十余尺。顺宗帝至元元年迁杭州之凤山大报国寺。同帝至正四年转嘉兴之本觉寺，更构万佛阁，造大悲像，宏伟壮丽，俨如天宫。至正七年，帝嘉琦之行业，赐以佛日普照慧辩禅师之号，会嘉兴报恩光孝寺虚席，众请以琦为主，是至正十七年八月也。寻退隐于天宁永祚寺筑西斋，自号西斋主人。

第三节　辨核鬼神之理

时明太祖帝混一海宇。洪武元年秋九月，诏江南之大浮屠十余人，为战亡诸臣设大法会，命琦于蒋山说法，廷臣奏其说，帝大悦。明年三月再征于蒋山说法，帝又嘉其说，诏馆于天界寺，赐内府白金。洪武三年秋，太祖帝以鬼神之理幽微难测，思遗经中当有明文，召通三藏者十六人问之。于是琦与梦堂噩等至京，馆于天界寺，帝命礼部劳问，令答所问。琦援据经论辨核其理，书成将进，忽示疾，索浴更衣跏趺，书偈云："真性圆明，本无生灭。木马夜鸣，西方日出。"书毕谓梦堂云："师兄，我去也。"堂云："何处去？"云："西方去。"堂云："西方有佛，东方无佛耶？"琦乃震威一喝而逝，时洪武三年（1370）七月，寿七十五，所著有《六会语》《净土诗》《慈氏上生偈》《北游集》《凤山集》《西斋集》《和天台三圣诗》《永明山居诗》《陶潜诗》《林逋诗》。

第四节 梵琦之性行与思想

《楚石梵琦禅师语录》二十，叙琦性行云：

> 师为人形躯短少，而神观精朗，举明正法，滂沛演迤，有不知其所穷。凡所莅之处，黑白向慕，如水归壑，一弹指间，涌殿飞楼，上插云际，未尝见师有作。君子谓师纵横自如，应物无迹。山川出云，雷蟠电掣。神功收敛，寂然无声。由是内而燕、齐、秦、楚，外而日本、高丽，咸咨决心要，奔走座下，得师片言，装潢袭藏，不翅拱璧。师可谓无愧妙喜诸孙者矣。（《续藏经》，第一辑，第二编，第二十九套，第二册，149页左）

梵琦之思想为华严一乘纯谈圆融之妙者。

> 搅酥酪醍醐为一味，熔瓶盘钗钏为一金。总阴阳寒暑为一时，混江河淮济为一水。一印一切印，一门一切门，一成一切成，一破一切破，所以道佛说一切法，为治一切心。（同上书，第一册，77页左）

琦语录所见思想，大抵无不如是。华严者，北宋以来盛为禅门所用，天下禅匠无不被其影响，至琦数设华严经会提唱其说，据《语录》自明。

第五节　梵琦之心要与泛神宇宙观

楚琦之心要，自大慧以来，既有所定，以离分别、亡智解为工夫，云：

> 只如坐禅，须是了却自己偷心始得。若不了却自己偷心，空坐何益？且阿那个是偷心？但是一切不了，念起念灭，总是偷心。死得偷心，便与佛祖不别。（同上书，78页左）

是大慧在其书中所反复力说，琦有此说当然耳。

第六节　教禅一如之说

琦崇信华严圆教，认教禅一如，自然之势也。

> 肇法师道："古镜照精，其精自形。古镜照心，其心自明。"教亦何曾异禅。归宗和尚云："吾今欲说禅，诸子总近前。汝听观音行，善应诸方所。"禅亦何曾异教。教是佛口，禅是佛心，未了之人听一言，只这如今谁动口，便向个里会得，坐断天下人舌头，更分什么禅，拣什么教。（同上书，79页左）

谈禅教之一致，非必不可。虽然当琦之时，诸宗融合之潮流充溢教界，各宗失其特色矣。

第七节　当时之宗弊

梵琦之用处有不失为大慧之孙者。

上堂:"道远乎哉,触事而真,唤什么作真?圣远乎哉!体之即神,唤什么作神?"蓦拈拄杖划一划,喝一喝便起。(同上书,48页左)

平生应机接物之手段,多类此。

宋濂所作《佛日普照慧辩禅师六会语录序》,举当时之宗弊云:

近季以来,传者失真,澜倒波随,所趋日下。司法柄之士,复轻加印可,致使鱼目混珍。扬眉瞬目之顷,辄曰彼已悟矣,何其易悟哉!人遂诮之,为瓠子之印。非特此也,五家宗要,历抄而熟记之曰,此为临济,此为曹洞法眼,此为沩仰云门,不问传之绝续,设为活机。如此问者,即如此答,多至十余转语,以取辨于口,名之曰传公案。(同上书,36页右)

是所谓公案之死型,守之以为悟道,可笑之甚也。

第八节　梵琦之净土诗

梵琦慕净业,自号西斋,征之临终去西方之言可知。《净土资粮全集》卷一所载有琦之净土诗:

遥指家乡落日边，一条归路直如弦。空中韵奏般般乐，水上华开朵朵莲。杂树枝茎成百宝，群居服食胜诸天。吾师有愿当垂接，不枉翘勤五十年。一寸光阴一寸金，劝君念佛早回心。直饶凤阁龙楼贵，难免鸡皮鹤发侵。鼎内香烟初未散，空中法驾已遥临。尘尘刹刹虽清净，独有弥陀愿力深。（《续藏经》，第一辑，第二编，第十三套，第三册，213—214页右）

第九章　明初之佛教

元室覆灭之后，拨乱反正，混一寰宇者，明太祖朱元璋也。元璋与佛寺有夙缘，登九五之位，不但督文武臣僚，锐意计治而已，且申明佛教，振作僧风。儒臣宋濂，沙门宗泐等，辅导帝致力文教之兴隆，其功不可没。然至吾禅道，则随大明勃兴，亦不能挽回其生气也。

第一节　明太祖朱元璋

明太祖朱元璋，字国瑞，以元文宗帝天历元年（1328）生，顺宗帝至正四年十七岁遇旱、蝗、饥、疫之灾，父母兄相继殁，孤贫无所依，投泗州（安徽）皇觉寺为僧。至正十二年，郭子兴起兵，从之事攻伐，连战有大功。同十五年郭子兴卒，太祖代之将兵渡江，略太平集庆立大业之基，降伏群雄，以至正二十四年即吴王位，遂定中原，混一天下，是元顺宗帝至正二十七年也。翌年改国号大明，建元为洪武，即皇帝位，是实1368年也。太祖虽夙与佛教有因缘，而其所信不纯，不能脱多神的迷想。洪武二年封京都及天下之城隍神，命祭五岳、五镇、四渎、四海之神。洪武三年，诏召集天下高僧，制立三教，谓禅、谓讲、谓瑜伽是也。乃建三大刹，令以天界安禅侣，以天禧居义学，以能仁居瑜伽。

《憨山大师梦游全集》卷三十云：

洪武三年，诏天下高僧，安置于天界寺，建普度道场于钟山灵谷，名流毕集，大阐玄宗，御驾躬临，亲闻法喜，而法道之盛，不减在昔，何其伟欤！由是于一门，制立三教，谓禅、讲、瑜伽，以禅悟自心，讲明法性，瑜伽以济幽冥。乃建三大刹，以天界安禅侣，以天禧居义学，以能仁居瑜伽。汪汪洋洋，天下朝宗。自北迁之后，而禅道不彰，独讲演一宗，集于大都，而江南法道，日渐靡无闻焉。(《续藏经》，第一辑，第二编，第三十二套，第四册，320页右）

第二节　太祖之教化治政

洪武四年十二月，太祖为元末大乱战死英灵建法会于蒋山太平兴国寺，宣谕百官禁天下屠宰，诏征江南高僧十人营办。同五年一月亲临法筵供佛，听径山之宗泐说法，从天竺之慧日受戒，仪礼之盛，前古无比，宋濂作其记。同六年以故元释帝师喃迦巴藏卜为炽盛佛宝国师，令教化其本国人民，盖治西番土番之政策也。洪武十年诏天下沙门讲《心经》《金刚经》《楞伽经》，命宗泐、如玘等注释颁行。

第三节　大明之宗教法案

洪武十四年六月，稽宋制设置僧道衙门，掌佛道二教之事。据《释氏稽古略续集》如下：

在京设置僧录司、道录司，掌管天下僧道，精选通经典、戒行端洁者诠之，其在外布政、府、州、县各设僧纲、僧正、僧会、道纪等司衙门，分掌其事。

僧录司掌天下僧教事

善世二员，正六品，左善世、右善世。阐教二员，从六品，左阐教、右阐教。讲经二员，正八品，左讲经、右讲经。觉义二员，从八品，左觉义、右觉义。

道录司掌天下道教事

正一二员，正六品，左正一、右正一。演法二员，从六品，左演法、右演法。至灵二员，正八品，左至灵、右至灵。玄义二员，从八品，左玄义、右玄义。

各府僧纲司掌本府僧教事

都纲一员，从九品，副都纲一员。

各府道纪司掌本府道教事

都纪一员，从九品，副都纪一员。

各州僧正司僧正一员，道正司道正一员，各掌本州僧道事。

各县僧会司一员，道会司一员，各掌本县僧道事。

各府、州、县寺观僧道并从僧录司、道录司取勘置文册，须要开写某僧、某姓名、年甲、某布教司、某府、某州、某县籍，某年于某寺观出家，受业某师，先为行童几载，至某年、某施主披剃簪戴，某年给度开报。

供报各处有额寺观，须要明白开写本寺、本观始于何朝、何僧、何道启建，或何善人施舍。

僧道录司衙门，全依宋制，官不支俸，吏与皂隶合用人数，并以僧道及佃仆人等为之。

僧道录司体统与钦天监相同，出入许依令用本品伞盖，遇官高者即敛之。

各处寺观住持，从本处僧道衙门举保有戒行、老成谙通经典者，申送本管衙门，转申僧录司、道录司考试中式，具申礼部奏闻。

各府、州、县未有度牒僧道，许本管僧道衙门具名申解僧纲司、道纪司，转申僧录司、道录司考试能通经典者，具申礼部奏闻出给。

在京在外僧道衙门专一简束僧道，务要恪守戒律，阐扬教法。如有违犯清规，不守戒律，及自相争讼者，听从究治，有司不许干预，如犯奸盗非为，但与军民相涉，在京申礼部，酌审情重者送问，在外即听有司断理。（《续藏经》，第一辑，第二编乙，第六套，第二册，123页右一左）

是明之宗教法案也。翌十五年禁僧道寺观之卖买土田，分佛寺为三等，名禅、讲、教。诏选高僧分侍诸王，即命僧道衍往燕府住持庆寿寺，衍即姚广孝也。

第四节　申明佛教榜册

洪武二十四年申明佛教出榜册。《释氏稽古略续集》卷二云：

申明佛教榜册，六月初一日钦奉圣旨：佛教之始自东汉，明帝夜有金人入梦，是后法自西来。明帝敕臣民愿崇敬者许，于是臣民从者众，所在建立佛刹。当时好事者，在法入之初，有去须发而舍俗出家者，有父母以儿童子出家者，其所修也，本苦空寂寞，去诸相欲，必欲精一己之英灵。当是时佛教大彰，群修者虽不能尽为圆觉，实在修行次第之间，岂有与俗混淆，与常人无异者。今天下僧寺以上古刹列圣相继而较者，佛之教本中国之异教也，设使尧、舜、禹、汤之时，遇斯阐演，未审兴止何如哉。今佛法自汉入中国，历历数者一千三百三十年，非一姓为君而有者也。所以不磨灭者为何？以其务生不杀也。其本面家风端在苦空寂寞，今天下之僧多与俗混淆，尤不如俗者甚多。是等其教而败其行，理当清其事而成其宗，令一出禅者禅，讲者讲，瑜伽者瑜伽，各承宗派，集众为寺。有妻室愿还俗者听，愿弃离者听。僧录司一如朕命行下诸山，振扬佛法以善世，仍条于后。

自经兵之后僧无统纪，若府若州，合令僧纲司、僧正司验倚郭县分，僧会司验本县僧人杂处民间者，见其实数，于见有佛刹处，会众以成丛林，清规以安禅。其禅者务遵本宗公案，观心目形以证善果。讲者务遵释迦四十九秋妙音之演，以导愚昧。若瑜伽者亦于见佛刹处率众熟演显密之教应供，是方足孝子顺孙报祖父母劬劳之恩。以世俗之说，斯教可以训世；以天下之说，其佛之教阴翊王度也。

令下之后，敢有不入丛林，仍前私有眷属潜住民间，被人告发到官，或官府拿住，必枭首以示众，容隐窝藏者流三千里。

显密之教，轨范科仪务遵洪武十六年颁降格式，内其所演唱者，除内外部真言难以字译，仍依西域之语。其中最密者，惟是所以曰密；其余番译经及道场内接续，词情恳切文章天人鬼神咸可闻知者，此其所以曰显。于兹科仪之礼，明则可以达人，幽则可以达鬼，不比未编之先。俗僧愚士妄为百端讹舛规矩，贻笑智人，鬼神不达。此令一出，务谨遵毋增减为词讹舛紊乱，敢有违者，罪及首僧及习者。

令出之后，有能忍辱不居市廛，不混时俗，深入崇山，刀耕火种，侣影伴灯，甘苦空寂寞于林泉之下，意在以英灵出三界听。

瑜伽僧既入佛刹，已集成众，赴应世俗所酬之资验日验僧。每一日每一僧钱五百文，主磬写疏召请三执事，每僧各一千文。

道场诸品经咒布施则例（各项经寸数目不录）

陈设诸佛像、香灯，供给阇黎等项劳役钱一千文。凡僧与俗斋其合用文书，务依修斋行移体式，除一表、三申、三牒、三帖、三疏、三榜，不许文繁，别立名色，妄发纸札，以耗民财。

今后所在僧纲、僧正、僧会去处，其诸散寺应供民间者，听从僧民两便，愿请者愿往任从之。僧纲、僧正、僧会毋得恃以上司出帖非为拘钤，假此为名巧取散寺民施。从有缘僧，有道高行深者，或经旨精通者，檀越有所慕从，其斋礼毋以法拘。

瑜伽之教显密之法，非清净持守，字无讹谬呼召之际，幽冥鬼趣，咸使闻知，即时而至，非垢秽之躯，世俗所持者。曩者民间世俗多有仿僧瑜伽者呼为善友，为佛法不清，显密不灵，为污浊之所，污有若是。今后止许僧为之，敢有似前如此者，罪以游食。（同上书，127—128页左）

第五节　僧侣之带妻

僧有妻室，古史未见，至此始见之，僧风之变也。禅僧所修者看话工夫，教僧所为者祈祷禁厌，僧混俗，俗仿僧而游食，政教之害非鲜少，所以有此令也。同二十七年特敕礼部榜示下之条例。

  僧合避者，不许奔走市村，以化缘为繇，致令无籍凌辱，有伤佛教。若有此等，擒获到官，以败坏祖风之罪。
  寺院、庵舍已有砧基道人，一切烦杂答应官府并在此人，其僧不许具僧服入公厅跪拜。设若己身有犯，即预先去僧服，以受擒拿。
  钦赐田地，税粮全免。常住田地虽有税粮，仍免杂派人差役。
  凡住持并一切散僧，敢有交结官府、悦俗为朋者，治以重罪。
  凡僧之处于市者，务要三十人以上聚成一寺。
  可趋向者或一二人幽隐于崇山深谷，必欲修行者听。
  僧有妻者，许诸人捶辱之，更索取钞钱，如无钞者，打死勿论。
  有妻室僧人，愿还俗者听。愿弃离者，修行者亦听。（同上书，130页左）

洪武二十八年命僧录司设上、中、下三科考试天下沙门。同三十年（1397）命僧录司凡有寺院处，俱建禅堂安禅。同三十一年太祖帝崩，寿七十一。

第六节　太祖与宋濂

  太祖之盛德大业，虽本出自天纵，而贤臣之辅导亦不少，如宋濂，能诱掖帝兴教学者。濂，字景濂，其先金华（浙江金华府金华县治）潜溪人，及濂迁浦江青萝山，仍以潜溪题其室，故学者称曰潜溪先生。笃信佛教，自号无相居士。《增集续传灯录》以濂为嗣千岩元长。长，天目明本子也。初游吴莱、柳贯、黄潜诸儒之门。元顺宗帝至正中，被荐为翰林院编修，辞而不行，入龙门山著书十余年。及太祖帝取婺州召见，既而征诣金陵，侍左右备顾问，称述帝王仁义之道，深得帝心。洪武二年奉诏修《元史》，为总裁官。同年《史》成，除翰林院学士。太祖常言，佛氏之教幽赞王纲，又云天下无二道，圣人无二心。濂召对，每言佛教之奥义，治道之要谛，帝嘉纳之。洪武五年太祖就蒋山建大法会，濂记之，其略载《居士传》卷三十七。洪武六年迁侍讲学士兼赞善大夫，与成《大明历日》之纂修，凡一百卷，又撰修《皇明宝训》五卷。太祖尝问廷臣臧否，濂唯举其善者曰："善者与臣友，臣知之，其不善者不能知之。"洪武九年为学士承旨。帝谕曰："朕以布衣为天子，卿亦起草莱列侍从之开国文臣之首，俾世臣与国同休。"太祖令濂参政，固辞不受，然一代之礼乐制作，多濂所裁定也。

第七节　宋濂之参禅

洪武十年致仕，帝赐御制文集及绮帛，问曰："年几何？"濂曰："六十八。"帝曰："藏此绮三十二年作百岁衣可也。"先是濂在太祖前称《楞伽经》为达磨氏印心之经，帝读善之，诏天下之僧令读。濂居青萝山，辟一室曰静轩，终日闭户未尝接有司，三阅大藏，有暇则习禅观，自言宴坐般若场中。洪武十三年坐孙慎之罪，帝欲置死之，皇后、太子力救，乃安置茂州。同十四年卒，年七十一。武宗帝正德中追谥文宪。著有《潜溪集》《芝园集》《龙门子》《无相誊语》等。云栖辑濂之文为《护法录》，所撰有《沙门塔铭》三十九篇。

第八节　宋濂之思想

关于宋濂之佛教思想，依《居士传》卷三十七所载文可知。由同书观之，濂所云无出格之分，落在小乘之谈理。又彼关于禅之意见，见《瑞岩恕中和尚语录》序云：

> 余观《大梵天王问佛决疑经》所载，梵王以金色波罗华献佛，请为说法。佛拈华示众，人天百万悉皆罔措，独金色头陀破颜微笑。佛云："吾有正法眼藏、涅槃妙心、实相无相，分付摩诃迦叶。"呜呼！此非禅波罗蜜之初乎？人生而静，性本圆明，如大月轮光明遍照凡苏迷卢境界，具湿性者，大而河海，细而沼沚，无不有月，是故有百亿水，则百亿之月形焉。仰而瞻之，而中天中月未尝分也。月譬则性也，水譬则境也。一为千万，千万为一，初无应者，亦无不应者，体用一源，显微无间也。大圣全体皆真，不失其圆明之性，如月在寒潭，无纤毫障翳，清光烨如也。凡夫为结习所使，业识所缚，而惟迷暗是趋，如月在浊水，固已昏冥无见，加以狞飚四兴，翻涛鼓浪，鱼龙出没，变幻恍惚，欲求一隙之明，有不可得矣。故圣人之心主乎静，静而非静，而动亦静也。凡夫之情役于动，动而不静，而静亦动也。吾达磨大师特来东土，以迦叶所传心学，化度有情，欲澄浊为清，止浪为平，直入于觉地而后止，故其体常寂，而寂非寂也。其智常照，而照无照也。其应常用，而用无用也。至此则其妙难名矣。然未易以一蹴至也，惟一惟虚，坐忘其躯，或缓或徐。长与神明居，惧其散而弗齐也。设疑情以一之，恐其至而自画也。假善巧以引

之，虚其偏而失正也，挽沉溺以返之，其道盖如斯而已。(《续藏经》，第一辑，第二编，第二十八套，第五册，403页右)

可以察知濂通禅之大略。濂明言观《大梵天王问佛决疑经》，其时当该伪经行于世者乎？或蹈袭同经所载拈华事实之传说，而为此言乎？尚难遽信。如濂明初第一流人物，而其所见如是平凡，祖道之陵迟可知耳。

第九节　天界寺慧昙

奉太祖帝之旨使西域，宣布帝之威德者，天界寺之慧昙也。慧昙，号觉原，天台人，姓杨，长依越州（浙江绍兴府）法果寺之大均出家。迨冠受具戒，学华严于高丽法师教，听止观于上竺法师澄。时元之喇嘛为帝师，独尚禅宗，诸方禅刹大盛，昙阴疑之。阅禅籍不能理会，有惭于心，遂抵武林（杭州）谒笑隐大䜣于中天竺寺，陈求道之志。䜣云："何处来？"昙云："游山来。"䜣云："笠子下捺破洛浦遍参底作么生？"昙云："未入门时呈似和尚了也。"䜣云："即今因其不拈出。"昙拟议，䜣便喝，昙当下有省。一日䜣展两手示昙云："八字打开了因甚不肯承当？"昙云："休来钝置。"䜣云："近前来为汝说。"昙即掩耳出，䜣颔之。又一日闻䜣举百丈野狐之话大悟云："佛法落吾手矣，只为分明极，翻令所得迟。"䜣云："尔见何道理，敢尔大言耶？"昙展两手云："不值半文钱。"䜣许之。及䜣奉敕住龙翔寺，随至掌藏钥，继分座，见元之文宗帝于奎章。昙神气恬然，䜣云："真吾家师子儿也。"初出世于牛头山之祖山堂，殿阁一新。

第十节　慧昙与太祖

　　顺宗帝至正三年迁清凉广慧禅寺，寂静临其众，虽数千指而经营内外，终岁不闻笑詈之声。道行闻于帝师，授以净觉妙行（一作妙辨）之号。至正十五年转住保宁。翌十六年明太祖定金陵，谒帝于辕门，一见叹云："此福德僧也。"命主蒋山太平兴国寺。至正十七年改金陵之龙翔寺为天界寺，诏昙令住持，每设法会，车驾数临，恩赐优渥。帝书天下（一作天界）第一禅林六字揭于三门。洪武元年开善世院诏昙领院事，赐紫衣及金襕方袍，授从二品，为演梵善世（一作善逝）利国从教（一作崇教）大禅师统诸山释教之事。时章缝之士以释子为世蠹，请奏除之。帝以疏章示昙。昙对云："孔子以佛为大圣人，以此知真儒必不非佛，非佛必非真儒矣。"

第十一节　慧昙之性行

　　洪武三年太祖择有道之沙门，欲通使西域。昙乃应诏往，尚书赵某为副使，受命即日上途，衣盂之资一无顾惜，从行者二十余人。历高昌、素叶诸国，国人皆尊礼之，以象马传送。洪武四年秋，达僧伽罗国，国王、群臣大喜，馆于佛山寺，待以师礼。至九月有微恙，知不能起，沐浴更衣，谓赵尚书曰："某化缘终此，不能复命矣。"又告别僧伽王，书遗表及示诸国法语，诚谕左右了，屹然端坐，至夜半问云："日出否？"对云："未。"及问再三，侍者云："日出矣。"乃西向而寂。寿六十八。《补续高僧传》卷十四赞慧昙之性行云：

师广颡丰颐，平顶大耳，面作红玉色，耳白如珂雪，目光烂烂射人。学者见之，不威而慑，及即之也，蔼然而春温。其遇禅徒，随机而应，未尝务为奇功。闻者自然有所悟入。虽位隆望重，恒处之若寒素，无毫发自矜意。为人寡言笑，喜怒任真，不能以贵贱异其颜色。然毗翊宗教，无一息敢忘。广厦细旃之间，从容召对，据经持论。每罄竭蕴畜，松园之夏释道、私税之免，皆师之所请也。(《续藏经》，第一辑，第二编乙，第七套，第二册，128页右)

《增集续传灯录》卷五举昙之语云：

上堂。六月一日前，森罗万象替说禅。六月一日后，八角磨盘空里走。今朝正当六月一，无位真人赤骨律。金色狮子解翻身，无角铁牛眠少室。十圣三贤总不知，笑倒寒山并拾得。(同上书，第十五套，第五册，429页右)

第十二节　宗泐之逸脱

继慧昙之志入西域者宗泐是。泐号季潭，别称全室，台州临海人，俗姓周，以元仁宗帝延祐五年生。父母早卒，寄食贫里，年甫八岁，投本郡之天宁寺。时笑隐大䜣，说法于此。泐见䜣下跪拜膝下，䜣爱抚之，试以《心经》，过目成诵。䜣大悦云："昏途慧炬也。"由是随侍杭州中天竺寺。十四剃染，二十受具。䜣主金陵之龙翔集庆寺也，泐亦形影相伴，久之谒元叟行端于径山，机语相投，掌记室。武林名贤请主杭州中天竺，是明洪武元年也。虽烽燧四警之际，少长、贵贱皆瞻礼之，不让大䜣说法之时。

第十三节 《赞佛乐章》

洪武四年住径山，太祖问鬼神之事，召两浙之学行僧，泐居其首，馆于天界寺，对扬称旨。既而帝建大法会于钟山，令泐作《赞佛乐章》，一曰善世曲，二曰昭信曲，三曰延慈曲，四曰法喜曲，五曰禅悦曲，六曰遍应曲，七曰妙济曲，八曰善成曲。帝亲幸太平兴国寺，与群臣北面礼佛。敕太常奏曲歌舞。又命泐升座说法，穷理尽性，显密浅深，无不被其机益者。帝听叹美，命住应天府之天界寺，宠荣之，或召对内庭，赐茶膳，或以诗相应酬，称曰泐翁。洪武十年奉诏笺释《心经》《金刚经》《楞伽经》行世。

第十四节 宗泐之晚年

洪武十年继慧昙之遗志，奉敕领徒三十人使西域。涉流沙，逾葱岭，通诚佛土，往返十有四万里程，得《庄严》《宝王》《文殊》等经归朝，是洪武十五年也。翌十六年僧录司之开，授右善世，居天界寺掌天下僧事。帝令泐蓄发，欲授以儒官，固辞再三得免。留京既久，为人所嫉，坐党争得谴，退居凤阳槎峰，建圆通庵，辟一室曰松下居。洪武十九年太祖觉其非召还，再出入禁廷。洪武二十三年有诏，再住天界寺，时皇后薨临葬，忽风雨、雷电暴作，帝不乐曰："今太后将就圹，为朕宣偈送之。"泐应声曰："雨落天垂泪，雷鸣地举哀。西天诸佛子，同送马如来。"朝士建议，泐于内圣外王之略无不毕备，宜以顺中大夫之禄旌之，仍告老乞退，帝便听还槎峰。渡江至江浦之石佛寺示疾，谓左右云："人之生灭如水一沤，沤生沤灭复归于水，何处非寂灭之地耶？"言讫顾侍者曰："者个聻。"侍者茫然，泐曰："苦。"遂寂。时洪武二十三年（1390）也。春秋七十四，有《全室外集》行世。

第十五节　宗泐之年代

泐上堂语云：

> 说心说性，说妙说玄，总是野狐涎唾。行棒行喝，擎叉舞笋，亦是鬼家活计。卓拄杖云："毗婆尸佛早留心，直至如今不得妙。"

《续灯正统》卷十五以宗泐之诞生为元仁宗延祐戊午七月十七日，记其入灭为明洪武庚子九月十四日，洪武无庚子，当为庚午，此间七十四年也，与记其春秋七十四符合。《增集续传灯录》卷五作洪武二十四年入寂，而不示出生岁月，故与《续灯正统》之说何者为是，难于决定，暂以《正统》为据耳。

第十章 恕中无愠之清操

太祖帝时主大山名刹者甚多，就中可称群鸡之一鹤者恕中无愠也。愠于操行清节，嶄然出众，道声闻于日本，士人化其德。愠《观音赞》曰："以口说法则口有时而歇，以身说法则身有时而灭，惟我大士宴坐水月，刹刹尘尘，不说而说。"

第一节 恕中无愠

无愠，号恕中，别称空室，台州临海人，族姓陈。未冠，脱世尘，上径山，就元叟行端剃染，具戒于昭庆律寺。游方谒灵石如芝于净慈。芝，径山虚堂智愚之嗣也。次参一源灵（灵，方山文宝之嗣。宝，断桥妙伦之嗣。伦，无准师范之嗣）于湖州资福，扣问详切，既而归径山觐行端，端命居择木寮。时径山为四方学者之渊薮，愠声誉日著，而不以自足，游四明，造天童，见平石如砥（砥，东岩净日之嗣。日，西岩了慧之嗣。慧，无准师范之嗣）典藏钥，研学十载，以博达著名，而心地未稳，转偕同学三人往台州紫箨山参竺原妙道。道，育王横川如珙之嗣。珙，天童天目文礼之嗣。礼，灵隐松原崇岳之嗣。岳，天童密庵咸杰之嗣也。妙道住山垂三十年，行脚之人以古拗悍之。愠等登山，值一老僧隔溪坐磐石，又一白发之僧侍之，风度萧然，如画中之应真。愠等一见，觉其为妙道，已而具威仪，上方丈人事毕，愠欲问狗子佛性之话，才拟开口，道即喝。直下消积滞，呈一偈曰："狗子佛性无，春色满皇都。赵州东院里，壁上挂胡芦。"道笑曰："恁么会也争得？"愠拂袖便出，道肯之。逾一载归天童。时径山主僧有古鼎祖铭（元叟行端之嗣），遣弟子招愠，商榷玄旨，且为学者矜式。初出世于明州灵岩广福禅寺。道尝谓愠曰：

> 汝知瓦乎？联之千百则有盖覆之功。汝知玉乎？露之径寸却贻偷窃之患。与其碎玉以矫世，不如全瓦以济时。今古至人惟得此而已矣。

第二节　瑞岩之三关

愠之出世也元叟门下英衲，梦堂昙噩、古鼎祖铭等以为愠必嗣元叟，俱遣使厚为寿。然开堂之日，拈香嗣妙道，愠之重古法，不枉顺人情如是。居灵岩三年，迁住台州之瑞岩净土禅寺，乃设三关勘禅客，不契则逐出。当时谓之瑞岩三关。其问曰：

> 稳坐家堂因甚主人翁不识？掀翻大海，搵碎须弥，平地上因甚抬脚不起？眼光烁破四天下，自家眉毛落尽因甚不见？三句内，一句外，不涉两头，有人道得，拄杖子两手分付。

第三节　无愠之道誉

愠之居瑞岩，道价日高，江湖英俊，趋台州者不绝。时元主崇佛教，染衣之徒，多受隆誉，愠独不屑世荣，体衲僧本色。住山三载，竟谢事登松岩顶上。老屋数楹，乃秋江湛（方山文宝之嗣，断桥妙伦之孙）休老之处，在万山之巅，人迹罕至，愠爱而居之。寄书退院，众固请不允。洪武七年夏，日本国主遣使奏请，请愠教化其国。太祖帝召至阙下，愠以老病辞。帝悯之不遣，令留锡天界寺。天界之宗泐，延致愠于丈室。金华宋濂在翰林，每休沐日即至天界与愠谈道，一时名贤，无不敬慕。同年冬辞还东。洪武十七年弟子居顶，结草堂于鄞（浙江宁波府鄞县治）之翠山，迎愠养老，四方扣谒者无虚日，多求偈语。洪武十九年（1386）遘微疾，对问疾僧谈禅，无一语及世间相，索笔书偈曰："七十八年，无法可说。末后一句，露柱饶舌。咄。"端坐而化，寿七十八。

第四节　无愠之性行

无愠之《行业记》，评其性行云：

> 师天性纯粹端悫，恒以谦抑自持，进退若不逮，修德若不足，处心尤仁恕。见学者有尺善寸长，辄喜见言面若己出，诱掖奖誉殊笃，冀其有所成就，裨益法门。苟有过事，无大害者，未尝怒责。见英气者，恐直言之难受也，乃历举前言往行告之。俾其潜消默警。故四方衲子，爱敬如慈母。然遇法门有叛教背义事，必面折之，不少贷。师自少至老，手不释卷，凡内外典，靡不该博，发为文章诗偈，必追及古作，辄为人传诵不已。暇则端坐寡言，衲子请求法语、禅偈，掇笔挥洒若神，各副其意，不欲久留滞也。自奉至清约，其进也，分所得者，悉无所取；其退也，凡素所给者，罄无所携。其敬师待友之意殊汲汲，若寂照

（行端）公在日，师奉之惟谨，每侍立至二三鼓，不命之退不敢退。洎公没，冒大寒，书语录，手成疾弗顾也。……闲居虽以道自娱，见大法陵替，人材沦落，每切切焉忧之，形于言色。平日著述，有《二会语》若干卷，偈颂若干卷，《重拈雪窦拈古》一百则，《续颂大慧竹山颂古》一百一十则，《山庵杂录》若干卷，《净土诗》一卷。(《续藏经》，第一辑，第二编，第二十八套，第五册，442—443页右）

第五节　日本国王

《释氏稽古略续集》卷二，洪武二十年丁卯条记，愠是年七月十日逝，与四明山人乌斯道洪武二十一年戊辰所撰《行业记》云："实洪武十九年丙寅七月十日也不合，故不取。"

愠传中云日本国王未明其为何人，《续本朝通鉴》卷百四十五，后圆融帝应安四年（洪武四年）条有云：

> 《宪章录》曰：冬十月日本国王良怀，遗其臣僧祖来率僧徒九人，进表贡方物。
>
> 《闽书》曰：洪武二年使行人杨载谕日本国王良怀云云……案良怀即怀良（亲王）。顷年菊池领筑紫通商船，故中华以为怀良为日本国王。

然则招无愠之日本国王，是为菊池氏所奉之怀良亲王亦未可知。

第六节　无愠之思想

太祖帝时不少著名禅僧，而求其思想雄大者不可得。无愠之想亦不免平凡之憾，盖以调和折中为主之恶思潮所使然也。愠云：

> 三教圣人，总在拂子头上，牵枝引蔓，说妙说玄。儒者曰："吾道一以贯之。"老者曰："圣人抱一为天下式。"佛者曰："惟此一事实，余二则非真。"既各说有来由，未免称强称弱，且作么判断。使其声和向顺，形直影端，剖破人我藩篱，塞却无明窟穴。击拂云："二豎一有，一亦莫守，日午打三更，面南看北斗。"（《续藏经》，第一辑，第二编乙，第十套，第四册，367—368页右）

是漠然通三教一致者，思想之不彻底，到底不能免。

第七节　无愠之迷信

愠所撰《山庵杂录》，其晚年之作，足以窥彼之蕴蓄所在，而不少示其不纯之信仰与低劣之思索者。例如：

> 元既灭宋，以杨琏真加为江淮释教都总统，奉命发宋南渡诸陵于越之山阴。演福住持泽云梦者从，真加独凌辱理宗遗尸，必凤怨也。云梦意诟顺真加，亦以左足踢其胁，无何扬州有人暴死到阎罗王界，幸报阳间天子来，阎王下殿迎见，黄屋左纛，车马骈阗，与世主仪仗无异。既坐定少顷，有鬼卒扭械一僧，引至

殿前，阳间天子责问曰："朕在位四十年，治国治民，固无大过。于汝教法，亦未始不为流通。与卿无仇，卿胡乃阿真加亦过辱朕。"遂敕猛士以铁锥锥其左足拇指，高揭而捶之，其痛苦之声，酸嘶惨戚不可闻，须臾退去。暴死人怪而问："阳间天子为谁？"有人对曰："宋理宗皇帝也。""被捶僧为谁？"曰："杭州演福住持泽云梦也。"暴死人苏，于是到演福询其事以验所见，而云梦左足拇指发疽不可治，已殂矣。（同上书，第二十一套，第二册，164页右）

据以上怪谈是云梦生前既往幽界，于阎王之厅逢理宗灵魂，拇趾为其臣所锥，得病而寂也。禅门老宿无愠者，竟信如是荒唐不稽之谭，笔之于书，岂不可惊哉。又云：

至正辛丑，陕西有民家小儿甫三岁，一日村巷中遇县官喝道来，冲前呼其名，作揖曰："相别颇久，尚无恙。"县官惊讶曰："此小儿焉知我名？"乃进而问之。小儿为言前生姓名，又连举旧与酬唱诗数首，县官始信其故人也。复为县官言曰："自与君别，今得为人身，已三年矣。初死为狗，自厌之，故啮主家儿，主家怒杀我。再生为鹡，又厌之，投河溺死。今得为人，与公再相见万幸也。"闻此儿前身喜玩《易》，受用太极未动以前一着，故出生入死，不受生死移换。麻衣名《易》曰心易，慈湖名《易》曰己易，有旨哉。（同上书，167页右）

信灵魂转生，乃野蛮人之常，愠亦坠此迷信，固不足怪，然以玩《易》，断为于生死得自由之原因，果何意哉！

第八节　往生净土之思想

无愠于上记杂想之外，信往生净土之法门，加以劝奖：

> 净土一教，金口所宣，载之群经甚详，而其教行震旦，则始于东林运法师也。法师集刘雷诸贤刻莲漏，礼六时，愿往生西方，精诚恺切，临终各获，遂其所愿。逮至前元，人根既漓，情伪日生，冒名莲社，假求衣食者往往有焉。延祐间，优昙度公诣阙上书，革正其弊，退著《庐山宝鉴》若干卷，阐扬正教，排斥异说，东林故事为之一新。优昙化去未及百载，而庸民僭名，所谓白莲七佛教者，其弊滋甚。或自称导师师长，而位有方等无碍之说，纠合徒众，非毁正法，广行魔事，屏处传授，现种种光，珍馔不以供佛，而出生施食，亦皆屏绝云。自是佛又改三宝为佛法师，妄谓导师是三宝数，非僧也。簧鼓愚俗，习以为风，殊不可遏，以致朝廷严白莲之禁，而缙绅鄙东林之修宜矣。呜呼！安得如优昙者复兴于世，以匡救其弊哉。（同上书，181页右）

《恕中无愠禅师语录》卷六有《题十念示法侄净觉源》偈一首：

> 定起怀安养，添膏助佛灯。刹那圆十念，迢递出三乘。天乐时时奏，莲台步步登。远公虽已矣，斯道要人弘。（《续藏经》，第二编，第二十八套，第五册，437页右）

可为愠晚年寄心安养之证。

第九节　当时之禅病

尝指摘当时之禅病云：

近代宗风不竞，直指之要，往往流成戏论。踞曲录床，称宗匠者，要笼罩新学。以古人彻骨彻髓，为人直指句子，尽拈将来，如乡村中老教授，教年少子弟读上大人一般，者一句是对机语，者一句是肯他不肯他语，者一句是相应带语，者一句是不落玄妙语。密地商量，以为宗旨。一个传一个，谓之传法度生。如斯鄙劣，不足枚举。若果是有志担荷者，不必求人说禅病，但自退步，向脚跟下，密密体究，岂无到家时节耶？（同上书，435页右）

由是观之，看话禅至明起一种变化，宗匠授学人古则，令参透之之风渐衰，乃将古人机语分类，秘密以教门人，以传法之风生也。是禅风之一大变衰，吾人所深当注意也。

第十一章 成祖帝之刻藏

太宗帝用禅僧道衍之谋,逐惠帝,自正大统,成祖帝是也。帝尊西僧,虽修有为之功德,而未倾心禅道。作佛曲、刻《大藏经》以振兴佛教之功则不可没。

第一节 太宗之即位

太祖帝晏驾,皇太孙允炆即位,恭闵惠皇帝是也。太宗帝是太祖第四子,为燕王棣。惠帝建文元年起兵南犯,官军连战连败。建文四年(1402)六月,都城陷落,惠帝纵火焚宫,变服遁去,不知其所终。《释氏稽古略续集》卷三云:

> 太祖预知帝之不终也,大渐时授一小箧,封钥甚密,戒以急难乃启。至是窘迫无计,启箧视之,得杨应能度牒及披剃之具。遂剃发披缁,执度牒自御沟出至郊坛而走。时宫中火起,咸以为建文自焚矣。上出亡时问计程济,济曰云云,立召僧人为上剃发,从出亡,遇险辄用术脱去。数十年后随上至南京,莫知所终。

太宗帝即成祖,以洪武三年封燕王,同三年藩之。容貌奇伟,髭髯丰美，智勇有大略。密与禅僧道衍定谋，大举南进，陷京师，建文四年即位。

第二节 尚师哈立麻

翌永乐二年（1404）遣中官侯显，赍币往乌思藏，迎尚师哈立麻。尚师经五寒暑，以永乐四年至京，车驾躬往视之。翌五年于灵谷寺启建法幢，荐祀皇考、皇妣。《图书集成·释教部汇考》卷六云："尚师率天下僧伽举扬普度大斋十有四日，卿云、天花、甘雨、甘露、舍利、祥光、青鸟、白鹤，连日毕集。一夕桧柏生金色花，遍都城，金仙罗汉，变现云表，白象青狮，庄严妙相，天灯导引，幡盖旋绕，种种不绝。又梵吹空乐，闻从天降。群臣上表称贺，学士胡广等献圣孝瑞应歌颂。是后，帝潜心释典，作佛曲于宫中歌舞之，令尚师为万行具足十分最胜圆觉妙智慧普应祐国演教如来大宝法王西天大善自在佛，领天下释教。赐金银币钞、袈裟、器皿、鞍马，仪仗同郡王，封其徒孛罗等为大国师。永乐八年又遣使往西土，征尚师昆泽思巴。十年昆泽思巴从乌思藏来，先进上舍利佛像。"

第三节 编纂与刻藏

永乐十七年赐僧录司右善世一如、佛像二轴、佛骨五块、钞一千贯、诸佛菩萨名称歌曲大小三本，赐道成佛一轴、思扩佛一轴、大小歌曲各三本，命编禅宗语录。又命道成一如等校勘藏经，对比新旧，聚僧写录。一如作法华科注，又探讨大藏群经编集《大明法数》。《图书集成·释教部汇考》卷六引《明通纪》云："永乐十七年秋，御制佛曲成，并刊佛经以传。九月十二日钦颁佛经，至大报恩寺，当日之夜，本寺塔见舍利光如宝珠。十三日现五色毫光，卿云捧日，千佛、观音菩萨、罗汉妙相毕集。"帝大喜，由是益重佛礼僧，建立梵刹，祈福者遍两京城内外。永乐十八年御制经序十三篇，颁《佛菩萨赞跋》十二篇，又刻《大藏经》版二副，南京一藏六行十七字，北京一藏五行十五字，又石刻一藏安置于大石洞，令永久不损灭。"永乐二十二年（1424）太宗帝崩，年六十五。

第四节　道衍之风格

道衍，苏州长洲（江苏）人，医家姚氏之子，字斯道，又号逃虚子。年十四投本郡妙智庵出家，从北禅之虚白亮学天台，阅四教仪图解。剔其谬问虚白，白不能答，遂弃之上杭州径山，参愚庵智及（及，元叟行端之嗣）咨禅要，机契，掌书室。由是往来十四年，尽受旨要，声誉闻江海。又事道士韦应真，得阴阳术数之学，兼学兵法。尝游嵩山寺遇相者袁珙，珙一见云："是何异僧，目三角形，如病虎，性必嗜杀，刘秉忠流也。"衍闻潜悦，初在临安之普庆出世，次迁杭州天龙、嘉定留光。

第五节　道衍之军功

洪武十五年高皇后崩，太祖帝诏选高僧侍诸王，令诵经以荐福。时宗泐为左善世，举道衍侍燕王，燕王即太宗帝也。便住顺天府庆寿寺，出入府中。及惠帝立，密劝太宗举兵，帝曰："民心向彼奈何？"衍曰："臣知天道，何论民心。"乃进袁珙等，太宗于是决意，以衍为军师。衍练兵后苑,日夜铸军器。建文元年决策起兵,适大风雨,檐瓦坠地,帝曰:"出师大风雨,此兵家之忌也。"衍曰:"殿下是个龙,正要大风雨,方助得势头起。"由是太宗转战山东、河北,在军三年,战守机事皆决于衍,故虽未尝临战阵,而衍之功居第一。

第六节　道衍之守节

建文四年帝即位,衍为僧录司左善世。永乐二年诏擢资善大夫太子少师,复其俗姓,赐名广孝。帝由是称衍,呼姚少师而不名,命蓄发,衍不肯,赐第及二宫人皆不受,常居僧寺,冠带而朝,退则披缁衣,禅诵益加。有旨修《太祖实录》,衍监之。又与《永乐大典》之纂修,书成,帝褒美之。帝往来两都,方出塞北征,衍留守南京辅太子。永乐十六年(1418)入觐,年八十四,老病不能朝,仍居庆寿寺。车驾亲临,问所欲言。衍曰:"僧溥洽系久,愿赦之。"溥洽者,惠帝之主录僧也。有人言惠帝为僧遁去而溥洽知其状。太宗帝乃以他事禁溥洽,物色惠帝,洽坐系十余年。帝因衍之请命出之,衍大悦,拜谢而卒。帝震悼之,追赠推诚辅国协谋宣力文臣,特进荣禄大夫上柱国荣国公,谥恭靖。有《道余录》一卷行世。

第七节　斥儒士之破佛

道衍于《道余录》指摘二程书中二十八条之谬妄,指摘朱熹书中二十一条之误谬,盖斥儒士之破佛者,其自序云:

余曩为僧时,值元季兵乱,近三十,从愚庵及和尚于径山习禅学。暇则披阅内外典籍以资才识，因观河南二程先生《遗书》及新安晦庵朱先生《语录》。三先生皆生赵宋，传圣人千载不传之学，可谓间世之英杰，为世之真儒也。三先生因辅名教，惟以攘斥佛老为心……二程先生《遗书》中有二十八条，晦庵朱先生《语录》中有二十一条极为谬诞。余不揣，乃为逐条据理，一一剖析，岂敢言与三先生辩也，不得已也。(《续藏经》，第一辑，第二编乙，第六套，第二册，133页右—左)

第十二章　呆庵普庄之纯禅

呆庵普庄，名望高一时。庄不为念佛之风所靡，如见万绿丛中一点红。其言云："人人自己天真佛，昼夜六时常放光。剔起眉毛亲见得，何劳特地礼西方。"又有见心来复，为蜀王、晋王等说禅，其代表当时宗匠之间所行思想之者欤。

第一节　呆庵普庄

普庄，字敬中，自号呆庵，台州仙居人，族姓袁。元顺帝至正六年生，年甫八岁，负笈入乡校，恒爱静独，兀然如有所思。十二为叔父之归释者所携，登天童见左庵原良（良，别源法源之嗣。源，竺原妙道之嗣）。十三剃染，服劳参侍，久之辞抵郡城之天宁寺，时了堂唯一（竺原妙道之嗣）从紫箨山迁主天宁。庄素闻其名，私喜云："此吾故山善知识也。"庄径趋丈室，一云："何来？"对云："天童。"一云："冒雨冲寒，着甚死急？"对云："正为生死事急。"一云："如何是生死事？"庄以坐具作撼势。一云："敢这里捋虎须，参堂去。"一日在室中举庭前柏树之话，庄拟开口，一劈口掌，乃豁然有省。由是容入室，朝夕抉择臻阃奥。未几，归省原良于天童，良察其机警异常，命典藏钥。良之寂也，唯一来居天童，会恕中无愠，应诏退休翠山。唯一便令庄为使至翠山，愠与语大奇云："天童法兄得人如此，不负紫篛先和尚矣。"庄自称呆庵,其所著曰《呆庵集》以呈愠,愠一读云:"吾侄当有大名于当世,惜吾老耳,然兰以幽而香,松以曲而寿,惟吾侄勉之。"

第二节 普庄之德化

太祖帝洪武十年有诏,命天下僧徒讲习《心经》《楞伽》《金刚》三经。有性原慧明(元叟行端之嗣)住镇江金山,延庄讲授。庄剖释经义,深契机理,听众厌服,声价籍甚。翌十一年至金陵,馆于天界寺,全室、满庵二老,位望最尊,庄与之抗衡,谕辩机缘,穷彻底蕴。二老叹赏不已,以为临济正宗,良有托矣。学士周维修亦在座,问三师曰:"儒有儒师,禅有禅师,经有经师,一切百工伎艺,俱有所师,何是无师智?"庄答曰:"七情五欲。"修骇曰:"如是则无师之智非极则也。"庄舒右脚曰:"山僧自到京跛却一只脚。"满庵笑曰:"须是这呆汉始得。"洪武十二年于江西抚州之北禅寺出世,发蔀振蒙,缁白倾向。当此时禅道多兴于吴越,江西之马祖百丈威仪大都弛废,庄主北禅乃勃然中兴,恰如多宝塔幢从空涌出。又还主云居,先是寺之废已久,名存实亡,庄携数十禅徒结茅旧址,仅居五载,寺宇落就,而鲸鼋震吼,金碧翚飞,盛阐玄机,独步江西。

第三节 普庄之道誉

洪武二十六年诏征天下高行沙门,举庄其首,对扬称旨,皇情大悦。同年冬有旨升住径山。太宗帝永乐元年年五十八挝鼓告寂,适江右二道者至,见庄甚欢,坐谈及夜半,闻晨钟鸣动,怡然而寂。

第四节 《呆庵歌》

普庄有《呆庵歌》，自叙其志云：

> 余以痴钝自守，随所住处，匾曰呆庵。客有讥曰："世人以机巧相尚，其来久矣，子欲全其呆而矫诸，不亦迂乎？"余因谢其客曰："灵利汉有此分别尔。"客既去，于是作《呆庵歌》一首，以写呆意，览者勿以工拙论之可也。

> 我此呆庵呆道人，不识世间秋与春。兀兀痴痴只么过，无荣无辱无疏亲。或把精金和土卖，或收燕石藏为珍。笑倒傍观灵利汉，赞亦不喜骂不嗔。有问呆庵何所作，闲看葫芦悬壁角。当阳拈起钝铁锹，拟向虚空去穿凿。门户长年八字开，屋里从来空索索。多被时流蓦面欺，一生莽卤都不觉。可怪呆人百不能，对人呆话还可憎。刚道夜深乌犬吠，大洋海底人挑灯。更有一般呆伎俩，两耳卓朔头鬅鬙。任你客机逞机巧，东呼西唤渠不应。（《续藏经》，第一辑，第二编，第二十八套，第五册，501页左）

庄不追时流，超然物外，不失心操如是，所以称为宗门之伟人也。

第五节 普庄之思想

普庄之《呆庵语录》，湮没不传，由《补续高僧传》卷十八所记，可窥其思想耳。云：

有《呆庵语录》,湮没无传。记籍但载其答儒一编,意深而远,语宏以肆,轰轰然,诚宗门之伟人也。或以儒释内外之辨问之曰:"昔宋儒晦翁曰:释所谓心上做工夫,本不是。程子曰:释氏之学敬以直内,则有之矣,义以方外,则未之有也。故滞固者入于枯槁,疏通者归于恣肆,此佛教所以隘也。吾儒则不然,率性而已。斯理也,圣人于易备言之,二翁之说何如?"师曰:"不然。教有内外不同,故造理有浅深之异,求之于内,心性是也,求之于外,学解是也。故心通则万法俱融,着相则目前自昧。呜呼!外求之失,斯为甚矣。今儒学之弊,浮华者固以辞章为事,纯实者亦不过以文义为宗。其实心学则皆罔然也。宋之真儒,深知其病,又知吾心工夫为有本,是当教本抑末,以斥其言语文字之非可也,而复以心上工夫不足,何自为矛盾欤?本既不是,何谓却胜儒者乎?此其不能穷心学之理,于吾佛之道,深自惑乱,而不能取决也。观伊川之言亦然。夫愍吾道为有内无外矣。果能以道为本,得本何忧于末哉?继言枯槁恣肆,又愍吾道之隘,是未见其大者矣。既曰佛有觉之理,为敬以直内,复言要之亦不是,皆反覆自惑之言耳,岂真知此理者哉。若率性之说,亦不出吾心上工夫,必取证于《易》。《易》乃心上之妙理,先儒不明本心之体,遂不明良知良能之所自出,谓有气而后有知,乃推性命之源于气,推性为气中之理,以性循理为道,故随事随物以明理,不知天地、人物、形气,皆生于觉性之中。而吾之本心妙明遍照,已在思虑未发之时,若有得于此,即时中之义也。失此不能少存于内,徒追求于事物之末,谓之义以方外,岂有是哉。取证于《易》者,《易》言至神至圣,皆指不可测、不可知之地,故不疾而速,不行而至。又以无思无为为感通之本,则《易》所证,固非外矣。夫了悟之地，非学解所能到，悟则谓之内，解则谓之外，则内教、外教所以不同也。儒者专用力于外，凡知解所不及者，不复穷究，故不知允执厥中之道。天理流行之处，皆在思虑不起，物欲净尽之时，践履虽专，终不入圣人之域矣。盖因疑佛氏之迹，为无父无君，遂不究尽其说，使孔圣之道不明，乃毁佛之过也，惜哉。"（《续藏经》，第一辑，第二编乙，第七套，第二册，150页右一左）

程朱二家虽排佛，却不知真佛之为何，以一知半解之蠡，测佛法之大海。庄此言亦不得已也。

第六节　了堂唯一与普庄

禅净兼修是禅道衰落之最大原因，明代宗匠极少不陷此弊者，然至普庄，则不为此时潮所漂荡。证之下偈：

示周普明居士

念佛无非念自心，自心是佛莫他寻。眼前林树并池沼，昼夜还能演法音。

示胡觉坚居士

人人自己天真佛，昼夜六时常放光。剔起眉毛亲见得，何劳特地礼西方。（同上书，第二编，第二十八套，第五册，505页右）

想着这个思想是出自了堂唯一。一偈云：

无量寿佛

稽首乐邦大导师,旷劫乘兹大愿轮。犹如杲日升虚空,群生蒙益无穷已。演畅微妙最上乘,舌相遍覆三千界。群生迷妄久逃逝,广开摄受方便门。一志诚心之深心,三者回向发愿心……彻见本性自弥陀,谛了惟心自净土。十方刹海悉销殒,十方如来同证明。(同上书,463页右)

自明

非从他得,本有灵光。不离当念,洞彻十方。(同上书,481页右)

唯一以净土为方便门,似以唯心为真实,庶几不失禅家正统之思想矣。

第七节　普庄之家风

普庄尝提第一义云:

菩提道果,本自圆成,不假修为,岂从人得?圣凡情尽,体露真常,头头上明,物物上具。如斯了达,彻见根源,打破生死牢关,掀翻是非窠窟。尽十方世界,都卢是个圆觉伽蓝。佛国魔宫,随缘游戏。淫坊酒肆,任性安居。了无染净之分,岂有去来之异。此名正遍知海,亦名大解脱门。(同上书,492页左)

尽大地是光明藏,尽大地是解脱门,尽大地是金刚宝座,尽大地是毗卢正体。(同上书,488页右)

是正少林之真风,曹溪之法门也,简易而亲切,易入易学,入易学易而愈入愈深,愈学愈高。庄《禅悦吟》云:

> 我吟禅悦谁证据?自有知音知乐处。袈裟轻卷出尘来,柳栲高担入山去。青松下,碧岩前,闲看浮云横晓天。日轮初升照绝顶,大地须臾俱洞然。石门庵,荒草路,要行即行住即住。有时兀坐破柴床,困则和衣伸脚睡。贫道人,没疏亲,头头应用皆天真。山鸟衔花忽相过,定回不觉人间春。诸境空,万缘绝,薝卜吹香满寮沉。《楞伽》读罢默无言,举头遥望天边月。秋叶落,秋风凉,小溪流水声自长。薄暮惊逢采樵客,拟寻归路何彷徨。独嘘嘻,常庆快,截断千妖并百怪。穷冬积雪遍山林,绝胜普贤银世界。描不就,画不成,悟得无生无不生。一钵持来香积饭,净名不出毗耶城。禅悦吟,吟不彻,本色衲僧机用别。全放全收正此时,寄语通人好甄别。(同上书,502页右)

第八节　来复参禅之心要

来复,南昌(江西)丰城人,姓王氏,幼有脱尘之志。元至正二年投邑之西方寺祝发,造双径,谒南楚悦(悦,虎岩净伏之嗣。伏,虚舟普度之嗣。度,无碍觉通之嗣。通,松源崇岳之嗣),久而证入,掌记室。未几避兵会稽,遂主越州之慈溪定水,焕然兴废。阻干戈不能省母,作室涧东名蒲庵,取陈尊宿之义也。后迁鄞州之天宁、杭州之灵隐。太祖帝洪武元年征至京,赐食内庭,慰劳优渥,临钟山大会,奉敕说法。帝又命蜀王椿问道来复。便示参禅之要云:

禅宗正脉，以心传心，单提径示，直接上根，不涉言诠，不存知解，如击石火，似闪电光，见即便见，了即便了，得即永得。一闻千悟，获大总持，用而不尽，体不可穷。若乃辗转思量，取舍分别，悉属邪禅邪道。……所以达磨西来，不立文字，直指人心，见性成佛，谓之教外别传。其接二祖可大师，只是点示心体，使之自悟，及征所得，乃曰："了了常知，言不可及。"达磨方与印证曰："即此是自性清净心，更勿疑也。"当时二祖所言知字，正是亲证心体。盖心是名，以知为体，此知乃灵知之知，具含众妙，性自神解，不借缘生，不因境起，不是作意运想思虑而知，直是真净明妙虚彻灵通，遍应无穷，了然常知。众生由迷此知，即起我相，若了此知，刹那成佛。大抵亘古亘今，通凡彻圣，别无异法，惟是一心。此心即法，法外无心，此法即心，心外无法，岂不见文殊师利告妙德菩萨言："三界之中，以心为主，能观心者，究竟解脱，不能观者，究竟沉沦。"《首楞严经》亦曰："众生迷闷，背觉合尘，故发尘劳，有世间相。"我以妙明不生不灭，合如来藏；而如来藏，惟妙觉明，圆照法界，是故于中一为无量，无量为一，小中现大，大中现小，不动道场，遍十方界，身含十方无尽虚空，于一毫端现宝王刹，坐微尘里，转大法轮。是知欲证菩提，即心而已，离心无佛，离佛无心，……盖一切众生心本是佛，以妄念起故，乃为众生。若一念妄心不生，何为不得佛。又如《华严经》云："佛子，无一众生不具如来智慧，但以妄想执着，而不证得。"若离妄想，则一切智、自然智、无碍智即得现前。此吾祖所谓圆解圆修，一超直入，而功高累劫者，岂诳语耶？但今时人多信不及，见不亲，行不到。若信得及，见得亲，行得到，昼夜心无间断，寤寐一如，返照灵源，真性显现，无法不达，无理不融，自然应用，普周纵横。任运到者田地，不愁佛不解语，虽在生死，常入涅槃，虽处尘劳，常居净刹。念念释迦出世，步步弥勒下生，菩提不修而自成，烦恼不断而自除，境智双泯，情谓俱亡，当体即真。……冀国政之暇，大圆照中，少加垂览，亦见灵山宿愿，不忘祖道，不胜至幸也。(《续藏经》，第一辑，第二编乙，第十八套，第一册，99页右—100页右)

来复所示蜀王，多不异曹溪直指，祖道虽衰落而尚未为全灭也。

第九节　来复之禅要

又答晋王问禅要云：

二月二十日敬奉令旨示谕。佛法自心所得者，敢不披露，愚衷僭陈万一。……但于日用，放舍诸缘，休息万念。念起即觉，常觉不昧。行住坐卧，饮食起居，应事接物，看得力不得力，勿随事物转，涉他机境。盖世间万事万理，皆出于心，心若了时，无法不了，所以曰心生则种种法生，心灭则种种法灭，故知心无自性，缘起即空，不用多工，最为省要。《法华经》曰："治世语言资生业等，皆与实相不相违背。"《华严经》曰："不坏世间相，而成出世间法。"先德曰："一切善恶都莫思量，自然得入清净心体。"此乃佛祖直指示人处。若日用工夫，目前事物，莫管他是善是恶、是逆是顺、是净是秽，譬如宝鉴当台，洞照妍丑，物来即应，物去不留。不要起一念分别拣择心，亦不要问他静时、闹时、苦时、乐时，尽与尽力真实做去。若到无理会处，却是好消息，便与一时放下，忽然知解两忘，人法双泯，即是大休歇、大自在、大安乐时节也。昔有国王问波罗提尊者曰："何者是佛？"尊者曰："见性是佛。"王曰："师见性否？"尊者曰："我见佛性。"王曰："性在何所？"尊者曰："性在作用。"王曰："若当用时，几时出现？"尊者曰："若出现时，当有其八。"王曰："其八出现，当为我说。"尊者即曰："在胎曰身，处世曰人，在眼曰见，在耳曰闻，在鼻嗅香，在舌谈论，在手执捉，在足运奔。遍现俱该沙界，收摄在一微尘。识者知是佛性，不识唤作精魂。此便是究明自性底榜样。殿下宿具般若种智，必能照了，奚俟鄙言。惟大圆镜中，以心印心，群生幸甚，佛法幸甚。"（同上书，100页右一左）

来复后坐罪受极刑，时年七十余，而著有《蒲庵集》及《蒲庵外集》。

第十节　蜀王与晋王

本传所谓蜀王椿即蜀献王椿，其传载在《明史》卷一百十七。椿，太祖帝第十一子，洪武十一年封蜀王。同二十三年就藩成都，性孝慈，博综典籍，容止都雅，延请学士商榷文史，又聘方孝孺为世子傅，知诸学士之贫，分禄饩之。时诸王皆为备边练士卒，椿独以礼教守西陲，永乐二十一年薨。

本传所谓晋王，当即晋恭王棡，其传载《明史》卷一百十六。棡，太祖帝第三子，学文于宋濂，学书于杜环，洪武三年封于晋，同十一年就藩太原。棡修目美髯，顾盼威风，多智而行不法，或言棡有异谋，太祖怒欲罪之，太子力救。同二十四年太子巡陕西归，棡随来朝，由是折节待官属以礼。太祖忧边防，晋燕二王尤参预军务，洪武三十一年薨。

第十三章　天界道成与曹洞禅

万松行秀之嗣，雪庭福裕以后，青原门下得人不多。至太宗帝时，有天界寺道成，炽唱新丰之曲，值洞山之枯木再春，万松之末叶，遂增缘矣。成言云："白云万顷卷舒，露劫外之真机。红叶千峰灿烂，显个中之妙旨。亘古今而不昧。经尘劫以长存。"

第一节　雪庭福裕

元初，万松行秀大阐曹洞门风，雪庭福裕，袭其衣钵，应机接物，不愧乃父之子。裕，字好问，太原（山西太原府）文水人，姓张，以宋宁宗帝嘉泰三年诞，九岁日诵千言，里人称圣小儿。未几遭兵乱，父兄离散，茕然无依，道逢一老比丘，谕裕曰："汝能诵一卷《法华》，则一生事毕矣。"裕曰："佛法止于此乎？"比丘异之。相携谒休林（师承未详）于仙岩曰："此子龙象种也，得奉巾栉于左右，他日必成大器。"林欣然纳之，令祝发受具，时嘉定十七年，裕二十二岁也。与双溪之广同执侍七载。时万松行秀住燕京之报恩，声望盛一时，乃往参之。秀一见直许入室，问曰："子从何得个消息便恁么来？"裕曰："老老大大向学人手里纳败。"曰："老僧过在甚处？"裕曰："学人礼拜，暂为和尚盖覆却。"秀奇之，由是亲炙十年，道益隆，名益著，学者日加，遂于西京之少林出世。

第二节　福裕之法德

元世祖帝在潜邸，命裕作大资戒会。元定宗帝戊申年（南宋理宗帝淳祐八年）奉诏住和林之兴国。辛亥年（南宋理宗帝淳祐十一年）宪宗帝征至行在问道，奏对称旨。庚申年（南宋理宗帝景定元年）世祖帝践祚，命裕总领释教，复僧尼，再兴废寺二百三十六区。裕论辩伪经驰驿以闻，乃赐光宗正辨禅师之号。帝为裕建精舍于故里，曰报恩，给田饭众，宠锡甚至。适顺天府万寿寺虚席，众请主之。寻建和林、燕蓟、长安、太原、洛阳诸刹。世祖帝至元八年，诏天下释子大集会于京师，裕之嗣居三之一，济济多士，可观也。裕颖悟拔群，阅三大藏，通其精要，诱掖后学毫无倦色，博通群书，妙于翰墨吟咏。其上堂普说等语几十万言，门人请上梓，裕叱曰："此吾一时游戏所发，佛祖妙道，安可以形迹为哉。"竟止之。老后，归隐嵩山。裕说法度生三十余年，如鼓雷霆，揭日月，继踵前贤，为后学标准。襟度夷坦，丰神闲静，自有古人之风。至元十二年（1275）示微疾，书偈告终，寿七十三。

第三节　雪轩道成

福裕之嗣有嵩山少室之灵隐文泰，泰之嗣有济南府（山东）灵岩之秋江洁，洁之麟角即雪轩道成也。成，一字鹫峰，十五岁于本郡兴国寺出家，受具已，与同学三人结伴云游，至山东青州，居土窟中，密究单传之旨，胁不到席三春秋。久之闻济南灵岩有秋江洁，大弘曹洞宗乘，遂往礼谒，洁问："何处来。"曰："青州来。"洁曰："带得青州布衫来么?"曰:"呈似和尚了也。"洁默然肯之,令参堂有年。一旦平昔疑情,涣然冰释,径造丈室。洁曰:"金锁玄关打开了也。"曰"千年桃核里觅甚旧时仁?"洁颔之,嘱曰:"是汝本有之事,善自护持,他日能弘吾道者必汝也。"复回青社,众请住普照,后出世住莱州(山东)大泽山智藏寺,说法听者常达千余人。

第四节 道成之道誉

洪武十五年,天下郡县开立僧司,拣名德统领释教,成膺其选,授青州都纲。洪武三十年,太祖帝闻成贤,召为僧录司讲经,命考试天下僧人,称旨,赐金襕衣,住天界寺。成辞以不会佛法,帝不允,赐诗留之,镌金榜悬之法堂云:

> 不答来辞许默然,西归双履旧单传。鼓钟朔望空王殿,示座从来数岁年。

建文四年及太宗帝即位,命成使日本,陛辞之日,赐金钵、锡杖等物。既至宣示朝廷恩威,阐扬佛祖宗旨,将军以下无不俯伏尊礼。明年与同使官僚备归复命,皇情大悦,升左善世。

第五节 道成之演化

永乐五年,太宗帝就钟山修设大会,命成说法,听者数万人,是日有瑞应。帝闻制感应诗三章赐成,累赐金帛,于寺后作大毗卢舍那阁。帝之北狩也,成数入觐,赏赍甚厚。仁宗帝在春宫时,有忌成之宠者，构词间之。及登极，遂谪戍海南。宣德元年宣宗帝嗣位，首召成还京，敕礼部复左善世，便殿引见，慰劳甚至，令掌僧录司之事。宣德二年上疏，乞归老于南京天界寺之西庵，帝许之，敕兵部给驿车，命中官护送。在西庵四年，宣德六年（1431）有微恙，端坐而逝。成历事四朝，三坐大道场，寿八十一。

第六节　入寂与日本使僧之年代

《图书集成·释教部汇考》卷六引《明通纪》云太宗帝以永乐五年设普度大斋会，《五灯会元续略》卷一《道成传》作永乐六年设斋误也。同《续略》，宣德三年师年七十六，……七年腊月八日逝，……春秋八十一。若宣德三年七十六岁，则同七年必为八十岁，此间误算可知。同书及《续灯正统》卷三十六、《续灯存稿》卷十一道成之寂年为宣德七年壬子，然《补续高僧传》卷十六作宣德六年辛亥，未知孰是。《续略》卷一，太宗帝永乐四年以僚佐谱系于图圉百余日云云，而不云为仁宗帝谪于海南，《续略》之说其有讹谬乎？

道成之作使日本是明建文四年，当即后小松天皇应永九年，或十一年。《续本朝通鉴》卷第百五十四卷，同年八月之条有：

> 大明使舶来僧道彝（号天伦）为正使，一如（号一庵）副之，以是年二月六日浮海至此，着兵库道义（义满）豫到兵库观明舶之人。

成其随伴此使节而来者耶？然同书应永十一年五月之条有：

第十三章　天界道成与曹洞禅

五月辛丑朔、癸丑（十三），前权大纳言藤重光还任□，是日大明使入京（去年十一月十七日浮海）告新帝（成祖）即位。

虽无使节之名，而当时使节若皆僧徒，则当其任者其道成乎？

第七节　道成之思想

道成思想，不知其详，唯因上堂之语，可定其轮廓耳。云：

白云万顷卷舒，露劫外之真机。红叶千峰灿烂，显个中之妙旨，亘古今而不昧，经尘劫以长存。鸟道虚通，运步、玄关绵密。狮弦错落，按指古韵铿锵。直得石女点头，木人拍手，拈起金针，玉线穿过。机先截来，兔角龟毛，发明向上，正偏独露，隐显全该。所以，物物头头，尘尘刹刹，未有一丝毫缺少，大众还会么？夜来木马云中过，惊起南辰北斗藏。（《续藏经》，第一辑，第二编乙，第十七套，第五册，458页右—左）

是盖石头以来，曹洞门下正传之宗乘，而偏正回互，现象实在，相即相入，不一不异之端的也。

第十四章　念佛公案之流行

念佛之法门风靡天下，禅师之兼净业者多。太宗帝以后，以念佛为公案，乃生单单提起阿弥陀佛名号，置之怀抱，以为悟由之风。楚山绍琦唱之，其徒数百，形成一代风潮，亦不足怪也。琦言曰："青山绿水，燕语莺啼，历历分明，更何疑哉。"

第一节　楚山绍琦

继太宗帝升宝座者为仁宗帝。帝在位仅一年，洪熙元年（1425）崩。宣宗帝袭其后，在位十年，以宣德十年（1435）登遐，英宗帝乃即位，在位十四年。蒙古部落瓦剌，大举入寇，其将也先，囚帝北去。景宗帝继大位，在位七年，英宗帝复辟废帝，是天顺元年（1457）也。楚山绍琦阐化门于此间。琦，蜀之唐安（四川成都府崇庆州东）人，姓雷氏，号楚山、幻叟、荆璧等。九岁失父，就玄极通（师承未详）出家受法，通爱之，与语终日，每至节要之处，不敢犯其词，乃跪请益，通叹曰："子根性太利，难于入道。"琦愕然曰："木偶人可入道耶？"通笑曰："入道须是木偶人始得。"琦愤趋出，益疑惑，经昼夜，遂振衣起曰："吾师岂欺我哉。"复入请问，通反覆示之，不能领，去而遍参，俱不得意。

第二节 绍琦之修道

闻无际明悟住普州东林接人盛，而流辈窃非之，往参扣。明悟者（一作悟本），古拙俊之嗣。俊，白云智度之嗣。度，无见先睹之嗣。睹，方山宝之嗣。宝，断桥妙伦之嗣。授以赵州无字之话，暂去再参。悟问曰："上座何住？"对曰："廓然无定。"悟曰："有何所得？"对曰："本来无失，何得之有？"悟曰："学将来底堪作甚么？"对曰："一法不有学自何来。"悟曰："汝落空耶？"对曰："我尚非我，谁落谁空。"悟曰："毕竟如何？"琦曰："水浅石出，雨雾齐收。"悟笑曰："纵汝横吞藏教，现百千神通，其如老赵州无字公案，怎生消缴？"琦拟对，悟连喝退之，琦大惭数日，不敢仰视，忽闻净板之鸣，豁然有省，急披衣，上方丈礼谢。悟肯之，以断桥之源流嘱琦，时英宗帝正统八年也。由是服勤有年，初出世主天柱，次迁皖山，景泰六年（六一作五）住投子山，后住成都之天成寺。英宗帝天顺元年，从匡庐归蜀，韩都侯于方山建云峰寺，迎琦住持。宪宗帝成化八年（1473）有疾，泊然而逝，春秋七十。《续灯目录》列绍琦之嗣百二十八人，可知其得人极多。

第三节 绍琦之生死观

《南宋元明禅林僧宝传》卷十三所载绍琦与侍者之商谈，示琦之生死观，又足传当时禅者安身立命之情形。云：

> 有祖玠侍者，齿最少，号珪庵，事琦甚谨。丛林惮其严厉，敬其慧识，以香林远方之。……未几，玠膺疾，琦下视之，值

心上座在侧。琦因问曰:"如何是心?"玠曰:"开口不容情。"曰:"未在。"玠顾心曰:"何不作礼,心便珍重。"玠曰:"呈似了也。"曰:"子既如是,还能亲体颂出乎?"玠对曰:"祖师心印若为传,有语分明不在言。能向机前亲领得,海门撑出钓鱼船。"琦曰:"珍调四大,饶益将来。"一日玠疾革,作呻吟声。琦问曰:"子平日得力句,到此还用得着么?"对曰:"用得着。"曰:"既用得着,叫苦作么?"曰:"痛则叫,痒则笑。"琦曰:"叫与笑者,复是阿谁?"曰:"四大无我,叫者亦非真,寂体中实无受者。"琦曰:"主人公,即今在甚么处?"曰:"秋风不扇,桂蕊飘香。"琦曰:"恁么,则遍界绝遮藏也。"曰:"有眼觑不见。"琦曰:"只如三寸气消时,向甚处安身立命?"对曰:"雨过天晴,青山仍旧。"曰:"从今别后,再得相见否?"对曰:"旷劫不违,今何有间。"曰:"子不病耶?"对曰:"病与不病,总不相干。"琦执玠手曰:"此是甚么?"玠曰:"是祖玠手。"曰:"祖玠是谁?"曰:"玠固非我,亦不离我。"琦乃叹曰:"善哉!妙契无生,彻证真常,子虽妙年,死亦何憾。"玠遂合爪谢曰:"与祖玠趯将凳子来。"琦命舁凳至。玠顾左右曰:"吾当行矣。"整衣凭坐化去。(《续藏经》,第一辑,第二编乙,第十套,第四册,373页右—左)

第四节　念佛公案禅

以念佛为公案始于长芦清了,绍琦亦奖之,是看话之变态也。琦示秀峰居士语云:

> 夫念佛者,当知佛即是心。未审心是何物,须要看这一念佛

心从何处念起，复又要看破这看的人毕竟是谁。……祖师云："心同虚空界，示等虚空法。证得虚空时，无是无非法。"所言心者，非妄想缘虑之心，乃虚明圆湛广大无相之心也。三世诸佛之所证，证此心也；六道众生之所昧，昧此心也。……但将平日所蕴一切智见扫荡干净，单单提起一句阿弥陀佛，置之怀抱，默然体究，常时鞭起疑情，这个念佛的毕竟是谁，返复参究，不可作有无卜度。又不得将心待悟，但有微尘许妄念存心，皆为障碍，直须打并。教胸中空荡荡无一物，而于行住坐卧之中，乃至静闹闲忙之处，都不用分别计较，但要念念相续，心心无间。久久工夫纯一，自然寂静轻安，便有禅定现前。……豁开顶门正眼，洞彻性空源底，自当点首一笑，始知涅槃生死、秽土净邦俱为剩语。（同上书，第十七套，第三册，213页右—左）

又示月庭居士云：

夫格外真机，难容凑泊，初参之士，必假筌蹄。所谓梵语阿弥陀佛，此云无量寿。佛者觉也，觉即当人之自心，心即本来之佛性。是故念佛者，乃念自心之佛，不假外面驰求。马大师所云即心即佛是也。……要信自心是佛，则知念佛念心，念心念佛，念念不忘，心心无间，忽尔念到心思路绝处，当下根尘颖脱，当体空寂，始知无念无心，无心无念，心念既无，佛亦不可得矣。……居士果能于此洞彻自心源底，始信火宅凡居即是西方安养，举手动足，无非古佛道场。溪光山色，头头章紫磨金容。谷韵风声，历历展红莲舌相。尘尘契妙，法法该宗，不即不离，心心解脱。（同上书，213页左—214页右）

可以知念佛公案之工夫如何。

第十五章　空谷景隆与
毒峰季善之念佛禅

与楚山绍琦同时有空谷景隆，亦唱念佛禅，而于儒释二教，具一只眼。又有毒峰季善，以念佛之公案授学者。景隆之言云："法界为身，虚空为口，万象为舌，昼夜说禅未尝间歇，于此见得明，透得彻，则如醉复醒，廓然领悟，便见佛祖之不曾涅槃。"

第一节　空谷景隆

景隆，字祖庭，空谷其号，姑苏洞庭鼋山人，以太祖帝洪武二十六年生。太宗帝永乐十年，龄二十谒湖州（浙江）辨山白莲寺之懒云智安（安，天真惟则之嗣。则，无极源之嗣。源，雪岩祖钦之嗣）参玄。隆自语人云：

> 老僧于永乐年间十九岁时，适见《信心铭》《证道歌》，一看之后，超然省会，从此发心，力求出家，参见南极老和尚、古拙老和尚，金陵、湖广、两浙之间做知识者一一往见。

如斯永乐十八年，二十八岁从虎丘之石庵为行童。仁宗帝洪熙元年得度牒为僧。宣宗帝宣德二年，三十五岁于杭州昭庆寺受具戒。同六年泊石庵之住杭州灵隐寺，遂同至，相依七载。登天目山礼高峰之塔，憩锡一年，刻苦参究忽有省。智安时在海昌净妙，遂诣之剖露心事，安大喜，及晚年于西湖修吉山卜地为生圹，筑室名居曰正传塔院。隆自作《塔铭》，其中叙云：

> 懒云和尚是景隆受业之师，景隆心法受印可于懒云，即南极安禅师也，得临济正传二十世。

是英宗帝正统九年（1444），龄五十三也。隆答或问，有"景隆虚度光阴七十四年"之语，可知生存于宪宗帝成化二年。

第二节　看话之要

景隆论看话之要云：

> 参禅须要信得彻，有主宰，提撕话头，默默参究，于一切处无着无依，逆顺境界到手，便为蓦直行去，不起分别。不见有逆顺，不见有境界，盖为大解脱中不存一法也。（《续藏经》，第一辑，第二编乙，第十七套，第三册，206页左）。

> 赵州无字，未悟之时，如银山铁壁。今日也无无，明日也无无。……只贵退步休心，……不可推详计较义理曲会，但于时中愤愤然。要明这个无字，忽尔一朝悬崖撒手，打个翻身，方见孤明历历，如是现成。（同上书，207页右）

是非参公案之真意，以之为截断妄念之利器也。

第三节　看话之不用与念佛之至要

隆又公言看话之不用云：

> 老僧今日，不用提话头，不用参公案。先要识破此身，空花幻影，不越百年，安可溺于世情。……既知此患，尽情放下，更不留心。……死了烧了，何处安身？只思此二句。……一切时中，唯自思惟，死了烧了，何处安身？忽然识得，自会做人，自知入道。至于此时，方参公案，切须稳重，穷究末后一句，方到牢关，始为了事人也。（同上书，208页右）

是以人生观代公案者，隆更提唱念佛云：

> 念佛一门，捷径修行之要也。识破此身不实。世间虚妄，是生死根，惟净土可归，念佛可恃。紧念慢念，高声低声，总无拘碍。但令身心闲淡，默念不妄，静闹闲忙，一而无二。忽然触境遇缘，打着转身一句，始知寂光静土不离此处，阿弥陀佛不越自心。……但以信心为本，一切杂念，都不随之。如是行去，总然不悟。没后亦生净土。（同上书，207页右）

隆言净土不离此处，又言没后生净土。不离此处则没后更不要生净土，是所以有矛盾在。

第四节 《尚直编》

隆以明英宗帝正统五年著《尚直编》，极力排议朱子之排佛，唱导三教一致。同书序云：

> 宋儒深入禅学，以禅学性理，著书立言，欲归功于自己，所以反行排佛，设此暗机，令人不识也。如是以佛法明挤暗用者，无甚于晦庵也。

又云：

> 晦庵潜心佛学可谓博矣，其排佛者心病也。（《尚直编》，卷上，2页左）

又云：

> 三教圣人，各出只手，扶持大道，以成天下之化权，此切论也。（同上书，卷下，33页左）

可知隆撰述之主意。隆议朱子，独断甚多。

> 司马温公手书一卷《心经》赠僧，复题其后云："退之排佛而称大颠外形骸，以理自胜，且胸中无滞碍。"由是观之，于佛不为无得，而所排者迹耳。（注出《西山读书记》并《鸣道集性字

> 解》）……已而元城（刘）曰："温公老先生深知佛法（注出《元城语录》）……濂溪、二程，是佛法中人，争肯排佛。"温公、程子排佛之言，显是晦庵所造，载于二家名下，以为自己排佛之本也。《道余录》收二程子排佛二十八条，晦庵排佛二十一条，总是晦庵胸中所蕴，不是程子见识。（同上书，卷上，4页右—左）

是以朱子为程子排佛之伪作者，又断张横渠排佛之言亦朱子之伪作云：

> 《西铭》《正蒙》排佛之语，未必出于横渠之口，多出晦庵之笔。（同上书，卷上，5页右）

论道学之渊源云：

> 国一禅师，以道学传于寿涯禅师，涯传麻衣，衣传陈抟，抟传种放，放传穆修，修传李挺之，李传康节邵子也。
>
> 穆修又以所传《太极图》，授于濂溪周子。已而周子扣问东林总禅师《太极图》之深旨，东林为之委曲剖论。周子广东林之语，而为《太极图说》。（同上书，卷下，12页左）

是亦未有确证。《太极图说》非以佛教为本，乃本于《易》与老庄立说，谓为"广东林之语"，颇可疑。

> 周濂溪初扣黄龙南禅师教外别传之旨，南谕濂。其略曰："只消向你自家屋里打点，孔子谓朝闻道，夕死可矣。毕竟以何

第十五章 空谷景隆与毒峰季善之念佛禅

为道,夕死可耶?颜子不改其乐,所乐者何事?但于此究竟,久久自然有个契合处。"(出《附章氏家谱》)濂一日扣问佛印元禅师曰:"毕竟以何为道?"元曰:"满目青山一任看。"濂拟议,元呵呵笑而已,濂脱然有省。(出《资鉴》并《佛印语录后跋》)濂闻东林总禅师得竹林寿涯禅师、麻衣道者二师心传《易》学,穷神极性,由是扣之,总谕濂,其略曰:"吾佛谓实际理地即真实无妄,真而无妄即诚也。大哉乾元,万物资始。资此实理,乾道变化,各正性命。正此实理,天地圣人之道至诚而已,必要着一路实地工夫,直至于一旦豁然悟入,不可只在言语上会。"濂一日与张子厚等同诣东林论性。总曰:"吾教中多言性,故曰性宗,所谓真如性、法性,性即理也。有理法界、事法界,理事交彻,理外无事,事必有理。"诸子沉吟未决。濂毅然出曰:"性体冲漠,惟理而已,何疑耶?"横渠曰:"东林性理之论,惟我茂叔能之。"(出《弘益纪闻》)濂问太极,总曰:"《易》在先灭,无形有理,盖太极即《易》也,无形之理,即无极也。天地间只是一气,进退而为四时,以一气言之,皆元之为也。(刻时中所得东林真笔论《易》之语,又《尹氏家塾》及《苏季明笔记》详备,并有"程子深爱元包四德之语"。)(同上书,卷下,13—14页右)

寿涯、麻衣,传记不明,其心传《易》学又似为架空之臆说。又云:

《五峰胡先生序通书》谓,濂得《太极图》于穆修,修得于种放,放得于陈抟,此其学之一师也。明说《太极图》非濂所作,陈抟之学得于麻衣,麻衣得于寿涯禅师。(出《性学指要》并《正易心法》)濂问太极图之所由,总曰:"竹林寿涯禅师,得国一禅师之心传，其来远矣。非言事物而言至理，当时建图之意，据吾教中依空立世界，以无为万有之祖，以无为因，（无即所依之空）以有为果，（有即二气交运）以真为体，（真即一真至理）以假为用，（假即万物化生）故云无极之真，妙合而凝。"濂复造佛印之室，叙及悟由，印曰："吾多教人孔孟之大义，今公所负，可以起之，宜力行无滞。"东林亦有谕濂倡儒为道学之语。（出《松窗杂记》）濂谕学者曰："吾此妙心实得启迪于南老，发明于佛印。《易》道义理廓达之说，若不得东林开遮拂拭，断不能表里洞然，该贯弘博矣。"（出《尹氏家塾》并《性学指要》）濂往湖州灵山寺访大颠师遗迹，见韩子上大颠书，累幅并存，及留衣亭，肃然无恙，故题诗曰："退之自谓如夫子，原道深排释老非。不识大颠何似者，数书珍重更留衣。"（出《性理群书》并《灵山寺留衣亭真迹》）濂作《爱莲诗》曰："佛爱我亦爱，清香蝶不偷。一般奇绝处，不上妇人头。"（出《郑谷集》）濂性简约，平居澹如也。晚年悉屏文字，惟务静胜而卒得道学之传。《濂溪行壮》东林教人惟务静胜，濂溪之久不事笔砚，终日端坐，窗前草色同一生意，盖是静中有得。《弘益纪闻》道学性理之始，实倡于涯师，而至于总师，总以授周子。《弘益纪闻》陈忠肃公曰："性理之说，东林授之濂溪，濂溪广之，其言遍于佛书。"（《莹中录》并《性学指要》）后村刘先生诗云："濂溪学得自高僧。"又云："始知周孔外，别自有英豪。"（出《后村集》）。（同上书，卷下，14—15页左）

次论程明道学说与佛教之关系云：

程明道深味于《华严合论》，自谓有所心融意会为喜，以其

第十五章　空谷景隆与毒峰季善之念佛禅

所由书于云盖寺。(《云盖寺碑刻墨迹》)明道以亡母寿安院君忌辰,往西京长庆寺,修冥福躬预斋席,见众僧入堂,周旋步武,威仪济济,伐鼓敲钟,内外整肃,一坐一起并准清规,乃叹曰:"三代礼乐,尽在是矣。"(《弘益纪闻》)。(同上书,卷下,15页)

就程伊川:

> 灵源清禅师答伊川书曰:"妄承过听,以知道者见期,虽未一奉目击之欢,闻公留心此道甚久,天下大宗师,历扣殆遍,乃犹以鄙人未见为不足。顷年间,闻先师言公见处,今览公所作《法要后序》,深观信入,真实不虚也。"出《灵源语录》〇先师即晦堂心禅师也。晦堂尝以心法授伊川,已而伊川多入灵源之室。(同上书,卷下,16页右)

所云当为事实。又云:

> 东林谕濂,有一中散为万事,未复合为一理,及天理之性,人欲之私,天地万物,本吾一体,元包四德,诚通诚复等辞。二程传其学,故伊川著书立言,皆本其意,或全用其语,如《易传》序体用一源,显微无间。此二句出《唐清凉国师华严经疏》濂溪《太极图说》,无极之真,妙合而凝。此二句出《华严经·法界观》无极而太极等语,全是东林口诀。《周子通书》《濂洛集》等,皆根于此,周程取用佛语,多类此也。(同上书,卷下,17页右)

谓"无极之真,妙合而凝"二句,出《华严经·法界观》,全非也。案

《华严经·法界观》无此语,隆所谕据传说而多臆断,不足轻信。

第五节 毒峰季善

　　季善号毒峰,凤阳(安徽)吴氏子。父宦游广东雷阳,生于其地。十七出家,初参源明(师承未审)示无字之话,当下便能领解。明曰:"观子根器有异于人,切莫途中被人哄去作长老,误汝大事。"善受诲发愿,一味做拍盲工夫,自誓此生以悟为期。慕无际悟本道风,英宗帝正统八年入闽参叩,会本蒙召赴京,遂寓清溪闭关,关中不设卧具,唯置一凳,誓不倒身,昏沉来则立去凳。一朝闻钟声忽悟,说偈曰:"沉沉寂寂绝施为,触着无端吼如雷。动地一声消息尽,髑髅粉碎梦初回。"再往谒悟本,会本迁化。乃见楚山绍琦,次依月溪澄(与绍琦同参)于广恩,后辞游浙中,掩关天目万峰庵。月溪澄亦蒙旨归金陵大冈,遣书召师付嘱,善适因事他出,澄临委息,命送衣拂与之。英宗帝重祚之天顺四年,有赵氏建三塔寺于西湖,请善开山,继兴天目之昭明、吴山之宝莲、南山之甘露。宪宗帝成化十六年,幽栖于石屋寺。同十八年兴建慈云岭之天真寺,功成,杜绝人事,掩关四十年入寂,其寿未详。

第六节 劝学人苦行

　　季善一生苦修练行,及老不替,劝学人苦行,其言云:

　　　　诸大德,既来这里相从贫道参禅,究明生死,须依贫道家风行持,他后决不相赚。各各俱要屏息身心诸缘,一心向道,追复百丈以前释迦、老子所行头陀之行，是谓家风。此之苦行头陀，经中具载，请自检看。然虽今人难比古人，且请于中行得一半，庶亦得瞻头陀苦行之少分矣。不可似今时学者，全不问著，甘作无惭愧人。佛法驴年会得，只如世尊当时，饥则领众持钵入城乞食，归则各处岩穴之间。后来赵州谂和尚三十年不开口，告人不杂用心。㲞担山和尚，唯餐橡栗过日，丹霞然和尚一生只个布裘，更看芙蓉楷和尚，不发疏簿，不请化主，一生唯事淡泊。此诸尊宿俱是行头陀苦行家风，所以一个个魁垒秀出于当时，而千古之下为世所尊上。诸大德若依此苦行，而行持久之，不移不易。(《续藏经》，第一辑，第二编乙，第十七套，第三册，205页右)

单置重于苦行，非祖道真风，但季善之个性所偏向而已。如其杜关绝人事，不似大乘行者，与小乘之厌世何别哉？

第七节　善念佛禅之唱导

善唱导念佛禅云：

若了自心本来是佛者，一切惟假名，况复诸三有。倘尔于斯直下不能领略，别无方便，但将吾所付之念佛公案，用心提撕，单单参究，以期彻悟，精进不懈，勇猛无怯，务要讨个明白而后已。(同上)

第十六章 明初之诸儒

宋儒性理之学，明人传承之，称"牛毛茧丝，无不辨析，真能发先儒之所未发"。而为其先驱者，为吴与弼和薛瑄，其门人陈献章、胡居仁等有出蓝之誉。其所说愈益近禅，遂似为后之王守仁依而大成之准备矣。

第一节　吴与弼

吴与弼，字子傅，号康斋，抚州（江西）崇仁人。永乐七年，年十九往金陵，从学于大学士杨溥，读《伊洛渊源录》，慨然有志于道，弃举业，谢人事，独处小楼，读四书五经及洛、闽诸录，不下楼者二年。气质偏刚怒，至是务克己工夫。中岁家贫，立计躬耕稼，有来学者少己饮食而教诲不倦。雨中被蓑笠，负耒耜与诸生并耕，共谈道，归则解犁饭粝，共食蔬豆。陈献章自广来学，晨光才辨，与弼自簸谷。献章未起床，与弼大声曰："秀才若为懒惰，即他日何从到伊川门下？又何从到孟子门下。"

第二节　英宗帝之眷遇

英宗帝再祚之天顺元年，石亨欲引贤者收人望，计于大学士李贤，属贤草疏荐之帝。帝问："与弼何如人？"贤对曰："与弼者高蹈，古昔明王莫不好贤下士，皇上聘与弼即圣朝盛事。"遂遣使至崇仁聘之，令共赴阙。帝问："贤当以何官官弼？"贤曰："今东宫讲学，需老成儒者司其辅导，宜莫如与弼。"于是召见文华殿，语曰："闻高义久矣，特聘卿来烦辅东宫。"对曰："臣草茅贱士，本无高行，陛下垂听虚声，又不幸有狗马疾，束帛造门，臣惭被异教，匍匐京师，今年六十八矣，实不能官也。"帝曰："宫僚优闲，不必固辞。"赐文绮酒牢，遣中使送至馆。帝语贤曰："人言此老迂，不迂也。"公卿大夫闻其声名，求见者多。帝眷遇良厚，与弼辞之益力，留京师二月，以疾笃请归休，帝乃允之，敕赐银币，复遣中使送还，命有司月给米石。宪宗帝成化五年（1469）卒，年七十九。

第三节　与弼之思想

宋儒性理之学既从禅得来，吴与弼尊信程朱，虽不持参禅，而思想近之，自然之势也。云：

> 食后坐东窗，四体舒泰，神气清朗，读书愈有进益，数日趣同，此必又透一关矣。（《明儒学案》，卷一，5页右）
>
> 南轩读《孟子》甚乐，湛然虚明，平旦之气，略无所挠。绿阴清昼，薰风徐来，而山林阒寂，天地自阔，日月自长。邵子所谓"心静方能知白日，眼明始会识青天"，于斯可验。（同上书，6页右）

持湛然虚明之心地，亲薰风绿阴之自然，是非禅者之乐而何？

> 澹如秋水贫中味，和似春风静后功。（同上书，7页左）
>
> 大凡处顺不可喜，喜生之心，骄侈之所由起也；处逆不可厌，厌生之心，怨尤之所由起也。一喜一厌皆为动其中也，其中不可动也，圣贤之心如止水，或顺或逆处以理耳，岂以自外至者为忧乐哉。（同上书，8页右）

至所云，可见工夫之大熟。

第四节　天命说之妄信

然与弼妄从天命，以人生百事一归于天以安其心，是所以与吾禅异也。云：

> 穷通得丧，死生忧乐一听于天，此心须淡然，一毫无动于中可也。（同上书，11页右）

是知穷通死生之出于天，未知其出于己者也。又引胡氏之言：

> 胡文定公云："世事当如行云流水，随所遇而安可也。毋以妄想戕真心，客气伤元气。"（同上书，16页左）

所云与禅家所谓渐修，其旨一揆。

第五节 薛瑄

薛瑄，字德温，号敬轩，山西河津人，性颖敏，幼授书史，日记千百言。父贞为荥阳教谕，瑄侍之行，时年十二，既闻山东高密魏纯（字希文）、海宁范汝舟（讳未考）深于性理，令瑄游处之。于是究濂洛渊源，至忘寝息，叹曰："此问学正路也。"因尽弃其旧学。后贞改官为鄢陵教谕，瑄补鄢陵学生，举河南乡试第一，时太宗帝永乐十八年也。明年登进士第，以省亲归。居父丧，悉遵古礼，当时手录《性理大全》，通宵不寐，有所得即札记，学益进。英宗帝正统元年，为山东提学佥事，揭白鹿洞学规开示学者，延见诸生，亲为讲授，才者乐其宽，不才者惮其严，皆呼曰薛夫子。因事为中官王振所恶，下狱将处死，瑄读《易》自若。振有老仆山西人也，泣灶下，振怪问之，曰："闻薛夫子将刑，故泣耳。"振问："汝何以知有薛夫子？"仆曰："乡人也。"具语瑄平生行状，乃放还家。

第六节 薛瑄之廉直

景宗帝景泰二年，任南京大理寺卿。苏州大饥，贫民掠富豪之粟，且火其居。有蹈海避罪者，王文以阁臣出视，坐以谋叛，当死者二百余人。瑄抗疏辨其诬，文恚曰："此老倔强犹昔然。"卒得减死。英宗帝复辟，迁礼部右侍郎兼翰林学士，入阁预机务。瑄以学行老成为帝所重，而见石亨等之乱政，疏乞骸骨。家居八年，从学者甚众。瑄之学一本程朱，修己教人以复性为主。充养邃密，言动咸可法，尝曰："自考亭以还，斯道已大明，无烦著作，直须躬行耳。"英宗帝天顺八年（1464）卒，年七十六，所著《读书录》二十卷。

第七节　薛瑄之思想

薛瑄思想亦本于程朱，酷似禅。瑄云：

> 统体一太极，即万殊之一本。各具一太极，即一本之万殊。统体者即大德之敦化，各具者即小德之川流。人心有一息之怠，与天地不相似。（《明儒学案》，卷七，4页右）

是无他，禅家所谓一即一切、一切即一之应用耳。又云：

> 心中无一物，其大浩然无涯。（同上书，4页左）

所云无念无心，从六祖之本来无一物得来不待论。瑄斥禅之明心见性云：

> 天下无性外之物，而性无不在。君臣、父子、夫妇、长幼、朋友皆物也，而其人伦之理即性也。佛氏之学曰明心见性者，彼既举人伦而外之矣，安在其能明心见性乎？若果明心见性则必知天下无性外之物，而性无不在，必不举人伦而外之也。今既如此则偏于空寂，而不能真知心性体用之全审矣。（同上书，5页）

而抗论立言乃谬解禅所谓心性之义，谓以沙门为外伦常，偏空寂，是实不通佛教之实义所致。次云：

> 尽心工夫全在知性知天上。盖性即理，而天即理之所从出。

第十六章 明初之诸儒

人能知性知天，则天下之理无不明，而此心之理无不贯。苟不知性知天，则一理不通，而心即有碍，又何以极其广大无穷之量乎？是以知尽心工夫全在知性知天上。（同上书，7页右）

道破性即理、心即理之说，而后之王守仁所以起也。性即理云者，程子既言之矣，故云：

> 程子性即理也，一言足以定千古论性之疑。（同上书，9页右）
> 无欲则所行自简，敬则中虚无物。（同上书，6页左）

所言是以无欲无念与持敬同一视者，无异将儒之静坐与禅之坐禅归于同一工夫。瑄似于一元的思想：

> 一切有形之物皆呈露出无形之理来，所谓无非至教也。（同上书，11页右）
> 天下无无理之物，无无物之理。（同上书，13页右）

公言道破理与物，即理事之即一，仿佛有万物有心说之思想。云：

> 细看植物亦似有心，但主宰乎是，使之展叶、开花、结实者即其心也。（同上书，12页左）

又陈万物一体之意，道破：

> 一息之运与古今之运同。一尘之土与天地之土同。一夫之心与亿兆之心同。（同上书，16页右）

第十七章　王阳明学派之前茅

吴与弼之高弟陈献章，颇悟入心体，其所云往往杂禅语。同门胡居仁，虽务排释氏之说，遂自不免假禅。娄谅亦出吴门，王守仁从之学，姚江之学，以谅为发端。

第一节　陈献章

陈献章，字公甫，新会（广东）白沙里人。幼警悟绝群，尝读孟子所谓天民者，慨然曰："为人必当如此。"梦拊石琴，其音泠泠然，一人谓之曰："八音中惟石难谐，子能谐此，异日其得道乎？"因号石斋。英宗帝正统十二年举广东乡试，明年会试，中乙榜，入国子监读书。已而至崇仁，受学于吴与弼，居半载，归而竟绝科举，筑阳春台，静坐其中数年。宪宗帝成化二年，游太学，祭酒邢让试和杨时《此日不再得》诗，见献章之作惊曰："龟山不如也。"扬言于朝，以为真儒复出，由是名震京师。既归，门人益进。成化十八年召至京师，官吏部，以疾辞，疏乞休养，授翰林院检讨而归。至南安，知府张弼疑拜其官与吴与弼不同。对曰："吴先生以布衣为石亨所荐，故不受职而求观秘书，冀在开悟主上耳。时宰不悟先令受职，然后观书，殊戾先生意。"遂决去。献章听选国子生，何敢伪辞钓虚誉。是后屡荐不起，孝宗帝弘治十三年（1500）卒，年七十三。

第二节 献章之学

黄宗羲评陈献章之学曰：

> 先生之学以虚为基本，以静为门户……远之则为曾点，近之则为尧夫，此可无疑者也。故有明儒者不失其矩矱者亦多有之，而作圣之功至先生而始明，至文成而始大。……罗文庄言近世道学之昌，白沙不为无力，而学术之误亦恐自白沙始。至无而动，至近而神，此白沙自得之妙也……先生自序为学云："仆年二十七始发愤从吴聘君学，其于古圣贤垂训之书，盖无所不讲。然未知入处，比归白沙，杜门不出，专求所以用力之方。既无师友指引，日靠书册寻之，忘寐忘食如是者累年而卒未有得，所谓未得，谓吾此心与此理未有凑泊吻合处也。于是舍彼之繁，求吾之约，惟在静坐久之，然后见吾心之体隐然呈露，常若有物。日用间种种之应酬随吾所欲，如马之御衔勒也。体认物理，稽诸圣训，各有头绪来历，如水之有源委也。于是涣然自信曰作圣之功，其在兹乎？……盖主静而见大矣。由斯致力迟迟至二十余年之久，乃大悟广大高明，不离乎日用一真，万事本自圆成，不假人力，无动静，无内外，大小精粗，一以贯之。"先生之学自博而约，由粗入细，其于禅学不同如此。(《明儒学案》，卷五，2—3页)

第三节　如同禅之静坐

然则献章之学本于大悟心体,信认其本自圆成,虽果能彻见心性之为何否不可知。其为学工夫,见其全如同禅,而献章教门人,实在静坐。故云:

> 有学于仆者,辄教之静坐。盖以吾所经历,粗有实效者告之,非务为高虚以误人也。(同上书,5页左)

是彼别立门户而流于禅,所以受毁谤也,为迷惑学者也。

> 佛氏教人曰静坐,吾亦曰静坐;曰惺惺,吾亦曰惺惺。调息近于数息,定力有似禅定,所谓流于禅学者非此类欤?(同上书,5页左)

是实彼所自白,亦何加哉。

第四节　献章之学说与禅

彼说理云:

> 终日乾乾只是收拾此理而已。此理干涉至大,无内外,无始终,无一处不到,无一息不运。会此则天地我立,万化我出,而宇宙在我矣。得此把柄入手,更有何事。往古来今,四方上下,

都一齐穿纽,一齐收拾。(同上书,8页右)

所言与禅者之谈心性无异。

　　接人接物不可拣择殊甚。贤愚善恶一切要包他,到得物我两忘,浑然天地气象,方始是成就处。(同上书,9页右)

是即唯嫌拣择之一著,而人境双忘之一关也。

　　前辈云铢视轩冕,尘视金玉,此盖略言之以讽始学者耳。人争一个觉,才觉便我大而物小,物尽而我无尽。夫无尽者,微尘六合瞬息千古,生不知爱,死不知恶,尚奚暇铢视轩冕而尘金石耶?(同上书,9页左)

彼云微尘六合瞬息千古者,似十世古今当处一念之意,云物尽而我不尽者,似谓心性之常住不变。

　　君子一心,足以开万世,小人百惑,足以丧邦家,何者?心存与不存也。夫此心存则一,一则诚,不存则惑,惑则伪,所以开万世丧邦家者不在多,诚伪之间而足矣。夫天地之大,万物之富,何以为之也,一诚所为也。盖有此诚斯有此物,则有此物必有此诚。在人何所,具于一心耳。心之所有者,此诚而为天地者。此诚也,天地之大,此诚且可为而君子存之,则何万世之不足开哉。(同上书,15页左)

兹以所谓诚,与王守仁之良知比较,则其为普泛的极相似矣。

第五节　胡居仁之性行

胡居仁,字叔心,饶州(江西)余干人。弱冠志圣贤之学,游崇仁,从学于吴与弼,绝意仕进,筑室梅溪山中,事亲讲学外,不干人事。以主忠信为先,以求放心为要,操而勿失,敬莫大焉,因名其斋曰敬,学者称曰敬斋先生。持其身端庄凝重,对妻子如接严宾,每日必立课程,详书得失,以自戒饬。家世为农,至居仁窭甚,鹑衣箪食,晏然而乐不改。四方来学者甚众,皆告之曰学以为己,勿求人知。性行淳笃,与人语终日不及利禄。尝欲广闻见,适闽历浙,入金陵,返自彭蠡。所至访求问学之士,归而与乡人娄谅(一斋)、罗伦(一峰)、张元祯(东白)会于弋阳之龟峰、余干之应天寺讲学。是时吴与弼以学有名于世,受知朝廷,然学者以为居仁暗修自守,以布衣终其身。薛瑄后,正出一粹然者,居仁一人而已。宪宗帝成化二十年(1484)卒,年五十一,所著有《居业录》。

第六节　居仁之儒佛观

胡居仁辨儒佛之相违云:

> 儒者养得一个道理,释老只养得一个精神。儒者养得一身之正气,故与天地无间。释老养得一身之私气,故逆天背理。(《明儒学案》,卷二,4页左)

不知其为何义。盖居仁于佛无所学，立言乃舐程朱之余唾然：

> 《遗书》言，释氏有敬以直内、无义以方外。又言释氏内外之道不备，此记者之误。程子固曰惟患不能直内，内直则外必方。盖体用无二理，内外非二致，岂有能直内而不能方外，体立而用不行者乎？敬则中有主，释氏中无主，谓之敬可乎？（同上书，6页左）

所言少有意义。居仁之意盖在峻别持敬与坐禅。程氏以持敬与坐禅同视，故言释氏有敬以直内，以其不拘泥伦常；谓无义以方外，居仁以之强辨为记者之误耳。

第七节　诬禅家心性之说

> 禅家存心虽与孟子求放心操则存相似，而实不同。孟子只是不敢放纵其心，所谓操者只约束收敛，使内有主而已。岂如释氏常看管一个心，光光明明如一物在此。夫既收敛有主，则心体昭然，遇事时鉴察必精。若守着一个光明底心，则只了与此心打搅，内自相持既熟剥舍不去，人伦世事都不管。又以为道无不在，随其所之。只要不失此光明之心，不拘中节不中节，皆是道也。（同上书，7页）

陋哉居仁！光明之心与昭然之心有何别哉！彼自云心体、云心用，皆禅家之谈，借用禅家之义以排禅，何其厚颜哉。

禅家存心有两三样，一是要无心空其心，一是羁制其心，一是照观其心。儒家则内存诚敬，外尽义理而心存，故儒者心存万理，森然具备，禅家心存而寂灭无理。儒者心存而有主，禅家心存而无主。儒者心存而活，异教心存而死。然则禅家非是能存其心，乃是空其心、死其心、制其心、作弄其心也。（同上书，14页左）

不空其心则不能虚心坦怀，应于万物；不制其心则不能克己复礼；不照其心则不能知私欲妄念之萌，居仁以此为死却心，何其妄耶？

第八节　妄断老释之说

老氏既说无又说杳杳冥冥，其中有精，混混沌沌，其中有物，则是所谓无者不能无矣。释氏既曰空，又说有个真性在天地间，不生不灭，超脱轮回，则是所谓空者不能空矣。此老释之学所以颠倒错谬，说空、说虚、说无、说有，皆不可信。……老氏指气之虚者为道，释氏指气之灵者为性，故言多邪遁。……问："老氏言有生于无，佛氏言死而归真何也？"曰："此正以其不识理，只将气之近理者言也。老氏不识此身如何生，言自无中而生，佛氏不识此身如何死，言死而归真。殊不知生有生之理，不可谓无，以死而归真，是以生为不真矣。"问："佛氏说真性不生不灭，其意如何？"曰："释氏以知觉运动为性，是气之灵处，故又要把住此物以免轮回。"愚故曰："老氏不识道，妄指气之虚者为道；释氏不识性，妄指气之灵者为性。"（同上书，12—13页左）

居仁于老子哲学仅有一知半解而已，不识虚物大道所指何物，而以气配之。况至禅家所谓不生不灭之真性，居仁梦中亦所不识，而同以气配之，妄想臆断，莫此为甚。

> 陈公甫说物有尽而我无尽，即释氏见性之说。他妄想出一个不生不灭底物事，在天地间，是我之真性，谓他人不能见不能觉，我能独觉，故曰我大物小，物有尽而我无尽。殊不知物我一理，但有偏正清浊之异，以形气论之，生必有死，始必有终，安得我独无尽哉。以理论之，则生生不穷，人与物皆然。（同上书，12页右—左）

陈献章物有尽而我无尽之说不免有弊，然居仁以气论之，则有死有生，以理论之则生生不穷，其不彻底处亦毫无以异，何以别乌之雌雄耶？

第九节 持敬说与纯善说

> 端庄整肃，严威俨恪，是敬之入头处。提撕唤醒，是敬之接续处。主一无适，湛然纯一，是敬无间断处。惺惺不昧，精明不乱，是敬之效验处。（同上书，12页右）

按居仁之持敬为坐禅之变态，其以一心之不动不乱为本，则毫无异。

> 敬该动静，静坐端严敬也，随事检点致谨亦敬也。敬兼内外，容貌庄正敬也，心地湛然纯一敬也。（同上）

是仿禅家坐亦禅、行亦禅之意。

> 天理有善而无恶,恶是过与不及上生来。人性有善而无恶,恶是气禀故欲上生来。(同上书,15页右)

道破天理人性之纯善,是大得吾人之意者,如同禅家以人性为纯善无恶。王守仁以心体为无善无恶之说,大旨亦同。

第十节 娄 谅

娄谅,字克贞,别号一斋,广信(江西广信府)上饶人。少志圣学,求师四方,夷然曰:"率举子学非身心学也。"闻吴与弼之在临川,往从之。与弼一见喜之曰:"老夫聪明性紧,贤也聪明性紧。"一日与弼治地,召谅往视曰:"学者须亲细务。"谅素豪迈,由此折节,虽扫除之事必躬为之,遂为吴门入室,凡与弼不以语门人者于谅无不尽。吴门学规,来学者始见,其余不得见。罗伦未第时,往访与弼,不出见,谅曰:"此一有志知名之士也,如何不见?"与弼曰:"我哪得工夫见此小后生耶?"伦不悦,投一诗去。移书四方曰:"是名教中作怪。"张元祯亦不喜与弼,于是和伦之说,与弼恰如无闻者。谅乃语二人曰:"君子小人不容并立,使后世以康斋为小人,二兄为君子无疑,倘后以君子处康斋,不知二兄安顿何地。"两人之议遂息。景宗帝景泰四年举于乡,退读书十余年。英宗帝再祚之天顺八年,再登乙榜,选为成都训导,寻归乡,闭门著书,以造就后学为事。所撰《日录》四十卷,词朴理纯,不求苟悦人。有《三礼订讹》四十卷、《春秋本意》十二篇。孝宗帝弘治四年卒,年七十。

第十一节 谅之学说与谢复之知行合一说

黄宗羲曰：

> 先生以收放心为居敬之门，以何思何虑、勿助勿忘为居敬要指。康斋之门最著者陈石斋、胡敬斋与先生三人而已。敬斋之所訾者，亦唯石斋与先生为最。谓两人皆是儒者陷入异教去。谓先生陆子不穷理，他却肯穷理。石斋不读书，他却勤读书。但其穷理读书只是将圣贤言语来护己见耳。先生之书散逸不可见，观此数言则非仅蹈袭师门者也。又言克贞见搬木之人得法便说他是道，此与运水、搬柴相似，指知觉运动为性，故如此说道固无所不在，必其合乎义理而无私乃可为道，岂搬木者所能。盖搬木之人故不可谓之知道，搬木得法便是合乎义理，不可谓之非道。但行不着、习不察耳，先生之言未尝非也。（《明儒学案》，卷二，17页左）

以谅之学说为近惮，胡居士之所嫌也可知。王守仁十七岁从谅学，深相契。谅之子忱，字诚善，号冰溪，十年不下楼，从游者多，僧舍不能容，其弟子有架木为巢读书者。当时学者之风与禅僧生活有相似者，可想起鸟窠禅师之遗风。吴与弼之门人谢复，字一阳，号西山，祁门（安徽徽州府祁门县）人。有人问知，答曰行。有人问行，答曰知。曰未达，曰知至至之，知终终之，非行乎？未之能行，唯恐有闻，非知乎？知行合一，学之要也。王守仁知行合一之说，既为谢复道破之矣。

第十八章　王阳明之心学

王守仁之学是孔门大乘，说心外无物，彻顶彻底，一元能贯通三才。当时禅者皆杂学，西来之一枝遂坠地矣。然而王氏之子，却以达磨之真诠起心学，可谓伟也。

第一节　王守仁

王守仁，字伯安，浙江绍兴府余姚县人。尝筑室于越城东南二十里阳明洞，学者称曰阳明先生。幼颖悟，每读书，静坐凝思，深志圣贤之学。孝宗帝弘治二年，年十八谒娄谅，学宋儒格物致知之义，奋然怀为圣贤之志。弘治十二年登进士第，授刑部主事。武宗帝正德元年，阉人刘瑾专权，害忠直之士，守仁抗疏救之，触瑾怒，下狱廷杖四十，谪为贵州龙场驿丞。既至龙场，建龙冈书院教授子弟，学术大进，遂自得良知之学，时正德三年，守仁三十七岁也。正德五年，刘瑾等伏诛，任用守仁为庐陵知县，由是历吏部主事、员外郎、郎中，升进南京太仆寺少卿、鸿胪寺卿。时闽地有巨寇，兵部尚书王琼，特举守仁为都察院左佥都御史，以巡抚南赣，未几平漳南、横水、桶冈、大帽、浰头诸贼。正德十四年奉敕勘处福建叛军，至丰城，闻宁王宸濠图叛，返吉安，起兵讨之，三战，俘濠于樵舍。因功进南京兵部尚书，封新建伯，时正德十六年，守仁五十岁也。世宗帝嘉靖六年兼左都御史，征思田二州，平定之。同七年病卒南安，年五十七。

第二节　守仁之性善说

守仁学术精髓在其大学问。守仁以性为至善，为绝对善，是仿禅家之谈心性也。故云：

> 至善是心之本体。(《传习录》，卷上，2页右)
> 至善者性也，性元无一毫之恶，故曰至善。止之是复其本然而已。(同上书，24页右)

所谓至善非善恶相对之善，至善不与恶对，故云：

> 无善无恶者理之静，有善有恶者气之动，不动于气，即无善无恶，是谓至善。(同上书，27页左)

性固无善恶，但其发用上，不免有过不及，是所以有善恶之名。

> 问："先生尝谓善恶只是一物，善恶两端如冰炭相反，如何谓只一物？"先生曰："至善者心之本体，本体上才过当些子，便是恶了，不是有一个善，却又有一个来相对也。"故善恶只是一物，直因闻先生之说，则知程子所谓善固性也，恶亦不可不谓之性。又曰："善恶皆天理，谓之恶者本非恶，但于本性上过与不及之间耳，其说皆无可疑。"(《传习录》，卷下，7页左)

性固无善恶,然所以有性恶之说者,着眼于其流弊故也。故云:

> 性之本体,原是无善无恶的。发用上也,原是可以为善,可以为不善的。……孟子谈性,直从源头上说来,……荀子性恶之说,是从流弊上说来。(《传习录》,卷下,25页右)

第三节　良知说

是以守仁认人皆有良知,其说云:

> 良知者,孟子所谓是非之心人皆有之也。是非之心不待虑而知,不待学而能,是故谓之良知,是乃天命之性。吾心之本体,自然灵昭明觉者也。(《王阳明全书》,卷二十六,7页左)

这个良知,人人皆具足,故云:

> 这良知人人皆有。(《传习录》,卷下,6页右)

故无私欲之浮云则良知之光明炳然矣。

> 知是心之本体,心自然会知。见父自然知孝,见兄自然知弟,见孺子入井,自然知恻隐,此便是良知。(《传习录》,卷上,6页右)

良知是无凡圣之别。

> 自己良知，原与圣人一般，若体认得自己良知明白，即圣人气象，不在圣人而在我矣。(《传习录》，卷中，19页右)

圣贤与凡愚之差违，唯在为私欲之所蔽与否。

> 圣人之知，如青天之日，贤人如浮云天日，愚人如阴霾天日。(《传习录》，卷下，20页左)

良知是人心本体，虽有私欲之蔽，常无不在。

> 良知者心之本体，无起无不起，虽妄念之发，而良知未尝不在。(《传习录》，卷中，21页左)

良知之为物，普泛广大。

> 良知之昭明灵觉，圆融洞彻，廓然与太虚同体。(《王阳明全书》，卷六，14页左)

故以良知为本体之心性之外，无有何物。

> 虚灵不昧，众理具而万事出，心外无理，心外无事。(《传习录》，卷上，14页右)

可以见三界唯一心，心外无别法之旨。良知不但共通人类，且共通万有。

> 人的良知，就是草木瓦石的良知……天地万物与人原是一体。(《传习录》，卷下，17页左)

良知是人性，同时为天命，故云：

> 良知是造化的精灵。这些精灵，生天生地，成鬼成帝，皆从此出，真是与物无对。人若复得他，完完全全，无少亏见，自不觉手舞足蹈，不知天地间更有何乐可代。(《传习录》，卷下，14页左)

第四节 格物致知与心即理之说

《大学》所谓格物是在去私欲之蔽，而复其本体之良知，故云：

> 格物如孟子大人格君心之格，是去其心之不正，以全其本体之正。(《传习录》，卷上，6页右)

又所谓致知，即致良知非他，故云：

> 若鄙人所谓致知格物者，致吾心之良知于事事物物也。吾心之良知即所谓天理也，致吾心良知之天理于事事物物，则事事物物皆得其理矣。致吾心之良知者致知也，事事物物皆得其理者格物也。(同上书，卷中，6页右)

良知即天理也，天理与人欲非有二心：

此心无私欲之蔽即是天理。(同上书,卷上,2页)

此心若无人欲,纯是天理。(同上)

人心之得其正者即道心,道心之失其正者即人心,初非有二心也。(同上书,7页左)

曰心、曰理、曰性原是一物,故云:

心即性,性即理。(同上书,卷上,14页右)

性一而已,自其形体也谓之天,主宰也谓之帝,流行也谓之命,赋于人也谓之性,主于身也谓之心。心之发也,遇父便谓之孝……看得一性字分明,即万理灿然。(同上书,15页左)

守仁所谓心即理,与禅家所谓心即佛同趣。此守仁所以说。

良知……二字真吾圣门正法眼藏。(《王阳明全书》,卷五,11页左)

圣经贤传不过是说这个心。

六经者非他,吾心之常道也。故易也者,志吾心之阴阳消息者也;书也者,志吾心之纪纲政事者也;诗也者,志吾心之歌咏性情者也。(同上书,卷七,40页左)

盖《四书》《五经》,不过说这心体,这心体即所谓道。(《传习录》,卷上,14页右)

是非与禅者常谈，四十九年之说法，不过说一心字同耶？

第五节　知行合一说

守仁有知行合一之说，是固不自守仁始，既言之矣。但详密力说之无及守仁者。如云：

> 知之真切笃实处即是行，行之明觉精察处即是知。（《传习录》，卷中，3页左）

> 未有知而不行者，知而不行只是未知……如好好色，如恶恶臭，见好色属知，好好色属行，只见那好色时已自好了，不是见了后又立个心去好。闻恶臭属知，恶恶臭属行，只闻那恶臭时已自恶了，不是闻了后别立个心去恶……如称某人知孝，某人知弟，必是其人已曾行孝行弟，方可称他知孝知弟。（同上书，卷上，3—4页左）

未行不可谓知，未知不可谓行，知行所以一也：

> 夫人必有欲食之心，然后知食。欲食之心即是意，即是行之始矣。食味之美恶，必待入口而后知，岂有不待入口而已先知食味之美恶者耶？必有欲行之心然后知路。欲行之心即是意，即是行之始矣。路歧之险夷，必待身亲履历而后知，岂有不待身亲履历而已先知路歧之险夷者耶？（同上书，卷中，2页左）

守仁所以说知行合一，为救学者偏知不重行之病也。且彼立言宗旨，有一念不善，直以与行一不善同，务在克服去之。故云：

> 问知行合一，先生曰："此须识我立言宗旨。……正要人晓得一念发动处便即是行了。……须要彻根彻底，不使那一念不善潜在胸中，此是我立言宗旨。"（同上书，卷下，7页右）

第六节　静坐与事上磨练之说

守仁为学工夫，在先以静坐澄清心念，复于天理。然主静坐时，不免沉于寂静之病，故云：

> 吾昔在滁时……姑教之静坐……迩来只说致良知。（同上书，卷下，15页左）

又教事上磨练之工夫。

> 问静时亦觉意思好，才遇事便不同如何？先生曰："是徒知静养而不用克己工夫也。如此临事便要倾倒。人须在事上磨方立得住，方能静亦定，动亦定。"（同上书，卷下，12页右）

于事事物物上致良知，是主一之工夫也。

> 好色则一心在好色上，好货则一心在好货上，可以为主一乎？是所谓逐物，非主一也，主一是专主一个天理。（同上书，卷上，10页左）

以良知一贯万法,是所谓一贯之大道也。

> 一以贯之,非致其良知而何?(同上书,卷中,12页左)

如斯良知则同于禅家之本来面目:

> 本来面目即吾圣门所谓良知……佛氏之常惺惺亦是常存他本来面目耳,体段工夫大略相似。(同上书,卷中,26页左)

所云暗示其工夫之仿禅。

第七节　良知与形骸

良知者心之天理,真个之自己也,而形骸亦真己之躯壳,二而不二也。故云:

> 心之本体,原只是个天理,原无非体。这个便是汝之真己,是躯壳的主宰。若无真己,便无躯壳。(同上书,卷上,34页左)
> 无心则无身,无身则无心,但指其充塞处言之谓之身,指其主宰处言之谓之心,指心之发动处谓之意,指意之灵明处谓之知。(同上书,卷下,1页右)

禅家所谓身心不二之旨,又可见也。

守仁为学,以透脱死生为事,其极与禅无异,故云:

> 学问工夫,于一切声利嗜好,俱能脱落殆尽,尚有一种生死念头,毫发挂带,便于全体有未融绎处,人于生死念头……见得破透得过,此心全体,方是流行无碍。(同上书,卷下,18页左)

守仁之学,孔门之大乘也,故有胜于佛家之小乘,乃云:

> 先生尝言,佛氏不着相,其实着了相。吾儒着相,其实不着相。请问,曰:"佛怕父子累,却逃了父子……怕夫妇累,却逃了夫妇,都是为个君臣、父子、夫妇着了相,便须逃避。如吾儒有个父子,还他以仁……有个夫妇,还他以别,何曾着父子、君臣、夫妇的相。"(同上书,卷下,9页左)

第八节 禅学之素养与讲友

守仁禅学之素养,据彼所自语人而明也。

> 萧惠好仙释,先生警之曰:"吾亦自幼笃志二氏,自谓既有所得,谓儒者为不足学。其后居夷三载,见得圣人之道若是,其简易广大。"(同上书,卷上,35页右)
>
> 因求诸老释,欣然有会于心,以为圣人之学在此矣。(《王阳明全书》,卷三,57页左)
>
> 立说太高,用功太捷,后生师傅,影响误谬,未免坠于佛氏明心见性、定慧顿悟之机。(《传习录》,卷中,2页右)

加之守仁有讲友湛甘泉,为陈白沙之高弟,其说最近禅,守仁尝评甘泉之学云：

> 甘泉之学务求自得者也，世未之能知，其知者且疑其为禅。（《王阳明全书》，卷七，8页右）

有此讲友，有此素养，守仁入禅乃自然之势也。守仁高弟王畿云："我朝理学开端者是白沙也，至先师而大明。"白沙之学，其为王学之陈（胜）、吴（广）可知也。

第九节　禅学之造诣

次所录诗，可测守仁禅学之造诣：

无　题

岩头有石人，为我下嶙峋。脚踏破履五十两，身披旧衲四十斤。任重致远香象力，餐霜生雪金刚身。夜寒双虎与温足，雨后秃龙来伴宿。手握顽砖镜未光，舌底流泉梅未熟。夜来拾得遇寒山，翠竹黄花好共看。同来问我安心法，还解将心与汝安。（《王阳明全书》，卷二十，57页左）

咏良知

问君何事日憧憧，烦恼场中错用功。莫道圣门无口诀，良知两字是参同。人人自有定盘针，万化根源总在心。却笑从前颠倒见，枝枝叶叶外头寻。无声无臭独知时，此是乾坤万有基。抛却自家无尽藏，沿门持钵效贫儿。（同上书，68页左）

答人问良知

知得良知却是谁,自家痛痒自家知。若将痛痒从人问,痛痒何须更问为?

答人问道

饥来吃饭倦来眠,此是修行玄更玄。说与世人浑不信,却从身外觅神仙。(同上书,69页左)

中　秋

去年中秋阴复晴,今年中秋阴复阴。百年好景不多遇,况乃白发相侵寻。吾心自有光明月,千古团圆永无缺。山河大地拥清辉,赏心何必中秋月。(同上书,71页右)

第十九章　王门高弟及其末流（第一）

王门有钱德洪、王畿，宛然如五祖门下有神秀、慧能。德洪之学渐修，畿之学顿悟。故德洪于彻悟不如畿，畿于持循不如德洪。前者不失儒者之矩矱，后者所以评为入禅去也。至其末流，乃没入禅海，而王学失其传。

第一节　钱德洪

钱德洪，字洪甫，号绪山，余姚人，王守仁门人。嘉靖十一年始赴廷试，补国子监丞，寻升刑部主事，次迁员外郎，因事下狱，讲《易》不辍。至穆宗帝时致仕，在野三十年，无日不讲学。万历二年卒，年七十九。

德洪尝言及良知与太极之关系云：

> 充塞天地间，只有此知。天只此知之虚明，地只此知之凝聚，鬼神只此知之妙用。四时日月，只此知之流行，人与万物只此知之合散，而人只此知之精粹也。此知运行，万古有定体，故曰太极。原无声臭可即，故曰无极。太极之运无迹，而阴阳之行有渐，故自一生二生四生八，以至庶物露生，极其万而无穷焉，

是顺其往而数之，故曰数。往者顺自万物推本太虚以至于无极，逆其所从来而知之，故曰知来者逆。是故易逆数也，盖示人以无声无臭之源也。(《明儒学案》，卷十一，8页左)

良知之普泛本王学之通义，而适用之于从太极、无极，阴阳之消长，万物之生灭，则可验德洪之力量。

第二节　道破王学之真髓

又论良知云：

> 良知广大高明，原无妄念可去。才有妄念可去，已自失却广大高明之体矣。(同上书，12页右)

> 知善知恶，为知之极，而不知良知之体，本无善恶也。有为有去之为功，而不知究极本体施功于无为乃真功也。正念无念，正念之念，本体常寂。(同上书，11页左)

所示能契合王学之本义。又云：

> 至善之体，恶固非其所有，善亦不得而有也。至善之体虚灵也，犹目之明、耳之聪也。虚灵之体，不可先有乎善，犹明之不可先有乎色，听之不可先有乎声也。目无一色，故能尽万物之色。耳无一声，故能尽万物之声。心无一善，故能尽天下万物之善。(同上书，18页右)

如所云是能道破王学之大头脑者。德洪不重事上磨炼,故云:

> 吾心本与民物同体,此是位育之根。除却应酬更无本体,失却本体便非应酬。苟于应酬之中,随事随地不失此体,眼前大地,何处非黄金。若厌却应酬,必欲去觅山中,养成一个枯寂,恐以黄金反混作顽铁矣。(同上书,17页右)

应酬万变而不失心之本体,是事上磨炼之极也。应酬万变而不失心之本体,则如德洪之言,脚下步步踏着黄金地,王学所以为孔门之大乘也。

第三节 王 畿

王畿,字汝中,号龙溪,浙之山阴人,王门高弟也。以嘉靖五年举进士,及王守仁门人益多,畿与钱德洪不廷试而归。嘉靖十一年与德洪同廷试,授南京兵部主事,进郎中、给事中,后称病归休,由是务讲学四十余年,足迹遍东南,吴楚、闽越、江浙皆有讲会,无不以畿为宗盟。年八十余,犹周流不倦。万历十一年卒,春秋八十六。

王守仁有四句教:

> 无善无恶心之体,有善有恶意之动。知善知恶是良知,为善去恶是格物。

钱德洪以之为定本,不可移易。然畿以四句教为权法,以为体用一原,则心意知物,必定只是一件,若悟得心体无善无恶,则意知物亦无善无恶。乃与钱德洪俱质之王守仁，守仁云："吾教法原有此两种，四无之说，为上根人立教；四有之说，为中根以下人立教。上根者即本体便是功夫，顿悟之学也。中根以下者，须用为善去恶功夫，以渐复其本体也。"由是畿唱四无之说，以正心为先天之学，以诚意为后天之学。从心上说则心意同为无善无恶，先天统后天；从意上说则不免有善恶抉择，是后天复于先天。德洪之学似神秀之见，渐次为善去恶。畿之学似六祖之见，顿悟本来无善无恶。

第四节　王畿之良知说

王畿之说良知较王守仁更一步近禅。

> 良知一点虚明，便是入圣之机，时时保住此一点虚明，不为旦昼梏亡，便是致知。(《明儒学案》，卷十二，12页右)

所云以虚明一片之田地为良知。又说：

> 千古圣学，只从一念灵明识取，当下保此一念灵明便是学。以此触发感通便是教，随事不昧此一念灵明，谓之格物。(同上书，19页右)

所云以虚心应物为致知，故公言：

> 致良知只是虚心应物。(同上书，4页左)

且良知虚明则无而能出有。故云：

> 良知原无一物，自能应万物之变。（同上书，19页左）

是为老子之虚无与禅之心性合而为一者。良知与造化为一物，是与阳明无异。云：

> 良知是造化之精灵，吾人当以造化为学，造者自无而显于有，化者自有而归于无。吾之精灵，生天、生地、生万物，而天地万物复归于无，无时不造，无时不化，未尝有一息之停。（同上书，11页右）

良知为造化之精灵，为吾人之精灵，固不待论。

第五节　王畿之学风

畿之学贵活泼脱洒之机，故云：

> 静者心之本体。濂溪主静，以无欲为要，一若无欲也。则静虚动直，主静之静，实兼动静之义。……无欲则虽万感纷扰，而未尝动也。从容则虽一念枯寂，而未尝静。（同上书，9页左）

所云要无欲洒脱，又斥沉空守寂。

> 近溪解离尘俗，觉得澄湛安闲，不为好恶驰逐。……此非

但认虚见为实际,纵使实见,亦只二乘沉空守寂之学。(同上书,28页右)

畿以为:

> 寂之一字,千古圣学之宗。感生于寂,寂不离感,舍寂而缘感,谓之逐物。离感而守寂,谓之泥虚。(同上书,30页左)

所云与禅家云寂而照、虚而灵同。

第六节 三种之悟入

尝说三种之悟入:

> 有入悟三种教法,从知解而得者,谓之解悟,未离言诠。从静中而得者,谓之证悟,犹有待于境。从人事练习而得者,忘言忘境,触处逢源,愈摇荡愈凝寂,始为彻悟。(同上书,20页左)

可以知其与禅家之悟入同其趣。

第七节 调息说与知行合一说

畿有调息之说云:

> 息有四种相,一风、二喘、三气、四息。前三为不调相,后

一为调相。坐时鼻息出入觉有声，是风相也。息虽无声而出入，结滞不通，是喘相也。息虽无声，亦无结滞，而出入不细是气相也。坐时无声，不结不粗，出入绵绵，若存若亡，神资冲融，情抱悦豫，是息相也。守风则散，守喘则戾，守气则劳，守息则密。前为假息，后为真息。欲习静坐，以调息为入门，使心有所寄，神气相守，亦权法也。调息与数息不同，数为有意，调为无意，委心虚无，不沉不乱。息调则心定，心定则息愈调，真息往来，呼吸之机，自能夺天地之造化。心息相依，是谓息息归根，命之蒂也。一念微明，常惺常寂，范围三教之宗，吾儒谓之燕息，佛氏谓之反息，老氏谓之踵息，造化阖辟之玄枢也。以此征学，亦以此卫生了，此便是彻上彻下之道。（同上书，23—24页左）

调息之说出于《安般守意经》，既言之矣。畿不过采用之耳。畿论知行合一之旨：

> 知非见解之谓，行非履践之谓，只从一念上取证。（同上书，16页左）

所道破乃彻底遵从王氏立言之宗旨者。一念恶即一念之恶行，一念善即一念之善行，善恶不必现于行为而后有是非，是王氏立言之宗旨也。

第八节　欧阳德与聂豹

欧阳德，号南野，亦王门之俊秀也，官至礼部尚书兼翰林学士，嘉靖三十三年卒，年五十九。德唱良知之学，称为南野门人者半天下。其言云：

> 道塞乎天地之间，所谓阴阳不测之神也。神凝而成形，神发而为知，知感动而万物出焉。……神无方无体，其在人为视听为言动，为喜怒哀乐，其在天地万物，则发育峻极者，即人之视听言动喜怒哀乐者也……故人之喜怒哀乐、视听言动，与天地万物周流贯彻，作则俱作，息则俱息，而无彼此之间，神无方体故也。（《明儒学案》，卷十七，14页）

因而仿佛可见神秘的一元论。

聂豹，字文蔚，号双江，官至兵部尚书，亦阳明之直弟也。尝静坐狱中，忽悟心体光明莹彻，万物皆备，乃喜曰："此未发之中也，守是不失，天下之理皆从此出矣。"豹之说酷似禅，人难之者多，故云：

> 疑予说者，大略有三：其一谓道不可须臾离也，今日动处无功，是离之也。其一谓道无分于动静也，今日功夫只是守静，是二之也。其一谓心事合一，仁体事而无不在，今日感应流行着不得力，是脱略事为，类于禅悟也。夫禅之异于儒者，以感应为尘烦，一切断除，而寂灭之。今乃归寂以通天下之感，致虚以立天下之有，主静以该天下之动，又何嫌于禅哉。（《明儒学案》，卷十七，22页右）

第九节　罗洪与刘文敏

罗洪，字达夫，号念庵，幼闻阳明之学，读《传习录》忘寝食，闻聂豹之说契之，默坐石莲洞，不出户三年。王畿访洪于松原问曰："近日行持比前何似？"洪曰："往年尚多断续，近来无有杂念，杂念渐少，即感应处便自顺适……终日纷纷，未尝敢厌倦，未尝敢执着……不见动静二境云。"畿嗟叹而退。洪一日阅《楞严经》，觉此身在太虚，见者惊其神采。登衡岳绝顶，遇僧楚石，授以外丹。又与王畿谒黄陂山人而夜坐工夫，洪出入三道如是。聂豹学徒有刘文敏，号两峰，年八十犹陟三峰之巅，静坐百余日，谓门人曰："知体本虚，虚乃生生，虚者天地万物之本原也，吾道以虚为宗。"

第十节　王时槐

刘文敏之门出王时槐，时槐号塘南，究禅学。看大乘止观，至"性空如镜，妍来妍见，媸来媸见"有省，曰："性亦空寂，随物善恶乎？此说大害道。"乃知孟子性善之说稳当。以为性中无仁义，则恻隐羞恶，从何处来耶？尝云：

> 初下手时，暂省外事，稍息尘缘，于静坐中，默识自心真面目。久之邪障彻而灵光露，静固如是，动亦如是。到此时，终日应事接物，周旋于人情事变中而不舍，与静坐一体无二。……岂谓终身，灭伦绝物，块然枯坐，徒守顽空冷静以为究竟哉。(《明儒学案》，卷二十，3页)

又云:

> 所举佛家以默照为非,而谓广额屠儿立地成佛等语,此皆近世交朋,自不肯痛下苦功,真修实证,乞人残羹剩汁,以自活者也。彼禅家语,盖亦有为而发。彼见有等专内趋寂,死其心而不知活者,不得已发此言,以救弊耳。今以纷纷扰扰,嗜欲之心,全不用功,却不许其静坐,即欲以现在嗜欲之心,立地成佛且称尘劳为如来种,以文饰之,此等毒药,陷人于死。(同上书,3—4页)

可以验其素养与力量。

第十一节　万廷言与胡直

传罗洪之学者有万廷言,号思默,弱冠收拾精神,务一意静坐,有休歇处。一日读《易》于石莲洞,恍然契证,罗洪肯之。后杜门静摄,默识自心。久之一种浮妄闹热习心,忽尔销落,天清地宁,有冲然太和气象。化化生生之机皆在我,真如游子之还故乡。读廷言之传者,不得不思及禅匠之所为矣。

传罗洪之学者有胡直,号庐山。黄宗羲云:"胡直之旨与释氏称惟三界唯心山河大地、妙明心中之物不远。"依直之《困学记》,则尝日就钝峰问禅,峰乃魏庄渠弟子而入禅者,偕游曹溪,瞻礼六祖之塔感异梦云,可知其宗旨所在。

第十二节　耿定向与焦竑

耿定向号天台，官至户部尚书，自得于良知之学，提唱学有三关：一曰即心即道，二曰即事即心，三曰慎术。慎术云者，虽舍孔子之术以为学，均之为仁，然坠于矢匠之术，故在慎其术。盖仿黄龙之三关者。

师事耿定向、罗洪二人者焦竑也，号澹园，以佛学为圣学，以禅之"本来无一物"为未发之中云：

> 佛氏所言，本来无物者，即《中庸》未发之中之意也。(《明儒学案》，卷三十五，20页右)

又取程明道辟佛之语，一一反驳之。

第二十章 王门高弟及其末流（第二）

王学以禅为其根柢，不领会禅则无以彻王学之精髓。王门之迦叶阿难王畿、王艮等不识不知而入禅，亦自然之势也。谓为明代溺于折中调和之思潮之结果亦可也。

第一节 王艮之学风

黄宗羲云："阳明之学，有王心斋、王龙溪而行于天下，亦因王心斋、王龙溪而渐失其传，此二人时时不满其师说，启佛说之秘而归之师，此说近真。"王艮，字汝止，号心斋，从学王守仁，悟入最深，世宗帝嘉靖十九年卒，寿五十八。

艮之学以安身为第一义，故云：

> 止至善者安身也，安身者立天下之大本也。（《明儒学案》，卷三十二，4页左）

所谓安身者，定静安虑，得安身而止至善也。是则安身立命之意明矣。艮有《乐学歌》云：

人心本自乐,自将私欲缚。私欲一萌时,良知还自觉。一觉便消除,人心依旧乐。乐是乐此学,学是学此乐。不乐不是学,不学不是乐。乐便然后学,学便然后乐。乐是学,学是乐。呜呼!天下之乐,何如此学。天下之学,何如此乐。(同上书,12页右)

第二节　艮门下之禅化

艮子王襞,号东崖,尝云:

鸟啼花落,山峙水流。饥食渴饮,夏葛冬裘。至道无余蕴矣。(同上书,16页左)

饥餐困眠,无不有道,禅意可见。

及艮之门者,有徐樾,号波石,其言云:

六合也者,心之郭廓。四海也者,心之边际。万物也者,心之形色。往古来今,惟有此心。浩浩渊渊,不可得而测而穷也。(同上书,20页右)

艮之学至其门人而化为禅。又艮之门人有王栋,号一庵,其言云:

天生我师,崛起海滨,慨然独悟,直超孔孟,直指人心。然后愚夫俗子,不识一字之人,皆知自性自灵,自完自足,不暇闻见,不烦口耳。而二千年不传之消息,一朝复明,先师之功,可

谓天高而地厚矣。(同上书，41页右)

是非禅语则不足形容示艮之学。

徐樾之门人有赵贞吉，字孟静，号大洲，常游嵩高、抱犊、伏牛等诸山，问道憨山德清等，尝作七图述之：

> 其一混元图〇，其二出庚图☽，其三浴魄图☾，其四伊字三点之图∴，其五卍字轮相之图卍，其六周子太极图，其七河图，谓一以摄六，六以显一。一者真空也，六者妙有也，世间法与出世法皆备矣。(《明儒学案》，卷三十三，4页)

是盖附会禅之圆相，正偏之图，仙家之图相，《易》之理义者。至贞吉语录，则与禅师之语录无所不同矣。

贞吉之门人有邓豁渠，入青城山参禅十年，又入鸡足山有省。未能豁然通晓，抵天池，礼月泉，认现前昭昭灵灵的者，礼庐山性空闻无师智，始达良知之学。居澧州八年，传达父母未生前的、百尺竿头外的，所谓不属有无，不属真妄，不属生灭，不属言语，常住真心之学。王守仁之学至此可谓失其传矣。

第三节　罗汝芳

徐樾之门弟有颜钧，字山农。钧之高弟为罗汝芳，字惟德，号近溪，少时读薛文清语，谓："万起万灭之私，乱吾心久矣，今当一切决去，以全吾澄然湛然之体。"乃决志行之，闭关临田寺，置水镜几上，对之默然，令心与水镜无二，久之病心火。偶过僧寺，有榜救心火者，以为名医也，访之，则聚而讲学者。汝芳从众听讲，良久喜曰："此真能救我心火。"问之则颜钧也，因拜为弟子。其后钧以事系京狱，汝芳尽鬻田产脱之，侍养于狱六年，不赴廷试，归回后，身已老，钧至。汝芳不离左右，一茗一果，必亲进之，诸孙以为劳，汝芳曰："吾师非汝辈所能事也。"可以观其笃实。神宗帝万历五年，讲学广慧寺，从之者多。后往来两浙、金陵、闽广等，张皇王学，所到弟子满座。同十六年卒，享年七十四。

第四节　汝芳之学与祖师禅

黄宗羲曰："汝芳之学以赤子良心、不学不虑为的，以彻形骸、忘物我为大。此理生生不息，不须把持，不须接续，以当下浑沦、顺适为工夫。学者之妄以澄然湛然为心体，沉滞胸膈，是为鬼窟活计。"所谓浑沦、顺适是一切佛法现成；所谓鬼窟活计，是呵寂子速道，莫入阴界。真得祖师禅之精者也。或曰："汝芳师僧玄觉，谈因果、单传、直指，见其语录，多置重于敛目观心。"

问："如何了生死？"曰："识得原无生死，便是了。"（《明儒学案》，卷三十四，70页左）

谓为祖师禅之精是矣。

第五节　周汝登之学风与陶望龄之学说

罗汝芳之门出周汝登，初见汝芳，授以《法苑珠林》，汝登览一二纸,欲有所言,汝芳止之,且令看。汝登竦然如鞭背,于《天泉证道篇》有所发明。许敬庵作《九谛》难无善无恶,乃作《九解》伸其说,汝登参禅,既记之,其言多佛理。故云:

> 一物各具一太极者,非分而与之之谓。如一室千灯,一灯自有一灯之光,彼此不相假借。是为各具万物统体一太极者,非还而合之之谓。如千灯虽异,共此一灯之光,彼此毫无间异,是为统体。(《明儒学案》,卷三十六,4页左)

是以圆融之法门说太极各具者。又接人以禅机,贵使直下承当。一日忽谓门人刘塙曰:"信得当下否?"塙曰:"信得。"汝登曰:"然则汝是圣人否?"塙曰:"也是圣人。"汝登喝曰:"圣人便是圣人,又多一也字。"

周汝登之门有陶望龄,号石篑,与焦竑书云:

> 知理事不二即易,欲到背尘合觉,常光现前,不为心意识所使即不易。伊川、康节临命时俱得力。若以见解论,恐当代诸公,尽有高过者,而日逐贪嗔,已不免纵任,求生死得力不亦难乎?古人见性空,以修道;今人见性空,以长欲,可叹也。(《明儒学案》,卷三十六,21页左)

望龄以为程明道、王阳明之于佛,乃阳抑阴扶者,故引湛然圆澄、密云圆悟等进之张皇其教,遂使宗风盛于东浙,至是而王学失其传矣。

第二十一章 笑岩德宝等之念佛禅与喇嘛教之流行

宪宗帝过度信敬喇嘛僧，至孝宗、武宗益以加甚。世宗帝即位毁寺观，听僧尼还俗，正法之陵夷益甚，禅苑寂寞。虽天琦本瑞、法舟道济、月泉法聚之辈知名于世，而思想无可观，可称禅风者无之。古音净琴、笑岩德宝等鼓吹念佛禅而已。

第一节 宪宗帝与喇嘛僧

英宗帝重祚八年而崩，宪宗帝继之即位，改元成化，是公元1465年也。成化四年，帝封西僧札巴坚参为万行庄严功德最胜智慧圆明能仁感应显国光教弘妙大悟法王西天至善金刚普济大智慧佛，札实巴为清修正觉妙慈普济护国衍教灌顶弘善西天佛子大国师，锁南坚参为静修弘善国师，是由于元朝以来信喇嘛之神秘的咒法之旧习与怀柔番人之政策也。帝于西僧赏赉隆厚，僧等出乘棕轿，导用金吾，奉养之至过于亲王，建醮修斋，写经造像，以植福。成化十年西僧札实巴寂，有旨如大慈法王例建塔葬之，发官军四千供役。同十九年敕修大慈恩寺。翌年建大镇国永昌寺。先是僧录司左觉义，继晓有术数出入禁中，帝尊之为法王，赐美珠十余及金宝。至是发内库之银数十万两，拆毁西华门外民居，以创建佛寺。刑部员外郎林俊上疏谏之，帝大怒，下林俊锦衣卫狱，谪为云南姚州判官。

第二节 武宗帝之崇佛

成化二十三年宪宗帝殂，孝宗帝即位，是弘治元年（1488）也。弘治十二年以清宁宫成，命大能仁寺灌顶国师那卜坚参等设坛庆赞三日，大学士刘健等谏之不从。同十四年太监李兴建佛寺于大兴县东皋村，请祝圣，得旨，升僧录司左觉义。定锜为右讲经，令住持，敕赐额隆禧，翌十五年迎国师领占竹，住大慈恩寺。礼部尚书张昇谏止不允。弘治十八年帝殂。武宗帝即位，改元正德，是公元1506年也。二年度僧道五万人。五年升诸僧，为法王佛子觉义都纲，帝自命曰大庆法王，因铸大庆法王西天觉道圆明自在大定慧佛之金印，给西僧度牒三万，汉僧道士各给五千以广密教。同七年大慈恩寺法王乞修造僧房，许之，虽工部谏之不听。同八年大役军士修大慈恩寺，以鬻爵赎罪充其费。正德十年二月，大护国保安寺大德法王绰吉我些儿，请给其徒国师诰命。是时，帝亲习经，被僧服，令西僧出入禁中，及其还乌斯藏，辎重相属，不厌传邮烦费。十一月嬖臣言西僧有知三生者，西人称之活佛。帝遣太监刘充往迎，指挥千户百余人，率甲士千人，以珠琲为幡幢，黄金为七供，赐法王之金印袈裟，及其徒馈赐巨万计。敕以十年往返，得便宜处置钱物，发官军护送之。十三年为迎活佛遣中官刘充使乌斯藏。时传闻乌斯藏国，国西有童子，记其生前之事，以为活佛，帝令迎之。同年五月赐西僧食茶八万九千余斤，七月封乌斯藏国酋为阐教主。

第三节　世宗帝之毁佛

正德十六年孝宗帝殂,世宗帝即位,改元嘉靖,时公元1522年也。嘉靖十四年大兴隆寺毁,永不许复兴。翌十五年除禁中佛殿,并毁佛像、佛骨、佛牙诸物。嘉靖十六年敕听僧徒还俗,寺院之颓坏者不许修葺,命禁民间之舍幼童为僧,自剃披为僧者,罪其父母及邻右。嘉靖二十二年毁大慈恩寺。同四十二年罢封西僧。翌年西僧入贡者,限人入边而已。嘉靖四十五年诏严禁僧尼戒坛说法,查勘京城内外僧寺,若依前受戒寄寓者收捕下狱,四方游僧令所在有司处理之。时白莲教盛行,御史鲍承荫以为妖盗一途,恐其投邪鼓众酿成大患,遂禁断之。教界寂寥,高僧大德之不出亦自然之势也。

第四节　天琦本瑞

天琦本瑞,江西南昌府钟陵人,幼随父为商,年将二十至荆门(湖北荆门州),闻无说能(师承未知)之有道,投之剃披。能令看万法归一之话,后遍参耆宿,遇昱首座者,苦口提携,昼夜逼拶,不许说话,不许眨眼。一日听廊下有人说话,昱便打,曰:"又不瞌睡,如何也打?"昱曰:"你不瞌睡听那里。"又有二僧裁裙度量不已,不觉看之,昱又打,曰:"你眼也不曾停住,话头岂能着实?"瑞于是惊觉,以为平日说有念便罢,那晓得如此用心。由是其目如睹,其耳如听,字字明白,句句历然。后因看古语沉吟,疑是阿谁,举处是何人,只管是谁?昼夜一如,忽至不见山河大地与自身。一日患痢疾甚重,山东静东有晖禅者,示瑞以大慧宗杲患背疽之因缘,谓昔大慧和尚在径山患背疮，昼夜叫唤，或问："和尚还有不痛底么？"慧曰："有。"曰："作么生是不痛底？"慧曰："痛杀人，痛杀人。"瑞于言下豁然有省。后造高峰，见宝峰智瑄（瑄，东明普慈之嗣。慈，东明慧昷之嗣。昷，邓尉普持之嗣。持，万峰时蔚之嗣。蔚，伏龙元长之嗣。长，天目明本之嗣），瑄问："甚么来？"瑞曰："北京。"瑄曰："只在北京，为复别有去处。"瑞曰："随方潇洒。"曰："曾到四川么？"瑞曰："曾到。"曰："四川境界与此间如何？"瑞曰："江山虽异，云月一般。"瑄举拳起曰："四川还有者个么？"瑞曰："无。"曰："因甚却无？"瑞曰："非我境界。"曰："如何是汝境界？"瑞曰："诸佛不能识，谨敢安名。"曰："汝岂不是着空？"瑞曰："终不向鬼窟里作活计。"曰："西天九十六种外道，汝是第一。"瑞拂袖便出。瑄以偈付曰："济山棒喝如轻触，杀活从兹手眼亲。圣解凡情俱坐断，昙华犹放一枝新。"

第五节　本瑞之看话禅

本瑞以看话为主，别无思想可见。一日示工夫云：

> 除去心中诌曲，截断人我贪嗔，直教一念不生，万缘顿息。然后向此干干净净处，提个话头，万法归一，一归何处。毕竟一归何处，或前后考究，或上下通参，或单追何处，举定，不令浮沉。字字明白，句句皆参。其目如睹，其耳如听。审定详参，念念相续，心心无间。绵绵不绝，密密常然。若有一句不参，只这一句便是妄念。惟其不参，所以为妄，亦名狂念。……欲求开悟，须是大起参情，参究一归何处。念中起参，参中起念。一挨一拶，一拶一挨。无缝无罅，无空无缺。因其参情绵密，日用之中，

自然行不知行，住不知住，坐不知坐，卧不知卧，东西不辨，南北不分，不知有六根六尘，大忘人世，昼夜一如。……猛着精彩，更加一拶，直得虚空粉碎，万象平沉。又如云消日出，世间出世间独露无私，信手拈来，无有不是，千圣万贤笼罩不住。复看生死涅槃，果如昨梦，到这里，方信从前说话，苦口相穷，元来的实不虚。（《续藏经》，第一辑，第二编乙，第十七套，第三册，209—210页右）

第六节　法舟道济

法舟道济，嘉兴府（浙江）思贤里张氏子，年二十一潜入天宁寺为行者。时默堂宣受宝月潭之法印领天宁，盛开法筵，济服勤于此，有所咨访，久之参吉庵祚。祚，天宁默堂宣之嗣。宣，宝月潭之嗣。潭，东普之无际明悟之嗣。悟，天界古拙俊之嗣。俊，福林之白云智度之嗣。度，华顶之无见先睹之嗣。睹，瑞岩方山宝之嗣。宝，断桥妙伦之嗣也。祚智见精确，道行清苦，济事之参叩古德入道因缘，尚未至古人休歇之田地。偶行廊庑之间，闻佛殿磬声，豁然契悟，直趋方丈。祚望见之，笑曰："子着贼也。"济曰："贼已收下。"曰："在甚处？"济振坐具曰："狼藉狼藉。"曰："这掠虚汉狼藉个甚么。"济一喝归众，祚喜印可之。由是其名知于丛林，为长安觉王寺之第一座。室中秉拂机用，雷动电激莫能凑泊，住觉王、景德、双髻等诸刹。世宗帝嘉靖元年，于金陵安稳寺出家，无碍之辩，波腾云涌，夜以继日，曾不少倦。吏部陆光祖邀济还里，居天宁。光祖深信真乘，常游天宁，恨见济之晚，因问曰："画前元有《易》否？"济曰："若无庖牺氏，将甚么画？"曰："画后如何？"济曰："元无一画。"曰："现有六十四卦，何得言无？"济曰："莫着文字。"曰："请师离文字发一爻看。"济召光祖，光祖应诺，济曰："者一爻从何处起？"光祖大笑谢，自号五台居士。

第七节　陆光祖

陆光祖，字与绳，平湖人，世宗帝嘉靖二十六年登进士，除濬县知县，既迁南京礼部主事。神宗帝万历五年历官大理卿、工部右侍郎，以公忠被忌，遽引归。同十一年任南京兵部右侍郎，又转吏部，遇群小之诋，出为南京工部尚书，竟以病去。同十五年任南京刑部尚书，转吏部尚书。同二十年致仕，在籍五年卒。光祖至晚岁，从达观真可游，修念佛三昧。

第八节　道济之思想

道济之思想无何等特色。与（陆）五台居士问答，足示其一端。

问："至人无梦何也？"师曰："常人于现前虚幻，分别境界，不知全体是梦，认为实有，而以昏昧，想心系念，神识纷飞，境界为梦，所谓寤寐俱梦，梦中复作梦也。至人于自心境界如实而知，故于现前虚幻境界，妙用冷然，通彻无碍，而睡梦亦自明明而知，历历而觉，所谓寤寐一如者也。故至人无梦之说，非有无之无，乃是无梦无非梦，梦与非梦一而已矣。"……问："为政何如得无倦？"师曰："荣辱得丧，毁誉是非，一切不管，但虚其心，行其所无事则无倦矣。"……问："上下四方有穷尽不？"师曰："居士试返观自己心量,有穷尽不?"士良久曰:"实无穷尽。"师曰:"世界亦然。"又问:"地狱实有不?"师曰:"人作了恶,历历自知,虽经久远,忆持不忘,便是业镜自心明知自恶,不能自释,便是法王心地不空,地狱实有。心若空了,地狱随空。"(《续藏经》,第一辑,第二编乙,第十八套,第一册,113页右—左)

第九节　道济之道风

道济接晚年人老婆亲切。有道人拈拄杖问曰:"者是谁底?"济曰:"是山僧底。"曰:"既是师底,因甚在我手里。"济呼曰:"度拄杖来。"道人度杖与济,济曰:"汝底在甚么处?"道人整冠,济曰:"似则也似,是则未是。"道人大笑,又指吉祥草问傍僧曰:"是甚么?"曰:"吉祥草。"曰:"更有吉祥者否?"僧以足按地,道人曰:"狮子窟中果无异兽。"济摈僧出院。

道济时现神异,咒枯井则泉水涌出,说法则青蛙入晨窗闻之,入定则神人来等是也。盖如是入邪径者,非祖门之正道也。世宗帝嘉靖三十九年(1560)有微疾,或请说遗偈,济曰:"此皆文饰,非吾事也。"以手摇曳而逝,年七十四。

第十节　月泉法聚

法聚,号月泉,嘉禾人,姓富,以孝宗帝弘治五年生。年十四投海盐(浙江嘉兴府海盐县治)资圣寺受业,艾染受具,志参学,夙夜不懈。一日阅《六祖法宝坛经》有省,往谒吉庵祚,不契。复见法舟道济,多所启发。偶闻王守仁倡良知之学于稽山,往谒之。守仁拈袖中之锁匙问师:"见么?"聚曰:"见。"守仁复纳袖中曰:"见么?"聚曰:"见。"守仁曰:"未在。"聚凝不能决。一日闻有人举僧问大颠和尚如何是见性,颠曰见即是性之因缘,不觉释然。一日闻友人诵天通梦居之"碧峰寺里有如来"之句,遂诣南京碧峰。天通梦居,讳显,东方古裕之嗣。裕,无际明悟之嗣也。聚才见显便问:"碧峰寺里有如来,莫便是和尚不?"曰:"者汉死去多少时,汝来为他乞命?"便归方丈。上堂云:"向南方走了一转,拄杖头不曾拨着一个会佛法底,此二语甚有淆讹,试为酬一语看。"聚曰:"前不构村,后不迭居。"曰:"未在,更道。"聚曰:"不遇知音者,徒劳话岁寒。"曰:"有甚得力句试举看。"聚遂呈二偈,曰:"未免落人圈缋。"聚曰:"如何得不落人圈缋?"显便掌曰:"是落不落?"聚豁然大悟,平昔所蕴皆冰释。

第十一节　法聚之风格

已而侍显过杭州,游南屏至宗镜台,显登座曰:"此处正好说法。"聚曰:"说法已竟。"显下座,顾聚问:"何者是我所说底法?"聚曰:"剑去久矣。"显颔之,遂受印可。后归湖州,入天池山,构精舍曰玉芝,二十余年说法其中,诸方呼称玉芝和尚。聚举止潇洒,一接其温容者无不心服。曲儒小士之诋毁佛法者,与聚谈则舍其所学从之。其为文无长短难易,皆据案落笔,应手而成。王门之高弟王畿龙溪、唐枢一庵、蔡汝南白石等往来山中,论儒释大同之秘。世宗帝嘉靖四十二年(1563)寂,春秋七十一。法聚尝题蔡汝南廓然堂云:

儒曰大公,释曰无圣。不二不一,水月空镜。心非物伍,物非我竞。海印森罗,寂感斯应。妙圆致止,曰惟正定。

第十二节 古音净琴

古音净琴（又曰法琴）自号玉泉老人，建宁府（福建）建阳人，姓蔡。年二十五从东峰出家，初见大阐，无所启发，次谒性空关主，遇宿衲静晃。一日见晃阅《古梅语录》中云："有僧上方丈曰某有个入处，梅便打出，僧又进方丈，梅复打出。"晃笑曰："者僧实有悟处，只是大法未明耳。"琴聆此语，便起身投礼，求示入道旨要，晃令看万法归一之语。未有省，乃过滇南，欲见寿堂松（松，光泽惠之嗣。惠，怀空成之嗣。成，无际明悟之嗣也），至南阳（河南南阳府）之鸡鸣河，忽然大悟。洎见松于巫山寺，针芥相投，即受印可。归隐斗峰创大刹，武宗帝正德七年迁瑞岩，有《醍醐集》三卷行于世。

净琴之念佛警策云：

> 一句阿弥陀佛，宗门头则公案。譬如骑马拄杖，把稳生涯一段。不拘四众人等，持之悉有应验。行住坐卧之中，一句弥陀莫断。须信因深果深，直教不念自念。若能念念不空，管取念成一片。当念认得念人，弥陀与我同现。便入念佛三昧，亲证极乐内院。莲胎标的姓名，极功之者自见。亲见弥陀授记，便同菩萨作伴。自此出离娑婆，一路了无忧患。直至无上菩提，永劫随心散诞。依得此道归来，决定成佛不缺。（《续藏经》，第一辑，第二编乙，第十七套，第三册，217页右）

第十三节　笑岩德宝

笑岩德宝，字月心，以武宗帝正德七年生。弱冠游讲肆，闻法师讲《华严大疏》，至《十地品》云："初地菩萨，舍国城、妻子、头目、髓脑。"恍然如梦之破，叹曰："千古犹今同一幻梦，富贵功名纵得何益？"大决厌世尘之志，从广慧院大寂能祝发，时年二十二也。翌年受具，朝参夕叩，必期悟真。腰包行脚，至关子岭之龙泉精舍，见无闻明聪（正聪，又作思聪）。聪，天琦本瑞之嗣也。问曰："十圣三贤已全，圣智如何道不明斯旨？"聪厉声曰："十圣三贤尔已知，如何是斯旨，速道速道。"宝连下数语，皆不契，遂发愤，寝息俱忘。一日携篮，临涧洗菜，忽一菜叶坠水中旋转，不能捉住，因有省，提篮踊跃而归，聪立檐下问："是甚么？"宝曰："一篮菜。"聪曰："何不别道？"宝曰："请和尚别道来。"至晚入室。聪举玄沙之敢保老兄未彻之话，宝曰："贼入空室。"曰："者则公案不得草草。"宝喝一喝，拂袖便出。次早入室问讯，侍立有顷，聪旁顾僧曰："汝等欲解作活计，这上座便是活样子也。"宝即震喝而出。后谒襄西之大觉圆有省，再归参无闻明聪受印证，亲近年余辞去，由是回翔湘汉之间，寓金陵数载，还故里，居圆通。次迁南寺、鹿苑、慈光、善果等诸刹。有语录四卷曰《笑岩集》，笑岩者，宝之别号。

第十四节　祖道之衰颓与喇嘛教之影响

《南宋元明禅林僧宝传》卷十四云：

> 当是时，义学纷纭，禅宗落寞。而少室一枝流入评唱，断桥一派，几及平沉。虽南方刹竿相望，率皆半生半灭，佛祖慧命，殆且素矣。(《续藏经》，第二编乙，第十套，第四册，374页左)

可以见宗风落寞，天下无人。盖唐宋以来，祖道无如是衰颓之时，而笑岩自身既见其人念佛去，则其陵夷之甚岂不可惊哉。又云：

> 师（笑岩）尝于楚汉两间寓夏，新秋二日，衲子随侍，于金沙滩头地坐，四顾无人。忽有庞眉沙门，逼前庄立，朗声问曰："仁者，可识从上相承密论密义否？"师从容答曰："善来仁者，密则非论，论则非义。"沙门乃以锡横肩，翘一足曰："是甚么义？"师于地书"更"字酬之。又以锡画地，阔两胫立画上，复以锡横按，亚身而视曰："者是甚么义？"师书"嘉"字酬之。又卓锡于地，两手叉腰翘一足，切齿怒目，作降魔势曰："是甚么义？"师书"之"字酬之。又分手指天地，周行一匝曰："是甚么义？"师书"尤"字酬之。又复进前一步，作女人拜，分手指两衲子曰："是甚么义？"师书"蚕"字酬之。又绕师三匝作礼，立于师右，师书"䰱"字示之曰："会么？"沙门拟对。师止曰："设到此地。"复书"䰱"字曰："更须知者个始得。"沙门欢喜合爪，面师叹曰："咦，真摩诃衍萨婆若上士。"振锡而去。(同上书，375页右)

由是观之，则喇嘛之密教渐影响禅门，可知其生谈神奇，示异术之风。先既有道济之持咒，今亦有德宝之奇行，一叶落天下岂不秋哉！

第十五节　德宝之净土诗

神宗帝万历五年，燕京缁素建精舍于柳巷，延宝隐栖。由是谢游客，整齐先觉之经论，提掇古德之纲目，或征或赞，或判或颂。大都五年而寂，神宗帝万历九年（1581），寿七十一，有《笑岩集》四卷行世。

德宝有净土诗，《莲邦诗选》所载如下：

> 竭诚一念力全提，似梦全身堕水泥。拽开念头忙眨眼，桃花笑入武陵溪。红轮没处是吾家，只恐当机一念差。导者未来忘去着，乾坤是个黑莲华。（《续藏经》，第一辑，第二编，第十五套，第四册，323页左）

第二十二章　无明慧经与明末之诸禅师

穆宗帝以后，庸主暗君相继登极，纲纪废弛，君臣否隔。外疲于边贼，内恼于流寇。群小跋扈，滥赏淫刑，亿兆离心，于是乎明遂亡矣。亡明者明也，非清也。方此时，吊亡国末后，念佛之法门独为炽然，祖道之活机，又不能振。虽无明慧经兴曹洞之陵替，云谷法会亦雄视济下，法灯呈明灭之观而已。

第一节　穆宗与神宗

穆宗帝是世宗帝第三子，在位六年，鞑靼俺答，数寇山西，守将多苦之。帝隆庆五年，封俺答为顺义王。初俺答之孙把汉那吉，幼而孤，育于俺答之妻处，长聘俺答之外孙女，俺答见其美，夺之。把汉恚，率其属十余人来归，大同总督王崇古以为奇货可居留之。俺答之妻，恐明人戕其孙，日夜忧俺答。俺答乃拥十万众入寇，崇古檄诸道严兵，谕以存恤之恩，要缚送诸叛人示信。俺答感愧曰："汉乃肯全吾孙，吾且啮臂盟，世服属无贰。"遂乞封，请互市，执叛人赵全等来献，索把汉，誓不犯大同。由是边陲少宁谧。穆宗帝崩，皇太子即位，谓之神宗帝。帝在位四十七载。帝万历十一年，清太祖努儿哈赤讨其仇敌尼堪，克图伦城，威望大振。同二十年日本之关白秀吉发兵犯朝鲜，陷王京。朝鲜王李昖，奔义州请援，遣辽阳副总兵祖承训等援之。祖承训与日本兵战于平壤，败绩。因以兵部侍郎宋应昌为经略，总兵官李如松为大将军，救朝鲜不利。二十二年讲和。二十三年封秀吉为日本国王，秀吉不受封，再侵朝鲜。二十五年遣总兵官刘綎等援朝鲜，交战岁余，秀吉卒，祸乱全息。

第二节 清太祖

万历三十六年，清太祖并境内诸部，威势日盛，乃命守臣严修边备。万历四十四年（1616）清太祖即位，于满洲称国号后金，建元天命。同四十六年太祖南侵，陷抚顺城，进入雅鹘关，攻略清河城。四十七年与明军大战，胜之。明人亡将吏三百一十余，军士四万八千余人，举朝丧气。翌四十八年帝殂。光宗帝（1620）立，在位仅三旬而崩，皇长子即位，熹宗帝是也。帝天启元年（1621）太祖入寇略沈阳，长驱取辽阳。朝议遣使分道募兵，前后糜费数百万，然皆市井乌合，临阵先走，甚者为盗。天启六年，清太祖殂于沈阳城，其子皇太极嗣位，是为太宗。翌七年，熹宗帝崩，信王继大统，是为庄烈帝。陕西饥，流贼蜂起，饥民应之，不可收拾。帝之崇祯二年，满清兵大举入寇，以破竹之势逼北京，京师震骇。

第三节 明之灭亡

崇祯九年，满洲改国号曰大清，改元崇德。同十六年清太宗殂，世祖嗣位。十七年贼酋李自成陷北京，帝自经于景山而崩，清摄政睿亲王，讨李自成，奔之。入北京城以为大清之都，谓明实以此时灭亡可也。此后有福王（1645）、唐王（1646）、永明王（1647—1659）保残喘于南方。福王淫昏，在南京深居宫中，唯渔幼女，饮火酒，杂伶宦演戏为乐；修兴宁宫，建慈禧殿，大工繁费；宴乐赏赐，皆不以节，国用匮乏，搜刮殆尽。马士英浊乱国政，边警日逼，而主不知，小人乘时射利，识者已知不堪旦夕，果然福王为清人所生擒。唐王为郑芝龙所拥立，即位福州，而芝龙先降清，王亦被害。永明王即位广西之肇庆，不耐清兵侵袭，窜入缅甸。清兵檄缅人献王，为逆臣吴三桂所绞杀，是清康熙二年（1663）也。

第四节　寿昌寺慧经

建昌府（江西）新城之寿昌寺慧经，号无明，抚州（江西）崇仁人，姓裴氏。初产时难出胎，祖父为之诵《金刚经》，遂得分娩，因名经。九岁入乡校，诵孔孟章句，一日问浩然之气是甚么，塾师异之。年十七弃笔砚有向道之志。二十一偶入居士之舍，见案头之《金刚经》阅之，不终卷，忻然如获故物，即为居士陈其意。由是决出世之志，父母听之。时邑之蕴空常忠，说法廪山。忠之法系出万松行秀。从秀经万寿福裕、嵩山文泰、宝应福遇、香岩文才、万安子严、嵩山子改、嵩山契斌、定国可从、嵩山文载、宗镜宗书至常忠，慧经往依常忠。忠曰："着急作么？待汝瞥地，我为汝师。"执侍三载，疑着《金刚经》四句之偈。一日见傅翕之偈云"若论四句偈，应当不离身"，不觉有省，时年二十四也。一日阅《大藏一览》，至《宗眼品》，始知有教外别传之旨，于五宗之差别窃疑之，迷闷八月，久之有省。于是切欲参究，遂辞廪山，入峨峰居之，誓不发明大事不下山。居三年，人无知者。因览《传灯录》，至"僧问兴善如何是道，善曰大好山"，疑情顿发，日夜提撕，至忘寝食。一日搬石，豁然大悟，即打偈呈廪山忠，印可之，为落饰，时年二十七。由是还旧隐，躬耕作，凿石开田，不惮劳苦，不以形骸为事，不下山二十四年如一日。时邑之宝方寺，宋师宝之故刹也，乃请慧经重兴，经应之，先之廪山，扫师塔后往，时年五十一，神宗帝万历二十六年也。经之住宝方也，百塔维新，宝坊毕备，四方衲子闻风而至。时有僧问："和尚住此，人曾见何人？"经曰："总未行脚。"僧激之曰："岂以一隅而小天下乎？"经善其言，遂荷锡远游，过南海谒之栖。复入少林，礼初祖之塔，问无言宗主西来单传之旨。寻往京师谒达观，深受器重。有顷入五台，见瑞峰广通。通，笑岩德宝之嗣，门庭孤峻，经一见契之。当时经之语，自合洞上宗旨，以绍续洞宗自任。既而南还，归锡宝方，始开堂说法，以无异元来为第一座，师资合唱，簧鼓此道，四方学者，日益至矣。

第五节　慧经之道行

万历三十六年，邑有寿昌寺，西竺来所创，久废颓，众请居之。经之还寿昌也，不假外护，不发化主，与众同耕耘。虽耆年不怠，学侣参寻则将钁柄为禅杖，数年之间所费万计，道场殿宇，庄严焕然。又别建庵院二十余所。经气柔志刚，心和行峻，不修边幅而容仪端肃，接人单提宗门向上之事，远近参请如银山铁壁，未尝轻印可一人，以真参实究为要，迨龄七旬，尚混劳侣不息耕凿。三刹岁入，可供三百众，故生平佛事，未离钁头边，故有寿昌古佛之称。益王慕经之道声，斋香修敬，经漠然不答，知事惧丛林之所系，请顺时宜。经曰："吾佛制，不臣天子，不友诸侯，为佛儿孙，而违佛制，是叛佛也，吾岂作叛佛之人哉？"王闻叹曰："去圣时遥，幸遗此老。"檀信有请佛事于山中者，经诟之曰："汝邀一时之刹，开晚近流弊之端，使禅坊流为应院，岂非巨罪之魁也。"其守古风之严如是。郡之征君邓潜谷，祠部汤海若等，问经之问答，深加叹赏，以为今日宗风再振矣。一时缙绅翕然，无不归仰。

第六节　示寂之年代

神宗帝万历四十五年腊月七日，自田中归，语大众曰："老僧自此不复作矣。"众愕然。翌万历四十六年（1618）正月三日示微疾，遂不食，十七日索笔大书曰："今日分明指示。"掷笔，端坐而逝，年七十一。《寿昌无明大师塔铭》乃万历四十八年憨山德清所撰，附《无明慧经禅师语录》后，记事最精确，中云："师生于嘉靖戊申，世寿七十有一。"又慧经住宝方为万历二十六年戊戌，经五十一岁时。然南宋元明《禅林僧宝传》卷十四作万历二十二年甲子，《续灯存稿》卷十一作万历甲午年五十一，《补续高僧传》卷十六作万历甲午年四十七，皆失其据。

第七节　慧经之念佛法要

慧经思想，通彻曹溪之源泉，发挥本有之灵明，方念佛禅盛行之明末黑暗时代，见曹洞禅之复兴者一为经之力也。经念佛法要云：

念佛人，要心净，净心念佛净心听，心即佛兮佛即心，成佛无非心净定。念佛人，要殷勤，净念相继佛先成，佛身充满于法界，一念无差最上乘。心念佛，绝狐疑，狐疑净尽即菩提，念念不生无系累,十方三界普光辉。念即佛,佛即念,万法归一生灵焰,灵焰光中发异苗,自然不落诸方便。念佛心,即净土,净念诸佛依中住,念佛心胜万缘空,空心蚤上无生路。念佛人,要心正,正心一似玻璃镜,十方明净物难逃,万象森罗心地印。念佛人,要真切,切心念佛狂心歇,歇却狂心佛现前,光辉一似澄潭月。波澜浩荡不相干,圣凡示现离生灭。念佛心,听时节,时节到时心自悦,似遭网打,破大散关,如失珠抒,教黄河竭,见有是利不思议,非为饶舌为君说。念佛心,须猛究,直下念中追本有,非因念佛得成佛,佛性自然常不朽。剔起眉毛须自看,瞥然亲见忘前谷。念佛人,有因由,信心不与法为俦,参禅讲解全不顾,直下心明始便休。露地牛耕翻大地,漫天网收摄貔貅。生擒活捉威天下,越祖超宗异路头。普劝念佛参禅者,莫把家亲当怨仇。(《续藏经》,第一辑,第二编,第三十套,第一册,32页左)

确是真个之念佛,念即佛,佛即念,祖门之念佛固当如是。慧经之念佛法要,与所谓念佛禅全不异其趣。

第八节 慧经之思想

示建阳傅居士偈云:

清清净净一灵光,刹刹尘尘不覆藏。万万千千都失觉,多多少少弗思量。明明白白无生死,去去来来不断常。是是非非如昨梦,真真实实快承当。(同上书,30页左)

脚下蹈寂光土，示步步灵光中之游戏三昧。如慧经临终小参语云：

> 人生有受非偿，莫为老病死慌。笑破无生法忍，自然业识消亡。一时云净常光发，佛祖皆安此道场。故云：我今安住常寂灭光，名大涅槃。纵佛祖曲示玄妙差别门庭，七方八便，接诱群机，总不出大寂灭光而已。珍重。（同上书，卷二，15页左）

足见经思想之始终彻底。

第九节　看话工夫与五宗总颂

慧经教学人作看话工夫，一如临济门下之家风。小参语云：

> 参学之士，道眼未明，但当看个话头，要立个坚固志。……不须念经，不须拜佛，不须坐禅，不须行脚，不须学文字，不须求讲解，不须评公案，不须受归戒，不须苦行，不须安闲。于一切处，只见有话头明白。不见于一切处，倏然一时瞥地，如日升空，十方普遍，尽大地是个话头。所谓打破大散关，直入解脱门，到恁么时节，方是得力处。故云得力处，便是省力处也。（同上书，3页左）

如是与圆悟、大慧二老等之常说工夫一致。盖慧经乃参济、洞二家诸老，而有所得也。尝作五宗总颂：

> 沩仰宗，返思灵焰妙无穷。事理不二通玄旨，纵夺绵绵掌握中。

临济宗，棒头打印妙玄通。三拳一掌兴家业，殃及儿孙不可穷。
曹洞宗，无情说法出罗笼。只这是中行异类，权分五位绝无功。
云门宗，足断方离劫外蒙。妙法一时新宗旨，四方普施永离中。
法眼宗，现成公案续宗风。古今一切皆归尽，剩有昙华别样红。

（同上书，19页右）

第十节　云谷法会

法会，号云谷，嘉善（浙江嘉兴府嘉善县治）人，俗姓怀氏。年二十受具，修天台小止观，往至郡之天宁，谒法舟道济求指示。济曰："夫学以悟心为主，止观之要不离身心气息，何能脱然。子之所修流于下乘矣。"因示以旨要，会力究之。一日受食，食尽而不知，碗忽坠地，猛然有省，济印可之。由是韬晦丛林，陆沉贱役，阅《镡津文集》，顶戴礼诵，至终夕不寐。入京师寓天界寺之毗卢阁下，精进行道，尝入定数日不起，三年之久人无知者。复爱栖霞寺之幽深，结庵千佛岭下，始为陆光祖五台居士所知。时栖霞久废，光祖愿共复兴，请会住持。会乃举嵩山之善以应，自移居深山，是名天界岩，初如形影相吊。

第十一节　法会之开化

一时宰官、居士因光祖之开导，多来参。凡入室不问寒温，必展蒲团于地，令其端坐返观，终日不发一语，临别必叮咛曰："人命无常，无空过日。"再见则必问别后用心如何，慈心愈切，规方益重。虽有门庭施设，而见者望崖不寒而栗然。以等心接人，软语低声，一味平怀,未尝动辞色,时士大夫皈依者日众。又,不能入山,请见者则就见之。岁一往来城中,至必主回向寺,众之归如市。而会一视之如幻化人,无一念分别心,故亲近者,如婴儿之于慈母。世宗帝嘉靖四十五年愍禅道之绝响,集五十三人结坐于天界寺。会护法之心深不轻初学,不慢毁戒,僧之有不律者亦不之弃,委曲诱引进之于善。有闻干法纪者,不待求而往救。

第十二节　袁黄与诸士之问法

袁黄之未第时参会山中,对坐三昼夜,不瞑目。

会问:"公何无妄念?"黄曰:"我推我命,无科第子嗣分,故安心委命,无他妄念耳。"会曰:"我将以公为豪杰,乃一凡夫耳。圣人云:命繇自作,福繇己求,造化岂能拘人耶?"

于是委示以改过积德,教以唯心安立之旨。黄奉其教修行,竟登进士,且得子嗣。穆宗帝隆庆六年,嘉禾之吏部尚书吴默泉、刑部尚书郑澹泉、太仆陆光祖与弟云台同迎法会归故山,时时入室问道,每见必炷香请益,执弟子礼。达观真可与陆平泉、徐思庵同谒会叩华严玄旨,发挥法界圆融之妙,皆叹未曾有。乡居三年,化蒙者千万计。一夕四乡之人见会之庵中发火,及明旦视之,已寂然而逝,时神宗帝万历三年(1575)正月,世寿七十五。

第十三节　袁　黄

袁黄，字了凡，江南吴江人，幼而孤，长业医。一日有术士孔生者，善皇极数，推黄命，劝习儒书，曰："明年当补诸生，后以贡生为知县，终五十二岁，然无子。"黄遂补嘉善县学生，既而贡太学，其考校名次、廪米斗石之数，悉符孔生之悬记。有顷，访云谷法会于栖霞，对坐三昼夜不瞑目，会异之曰：

"子昼夜中不起妄念，入道不难也。"黄曰："吾生平有孔生者悬记之，既验矣。荣辱生死有其定数，审矣，知妄想之无益也，息之久矣。"会曰："吾以豪杰之士待子，不知子为凡夫也。人之生固前有定数，然大善大恶之人则皆非前数之所得定也。子二十年坐孔生算中，不得一毫转动，凡夫哉！"黄曰："然则定数可变乎？"会曰："自我造福自己求，一切福田不离自性，反躬内省，感无不通，何为其不可变也，孔生悬记汝者何？试说之。"黄以告。会曰："汝自揣应得科第否？应生子否？"黄自忖良久，曰："不应也。好逸恶劳，恃才矜名，多言善怒，喜洁嗜饮，之数者，俱非载福之基也。"会曰："人苦不知非，子知非。子即痛刷之，从前种种譬如昨日死，以后种种譬如今日生，此义理再生之身也，何前数之不可变也。"

黄韪其言，肃容再拜曰："谨受教。"因为疏发己过于佛前，誓以立功行三千自赎。会于是授以《功过格》，教以《准提咒》，谓曰：

事天立命须于何思、何虑时，实信天人合一之理，于此起善行是真善行，于此言感通是真感通。《孟子》论立命曰："夭寿不二，修身以俟之。"曰夭寿则一切顺逆该之矣。曰修则一切过恶不容姑忍矣。曰俟则一切觊觎一切将迎皆当剿绝矣。到此地位纤毫不动，求即无求，不离有欲之中，直造先天之境。汝今未能，但持《准提咒》，无令间断，持至纯熟，持而不持，不持而持，日月应缘，念头不动，则灵验矣。

是日更字了凡，自后终日兢兢，独处暗室，遇人之憎毁，恬然容受。明年，穆宗帝隆庆四年举于乡，自言行履未纯，检身多悔。积十余年，前所誓三千之行始满。复誓再行三千之行，无何子俨生。又三年所誓满，又誓一万之行，后四年，至神宗帝万历十四年成进士，授宝坻知县。

第十四节　袁黄之治绩

黄从诸生好学问，通古今之务，至象纬、律算、兵政、河渠之说无不晓练，其在官孜孜为民求利，治绩甚著，而以善行迟行未完自疚责。一夕有神告曰："减粮一事，万行完矣。"初宝坻县之田赋，每亩二分三厘七毫。黄为区划利病，请上官得减至一分四厘六毫。本县数被潦，乃浚三叉河，筑堤以御之。又令民沿海岸植柳，海水挟沙上遇柳而淤，久之成堤。治沟塍，课耕种，旷土辟日，省诸徭役以便民。后七年擢兵部职方司主事。会朝鲜被倭难来乞师，经略宋应昌奏黄为军前赞画，兼督朝鲜兵。提督李如松以封贡绐倭，倭信之，不设备，如松遂破倭平壤。黄面折如松，言不可以诡道亏损国体。而如松麾下，又杀平民为首功。黄争之，如松怒，独引兵而东。倭人袭黄便击却之，而如松之军，果败，欲脱己罪而以十罪劾黄。黄以拾遗议，削籍归居，常诵持经咒，习禅观，日有课程，虽公私遽冗，未尝暂辍。

第十五节　印刻藏经之发愿

初僧幻予密藏拟刻小本藏经，遂于佛前书发愿文以为唱导。家虽不富，好施，岁捐米数百石，饭僧居其大半，余施穷乏者。曰："传佛法者僧也，吾故急焉。"妻亦贤，助施，亦自记功行。或见黄之积功少即颦蹙。尝为子制絮衣。黄曰："何不用棉？"曰："欲得余钱以衣冻者耳。"黄喜曰："若能如是，不患此子无禄。"家居十余年卒，年七十四。

第十六节　黄诫子文

袁黄尝著《诫子文》行于世，其《积善篇》云：

《易》曰"积善之家必有余庆"，然其真假、端曲、是非、大小、难易当深辨也。何谓真假？人之行善利人者公，公则为真；利己者私，私则为假。根心者真，袭迹者假；无为而为者真，有为而为者假。何谓端曲？今人见谨愿之士类以为善，其次则取边幅自守者，至言大而行不掩者弃之矣，然圣人思狂者与狷者，而以原人为德贼，是流俗之取舍与圣人反也。天地鬼神之福善祸淫与圣人同，是非不与世俗同取舍。……何谓大小？昔卫仲达为馆职被摄至冥司，吏呈善恶二录，《恶录》盈庭，《善录》如筋而已。以称平之，则《善录》重而衡仰，《恶录》轻而衡低。仲达问："何书重如是?"吏曰:"朝廷尝大兴工役造三山桥,君上疏谏止之,此疏稿也。"仲达曰:"某虽言之,未见从,于事何补?"吏曰:"虽未见从,君一念之仁已被万民,善力大矣。"故知善在天下国家,虽少而大,若在一身,虽多亦小。何谓难易?先儒谓克己须从难克处克。夫子告樊迟问仁曰:"先难若难舍处能舍,难忍处能忍,斯可贵矣。"善量无穷,义类亦众,有志力行,推而广之。(《续藏经》,第一辑,第二编乙,第二十二套,第五册,482页右)

审检袁黄《诫子文》,其所谓亲理切行也。然彼所信极不纯,以梦为实,想象鬼神,假设上帝,空想冥府,容认神仙。似不知祖道之为何者,且至修善求福,足知其伦理观念亦为低劣,而居然亦参禅居士也,法门之衰颓如是,可哀可惜!

第二十三章 无异元来与湛然圆澄

无明慧经之嗣有无异元来，禅律兼修，行业纯净，有云栖袾宏之风，道声大扬，朝野名士多归心焉。湛然圆澄亦曹洞门下俊髦，颇为器局之大者，苦修练行，道机锐敏，虽不能卓然于时代思潮之上，而揭明末法灯之效，亦非鲜少。

第一节 无异元来

元来，一讳大舣，字无异，族姓沙，庐州（安徽庐州府）舒城人，以神宗帝万历三年生。年十六游金陵，于瓦棺寺听讲《法华经》，次上五台山谒静庵通出家，示三观之旨，专精勤修，经五寒暑。已而诣超华山，从极庵洪受比丘律。当是时，无明慧经唱曹洞法门于峨峰，来闻其盛名往谒，正荷锄戴笠如田夫，辄心疑之，竟去入闽，住光泽（福建邵武府光泽县治）之白云峰三年，著《心经指南》，以呈慧经。经以书报之，谓非其第一义，来毁其稿，不复示人。益焚香礼拜，潜心宗乘，提撕半年未有省发。一日阅《传灯录》，至"赵州嘱僧曰有佛处不得住，无佛处急走过"之文，恍然有所得。走见慧经，经时从峨峰徙宝方，问答往来，如方木逗圆孔。在宝方两月，力求道要，面目黧黑，憔悴骨立，而精进不息。一日经受玉山庵之请，命侍者邀来同行，途次论君臣五位之旨，经多可其语。将至庵时问来曰："佛印大师云'蚁子解寻腥处走,青蝇偏向臭边飞',是君位事臣位事?"来曰:"臣位事。"经呵云:"大有人笑汝去在。"既至庵,坐一小楼,朝夕不寐,居岁余。一日如厕,见人上木,不觉身心踊跃,如放下千斤担子,疾走见慧经。经所居去宝方寺五十余里,须臾而至,几不知足之蹈,才进门便礼拜,经问曰:"子近日如何?"来曰:"有个活路不许人知。"经曰:"因甚不许人知?"来曰:"不知,不知。"经遂命为众首,赠以偈,时来方二十七岁也。

第二节 元来之游化

鹅湖之养庵心(养庵广心是投子绍琦之五世孙)为云栖袾宏之神足,授律鹅湖,弟子三百余人。来往从心受菩萨毗尼,心留为首座,居鹅湖六月,还入闽。神宗帝万历三十年,年二十八应孝廉刘崇庆、节推郑维城、别驾杨时芳、上足万融圆等之请至信州(江西广信府),未几迁博山能仁寺。博山故天台韶国师开创之道场,荒废日久,寺僧皆肉食者流。崇庆与诸缙绅请元来居之,鹅湖之养庵心,闻来之住博山,与以授戒仪轨。是时,观察沈蒸、节推赵士祯等从事佛乘,大敬信来,法道日隆,受化者数百人。来辟草建刹,渐成精蓝。居无几何,慧经受建州(福建)董岩禅寺之请,不暇往,遣书以代座三嘱。不得已往,为一众举似家珍,大阐宗风,闽越、吴楚之间无不得与等。衲子麇至,四事云兴,称八百人之善知识。继登建州大仰山宝林禅寺转法轮,还博山弟子益进,望风至者,岁以千计。

第三节 元来之孝养

来出家以来绝家信,及道声大闻,其父至博山相见,悲喜交集。来孝养备至,劝断肉食,岁余归,累月而卒,是熹宗帝天启七年也。来因归故里展墓,怀宁(安徽安庆府怀宁县治)人多焚香导迎似恐后,太史刘若宰为首,大夫文学、布衣之徒,礼足受戒者数万。过桐城(安徽安庆府桐城县治)以幢盖迎者倍之。怀宁道路,骈阗至有不得见者。如斯至舒城,谒父墓,士女竞奔瞻礼来,至蹂践墓地。归途桐城、怀宁导迎者益多,前后受戒之人,无虑千万人。

第四节 元来之法德

熹宗帝天启七年,同乡余大成参来博山。大成夙窥禅理,以维摩自居,初见不肯下,迨与语信宿,如醉醍醐,始求为弟子。先是闽中有大参曹学佺等数十人请至福州鼓山涌泉寺,来谢不行。是岁,固请,不得已上鼓山,挥麈据席,来集者数千人。其归也,博山之名益著于天下。慧经门人黄端伯,久习禅要,经寂后,即归礼来,机语超乘,互相契如。思宗帝崇祯二年,余大成欲来赴金陵,纠合魏国公、徐公基等诸荐绅,以书币招,乃至金陵,居天界寺。寺域广袤数十里,可容数百万人,是时冠履相趾,寺域为之小也。香积之费,日至巨万,各人一蔬一饭而已。姑苏监军刘锡玄素慕来,闻其来金陵,走谒之,询以台教。来为剖疑义,更以别传之道。锡玄窅然自丧,来之归,送至芜湖始还。余大成留连不忍去,来笑曰:"此别何足惜,明年秋乃别公耳。"

第五节　元来之《宗教通说》

慧经入灭十年，来往礼其塔，还山与博士彭份、太原杨闻中谋建浮屠以为身后之计。结夏著《宗教通说》一卷，尽抒玄蕴。九月初书成，遂示疾，十七日中夜召首座至榻前反复宗乘之奥义，相与大笑。首座问："末后一段光明如何垂示？"曰："问者事作么？"进问："和尚去来，自在云何？"来索笔大书曰："历历分明。"掷笔趺坐而逝，寿五十六，思宗崇祯三年（1630）也。

第六节　元来门下之黄端伯

参元来居士极多，而机缘之明者少，今举其二三。准《居士传》卷五十一及《明史》卷二百七十五，黄端伯，字元公，建昌新城人。思宗帝崇祯元年为进士，经宁波、杭州二府推官，有廉辨声。赴都丁母忧而归，笃志宗乘，参扣诸山名匠，最后师事无明慧经。端伯忧政纲之不振，上书陈亲藩不法，为所劾，遂披剃入庐山。初谒慧经，问百丈野狐之话，经厉声曰："总不干。"至是坐开元寺夜中有省，始识得经之用心。慧经入寂后，归向元来参透未了因缘。已而福王即位南京，授仪制主事。清顺治三年，南京陷落时，端伯寓能仁寺门榜其名，被逮捕。清帅谕降不从，欲以善知识之礼全之亦不许，在狱中作《明夷录》，以明其志。清帅复遣骑谕降不从，乃引出通济门外，过水草亭。端伯北面叩头而坐，受戮，颜色不变。行刑者惮之，举刃辄手颤坠其刀。端伯厉声曰："何不刺我心，刺其心则死。"先是端伯自号海岸道人，镌石印佩之，及再出磨去，更镌忠孝廉节四字。南京城守时，作诗曰:"巍巍不动寰中主,一座坚城似铁山。刀锯在前无怯志,只缘勘破生死关。"临刑前又打偈曰:"觌面绝商量,独露金刚王。若问安身处,刀山是道场。"临大事不迷,以全臣节,可谓不耻为参禅之士。

第七节　余大成

依《明史》卷二百四十八及《居士传》卷四十,余大成,字集生,法名道裕,江宁桐城人。思宗帝崇祯四年为山东巡抚,参元来,睹法堂之联有"密移一步"之语有省。晚年与黄端伯辈结社,究禅学,所著有《五灯华》行世。

第八节　元来之家风

元来所著有《参禅警语》,不但足知彼家风,亦足窥当时之禅风。其大要云:

○学者先发破生死之心,要观破世界、身心皆为假缘无实。○要疑生从何来,死向何去。○死之一字贴在额上,如一身全死去。○不得耽着静境。○不得循人情。○全身一个疑团不见天、不见地、不见山、不见水,一切可亡。○工夫不怕不得活,怕不得死,要疑情成一团而大死着。○举起话头时如猫之捕鼠,无一毫别念。○不可在古人公案上卜度,妄加解释。○自心是佛,名正信,心外取法,名邪信,究明自心亲履实践至不疑之地。○定心在作务锄地之时,只坐久令心不起,不起即为定。○若真话头现前时,履冰不寒,蹈火不热,不为境转,打成一片也。○寻文逐句，记言记语，害工夫。工夫要心行处绝。○工夫怕比量，将心凑泊与道相远。○工夫在切之一字，真切则到古人田地。○用心真切则不思善，不思恶，无昏沉，不掉举。○思惟莫作诗偈文赋，与参禅相迷。○工夫忌落空。○勿将心待悟，时节因缘必大悟。○思人命在呼吸，谓切紧用心，具择法眼谓正，一毫无间隙工夫谓绵密，不住在一处，不捉定死蛇头，圆同太虚，是谓融豁。○无可用心处，到万仞悬崖之处，有转身之分。○工夫不得有伶俐心，如盲如聋，如撞着银山铁壁。○工夫要知非，知非是出死之要路。○工夫虽得轻安，或有省发，不可以为悟。○不可作道理之会，不可作无事之会，不可作击石火、闪电光之会。○遏捺妄心不起，莫守澄湛之地。○莫以观一切法空为禅。○莫认无形无相之一物。○莫认自己一灵之真性为眼见耳闻。○莫以苦行为解脱。○莫以烧身、燃臂、礼佛、求忏为功课。○莫散诞去，活泼去，逢人则歌舞、欢乐、吟咏、笑谈，或横行街市以为了事。○见与法身之理相应，见尽大地光皎皎地，不可坐住着。○与法身之理相应，莫休歇去，沉寂去。○与法身之理相应，莫认面前隐隐地有一物。○认尽大地是沙门之一只眼，不可住着。○与法身之理相应，见光，见华，见种种异相，莫作圣解。○与法身之理相应，四大轻安正偏道交，莫以作究竟。

第九节　元来之杂行

元来尝作《净土偈》一百零八首，其自序云：

> 曩云栖师翁，将一句弥陀，簧鼓天下，人竟谓古弥陀再世。

第二十三章 无异元来与湛然圆澄

余弱冠心切归依,及行脚,被恶风吹入闽中,蹈宗乘闻域,念佛法门束之高阁矣。己亥(万历二十七年)鹅湖圆戒归,与缁素谈及祖师巴鼻,因无可与语,复忆吾师翁慈惠,恩大难酬,嗣后亦时将弥陀六字,结西方十万缘,间有议之曰:"师宗门下客,何以搬此闲家具?"余曰:"噫!是何言欤!"莲花净域,诸祖咸趋,余何敢讳,缘引毫书一百八偈,以醒缁素。若唤作禅,唤作净土,一任诸人,强生节目,自不干老僧事。时天启辛酉夏浴佛后五日识。(《续藏经》,第一辑,第二编,第三十套,第二册,130页右)

元来至以六字名号,结西方十万缘,宛然如弃禅归净土。主张从上诸祖咸趋莲华净域,颇过弄诡辩。来慕云栖,风格全相类。亡国之宗师固当如是。一百零八偈。第一句云"净心即是西方土"与正统派之净家所以不同也,而来信地狱、极乐之客观的存在。《浮山舍利塔》赞云:

> 昔有人入地狱见地藏菩萨曰:"汝罪恶深重,应坠地狱,急往剿山礼舍利塔,可脱此苦。"观夫一礼一拜,即脱地狱。(同上书,107页右)

又赞老子有"母腹曾经八十年"之句,可以证来常识之缺乏。

元来《宗教答响》之中有示用心持《准提咒》之语,当时《准提咒》行于僧俗之间,事散见诸传。来云:

> 如持《准提咒》者,当观诸法无性,蕴界无我,法界理成,浑成一大圆镜智,又名一心。然观镜、观像、观诸梵字,如宝镜

当台,随念随现,似无繁衍,像现咒声,如空谷响,应此为的也。(同上书,135页左)

可谓杂行杂修之一。

第十节 云栖袾宏

元来思想受云栖袾宏之影响大也。是以当略述云栖之法门。

袾宏,字佛慧,称莲池大师,杭州仁和人,姓沈氏。年十七补诸生,以学行称。邻有老妪,日课佛名数千,宏问其故。妪曰:"先天持佛名,临终无病与人一拱而别,故知念佛功德不可思议。"宏闻倾心净土,案头书"生死事大"四字以自警。一日阅《慧灯集》,失手碎茶瓯有省。世宗帝嘉靖四十五年三十二载投西山之无门性天剃染,乞昭庆之无尘玉受具,单瓢只杖,遍参诸方。北游五台,感文殊之放光。入京师参遍融,又谒笑岩德宝。宝曰:"阿你三千里外求开示我,我有甚么开示你?"宏恍然辞归,过东昌(山东东昌府)闻谯楼鼓声大悟。穆宗帝隆庆五年乞食归浙,入古云栖寺旧址,结茅默坐,悬铛煮糜。曾绝粮七日,倚壁危坐而已,胸挂铁牌,题曰"铁若开花,方与人说"。衲子来附,遂为丛林。清规肃然,冠诸方道场。门人日进,观念六时,警策中夜,慈颜温谕,诚如一佛出世。宏以律制清严为第一,著《沙弥要略》《具戒便蒙》《梵网经疏》以发明之。又因参究念佛而得力故,开净土一门,著《弥陀经钞》,融会事理,归旨唯心。又以高峰语录为最极精锐,录古德机缘中吃紧语,名《禅关策进》,以示参究之诀,是明禅净双修之义也。由此道风大播,朝野归心焉。

第十一节 诸名士之参问

大司马宋应昌、太宰陆光祖、宫谕张元忭、大司晨冯梦祯、陶望龄、虞淳熙等一时名公巨卿，心折皈依者多。宏持论严正，诘解精微，与贵显大官语，侃侃然不少屈。豪族诸贤有参，亦不肯加礼，皆忘形屈势，至则空其所有。

第十二节 袾宏之风格

宏戒杀生，赎寺前之万工池，植莲为放生池。又合城中之上方、长寿二池为放生池，著《放生文》行于世。万历中，光宗帝生母慈圣皇太后崇信三宝，偶见宏《放生文》而嘉叹，遣内侍赍紫袈裟及斋资往供养，问以法要，宏拜授以偈答之。时戒坛久禁不行，乃令受戒者具三衣于佛前受之，为作证明。又定水陆仪文及瑜伽焰口，以拯幽冥之苦。尝有于宏之座上见现如来之相者。天性朴实简淡，无缘饰，虚怀应物，形貌温粹，而如守严城，明因果罪福，虽粒米、茎菜未尝虚费。五十年中不设化主，养老病，供众僧，海内衲子，担簦、负笈至者，肩摩毂击，食指日以千计。尝著惜福三十二条之自箴，垂老躬浣濯，终身衣布素，平等大悲摄一时，奉佛敕住四安乐行。

第十三节 袾宏之著述

神宗帝万历四十三年（1615）六月入城，别宋守一等弟子及故旧，迁山设茶汤曰："此处吾不住，将他往。"至七月朔，晚入堂嘱曰：

"我言众不听，我如风中烛，灯尽油干矣。"次日夜，入丈室示疾，瞑目无语，以弟子围绕，开眼曰："大众老实念佛，毋捏怪，毋坏我规矩。"众问："谁可主丛林？"宏曰："解行双全者。"言讫面西念佛而逝，寿八十一。所著有《阿弥陀经疏钞》、《阿弥陀经疏钞事义》、《阿弥陀经疏钞问辩》、《梵网菩萨戒经义疏发隐》、《梵网菩萨戒经义疏发隐事义》、《梵网菩萨戒经义疏发隐问辩》、《瑜伽集要施食仪轨》、《修设瑜伽集要施食坛仪》、《具戒便蒙》、《沙弥律仪要略》、《西方愿文解》、《禅关策进》、《续武林西湖高僧事略》、《华严经感应略记》、《往生集》、《皇明名僧辑略》、《缁门崇行录》、《楞严摸象记》、《遗教节要》、《水陆仪文》、《竹窗随笔》，同二笔三笔、《四十八问答》、《净土疑辨》、《正讹集》、《自知集》、《云栖纪事》、《山房杂录》等。

《净土圣贤录》卷五言袾宏之寂年为万历四十年，然《补续高僧传》卷五明记有师生于嘉靖乙未，又万历乙卯入灭，寿八十一，诸传皆从之。

第十四节　袾宏之思想

袾宏《阿弥陀经疏钞》卷二云：

> 称理者，以即事即理，所谓总该万有，即是一心，则依报正报，何非自性。又即理者，事依理成，如《净名》云，随其心净则佛土净。今经言一心不乱，即自性弥陀，惟心净土，为一经大旨也。……悟心则无一法出于心外，即心即境，即境即心。往生净土，愿见弥陀，不碍唯心，何妨自性。（《续藏经》，第一辑，第三十三套，第三册，185—186页右）

既为自性弥陀，唯心净土，何更欣他之西方，何更莲开见佛耶？是六祖慧能之见地也。乃宏口自性弥陀、唯心净土，而同时急于厌娑婆，欣净土，而以之为理事不二之妙，所以与纯禅行者有大差也。宏疏《梵网经》，主张持律，说施食之法，实行持咒，著《禅关策进》，参禅云云，注《阿弥陀经》，尽力净业，其为杂行杂修可知。就中调和禅净，为一行是其特色。《普劝念佛往生净土文》云：

若人持律，律是佛制，正好念佛。若人看经，经是佛说，正好念佛。若人参禅，禅是佛心，正好念佛。若人悟道，悟须佛证，正好念佛。普劝诸人，火急念佛，九品往生。华开见佛，见佛闻法，究竟成佛。始知自心，本来是佛。(《续藏经》，第一辑，第二编，第十四套，第一册，67页左)

据以上之文则往生净土之后，始悟自心是佛也。

第十五节　袾宏之迷信

依宏所说，参禅见性不如住于诸佛之常寂光，又不如罗汉之小果。盖宏是不知脚下常寂光，如罗汉陷于厌世，只于他方世界求佛，不悟其在无始劫来佛光明中也。宏与愚俗凡夫有同一迷信，故云：

大愿大力，如灵树生生为僧，而云门三作国王，遂失通力，百世而下，如云门者能几，况灵树乎？为常人，为女人，为恶人，则辗转下劣矣。即为诸名臣，非计之得也，甚哉，西方之不可不生也。(同上书，80页右)

是即转生轮回之迷信也。又云：

> 韩擒虎云："生为上柱国，死作阎罗王，荣之也。"不知阎王虽受王乐，而二时受苦，盖罪福相兼者居之，非美事也。古有一僧，见鬼使至问之，则曰："迎取作阎王。"僧惧，乃励精正念，使遂不至。昔人谓行僧不明心地，多作水陆灵祇，虽未必尽然，容有是理。下生犹胜天宫，天且弗为，况鬼神乎？甚哉西方之不可不生也。（同上书，80页）

信鬼神之实在，信天部之世界，信阎王之传说，可知宏之思想乃与野夫、田女同耳。又云：

> 疾病之由，多从杀生中来，故偏重放生。（同上书，72页左）

疾病之来有其病源，宏博学强记，而不知治疗之为何，以放生为可疗疾病，迷信之深一至是耶？

第十六节 袾宏之念佛观

尝引禅者念佛之例云：

> 国朝洪永间，有空谷、天奇、毒峰三大老。其论念佛，天、毒二师，俱教人看念佛是谁？唯空谷谓，只直念去，亦有悟门。此二各随机宜皆是也。（同上书，80页左）

答龚广淇居士云：

> 不论在家出家，执持名号，一心不乱，即执持名号四字，是入头处。执持二字，莫草草看过。返照念佛人是谁，与参禅意同。（同上书，73页左）

如斯宏阳表融合禅净，同时阴信净业之为胜，故《净土疑辩》中破禅者之说云：

> 或问净土之说，盖表法耳。智人宜直悟禅宗，而今只管赞说净土，将无执着事相，不明理性。答……禅宗净土，殊途同归……如中峰大师道，禅者净土之禅，净土者禅之净土，而修之者必贵一门深入，此数语，尤万世不易之定论也。……事外无理，相外无性，本自交彻，何须定要舍事求理，离相觅性。（《续藏经》，第一辑，第二编，第十三套，第二册，200页左）

进而说念佛一门契五宗该诸教云：

> 九莲华蕊，枝枝开迦叶之颜。七宝栏楯，步步入善财之阁。八楞毫相，楞楞观中道真诠。六字名称，字字示西来密意……故知念佛一路，即是入理妙门，圆契五宗，弘该诸教，精微莫测，广大无穷。（同上书，200页右）

说念佛之兼六波罗蜜云：

而今一心念佛，万缘自舍，即布施波罗蜜。一心念佛，诸恶自止，即持戒波罗蜜。一心念佛，心自柔软，即忍辱波罗蜜。一心念佛，永不退坠，即精进波罗蜜。一心念佛，余想不生，即禅波罗蜜。一心念佛，一念分明，即般若波罗蜜。推而极之，不出一心，万行具足。(《续藏经》，第一辑，第三十三套，第二册，171页右)

道破念佛一行而具万行。于此点，见宏之彻底，于是乎叹当时行者之不彻底云：

　　今之念佛者，名为专修。至于祷寿命则《药师经》，解罪愆则《梁皇忏》，济厄难则《消灾咒》，求智慧则《观音文》。向所念佛，束之高阁，若无补于事者。(同上书，第二编，第十四套，第一册，79页左)

可以知杂行之流行。又：

　　如今念佛者，只是手打鱼子，随口叫喊。(同上书，69页左)

所云可见蛙鸣蝉噪之念佛，亦不少也。

第十七节　念佛之居士

明末念佛法门风靡天下，信佛法不修净业者稀也。清彭际清《居士传》中，被袾宏之化益，载入念佛三昧者如下。王尔康，字道安，号性海居士。严讷，字敏乡，官至吏部尚书，以武英殿大学士致仕。

严澂,字道彻,为中书舍人,官至邵武知府。唐廷任,字体如,浙江兰溪之诸生。戈以安,法名曰广泰。孙叔子,法名曰大圩。叔子之父称镜吾居士。郝熙载,钱塘诸生。蔡承植,字槐庭,官至太常寺卿。虞淳熙,字长孺,万历中进士。黄辉,字平倩,官至编修。庄广还,字复真,号天鼓居士。陶望龄,字周望,号石篑居士。唐时,字宣之。王志坚,字弱生,为湖广提学。王在公,字孟凤,为高苑知县。丁明登,字剑虹,号莲侣,为衢州刺史。朱鹭,字白民,吴江诸生。黄承惠,字元孚,浙江钱塘人。闻子兴,法名大晟,元孚之乡人。黄翼圣,字子羽,为四川新都知县。

第十八节 湛然圆澄

圆澄,号湛然,别号散木,又曰没用,会稽(浙江绍兴府会稽县治)夏氏子,世宗帝嘉靖四十年出生。大目昂鼻,哆唇露齿,颇有异相。天资颖悟,具辩才,出家依玉峰(师承未详)始习文义。一日入方丈求授经,玉峰叱云:"丁字不识,不作苦行,求甚么经。"澄云:"尚求参悟大事,何事区区文字。"峰异之,付《法华经》云:"此诸佛骨髓,珍重熟读,自有得。"次投隐峰(师承未详),峰见澄之应对敏捷,云:"是儿似可参禅。"闻之身心踊跃,自不能已,欲有所问而苦无下口,恍惚经七日,猛入室叩请,峰云:"但看念佛是谁?"于是刻刻提撕忘寝食,经三日顿有省,趋举似峰,峰云:"似则似,是则未是。"澄憸懾而退。以神宗帝万历十年往天荒山见妙峰,峰为之祝发,圆僧形,唯令念佛。年二十五采茶叶家山,闻人诵傅翕之《法身偈》有省,始解一切义理。诣云栖寺受具,还访南宗(师承未详),入便问云:"海底泥牛衔月走是甚么意?"宗一喝,澄不能答,愤然期大悟。

于天妃宫掩关三年，一语不发，偶阅语录，至雪窦与僧论柏树子之话有行者颂云："一兔横身当古路，苍鹰才见便生擒。后来猎犬无灵性，空向枯桩旧处寻。"澄便能转机著语。又灯灭，隔窗取火有省，以颂呈南宗，宗云："我道他是个人，犹作如是去就耶？"一日忆乾峰之举一不得举二之话，遂豁然无疑。由此诸之淆讹公案一切了了，出语脱窠臼而不存规则，乃启关参锦堂，堂大赏云："宗门寥落极矣，再振之者非子而谁？"时万历十六年也。又二年，一夜静坐凝寂之中，忽虚空霹雳，声大如地震，须臾而苏，遍体汗流，如脱重担，时万历十八年，澄年三十。一日再诣云栖寺，袾宏举海底泥牛之话，澄推出傍僧云大众证明，宏颔之。既而还越，昼乞食，夜宿塔山金刚神脚下。时大学士朱金庭、太史陶石篑、太学张滀元同游应天塔下之宝林寺，至天王殿，闻鼾齁之声，觉之问："何人？"澄曰："无事僧也。"问酬数语，相谓云："语淡而味永，高人也。"问："依止何所？"澄云："饥则化饭吃，倦则此地打眠耳。"由是贤士大夫争重之。

第十九节　大觉方念与圆澄

万历十九年大觉方念谒普陀回，至绍兴憩于大善寺。念嗣小室常润，润嗣宗镜宗书，书嗣高山文载，载嗣定国可从，从嗣嵩山契斌，斌嗣嵩山了改，改嗣万安子严，洞宗之正嫡也。黄两高居士请方念说法于止风涂，澄趋其座呈以所见求证。念问："止风涂向青山近，越王城畔沧海遥时如何？"澄云："月穿潭底破，波斯不转眉。"念问洞上宗旨，澄呈偈云：

　　五位君臣切要知，个中何必待思惟。石女惯弄无针线，木偶能提化外机。井底红尘腾霭霭,山头白浪滚飞飞。诞生本是无功用,不觉天然得帝基。

念云:

语句绵密,不落终始,真当家种草也。

遂令入室印证,付法之偈云:

曹溪一滴水,佛祖相分付。吾今授受时,大地为甘露。咄!五乳峰前无镞箭,射得南方半个儿。

由是匡徒说法,大唱曹洞真风。澄中年为病患,耳根几断,而应机迅捷,接物如响。万历三十年入京,公卿缙士皆入门请教,冠盖倾都市,而不以为意。一日达观、月川、陶石篑、黄慎轩、左心源、曾仲水、朱友石等于嘉熙寺玩月次,慎轩卧且问马祖玩月之因缘,澄云:"汝卧我立,不得为汝说法。"慎轩亟起谢过。月川云:"内翰错过也。"达观云:"我下语不及此公。"

第二十节　澄门下之居士

寻还越。万历四十二年,开法于会稽之云门传忠广孝寺,翌年转径山万寿禅寺。同年又住嘉兴(浙江)福城之东塔寺。次熹宗帝天启三年主绍兴府云门显圣寺,又徙绍兴府天华寺。前后二十年法席大振。又讲经论四十余会。参学门人柳浈、朱嘉谟、陶石篑、黄慎轩、张潆元、萧九生、刘自明、王聚洲、赵石梁、左心源、曾仲水、朱友石、黄桥海、李九嶷、黄石思等名士甚多。澄生平不为律所缚，不拘轨仪，所遇人无贵贱新故，一以本色钳锤。山东德王刺血修书，至府问道，请受戒，澄应之。熹宗帝天启六年（1626）于显圣寺书付嘱之语数纸，至天华寺上堂，至晚垂语谆谆，右胁而逝，住世六十六。所著有《楞严臆说》《法华意语》《金刚三昧经注》《涅槃会疏》《思益梵天所问经解》《宗门或问》《慨古录》《语录》八卷行世。

第二十一节 圆澄之法系

圆澄之法系葛寅亮所撰《会稽云门湛然澄禅师语录序》之次第云：

> 天童珏、雪窦鉴、天童净、石林秀、青州辨、大明宝、王山体、雪岩满、万松秀、雪庭裕、灵隐泰、还源遇、拙才淳、松庭岩、凝然改、无方从、月舟载、大章书、大千润、慈舟念、湛然澄。（《续藏经》，第一辑，第二编，第三十一套，第一册，87页左）

然而万松行秀与天童如净为同时人，不得以秀为净之七代孙。且征之圆澄开堂之语有：

> 一生辛苦，半世殷勤，撞着没眼睛的老和尚，授我折脚铛子，特为拈出。虽然家丑不可外扬，也要人天证据，供养北京大觉堂上，嗣曹洞正宗第二十六代、清凉大和尚，用酬法乳之恩。（同上书，88页左）

澄之本师是北京大觉寺之慈舟方念，别号清凉，曹洞正宗第二十六代也。故洞山以下当如下：

> 第一代洞上价　第二代云居膺　第三代同安丕　第四代同安志　第五代梁山观　第六代大阳玄　第七代投子青　第八代芙蓉楷　第九代鹿门觉　第十代石林秀　第十一代青州辨　第十二代大明宝　第十三代王山体　第十四代雪岩满　第十五代万松秀　第十六代雪庭裕　第十七代灵隐泰　第十八代还源遇　第十九代拙才淳　第二十代松庭岩　第二十一代凝然改　第二十二代无方从　第二十三代月舟载　第二十四代大章书　第二十五代大千润　第二十六代慈舟念

澄《宗门或问》有曹洞正宗第三十一代比丘没用头陀圆澄，是以青原为第一代起算明也。又案，渡来我国东皋心越之法系，石林秀作鹿门觉，芙蓉之嗣有净因自觉，其传见《补续高僧传》卷九，芙蓉以下二代列名不详。

第二十二节　一心之法门

圆澄所力说者一心之法门也。澄摄一切法门，归于一心，是禅门之本色也。澄《宗门或问》云：

> 念佛者念此心也，看教者辨此心也，持咒者护此心也，参禅者参此心也。虽则同证，此心为本。（《续藏经》，第一辑，第二编，第三十一套，第二册，159页左）

暗示有念佛、有持咒，虽诸宗门庭各别，而一心之法门不可不以直指人心之禅为胜。又云：

> 三乘是权，一乘是实，一乘岂非一心也。（同上书，160页右）

此一乘是一乘佛，即一心也。又云：

> 如悟自心，此心即定即慧，非心外别有所谓定慧也。（同上书，162页右）
>
> 非谓离于六度万行，而有究心也。六度万行，即是究心之旨。（同上书，162页左）

是以三学六度，万行归于一心也。如是澄将一切法门摄于一心，更批判道教之一气、儒教之一理，而说禅道之妙。次澄撰《法华意语》高唱一心之法门云：

> 妙法者即自心之别名，莲华者乃妙法之比喻也。盖心法之妙，千变万化不可胜言，非不可言也，言不能尽其奥也。……下文云是法不可示，言辞相寂灭者，心不可以相求也。止止不须说，我法妙难思者，心不可以思议也。尽思共度量，不能测佛智者，心不可以测度也。……妙法莲华乃自心之法喻也。（《续藏经》，第一辑，第五十套，第一册，2页右）

是以法华为直指人心之法门也，其《释化城喻品》，《解大通智胜佛》云：

第二十三章　无异元来与湛然圆澄

大通智胜者，道无不包曰大，德无不被曰通，智轨人天曰胜，皆自心之象也。此心大包无外，细入无间，无外故大，无间故通，世出世间之法，由此出生，故曰智胜。（同上书，7页左）

又《释见宝塔品》云：

宝塔者即色身也，塔中佛即真心也。（同上书，9页左）

澄注《金刚三昧经》，著《楞严经臆说》，皆尽力于一心法门之解说，故以参禅为胜于念佛、持咒等法门。《宗门或问》云

念佛惟凭彼佛提携，全叨愿力。参禅竟究真心，只是自因，求人求己，优劣可见。……且佛出世四十九年，其间所说法要，不可胜举，其指于净土者，万中之一耳。（《续藏经》，第一辑，第二编，第三十一套，第二册，163页右）

明言念佛不如参禅，且极论四十九年说法中，指念佛者万中之一耳。《华严》《法华》等指净土者，单不过示赞持经之功德云：

诸经皆指净土者，大意不过赞持经之胜，报感生净土而已，亦非指此一途。（同上书，163页右）

《法华》说净土亦止说胜于《法华》之余经，而示非净土之法门。云：

明《法华》功胜余经，后五百岁斗诤坚固之世，女人闻经

修行，尚得生于净土，岂况声闻、菩萨受持不获胜妙功德者乎？（同上书，163页左）

第二十三节　圆澄之念佛观

虽如是斥余门，而在悟心之人，看教念佛亦可也。云：

> 悟心之后，正须看教。（同上书，166页左）

论悟心之士念佛可作福。又示可生净土云：

> 真正悟明必生净土，何以故？悟自心外无土，土外无心。此界他方，同归方寸，净地天宫总是家山。（同上书，167页右）

因此，澄亦不脱禅净融合之时代思潮。尝论西方之有无云：

> 问："西方是有是无？"师曰："无。"曰："经云：从是西方过十万亿佛土，有世界，名曰极乐。既有方所，那得言无，甚违经意。"师曰："不道事中无，只是理上实无。"（《续藏经》，第一辑，第二编，第三十一套，第二册，128页左）

约事理之二，论净土之有无是禅净融合家之诡辩，澄亦坠此窠臼。

> 云鹤居士问："念佛得生西方否？"师曰："得。"曰："何以得生乎？"师曰："予亦不知何以得生，汝但念佛，不患不生也。"

(同上书,129页右)

其为独断的,大率如此。

第二十四节　僧风之败颓

圆澄叹僧风之败颓,撰《慨古录》,祁承㸁序,叙僧徒之平常云:

> 洒削卖浆,无不躬之。击鲜烹肥,种秫酿酒,甘腻充满香积厨中,间一扣扉而入,则酒气拂拂,绕绳床间。经年不一省青猊座,其他一瓢一笠,荷锡云游,礼洛伽,瞻峨眉,得青原,参少林,一生之事已毕,竟不知五蕴、六尘、四禅、八解为何语矣。此湛师《慨古录》之所由作也。(同上书,第十九套,第四册,363页右)

由斯言观之,一般僧风之衰败,同时无学无识之人领大山巨刹明也。澄云:

> 今时有等为法师者,不体古意,妄意效颦,严整法服,跪街乞钱,学者持乐吹打,人不以为耻。(同上书,370页左)

是非职业的乞食耶?又云:

> 今之沙门,毋论神庙、天祠乃至人家享堂,苟衣食可足,皆往住焉。(同上书,371页右)

僧徒之行状如是，于是乎为俗人所辱，官府不保护之矣。

> 田产为势豪所占，而官府不之究。僧为俗人所辱，而官府不之护。产罄寺废，募缘度日，……倘有俗置新产，有田当役，有人当丁。（同上书，371页左）

无官府之保护，有俗人之凌辱，有田则有役，有人则有丁，一与百姓无异。朝廷之创梵刹，令童子住持，道人非其主矣。

> 古之帝王，创制梵刹，选有道者住持，转扬国化。今则不然，皇上造寺，费经百万，选童子住持。（同上书，369页右）

佛教之衰颓亦甚哉。

第二十五节　朝鲜人所见闻之僧风

万历四十二年朝鲜人李睟光发表之《芝峰类说》卷十八记中国之僧风云：

> 中朝之僧持律者亦罕也。余赴京时，于圆通寺见僧皆畜妻子，与平人无异，□简易题圆通寺诗曰："斋庖妇女调羹美，丈室婴儿斗果甘。长老工夫何可小，瞿昙不学学生昙。"是也，我国平安道之僧亦畜妻子，盖与中国之僧同。（《芝峰类说》，卷十八，日译，161页）

如是明代初期既有之矣，而及明末，其风益盛也。

第二十四章　达观真可与憨山德清

当明末禅者非禅者，教家非教家，说持律，慕净业，持密咒，行坐观，不发挥一既成宗派之特色，阳呈禅匠之观者有之。而受时人敬信，似为一代之宗将，其最有名于世者有二。一谓达观真可，二谓憨山德清。真可者豪宕之资，悲歌慷慨，叹大法之陵夷，复兴废寺，刻大藏，多作佛事，惜哉！为群小所忌，不全其天寿。德清者力说念佛公案，欲挽回祖道之颓风，中兴曹溪，为朝野之所归向，其于化益之泛，不让云栖袾宏矣。

第一节　达观真可

真可，字达观，晚年号紫柏。世居吴江（江苏苏州府吴江县治）太湖之滩缺，天资雄猛，不可羁绁。李日华《紫柏大师集序》云：旋尺之面，合围之腰，坐若熊蹲，行如象步，士大夫得晋接者，不言而意已消，未施棒喝而魂虑已慑，状貌魁伟如是。年十七辞亲只行，欲立功名，远游塞上。行至苏州阊门，遭大雨不得前，虎丘有僧明觉者，壮其姿貌，知真可之不群远行，以伞蔽之，遂同归寺，具晚餐。其夜闻僧诵八十八佛名号，心大开悦，即解腰缠十余金授觉，设斋请剃发，遂拜觉为师，未几辞其师明觉遍参。游匡山深究法相精义，登五台,寻至京师参遍融。融住燕京之大千佛寺,讳真圆,华严之学匠。融问:"从何来?"曰:"江南来。"又问:"来此作么?"曰:"习讲。"又问:"习讲作么?"曰:"贯通经旨,代佛扬化。"融曰:"你须清净说法。"曰:"'只今不染一尘'。"融命可褫直缀施傍僧,顾谓可曰:"脱了一层还一层。"可笑领之,留挂搭。如斯去虎丘以来九年归省明觉,又往淞江掩关百日。神宗帝万历三年,大千常嗣(宗镜章书之嗣)开堂于西京之少室峰少林寺,可往参叩,见上堂讲公案,以为以口耳为心印,以帕子为真传,叹曰:"西来意固如是耶?"遂不入众而南迁。至嘉禾见五台居士相契。先是有密藏道开者,南昌人,披剃南海,闻可风往归之,可知其为法器,留为侍者,凡百事委之。

第二节 真可之护法

郡城有棱严寺,乃长水疏经之处,久废,有力者侵为园亭。可欲恢复之,属五台令护法,令道开干事。五台之弟云台,施建禅堂五楹,既成,请可命一联。可曰:"若不究心,坐禅徒增业苦;如能护念,骂佛犹益真修。"谓当以血书之,遂引锥刺臂,流血盈碗书之,由是二十年后,太守蔡槐亭,竟修复之。可尝哀法道陵迟,纲宗坠地,以荷负大法为己任。以为大藏卷帙极浩大,不便普及,须刻方册易流通,要使见闻之人植佛种,遂募缘刻经。太宰陆光祖、司成冯梦祯、廷尉曾同亨、囧卿瞿汝稷等,欢然赞佐之,弟子道开董其事。以神宗帝万历十七年于五台山创刻,属门人如奇纲维之。居四年,以冰雪苦寒移径山之寂照庵。初桐城吴用光为仪曹郎时,参可入室,谈及刻经之事,可遽曰:"君与此法有大因缘。"可寂后,用光施俸刻大藏数百卷。

由是行都门,又访憨山德清于东海郡那罗延窟,时万历十四年

第二十四章　达观真可与憨山德清

秋七月也。适神宗帝母慈圣皇太后李氏，为延国祚，印施《大藏经》十五部。神宗帝颁之海内名山，敕僧讽诵；又送一部那罗延窟，德清为谢其恩入长安，不在东海。可与其徒共走海上，至胶西（山东莱州府），值秋水泛涨，众皆不能渡，可解衣先众而涉，水已及肩，跃然而前，遂渡了谓弟子曰："死生关头须直过为得耳。"一众心服。德清在长安闻之亟极，日夜兼程，亦犯横流至即墨（山东莱州府即墨县）时，可已出山在脚院，一见大欢，还山留旬日，心心印契互相许。

第三节　真可之行持

已而北游至石经山，晋琬公虑三灾坏劫之时，正法浸灭，安石刻藏经于岩穴之地也。可见大感，志复塔院，启石室，见佛座下有函，贮佛舍利若干，出时光烛岩壑。慈圣皇太后闻可至，遣近侍致赍供，特赐紫伽黎，谢曰："自惭贫骨难披紫，施与高人福更增。"因请佛舍利入大内供养三日，出内帑重藏石窟，仍令德清为之记。清时寓慈寿寺，可访之西郊园中，对谈四十昼夜，目不交睫，信为生平至快之事。与清计欲修《明传灯录》，约往瀍曹溪，以开法脉。可先至匡山待清来，时万历二十一年也。越万历二十三年，以皇太后赐《大藏经》，德清营海印寺落成，因故触神宗帝之怒，得罪送法司，遣戍雷州。可在匡山闻其报，诵《法华经》百部祈助命。万历二十八年，矿税令下，南康（江西南康府）太守吴宝秀不奉命，被劾奏就逮，夫人哀愤缳死。可闻之曰："时事至此，倘阉人杀良二千石及其妻，其如世道何？"策杖入都门，多方调护，授吴宝秀毗舍浮佛之半偈曰十万诵当可出狱。果持至八万，帝意解，宝秀归，每念可辄涕下。

第四节 真可之守节

可尝叹曰:

> 憨山不归则我出世一大负,矿税不止则我救世一大负,《传灯》未续则我慧命一大负。若释此三负,当不复走王舍城矣。

门弟子皆知都下侧目,以书劝出都,道开侍者刺血具书隐去。万历三十一年秋,德清在曹溪飞书请去都,可未从,虽谤毁之章疏不一,屹然处之。未几而妖书发,言帝欲易太子,神宗大怒,索犯人,中外震动。可有俗弟子沈令誉,坐事被捕,拷掠、楚毒备至。箧中有可与令誉手书,其中谓:"劳山海印之复,为圣母保护圣躬香火,今毁寺戍清,是伤圣母之慈,妨皇上之孝也。"御史康丕扬得之奏帝。又有以皇太后赐紫之事为言者,称可有廑内帑之咎,尽皆不中其实。先是神宗帝遣中使赍数千金,请可印藏经颁赐,可不奉诏曰:"印经自有人。"中使坚请,可呵之欲起杖,不得已复命。帝笑曰:"固知此僧非利财者。"又帝尝手书《金刚经》,以汗渍册纸,疑当易,亟驰使问可,可进偈曰:"御汗一滴,万世津梁。无穷法藏,从此放光。"帝览大悦。及见劾奏,虽甚怜之,依法命金吾研审。可在西山潭柘寺,夜中诸校至寺不敢白,但匍匐乞开示,可为说法,至晓诸校伏地哭出帖,可治斋礼佛,书偈别众,及受鞫讯,以三负对,全无他辞。传送刑部,恐吓凌辱,虽加杖不动,狱有曹学程,以建言被逮,可为之说法,《圜中语录》是也。执政拟法欲杀可,可闻之曰:"世法如此,久住何为?"索浴罢,嘱侍者性田曰:"吾去矣,幸谢江南诸护法。"性田哭,可叱曰:

"尔侍予二十年，仍作这般去孰（孰疑就字）耶。"却饮食，说转生歌，至黎明索姜汤嗽齿，坐地唱毗卢遮那佛数声，闭目不语，曹学程趋至，抚之曰："师去得好。"可复开目微笑而逝。时神宗帝万历三十一年（1603）也。可以世宗帝嘉靖二十二年生，寿六十一。

第五节 真可之志操

真可之弟子陆符撰师传曰：

> 师相好，魁奇雄硕，威掩万众，童真绝染，肤体如铁石，日饭数升，过中不食。自出家即胁不到席，四十余年如一日。所至设高座，悬灯趺对。密藏开公，尝侍立，闻鸡鸣，顾语。师曰："学道人坐地，安问鸡鸣。"始行脚二十里，足痛，以石砥足，至日行二百里乃止。（《续藏经》，第一辑，第二编，第三十二套，第一册，74页左）

可以想见其豪迈之英姿与严肃之家风可亲。友德清曰：

> 性刚猛精进，律身至严，近者不寒而栗。常露坐，不避风霜。幼奉母训，不坐阃，则尽命，立不近阃。秉金刚心，独以荷负大法为怀。每见古刹荒废，必志恢复。始从棱严，终至归宗云居等，重兴梵刹一十五所。除刻大藏，凡古名尊宿语录，若寂音尊者所著诸经论文集，皆世所不闻者，尽搜出刻行于世。晚得苏长公《易解》，大喜之。室中每示弟子，必令自参，以发其悟，直至疑根尽拔而后已。（《续藏经》，第一辑，第二编，第三十一套，

第四册，316页左）

由是观之，可志禅道复古，乃以身体现古仪者。其见地虽平凡，而荷负大法之志，诚可称也。清又曰：

> 义重君亲忠孝之大节，入佛殿见万岁牌必致敬。阅历书，必加额始览。师于阳羡偶读《长沙志》，见忠臣李贲以诚垂陷，不欲死于贼，授部将一剑，令斩其全家，部将恸哭奉命，既推刃，因复自杀。师至此泪直迸洒，弟子有傍侍者不哭。师呵曰："当推坠汝于崖下。"其忠义感激类如此。（同上）

其身在朝侍君王辈，犹不知忠节义勇之为何也。可方外逸士，天子不得臣，而重君臣大义，感激忠义如是，岂不可称哉。居常哀禅门之凋敝，求明初以来诸尊宿机缘，欲续《传灯》而未遂本愿，赍志而逝，洵可惜哉。有文集及《圜中语录》，后删次补纂为《紫柏心要》四卷，现见《紫柏老人集》中。

第六节　无嗣法之真可

真可参叩诸方，虽得力最深，而不嗣法何人，《祭法通寺遍融老师》文云：

> 于禅家机缘语句，颇究心焉，而于教乘汗漫，犹未及也。及读天台智者《观心颂》，始于教有入。时予有偈曰："念有一切有，念无一切无。有无惟一念，念没有无无。"洎万历元年，北游燕

京，谒暹法师于张家湾，谒礼法师于千佛寺，又访宝讲主于西方庵。末后参遍老于法通寺。遍问："汝是甚么人？"……自是予往来遍老之门，观其动履，冥启予多矣。……予闻世谛，有父则有子嗣，微嗣则人类绝，然有宗嗣焉、有恩嗣焉，而出世法中，则有戒嗣焉、有法嗣焉。予于遍老之门，未敢言嗣。若所谓德，则此老启迪不浅，焉敢忘之。兹叙脱白颠末，宗教所自，于吊辞者，盖实有报恩之思焉。(《续藏经》，第一辑，第二编，第三十一套，第五册，444页左)

然则可之法不得言嗣何人矣。

第七节　门下之居士

问道真可者，多白衣居士，其传不详。陆光祖之机缘，既记之矣。光祖有子基忠，字伯贞，绍光祖之学，为兵部司务，迁刑部郎中。可入寂后，赞其像曰：

> 忠得夤缘，巾瓶侍傍。昏衢智证，苦海慈航。世间父执，出世导师，近之则畏，远之又思。创见则诧，即之转慈。揭示道要，能觉我迷。我于弹指，悟昔之非。舍海认沤，乃今始知。因师知佛，因佛知儒。灵明廓彻，乃有阶梯。师曰咄咄，阶梯非是。脚下承当，举足便至。每惟深慈，感激涕泗，法乳难酬。

冯梦祯，字开之，秀水人，万历中进士，仕至国子祭酒。致仕后师事真可，发宏护之愿，刺血写经、律、论各一卷。

瞿汝稷，字元立，苏州常熟人。仕为黄州知府，迁邵武，再守辰州，又任长芦盐运使，以名节自励，后以太仆少卿致仕。汝稷受学管东溟，通内外学，尤归心佛法。真可之发愿刻藏也，汝稷为之为文导众信，尝上溯诸佛，下逮宗门，撮其语要，名《指月录》，行于世。

王肯堂，字宇泰，父名樵。万历中以南京右都御史致仕，归得疾苦躁，肯堂奉《金刚经》进曰："愿大人澄心听儿诵经。"樵领之，诵至"无我相无人相"，微笑曰："烦恼本空，我相何在？"遂起坐合掌而逝。肯堂官翰林检讨，终于福建参政，平生博通教乘，尤精相宗。以慈恩之《成唯识疏》既亡，学者无所取证，乃草《唯识证义》十卷。书成力疾校雠，刻行于世，又著《因明入正理论集解》。

董其昌，字元宰。为诸生时，参真可，与密藏激扬大事，博览大乘经，力究竹篦子之话。一日船过武塘，念香严击竹之因缘，以手张帆敲竹竿，瞥然有省。因读《华严合论》作偈曰：

> 帝纲重珠遍刹尘，都来当念两言真。华严论主分明举，五十三参钝置人。

万历中官至礼部尚书，谥文敏。

曹学程，字希明，全州人，万历十一年进士，历任擢御史。方朝鲜之役，沈惟敬议和，有封丰臣秀吉为日本国王之举。学程见时事已非，抗疏之。神宗帝大怒，下锦衣卫，移刑部定罪，欲处斩。群臣言其冤，欲救之不听。学程之子正儒，朝夕不离犴狴，见父之憔悴骨立，呕血仆地，久而苏，因刺血，书奏请代父死，帝不省。学程之参真可属此时，万历三十四年谪戍湖广宁远卫，久之放归家卒。

第八节　宿业观与性有情无之说

案达观真可之思想，坚信业报，祸福存亡，一为宿业所使然。彼坐妖书，出潭柘寺有偈："达观老汉出山去，堂内禅和但放心。头上有天开正眼，当机祸福总前因。"司审被杖咏："三十竹篦偿宿债，罪名轻重又何如。痛为法界谁能荐，一笑相酬有太虚。"闻已拟罪咏："夙业今缘信有机，南中莲社北园扉。别峰倘有人相问，师子当年正解衣。"从容自若矣。而真可安心之地不但信有夙业，且在观身心之假在。苦乐之不定，据于狱中受可之法，吴中彦所记：

壬寅岁（万历三十年）彦（吴中彦）罹白简，逮系比部狱。明年癸卯冬，圣上以奸书震怒，大索国中，而尊者（真可）以弘法来忌，亦挂弹章，比闻难，一众股栗。而师从容，笑语如平时，乃以佛法开譬僧众，夷然出山赴诏狱。无何入西曹，彦幸获归依焉。初闻师严冷不易亲，及见则深慈等悲，沁人心髓。彦因炷香求心要，师为拈毗舍浮佛半偈云："假借四大以为身，心本无生因境有。"令久久持诵，且为决了其旨曰："是身无从，合由四大。是心无从，起因前境。试推四大及境，更何所从乎？凡夫不知性变为情之旨，随情起执，生死浩然。圣人以理析情，性斯复矣。性复情空，何生死之有哉。"彦惟时如后夜闻雷，顾念古人求法，至于立雪断臂，而彦罪累凡愚，沉迷牢户，乃忽闻万劫出苦之因，法乳恩深，即捐顶踵不足明报也。（《续藏经》，第一辑，第二编，第三十一套，第四册，322页右）

是心境假有，性有情无之义也。达磨正宗之旨绝不在此，然可以之安心则无可疑。

第九节　性情之说

可区别性与情，言性之变为情，盖性是祖门所云本来面目，情则妄念也。

> 天地万物皆末也，我本也。虽然性既变情，则自无待而为有待，有待则物我亢然，顺习则喜，逆习则嗔，此情为政而性隐矣。性则智周万物而不劳，形充八极而无累，故能会万物为一己。一己则己外无物，物外无己，以物外无己，故我用即物用也；以己外无物，故物用即己用也。知周不劳，形充无累，复何疑耶？（同上书，320页左）

即以情为顺逆苦乐之相对，以性为物我一等也。彼示性和情与心和理之区别云。

> 夫理，性之通也；情，性之塞也。然理与情而属心统之，故曰心统性情。即此观之，心乃独处于性情之间者也，故心悟则情可化而为理，心迷则理变而为情矣。若夫心之前者，则谓之性。性能应物，则谓之心。应物而无累，则谓之理，应物而有累者，始谓之情也。（同上书，323页左）

准此说，性是心象未发之本体，性之应物现前谓之心，方心之应物，无累谓之理,有累谓之情,性如真如,心如第八识,理如觉而情不觉。

第十节　唯心解脱说与空观

真可善说唯心的解脱之要。

> 我闻善用其心者,五逆十恶,皆菩提之康庄也。而不善用其心者,三学六度,皆般若之仇雠也。由是观,青山白云,未必为幽闲;紫陌红尘,未必为喧扰,顾其人遇之如何耳。故曰:"我自调心,非干汝事。"(同上书,410页左)

如是,禅家之茶饭一无足珍矣。然而:

> 深山大泽,虎豹龙蛇居焉,蛇虎未尝不苦人也。然探渊者则得珠,凿山者则获璧,是见珠璧之为利,未尝知有龙蛇虎豹也。吾诸大乘沙门,以利济为事,方冒难以救援,安知尘劳之可出。(同上书,320页右)

所云则得,解脱之要在此。又云:

> 天下皆知富贵之与贫贱,有而不无者也。昨天堂之与地狱,或者决以为无,殊不知富贵贫贱,既有而不无,奚独天堂地狱,无而不有也哉。(同上书,405页左)

所言乃以贫富之实在,推想于来世苦乐之实在者,其非论理的断案不待论,又与彼唯心的解脱之说相矛盾。

> 大凡逆境,生则不过毁谤骂詈,死则不过相杀相戮,能观身非有,观心如幻,则骂詈杀戮,何损何加?(同上书,408页右)

可说空观之病,而未免以空观医苦痛之陋,惜哉!彼一生顶戴毗舍浮佛之半偈,而是亦空观也。彼引黄山谷书七佛之偈云:

> 宋黄庭坚号山谷,有贵人以绢求山谷书自所作文。山谷笑曰:"庭坚所作文,乌足宝?惟寒山诗乃沃火宅清凉之具。"遂书与之。复嘱之曰:"寒山诗虽佳,然源从七佛偈流出。"故山谷凡所行乐之地,书七佛偈最多,而七佛偈中,毗舍浮佛偈尤为殊胜。(《续藏经》,第一辑,第二编,第三十一套,第五册,420页右)

第十一节 真可之思想

真可信地狱、天堂为客观的实在,既言之矣,因而彼亦信受灵魂转生之俗说,无批判地记述愚俗怪谈。

> 昔有一僧,造大铜钟若干斤。出门偶遇一位贫婆……贫婆信手施破钱一文,僧强受而嫌其薄,即投之寺河。既而僧乞铜数万,钟铸七火,而当钟要处,即有一孔。僧怒曰:"我铸钟心亦诚矣,七火而钟孔生,如再铸而孔不满,我必投身洋铜,与之俱化,亦甘心焉。"时有异人,晓僧曰:"钟不圆满,无他故,以公

昧却最初檀越信心之施故也。"僧熟思良久曰:"我知之矣。我初乞铜,值贫婆,施钱一文,时我嫌微,投之寺河。"于是遂断河吸水,水涸得破钱,掷向所铸七火铜内,一火而钟圆矣。(同上书,337页右)

足以示其学术知识之缺乏。既缺学术的知识,故其思想易入荒唐之弊,故如云:

> 人是有形之鬼,鬼是无形之人,谓人鬼有两心,无是理,只是有形、无形之差别耳。(同上书,400页右)

所云为不稽之说。又以身为小、心为大云:

> 至膻至臭,至狭至小者身也;至芳至洁,至广至大者心也。(同上书,340页左)

是岂以小乘之不净观说身心之关系非乎?

第十二节 生物论

可尝论生物云:

> 海有大鱼,背负万山。山有大兽,尾占千里。众人闻而不信,兹请实之。微四尘大地不有,微三尘则大水不有,微两尘则大火不有,微一尘则大风不有。然地以水浮,水以火浮,火以风

浮,风以空浮,空以心浮。夫心也者万物一体,物我同根者也。以此而言,则焦螟可以负大山,蝼蚁可以抗雷雨。鱼大而背负万山,兽大而尾拖千里,夫复何疑。(《全集》,卷九;同上书,398页左)

论生物而杜撰如是者少也。

第十三节　知行合一说之批判与念佛观

又尝评王氏之知行合一云:

> 世儒每以知行合一为妙,殊不知曾子述夫子之意,则曰尊其所知则高明矣,行其所知则光大矣。由是而观,先知而后行明矣。不知而行者,又乌足道?然知有悟解之知,有修行之知,有证极之知。故无解悟之知,则修行之知无本矣;无修行之知,则证极之知无道矣。又证极之知,为解悟修行之知之所归宿也。(同上书,389页右)

由是观之,真可未究王学之知行合一之为何,而以自己特殊之说对之,未可为妥当之评也。

第十四节　真可之观音信仰

真可之信仰乃在观音,如:

予少时似与观世音有大因缘。不然,予初不知大悲菩萨为何神?予将祝发,忽生变心,自思曰:"我不祝发亦可修行,何必祝之,须头光然后能修哉。"众助缘者闻予言,皆为之变色,率多不乐。时予偶睡,睡中见一老僧立于东南空中,遥指西南,一无所言。予因指掉头,则见西南,有一舟满载黑白,异口同音,念南无阿弥陀佛,佛声入耳,五内清凉,悦豫难状。急走欲登其舟,然竟不及而梦醒。谓助缘者,言梦中之异。金曰:"公既发心祝发,中道而辄变,公与观世音菩萨有大因缘,菩萨因现比丘身而为公法说。"……对帝像立誓曰:"我若不祝发为僧,学无上道,则长劫当坠阿鼻地狱。"异哉!临祝发,则观音现比丘身而度我;朝武当回,则观音现玄帝身而灵祐我。……知玄帝实大悲之化身也。……以菩萨闻、思、修三昧度之,则观音之照烛,乃无愧焉。(同上书,339页右一左)

彼信仰极通俗,作为禅匠可认为一异彩。

第十五节 水斋之流行

当真可之时有为水斋者,行者服之。

水斋缘起,考诸大藏,未见所据。即其方法相传,一昼夜芝麻三抄,枣三七二十一枚,分三餐服之。终南伏牛,皆以此为定式,或以念佛为话头,持咒为话头。次者水斋虽服,惟随自意,昏散延日而已。(《续藏经》,第一辑,第二编,第三十一套,第四册,387页左)

水斋是一种木食,禅门未有修之者。其至明末始有者耶?又据上引文,念佛以外亦生以持咒为公案之风。可是念佛、持咒、服水斋,故有念佛法门最为简便,又唯得持此咒。不问愚痴、智慧咸得无上甚深希有,以密因不可思议故之语。

第十六节　诸宗调和之礼佛仪式

真可通老庄,颇受其影响,而精于内典,有《心经说》《释金刚经》《释楞严经》《释八大人觉经》《释十二因缘》《八识规矩》《唯识略解》《阿赖耶识》《四分略解》《前五识略解》等之文。《紫柏尊者别集》卷四有礼佛仪式,足验可之行持。(《续藏经》,第二编,第一册,72页左)

附礼佛仪式

初念净法界真言三遍讫,即曰乘佛威神,谨诵净法界真言若干遍。惟愿承是真言威神波光力故,荡涤尽虚空遍法界,十方三世,依正二报,悉皆清净。以此清净三业,赞叹三宝,观想三宝,礼拜三宝,即赞即观,即礼毕即曰:

南无尽虚空遍法界、十方三世一切佛陀达磨僧伽耶,各一称一拜。

南无千华台上百宝光中《华严经》主本师释迦牟尼、毗卢舍那尊佛以下,俱一称一拜。

南无东方药师琉璃光如来。

南无西方极乐世界三十六万亿一十一万九千五百同名同号大慈大悲阿弥陀佛。

南无当来下生弥勒尊佛、南无药王药上菩萨摩诃萨、南无观音势至菩萨摩诃萨、南无文殊师利普贤菩萨摩诃萨、南无月光菩萨摩诃萨、南无南岳慧思菩萨摩诃萨、南无智琬菩萨摩诃萨。

南无西天东土历代传宗判教并翻传秘密章句诸祖菩萨摩诃萨等，三称三拜。

南无南岳慧海尊者以下，一称一拜。南无七祖让尊者、南无青原思尊者、南无马祖一尊者、南无石头迁尊者、南无天台智者颛大师、南无贤首藏大师、南无慈恩基大师。

是为网罗天台、真言、华严、法祖、禅之诸祖之礼拜式也，可见其诸宗调和之特征。

第十七节 憨山德清

德清，字澄印，别号憨山，金陵全椒人，姓蔡。十岁怀出尘之志，十二欲从学于金陵报恩寺永宁，父不听，乃告母，母曰："养子从其志，第听其成就耳。"送至寺，时无极明信开讲于报恩寺之三藏殿，宁携清往谒，座有赵贞吉，大洲居士，抚之问曰："汝爱做官要做佛？"清曰："要作佛。"洲曰："此儿不可轻视，当善教之。"十九谒云谷法会于栖霞山，读《中峰广录》大快，决定参禅之志，请永宁披剃，焚弃俗书，专究大事，未得其要，乃专精念佛。一夕梦中见阿弥陀佛现于空中，自信修行可办。同年从无极闻《华严玄谈》，至十玄门之海印森罗常住处，悟法界圆融之旨，慕清凉之为人，自字曰澄印。

第十八节　妙峰与德清

嘉靖四十五年，年二十一，报恩寺以雷火归煨烬，立兴复之志，欲舍命修行，频动远游之志，求伴侣未得好汉。一日见后架之清洁，察净头之非常人，访之，见一黄肿病僧，问："师安否？"曰："业障身病已难支，馋病更难当。"清问："何故？"曰："每见行斋食，恨不俱放下。"清笑曰："此久病思食耳。"因袖果饼往视之，问其号曰妙峰，讳福登，蒲州（山西）人也。期结伴同游，后数日，再视之，妙峰既去。二十六一钵远游，翌年至长安，出入讲筵。是年十一月有访客，须发长，着褐衣，问曰："还认得么？"清熟视则天界寺之病净头妙峰也，乃曰："认得。"峰曰："改头换面了也。"清曰："本来面目自在。"相与一笑，问："其状何以如此？"峰曰："以久住山，故发长未剪。"适以檀越山阴殿下，修一梵宇，命请内藏故来也，相约伴拨草瞻风而别。

第十九节　德清之印证

年二十八游五台，至北台见憨山，爱其奇秀，自号憨山。翌年归京师，诸名士交游。妙峰既取经回，清即随之，诣少林寺礼初祖。时大千常润主之，未遇出山，访洛阳古城，至山阴结冬。继参伏牛山之法光，深相契，光吟哦无停时，有风颠之态，自谓此禅病也。初发悟时，偈语如流，日夜不绝，由此不能止，遂成病。三十与妙峰同游五台山，卜居北台之龙门，单提一念，人来不语，久之视人如杌，直至一字不识之地。又一日粥罢径行，忽立定见身心，唯一大光藏耳，圆满湛寂，如大圆镜，山河大地影现其中。觉则朗然，觅身心不可得，即有偈曰："瞥然一念狂心歇，内外根尘俱洞彻。翻身触破太虚空，万象森罗从起灭。"清发悟以来，尚无人印证，展《楞伽》而印证，八阅月经旨了然矣。

第二十节　德清之修道

平阳（浙江温州府平阳县治）太守胡氏就清问道。清在其署中，诗思顿发，偈语如流不可遏，忽觉之曰："此文字习气魔也。"即止之。然从前所习之诗书辞赋，一时现前，逼塞虚空，以为此正禅病也，遂闭门强卧，坐忘如睡，入定五日为胡氏所觉破。默坐谛观，竟不知此是何处，亦不知从何而入，既往之事总如梦，心空境寂，其乐无可喻。三十二岁从雁门归，思父母之大恩，发心刺血，和泥金写《华严经》，以酬罔极之恩。神宗帝闻之赐金纸。明年春，书经，每落一笔念佛一声，有访者则对谈，同时临写不错一字，人异之。

第二十一节　五台之无遮会

万历九年与妙峰共募化，设无遮会于五台，请京中大德僧五百众。适神宗帝有旨祈皇嗣，太后遣使五台，同祈皇储。太后令修造舍利宝塔成，以清金书《华严经》安置塔藏，及期五百余僧一时入山，水陆佛事及五昼夜。是时，清都监一切事务，粒米不吃，但饮水耳。然供诸佛菩萨每日五百桌，不失次第，不知所从来，观者以为神运，清自知乃佛力之加被。三十七，讲《华严玄谈》。三十八避五台之大名至东海之上。初清阅《华严疏》，于《菩萨住处品》见东海有处，名那罗延窟。从昔以来，诸菩萨众于中止住之文，清凉解之云："梵语那罗延此云坚牢，即东海之牢山也。"青州（山东）登莱之境有窟，清慕访之，至牢山，果得其处。即探山南最深之处，负众山面大海，有极奇绝之境，古刹观音庵之废基存焉。清爱其幽胜，住树下七阅月，后士人来结庐居之。太后得皇子，赏祈于五台所主事三人，大方、妙峰及德清也。而不知清之所居，百方搜索，乃知在海上，遣使宣旨，且怜清无房舍，发三千金，令修庵居。清曰："我茅屋数椽，有余乐矣，何用多为？"使者不敢覆命。清曰："古人有矫诏济饥之事，今山东岁凶，何不广圣慈于饥民乎？"乃遍散施于各府之僧道孤老。

第二十二节　德清之法难

万历十四年，神宗帝敕颁十五大藏，施之天下名山，太后即送一藏于东海牢山，又施财修寺。命名海印寺。万历十七年归乡，欲见二亲，请大藏一部送报恩寺。十一月达龙江之本寺，宝塔放光，瞻礼者日万余人，老母见清欣然绝倒。三日告别，老母欢然如故。清有再兴报恩寺之宿愿，归乡具得其本末，回京奏太后，后自减膳羞之费储积之，以计重兴。万历二十二年入京贺圣节，说戒于大慈寿寺，请太后举重兴报恩之事，适以日本兵犯朝鲜，乃罢。

万历二十三年，从京师回海上罹难，即神宗帝厌为佛事投太后之巨资，为内臣所恶。适送经至牢山使者，权贵之所忌也，乃得罪。因送经因缘及清，清闻报出即墨，城中士民老小，涕泣追送。及至京，有旨下镇抚司打问，向太后所出诸山之施资不下数十万。有司拷问之，清曰："某愧为僧，无以报国恩，今安惜一死，以伤皇上之大孝乎？即曲意妄招网利，奉上意以损纲常，殊非臣子所以爱君之心也。"帝意遂解，母子如初。然清坐私创寺院，遣戍雷州（广东），在狱八个月，发遣南行，十一月至南京，江上与老母别，作《母子铭》。

第二十三节 谪处中之消息

清遭难时，真可居天池，得报大惊，回金陵，告别于江上之旅泊庵。同二十四年至韶阳，饮曹溪之水，哀祖庭凋弊。经五月抵雷州，时大饥，疾疠横发，多死伤，积骸暴露城之内外，清劝众埋掩骷髅以万计。翌二十五年城中多死伤，清遣人收拾骸骨，埋葬数千，建普济道场七昼夜，粤人始多归佛，当道官吏尊清称僧中之麟凤。同二十六年御史樊友轩亦谪雷州，访清五羊，会清注《楞伽》。友轩问："雷阳风景何如？"清拈经卷曰："此雷阳风景也。"儒士周海门率诸生访道于清，构禅堂，为众著《法华击节》。同二十八年榷使四出，狼戾暴横，加以米价腾贵，市民为乱袭有司，清开晓之，会城遂宁。督府命住曹溪，官民归向者日多。同二十九年，四方流棍集曹溪山门，开张屠沽，秽污甚，以及积弊百余年，白有司尽驱逐之，铺居一扫，片瓦无存，一新如洗。

第二十四节 德清之行化与著书

清在曹溪选僧受戒，立义学，养沙弥，设库司清规，查租课，赎僧产，复侵犯之地，一岁而百废具举，由是重修祖殿，拓禅堂创立规制。三十一年达观真可坐妖书下狱，可与清为鱼水之交，故清亦被坐，有司檄出曹溪，令还雷州戍所。三十三年秋，再入曹溪修殿宇。

三十四年秋以皇孙生恩赦，是年注《道德经》完成，此作用功前后费十五年云。三十七年欲修曹溪大殿，未成，众中有疑清私净财者，飘然出山，船居芙蓉江上，得病。四十二年太后崩御，诏许披剃还僧服。四十三年《法华通义》《纂起信论疏》成。翌年至浔阳，登匡庐，避暑金竹坪，注《肇论》，爱其幽胜，有归隐之意。有僧以五乳峰相赠，为静室，清受居之。十月至双径，为真可作茶毗之佛事，拾手骨藏文殊台。四十五年下双径，吊云栖，历诸名刹胜迹，回匡山，五乳之静室新成，安居之。翌年佛殿禅堂落成，法云禅寺是也。四十七年闭关谢事，效晋惠远之法，专修净业，述《华严纲要》。光宗帝泰昌元年，曹溪大众，本省之乡绅居士，同具状哀求回曹溪，清以病谢。熹宗帝天启二年以韶阳太守以下强乞，乃回曹溪。翌天启三年（1623），龄七十八载，十月示疾，不服药剂，别太守，沐浴焚香，端坐而寂。所著有《观楞伽经记》《楞伽补遗》《华严纲要》《楞严悬镜》《楞严通义》《法华击节》《法华通义》《起信论直解》《八识规矩通说》《性相通说》《百法明门论论义》《圆觉经直解》《金刚经决疑》《般若心经直说》《肇论略注》《观老庄影响论》《道德经解》《大学中庸直指》《春秋左氏心法》《梦游集》。

第二十五节　私淑清之儒士

私淑德清儒士有杨起元。起元，号复所，罗近溪门人，广东归善人。神宗帝万历五年进士，授翰林院编修，历国子监祭酒、礼部侍郎，最后以吏部侍郎兼侍读学士卒，年五十三。起元学说见《明儒学案》卷三十四。

周汝登，字继元，号海门，嵊县人。神宗帝万历五年进士，授南京工部主事，历兵吏二部郎官，至南京尚宝司卿。学道于罗近溪，于王学造诣最深，其说见《明儒学案》卷三十六。

以上外，与德清之化者，有左司马汪伯玉、太史吴观我、大参丁右武、侍御樊友轩、大司马陈如冈、孝廉冯昌历、郡守冯元成、侍读吴应宾、钱谦益。贵显访道者，不知其几十人，谦益著《般若心经略疏小钞》《楞伽经疏解蒙钞》，今尚存。

德清之受业师，报恩寺永宁，号西林，为僧录左觉义。其传见《憨山大师梦游集》三十。《云谷法会之传》亦德清所述，见同卷。无极明信，临济二十六代孙，其略传载《憨山大师梦游集》卷二十二，德清之道友福登，号妙峰，其传见同书卷三十。

第二十六节　德清之念佛公案

德清从云谷法会得念佛公案，由此得力，故终身唱导禅与念佛为一物。其言云：

> 古人说参禅提话头，都是不得已。公案虽多，唯独念佛审实的话头，尘劳中极易得力。(《续藏经》，第一辑，第二编，第三十二套，第二册，112页左)

诸公案中单提念佛公案为最易得力，乃其谪雷州也。集信徒结社，授念佛三昧，教以专心净业，痛厌苦缘，归向极乐。月会以期，立有规制，以三时称名礼、诵忏悔为行，令信心日诚，罪障日消，而所念之佛即自性弥陀，所求净土即唯心之极乐。云：

> 苟能念念不忘，心心弥陀出现，步步极乐家乡。又何必远企于十万亿国之外，别有净土可归耶？（同上书，117页左）

弥陀者自己本觉之异名，念佛者开明自心之一行也。其为说：

> 只把脊梁竖起，不可东想西想，直于妄念起处觑定。放下又放下，缓缓又提起一声佛，定观这一声佛毕竟从何处起。至五七声则妄念不起，又下疑情，审这念佛的毕竟是谁？（同上书，138页右）

第二十七节　净业之劝奖

与此同时，清通常劝奖净业云：

> 每日早起礼佛，即诵《弥陀经》一卷，或《金刚经》一卷，即持数珠，念阿弥陀佛名号，或三五千声，或一万声。完即对佛回向，发愿往生彼国，语在功课经中。此是早功课，晚亦如之。（同上书，171页左）

因此，对中下之机，但劝奖往生净土，对上机乃授参禅念佛，而清又以为念佛与看话双修可也。公言：

> 参禅看话头一路，最为明心切要，但近世下手者稀。一以根钝，又无古人死心；一以无真善知识决择，多落邪见，是故念佛参禅兼修之行，极为稳当法门。（同上书，134页左）

第二十八节　念佛之三观具足说

示念佛中具空、假、中之三观：

> 正当念佛观时，要将身心内外一齐放下，丝毫不存，心地如空，不见一法，即是空观。即于此空心中，提一声佛，随举念处，即观佛像，如观目前，历历分明不昧，即是假观。然于正观念时，返照能观，能念心体，空空寂寂；当空寂中，又观念不忘，如此不忘不着，一心灵然，即中道观。然此三观，不用安排，但只举念，则三观一心，一念具足。（同上书，第三册，237页右）

至所云其说甚巧妙也。然世人动辄念佛为权方便浅近之法门，故论云：

> 近世士大夫，多尚口耳，恣谈柄，都尊参禅，为向上事，薄净土而不修。……惟此净土法门，世人以权目之，殊不知最是真实法门。（同上书，第二册，160页右一左）

言净业之非浅劣也。

第二十九节　德清之造诣

清以生死为如来之果体：

> 盖众生生死妄心，元是如来果体。……如今做工夫，若一念顿悟自心，则如大冶红炉，陶熔万象，即此身心世界。元是如来果体，即此妄想情虑，元是神通妙用，换名不换体也。（同上书，113页左）

所道破者合于佛祖正宗法门，少林直指之妙旨，又彼称：

> 余比以宏法罹难，上干圣怒，如白日雷霆，闻者掩耳。自被逮以至出离，二百余日，备历苦事不可言。自始至终，自视一念欢喜心，竟未减于平昔。（同上书，114页左）

即在艰苦楚痛之间，不失其欢喜，足见其造诣之深。然清好调和折中，故不免陷于杂行之弊，即如云：

> 须礼佛诵经忏悔，又要密持咒心，仗佛密印以消除之。以诸密咒，皆佛之金刚心印，吾人用之，如执金刚宝杵，摧碎一切物，物遇如微尘，从上佛祖心印秘诀，皆不出此。（同上书，112页左）

持咒、礼佛、忏悔可与念佛、参禅同修，加之学老庄、知《春秋》之要云：

> 为学有三要，所谓不知《春秋》，不能涉世；不精老庄，不能忘世；不参禅，不能出世。此三者经世出世之学备矣。（同上书，第四册，389页右）

可以察清之用心所在，彼不但信老庄哲学，且似信儒之所谓天命，故命箴云：

> 咨尔何从，实唯天顾。寿夭穷通，听其所遇。不忮不求，无怨无恶。鹑居鷇食，龙云豹雾。信乎尔神，浮沉有数。安以俟之，无容外慕。（同上书，371页右）

第三十节　坐禅入定之说与挽回祖道之功绩

次清关于坐禅入定之见解，颇有可取。

> 所云坐禅，而禅亦不属坐。若以坐为禅，则行住四仪，又是何事？殊不知禅乃心之异名。若了心体寂灭，本自不动，又何行坐之可拘？苟不达自心，虽坐亦剩法耳。定亦非可入，若有可入，则非大定，所谓那伽常在定，无有不定时。又何出入之有？（同上书，第三册，206页右一左）

可云与六祖慧能关于坐禅入定之见相似。德清回复曹溪之荒颓，复兴殿宇，一新僧风之功，永不可没。案清年谱：

> 隆庆五年辛未，予（德清）年二十六。予以本寺（报恩）回禄，决兴复之志，将修行以养道待时。是年遂欲远游，始同雪浪恩兄游庐山，至南康。闻山多虎乱，不敢登，遂乘风至吉安，游青原。见寺废，僧皆蓄发，慨然有复兴之志，乃言于当道，选年

四十以下者尽剃之，得四十余人。（同上书，第五册，476页右）

如青原山静居寺，既废颓，其僧众皆蓄发，禅道之衰微，在意想之表。加之甚而南禅之根本道场曹溪山宝林寺：

> 本寺僧徒，向以便安庄居，种艺畜养，与俗无异。寺中百房，皆扃其户，入门绝无人迹，惟祖殿侍奉香火数僧，及住持、方丈数辈而已。（同上书，452页右）

于是乎大众种艺畜养，多农夫化，寺中仅奉侍祖殿之数人而已，山门则委之流棍之纵横，而：

> 诸僧徒，习俗成风。凡幼童出家，只见师长务农，不异俗人，竟不知出家为何业？而畜其徒者，止利其得力于田亩，而无一言及出世事，其来久矣。（同上书，452页左）

师资相承，从事农桑，毫不知出世之事，而曹溪之净域，化为屠沽赌淫之场矣。

> 四方流棍，聚集山中，百有余年，牢不可破，而俗人坟墓，皆盈山谷，视为己业矣。始也起于佣赁，久则经营，借资于僧，当山门外，起造屋庐，开张铺户，屠沽赌淫，日滋其害，而愚僧不察，与之亲狎夤缘，交相为利。故僧之所畜多归之。噬啮日深，则谋为不法。于是多方诱引，以酒食为坑阱，盲者一坠其中，则任其食啖，膏脂尽竭，以故僧之田地、山场、房屋，因是

而准折者多矣。(同上)

如斯山门乱秽,加以殿堂空虚,遇豪强侵犯,而田地失,祸害滋蔓,无如之何矣。德清便请有司,驱逐流棍,一洗腥秽,集僧众令讲习经典,立禅堂制规矩,大阐化门,中兴曹溪之真风。清一代功业中,以此为最大矣。

第二十五章 鼓山元贤

有明三百余年之禅将中,为殿军而博骁名者,乃鼓山之元贤。贤当白刃凌穹、横尸遍野之时,唱禅、张律、弘念佛、撰《洞上古辙》,企振曹洞之真风。惜哉,其志未遂。又作《寱言》,虽并论儒释,不足使儒士首肯;作《净慈要语》,劝奖念佛与放生,其可云适合时代者耶!

第一节 鼓山元贤

元贤,建阳(福建建宁府建阳县治)人,字永觉,以神宗帝万历六年生。为诸生时,嗜周程张朱之学。年二十五,读书山寺,闻有人诵《法华经》之偈云:"我尔时为现清净光明身",忽觉周孔之外别有道,叩同邑赵豫斋,受《楞严》《法华》《圆觉》三经。以万历三十一年值寿昌无明开法于董岩,往谒之,反复征诘。明云:"此事不可以意解,须力参乃契。"因看干屎橛之话,久无所入。一日夜坐,闻僧举南泉斩猫之话有省。万历四十五年,四十岁弃妻孥,投无明落发,凡有所请益,明但云"我不如你"。一日见明耕归,逆问云:"如何是清净光明身?"明挺身立。贤云:"只此更别有。"明遂行。贤当下豁然,如释重负。随入方丈,将述所得,明倒拈锄柄,痛击三下云:"向后不得草草。"仍示偈云:

一回透入一回深，佛祖从来不许人。直饶跨上金毛背，也教棒下自翻身。

贤不及吐一辞而退。翌万历四十六年，以无明入寂，往博山，禀具戒，相依三载，每商榷玄奥，生机横发。熹宗帝天启二年归闽，住沙县之双髻峰。同三年以葬亲，回建阳，舟过剑津，闻同行僧唱经云："一时謦欬，俱共弹指，是二音声，遍至十方诸佛世界。"廓然大悟，彻见无明之用处，时年四十有六。尔后挂锡瓯宁（福建建宁府瓯宁县治）之金仙庵，阅《大藏经》三年。天启七年，徙居建安（建宁府建安县）之荷山。

第二节 著述并示寂

先是贤在博山，无异嘱以志建州之诸释，至是撰《建州弘释录》，无异作序。思宗帝崇祯五年谒闻谷于剑州（四川保宁府剑州治）之宝善庵，水乳相投，宛然如凤契。适宜兴曹安祖请闻谷作《诸祖道影赞》，因嘱贤代作，容易成百余赞，谷惊怪不已，乃授以大戒。崇祯七年诸善信延请主福州鼓山之涌泉寺，请开堂不许，唯为四众说戒，有请法者示以庵主之礼耳。同八年往寿昌，扫先师之塔，归过建州，为净慈庵，著《净慈要语》。同年冬，相国张二水、侍郎吕天池率众入泉州开元寺请开法，知机缘已熟，始开堂，为无明拈出瓣香。同九年相国曾二云访贤开元寺，为建殿，请疏《楞严》之奥义，《楞严略疏》是也。以是秋还鼓山，建藏经堂。同十年以闻谷讣至，躬往杭州真寂院吊之。十五年结制于泉州开元寺，修《开元志》。冬回鼓山，龙象云从，殿宇鼎新，为入闽丛林之冠。十六年应建州兴福寺之请。期毕，至剑州宝善庵，建舍利塔。入冬回鼓山，刻《禅余内外集》。福王弘光元年，著《金刚略疏》，修《鼓山志》。翌年司空郑如水及诸缙绅，请至建州净慈庵，为国祝厘，事毕，说戒于宝善庵，著《四分戒本约义》《律学发轫》。永明王永历元年回鼓山，著《洞上古辙》。是年清兵掠鼓山，以篮舆舁贤，至半岭，忽颤仆，遂送还山。永历三年著《补灯录》，以补《五灯会元》之阙。同四年作寿塔于寺之西畲，自状其行。同五年作《继灯录》，叙从宋至明四百余年之传灯相承。同六年夏，刻《晚录》，秋造报亲塔，又遣徒取金陵之《大藏经》。同八年著《心经指掌》。同九年，兴化、福清、长乐皆罹兵变，饥民伶俜，惨状不忍睹，乃设粥以赈之，死者具棺葬之，凡二千余人，及五十日之长而止。同十一年八十载上元之日举衣拂附上首弟子为霖道霈，命为众分座。同年（1657）至秋，四方咸集请开法。贤永历五年以来，禁止上堂，虽力请不许。至是忻然登座，示谢世之意。不久有疾，绝食二十余日，闭目吉祥卧，如入定而逝。平生说法语录及所著述共二十余种，凡八十余卷，盛行于世。山中所依止，率三百余人，问道受戒者有数万人。

第三节　元贤之风格

《行业记》记元贤之为人云：

> 师器宇峻特，具大人相。出世凡历主四刹，所至深居丈室，澹然无营，若不事事，而施者争先，百务皆举。四方学者，来不拒，去不留，座下每多英衲，皆勉以真参实悟，深诫皆解杂毒。其登堂说法，机辩纵横，若天廊云布。其操觚染翰，珠玑滚

第二十五章　鼓山元贤

滚,即片言只字,无不精绝。曹洞纲宗,从上遭浊智谬乱者,皆楷以心印,复还旧辙。生平慎重大法,开堂将三十载,未尝轻许学者。年至八十,始举霈公一人授之,诸方皆服其严。且立身如山岳,操行若冰霜,卫道救世,即白刃当前,亦不少挫。呜呼,师岂常人哉!世称师为古佛再来,福慧圆明,悲智具足,诚不诬耳。(《续藏经》,第一辑,第二编,第三十套,第四册,393页左)

贤传中多载怪异之事,虽极乏史的价值,却皆暗示贤之为异常人。中有下之记事:

> 天启丁卯,居建安荷山。一日山门外经行,虎突至,行者惊仆地。师以拄杖指之,虎翻身咆哮而去。(同上)

> 师居剑津宝善,值大旱,凡三月不雨。……师为上堂云:"诸仁者,风从何来?雨从何来?"……拈拄杖云:"老僧拄杖子化为龙。"……即时雨若盆倾,水满三尺。(同上书,394页左)

以上记事,颇类关于永平道元之传说。且贤有授戒鬼神之谈,是亦相似矣。学者如加考证幸甚。元贤受禅于无明慧经,曹洞门下之种草也。又受律于闻谷。谷,云栖袾宏之嗣。檇李嘉善之人,姓周氏,讳广印,闻谷其字,别号掌石,器宇清和,定动严密。虽洞透祖关,惩于世俗之弊,终不以悟自居。当真寂之丛席既成,径山僧众请开堂,坚持不许。当时三宗鼎立,闻谷皆能洞晰其微,为众演说,闻者靡不心服。化导法众,禅教双举,不局一途,然必以戒律为法。学者有逞智解者,深锥痛扎不少假,于古德机缘,多有偈颂,别出手眼,问答语句,机辩自在,然不许录,故知之者少。主丛席二十五年,建道场二所,度弟子千有余人,世宗帝嘉靖四十五年寂,世寿七十一。所著有《宗门警语》二卷,闻谷之《塔铭》并序,皆元贤所撰,见贤《禅余外集》卷四。

第四节　元贤接化之手段

元贤思想与明末诸家无别,而贤自高,称不同于流俗。

僧问:"如何是鼓山境?"师云:"海岸高鸟绝栖。"进云:"如何是境中人?"师云:"倚杖云中啸一声。"(《续藏经》,第一辑,第二编,第三十套,第三册,246页右)

可知其自居之高。贤之接人不脱禅家凡庸之俗套。

梦中有僧请益三玄。师云:"汝问来。"问:"如何是第一玄?"师云:"开口便见舌。"曰:"如何是第二玄?"师云:"开口不见舌。"曰:"如何是第三玄?"师曰:"两口无一舌。"僧礼拜。师呵呵大笑。(同上)

是称所谓禅机自在者。贤常劝人持戒,令参禅念佛,而贤说戒与普通之律师不同。

六祖大师云,"本性无非自性戒",今老僧年老,不能与诸人逐一详细说得,但省烦与诸人说去。如何是五戒?梅花斗雪开。如何是沙弥戒?石笋破苍苔。如何是比丘戒?寒河连底冻。如何

是菩萨戒？膏雨足滂沱。诸人若会得此四句，当下顿得无作戒体。（同上书，230页左—231页右）

贤尝在真寂院中说戒，曾垂三问：

> 第一问，戒必师师相授，请问威音王从何人受戒？
> 第二问，《梵网经》云戒光从口出，非青、黄、赤、白，请问毕竟作何色？
> 第三问，经云破戒比丘，不入地狱。既是破戒比丘，因甚不入地狱？（同上书，231页右）

尝指示学道三要云：第一要信得及，第二要放得下，第三要守得坚。信得及者，信得我本来是佛。放得下者，放下许多虚名浮利，恩爱业缘，种种牵缠。守得坚者，守信不失，守放下不担取也。（同上书，25页左）

又设室中六问：

> 五虎攒羊，如何救得此羊出去？
> 离却语默动静，别通个消息来？
> 苕溪一滴，味异众流，未审是甚么味？
> 真寂门前，烟波浩渺，不假舟楫，如何得渡？
> 眼空宇宙、脚踏毗卢的人，因甚犹在半途？
> 倒挂须弥、逆旋日月的人，因甚犹逢痛棒？
>
> （同上书，250页右）

第五节　元贤之三玄、三要说

贤云："予三十年前学临济，三十年后学曹洞，自公言通济、洞二宗，而因世人起临济三玄之诤，作《三玄考》。"其要云：

> 临济曰："大凡演唱宗乘，一句中须具三玄门，一玄中须具三要路，有权有实，有照有用，汝等诸人，作么生会。"

此三玄、三要之始也。临济未分别三玄、三要，未示其名目，然天台德韶答彦明之问，以三要为照要、用要、照用同时要，失其旨矣。又汾阳之颂云："三玄三要事难分，得意忘言道易亲。一句明明该万象，重阳九日菊花新。"汾阳颂出三玄：

> 第一玄　法界广无边，森罗及万象，总在镜中圆。
> 第二玄　释尊问阿难，多闻随事答，应器量方圆。
> 第三玄　直出古皇前，四句百非外，闾民问丰干。

如是汾阳之三颂虽分为三，不分而分、分而不分也。首一颂是体中玄，第二颂是句中玄，第三颂即明意中玄。汾阳未出三玄之名，但不过云第一玄、第二玄、第三玄。浮山法远曰："意中玄者非意识之意。远曾亲见汾阳，然三玄之名，其来已久，古塔主释三玄为体中玄、句中玄、玄中玄（又云意中玄），是亦非始于古塔主也。"后来多以三玄为体中玄、句中玄、意中玄，如圆悟克勤即是。古塔主释汾阳之颂，"三玄三要事难分"总颂三玄也，"得意忘言道易亲"为玄中玄，"一句明明该万象"为体中玄,"重阳九日菊花新"配句中玄非也。虽古塔主更引古则,配当三玄,大失临济三玄之意。至石门觉范虽呵古塔主立体中玄等之名目,自以三玄释《参同契》。其说云:"非特临济喜谈三玄,石头之《参同契》亦具此旨,灵源明皎洁,枝派暗流注,……在暗则必合上中,在明则须明清浊,此体中玄也。本末须归宗,尊卑用其语以下,句中玄也。谨白参玄人,光阴莫虚度,意中玄也云云,是大违临济、曹洞二家之旨。"(同上书,293页左—296页右)

贤所谓非无其理,体中玄、句中玄、意中玄之说出于玄沙,非出于临济,后世强生节目,所以陷支离之弊也。

第六节 《宝镜三昧》作者之考证

元贤览世宗帝嘉靖中所公于世之《曹洞宗旨绪余》《少林笔记》等书,忧其谬妄,迷乱后学,作《洞上古辙》二卷,尽删邪说,唯存古德之旧案云。初注《参同契》,次出《宝镜三昧》之注,其序云:

> 《宝镜三昧》一书,洞山室中、密授曹山者也。洞山云:"吾得岩先师亲印《宝镜三昧》,则知非洞山所作,乃云岩所作。"或又谓其传于药山,今不可考。是书洞下诸师,恐属流布,转辱大法,但于室中密授,以定宗旨,以防渗漏。自宋朱世英得之老僧,乃嘱觉范注释以行,觉范不达此宗,又性多疏略,故是非相半,迷误后学,余不得已,乃为别注。(同上书,第四册,353页左)

贤之说尚未是,何则?《洞山语录》云:

师（良价）遂嘱曰："吾在云岩先师处，亲印《宝镜三昧》，事穷的要，今付于汝（曹山）。"（《续藏经》，第一辑，第二编，第二十四套，第五册，455页左）

即洞山不过就《宝镜三昧》得云岩之印证，非由从云岩传授，何得即断为云岩之作？若为云岩作，则洞山不要亲受其印证。盖洞山之自作，故受云岩之印证也。洞下之室中密授《宝镜三昧》当为事实。

第七节　元贤之《五位图说》

贤之正偏五位之图如下。

《图说》云，最上一相，是黑白未兆之前，所谓向上宗乘中事也。次一相，表黑白既分之后，偏正交互之义。右之第一相，黑多白少，正中偏也。左之第一相，白多黑少，偏中正也。中央之一相，中黑外白，正中来也。右之第二相，全白，兼中至也。左之第二相，全黑，兼中到也。正中偏、偏中正是相对而未兼，兼中至、兼中到是相对而既兼，正中来无对为中间之一位，即如五方之中，五常之信，五行之土。功勋五位、王子五位、君臣五位不能配偏正五位。功勋与王子皆偏位上事也。君臣五位，是接人之法也。觉范

（左侧图注：向上一窍／黑白交互／如茎草味如金刚杵／正中偏／来中正／到中兼）

（右侧图注：黑白未兆／混沌既分／偏中正／叠而为三变尽成五／至中兼）

改兼中至为偏中至，以对正中来，大误后学。今订正之。正中来是四位之枢纽，前二位入于此，后二位由此出。正像至尊之位，不可有对，以偏中至对正中来则中间有两位，非金刚杵之相。(《续藏经》，第一辑，第二编，第三十套，第四册，355页左)

此说亦不可信，何则？洞山《五位显诀》中：

> 正位却偏，就偏辨得，是圆两意。
> 偏位虽偏，亦圆两意，缘中辨得，是有语中无语。
> 或有正位中来者，是无语中有语。
> 或有偏位中来者，是有语中无语。
> 或有相兼带来者，这里不说有语无语云云。

以始二位圆两意之言为相对，次二位。有语无语为相对，最后一位全无对。前四位为相对，最后是为绝对何疑哉？元贤却蹉过了。次见山之逐位颂，明记正中偏、偏中正、正中来、偏中至、兼中到，故不可改偏中正为兼中至。而从汾阳、慈明始以至天童觉，于兼中至全失其据。贤五位之图，仿宋儒周茂叔之《太极图》，贤竟忘本如是。

第八节 儒释一致说与格物论

元贤于《寱言》中所说，乃道破儒释之一致者。

> 人皆知释迦是出世底圣人，而不知正入世底圣人，不入世不能出世也。人皆知孔子是入世底圣人，而不知正出世底圣人，不出世不能入世也。(同上书，377页左)

是以孔子与世尊为同等之圣人者。次论性：

> 性体寂灭，不落名言……即尧舜称之曰中，《大学》称之曰明，《中庸》称之曰诚，乃至诸佛称之曰真如，曰圆觉。（同上书，377页左—378页右）

是以真如圆觉，与孟、荀之所谓性为同一视者。又以性为无善、无恶云：

> 性虽无善恶，而顺性者必善，逆性者必恶。恶之用，起于我执法执。善之极，归于无思无为。无思无为者，顺性之道也，我执法执者，逆性之障也。（同上书，379页左）

又不可以五常谓性。

> 以五常言性，而性实非五常也。盖性乃一体浑然，本无名相，自一理随缘，斯有五常之名。（同上）

论格物云：

> 诸儒或有训格为正者，谓正其意之动也。夫灵心尚塞，则妄意横兴，强欲正之，不胜正矣。或首训格为扞格之格，训物为物欲之物者，谓格去其物欲之障，则元明自彰也。夫正见未开，理欲多混，认欲为理，将安去乎。或有训格为扞格之格，训物为一切外物者，谓屏绝外物，则心不受障也。夫事理不二，内外无间，今必欲去物以明理，是拨波而求水，特偏枯之见耳。唯晦庵

训为穷至事物之理，庶几近之。但彼所谓理，特指事物当然之则；所谓穷理，特逐物而穷其当然之则。是此理乃名言之所及，思虑之所到，益增差殊之见，不达归源之路，求其一旦豁然，果能之乎？愚谓格物者，须穷其实体，直彻根宗，易所谓精义入神也。精义而至于入神，则不落义路，契悟亦忘，形化为性，气化为道，物化为心，灵光独露，迥脱根尘，无广不照，无微不烛，格致之道固如是也。（同上书，379—380页右）

是排王学。舍朱学，以禅说格物，盖贤得意之说也乎。

第九节　元贤之老庄观

贤评老庄云：

老庄祖昔之无，是未能超无也；厌今之有，是未能超有也。见既局于有无，乃思去今之有，归昔之无，由是坠肢体、黜聪明、绝圣智、弃仁义，以修混沌之术，皆生灭法耳。（同上书，380页左）

彼老庄以太极之先为无，以太极之后为有，以无为是，以有为非，则有无之见未消，是非之情未泯，即此便为轮回之根、虚妄之本。（同上书，381页右）

痛骂，示老佛之相违。又论及庄子之生死观云：

庄生安时处顺，视生死为一条，能齐生死而已，未能忘生死

也。未能忘生死，又安能无生死哉。（同上书，381页左）

然则，贤乃不没入于当时流行之三教调和之思潮也。

第十节　论时代之弊习

元贤论时弊能中其肯綮。

> 余闻古之学道者，博参远访，陆沉贱役，劳其筋骨，饿其体肤，百苦无不备尝。并未有晏坐一室，闭关守寂，以为学道者也。自入元始有闭关之说，然高峰闭死关于天目，乃是枕子落地后，非大事未明，而画地以自限者也。入明乃有闭关学道之事。夫闭关学道，其最初一念，乃是厌动趋寂者也。只此一念，便为入道之障。况关中既不受知识钳锤，又无师友策励，痴痴守着一句话头，如抱枯桩相似，日久月深，志渐靡，力渐疲，话头无味，疑情不起，忽然转生第二念了也。甚至身坐一室，百念纷飞者有之，又何贵于关哉。（同上书，第三册，250页左）

诚如贤言，死关者元以来之弊习，黑山鬼窟之活计也。无智蒙昧之徒，坐死关中，恰如动物之居穴中，有何益哉。

尝论《人天眼目》云：

> 《人天眼目》一书，集在宋淳熙间，已有讹谬，至近日续收益广，而讹谬尤多。盖是水潦鹤之徒，托名杜撰，或是知识不善此宗，而勉强穿凿，其迷误后学，岂浅鲜哉。（同上书，第四

册，390页左）

此书之杜撰既云之矣，贤评中其实。又评当时之禅者云：

> 近日禅人……惟相与学颂古，学机锋过日，学得文字稍通，口头稍滑者，则以拂子付之。师资互相欺诳，而达磨之旨，又安在哉？不特此也，曾见付拂之辈，有颠狂而死者，有罢道还俗者，有啸聚山林劫掠为事者。他如纵恣险恶，为世俗所不齿者，在在有之。灭如来种族，必此辈也。呜呼危哉！（同上书，391页左—392页右）

禅人之坠如是之甚，为达磨以来所未有。

第十一节 寺院之穷状

鼓山之《田赋志》论云：

> 昔鼓山之盛也，僧众万指，施者唯恐其后，故虽于邪万亩，无敢觊觎。及其衰也，谁忍其以檀信之膏腴，恣无赖之嗜欲乎？由是豪强扼而夺之，海波荡而吞之，官府且用其六，用其八，而莫之恤矣。余昔来鼓山，见庙院僧，尽其岁之所敛，尚不足以完官，鞭笞既急，日夜唯豪家之锱是求，其不至于产尽僧亡不止也。（同上书，311页左）

又开元寺之《田赋志》论云：

> 至于近世，谓僧非民且耗国，忍为变卖之议及请给之谋，非独无以施之，且扼而夺之，产已失十之五矣。至嘉靖间，防倭事起，当道抽其六饷军，巡抚金公，且征其八。至于今日，军已撤而饷不减，又有加焉，如之何？僧不穷且窜也。（同上书，312页左）

寺院之穷状可以思也。加之风俗大恶化，溺女者多，才出母胎，抛之死所，虽呼号不及，痛苦无诉，宛转溪涧之中，路人不敢正视，且有食人者：

> 杀人而食，江北尝闻之，江南所未闻也，今已见于闽中矣。易子而食，古语尝闻之，未闻母食其子也，今亦见于闽中矣。呜呼！天亲之爱，莫如父子，而母之爱子，尤甚于父，虽虎狼犹然。至于今日，则人反不如虎狼矣，岂非旷古以来一大变哉。（同上书，391页左）

贤作《净慈要语》，即为化此恶俗。其言云：

> 求其修持最易，入道最稳，收功最速者，则莫如净土一门也。净土者何？谓太虚空中国土森列，有净有秽，众生心净生净土。（《续藏经》，第一辑，第二编，第十三套，第五册，502页右）

先说客观的净土之实在，而往生净土之途，唯有一耳，即：

> 当专持彼佛名号即得往生，何以故？以是彼佛大愿力故。（同上）

专持名号必往生，以上是事相也。谓以理时，则唯心净土，本性弥陀，事理不可偏废。正行是念佛而兼修众福，念佛时要正愿，愿一切众生同生净土同证菩提，是即正愿也。次厌秽土，临终正念则必往生。次说放生功德，令人行慈心，此《净慈要语》之大略也。

第二十六章　密云圆悟与
　　　　　费隐通容

　　与鼓山之贤骈比，唱临济之宗风者为密云圆悟。悟之会下逾三万指，机辩雷奔，接手妙密，称为一时大宗匠。悟之门下有费隐通容，虽识见平凡，而守己见不渝，有敢讥呵诸方之勇，其为明末临济禅之代表者乎。

第一节　密云圆悟

　　笑岩德宝之嗣有常州龙池山禹门院之幻有正传，传之轮下出天童之密云圆悟，座下逾三万指，宗风炽一时。据悟之门人费隐通容所校订《圆悟年谱》，圆悟，俗姓蒋氏，常州（江苏）宜兴人，以世宗帝嘉靖四十五年生。八岁不由他教能念佛。十五以躬耕樵立生计。二十六读《六祖坛经》，始知有宗门向上之事，昼耕耨采薪，夜织履，暇则取《坛经》玩绎不休。二十九决出家之志，安置妻室，诣显亲寺投幻有正传。三十岁正传以悟之学道勇锐，期其彻悟，命名圆悟。是年春，正传住龙池，悟随之往，躬任众务，负米百里之外，刻苦参究。至三十一剃染，由是请益，传说示不详，加以骂詈，惭闷成病二七日，服勤四载。三十三始纳僧服。翌年掩关本山千日，誓明大事。传屡勘验，虽往还酬答，当机不让，终不许可。至三十八岁，一日过铜官山顶，忽情与无情焕然等现，觉觅纤毫过患不可得。四十岁入燕京省觐正传，传与往复纵辩，箭锋相拄。侍传普炤寺二载，还登金山，下双径，过天台，访周海门，水乳相契。祭酒陶望龄、司空王舜鼎等皆问法。万历三十八年，正传从燕京回，住龙池。翌三十九年二月挝鼓集众上法堂，以衣拂付授圆悟。同四十二年顺寂。由是心丧三年。万历四十五年，至五十二岁继龙池之席开堂说法。熹宗帝天启四年，移浙江嘉兴之金粟山广慧寺，宗风益浩浩。思宗帝崇祯三年（1630）三月，于福建之黄檗山万福寺，入院开堂，十月还金粟。四年黄端伯等请主明州鄮山阿育王广利禅寺。同年四月还天童景德寺，道声益振，王公名士问法者多。殿宇鼎新，堂众逾三万指，僧俗男女四方问候者，昼夜络绎。崇祯十四年五月，朝使奉皇贵妃田氏之旨，赍紫衣入山请升座。又谕旨住金陵之大报恩寺，以衰老辞。翌十五年出天童，诣天台通玄峰，七月微疾。初七日于寝榻上趺坐顺寂，报龄七十七，剃度弟子三百余人，嗣法门人为一方宗主者十二人。

第二节　圆悟之木头禅

黄端伯尝记圆悟接人之状云：

  老人（圆悟）曝曝论实，单单据本，不铺文彩，不通意解，直下剿绝窠臼，断人命根，或与当头掴，拦胸挡，或与蓦面唾，臂脊搂，觌体提持，未尝有一法与人。（《密云禅师语录序》）

又蔡联璧云：

  棒喝交驰，学者无开口处，莫不望风而靡，以为临济再来

也。(同上)

即悟为人之手段是蓦头喝、劈脊棒,或挡住,或踏倒,令学者不遑弄智解,呈情识,以是行本分之令,剿绝窠臼,为断人之命根。试举二三之例:

> 新到参,方礼拜,师乃踏之,僧拟开口,师便打出。
>
> 僧才礼拜,师以杖抵云:"去去。"云:"某甲话也未问。"师云:"设问话堪作甚么?"僧拟议。师喝云:"出去。"
>
> 僧普度参,自叙云门博峰顶相见缘机,将毕,师咳嗽一声唾地云:"你道道看。"僧罔措,师连棒打出。(《密云禅师语录》,卷五,2—3页)
>
> 僧乞师法语云:"欲朝暮礼拜。"师云:"朝暮礼拜个甚么?"僧拟议,师便打。僧礼拜,师一踏,僧起,师云:"你者礼拜与朝暮礼拜是同是别?"僧复拟议,师云:"饶你会得无二无别,且道者一踏又如何?"(同上书,7—8页)
>
> 道存孙居士问:"圆顿之事,如何下手?"师挡须摇拽云:"恁么下手。"(同上书,10页左)
>
> 居士问:"狗子还有佛性也无?"师曰:"汝且唤狗子来。"士礼拜。师与一踏曰:"这畜生。"(《续藏经》,第一辑,第二编乙,第十一套,第五册,509页左)

如上施设,乃模仿大慧宗杲也。故悟所撰之《教外别传序》云:

> 不见他(宗杲)室中问僧:"德山见僧入门,便棒。临济见僧

入门，便喝。雪峰见僧，便道是甚么。睦州见僧，便道现成公案放汝三十棒。者四个老汉，还有为人处也无。"僧云："有。"大慧云："札。"僧拟议，大慧便喝出。遵璞闻之，忽然脱去，从前恶知恶解，遂成个洒洒地。……又大悲闲长老入室，大慧问："不与万法为侣者是什么人？"闲云："扶不起。"大慧云："扶不起是什么人？速道速道。"闲拟对，大慧便打，忽然大悟，可见棒喝急切要密，开人正眼，脱人情解，无过此也。(《密云禅师语录》，卷十二，18—19页）

如斯悟效颦临济德山、大慧等而行棒喝，以振作临济正宗。而不知临济之法道，非如是之单调者。

第三节　圆悟之思想

至悟之思想虽不能脱平凡之域，却似认得造化之源、天地之祖。故云：

上堂：亘古亘今，金刚体密密绵绵，尝证入不生不灭。如来藏，头头物物，悉包容。所以道，空可空非真空，色可色非真色，真色无形，真空无名。无名名之父，无色色之母，能为三界之根，作天地之祖。如是则金刚体、生育之本，如来藏、造化之源，能作奇特因，能显难思事。……蓦拈拄杖云："当恁么时，且作么生是，造化之源，生育之本。杖头点出金刚眼，弹指圆成八万门。"卓拄杖下座。(同上书，卷三，6—7页）

悟论生佛之关系道破：

> 诸佛与一切众生，本无异相，只缘迷悟，见有差殊。虽有差殊，迷时本体本不曾迷，悟时本体本不曾悟……迷时则全体而全众生，悟时则全众生而全佛……如是则举手所指，纵目所观，众生与诸佛，正如水中盐味，色里胶青，虽有所指，不见其形。（同上书，卷四，2页）

示生佛之如水波不一不异。又言及心佛众生之一体，公言：

> 古人道，心、佛、众生三无差别者，大端离心外别无有佛，众生可得，离佛外别无有心、众生可得，离众生外别无有心，佛可得。一体三名，三名一体。（同上书，22页右）

固然辽东之豕，虽不足为异，而在拜他土之佛冀往生之禅者之中，可谓铁中之铮铮者矣。

第四节　生死观

悟之生死观亦与此同，类辽东之豕云：

> 宋世大慧杲和尚云，你等生前，曾做驴做马，来也不知，而今死后，做驴做马，去也不知，上天堂也不知，入地狱也不知，既都不知，一息不来，前路茫茫，岂不是要紧底大事耶。然据悟上座，即不然。只者生不知来处，死不知去处，便是当人出生死底消息。唯人作计攀缘，遂成流转。何故生不知来处，则来无所从；死不知去处，则去无所至。去无所至，则内无所出；来无所

从；则外无所入。外无所入，则外息诸缘；内无所出，则内心无喘。既内心无喘，外息诸缘，则一念不生。(同上书，1—2页)

生无来处，死无去处，生死毕竟不可不空。到这里一念不生、前后际断，则生死无可出之谓也。幻有和尚忌辰云：

> 指真云："这老和尚，昔日不来，今日不去。"(同上书，卷一，25页左)

示生死之无去来，乃净法界身本无出没之意明也。

第五节　大尊贵生

悟自负其悟入，放言纵谈，鼻孔辽天。故山居之偈吟：

> 野衲横身四海中，端然迥出须弥峰。举头天外豁惺眼，俯视十方世界风。

示聚我居士之偈，作壮语：

> 万聚丛中我独尊，独尊那怕聚纷纭。头头色色非他物，大地乾坤一口吞。

偶成之吟云：

十方世界恣横眠，那管东西南北天。唯我独尊全体现，人来问着只粗拳。

得意之状，可想见。

第六节　圆悟父子之诤论

圆悟之资有苏州府邓尉山之汉月法藏。据《五灯全书》卷六十五并《续指月录》卷十九，藏以熹宗帝天启四年谒圆悟于金粟，授临济源流及信拂，师资圆成。又思宗帝崇祯元年授手书及传衣。书中云：

室中征语，并不存知解窠臼……普说数纸，一一精明，真堪绍继。(《续藏经》，第一辑，第二编，第十九套，第二册，179页右)

称赞藏之堪于嗣法。先是，天启五年，藏结夏于圣恩寺之万峰关，为学者撰《五宗原》。崇祯二年序之行世，其意排斥如圆悟，欲抹杀五家宗旨，单传释迦拈华一事，谓之直指向上者。又如曹洞门下烧香炼顶，密传宗旨者，亦作为不悟宗旨加以破斥。至崇祯三年藏将《五宗原》寄圆悟，以是悟崇祯七年著九辟，九年撰三辟，破藏之坠于知见，守死格，直直贬讥之为外道，为野狐精魅，且难藏作《智证传提》语，谓其变临济宗风为讲席。藏以崇祯八年顺世，其嗣有杭州安隐之潭吉弘忍，著《五宗救》，讽七辟、三辟非圆悟之真撰，为藏大有所辨。圆悟以不忍坐视，作《辟妄救略说》十卷驳忍，自序为崇祯戊寅（十一年）长至日。忍同年五月顺寂，尚未及见之。

第七节 《五宗原》之宗旨

法藏《五宗原》之大旨是：

> 尝见绘事家图七佛之始，始于威音王佛，惟大作一〇圆相之后，则七佛各有言诠。言诠虽异，而诸佛之偈旨，不出圆相也。（《续藏经》，第一辑，第二编，第十九套，第二册，101页右）

谓七佛之所说不出一圆相，进而龙树之满月相，乃至临济之宾主、云门之三句、沩仰之圆相、法眼之六相、曹洞之正偏，皆具一圆相中。次以毗婆尸佛之偈，配当五宗，断般若多罗之《忏记》中有五家分出之意，分割达磨无功德之话配当五家。又云：

> 至二祖，有居士请忏罪。祖曰："将罪来，与汝忏。"士良久曰："觅罪了不可得。"祖曰："与汝忏罪竟。"一将罪来，一忏罪竟，临济云门宗也。问答历然沩仰、法眼、曹洞宗也。（同上书，101页左）

强辨六祖以前之机缘，令合五家，以为探得五宗之原。加之，论定如三玄、三要、四宾主为临济之宗旨，万世不易之定衡，沩仰之九十七圆相、法眼之六相四法界、曹洞之君臣正偏等，皆是其宗旨也。

第八节 法藏之讹谬

藏捉来六祖以来之机缘，欲一一合于五宗绳墨，所以不免牵强之病。

> 栽松道者，问四祖曰："法道可得闻乎？"祖曰："汝已老脱，有闻其能广化耶？倘若再来，吾尚迟汝。"此语全看，则临济云门，细开阖之，则诸宗悉具矣。（同上）

栽松道者为五祖前身，是不过架空之传说，且此一段因缘是，假令道者老脱虽闻道，亦不能广开化门，若再生来则四祖待之之谓耳。藏以此云全看则临济云门，细开阖，则诸宗悉具，妄亦已甚。又藏论般若多罗之谶，有供养十方罗汉僧，是马祖记为什邡（四川成都府什邡县）人。马驹踏杀天下人，是预言马祖之大机者，则临济为祖师门下之正的而乳中之醍醐也。由是观之，藏于禅史不但盲目而已，且不能脱愚俗之妄信。又藏论五家宗旨亦云：

> 自马祖出天王道悟，……义存出云门文偃，……桂琛出法眼文益，此马祖一枝之四叶也。（同上书，105页左）

不知天王道悟为乌有之人物，错会沩仰、临济、云门、法眼四宗皆出于马祖下，至《传衣法注》而更为杜撰矣。

第九节　讽刺圆悟

藏暗里不隐蔽其讥谤圆悟：

> 后之悟心豪杰，欲抹杀宗旨，单存悟见也。此心法不同，各偏之弊耳。（同上书，106页左）
>
> 临济恐宗旨太密，传久失真，而变为一概头粗恶浅小之禅。

（同上书，107页右）

悟怫然起而驳之，诚事之不得已也。

第十节 圆悟之驳论

圆悟发表《辟妄救略说》以破法藏与弘忍云，七佛以来历代祖师无以一圆相为千佛万佛之祖者，藏、忍二人，认玄要、宾主等名相为宗旨，正是业识也。仰山虽传九十七种圆相，看竟即烧却，何尝以圆相为宗旨耶？三玄、三要临济所设，权而非实法，如大慧参禅十八年，古人之纲宗偈颂，一一透过，后被湛堂点破，从前学得底，总觉其用不着非耶？要唯自证自悟耳。临济之宗旨，迥然独脱，无一法与人，是悟驳论之大要也。弘忍、圆悟各各千言万语，虽相论争，多不过拈弄古人机缘以供自家之便，如法藏等所谓五家各有门庭之施设，圆悟得抹杀之。虽有门庭施设，而不可执为不易之实法，是圆悟之见处所以正也。

第十一节 汉月法藏与潭吉弘忍

据弘忍所记法藏之悟由：

> 二十九，见《高峰语录》，隐隐若能记，遂决志参禅……至万历壬子，师年四十，参究愈猛，必以得悟为期……会窗外有二僧，夹篱折大竹，声如迅雷，师自枕中跃起，顿得心空。……后参三玄要，于两堂首座同喝处，忽尔符契，乃取觉范《智证传》读之，

四百余年，不分延促，如在室中亲受印记。遂欣然奉高峰为印心、觉范为印法。(《续藏经》，第一辑，第二编，第十九套，第三册，235页右—236页右)

盖藏于参圆悟以前既有得力，私淑觉范遵奉其《智证传》，与悟不合，当然之势也。弘忍所论，亦非无一理，忍以棒喝为禅之一弊，故云：

及其弊也，知解横生，故不得不变而为机锋为棒喝。(同上书，193页左)

指摘棒喝之机用，盛于马祖以后。云：

四、七、二、三诸祖师，应机多标理致，而棒喝机锋，始自马祖。(同上书，194页左)

评圆悟之棒喝为狂打泼骂，云："一概硬禅之主宰，才问便喝，将谓禅道如是而已。"适中棒喝之弊。又悟赞藏为堪绍继，授临济源流。至后见其讥己，嗔目大怒，骂之为外道、为野狐精魅，不免逗人我之见之评。

第十二节　费隐通容

通容，福州福清人，俗姓何氏。年十四礼镇东之慧山出家，首参慧经于寿昌，看狗子无佛性之话。一日忽觉身世俱空，话头脱落，乃问经曰："今日看破和尚家风也。"经曰："汝有甚么见处？"容便喝。次参云门传山。熹宗帝天启二年,闻圆悟寓吼山,冒雨往谒,问:"觌面相呈事如何?"悟便打。容曰:"错。"悟又打,容又喝,悟只管打,容只管喝,至第七打,所有伎俩知见,泮然冰释。后上天台省觐,悟问:"熏风自南来,殿阁生微凉,汝作么生会?"容曰:"水向石边流出冷,风从花里过来香。"曰:"离此又如何?"容曰:"放和尚三十棒。"曰:"除却棒又作么生?"容便喝,曰:"喝后覃。"容曰:"更要重说偈言。"悟休去。既而悟主金粟,命容居西堂。明年,悟付源流衣拂。思宗帝崇祯六年,住黄檗山。九年迁建宁府建安之莲峰院。十一年主金粟。清世祖帝顺治三年,转天童。同七年崇德县之众檀越请住福岩寺。同年徙杭州径山兴圣万寿寺。顺治十七年(1660)化,阅世六十九。《五灯全书》卷六十五并《续灯正统》卷三十二以容之入寂为顺治十七年庚子,寿六十九,《续指月录》卷十九作顺治十八年辛丑。按《容语录》以顺治七年庚寅住径山,至翌八年六十岁有上堂法语,然则顺治十七年,其龄达六十九岁,若以顺治十八年寂,则阅世七十而非六十九,《续指月录》之差分明也。

第十三节 通容之思想

通容从其师圆悟传一橛头之禅,以为临济正宗,故云:

> 欲作临济儿孙,要在机用现前,才见入门,便与热喝,更若如何?直为痛拳,使人赤脱脱绝无依倚。(《费隐禅师语录》,卷十二,4页左)

这个见解,偏固不通,不可谓临济正宗,而于扇扬密云家风则无所

不足。既扇扬密云家风,贬剥汉月法藏,自然之势也。故骂倒法藏所著云:

> 《普说法语》《五宗原》《智证传提》并注脚,三老因缘,夹杂偏颇,多负单传直指,取明眼笑。(同上书,卷十三,19页左)

容不失为道破祖师门下正系之思想。

> 山青水绿,李白桃红。轻舟泛小浦,幽鸟语长空。头头彰宝所,物物显全机。离此别有,则向外驰求;即此便是,则世谛流布。于中豁开一只眼,便见当人卢舍那身。时时现前,金刚妙体,无处不周,直得尽虚空遍法界,山河大地,明暗色空,草木丛林⋯⋯——敷演遮那妙体。(同上书,卷二,6—7页右)

又容不入当时最流行之念佛禅,唱导:

> 恒居常寂光土,不起一念,得见本性弥陀,不移一步,便生惟心净土。娑婆世界,即是西方十万亿土不隔毫端。水鸟树林,演说妙法。殿台楼阁,常放光明。不许眼见,那得耳闻。(同上书,卷四,14页右)

第十四节 《五灯严统》之伪谬

通容尝著《五灯严统》称考订禅统之讹伪,将云门、法眼二派属南岳下,以自大乱统之弊。《宗统编年》卷三十二顺治十一年条云,容著《严统》逞妄议，三宜明盂诉之官请断曲直，觉浪道盛、远门净柱等亦鼓笔舌责罪容，箬庵通问、退翁弘储往复周旋解之，得以无事。容讹谬大约十条，以株守达观昙颖等捏出之天王道悟之伪碑为真，此其一。又不知伪碑之作者丘玄素为乌有人物而妄断为大儒，此其二。又不知江陵无天王寺而喋喋天王道悟，此其三。又信张无尽从达观处讨得天王碑示之于世，不知无尽为当时黄嘴少年与宗乘没交涉，此其四。又云佛国白之《续灯录》记雪窦显为马祖九世孙，《续灯录》无此记事，此其五。又以吕夏卿与张无尽并为证权，不知吕夏卿为一个文人，于宗乘无眼目，此其六。又立脚于般若多罗之谶，论青原南岳之昆季，不知史论之为何，此其七。又单凭臆说，否定传灯正宗之系统，此其八。又未想到龙潭之传中无参天王之机缘，师资之传全不合，此其九。又不知《五灯会元》比较多的误传，而以之为证权，此其十。以如是谫劣之见地，欲以正宗门之乱统，岂不难哉。至容人我之见，实有可唾弃之，即据般若多罗之谶，主张必须先南岳，后青原，妄断洞下宗师是提唱传帕、耳口诵习之徒，不可加于济家之真参实悟之人之上。傲称自己之造诣识见，闻于海内，如费千言万语，讥呵三宜、远门等，读彼之解惑篇者，谁不惊其心行之鄙陋哉。

第十五节　圆悟父子与天主教

据《燕京开教略》中篇，神宗帝万历二十七年意大利人利玛窦抵京，欲弘通天主教不果。翌二十八年购办西洋之珍奇玩好之物，请献之廷阙。帝见奏疏，命有司送利玛窦等及其贡物于北京，以是万历二十九年一月。利玛窦等入京献时钟、洋琴等，帝大悦，召见慰劳。同年利玛窦进上天主图像、天主圣母像、《圣经》等，请为中国之氓云。帝嘉之，命礼部优待，赐地于宣武门，令建堂居之。利玛窦乃教授西学于士人，乘机布教。四五年后，新奉教者二百有余人，李之藻、杨廷筠、徐光启等尤著。利玛窦以五十九岁万历三十八年殁。其友西班牙人庞迪我（Didaco depantoja）、意国人庞华民（Nicholas Longobardi）等继之从事传道，思宗帝崇祯七年因徐光启之奏德意志人汤若望（Johann Adam Schall von Beu）入京掌历务。九年为防李自成及清兵，奉朝旨铸造大炮。顺治七年，赐地北京宣武门之东建圣堂，任钦天监监正。八年封通议大夫，一时荣耀极矣。于是乎神宗帝之孙，永明王之桂林府中，皇太后、皇后、太子皆受洗礼至为其教徒矣。

圆悟父子攻击利玛窦之说，欲以解天主教徒之惑。悟《年谱》天启五年条：

> 复陈则梁问道书，陈盖奉天主教者，中多泰西利玛窦语，师为答之最详。（《密云禅师年谱》，27页右）

又崇祯八年条有：

> 著《辩天说》，为泰西教也。（同上书，40页右）

《辩天说》，未见全文，其要旨难知悉。

关于通容之说，《费隐禅师别集》卷十六有原道辟邪说，乃剖击利玛窦所著《天主实义》者。据容所云，利玛窦以天地万物为天主所造，且天主无始无终，鸟兽、草木有始有终，天地、鬼神及灵魂为有始无终。对之容云："无始无终者为大道全真，凡圣皆具。"又论人物、天地、鬼神，俱无始无终。举其理由云："其心念者无始无终也，身体亦无始无终也，故大道全真备于我。人人无始无终则草木、鸟兽、天地、鬼神亦无始无终也，而万物所以有差别者，由于识心分别耳。虚空无边际则收于其中之物亦无边际，虚空无始终，故世界亦无始终，众生、天地、鬼神、草木、禽兽悉无始终。法系如是，非强为。"容更提起唯心说云："一人有心则一世界现，多人有心则多世界现，如是世界与事物总在一心，包罗该博，一法无不具摄。"容更而为明天地万物之无始无终为大道全真，立下之比量：

一、大道全真，具该天地万物，无始无终，故如虚空等。
二、唯心可具备万物，无始无终，故如虚空等。

盖如大道全真之漠然名辞，不为敌者天主教徒之所理解，则不作有法用。次无始无终非敌者所许，则不作因之用，容立量不免一大过失。容欲立证万物之为无始无终，而以无始无终为因，大过误也。因喻非立敌共许不可，是因明学上无人不知者，假令立证大道全真或唯心该摄万物如虚空，亦未足以解天主教徒之惑也。次利玛窦有三魂之说，谓人有三魂，灵魂、觉魂、生魂是也。思之生魂是生理的作用，觉魂其意味知觉之作用耶？而此二魂，百年都灭，灵魂不灭。对此说容谓身心一如，身外无余，色心不二，神形靡间，如是则身前弗虑，死后不计，圣人了生死，通神明，亘古今而不磨，此为大道之根本也。是为禅门正统思想，而否定灵魂幽鬼之存在者，固当如是。而容引孔子之言云："鬼神之德，其盛矣哉，视之而不见，听之而不闻。"前后矛盾之言，可以见容之迎合凡俗之信仰。

第十六节　通容与通忍之诤论

《通容别集》卷四有《金粟辟谬》，乃攻击同门之朝宗通忍者，通忍尝出《说话》一篇，其中贬驳通容之女子出定话颂。对之容骂其概以古今言句，变经乱常，以是为非，以非为是，令人缁素莫辨，媒墨不分，东扯西拽，支离汗漫。又斥通忍以古人语要配合三玄、三要，断其扭捏造作，以为临济宗旨，岂非寻枝摘叶，韩獹逐块，迷之又迷，错之又错，极言为千百世法门之罪人也。如通容之言天童圆悟曾辟通忍之说话四十余纸，痛加诃叱，且言当摈出法门云。果然，圆悟何故认通忍之悟所而为其法嗣耶？颇可怪。据《金粟辟谬》下，圆悟躬至南京，欲打摈通忍，而通忍既逃遁，空棹而返。然则圆悟见学人不明，狠为法嗣，他日见其与己不合，则直以为外道魔党而排击之也。同书叙圆悟以大慧宗杲为佛果克勤之旁系，虎丘绍隆为正系之意，是以不属于自己法系者为旁系加以轻侮之弊，人我之见而已。通容受圆悟之意而至夸张之，更不过增其非。通忍尝作《法录》并自白语排斥圆悟与通容，对之通容作《规谬见长老》一篇，文载于《别集》卷七。依同书，圆悟刻判说及二判破通忍，且躬到金陵欲夺回从前付授之拂子，忍逃窜无踪。其后过三年圆悟示寂，自白语乃圆悟死后通忍所作，而容评通忍骂其佛祖机缘公案，未窥鞭影，自己本分，全无梦见。不窥公案鞭影，不梦见自己本分者，得为圆悟法嗣而主法大刹否？以常识可知也。据容所云彼作《辟谬》，通忍以之质于圆悟，悟是认容之说，为忍决断云。又忍《法录》之中斥圆悟又评容，言其仿佛形声气魄之间，未到悟门之田地。容愤之反驳忍为法门中之乱臣贼子。忍又作《迅雷指迷集》答容之《规谬见长老》书，公言圆悟不识玄要，不明纲宗，悟迹未化，未历点破末后之牢关。父子昆弟之间，相互毁辱如仇雠，达磨以来，临济以后，未曾有如是之丑态也。

第十七节　通容与道忞之纷诤

通容《别集》卷十五载题为《说木陈欺天童老和尚》一篇，是容攻击其同门木陈道忞者。据容所云，道忞于圆悟灭后以机心运计谋，遂住天童，时明崇祯十六年也。先是崇祯十二年，圆悟出天童，寓三关，忞在山中乘机谋自住。圆悟闻之广语人，由是忞以粗言恶语骂悟，送还悟所付之拂子，师资之谊遂绝。是虽容之怨言不必可信，而父子相似憎恶似矣。据容所公言，圆悟当选一山之后任，例卜签于韦驮伽蓝定之，然道忞不依卜签如圆悟，而自称住持。是时容亦欲住天童，为忞之权势所压不得志也。圆悟当其选一山之后任，假之卜签果何意哉。以天下之大善知识自任者，无选一山后任之眼识，至盲信卜阄之力，可谓言语道断。其次，击木陈《妄代天童老和尚付法》一文，乃诘道忞于圆悟死后代师付法僧高原等者。若果为事实，道忞之过非小少。忞辩护之云：“圆悟同门有雪峤圆信，未受其师幻有正传之付授，而圆悟于正传之塔铭中特载圆信之名。”又有抱朴莲，正传迁化之后，圆悟自书源流与之，以为正传之嗣，即忞乃效其师圆悟之所为也。果然则圆悟亦不免滥法系之罪。雪峤识见高迈，不欲为正传之资，公言遥嗣古之云门，然圆悟以为正传之嗣而载其名是为败纪纲者，容以诬罔称之，难悉其是非所在。《别集》卷十五有《榜法堂语》是及容住天童揭于法堂者，清顺治三年之作也。其中云：“案忞讼状中，书圆悟为行僧，记道忞为法僧，是出于忞毁伤圆悟之逆意，非鸣鼓而攻之不可。”又容遍告同门摈斥忞，提议从圆悟门下削去其名。且抉剔忞住天童山中之非行，举其改圆悟匾额，代附圆悟之法，改换圆悟语录，浪费天童之常住米钱。容又明言，忞有如是种种孽行，故云：

> 天雷霹西禅堂两步柱，而山灵亦不拥护。……猛虎便跳入大斋堂，啖食一犬，更有许多不祥灾异。(《费隐禅师别集》，卷十五，26页右)

既然如此，容不知雷电之原因，不知其作用，以落雷归忞之罪，有常识者谁不笑之耶？以猛虎食狗子为不祥，非但忞之罪，如信山灵、信鬼神，容之坠于凡俗之迷执可见。容攻击忞云：

> 宋时有僧道原作《传灯录》，用十科为品流，曾列岩头藏禅师为苦行僧，后遭寂音尊者及儒释高流，口诛笔伐，千古难逃公论。

呜忞记圆悟为行僧之罪，而道原之《传灯录》，一无此记事，以十科为品流，如《传灯录》亦无其影响。如上误记，在《别集》卷十五、18页右，同卷22页左，同卷十八、32页左反复及三四，故非偶然之误。容撰《五灯严统》自称矫正禅史之滥失，而就禅史中最著名之《传灯录》竟犯如是误谬何哉。案《宋高僧传》设译经、义解等十篇，其《遗身篇》中收岩头之传，容殆混同《传灯》与《宋传》者耶？

第十八节　通容与玉林通琇及瑞白明雪

通容《别集》卷八有《判狂解》一篇，是为攻击玉林通琇者。琇，天隐圆修之嗣，修是天童圆悟之法眷，容之于琇为从兄弟。据容所言，琇于《啸云戒论》中暗刺圆悟与通容，容乃批评琇之语录，只是学语之流，知解宗徒，妄以古人公案，支离配合与贬剥，难琇提倡念佛所云："有时一声佛如金刚王宝剑，有时一声佛如踞地狮子，有时一声佛如择竿影草，有时一声佛不作一声佛用。"谓其混杂念佛与四喝，乱统之太甚者。又琇之《语录》，杜撰漏逗，且发狂发癫，眼里无人，呵骂诸人愚弄毒舌。更云崇祯十五年六月，圆悟闻琇之放狂肆骂，虽在病中，运群书来备考辟，欲大驳之，然以七月七日遂示寂，故继圆悟之志非加以攻击不可。于是琇亦作《判魔直笔论》驳容，容又作《判狂解》讪琇，极言玉林真是杜撰之人，不辨奴郎，不分菽麦。圆悟父子昆弟，相互呼狂，妄称邪魔，骂为无眼之狗，谤为乱臣贼子，相恶相辱非止，不啻仇雠，谁知鸟之雌雄哉。

容《别集》卷十二有室中偶语，是骂詈瑞白明雪者。雪，湛然圆澄之嗣，曹洞门下之宗匠也。其中云明雪窃用临济门下之棒喝，容以为曹洞门下语忌十成，机贵回互，正中妙挟，理事兼到，不得偏倚，用棒喝是盗用济家之宗旨也。明雪乃作《辟语》一篇论之，容阅之，刻《黄檗勘语》。有僧历然览《黄檗勘语》，摘出七段，以为明雪辨，明雪亦著《辟妄说》破析容。要之容以圆悟之一橛头禅为临济正宗，为直指单提，而有苟违之者，则例以为邪妄、为伪谬而痛骂激詈。彼之《别集》十八卷，恶言粗语满纸，读者可以想见彼人格之鄙劣也。

第二十七章 清初皇帝与禅匠

洎满清之兴,太祖、太宗皆不知禅道之为何,至世祖始染指宗乘。玉林通琇、木陈道忞赴京为帝所师事,其门下亦开法上都,以享受世荣便无不足,振已坠之宗纲之力量,即不足也。

第一节 清初之皇帝

清太祖讳努儿哈赤,其先出自女真,姓爱新觉罗。爱新意味金,觉罗即姓氏之义。满洲之国号出自梵语曼殊,西藏所献册书,称清帝为曼殊师利大皇帝,故太宗帝时以之为国号。太祖英武平定满蒙诸部族,明神宗帝万历四十四年(1616)年五十八即皇帝位,建元天命。天命三年对明发宣战檄文。四年大伐破之。六年进陷沈阳,长驱拔辽阳,七年太子筑东京,于河上迁都之。十年又迁都沈阳,是为盛京。十一年大举越辽河,攻宁远城,为守将袁崇焕所败,负重伤还,八月殂落,寿六十八。太祖不但为一个武人,又有志文教,废从来之女真文字,欲新作满洲文字,联缀蒙古字发语音,以创制国字,又以蒙古人笃信喇嘛,从西藏招致喇嘛僧令布其教。今辽阳东门外称为喇嘛院地,有喇嘛僧乌尔达尔班·诺斯法师墓碣,其遗迹也。云太祖所信宗教为其部族宗旨之萨满教,颇属于原始宗教。据《东华录》卷一,万历二十一年,当与九部之大军战,太祖拜堂子而启行。《清朝史略注》有：

　　堂子，满洲祭天、祭神、祭佛之公所，而圆殿神名纽欢台吉武笃木贝子。神亭建于堂子东南隅，浴佛日于堂子祀佛并祀圆殿神。(《清朝史略》，卷一，3页左)

又《东华录》万历四十三年条有：

　　始建佛寺及玉皇庙，凡七大庙，三年乃成。(《东华录》，卷一，9页右)玉皇庙者道教之庙，可想见其幼稚的信仰。

第二节　太宗皇太极

　　继太祖之功业者太宗，讳皇太极，天聪元年（1627）大举伐朝鲜，从同年至八年间，讨平蒙古诸部，悉令归附。天聪十年改元崇德，国号大清，时年四十五。崇德元年以大军伐明。二年亲征朝鲜，降之。八年（1643）八月崩，寿五十有二。太宗性嗜典籍，夙欲兴文教，天聪三年命儒臣达海等，翻译汉字之书，又注记清朝之得失。同六年谕贝勒、大臣之子弟八岁以上者皆读书明理，使知尽忠，其志可知也。帝之信仰与其父太祖同，如每出征谒堂子后启行是也。《东华录》天聪八年条云：

　　黑尔根喇嘛载护法嘛哈噶喇金身至。初元世祖时，有帕斯八（巴思八）喇嘛用千金铸护法嘛哈噶喇，祀之。黑尔根喇嘛见天运已归我国，载佛来归，上遣礼毕，像奉祀五台山，后移于沙漠

沙尔巴。库图克图喇嘛复移于察哈，克图囊苏迎至盛京。(《东华录》，卷二，9页左)

太宗虽迎喇嘛佛像，未至信之。帝以元朝之衰亡，归因于喇嘛之盛行，故天聪八年上谕云：

> 蒙古诸臣子，自弃蒙古之语名号，俱学喇嘛，卒至国运衰微。(同上书，6页右)

是帝所以不易信喇嘛，然帝利用西藏之喇嘛，欲以怀柔其国人，《清朝史略》崇德四年条云：

> 致书于图白忒汗曰："大清国宽温仁圣皇帝致书于图白忒汗。自古国君所制经典，朕不欲其泯绝不传，故特遣使延请圣僧，尔图白忒之主能施佛教于天下之贤人，倘即敦遣前来，则朕心甚悦矣。"(《清朝史略》，卷二，22页左)

又《东华录》崇德七年条，图白忒部之达赖喇嘛遣二使致书，帝出怀远门率众拜迎，大优遇之。崇德八年，使僧还，寄书达赖喇嘛，谕当以佛法护国。

第三节　世祖与禅

次继大统者为世祖，讳福临，六岁能嗜观史书，博通经籍。顺治元年(1644)定都燕京，平明之流贼，一统天下。顺治十八年崩，龄二十四。帝谕礼部云："帝王致治，文教为先，臣子致君，经术为本……朕将兴文教，崇儒术，以开天下。"躬撰《资政要览》《孝经衍义》《祖宗圣训》等，举经筵日讲以盛文化。据《宗统编年》卷三十二，顺治十四年诏京师海会寺之憨璞性聪结制于万善殿，以问法奏对适旨，赐紫衣及明觉之号。性聪者，费隐通容之孙也。越顺治十六年诏天童之木陈道忞说法于万善殿，命其门人旅庵本月、山晓本晳开法于京师。同年召报恩之玉林通琇入京，就万善殿升座，敕琇之嗣圆照之茚溪行森问道。顺治十七年特设皇坛以通琇为戒师，拣一千五百僧授菩萨戒。一日帝览琇所撰之《客问》一册，嘉其言，命大学士金之俊评注刊行。琇为帝作《工夫说》，命翰林院侍读曹本荣作序刊行之。帝于禅造诣之深浅从下之问答得推知云：

帝问："心在七处不在七处？"琇云："觅心了不可得。"问："悟道的，还有喜怒哀乐否？"琇云："唤甚么作喜怒哀乐？"问："山河大地从妄念而生，妄念若息，山河大地还有也无？"云："如人睡醒，梦中之事是有是无？"问："如何用工？"云："端拱无为。"问："如何是大师？"云："光被四表，格于上下。"问："本来面目如何参？"云："如六祖所言参。"问："六祖如何说？"云："不思善，不思恶，正恁么时，如何是本来面目？"问："思善思恶时如何？"曰"好善但好善，恶恶但恶恶，正好善恶恶时即参，者好善恶恶是我作用，我不思善不思恶时，面目渐，要一切处参。第一要动里参，动中得力，静中愈胜，古人所谓从缘荐得，相应捷也。"问："如何是孔颜乐处？"曰："忧心悄悄。"（《普济玉林国师语录年谱》，卷下，6—7页左）

顺治十七年七月，帝于马上有省，遣近侍李国柱等，召琇入京证之。琇既至万善殿，帝相视而笑，日穷玄奥。

>帝谓师曰："朕思上古惟释迦如来，舍王宫而成正觉，达磨亦舍国位而为禅祖，朕欲效之，何如？"师曰："若以世法论，皇上宜永居正位，上以安圣母之心，下以乐万民之业。若以出世法论，皇上宜永作国王帝主，外以护持诸佛正法之轮，内住一切大权菩萨智所住处。"（同上书，13页右）

帝欣然听决，盖帝因疾而生厌世之念也。

第四节　木陈道忞

案《续指月录》卷十九、《五灯全书》卷六十六，道忞，潮州茶阳人，姓林氏，及冠读《大慧语录》有所感，投匡庐之开先剃染。遍参谒憨山德清等，不自肯。后见圆悟于金粟机缘不契，直趋双径，就与圆悟同门之语风圆信求开示，信乃说示，不肯，回造金粟，举前话。圆悟曰："你吃饭还问人借口么？"忞拟议，悟便打。后参映崛产难之因缘打破疑团，由是居侍司掌记室，亲炙悟一十四秋，日臻玄奥，遂继天童之席。忞尝讽青原、南岳二宗之争云：

>昨晚南岳与匡庐两山争论佛法。一山道："南岳让和尚，乃曹溪嫡子。"一山道："青原思大师，实宝林正宗。"一山道："庐陵米价传千古。"一山道："砖镜磨穿古佛心。"互相竞争不已。罗浮山闻得，出来约住曰："莫争莫争！饶你青原思大师、南岳让和尚，

少不得从我岭南者里去。"山僧蓦头与罗浮山一棒。天台合掌道："善哉，和尚打者一棒，不妨透顶透底，畅快杀人。"山僧遂与震威一喝："咄，缩头去！"于是四山各各懔懔而退。(《续藏经》，第一辑，第二编乙，第十六套，第五册，507页左)

可云比之费隐通容人我之见，反而为优。顺治十六年己亥，奉诏结冬于万善殿，世祖与王熙等问法，临还山，留山晓本晳、旅庵本月，今开法于善果隆安，世祖躬送出京，赐号弘觉大师。晚年号梦隐道人，康熙十三年（1674）入灭，寿七十九，有《百城北游录》《布水台集》《敦本避邪论》《九会语录》《禅灯世谱》等行于世。

第五节　山晓晳与旅庵

《锦江禅灯》卷十一云，本晳，长寿县（四川重庆府长寿县治）魏氏之子，幼见经书、佛像即知敬礼，投邑之定慧寺出家。慕南方禅宗，十九岁出峡，抵金陵听讲，适密云圆悟至长干，晳往请益。二十一从三昧和尚受具，后参报恩之玉林通琇，看话三年如痴如呆。往见木陈道忞于云门。一日值升座，忞垂问云："真月不问汝诸人，如何是第二月？"众下语皆不契，忞自云："赚杀人。"晳乃豁然有省。及忞再住天童充首座。顺治十六年随忞赴阙，明年被选主隆安寺。同年七月在万善殿承旨，奉敕入寺开堂，赐紫衣、御香、帑金等，住盛京之隆安、杭州之佛日、苏州之仓山、四明之天童，有《奏对录》《全录》《宝积录》行于世，报龄六十七，即世之年月不详。旅庵本月，秀水（浙江嘉兴府秀水县治）孙氏之子，幼舍家，礼佛日之石雨明方受具，游方参报恩通琇有所得。越二载谒道忞，忞问："甚处来？"云："大雄。"

恣云："巍巍独坐大雄峰是甚么人境界？"云："今日亲见和尚。"恣云："参堂去。"久之。恣至青州（山东）法庆时，随之往。一日赴斋堂蓦拈竹箸，忽然大悟，恣命分座。未几随恣入京，挂锡大内之万善殿，奉敕于善果开堂，后历住龙池、奉圣诸刹，晚年隐于松江（江苏）之九峰，一坐十载，以康熙十五年（1676）入寂，其寿未详。

第六节　玉林通琇

案《普济玉林国师语录》年谱，通琇，常州（江苏）江阴人，姓杨氏，出家参磬山之天隐圆修。修，密云圆悟之法眷也。修命充侍司。一夕坐香次，未开静即进方丈，修云："今日香完何早？"云："自是我不去坐也。"修云："见甚道理不去坐？"云："即今亦无不坐。"修蓦拈案上之《石屋录》问云："者个是甚么？"云："却请和尚道。"修云："你不道教老僧道。"云："情知和尚不敢道。"修云："《石屋录》我为甚不敢道？"云："随他去也。"修云："赃诬老僧，琇者里透过不得。"落泪如雨，一夜不交睫，立修单侧至五鼓，修举庞居士不与万法为侣之因缘，琇呈颂云："不侣万法的为谁？谁亦不立始亲渠。有意驰求转暌隔，无心识得不相违。"修云："不问你不侣万法，要你一口吸尽西江水。"琇言下大悟，拂袖而出。尔后每征诘当机不让，修深肯之。后于潮州（广东）报恩出世，顺治十六年奉诏入都，说法内庭，皇情大悦，赐号大觉禅师。十七年再诏入京，结制毕还山，帝重赐大觉普济能仁国师之号。圣祖帝康熙十四年顺世，春秋六十二。琇持律清严，孝顺最深，常以相续佛祖之慧命为念，凡檀越所供之衬施作五分，一分供佛祖，一分为法宝流行，一分供父母不论存没，一分资放生，一分以自给，终身不渝。行持高洁，足为末世之珍。

第七节　通琇之思想

琇《客问》一章见《普济玉林国师语录》卷十，其要云：

> 向天地未成，人物未立，自己身心亦无之前，一回证自广大性体，方知自性本自清净，本自具足，本自不生灭。

是道破从本已来有不生不灭金刚不坏之妙体也。而说其所以有生死去来：

> 三世之妄，本于一迷。由前世迷自本性，认物为己，以四大为身，以对境而生者为心，增长妄想妄业，故感今生妄身妄生。

以现在生死归于前世之迷妄与业力，不异小乘小见。说从上佛祖之生死去来云：

> 从上佛祖，无量劫来，吃尽千辛万苦，觅得捷径底法门。教人于身心世界未有以前，识自性，则便来自无生，何灭之有。……方知也无人，也无物，十方世界海中沤，一切圣贤如电拂，然后不妨乘自愿轮，于无生死中示有生死。

因此凡夫因惑业而生死，贤圣则因愿力而生死也。琇以为不信三世因果，则学道不真实云：

> 今生仁而夭，贞而厉，皆系前生之因，无可怨尤。今生富而贪，寿而忍，皆感后世之果，无可侥幸。

思以三世因果，解决人生之矛盾。同书说学道之七要云：

> 若欲究竟出世无上妙道，当颛为生死始得。

专为生死、不为他，为第一之用心。第二为工夫谛当：

> 须参一句话头，一日不透一日参，一月不透一月参……一生不透一生参。

参话头则善不集而自集，恶不断而自断，自具戒、定、慧，虽未发明大事，将来亦必得佛祖心髓。第三必悟处谛当：

> 既颛为生死纯一参究，必待工穷力极，时至理彰，命根断，本来面目现。

第四必须师承谛当：

> 非但无真传杜撰阿师，不可承虚接响，即沿流不断者，亦须察其行实。……若无真正作家宗师，为之打瞎顶门眼，夺却肘后符，则虽有实悟，自了则可，为人则祸生。

第五必须末后谛当：

第二十七章 清初皇帝与禅匠

> 末后一句,始到牢关。……不透此关,有正悟者,犹可谓一时唱导之师。

第六必须修道谛当:

> 虽发心谛当、工夫谛当、悟处谛当、师承谛当、末后透关谛当,更须自己觉察,是顿悟顿修根器否?现业流识净尽否?事事无碍否?

第七必为人谛当:

> 不可实法与人……不可教人不参死话头,决要人真参,决要人实悟。

琇所进世祖帝之工夫说,亦见《语录》卷十。其大旨云:"如来一代之设化,知人本来是佛,在以各各本来面目为证,故言下证得则本自圆满,本自清净,本自解脱,本自灵异也。何工夫之有?行住坐卧,动静闲忙,打作一片,则其理自彰,不求悟而自悟。"琇说宗旨如是彻底,而于实际是念弥陀,期往生,念药师,集功德,所以《塔铭》云:

> 既悟逸格之禅,复教人兼修净业,五会弟子从师持药师琉璃光如来名号。(《普济玉林国师语录塔铭》,5页右)

或诵《弥陀经》,或课《药师经》。又在康熙二年:

起药师道场四十九日，游食浮慕者，膻聚旦过，过客楼至，无以容，执事者或嫌之，遂腾谤讪。（同上《年谱》，卷下，17页左）

如琇犹有如是杂行，况琇以下者耶？

第八节　茚溪行森

据《揞黑豆集》卷八、《正源略集》卷四，行森，惠州（广东）博罗人，姓黎氏，年二十七舍家，从长庆之宗宝道独削染纳戒。独，博山无异元来之嗣也。初参雪峤圆信，次参大觉通琇于崇福，琇令作本来面目颂，森云：" 苕溪屈曲水潺湲，万叠关山一境闲。乍雨乍晴云散后，满天风月到人间。"琇云："好与三十棒。"云："恩大难酬。"因师命于报恩崇、福两山分座，自于杭州辟龙溪庵为禅晏之所，圆照寺是也。顺治十六年，通琇辞京还山，世祖云："和尚座下有可语上首否？"琇以森奏，且云："彼骨硬，惟善遇之。"圣祖帝康熙十六年（1677）寂，世寿六十四。雍正中追封明道正觉禅师。森有问答机语，在《揞黑豆集》卷八，示众语云：

佛法虽均，机捷为上，宗乘或同，迟缓为下。句能发意，以切为贵，眼能决择，以捷为奇。……有眼而不捷见，非正眼也。能明而不能大用者，非宗匠也。句贵洁，意贵切，始称宗门大匠。（同上书，507页左）

贵机之捷，欣眼之迅，句贵洁，意要切，是森之家风也。森所作《宝掌千岁和尚传》记，掌，印度婆罗门，以周威烈王十二年丁卯（前414）生，究三藏期有教外别传，游五天竺数百年。东汉桓帝初（147）来震旦，偕宾头尊者登峨眉，礼普贤，留于大慈寺。掌尝曰："吾有宿愿，住世千岁，今六百二十有六矣。"由是人咸目之为千岁和尚。时值三国之乱，麻衣道者等来侍掌，栖止黄梅县之双峰百十秋，访佛图澄于终南山，又还双峰。次登南岳为群仙说戒于祝融峰，白猿进果，黑彪守户，神龟献芝，紫鸾伏座，安居数十夏。访耶舍于五老峰，闻达磨之从岭南来建康，参见咨决心要，后谒二祖神光。又参傅大士问："如何是佛正法眼藏？"大士叉手曰："空手把锄头，步行骑水牛。人从桥上过，桥流水不流。"拉三祖游罗浮，访葛洪真人，及唐兴乃归双峰之老祖寺，请四祖住老祖寺，访五祖于东禅，往来莫逆数十年。唐高宗显庆二年（657）掌之龄一千七十二年入灭。夸诞妄谈，作者之常识可疑，而在森则如为真面目。当时称善知识者，竟有如是杜撰思想，禅道之凋零，亦不得已也。

第二十八章　为霖道霈与白岩净符

为霖道霈者,永觉元贤之麟角,其于力量不让贤。虽不足揭洞山之真灯,而如于暗夜之群萤,犹令人不转于沟坑。白岩净符亦同时出世,考定禅史之讹奸,尽力于订正伪谬,《法门锄宄》之功,亦决不可少也。

第一节　为霖道霈小传

为霖道霈禅师,《还山录》中有题为《旅泊幻迹》一篇之文,是霈之自叙传。其中云,法讳道霈,字为霖,号旅泊,亦称非家叟,生于建宁(福建)建安丁氏,时神宗帝万历四十三年也。十四岁入郡东之白云寺,为驱乌,明年落发,习学经教。至十八岁闻闻谷广印自楚来居汾常之宝善,大喜,往问出生死之路,印授以念佛成佛之说,乃谛信不疑。印知其为法器,指令参永觉元贤,由是侍贤之左右看柏树子之话。思宗帝崇祯七年,随贤居鼓山,四载无所入,出岭至杭州经历讲肆凡五年,适闻谷迁化,遇贤之来吊真寂,往见之,正欲陈经义,贤忽问:"柏树子话作么生?"霈无语。贤云:"入海算沙有甚么限?"霈退,不堪惶愧,日夜不安。一日读《正法眼藏》,至"无位真人"有省,而未知落处。时密云盛化天童,霈往参问:"山河大地与学人自己是同是别?"云便打。迷闷之间经六月。一日经行至三鼓,欲解衣就寝，豁然大彻。次晨呈偈云："一水一山何处得，一言一默总由伊。全是全非难背触，冷暖从来只自知。"云不肯，便去见贤于真寂，告以所悟，贤云："子已入门，但未升堂入室耳。"复辞而登天目，访高峰之死关大约一年，后结茅大百丈山，与母同修净业五载。清世祖帝顺治七年，再上鼓山，贤命充维那，日夕参究。一夜欲抽解，出堂迷闷，不觉撞破石门，廓然开解。次日上方丈云："某今日有个十成语举似和尚。"贤云："汝试道看。"乃背身叉手云："请和尚鉴。"贤云："好与七藤条。"后贤出洞上宗旨示之，一一答颂，皆泯然契合，时年三十八。明年掩关于建宁之广福庵，三年归山。顺治十四年，贤付僧伽黎麈拂，令首众秉拂。明年，贤戢化，霈继席开堂，一住十四岁。圣祖帝康熙十年，让席于法侄石潮宁，出山随缘漂泊，达古稀之龄，以鼓山虚席应众请还山，是康熙二十三年也。霈迁化年月未详，《还山录序》云："今师年七十四，然则康熙二十七年尚在世明也。"有《秉拂录》《鼓山录》《餐香录》《还山录》《开元录》《灵石录》《旅泊庵稿》《圣箭堂述古》《禅海十珍》《八十八佛忏》《准提忏》《净业常课》《净土旨诀》《续净土生无生论》《心经请益说》《佛祖三经指南》《华严疏论纂要》《金刚般若经疏论纂要刊定记略》《护国仁王般若经今古疏》等。据《五灯全书》卷六十三云：

著有《洞宗源流辨谬》三刻，因本宗白岩净符，擅改景德龙藏为《祖灯大统》，削去淳了钰鉴净觉六世正传之祖，故痛斥白岩混滥谱牒之罪，敕正曹洞源流。

余未见辨谬，难判其是非。

第二节　道霈之思想

霈之思想没却于时代潮流,毫无出头之分。以识得生死二字为大事,如前辈之说,故云:

> 不用参禅,不须学佛法,但识得生死二字,一生参学事毕。所以博山老人当时常教人看个生从何来,死从何去。若果识得生所从来,死所去处,更有什么事。(《续藏经》,第一辑,第二编,第三十套,第五册,399页左)

霈随时代思潮,时而云有修净业之要,又时而云无其必要:

> 尽十方世界是个极乐国土,何处有五浊恶世?尽十方世界,是当人自己,何处有阿弥陀佛?(同上书,431页右)

是为排净业者:

> 佛十身中,有众生身、国土身。然则一切世间,若依若正,皆是如来清净法身。(同上书,445页左)

是亦祖门正系之思想,不认净业之要者。同时霈认净业之必要,作《普劝念佛放生文》《普劝念佛文》且赞天如惟则之《净土或问》为禅学者之金针,而以之振作曹洞正宗,其志可称,其迹不可效。又霈于一方信身心一如之理,于他方是认灵魂转生说,故云:

《圆觉经》云,一切众生,妄认四大为自身相,六尘缘影为自心相。譬彼病目,见空中花,然空实无花,病目者妄见有花。圆觉自性,本无身心,迷圆觉者,妄认四大、六尘为身心,所以千经万论,广破身心二见。二见既破,佛性自现。身见破,则幻身即是法身。心见破,则幻心即是灵明佛性。所谓无明实性即佛性,幻化空身即法身也。(同上书,492页右)

与此同时说灵魂转生,以戒杀生。

百丈山黄蛤者,乃虾蟆之种族也。……乡人无知,竞取而食,……剁其肠而戮其肉,血流满地。……相传昔黄巢尝聚兵于此,劫杀民命,感报如斯。(同上书,497页左)

第三节 道霈之戒论与祈祷

霈有关于戒律之说云:

诸仁者,多是千里数百里跋涉溪山,远来求戒,即此一念已得戒了也,是谓本源自性清净戒,无持无犯,无染无净,无得无失,万德具足。……此本源自性戒,亦名金刚宝戒,谓坚固不坏也。亦名无作戒体,谓不从缘生,唯从缘显也。所以三世诸佛已诵、今诵、当诵,诵此戒也。……诸仁者,若向这里见得彻、信得及,则知登坛羯磨,全体金刚道场,展钵披衣,尽是舍那心地,处处戒光照耀,时时戒法流通,可谓众生受佛戒,即入诸佛位。(同上书,470页左)

说得禅戒分明。又重刻《金刚经感应记序》中，指摘诵经之目的，在于见性。

> 是经自秦传译以来，受持者甚盛，而感应亦非一，……其中多是入冥免罪、还魂与现世御灾捍患之事。若夫因经开悟见自性者，殊不概见。苟持经而希此功德，是弃金而担麻，得珠而易椟，岂不大可惜哉。（同上书，481页右）

所道者非流俗之所及，然霱亦自修大悲忏，祈国家之升平，持《金刚》而求功德者，非五十步之与百步耶？

> 皇清御宇，天下归仁，独闽海未宁。……血海尸山，生灵涂炭，……乃同发愿募众，修礼大悲忏法三年，盖欲哀感观世音菩萨，广大圆满，无碍大悲之心，为大地苍生忏悔罪障，祈致升平。（同上书，447页右）

当四海鼎沸之秋，不举一手，不投一足，欲以拱坐持咒以救生民涂炭，非愚则狂也，是岂大悲菩萨之心哉。

第四节　道霱之垂问与宗弊

霱有垂问五则：

一问：父母未生前，即不问，死了烧了，道一句来？
二问：释迦未出世，达磨未西来，什么人主持佛法？

三问：禅道佛法，拈向一边，实地上，道一句来？
四问：如何是无垢佛？
五问：如何是离垢佛？

是从禅机时代因袭而来之闲影像也。永觉元贤尝吟："老汉生来性太偏，不肯随流入世尘。顽性至今犹未化，刚将傲骨抹儒禅。儒重功名真已丧，禅崇机辩行难全。如今垂死更何用，只将此念报龙天。"以逗机辩、弄机关为宗匠之大手腕，拾沙砾于春池而已。霈说工夫之变迁云：

> 直至宋朝始有看话头作工夫之说。当时只教人提起个话头，看是什么道理，如大慧禅师每教人看个狗子无佛性话，谓尽大地是个无字，正当无明烦恼现前时，一提提起云，无如百沸汤中搀一杓冷水相似，当下清凉去，提话头大约如是。……至元始有作死工夫之说，雪岩高峰诸大老，自己既从死工夫上悟明，故每以死工夫示人。（同上书，469页左）

是实谈也。五代以前，无所谓看话，元以前无所谓死矣。

第五节　嗣法问题

道霈达七十四岁而无付法门人。答人问云：

> 博山老人非不求人，只是当时无人可求耳，故宁绝其人，存其道，以待后来。岂如今人之滥相授受，便谓之得人可乎？博山尝谓余集生居士曰："宗门中事，贵在心髓相符。……若不得

其人，则乳添水而味薄，乌三写而成马，存岂真存，故我意宁不得人，勿授非器，不得其人，嗣虽绝而道自直，自无伤于大法。"……以此观之，则博山当时非无所见，而甘作断佛种人。愚见亦尔，故十余载来，欲觅一个半个有真心者不可得，又岂肯随波逐浪，以佛祖慧命，作世谛流乎？布乎？（同上书，499页左）。

如憨山德清、达观真可、闻谷广印、云栖袾宏、遍融真圆等皆称禅师有一代名，而师承不详，是为各宗兼学而非达磨正系之人也。如永觉元贤、为霖道霈，虽嗣曹洞正宗之统，元来杂行杂修，有继嗣，无继嗣，而涸曹溪之泉，则一也。

第六节　白岩净符

《五灯全书》卷一百十、《正源略集》卷七《净符语录》，然本贯姓氏，生死年月，一无所记，但《略集》云：

> 师说法，近三十年，每念宗风讹舛，遂不顾避忌，翻刻《人天眼目考》，著《祖灯大统》及《拈古汇集》《颂古摘珠》，并偶言诸书若干卷行世。

案净符嗣佛日之石雨明方，为远门净柱之法眷。方乃云门之湛然圆澄之嗣。符出世演化于杭州白岩，其所著《法门锄宄》，正眼分明，足以破盲人之瞻。

第二十九章　圣祖之表章朱学与
　　　　　　世宗之喇嘛禅

　　由于圣祖昌明朱学、举用博学鸿词之士，王学渐向衰运，延而为从学界驱逐禅学思想之媒。《五灯全书》《宗统编年》等书虽出于此时而考证不精，讹谬尤多，招学者之侮。世宗从喇嘛受禅，不肯当时禅匠，自选辑古德语句，示天下禅林，是实为禅道衰落之极者。

第一节　圣　祖

　　圣祖帝讳玄烨，世祖之第三子，顺治十八年即位，明年改元康熙。帝荡平吴三桂、尚之信、耿精忠三藩，固统一之基，征服西藏、台湾，攻破准噶尔，大扩疆域，以康熙六十一年（1722）崩，寿六十九。帝天资好学，称读书十行俱下。

　　即位未几，召西人南怀仁（比利时人）辈入直南书房，破格用人，所见者大。且平时，勤政好学，上自天象地舆、历算音乐、法律战术，下至骑射医药及蒙古西域、拉丁文字，靡一不窥。（《清代史论》，卷四，130页右）

是绝非夸张之言、溢美之词。康熙十七年诏举用博学鸿词之士，于是有心利禄者以文化自任，至于讴歌帝政，但不能致黄梨洲、李二曲、顾炎武等大儒耳。帝优礼儒士欲以统一天下之言论思想，故康熙二十五年方命各省购求遗书云："朕披阅载籍，研究义理，凡厥指归，务正为期，诸子百家，泛滥奇说，有乖于经术，……异端稗说，概不准录。"且奖励朱子学，示人心归向之处。《清代史论》云：

> 圣祖好读书，尤注重经术，自海内平定后，益宏奖理学，表章程朱，隐示学者趋向，欲以统一天下之言论思想。晚年以朱子配祀十哲，纂定《朱子全书》及《性理精义》等书，颁行海内，以此宋学昌明，世风醇正。当时理学名臣，如柏乡魏裔介、蔚州魏象枢、睢州汤斌、安溪李光地、孝感熊赐履、平湖陆陇其、仪封张伯行诸人，其最著者。(《清代史论》，卷五，130页右)

如斯尊崇程朱，躬撰《几暇余论》，又授周茂叔后裔以五经博士。帝命文臣所作著书数十种，《图书集成》《佩文韵府》《韵府拾遗》《渊鉴类函》《数理精蕴》《历象考成》《音韵阐微》《康熙字典》《骈字类编》《子史精华》等皆其大成者。帝奖励宋学诱起王学之衰颓。王学之衰颓是禅学思想之从学界驱出之发端。

第二节　圣祖与禅

圣祖虽重朱子学，无排佛教之意，故封章嘉喇嘛为灌顶普慧广慈大国师。康熙三十九年祝皇太后六旬之寿，进佛三尊、御制万寿如意、御制万寿无疆赋等。从康熙二十二年至四十九年幸五台山礼佛五次。五台在代州之东，上有寺宇三百六十余，称为文殊菩萨灵地。议者曰："世祖去上五台，祝发为僧，以朝廷大丧告天下者伪也，故圣祖为省亲赴五台也。"议者之言，实不可信。然亦可证帝非轻视佛教。加之，康熙四十四年诏兜率本圆入玉泉宫说法。圆，荆州（湖北荆州府）人，年十六出家，游方参报恩之通琇，留枯木堂，钳锤约十年，备历苦毒。琇应世祖召入京时随侍居万善殿，应帝之问。暨木陈道忞来京相见有所契，居萧山之湘湖。忞自往访之，许入室，验以机用，付授世祖所赐之金襕袈裟、白拂、源流，乃于宁州（江西）龙安山兜率院出世，又住北京荐福山隆恩寺。康熙四十四年十一月谢世，春秋五十四。康熙二十九年圣祖诏霁仑超永住北京西山之圣感寺。永，檇李（江苏）姚氏子，见费隐通容语录决志出家，历游天童、径山、报恩、金粟等，后参道安静得法。静，林野通奇之嗣。奇，天童圆悟之嗣也。康熙二十二年为完成《五灯全书》入京，三十二年书成上之圣祖，帝赐御制序行世。案永赞叹《五灯会元》，夸张为天壤间一大典，不知其讹误甚多。又以收于大藏中《佛祖通载》，其中所载天王道悟之伪碑，亦断定为真正者。其所著之《五灯全书》，亦公言经圣祖御览，辨正差谬，赐序文，以帝为校订禅史之证权。康熙三十二年江南（今江苏）常州府武进县祥符寺之纪荫，著《宗统编年》进上圣祖。荫，退翁弘储之嗣，汉月法藏之孙也。同书总论于佛说三界之中混入仙界，举地行仙、飞行仙等十种之仙，又断佛之自觉即儒之明明德，佛之觉他即儒之亲民，佛之觉行圆满即儒之在止于至善，清净法身即天命之性，圆满报身即率性之道，千百亿化身即修道之教。次别问之中谓中国之三皇时代是迦叶佛之后第九小劫之末减也，帝释是道教之玉皇也。无稽之论满卷，就二十八祖之传法亦一一记入岁时，独断最多。沙门安世高之入洛，道安之入寂，罗什之谢世，三祖《信心铭》

之著述,《百丈清规》之著作,皆妄记年月,其他之讹舛不遑枚举。

第三节 世宗之禅学

世宗帝讳胤禛,圣祖之第四子也,康熙六十一年即位,明年改元为雍正。雍正十三年(1735)崩,寿五十有八。帝幼耽书史,博通群书,故究宋学之源,明禅学之旨。《御选语录》卷十七自记参学之缘由云:

> 朕少年时,喜阅内典,惟慕有为佛事。于诸公案,总以解路推求,心轻禅宗,谓如来正教,不应如是。圣祖敕封灌顶普慧广慈大国师章嘉呼土克图剌麻,乃真再来人。……西藏蒙古,中外诸士之所归依,藩邸清闲时,接茶话者十余载。(《续藏经》,第一辑,第二编,第二十四套,第四册,351页左)

帝就从西藏来京之章嘉喇嘛咨法。章嘉者,哲卜尊丹巴呼图克图之弟子。帝关于佛教之知识自始即不纯正也。又云:

> 壬辰(康熙五十一年)春正月……即洞达本来,方知惟此一事实之理。然自知未造究竟,而迦陵音(梦,庵格之嗣。格,天竺珍之嗣。珍,箬庵问之嗣。问,磬山修之嗣。性音出世于京师大觉,雍正四年寂,追封为圆通妙智禅师,著《宗鉴法林》)乃踊跃赞叹,遂谓已彻玄微,优佲称许。叩问章嘉,乃曰:"若王所见,如针破纸窗,从隙窥天,虽云见天,然天体广大,针隙中之见,可谓偏见乎?"……二月中,复结制于集云堂,着力参求。十四

日晚,经行次,出得一身透汗,桶底当下脱落,始知实有重关之理,乃复问证章嘉。章嘉国师云:"王今见处,虽进一步,譬犹出在庭院中观天矣,然天体无尽,究未悉见,法体无量,当更加勇猛精进。"云云。朕将章嘉示语,问之迦陵音,则茫然不解其意,但支吾云:"此不过喇嘛教回途工夫之论,更有何事?"而朕谛信章嘉之垂示,而不然性音之妄可,仍勤提撕。恰至明年癸巳之正月二十一日,复堂中静坐,无意中忽蹋末后一关,方达三身四智合一之理,物我一如本空之道,庆快平生,诣章嘉所礼谢。国师望见,即曰:"王得大自在矣。"……此朕平生参究因缘,章嘉呼土克图国师喇嘛,实为朕证明恩师也。(同上书,351—352页右)

第四节 世宗与禅僧

帝参大觉之迦陵性音,不肯之,故云:

因柏林方丈年老,问及都中堂头,佥云:"只有千佛音禅师。"乃命召至。既见,问难甚久,其伎俩未能令朕发一疑情。迫窘诘屈,但云:"王爷解路,过于大慧杲,贫衲实无计奈何矣。"(同上书,352页右)

盖性音,为帝所看破,徒呈谀辞,而糊涂一时耳。帝云:

性音惟劝朕研辨五家宗旨。朕问:"五家宗旨如何研辨?"音云:"宗旨须待口传。"朕意是何言欤!口传耳受,岂是拈花别传之旨,堂堂丈夫,岂肯拾人涕唾。从兹弃置语录,不复再览者

二十年。(同上)

帝用心于祖门,前后二十余载,故云:

> 朕二十余年来,于本分少得相应。于藩邸时,颇阅今时禅侣伎俩。(同上书,300页右—左)

往来柏林寺事,《东华录》中亦载雍正三年上谕,殆无可疑。

> 朕在藩邸时,因府第与柏林寺相近,闲暇之时与僧人谈论内典。

据《正源略集》卷十二,雍正十年诏明慧(形山宝之嗣。宝,茚溪森之嗣)入京,赐号悟修,命开法于圣因。《东华录》云帝:

> 幼耽书史,博览不倦,精究理学之源,究彻性宗之旨。

所云乃指摘帝参禅之事实者。帝以喇嘛所印证之见解自负,非难近代宗徒所著之语录云:

> 朕阅《指月录》《正法眼藏》《禅宗正脉》《教外别传》诸书,所选古德机缘语句,皆错杂不伦,至于迦陵音所选《宗统一丝》者,尤为乖谬。(《续藏经》,第一辑,第二编,第二十四套,第四册,353页左)

躬选古人之语句，示天下禅林，《御选语录》即是也。

第五节 《御选语录》之内容

帝雍正十一年四月所编次之《语录》，乃录僧肇、永嘉、寒山、拾得、沩山、仰山、赵州、永明、云门、雪窦、圆悟、玉林、紫阳真人张平叔（伯端）、云栖袾宏之语句。僧肇、寒、拾、永明、玉林等离禅门正系之思想，予既论之，况于张平叔、云栖袾宏哉。帝未有辨朱紫、甄玉石之明也。三教一致、禅净不二为时代思想之故，帝此举亦不足怪。且如张平叔之《悟真篇》与所见于禅书者其旨一揆，是所以为帝采录。例如

戒、定、慧解

心境两忘，一念不动曰戒。觉性圆明，内外莹彻曰定。随缘应物，妙用无穷曰慧。此三者相须而成，互为体用。……三者未尝斯须相离也。犹如日假光而能照，光假照以能明，非光则不能照，非照则不能明。原其戒、定、慧者，本是一性，光照明者，本乎一日，一尚非一，三复何三？三一俱忘，湛然清净。（同上书，第三册，185页右）

无心颂

堪笑我心，如顽如鄙，兀兀腾腾，任物安委，不解修行，亦不造罪。……人间所能，百无一会，饥来吃饭，渴来饮水。……无思无虑，何忧何喜。……亲爱冤仇，大小内外，哀乐得丧，钦侮险易，心无两睹，坦然一揆。……不染不碍，自在逍遥，物莫能累，妙觉光圆，映彻表里，包裹六极，无有退迩。光兮非光，

如月在水，取舍既难，复何比拟？了兹妙用，迥然超彼，或问所宗，此而已矣。（同上书，186页右）

如所云，可实证禅学思想之影响道士也。

《列仙传》云：

> 张伯端，天台人，少好学，晚传混元之道而未备，孜孜访问，遍历四方。宋熙宁三年，游蜀，遇刘海蟾，授金液还丹火候之诀，乃改名用成字平叔，号紫阳。尝有一僧，修戒定慧，能入定出神数百里间，顷刻即到，与紫阳雅志契合……英宗治平中，访扶风马默处厚于河东，乃以所著《悟真篇》，授处厚曰："平生所学尽在是矣，愿公流布此书，当有因书而会意者。"元丰五年夏趺坐而化，生世九十九。（《列仙传》，卷三，22—23页）

第六节　世宗之语句

《御选语录》卷十二有和硕雍亲王《圆明居士语录》，帝取圆明园，号圆明居士。帝千言万语，平平凡凡，与时代之禅者所见无异。

> 一日王赏花饮酒，晚归寝室，呼从者点灯来。从者擎灯入室，王将灯吹灭云："点灯来。"者重燃灯方至，王复吹灭云："点灯来。"者云："王醉也。"王喝云："速点灯来。"者急复燃灯入室擎立。王云："灯下仔细观看，余醉也？乃汝醉也？"（同上书，216页右）

> 一日网鱼，从者将所网之鱼呈献。王云："网得之水，何不

第二十九章　圣祖之表章朱学与世宗之喇嘛禅

一并呈来？"者云："网何可网水？"王云："水不可网，鱼如何可网得？"者笑云："此鱼即是网网得。"王云："网呢？"者云："在池边。"王云："可惜乎。"令从者将鱼担去放生。（同上）

如是伎俩与杜撰之禅衲何异？粥饭之热气未消，虽呵斥当代禅衲，帝亦拾他人之涕唾，不免取古人之陈葛藤，串合弥缝而作法语。如帝《圆明百问》，即为单补缀古人之陈葛藤者。又云教外别传实有透三关之理，谓实蹋三关、知见超越，如帝问法喇嘛，而以三省为标准，祖门之悟道岂如是守株哉。雍正十一年四月选辑历代佛祖语句，案御制之序，有一禀觉王正令，黜陟古今，有何忌讳之壮语。

  傅大士所云，"空手把锄头，步行骑水牛。人从桥上过，桥流水不流"，亦只到得脱凡情执着见耳。只如步行骑水牛，较古德道士倒骑牛之句，虽若仿佛，而相去天渊。……如庞居士一口吸尽西江水，乃从来多传为极则者，却不知但会得个光吞万象而已，岂曾脚跟点地。……如汾阳昭，除十智同真之外，其他语句，无一可取。……如德山乃从来历代推崇之古锥，而除一棒之外，详细搜求，其垂示机缘，却无一则可采。……如岩头雪峰，实乃见过于师，然亦未到圆通处，较伊法嗣玄沙，犹欠百步在。如大珠《顿悟入道要门论》，不过提倡初机，全未具顶门正眼。……如妙喜乃数百年望重海内之人，其《武库全录》，朕皆详细披阅，其示语机缘中，一无可取。……则非具真知见者。……如丹霞烧木佛，观其语录见地，只止无心，实为狂参妄作。（同上书，254—255页右）

如是断言，黜陟古禅僧，帝所见非有一个之好处，然论丹霞临终云：

> 其示寂时，一足未及地而化，此亦护法神明，令伊自示脚跟不点地之一证。（同上书，255页左）

所示如见鬼见神之眼华，露出喇嘛僧本性，如斯帝于历代祖师，除六祖外，辑一百五十六人之语句刊行。

第七节　世宗与密云圆悟父子之诤

帝是认密云等之见解，骂法藏等为外道魔党，是帝为凡庸之器，不能超出时代之一证也。赞云：

> 朕览密云悟、天隐修《语录》，其言句机用，单提向上，直指人心，乃契西来的意。（同上书，226页右）

就法藏语，痛斥其：

> 肆其臆诞，狂世惑人，此真外魔知见。（同上）

指摘其徒之行状云：

> 今魔子魔孙，至于不坐香，不结制，甚至于饮酒食肉，毁戒破律，唯以吟诗作文，媚悦士大夫，同于倡优伎俩。（同上）

至于果如是之甚与否，颇为可疑。帝进而云：

《五宗原》《五宗救》等书尽行毁版，僧徒不许私自收藏，有违旨隐匿者，发觉以不敬律论。（同上书，228页左）

法藏、弘忍之书禁止流通，极言从密云派下削去法藏一支，复不许入祖庭。作《拣魔辨异录》，逐条驳击弘忍《五宗救》之说。而帝所论，不过反复密云辟书之意，粗言恶语，满纸溢卷，失人君之体，损万乘之威。唯世宗为雄桀阴鸷之专制君主，故少有讥讪己者，不问虚实斩之，枭其首，流放其家属，是谓文字狱。加之以其骨肉之亲允禵（圣祖第八子）为不忠不孝，幽囚之，改名曰阿其那（译言狗）；逮禁其党允禟（圣祖第九子），改名曰塞思黑（译言猪），遂令之惨死。

第八节　世宗之子弟与鄂尔泰和张廷玉

世宗以宗匠自任，其接子弟及诸臣，才半载称能彻底洞明者得八人。皇第十六弟庄亲王爱月居士、皇第十七弟果亲王自得居士、皇四子和硕宝亲王长春居士（高宗帝）、皇五子和硕和亲王旭日居士、多罗平郡王福彭心如居士、大学士伯鄂泰尔坦然居士、大学士张廷玉澄怀居士、左都御史张照得天居士是也。此等诸居士语载《御选语录》卷十九，非无可足观者，恐烦不叙。同书末录觉生寺文觉禅师元信雪鸿、圣因寺悟修禅师明慧楚云、妙正真人娄近垣三臣、拈花寺方丈僧超善若水、万寿寺方丈僧超鼎玉铉、海会寺方丈僧超盛如川之语句。帝又于雍正十三年刊行《御录经海一滴》，是乃效永明延寿《宗镜录》之作者，帝所选抄《圆觉经》《金刚经》等合计二十部，以教证禅也。如是雄桀阴鸷之人，得法喇嘛，不但呵骂当代禅僧，且选从上之机语，示天下禅林，以之为正法眼藏，是实禅道衰落之至极者。至此而吾人不得不绝笔于中国禅僧也。

第三十章　心学之衰颓与
　　　　　禅学思想之没落

至高宗之代，对于晚明心学勃兴反动思想。汉学之研究炽盛，延而驯致考证学之流行，举一世智能，汲汲于考古校勘之末节，高远之哲学思想殆归衰灭。是以宋明以来出于缁流之门而学界一部寄其生命之禅学思想，至今乃与宋明理学于思想界同归于尽矣。

第一节　高宗之治世与文武之伟业

高宗是世宗第四子，讳弘历，以雍正十三年即位，明年改元乾隆。帝之二十年伐准噶尔，荡平伊犁。二十五年戡定回教部族。三十五年征服缅甸。五十三年征抚安南。五十七年远征尼泊尔。六十年讨伐苗族。帝之武功亦可谓伟矣。以嘉庆四年（1799）崩，寿八十九。帝之文化政策效圣祖遗法，再开博学鸿词科。于乾隆三十八年得见《四库全书》馆之开设，博学鸿词科乃以考取文学经术之士，致力于汉学之振兴。《四库全书》之收集，乃供博览鸿识之便，所谓"四库"者经、史、子、集，与圣祖时所辑《图书集成》为异曲同工之一大丛书也。所与编纂之文臣，一代硕学纪昀、戴震、邵晋涵、姚鼐、朱筠、王念孙、任大椿以下无虑三百余名。至乾隆四十七年成。所辑存书三千四百五十五部，七万九千七十卷，存目六千七百六十六部，九万三千五百五十六卷。作七通之誊本分置七处，北京紫禁城内之文渊阁，北京郊外圆明园之文源阁，奉天宫殿内之文溯阁，热河离宫内之文津阁，是名内庭四阁，次则扬州之文汇阁、镇江金山之文宗阁、浙江杭州之文澜阁，是为便于一般读书家也。

第二节　高宗之参禅

帝就世宗学禅，《御选语录》所收之《觉海论》略云：

觉海论

觉以海言强喻也，海亦觉中之一物，觉不可以海喻。觉固无可喻，以海于天地间为物最巨，故强以为喻。夫天一生水，降而为膏，升而为月，动而为波，凝而为冰，……千支万派，莫不朝宗于海，海受之而不见其盈，海泄之而不见其竭，海亦巨矣哉。虽然海固有形在也，海之形在，则海之名存，至若不可以形求，不可以名拟，无所于受，而实无所不受，无所于泄，而实无所不泄，受不见受，泄不见泄，湛湛乎！荡荡乎！是海也，其自性之觉海欤。非从中出，非从外生，其先无始，其后无终。……十方世界，莫测其涯涘。大地众生，莫不备具。如来此觉海，菩萨此觉海，一切凡圣，……无非此觉海。三界同居，生佛一体，于一体中而差别径庭者，生佛之攸分也。差别径庭而同归觉海者，生佛之本来也。以觉海为体，而不执觉海，不舍觉海者如来也。在觉海中，而或执觉海或舍觉海者，众生也。教外别传，令人透脱根尘，剿绝情见，并觉海二字，亦无所存。修而无修，证而无证。……戒定慧亦觉也贪、嗔痴亦觉也。……求贪、嗔、痴不可得，求戒定慧不可得，不可得中如是得，如是得中无所得，而后其觉乃圆，圆亦非圆，而觉乃觉海矣。……入微尘而不泄，遍大千而不溢，以缶取之盈缶，以瓮取之盈瓮，以陂取之盈陂，以泽取之盈泽，以江取之盈江，以河取之盈河，以海取之盈海，以天地取之盈天地，澄澄湛湛，寂寂惺惺，虽觉而不觉，不觉而常觉，是乃所为觉海欤。（《续藏经》，第一辑，第二编，第二十四套，第四册，381页右—左）

第三节　汉学之主唱与顾炎武

圣祖推奖朱学，生排斥其反对学派陆王之风，既论之矣。加之晚明王学之末流有狂禅之徒，称酒色财气不碍菩提路，德性坠地，为学界所厌，于是有反动思想家之崛起，顾炎武其第一人也。炎武，昆山人，字宁人，号亭林，康熙十七年圣祖诏召鸿词科不应。康熙二十年卒于华阴，年六十九。炎武注心经书，精究该博，非难明代学术极痛烈，其言云：

有明一代人，其所著书，无非窃盗而已。（《日知录》十八）

又与人论学云：

为学者，往往言性言心，茫然不得其解也。……今君子……聚宾客、门人数十百人，与之言心言性，舍多学而识，以求一贯，置四海困穷，而讲危微精一，……士不先言耻，则为无本之

人。非好古多闻，则为空虚之学。以无本之人，讲空虚之学。吾见其日从事于圣人，而去之弥远也。(《文献征存》，卷二，4页)

是痛斥王学之末流空谈心性，身无实德也。又云：

今之理学，不取诸五经《论语》，而资之语录，是之谓不知本。(同上书，5页右)

是言舍经书之本而拾宋儒语录之末之非也。又云：

经学即理学也，舍经学而言理学，则其所谓理学，禅学也。(同上书，5页左)

终日言性与天道，而不知其坠于禅学也。(同上)

是排宋儒臆说之理学，而主张当明经学之根本也。又云：

古人之所谓存心者，存此心于当用之地也。后世之所谓存心者，摄此心于空寂之境也。……世乃有游手浮食之徒，株坐摄念，亦曰存心，而士大夫溺于其言，亦将遗落世事，以独求其所谓心。(同上书，9页)

是难明儒之溺禅而枯坐守株之弊，唱导切实时事有用之学也。梁启超评之曰：

经学即理学一语，则炎武所创学派之新旗帜也。……有清一代学术,确在此旗帜之下而获一新生命。昔有非笑六朝经师者,谓宁说周孔误,不言郑服非。宋、元、明以来之谈理学者亦然,宁得罪孔孟,不敢议周、程、张、邵、朱、陆、王,有议之者,几如在专制君主治下犯大不敬律也。而所谓理学家者,盖俨然成一最尊贵学阀,而奴视群学。自炎武此说出,而学阀之神圣,忽为革命军所粉碎,此实四五百年来思想之一大解放也。(《清代学术概论》,19页)

如斯自由讨究之精神,暗默之中,生起于学界,称为朱学之复古而从王学解放,更称为汉学之复古而至于从程朱解放。

第四节 阎若璩、胡渭与毛奇龄

汉学者,绎汉代经师之训诂,以实证古义,故舍宋儒之臆断,由汉儒解释,以发挥经书之真义为目的,是所以名汉学。然欲发挥经书之真义,势必尝试经书之高等批评,而驀进于此方面者,阎若璩也。若璩,字百诗,号潜邱,居淮安,年二十读《尚书》,疑古文二十五篇之伪,沉潜二十余年,著《尚书古文疏证》,所论一百二十八条,谓东晋梅颐所奏上之《古文尚书》并孔安国之《尚书传》,皆伪妄也。疑此书之伪谬者宋朱熹、元吴澄(号草庐,著《纂言》议《古文尚书》)而未敢断言之,至若璩而考据精博,毅然起辟其妄。梁启超云:

自汉武帝,表章六艺,罢黜百家以来,国人之对于六经,只许征引,只许解释,不许批评研究。……若对于经文之一字一句,稍涉拟议,便自觉陷于非圣无法,戚然不自安于其良心,非特畏法网、惮清议而已。凡事物之含有宗教性者，例不许作为学问上研究之问题……今不唯成为问题而已，而研究之结果，乃知畴昔所共奉为神圣者，其一部分实粪土也。(《清代学术概论》，24—25页)

是实迂儒所最怖之学界革命。若璩之论固非完璧，而不失为表现清学精神之代表的著作。康熙四十三年卒，年六十有九。

  拔宋儒之根核，毁其巢穴，使之失其所据者，胡渭也。胡渭，字朏明，号东樵，德清人，作《易图明辨》云："唐以前无先天图，突出于北宋之初。宋陈抟《易图》是道家所用，不可作《易》之准式。河图之象亦古无传者。洛书本文见《洪范》，何关卦爻哉？《参同契》、先天、太极，皆道家之炼丹，后人指之为河图、洛书者妄也。"据此说则为宋儒理气心性之本据河图、洛书皆道士之具，与《易》无涉，果然则宋学自宋学而非孔孟之学，孔孟之学自孔孟之学而非宋学也。渭撰《大学翼真》，虽主朱学辟王学，程朱之本据既陷于无可奈何。康熙四十三年卒，年八十有二。

  顾炎武、胡渭、阎若璩等享盛名时，有指斥之、唾讪之者，毛奇龄是也。奇龄，字大可，萧山人，作《古文尚书冤词》驳击若璩，而以强词不能胜正理。其著有《河图原舛篇》《太极图遗议》，先胡渭而道破《太极图》出自道家，奇龄实为清代汉学之先锋者也。

第五节　黄宗羲之创唱史学与
　　　　王颜二氏之排斥宋学

当时重经术之外创唱史学者，黄宗羲也。宗羲，字太冲，号梨洲，余姚人，其学虽受阳明影响，于明儒之末流慊焉矣。其言云：

> 明人讲学袭语录之糟粕，不以六经为根柢，束书而从事于游谈，故问学者必先穷经。经术所以经世，不为迂儒必兼读史，读史不多，无以证理之变化，多而不求于心，则为俗学。(《碑传集》，卷一百三十一，《黄宗羲传》)

可以窥宗羲主张之一斑。著书甚多，就中《宋元学案》《明儒学案》为中国思想史之魁，康熙三十四年卒，年八十有六。门人有鄞县万斯同，所手定之《明史稿》五百卷，于史学称迁固以后一人。同县之全祖望亦私淑宗羲，学殖渊博，无涯涘，于史最著名。

王夫之，湖南衡阳人，字而农，号姜斋，隐于衡阳之石船山，故称船山先生。其学以汉儒为门户，以宋五子为堂奥，务抵排王学，其言云：

> 姚江王氏，阳儒阴释，诬圣之邪说。其究也，为形戮之民，为闯贼之党，皆争附焉，而以充其无善无恶、圆融事理之狂妄。(《碑传集》，卷一百三十，《王夫之传》)

> 姚江王氏始出焉，则以其所得于佛老者，殆攀是篇以为证据……其徒二王、钱罗之流，恬不知耻，而窃佛老之土苴，以相

附会，则害愈烈。而人心之坏，世道之否，莫不由之矣。(《清儒学案》，卷三，12页)

如是抨击晚明之学术不遗余力。至颜元而劈面攻击宋学毫无所忌惮。颜元，字习斋，博野人，其学尊阳明之所谓事上磨练，唾弃纸墨上之学，忍嗜欲，苦筋力，以为国家之用为本，其言云：

予昔尚有将就程朱，附之圣门支派之意。自一南游，见人人禅子，家家虚文，真与孔门敌对。必破一分程朱，始入一分孔孟，乃定以为孔孟与程朱，判然两途，不愿作道统中乡愿矣。(《颜习斋年谱》，卷下)

《中国哲学史》云颜元著《存性》《存学》《存治》《存人》四篇。《存性》之要云："理气一也，外气质之性别无天然之性，孟子之性善无他，谓气质之善。"《存学》之要云："程、朱、陆、王非皆支离于读诵即没溺于禅宗，是非古圣之学，古圣之学在习六艺。"《存治》之要云："今之治兵专而弱，士腐而靡，故以天下之大，士马之众，一旦有寇乱，辄鱼烂瓦解。三代田赋出甲，民皆习兵，井田者周官之制，当斟酌以施于今。"《存人》之要云："语默动静，修之以礼，守之以敬，能存养省察，诚意慎独，乃能推之治国平天下也。"

对于宋明理学之排斥如是猛烈，虽孙奇逢、陆陇其、李中孚、刁包、张履祥、陆世仪等如何拥护理学，终不能防其衰颓。理学既衰颓，缘理学而浸染学界之禅学思想根本上一扫而空，自然之势也。由来中国人重实用不重理想，孔孟称为圣贤亦以其学皆主实用，至哲学之远大思想全付阙如，祖述孔孟之儒者其厌充满哲学思想之禅学亦不得已也。清代学术之特色在避空文，就实质，不游理想之天而践坚实之地步，故顾炎武、阎若璩、黄宗羲等皆兼修历数、地理之学，其他如梅文鼎之于天文数学，顾祖禹之于地理学，刘献庭之于音韵学，各各成一大家，然而汉学勃兴以来风靡学界者，考证学也。

第六节　惠栋与戴震之考证学

汉学一兴，求经书之古义于训诂，势必及于名物、典章、制度等之研究，是考证学之所由兴。考证学之代表人物，惠栋、戴震等乃其尤者。惠栋，字定宇，号松崖，其学尊古训古义，故云：

> 释诂释训，乃周公所作，以教成王，故《诗》称古训是式。汉时谓之故训，又谓之诂训，诂训者雅言也。周之古训，仲山式之，子之雅言，门人记之。《尔雅》以观于古，故谓《尔雅》。俗儒不信《尔雅》，而仲山之古训，夫子之雅言，皆不存矣。(《文献征存录》，卷五，24页右)

又云：

> 汉人通经有家法，故有五经师。训诂之学，皆师所口授，其后著竹帛，所以汉经师之说，立于学官，与经并行。古字古言，非经师不能辨……是故古训不可改也，经师不可废也。……余家四世传经，咸通古义。(《九经古义·首述》)

著《九经古义》。谢无量云："惠氏三世传经，松崖之造诣尤邃，论者拟之汉儒何邵公、服子慎之间。"栋又作《古文尚书考》，谓郑玄所传之二十四篇为孔壁之真古文，东晋晚出之二十五篇为伪。最深通于《易》云：

> 宣尼作《十翼》，其微言大义，七十子之徒相传，至汉犹有存者。自王弼兴，而汉学亡，幸存其略于李氏《集解》中，精研三十年，引伸触类，始得贯通其旨。（《国朝先正事略》，卷三十四，20页）

乃撰《周易述》，汉学之绝者千五百余年，至是灿然复章。如斯尊古义，守汉法，以古今为是非之标准，是栋之学风也。乾隆二十三年卒，年六十有三。

惠门之名家有余萧客、江声，余之门出江藩。

戴震，字东原，休宁人，读书每字求其义，得许氏之《说文解字》大好之，遂通《十三经注疏》，尝云：

> 经以载道，所以明道者辞也，所以成辞者字也，学者当字以通其辞，由辞以通其道。（《国朝先正事略》，卷三十五，10页右）

又云：

> 学者必由声音，以求训诂，由训诂以寻义理，失此者非学也。（《文献征存录》，卷八，19页右）

可以知其学风。谓宋儒言性言理，言人欲天理，皆非六经孔孟之言，以异学之言糅之也。朱子注《大学》开卷曰"虚灵不昧",便涉异学。《论语》开卷曰"学以明善而复其初",复其初出庄子,非孔孟言学之意。著《绪言》力排宋儒。

> 宋儒之言形而上下,言道器,言太极、两仪。今据孔子赞《易》本文疏通证明之,洵于文义未协,其见于理气之分也,求之六经中无其文,故借太极、两仪、形而上下之语以伸其说,以取信学者。(《绪言》,卷上)

是谓宋儒凿空臆断,不立脚于六经也。著《原善》云:

> 有天地然后有人物,有人物而辨其资始曰性。人与物同有欲,欲也者性之事也。人与物同有觉,觉也者性之能也。欲不失之私则仁,觉不失之蔽则智,仁且智,非有所加于事能也。(《原善》,卷上)

可见宋儒以欲为性外之物,反之震有性即欲之意。又论仁云:

> 天地之德,可以一言尽也,仁而已矣。人之心,其亦可以一言尽也,仁而已矣。(《原善》,卷中)

指出仁为天地之德,同时云:

> 君子得其仁,遂己之欲,亦思遂人之欲,而仁不可胜用矣。(《原善》,卷下)

主张仁与欲不离,所以与宋儒不相容。作《孟子字义疏证》云:

> 人生而后有欲、有情、有知,三者,血气心知之自然也。纷于欲者,声色臭味也,而因有爱畏。发乎情者,喜怒哀乐也,而因有惨舒。辨于知者,美丑是非也,而因有好恶。声色臭味之欲,资以养其生。喜怒哀乐之情,感而接于物。美丑是非之知,极而通于天地鬼神。声色臭味之爱畏以分,五行生克为之也。喜怒哀乐之惨舒以分,时遇顺逆为之也。美丑是非之好恶以分,志虑从违为之也。是皆成性然也。(《孟子字义疏证》,卷下)

是性与情为一者,与宋儒之峻别性情不同。论宋儒之弊云:

> 古之言理也,就人之情欲求之,使之无疵之为理。今之言理也,离人之情欲求之,使之忍而不顾之为理。此理欲之辨适以穷天下之人尽转移为欺伪之人,为祸何可胜言也哉。(《孟子字义疏证》,卷下)

极言:

> 宋以来儒书之言人,咸曰是与圣人同也,辩之是欲立异也。此如婴儿中路失其父母,他人子之而为其父母。既长,不复能知他人之非其父母,虽告以亲父母,而决为非也,而怒其告者。(同上)

震乾隆四十二年卒,年五十有五。戴门之名家有段玉裁、王念孙,其子王引之。世谓之戴段、二王。二王之于训诂有出蓝之誉。梁启超辨惠、戴二派之相违云：

> 惠派之治经也，如不通欧语之人读欧书，视译人为神圣，汉儒则其译人也，故信凭之，不敢有所出入。戴派不然，对于译人不轻信焉，必求原文之正确，然后即安。惠派所得则断章零句，援古正后而已。戴派每发明一义例，则通诸群书，而皆得其读，是故惠派可名之曰汉学，戴派则确为清学而非汉学。……戴派之言训诂名物，虽常博引汉人之说，然并不墨守之，例如《读书杂志》（王念孙著）、《经义述闻》（王引之著），全书皆纠正旧注、旧疏之失误……不惟于旧注、旧疏之舛误，丝毫不假借而已，而且敢于改经文，此与宋明儒者之好改古书，迹相类而实大殊。彼纯凭主观的臆断，而此则出于客观的钩稽参验也。（《清代学术概论》，70—72页）

其研究之旺盛可以知其考证之精博也。然当时儒士犹有喜王禅二学者。故《中国哲学史》云：

> 乾隆间为儒学而复归依禅氏者，有罗台山有高、王大绅缙、彭尺木绍升，三人并有文采。台山有《尊闻居士集》。大绅仿明赵大洲二通之作，著《二录三录》，以明经世之道。又著《读书四十偈私记》，以通出世之法。尺木著述尤多，本字允初，自号知归子，其论学之文，精心密意，纪律森然。谈禅之作，亦择言《尔雅》，不涉语恶习……尺木之于儒家，本喜阳明之学，而不逮好禅之深，如意无其意、心本无所等语，直是禅宗矣。后往深山

习静，参究向上第一义，久之又复家居，寻卒，此亦清世理学之别派也。(《中国哲学史》，第三编下，38—41页)

罗有高、王缙、彭绍升，于高宗乾隆时代为王学之末流，可谓位于阴禅阳儒之结尾者。

附随于上述汉学，而小学、音韵学、史学、地学、天文、算学、乐律、制度典章之学、金石学，皆被研究，各各蔚然，形成一大学林矣。

第七节　汉学之衰亡与禅学之终结

汉学势力，如杲日之当天，何人亦不能遮之，方此时有别树一旗帜者，乃是方苞。苞，字灵皋，桐城人，移居江宁，学者称望溪先生。重宋学，实践躬行，其文简而中理，精而尽事，与桐城之姚范等共立古文义法，故称桐城之古文家，以继孔、孟、韩、欧、程、朱以来之道统自任，轻侮汉学者流。此派之姚鼐务排汉学，以考订名物象数为玩物丧志，著《九经说》，倡明道义。方东树又作《汉学商兑》，痛斥惠栋、戴震等，当汉学席卷宇内之时，奋然起而抗之，非有独立之气象不能也。然而只手不能塞江河之流，汉学日臻全盛，于训诂大有发明，全盛之极，其所研核考订，入细入微，拘末节，失烦琐，纷纷扰扰，斗空论而不知所底止，熟烂之弊，于兹惹起今文、古文之争论，遂导向衰亡之运。这个争论与理学之消长毫无关系，因而与禅学之史实亦无干涉，故不叙其始末。要之禅学思想，宋元以来从禅衲之胸中脱出，占领儒士之头脑，至有明王学而大现其效，然于清代乃被反动思想所压倒、所驱逐，而终失其传，是所以至清末，缁素二界一无演绎禅学思想者也。

结 言

一、禅学中心思想之泛神观，佛教以前，于古奥义书已有所见。二、古奥义书时代有轮回转生之说、善恶应报之说，三世因果非佛之创唱。三、奥义书之实我之领悟与禅之见性相似。四、古奥义书时既有坐禅之法。五、数论与佛教均以奥义书为母，有兄弟的关系。六、小乘禅不过于外道之四禅、四定加上无尽定。七、小乘之安般念、六妙门等禅数，形成禅学之一部。八、禅数达磨东来以前，于中国已有实修之者。九、菩提达磨以前在印度非有禅宗。十、达磨之教旨有二入四行，其中理入之思想发达，六代相传，成泛神观之精髓。所谓纯禅时代是也。十一、六祖嫡孙马祖道一以后，用禅机、棒喝并行，而宗风一变。十二、唐僧百丈之时，始有禅刹。十三、沩山、仰山之门风，有一种特色，称沩仰宗。十四、黄檗之禅，经临济而生节目，临济宗是也。十五、洞山之宗旨，因曹山而立几多规格，曹洞宗是也。十六、至五代，雪峰门下出云门、法眼二宗。十七、看话禅滥觞五代。十八、唐代禅者多空宗思想，至五代化为圆融之思想。十九、入宋代而始行禅净之混同。二十、颂古之风，亦始于此时。二十一、教禅之调和、儒释之融合亦盛行。二十二、云门派下先归净业，曹洞门下亦有禅净兼修者。二十三、禅学思想影响儒者形成宋代哲学。二十四、五宗系统之争起于此时，其占妄论之首位者，达观昙颖也。二十五、北宋末期，看话禅一变。二十六、至南宋而有看话、默照二禅对立。

二十七、三教一致之说盛行，禅的思想成时代思潮。二十八、此时有朱陆对立，宋代哲学大成。二十九、元以后，喇嘛之迷信与真言密教结合，诱起思想之坠落。三十、滥用圆融之妙理，禅净之混合益炽。三十一、至明乃见念佛公案之流行。三十二、禅离禅者之手，而为学士之药笼中物，即成王学之勃兴。三十三、至清代无全真之禅师，世宗从喇嘛传禅。三十四、朱子学再兴，压倒王学，考证学又兴，朱王二学两俱衰颓。三十五、禅学思想，殆扫地尽矣。

中译本跋

黄心川

朱谦之（1899—1972），字情牵，福建福州人。我国当代著名的历史学家、哲学家和东方学家。他生于一个数代从事医生职业的家庭，幼年时父母双亡。民国初年入福建省立第一中学学习，在中学时熟读我国的经史，曾自编《中国上古史》并发表《英雄崇拜论》等小册子。十七岁中学毕业后适逢北京高等师范学校（北京师范大学前身）在闽招生，以名列第一录取。朱谦之到京后，改入北京大学法预科学习，凡二年，旋又转入北大哲学系攻读，直至毕业。当时北京大学在蔡元培先生主持下，推行"兼容并包"的教育方针，学术气氛比较自由，朱谦之深受熏陶。他听名师授课外，还饱读了中外哲学文化的书籍，甚至当时担任图书馆主任的李大钊先生担忧图书馆的社科书籍被朱谦之读完了。他在法预科时发表了《周秦诸子学统述》《太极新图说》等。1919年"五四"运动兴起，朱谦之满怀革命激情地参与了北京学生的游行示威，并参加了在当时有重要影响的《北京大学学生周刊》和宣传无政府思想的《奋斗》杂志的编辑工作。他撰文攻击时弊，提出种种改革社会和教育的主张。他在北大乃至全国第一次贴出大字报要求废除考试制度等。1920年第一次大规模纪念"五一"劳动节的时候，朱谦之在《北京大学学生周刊》上发表了《劳动节的祝辞》，在我国首次提出"劳动人民神圣"等口号，并与当时在北京大学任职的毛泽东同志讨论无政府主义等问题。1920年10月朱谦之因散发革命传单遭军阀当局逮捕,在狱百余日,后经北京学生集会营救和全国各地声援才被释放。出狱后,朱先生为了表明他的心志,著有《革命哲学》(创造社丛书之二)一书。从这本书中可以看出,他的革命热诚未减。嗣后,他的理想在现实的撞击下多次遭到碰壁后,他设想通过改造人心的途径以改造社会,为此他求助于佛教。1921年朱谦之离京南下至杭州兜率寺从太虚大师出家,以后又去南京支那内学院向著名的佛学家欧阳竟无求教。经过一个时期出家生活的体验后,他认为僧伽的家长制度和腐化、佛门的苟且偷安生活等都不能实现他的夙愿,为此他发表了《反教》一诗,宣布了与佛门断绝关系。以后他往返于京、沪、杭各地,遁迹于江湖之间,过着那种他自认为"飘零身世托轻帆,浪漫生涯亦自豪"的生活。就在此时他发表了《无元哲学》《周易哲学》等,毅然抛弃了过去那种虚无主义思想,宣称宇宙人生都是浑一的真情之流,真生命在人世间即可实现。

1924年朱谦之应厦门大学之邀,出任教职,他在厦大撰写了《音乐的文学小史》,以后又扩大为《中国音乐文学史》。这种把音乐和文学结合起来研究,在我国还是首创,因此获得了国内外好评。此书出版后,日本中村嗣次就把它译成日文。1989年北京大学出版社又重印了此书。1925年朱先生辞去了厦大教职,隐居于西湖葛岭山下,门对宋代诗人林逋(和靖)故居,悉心从事著作。他撰写了《大同共产主义》《国民革命与世界大同》《到大同之路》等。这些书以托古改制的方式,宣扬我国儒教乌托邦式的政治和社会理想,把希望寄托于孙中山为首的国民党左派身上,但在现实中是完全不可能实现的。

1929年朱谦之获中央研究院的资助赴日本进修两年,潜心于历史哲学的研究。在日本他首次接触了马克思的辩证唯物主义和历唯物主义，并把马克思主义作为一种社会学说不加歧视地加以研究。1931年他归国后任暨南大学教授，并主编了《历史哲学丛书》，并为丛书撰写了《黑格尔与孔德主义》《历史哲学大纲》等。从1932年起直至广州解放为止，朱谦之一直在中山大学任教授，历任历史系主任、哲学系主任、文学院院长、研究院文科研究所主任、历史学部主任等职。在抗日战争时期，他历尽艰险，始终勤于职守，把中山大学历史系办成一个著名的系和研究机构，为抗日战争培养了大批理论干部，至今桃李满天下。他适应抗战的需要，曾大力提创"南方文化运动"和"现代史学运动"，自己出资筹办《现代史学》，对历史研究中的"考今"工作起过一定的推动作用。他在中大授课的基础上撰写了大量的著作，其中重要的有《文化哲学》《孔德的历史哲学》《黑格尔的历史哲学》《中国思想对于欧洲文化的影响》《扶桑国考》《太平天国文化史》等。朱先生在民国时期暗中研读了不少马列主义的著作，力图用唯物主义的观点研究黑格尔哲学。他在政治上同情爱国的进步学生运动，拒绝与国民党反动当局合作。

1949年10月，朱谦之以无比欢欣的心情迎接了广州的解放。他在中山大学积极参加各种政治和教学活动。1952年全国院系调整后，回到了久别的母校——北大哲学系任教授。1952—1964年是他一生研究工作中最为丰收的时期。他在中国哲学史研究方面先后完成了《中国哲学史简编》《中国哲学史史料学》《老子校释》《李贽》《中国哲学对欧洲的影响》《中国古代乐律对于希腊之影响》《王充著作考》《新辑本桓谭新论》以及论文数十篇。自1958年转入东方哲学研究工作后，又陆续出版了《日本哲学史》《日本的朱子学》《日本古学及阳明学》《朱舜水集》《日本哲学史资料选编（古代和德川之部）》等著作，此外还发表了《空海与汉文学》等多篇重要论文。1964—1970年朱谦之调任科学院哲学社会科学部世界宗教所研究员。他在这个时期已患重病,卧床不起,但还奋力完成了《中国景教》,翻译了《中国禅学思想史》等。1972年患脑溢血症逝世,享年七十三岁。

朱谦之一生为后人留下了庞大的、珍贵的文化遗产:专著42部,译著2部,论文100余篇。他的著作活动涉及历史、哲学、文学、音乐、戏剧、考古、宗教、政治、经济、中外文化关系等领域,有些研究领域在我国还是开拓性的(如日本哲学、中西哲学交流、文化社会学等)。因此,在他生前和死后常常有人称其为百科全书式的学者,这对他是当之无愧的。著名学者王亚南曾对他有过这样的称誉:"朱先生时代感非常强烈,而且搜集之富,钻研之精,涉猎之广,读其书,知其生平者,均交口称道。"朱谦之读书极其认真,钻研极其刻苦,治学十分谨严。他善于用脑和用手,在读书时不停地用朱笔圈点、摘录。他在着手写作时必先列出阅读和参考的书目,例如他在写作《日本哲学史》时所列的书目竟达30多页。在《中国哲学对欧洲影响》的"中国哲学与法国革命"一章中竟有190处引文和注释,这可见搜集之多和用力之勤!有人认为朱谦之用笔千言如江河直泻,素不注意词章修饰,这完全是一种误解。我们试看他所写的《老子校释》序言,其辞藻之华丽,章句之对仗,用典之贴切,虽辞章学家犹不能过也。

朱谦之在学术上的造诣学术界早有定评。我认为他在中国哲学史、中外关系史和东方哲学三个方面的研究尤为突出,贡献最大。朱先生对中国哲学发展史的各个阶段都有系统认识,对先秦诸子和近代启蒙思想家有深入的研究。他对中国哲学史的系统认识和组织概括在他所著的《中国哲学史简编》(合订稿本六册,约二百万字)和《中国哲学史史料学》(通论三部)中,力图运用马克思主义对中国哲学史的体系及其发展规律做出科学的说明。他是治中国哲学史中最早注意少数民族的哲学宝藏者之一,在他的《简史》中曾列有专章的研究。另外,他也重视中国哲学在汉文字圈中的传播和在西方的影响。朱先生早在1918年就发表了《周秦诸子学统述》,这是"五四"运动前用新观点整理的我国早期的哲学史,有着重要的历史意义。他对孔子、老子、庄子等都有专门的著作。《老子校释》搜集之丰在各种版本中是最多的一个,因之在莫斯科召开的全球汉学家会议上被一致推荐为最佳的研究。他的《李贽》一书在国内学术界也获得好评。朱谦之在历史研究特别是在中外关系的研究中做出了特殊贡献,在国际上也获得了荣誉。郭沫若同志在一次会议上曾说朱谦之教授和向达教授是我国治中外交通史方面最杰出的学者。无论对中国与西方的文化关系,抑或中国对周邻国家的文化关系,他都有精湛的研究,真所谓"学贯东西"。在这方面的代表作是《中国哲学对欧洲的影响》《中国古代乐律对于希腊之影响》《扶桑国考》《哥伦布前一千年中国僧人发现美洲考》《中国景教》等。朱先生的《中国哲学对欧洲的影响》一书分前论和本论两个部分。前论阐述了欧洲文艺复兴与中国文明和十八世纪中欧文化的接触,他列举了我国四大发明——造纸术、印刷术、火药、罗盘针对文艺复兴的影响。这是符合历史情况的,并与马克思的评价完全不谋而合。马克思说:"火药、指南针、印刷术——这是预告资产阶级社会到来的三大发明……总的来说变成科学复兴的手段,变成对精神发展创造必要的前提的最强大的杠杆。"(马克思:《经济手稿》,载《马克思恩格斯全集》,卷47,427页)本论阐述了中国哲学传入欧洲后对西欧启蒙运动、法国革命和德国革命的影响。作者断言,黑格尔的辩证法明显地有着中国的因素,因而也影响了马克思的哲学。此书连同它早期的版本在日本、英国、美国、苏联都引起了重要的反响。苏联的一些学者虽然不同意该书的一些观点,但也承认它是一本有科学价值的史书。朱先生的《哥伦布前一千年中国僧人发现美洲考》在国内外学术界也引起了热烈的争论。美国、墨西哥、古巴等国的学者都强烈赞同朱先生的结论。例如，墨西哥的柏尔曼教授来信说，他掌握了192个考古学区域的记录，证明美洲原住民是和中国人有密切关联的。当然，这个问题在国内和苏联也有着强烈的反对意见。1958年后朱谦之全面转入对东方哲学的研究和教学工作，他带领了一批青年研究人员和朝鲜、捷克的研究生，先后发表了《日本哲学史》《日本的朱子学》《日本古学阳明学》《日本哲学史资料选》（古代之部和德川之部），另外协助朝鲜留学生郑圣哲完成了《朝鲜哲学史》中的"程朱学对朝鲜的影响"和翻译了《韩国禅教史》等。在上述研究中朱先生发掘了不少在日本、朝鲜已散失但仍保留在我国的珍贵文献和资料，阐明了中国哲学和宗教与我国周边国家朝鲜、日本、越南等的相互关系。朱先生的这些开拓性的研究引起了国内外学术界的重视，苏联和日本都曾提出要与我国合编日本哲学史的资料，越南科学院提出要派人来中国向朱先生学习，希望协助他们完成《越南哲学史》等。总之，朱先生在这方面的研究也是突出的，他的奋发努力为我国东方哲学的研究开辟了道路，铺砌了基石。

最后，我想谈一下朱先生与佛教的因缘，他在中国哲学和东方哲学的研究中一直十分重视佛学的研究。他认为佛教思想是东方精神的基础。他早期的世界观以及他架设的哲学体系中浸透着佛教禅观和空观的思想。远在"五四"时期，朱谦之就提出"虚无主义的宇宙革命"，要"以无政府主义为手段，而以虚无主义为目的"。嗣后，在他的《革命哲学》中又重申："政治革命不如社会革命，社会革命是从社会主义革命进至无政府革命，再进至宇宙革命。"在他晚年所写的《七十自述》中曾自我批判说："所谓宇宙革命就是要证明宇宙的究竟为寂灭,所谓用革命的方法也不过是一种寂灭论罢了!"当时朱谦之的这种思想曾受到陈独秀的批判。陈独秀说:"中国的思想界,可以说是世界虚无主义的集中地……佛教的空观和老子学说……在青年思想界,有日趋发达的趋势。"(《虚无主义》,载《独秀文存》,卷2,92页)

朱谦之在1920年前后受到军阀逮捕等艰难困苦后,思想逐渐转向佛教。他企图用佛教改变人心乃至人生、社会,在他离京出家时发表的一通宣言中表达了这种思想:"(一)用批评的精神,对现行的佛法,佛法的各派教宗,以及佛教的本身,加以批评;(二)提倡梵文,以为提倡真正佛学之助力;(三)翻译东西洋关于宗教革命的书籍,以为实行佛教革命准备。"

朱谦之不仅主张对佛教进行改革,而且还计划组织一种以实践佛教原则的宗教新村。但是他通过在西湖出家生活一段时间的体验,发现建立佛教新村不能实现他的改革初衷。嗣后,在他的流离生活中,由于接触了现实的社会底蕴和大自然的生活,使他"好乱的心理一转而入望治的心理",逐渐对过去的虚无主义思想进行了反思、清理,从而拥抱了自然,返回了人间生活。1922—1923年发表的《无元哲学》和《周易哲学》记录了朱先生思想转变的痕迹:"因妄求解脱的缘故而欲毁弃宇宙乃至断灭人生,那更是我一向的愚痴颠倒,对这深重的解脱只好是一种邪见罢了!""我的兄弟们呀!我恳求你,不要相信那超人间的希望的涅槃,让你真诚恻坦的大悲心就实现这真生命在人间的人。"

朱先生思想的"回归",在表面上看有了巨大的转变,但他的思想还在佛界轨道上运用。他摒弃了空观,但又接受了大乘"三界唯一心""慈悲利他"等华严宗的思想。

1927年以后,朱先生一直迎着时代的潮流前进,经过漫长的摸索，他终于接近并最后接受了辩证唯物主义的思想。朱先生在回忆过去的一段经历时曾在自叙诗中写道："少年破旧好空言，敢把乾坤一口吞。粉碎虚空沉大地，推翻世界从无元。唯情哲学身为累，主义虚无首似昏。妄论奇谈真应叹，归根不出老禅门。""文化大革命"前夕，朱先生着手翻译日本著名佛学家忽滑谷快天所著《禅学思想史》和《韩国禅教史》，是因为他看到国际学术界正处于禅宗研究热的阶段，他本人也想写一本禅宗史，于是着手译著。本书从开译到完成，一共花了不到三个月的时间，这说明朱先生学问广博，学术功底深厚。目前我国学术界正在热烈地开展对佛教的研究，朱谦之先生所译这本禅宗研究书籍对了解禅宗形成和发展的历史过程，禅宗与其他佛教派别的关系等都有着一定的意义。据我所知，朱先生翻译这书的态度是十分严谨的，他对作者所引用的汉文佛教原典都逐一进行了核对，对其中若干错误或者原作者对佛典理解不一的地方都做了校改。

绛云赘语

先夫谦之辞世二十年矣。夫生前嗜爱读书，写作不辍，日出而作，掌灯乃止，著述等身。然惜生时未逢好时机，所撰多部著述不能得以出版。虽有思想观点，积累材料甚多，读者却无缘窥之。今日又逢盛世，各种著述不断涌出，此稿在沉睡二十五年后又得以公开出版，乃是不幸之中之万幸也！本书出版得到了谦之生前好友、学生及其众多不相识之人的帮助。黄心川、杨曾文、黄夏年、洪修平、卢守助、李剑雄、戴康生、业露华、张新鹰、那楚格等各位同志都曾尽力相助。上海古籍出版社领导给予了大力支持。借此谨代表先夫向所有帮助过谦之的同志表示感谢。

何绛云
1993 年 5 月 30 日

后　记

　　1986年我到西安参加"全国隋唐佛教讨论会",其间与住同屋的复旦大学博士生洪修平谈起本书出版之事。不久,洪先生从上海来信,表示代为联系了上海古籍出版社。然而,此时我正在忙于作研究生毕业论文,于是一拖又是几年过去了。

　　1990年我又到五台山参加"中日五台山佛教学术讨论会",与上海古籍出版社李剑雄先生同住一屋。我又一次谈起此书的出版,得到了李先生的热情支持。不久,李先生寄来了有关此书的出版要求及说明。同年10月按出版社的要求,经人介绍那楚格担任本书的译文校对工作。那先生做了一定的工作,但也产生了不少新的问题。为此,在送交出版社之前,我在上海和业露华先生又将原稿全部审阅一遍,同时我还聘请了黄心川先生介绍译者朱谦之先生生平的专文;请了杨曾文老师撰写了介绍本书作者忽滑谷快天的生平及六十年来中国和日本禅学的发展与研究情况。杨老师还补译了朱先生漏译的部分。上海古籍出版社编辑卢守助先生也做了大量的审阅工作,并点校了书中引用的佛经原文。本书初校清样出来后,我又一次根据日文原著对书稿内容作了核对,特别着重校对了书中所引的佛典原文。1994年5月,本书第一版面世。

　　现上海古籍出版社重新印行《中国禅学思想史》,将其纳入丛书。杨曾文老师具有导读性质的文字与黄心川先生的跋语,皆略有改动。

同时，我又一次通读了全书，对一些标点重新调整。但因学识有限，本书仍然难免还有错处，敬请读者指正。

黄夏年

2002 年 2 月 28 日

图书在版编目(CIP)数据

禅学思想史.中国卷：上下/(日)忽滑谷快天著；朱谦之译.—北京：商务印书馆，2024
ISBN 978-7-100-22193-1

Ⅰ.①禅… Ⅱ.①忽… ②朱… Ⅲ.①禅宗—佛教史—中国 Ⅳ.①B946.5

中国国家版本馆CIP数据核字（2023）第164174号

权利保留，侵权必究。

本书据《中国禅学思想史》上海古籍出版社2002年版排印。

禅学思想史 中国卷

（上下）

〔日〕忽滑谷快天 著

朱谦之 译

商 务 印 书 馆 出 版
（北京王府井大街36号 邮政编码100710）
商 务 印 书 馆 发 行
北京市十月印刷有限公司印刷
ISBN 978-7-100-22193-1

2024年6月第1版	开本 880×1230 1/32
2024年6月北京第1次印刷	印张 43 7/8

定价：218.00元